萬卷精華樓藏書記

第一册

山右歷史文化研究院 編

上海古籍出版社

圖書在版編目（CIP）數據

萬卷精華樓藏書記／山右歷史文化研究院編. —上
海：上海古籍出版社，2016.12
（山右叢書. 初編）
ISBN 978－7－5325－8298－3

Ⅰ.①萬… Ⅱ.①山… Ⅲ.①古籍—圖書目錄—中國
Ⅳ.①Z838

中國版本圖書館 CIP 數據核字（2016）第 274623 號

萬卷精華樓藏書記
（全五册）
山右歷史文化研究院　編
上海世紀出版股份有限公司
上 海 古 籍 出 版 社　出版
（上海瑞金二路 272 號　郵政編碼 200020）
（1）網址：www. guji. com. cn
（2）E－mail：guji1@ guji. com. cn
（3）易文網網址：www. ewen. co
上海世紀出版股份有限公司發行中心發行經銷　上海中華商務聯合印刷有限公司印刷
開本 700×1000　1/16　印張 234　插頁 25　字數 2,726,000
2016 年 12 月第 1 版　2016 年 12 月第 1 次印刷
印數：1—400
ISBN 978－7－5325－8298－3
Ⅰ·3125　定價：780.00 元
如有質量問題,請與承印公司聯繫

目　　録

點校説明 …………………………………………………… 三

萬卷精華樓藏書叢記(稿)序 ……………………………… 五

萬卷精華樓藏書記卷一

經部一 …………………………………………………… 一〇

　《易》類一 ……………………………………………… 一〇

　　《連山》一卷　《歸藏》一卷 ………………………… 一〇

　　《周易子夏傳》二卷 …………………………………… 一一

　　《子夏易傳》十一卷 …………………………………… 一三

　　《漢魏二十一家易注》三十一卷 ……………………… 一四

　　《周易鄭康成注》一卷 ………………………………… 一六

　　《新本周易鄭氏注》三卷 ……………………………… 一七

　　《周易鄭注》十二卷 …………………………………… 一七

　　《周易鄭氏注》三卷 …………………………………… 一八

　　《周易虞氏義》九卷　附《虞氏易事》二卷　《虞氏易

　　　禮》一卷　《易候》一卷　《易言》一卷 …………… 一八

　　《周易注》十卷　附《略例》一卷 …………………… 一九

　　《周易注疏》十三卷　附《略例》一卷 ……………… 二三

　　《周易正義》十卷 ……………………………………… 二五

　　《周易兼義》十卷 ……………………………………… 二七

《李氏周易集解》十七卷 ·························· 二七

《易傳》十卷 附《略例》一卷 ·················· 二八

《李氏易傳》十七卷 附《釋文》一卷 ·········· 二九

《李氏易解賸義》三卷 ·························· 三〇

《周易口訣義》六卷 ···························· 三一

《周易舉正》三卷 ······························ 三一

《易數鈎隱圖》三卷 ···························· 三二

《易數鈎隱圖》三卷 附《遺論九事》一卷 ········ 三二

《删定易圖序論》六卷 ·························· 三四

《六十四卦相生圖》一卷 ························ 三五

《周易口義》十三卷 ···························· 三五

《温公易説》六卷 ······························ 三六

《横渠易説》三卷 ······························ 三七

《東坡易傳》九卷 ······························ 三八

《易程傳》六卷 《繫辭精義》二卷 ·············· 三九

《易傳》四卷 ·································· 四一

《易學辨惑》一卷 ······························ 四三

《周易古經》二卷 ······························ 四四

《吴園易解》九卷 ······························ 四九

《易小傳》六卷 ································ 四九

《漢上易傳》十一卷 《卦圖》三卷 《叢説》一卷 ······· 五〇

《易璇璣》三卷 ································ 五〇

《揲蓍古法》一卷 ······························ 五一

《周易新講義》十卷 ···························· 五一

《紫巖居士易傳》十卷 ·························· 五一

《易原》八卷 ·································· 五二

《古周易》一卷 ································ 五五

萬卷精華樓藏書記卷二

經部一 …………………………………………… 五七

《易》類二 ………………………………………… 五七

《周易本義》十二卷 ……………………………… 五七

《郭氏傳家易説》十一卷 ………………………… 五七

《周易義海撮要》十二卷 ………………………… 五九

《復齋易説》六卷 ………………………………… 六〇

《周易玩詞》十六卷 ……………………………… 六一

《周易總義》二十卷 ……………………………… 六二

《誠齋易傳》二十卷 ……………………………… 六二

《誠齋易傳》二十卷 ……………………………… 六三

《大易粹言》十卷 ………………………………… 六四

《易圖説》三卷 …………………………………… 六五

《易傳燈》四卷 …………………………………… 六五

《周易稗傳》一卷　《外篇》一卷 ……………… 六六

《泰軒易傳》六卷 ………………………………… 六七

《西溪易説》十二卷 ……………………………… 六七

《用易詳解》十六卷 ……………………………… 六七

《周易傳義附録》十四卷 ………………………… 六八

《易象意言》一卷 ………………………………… 六八

《童溪易傳》三十卷 ……………………………… 六九

《丙子學易編》一卷 ……………………………… 七〇

《周易集義》六十四卷 …………………………… 七〇

《朱文公易説》二十三卷 ………………………… 七三

《東谷易翼傳》二卷 ……………………………… 七三

《水村易鏡》一卷 ………………………………… 七四

《易學啓蒙小傳》一卷 …………………………………… 七五

《易學啓蒙通釋》二卷 …………………………………… 七六

《周易集説》十四卷 ……………………………………… 七七

《周易象義》十六卷 ……………………………………… 八一

《易學啓蒙圖傳通義》七卷 ……………………………… 八二

《周易輯聞》六卷　附《易雅》一卷　《筮宗》一卷 ……… 八二

萬卷精華樓藏書記卷三

經部一 ……………………………………………………… 八五

《易》類三 ………………………………………………… 八五

《周易本義附録纂注》十五卷 …………………………… 八五

《易學啓蒙翼傳》四卷 …………………………………… 八六

《周易本義集成附録》十二卷 …………………………… 八七

《讀易私言》一卷 ………………………………………… 八八

《易纂言》十三卷 ………………………………………… 八九

《易學濫觴》一卷 ………………………………………… 八九

《周易會通》十四卷 ……………………………………… 九一

《大易輯説》十卷 ………………………………………… 九一

《周易本義附録集注》十卷 ……………………………… 九二

《學易記》九卷 …………………………………………… 九三

《周易參義》十二卷 ……………………………………… 九三

《周易傳義大全》二十四卷 ……………………………… 九三

《古周易訂詁》十六卷 …………………………………… 九四

《周易集注》十六卷 ……………………………………… 九五

《易象正》十六卷 ………………………………………… 九五

《兒易内儀以》六卷　《兒易外儀》十五卷 ……………… 九六

《學易記》五卷 …………………………………………… 九六

《讀易大旨》四卷　附録一卷 …………………………… 九七

《周易觀象》十二卷 ……………………………………… 九八

《易酌》十四卷 …………………………………………… 九八

《周易玩辭集解》十卷 …………………………………… 九八

《仲氏易》三十卷 ………………………………………… 九九

《推易始末》四卷 ………………………………………… 九九

《易小帖》五卷 …………………………………………… 一〇〇

《春秋占筮書》三卷 ……………………………………… 一〇〇

《周易傳注》七卷　附《周易筮考》一卷 ……………… 一〇一

《周易函書約存》十八卷　《約注》十八卷　《別集》

　十六卷 ………………………………………………… 一〇一

《易説》六卷 ……………………………………………… 一〇二

《周易洗心》十卷 ………………………………………… 一〇三

《周易述》二十卷　補二卷 ……………………………… 一〇三

《易漢學》八卷 …………………………………………… 一〇四

《易圖條辨》一卷 ………………………………………… 一〇五

《易緯略義》三卷 ………………………………………… 一〇六

《易義別録》十四卷 ……………………………………… 一〇八

《周易虞氏消息》二卷 …………………………………… 一〇八

《周易姚氏學》十六卷 …………………………………… 一〇九

附録 ………………………………………………………… 一一〇

《易緯乾鑿度》二卷 ……………………………………… 一一〇

《易緯乾坤鑿度》二卷 …………………………………… 一一〇

《易緯稽覽圖》二卷 ……………………………………… 一一一

《易緯辨終備》一卷 ……………………………………… 一一一

《易緯乾元序制記》一卷 ………………………………… 一一一

《易緯坤靈圖》一卷 ……………………………………… 一一二

《易緯是類謀》一卷 …………………………………… 一一二

《易緯通卦驗》二卷 …………………………………… 一一二

《古三墳書》一卷 ……………………………………… 一一四

附錄:《易》説 ……………………………………………… 一一五

比卦説 …………………………………………………… 一一六

晉卦説 …………………………………………………… 一一七

萬卷精華樓藏書記卷四

經部二 ……………………………………………………… 一二〇

《書》類 …………………………………………………… 一二〇

《書序》一卷 ……………………………………………… 一二〇

《尚書傳》十三卷 ………………………………………… 一二一

《尚書注疏》十九卷 ……………………………………… 一二五

《尚書正義》二十卷 ……………………………………… 一二六

《禹貢指南》四卷 ………………………………………… 一三一

《尚書説》七卷 …………………………………………… 一三三

《書集傳》六卷 …………………………………………… 一三四

《書集傳》六卷 …………………………………………… 一三六

《融堂書解》二十卷 ……………………………………… 一三七

《古文尚書考異》六卷 …………………………………… 一三八

《洪範明義》四卷 ………………………………………… 一三九

《尚書集解》十七卷 ……………………………………… 一四二

《古文尚書疏證》八卷 附錄一卷 ……………………… 一四三

《古文尚書冤詞》八卷 …………………………………… 一四四

《尚書廣聽錄》五卷 《舜典補亡》一卷 ……………… 一四五

《古文尚書考》二卷 ……………………………………… 一四六

《尚書古文考》一卷 ……………………………………… 一四六

《尚書今古文考證》七卷 …………………………………… 一四八

《尚書今古文注疏》三十卷 ………………………………… 一四九

《禹貢錐指》二十卷　圖一卷 ……………………………… 一五一

《洪範正論》五卷 …………………………………………… 一五三

《禹貢會箋》十二卷 ………………………………………… 一五五

《玉函山房輯尚書》二十一卷 ……………………………… 一五五

附録 …………………………………………………………… 一五八

《尚書大傳》四卷　《考異》一卷　《補遺》一卷

　　《續補遺》一卷 ………………………………………… 一五八

《尚書大傳定本》五卷　附《洪範五行傳》三卷………… 一六〇

萬卷精華樓藏書記卷五

經部三 ……………………………………………………… 一六五

詩類 …………………………………………………………… 一六五

《詩序》二卷 ………………………………………………… 一六五

《毛詩箋》二十卷 …………………………………………… 一六七

《毛詩注疏》三十卷 ………………………………………… 一七〇

《毛詩正義》四十卷 ………………………………………… 一七一

《毛詩草木鳥獸蟲魚疏廣要》三卷 ………………………… 一七三

《詩本義》十五卷　附《鄭氏詩譜》一卷………………… 一七四

《詩論》一卷 ………………………………………………… 一七五

《詩集傳》八卷 ……………………………………………… 一七五

《吕氏家塾讀詩記》三十二卷 ……………………………… 一七八

《吕氏家塾讀詩記》三十二卷 ……………………………… 一七九

《續吕氏家塾讀詩記》三卷 ………………………………… 一八〇

《絜齋毛詩經筵講義》四卷 ………………………………… 一八〇

《詩輯》三十六卷 …………………………………………… 一八〇

《詩考》一卷 …………………………………… 一八一

《詩地理考》六卷 ……………………………… 一八三

《詩傳注疏》三卷 ……………………………… 一八四

《詩經世本古義》二十八卷 …………………… 一八四

《毛朱詩説》一卷 ……………………………… 一八五

《毛詩稽古編》三十卷 ………………………… 一八六

《毛詩寫官記》四卷 …………………………… 一九〇

《毛詩日箋》六卷 ……………………………… 一九一

《詩傳名物集覽》十二卷 ……………………… 一九一

《毛詩故訓傳》三十卷 ………………………… 一九二

《詩經小學》四卷 ……………………………… 一九二

《玉函山房輯詩》四十三卷 …………………… 一九五

《鄭氏詩譜補亡後訂》一卷 附《拾遺》、《許氏詩譜

　　鈔》一卷 ………………………………… 一九九

《詩古微》二卷 ………………………………… 二〇〇

《毛詩鄭箋改字説》四卷 ……………………… 二〇一

《毛詩考證》四卷 ……………………………… 二〇一

《毛詩周頌口義》二卷 ………………………… 二〇二

《毛詩禮徵》十卷 ……………………………… 二〇二

附録 …………………………………………… 二〇三

《韓詩外傳》八卷 ……………………………… 二〇三

萬卷精華樓藏書記卷六

經部四 ……………………………………… 二〇七

禮類一 ………………………………………… 二〇七

《周禮注疏》四十二卷 ………………………… 二〇七

《周禮注疏》四十二卷 ………………………… 二〇八

《周禮漢讀考》六卷 …………………………………… 二〇九

《儀禮注疏》十七卷 …………………………………… 二一一

《儀禮注疏》十七卷 …………………………………… 二一三

《儀禮注疏詳校》十七卷 ……………………………… 二一六

《儀禮識誤》三卷 ……………………………………… 二二〇

《儀禮集釋》三十卷 …………………………………… 二二二

《儀禮釋宮》一卷 ……………………………………… 二二三

《儀禮圖》十七卷 ……………………………………… 二二四

《儀禮鄭注句讀》十七卷　附《石經正誤》一卷　《監

　本正誤》一卷 ………………………………………… 二二四

《儀禮集編》十七卷　附録一卷 ……………………… 二二五

《儀禮古今文疏義》十七卷 …………………………… 二二八

《儀禮圖》六卷 ………………………………………… 二二八

《儀禮漢讀考》一卷 …………………………………… 二二九

《儀禮正義》四十卷 …………………………………… 二三一

萬卷精華樓藏書記卷七

經部四 ………………………………………………… 二三四

　禮類二 ………………………………………………… 二三四

　　《禮記注》二十卷 …………………………………… 二三四

　　《禮記注》二十卷　附《考異》二卷 ……………… 二三六

　　《禮記注疏》六十三卷 ……………………………… 二三七

　　《禮記正義》六十三卷 ……………………………… 二三八

　　《大戴禮記補注》十三卷 …………………………… 二四二

　　《大戴禮記補注》十三卷　附《校勘記》十三卷 … 二四六

　　《禮書》一百五十卷 ………………………………… 二五〇

　　《三禮圖集注》二十卷 ……………………………… 二五一

《儀禮經傳通解》三十七卷　續二十九卷 ………… 二五二

《重刊朱子儀禮經傳通解》六十九卷 ………… 二五四

《大小宗通釋》一卷 ………… 二五五

《禮書綱目》八十五卷 ………… 二五六

《讀禮通考》一百二十卷 ………… 二五八

《五禮通考》二百六十二卷 ………… 二六〇

《家禮》八卷 ………… 二六二

《泰泉鄉禮》七卷 ………… 二六四

《内外服制通釋》七卷　附録一卷 ………… 二六四

附録 ………… 二六五

《弟子職集解》一卷 ………… 二六五

萬卷精華樓藏書記卷八

經部五 ………… 二六八

《春秋》類 ………… 二六八

《春秋經傳集解》三十卷　附《名號歸一圖》二卷

　《春秋年表》一卷 ………… 二六八

《春秋左傳杜注》三十卷 ………… 二七二

《春秋左傳注疏》六十卷 ………… 二七三

《春秋左傳正義》三十六卷 ………… 二七五

《春秋公羊傳注疏》二十八卷 ………… 二七六

《春秋穀梁傳集解》十二卷 ………… 二七七

《春秋穀梁傳注疏》二十卷 ………… 二八〇

《鍼膏肓》一卷　《起廢疾》一卷　《發墨守》一卷 ………… 二八一

《春秋傳》十五卷 ………… 二八二

《春秋權衡》十七卷 ………… 二八二

《春秋意林》二卷 ………… 二八三

《春秋傳説例》一卷 …………………………………………… 二八三

《春秋經解》十五卷 ………………………………………… 二八三

《春秋辨疑》四卷 …………………………………………… 二八四

《春秋考》十六卷 …………………………………………… 二八五

《東萊左氏博議》二十五卷 …………………………………… 二八五

《讀春秋編》十二卷 ………………………………………… 二八六

《春秋類對賦》一卷 ………………………………………… 二八七

《春秋集傳釋義大成》十二卷 ……………………………… 二八七

《春秋諸國統紀》六卷　目録一卷 ………………………… 二八八

《春秋本義》三十卷 ………………………………………… 二八八

《春秋集傳》十五卷 ………………………………………… 二八九

《左傳杜解補正》三卷 ……………………………………… 二九〇

《左傳事緯》十二卷 ………………………………………… 二九一

《春秋毛氏傳》三十六卷 …………………………………… 二九一

《左傳補注》六卷 …………………………………………… 二九二

《春秋左傳古經》十二卷 …………………………………… 二九三

《春秋三傳異同考》一卷 …………………………………… 二九四

《春秋職官考略》三卷 ……………………………………… 二九五

《春秋地名辨異》三卷 ……………………………………… 二九五

《左傳人名辯異》三卷 ……………………………………… 二九六

《公羊春秋通義》十一卷 …………………………………… 二九六

《玉函山房輯春秋》五十一卷 ……………………………… 二九八

附録 ………………………………………………………… 三〇二

《春秋繁露》十七卷 ………………………………………… 三〇二

萬卷精華樓藏書記卷九

經部六 ……………………………………………………… 三〇九

《孝經》類 ………………………………………………… 三〇九

《古文孝經孔氏傳》一卷 ……………………………… 三〇九

《孝經鄭氏解》一卷 …………………………………… 三一一

《孝經正義》三卷 ……………………………………… 三一三

《孝經集注》四卷 ……………………………………… 三一四

《孝經問》一卷 ………………………………………… 三一五

《中文孝經》一卷　附《孝經外傳》一卷 …………… 三一六

《孝經三本管窺》一卷 ………………………………… 三一七

《孝經廣注》一卷 ……………………………………… 三一七

萬卷精華樓藏書記卷十

經部七 ………………………………………………… 三二〇

　五經總義類 …………………………………………… 三二〇

　《駁五經異義》一卷　補遺一卷 …………………… 三二〇

　《駁五經異義》一卷　《補遺》一卷　《箴膏肓》一卷

　　　《起廢疾》一卷　《發墨守》一卷　《鄭志》三

　　　卷附一卷 ………………………………………… 三二〇

　《鄭志》三卷 ………………………………………… 三二一

　《經典釋文》三十卷　附《考證》三十卷 ………… 三二三

　《六經圖》六卷 ……………………………………… 三二七

　《六經圖》六卷 ……………………………………… 三二七

　《刊正九經三傳沿革例》一卷 ……………………… 三二八

　《刊正九經三傳沿革例》一卷 ……………………… 三二八

　《七經孟子考文補遺》二百卷 ……………………… 三三〇

　《九經誤字》一卷 …………………………………… 三三二

　《羣經補義》五卷 …………………………………… 三三四

　《經咫》一卷 ………………………………………… 三三六

　《古經解鈎沉》三十卷 ……………………………… 三三六

《沈氏經學六書》二十卷 …………………………… 三四〇

《味經齋遺書》四十一卷 …………………………… 三四〇

《十三經注疏正字》八十一卷 ……………………… 三四二

《萬氏經學五書》十八卷 …………………………… 三四二

《十三經注疏校勘記》二百四十三卷 ……………… 三四四

《羣經宮室圖》二卷 ………………………………… 三四五

萬卷精華樓藏書記卷十一

經部八 ……………………………………………… 三五一

四書類 ……………………………………………… 三五一

《孟子注疏》十四卷 ………………………………… 三五一

《孟子正義》十四卷 ………………………………… 三五二

《孟子正義》十四卷 ………………………………… 三五三

《論語集解》十卷 …………………………………… 三五四

《論語集解義疏》十卷 ……………………………… 三五九

《論語正義》二十卷 ………………………………… 三六〇

《大學章句》一卷　《中庸章句》一卷　《論語集注》

　　十卷　《孟子集注》十四卷 ……………………… 三六一

《雙峰講義》十六卷 ………………………………… 三六二

《孟子集疏》十四卷 ………………………………… 三六五

《四書集編》二十六卷 ……………………………… 三六六

《四書辨疑》十五卷 ………………………………… 三六七

《四書通》二十六卷 ………………………………… 三六八

《四書通證》六卷 …………………………………… 三六八

《四書纂箋》二十八卷 ……………………………… 三六九

《四書通旨》六卷 …………………………………… 三七〇

《大學中庸集說啓蒙》二卷 ………………………… 三七一

《大學古本旁注》一卷 ………………………………… 三七一

《論語類考》二十卷 …………………………………… 三七三

《大學翼真》七卷 ……………………………………… 三七三

《四書索解》四卷 ……………………………………… 三七三

《大學證文》四卷 ……………………………………… 三七四

《四書釋地》一卷 《續》一卷 《又續》二卷 《三

　　續》二卷 附《孟子生卒年月考》一卷 ………… 三七五

《校正四書釋地》八卷 附《孟子生卒年月考》一卷…… 三七七

《此木軒四書説》九卷 ………………………………… 三八〇

《四書或問小注》三十六卷 …………………………… 三八〇

《四書考異》七十二卷 ………………………………… 三八一

《孟子正義》三十卷 …………………………………… 三八二

《論語古解》十卷 ……………………………………… 三八四

萬卷精華樓藏書記卷十二

經部九 ………………………………………………… 三八八

　樂　類 ………………………………………………… 三八八

　《律呂新書》二卷 …………………………………… 三八八

　《律呂新書》二卷 …………………………………… 三九一

　《樂律全書》四十二卷 ……………………………… 三九五

　《苑洛志樂》十三卷 ………………………………… 三九九

　《樂律表微》八卷 …………………………………… 四〇〇

　《律呂古義》六卷 …………………………………… 四〇一

　《玉函山房輯樂》十五卷 …………………………… 四〇三

萬卷精華樓藏書記卷十三

經部十 ………………………………………………… 四〇八

　小學類一 ……………………………………………… 四〇八

《爾雅》三卷 ……………………………………… 四〇八

《爾雅注》三卷 …………………………………… 四〇九

《爾雅注疏》十卷 ………………………………… 四一〇

《爾雅注》三卷 …………………………………… 四一〇

《爾雅翼》三十二卷 ……………………………… 四一一

《爾雅正義》二十卷　附《釋文》三卷 ………… 四一三

《爾雅義疏》二十卷 ……………………………… 四一三

《小爾雅》一卷 …………………………………… 四一四

《廣雅》十卷 ……………………………………… 四一六

《廣雅疏證》十卷　《博雅音》十卷 …………… 四一六

《埤雅》二十卷 …………………………………… 四一九

《駢雅》七卷 ……………………………………… 四二〇

《駢雅訓纂》十六卷 ……………………………… 四二二

《別雅訂》五卷 …………………………………… 四二五

《疊雅》十三卷 …………………………………… 四二六

《方言注》十三卷 ………………………………… 四二七

《方言》十三卷 …………………………………… 四二七

《方言疏證》十三卷 ……………………………… 四二九

《釋名》四卷 ……………………………………… 四三〇

《釋名》八卷 ……………………………………… 四三〇

《釋名》八卷 ……………………………………… 四三二

《廣釋名》二卷 …………………………………… 四三二

萬卷精華樓藏書記卷十四

經部十 ……………………………………………… 四三六

　小學類二 ………………………………………… 四三六

《説文解字》十五卷 …………………………………… 四三六

《説文解字》十五卷 …………………………………… 四四〇

《説文解字》十五卷 …………………………………… 四四〇

《説文解字》十五卷 …………………………………… 四四三

《説文繫傳》四十卷　附校勘記三卷 …………… 四四三

《説文篆韻譜》五卷 …………………………………… 四五〇

《説文解字五音韻譜》十二卷 ……………………… 四五二

《説文字原》一卷　《六書正譌》五卷……………… 四五三

萬卷精華樓藏書記卷十五

經部十 ………………………………………………… 四五六

小學類三 ………………………………………………… 四五六

《説文字原集注》十六卷　附録二卷 …………… 四五六

《説文解字斠詮》十四卷 …………………………… 四五七

《説文解字舊音》一卷 ……………………………… 四五七

《經典文字辨正書》五卷　附《音同義異辨》一卷

………………………………………………………… 四五八

《説文解字注》三十卷 ……………………………… 四五八

《六書音韻表》五卷 ………………………………… 四六三

《段氏説文注訂》八卷 ……………………………… 四六四

《説文新附考》六卷　《續考》一卷……………… 四六六

《説文義證》五十卷 ………………………………… 四六六

《説文釋例》二十卷 ………………………………… 四六七

《説文句讀》三十卷 ………………………………… 四七三

《文字蒙求》四卷 …………………………………… 四七八

《説文答問疏證》六卷 ……………………………… 四八〇

萬卷精華樓藏書記卷十六

經部十 ……………………………………………… 四八二

　小學類四 …………………………………………… 四八二

　　《説文校議》十五卷 ……………………………… 四八二

　　《説文雙聲疊韻譜》一卷 ………………………… 四八九

　　《説文聲系》十四卷 ……………………………… 四九〇

　　《説文古籀疏證目》一卷 ………………………… 四九一

　　《説文古籀疏證》六卷 …………………………… 四九二

　　《説文引經考》二卷 ……………………………… 四九四

　　《説文測議》七卷 ………………………………… 四九四

　　《説文外編》十六卷 ……………………………… 四九四

　　《説文管見》三卷 ………………………………… 四九五

　　《説文辨疑》一卷 ………………………………… 四九五

　　《説文聲訂》二卷　《聲讀表》七卷　《建首字讀》一

　　　卷 ……………………………………………… 四九七

　　《説文通訓定聲》十八卷　《柬韻》一卷　附《説雅》

　　　十九卷　《古今韻準》一卷 …………………… 四九八

　　《説文偏旁考》二卷 ……………………………… 五〇一

　　《説文字原考略》六卷 …………………………… 五〇二

　　《説文重文本部考》一卷 ………………………… 五〇三

　　《仿唐寫本説文解字木部箋異》一卷 …………… 五〇四

　　《説文通檢》十六卷 ……………………………… 五〇七

　　《説文檢字》二卷　《補遺》一卷 ……………… 五〇八

萬卷精華樓藏書記卷十七

經部十 ……………………………………………… 五一〇

　小學類五 …………………………………………… 五一〇

《汗簡》七卷 ………………………………………… 五一〇

《汗簡箋正》八卷 …………………………………… 五一二

《佩觿》三卷　附錄一卷 …………………………… 五一三

《佩觿》三卷 ………………………………………… 五一五

《復古編》二卷　《考異》一卷　附錄一卷 …………… 五一六

《漢隸字源》六卷 …………………………………… 五二〇

《隸韻》十卷　附《碑目》一卷　《考證》一卷

………………………………………………………… 五二二

《漢隸分韻》七卷 …………………………………… 五二三

《續古篆韻》六卷 …………………………………… 五二五

《摭古遺文》二卷　《補遺》一卷 …………………… 五二六

《隸辨》八卷 ………………………………………… 五二六

《隸篇》十五卷　續十五卷　再續十五卷 …………… 五二七

《繆篆分韻》五卷　補一卷 ………………………… 五三五

《漢印分韻》二卷　《續漢印分韻》二卷 …………… 五三六

《説文分韻易知録》十卷 …………………………… 五三六

《楷法溯原》十四卷　目録一卷 …………………… 五三七

萬卷精華樓藏書記卷十八

經部十 ……………………………………………… 五四三

小學類六 …………………………………………… 五四三

《凡將篇》一卷 ……………………………………… 五四三

《急就篇》一卷 ……………………………………… 五四三

《急就篇》一卷 ……………………………………… 五四四

《急就篇注》四卷 …………………………………… 五四四

《急就篇補注》四卷 ………………………………… 五四五

《急就篇注》一卷 …………………………………… 五四六

《原本玉篇》四卷 …………………………………… 五四七

《玉篇》三十卷 ……………………………………… 五四八

《俗書證誤》一卷 …………………………………… 五四九

《干禄字書》一卷 …………………………………… 五五〇

《五經文字》三卷 …………………………………… 五五二

《九經字樣》一卷 …………………………………… 五五四

《五經文字》三卷 …………………………………… 五五五

《新加九經字樣》一卷 ……………………………… 五五六

《類篇》四十五卷 …………………………………… 五五七

《字通》一卷 ………………………………………… 五五七

《六書故》三十三卷 《通釋》一卷 ……………… 五五九

《龍龕手鑑》四卷 …………………………………… 五六一

《字孿》四卷 附《篆體辨誤》一卷 ……………… 五六二

《十經文字通正書》十四卷 ………………………… 五六二

《經韻集字》二卷 …………………………………… 五六四

萬卷精華樓藏書記卷十九

經部十 ……………………………………………… 五六五

小學類七 ……………………………………………… 五六五

《廣韻》五卷 ………………………………………… 五六五

《廣韻》五卷 ………………………………………… 五六七

《重修廣韻》五卷 …………………………………… 五六八

《重修廣韻》五卷 …………………………………… 五六九

《集韻》十卷 ………………………………………… 五七〇

《韻補》五卷 ………………………………………… 五七一

《韻補》五卷 《韻補正》一卷 附録一卷 ………… 五七三

《禮部韻略》五卷 …………………………………… 五七五

《九經補韻》一卷 ………………………………… 五七七

《韻鏡》一卷 ……………………………………… 五七八

《五音類聚四聲篇海》十五卷 …………………… 五七九

《五音集韻》十二卷 ……………………………… 五八一

《五音集韻》十五卷 ……………………………… 五八四

《五音篇海》十五卷 ……………………………… 五八四

《經史正音切韻指南》一卷 ……………………… 五八五

《古今韻會舉要》三十卷 ………………………… 五八六

《篇韻貫珠集》八卷 ……………………………… 五九〇

《毛詩古音考》五卷 ……………………………… 五九〇

《詩音辨略》二卷 ………………………………… 五九二

《詩韻輯略》五卷 ………………………………… 五九三

《古音叢目》五卷　《獵要》五卷　附錄一卷 ……… 五九四

《古音略例》一卷 ………………………………… 五九四

《古音駢字》五卷 ………………………………… 五九五

《轉注古音略》五卷 ……………………………… 五九五

萬卷精華樓藏書記卷二十

經部十 ………………………………………… 六〇二

小學類八 ………………………………………… 六〇二

《同文韻統》六卷 ………………………………… 六〇二

《音論》三卷　《詩本音》十卷　《易音》三卷　《唐
　韻正》二十卷　《古音表》二卷 ………………… 六〇三

《古今通韻》十二卷 ……………………………… 六一二

《易韻》四卷 ……………………………………… 六一三

《切韻指歸》二卷 ………………………………… 六一三

《古韻標準》四卷 ………………………………… 六一五

《四聲切韻表》一卷 ………………………………………… 六一六

《駢字古音》五卷 …………………………………………… 六一六

《沈氏四聲考》二卷 ………………………………………… 六一七

《聲韻考》四卷 ……………………………………………… 六一八

《聲韻考》四卷 ……………………………………………… 六一九

《古今韻略》五卷 …………………………………………… 六一九

《官韻考異》一卷 …………………………………………… 六二一

《詩音表》一卷 ……………………………………………… 六二二

《詩聲類》十二卷 《分例》一卷…………………………… 六二五

《詩經音韻譜》五卷 附《章句觸解》一卷………………… 六二八

《毛詩均訂》十卷 …………………………………………… 六二八

《韻徵》十六卷 ……………………………………………… 六二九

《古韻溯原》八卷 …………………………………………… 六二九

《音鑑》六卷 ………………………………………………… 六三〇

附録 ……………………………………………………………… 六三三

《六藝綱目》二卷 附録一卷……………………………… 六三三

萬卷精華樓藏書記卷二十一

史部一 …………………………………………………………… 六三六

正史類一 ……………………………………………………… 六三六

《史記集解》一百三十卷 …………………………………… 六三六

《史記索隱》三十卷 ………………………………………… 六四〇

《史記》一百三十卷 ………………………………………… 六四三

《史記》一百三十卷 ………………………………………… 六五二

《史記志疑》三十六卷 ……………………………………… 六五六

萬卷精華樓藏書記卷二十二

　　史部一 ……………………………………………………… 六六〇

　　　正史類二 …………………………………………………… 六六〇

　　　《漢書》一百二十卷 ………………………………………… 六六〇

　　　《漢書》一百二十卷 ………………………………………… 六六四

　　　《漢書》一百二十卷 ………………………………………… 六六八

　　　《漢藝文志考證》十卷 ……………………………………… 六七四

　　　《新斠注地理志》十六卷 …………………………………… 六七六

　　　《人表考》九卷 ……………………………………………… 六七七

　　　《班馬字類》五卷 …………………………………………… 六八一

　　　《班馬字類》五卷　附補遺 ………………………………… 六八三

萬卷精華樓藏書記卷二十三

　　史部一 ……………………………………………………… 六八五

　　　正史類三 …………………………………………………… 六八五

　　　《後漢書》一百二十卷 ……………………………………… 六八五

　　　《後漢書》一百三十卷 ……………………………………… 六八七

　　　《後漢書》一百三十卷 ……………………………………… 六九一

　　　《補後漢書年表》十卷 ……………………………………… 六九四

　　　《後漢書補表》八卷 ………………………………………… 六九五

　　　《兩漢刊誤補遺》十卷 ……………………………………… 六九六

　　　《三國志》六十五卷 ………………………………………… 六九九

　　　《補三國疆域志》二卷 ……………………………………… 七〇〇

　　　《晉書》一百三十卷 ………………………………………… 七〇一

　　　《晉太康三年地志》一卷　《王隱晉書地道記》一卷…… 七〇六

　　　《晉書地理志新補正》五卷 ………………………………… 七〇七

　　　《東晉疆域志》四卷 ………………………………………… 七〇八

萬卷精華樓藏書記

（卷一——卷二十三）

〔清〕耿文光 撰

潘慎 張梅秀 張志江 田同旭 薛蓮 點校

點校説明

作者耿文光（1830—1908），字星垣、斗垣、酉山，號蘇溪漁隱，清山西靈石縣蘇溪村人，著名藏書家、目録學家。他出生在一個“藏書，兼設書肆”（《蘇溪漁隱讀書譜》）的家庭，由於家風熏染，“素性嗜書，所過之地無不搜採”（《跋司馬光傳家集》），以至“發憤購書，相依爲命”（《萬卷精華樓藏書叢記序》）。咸豐三年（1853），以捐納本省軍需議叙國子監典薄。同治元年（1862），中壬戌科舉人。家富藏書，達八萬餘卷，築藏書樓一座，名爲“萬卷精華樓”。後多次赴京會試不第，遂閉門整理藏書，編輯目録。

耿文光兼通醫道，治病不論貧富，有請必赴；施舍藥物，救治患者。光緒三年（1877）山西大旱，曾捐錢四百五十吊（合白銀四百五十兩），賑濟災民。光緒十五年，以大挑二等選委平遥縣學訓導。曾以“舉行優異”擢升澤州府學教授，辭不就職。山西提督學政王廷相特加保舉，奏以知縣選用，仍辭以年老不受。光緒三十年以后，曾任平遥縣超山書院主講。後卒於任所。

耿文光博極羣書，專治目録，著述頗豐，王廷相稱其“藏書宏富，著作等身”。其現存著作除《萬卷精華樓藏書記》外尚有：一、《目録學》九卷。該書初名“日課書目”，自同治九年起編撰，歷時三載，成書二十卷。光緒二十年，先將甲編九卷付雕。乙編十一卷本擬續刻嗣出，但因故未果，只得割截補綴，吸納於《萬卷精華樓藏書記》中。二、《蘇溪漁隱讀書譜》四卷。作於光緒十五年，時年六十歲。以年譜之體而專詳“著書之體、校書之法、讀書之記、藏書之目”，故名之爲“讀書譜”。其未曾刊行的佚著有：一、《金石書目》四卷，作於咸豐四年。博採諸書，輯朱彝尊《石鼓考》所不及者，彙爲一册。二、《醫學書目》，卷數不詳，作於咸豐九年。所載皆醫學書籍的古本、精本。三、《仁静堂書目》八册，卷數不詳，作於同治九年。整理先世舊藏及自己後來收藏之書，共八萬餘卷，“删蕪録要，據書修目”，將其中一千餘卷著爲《仁静堂書目》。四、《紫玉函書目》，卷數不詳，作於光緒十四年，專考古書。

《萬卷精華樓藏書記》初名《萬卷精華樓藏書叢記》。編撰大體始自光緒五年，四易其稿，至光緒十四年完成初稿。嗣後多次增删修改，始成定本。全書一百四十六卷，二百餘萬字，分經、史、子、集四部四十五類，著録書籍二千二百六十六種，爲《四庫全書總目提要》之後第一部大型綜合性提要式書目。自言用意有四：一以自課，一以訓俗，一考藏書，一當筆記。該書每記一種書籍，首列原書序跋、凡例、目録等；次則匯集史志，窮源溯流；繼而網羅羣籍，備採諸家評説；末則摘録本書要語，并附按語，至精至詳。“舉凡一書之義理、旨趣、支流、派別、篇卷、分合，皆了如指掌”（郭象升《山右叢書初編書目提要》）。民國23年（1934），山西省文獻委員會據原稿將《萬卷精華樓藏書記》收入《山右叢書初編》，鉛印出版。此次整理，因國家圖書館所藏《萬卷精華樓藏書記》殘稿不堪使用，即以《山右叢書初編》本爲工作本進行點校。卷一至卷三十二由潘慎點校，卷三十三至卷七十二由張梅秀點校，卷七十三至卷一百四十六由張志江、田同旭、薛蓮點校。

原書每卷前有“靈石耿文光斗垣甫”字樣，今删去。

萬卷精華樓藏書叢記（稿）序

　　“萬卷精華樓”者，因是書採萬卷之精華，遂以名其樓也。“藏書”者，自藏之書，非其所藏，不録也。“叢記”者，前後無次，多寡不倫，體例未賅，異於諸目，故曰“叢記”。後因省名而去“叢”字。“叢稿”，其初名也。余自幼嗜書，苦不得解，求其解者，亦不得也。聞人説書，則聽之，隨聽隨購，隨讀隨思，其不解如故。然而愛書之癖，亦固結不解，類若有物憑之者，吾亦不知其然而然也。偶作泛槎之遊，遇堯山先生於竟因石室。其時，清風徐來，初日方升，平旦之氣未泯也。先生飲我以寒泉之水，佩我以金錯之刀，殆將伐毛洗髓以解余癖。已而坐擁百城，奇探二西，睹西垣俗本作“西園”，詳見集部，《河間試律矩》亦沿其誤，宜正。之翰墨，聆東觀之議論，而所謂癖者，乃愈沉愈痼，因請於先生。先生曰：“幸哉！子之有是癖也。天殆將誘子之衷而厚之以癖，使子以不解者力求其解，予亦安能解子之癖也？且俗所謂解，皆子所不解者也；子所不解，皆予所能解者也。夫書有内有外，有内之内、外之外，皆癖之者所當知也。曰欄、曰口、曰象鼻、<small>象鼻、魚尾，乃刻工家言。</small>曰魚尾、曰某鈔某刻、曰某印某題，此外之外也。曰序、曰跋、曰篇、曰卷、曰某撰某注、曰某音某校，此外之内也。分章斷句，辨字義，正音讀，此内之外也。立著作之體，蘊精微之義，探賾索隱，鈎深致遠，此内之内也。而讀之者有知有不知，有知外而漸通其内者，有知内而或遺其外者。以記誦爲無知，以聞見爲務外，察事理之是非，覈吾心之真妄，專用力於人道之所宜，而不屑屑於考辨名物者，此理學之宗旨也。字求其訓，句求其解，因文識義，因義明理，融會而貫通，得心而應手，此漢學之家法也。由漢學而入者，書斯精；由理學而通者，書皆化。化漢學於理學之中，是真理學也。吾子其擇所從事哉！"因授余一册而別。歸而發之，則經學之源流，史家之體例，子之部居，詩文之法律，皆在焉。或提綱而挈領，或分支而別派，或推其學問之所由，或考其議論之所出，或究之本書而決其是，或證以他書而摘其謬，而考訂讐校之法，收藏刻槧之家，無不悉備。至於宋槧元鈔，某真某贋，蜀板閩本，爲原爲翻，凡賞鑑家所爭誇而估販家所傳習者，亦間一及之，而非其本旨也。余按其法而譜之，始稍稍知書。而余之所得者日益多，多則易致散佚，思所以總之，莫如目；而余之所讀者日益少，少則恐難遍及，思所以博之，莫如目：此書目之所由昉也。而余著目之意，猶有四：一，自課。古人鈔書，日課數紙。因仿其意，專學目録。前稿急於收拾，草迹模糊。今悉易以楷書，日盡三紙。一，訓俗。讀書之法略備於此，大抵鍼砭俗學，使知門徑。一，考藏書。依目觀書，雖數十百本，一時皆可流覽，且易記難忘。勤於翻動，書亦不蠹。一，當筆記。古今之圖書，四海之聞見，散在衆帙，不能周知。取其未聞而有益者，聚爲一家之書。且經史子集，各有部分，條記於各目之下，易於流覽。其例有六：一，互文見義。前序已言者，不録後序，所録後序皆前序所未言。一，比類知體。如《説文》、如金石、如醫卜，每舉一類，皆採其書之最精、語之最當者，録之以爲法式，合目中諸説觀之，而專家之學可得其大體。一，悉據本書。凡策套、類書，一字不及。一，多存古義。古書愈散愈少，偶得一書名，尤當珍惜，況其説乎？一，詳叙次第。每書自首至尾，歷記其序例、目録、篇卷、跋語，苟有所亡佚，不難考而知也。一，間附考證。加"案"字以別之，舊案曰"元案"。創始於光緒五年七月，斷手於十四年三月，凡九閱寒暑，四易稿而成。初稿録書名、卷數、撰人名氏，如胡刻《四庫附存書目》之例。次稿略著板本，節録序跋，如《天一閣書目》之例。三稿略辨板本，如《書目答問》之例。瞥有所見，即於三稿中橫批側注，如所謂碎金玉屑，皆名家考證之文確有依據者，棄之可惜，遂合併爲一本，分注於各目之下，復增以本書之所有，并各家書目，參互考訂，以成是編。時代之先後，尚需定正；文字之繁賾，難保差謬。略備遺忘，非關問世。叙曰：目録之學，必有所授，熟讀《漢書・藝文志》，略見端的，尤必博考羣書，默參校法，精心鑑別，以求一是，夫然後可以讀書。蓋下學之功自此始，非謂其如是而遂已也。余先著《目録學》，以爲入門之法，每考一書，動成篇卷，然僅僅知書之名目而已，於書中之義理旨趣、脈絡貫通，固未之識也。然必由此而求之，而所謂義理、旨趣、脈絡貫通者，終必有知之日。若不知名目而遽謂貫通，無是理也。歷觀諸家書目，如《遂初》、《汲古》、《天一》、《絳雲》等目，於古書之支派流別、篇卷分合，都無所發明，其於學問之事，更相遠也。因彙聚史志，窮源溯流，得其解目者而先解其目；繼又網羅羣籍，得其解書者而詳解其書。解不一解，録不一録，龐雜紛紜，幾不可讀。方册短册，隨手鈔録，以待整比者，約有尺許，而字幾不識。遂別其專考古書者，爲《紫玉函書目》；目中所列者，爲漢、隋、唐《志》、《崇文總目》、《通考》、《經籍志》、《玉海》、《藝文》、《授經圖》、《經義考》，案語最多，體例亦潔。專記藏書者，爲《仁静堂書目》；一目一行，解題只數字。其片鱗斷甲，悉歸是編，爲《藏書記》。所謂離之則雙美，合之則兩傷也。素居窮鄉，罕所聞見，未受明師之益，先染俗學之腥，因發憤購書，相依爲命，習染既久，微明忽露。先擇其可爲師者數人，大抵春容大雅、天性完全、宏通淹貫、虛懷若谷者，而後從之。其偏拗刻峭、負氣陵人者，弗得與焉。《記》曰“博聞强識而讓，敦善行而不怠”，是吾師也。求其考校之法，略見一斑。枝枝節節而爲之，寧緩毋急，寧繁毋簡，得尺則尺，得寸則寸。其用心也甚苦，其奏效也甚微。其辨別甚嚴，如名法之刻。其奔走翻閱甚迫，有胼胝之勞。其望書也，如農夫之望歲。其皇皇焉，有求而弗得也，如窮人之無歸。或曰：“子之所輯者，誠富矣，然雜而不純，漏而不備，其無譏乎？”余應之曰：“此正所謂吾之書也。吾寫吾目之所見，吾竭吾力之所到。其目之所不及見與力之所不及録，豈無繼起者續而補之？更望後起者糾而正之，則雜者純，漏者備，而此不純不備者，藏之家塾，以待修目，亦何不可哉？"昔李延壽表進《南》、《北史》，其言曰"鳩集遺逸，以廣異聞，去其冗長，揚其菁華"，愚爲是書竊取斯意。然李氏所謂"鳩集"者，誠當矣；若去冗揚華，猶不免後人之議，則其自稱者太夸也。夫學問不可以驕人，考證實切於爲己，雖至精至確亦不過。餘力學文之事，於所謂篤行者，無與也。然固執必先以擇善，明善必先以致知。由是而之焉之謂道，由是而止焉不可謂學。或曰："子之書子序之矣，人序之可乎？"余曰："不可。書苟可傳，正不必視己過輕；書若不可傳，又何能倚人爲重？目中所録序跋，美不勝收，求於古人者，不既多乎？且序者，序所以作書之意也，始於子夏之序《詩》。其後劉向校書，每一篇成，即爲之序，文極雅馴矣。若夫覆述古人，游揚好事，官階稱謂，鋪陳滿紙，吾所删削者，正如是。人不自立而依草附木，非所謂豪傑之士也。故王西莊不求人作序，板橋自序其所著，余甚韙其説。"因自道區區之意，以冠於目首云。光緒十一年歲次己酉二月十五日，靈石耿文光，字斗垣，一字酉山，別號蘇溪漁隱撰。

　　是書，經史子集四部總爲四十五類。首標書名、卷數爲綱。無卷數者不録。注降二格，案語降三格。凡所引書，皆記出典。偶忘姓名者，亦必著明，不敢掠他人之美也。各門之後附以總論，略述分卷去取之意。其注先撰人，某代某人撰。次板本，著明某本，使人知所説者爲何本。兩本皆佳，謹遵《天禄琳琅書目》之例，別標一目。次解題，《直齋書録》之例。此段皆爲己説，書之次第在是。次録序跋，《天一閣書目》之例。次採本書要語，宋高似孫《史略》之例。余書不能久藏，一旦而棄之，雖片語單詞，再見誠難，因録其不忍釋手者，他日展卷，如逢故人。雖不免於罣漏，實多得其精華，與名書之意固未遠也。次集諸家論説。馬氏《經籍考》、朱氏《經義考》之例。其説有附在本書者，有採自他書者。例固如此。亦有不盡然者，則以題有不

必解，序有不足録，書中既無可採，書外亦無可輯，自不得一一
如例。此外或明書之純雜，黃氏《日抄》、高氏《子略》之例。或辨板之
精粗，佳板皆記其行數、字數、刊刻年月，并古板之式、作僞之迹。孫氏、莫氏兩家
書目之例。或疏通其轇轕，或考證其訛謬，謹遵《四庫書目》之例。其詳載
於《目録學》，此其大略。或書所見，梁氏《瞥記》、莫氏《經眼録》之例，凡書
未經收藏者，載之注中，不作標題。所藏有未及録者，以俟續編。或記所得，《拜
經樓藏書記》、《士禮居題跋記》之例。皆隨手紀録，亦無倫次。至於徵引
諸書，或舉姓不名，或稱名，或稱字，或冠以書名，皆無定例；
而注家之先後，更多未次。蓋以一人之力，且讀且録，無暇整比，
自寸許積至尺許，略一改易，翻動誠難。乃知古人著書，疵累百
出，非盡出於不自知也。近日學者多讀肆本書，踵訛承謬，誤人
實甚。因廣搜羣籍，專攻目録，作爲此書，略如長編。凡所收者
皆善本，所集者皆精語，而諄諄不已者，皆古人著書之大體、讀
書之要法，與各家書目用意不同。其要在於分門別派，按部讀書，
據書編目，因目知書。謹遵《四庫全書總目》，分經部爲十類：
《易》三卷，《書》一卷，《詩》一卷，《禮》二卷，《春秋》一卷，
《孝經》一卷，五經總義一卷，四書一卷，《樂》一卷，小學八卷。
經部共二十卷。分史部爲十七類：正史八卷，編年一卷，紀事本末一
卷，別史二卷，雜史二卷，詔令奏議一卷，傳記三卷，史抄一卷，
載記一卷，時令一卷，地理八卷，譜牒一卷。《全書總目》無譜牒，謹遵
《皇朝通考》增入此類。職官一卷，政書一卷，金石十二卷，從目録類分
出，別爲一類。目録七卷，史評一卷。史部共五十二卷。分子部爲十四
類：儒家二卷，兵家一卷，法家一卷，農家一卷，醫家四卷，天
文算法三卷，術數一卷，藝術三卷，譜録一卷，雜家八卷，類書
一卷，小説家二卷，釋家一卷，道家一卷。子部共三十卷。分集部爲
五類：楚詞一卷，別集二十九卷，總集六卷，詩文評四卷，詞曲
四卷。集部共四十四卷。總共一百四十六卷。

經部一

《易》類一

《連山》一卷　　《歸藏》一卷

國朝馬國翰輯

　　《玉函山房》本。《連山》夏《易》，《歸藏》殷《易》，二書久已亡佚。竹垞朱氏《經義考》搜輯甚詳，分爲二卷。馬氏因之，補所未備，并附諸説於後，視《漢魏遺書鈔》所存，詳審多矣。謹案《四庫全書目録》，凡書之殘缺不完者，皆不著録。聚珍本採自《永樂大典》者，亦必排纂成帙，而後入録。馬氏所輯，仍非完帙，今依《經義考》，列之《易》類之首，以明古《易》之所始。而竹垞與竹吾先後采輯之功，亦不可没。其書雖不必爲太卜所掌，然以韻爲文者，皆古之繇辭。考古音古義者，必有所取也。

　　《連山》八萬言，見於桓譚《新論》，是後漢時尚存，而傳者甚少，故漢、隋《志》皆不著録。《唐志》十卷，司馬膺注，乃劉炫所僞造。兹所輯者，皆在炫前，決爲古之佚文。《連山》以純艮爲首，山上山下，故曰“連山”。

　　《歸藏》，《漢志》不著，晉《中經簿》始有之。隋、唐《志》十三卷，晉薛貞注。宋《中興書目》有“初經”、“齊母”、“本蓍”三篇，諸家多疑其僞，然其詞質，其義古，非後人所能爲。

又韻語奇古，與左氏繇辭相類，《易林》源出於此，未可以《漢志》不列其目而疑之。"歸藏"者，萬物莫不歸而藏於中也。

桓譚曰："《連山》八萬言，《歸藏》四千三百言，夏《易》煩而殷《易》簡。"又曰："《連山》藏於蘭臺，《歸藏》藏於太卜。殷人筮有五：曰著、曰蒿、曰荆、曰箭、曰竹。周人始專以著筮，以龜卜。"考諸書所載，有蠱卜、彪卜、彪一作虎。雞卜、鳥卜、牛蹄卜。《詩》云"握粟出卜"，此以粟卜也。又有瓦卜、棋卜，以及鏡聽、燈占之類，雖愈去愈遠，然皆有象數存焉，可以知《易》之所包者廣也。《目耕帖》。

《玉函山房輯佚書》凡五百八十餘種，爲卷六百有奇。惟經編爲完備，十三經、緯書、小學共十六類，史僅三類，雜史、雜傳、目録。至子編而止。共十四類。後附《目耕帖》三十卷。皆説經之文，自《周易》至《周禮》，匡源刻書時編入，有序。今其板在濟南皇華館書局。

《周易子夏傳》二卷

舊本題周卜子夏撰

《玉函山房》本。馬國翰輯，有序。古本不知卷數如何。晉荀勗《中經簿》四卷，阮孝緒《七録》六卷，隋、唐《志》二卷。劉向以爲韓嬰作，荀勗以爲丁寬作，張璠以爲馯臂作。薛虞《記》、《張氏叢書》有此書，馬氏據以校録。蓋古之佚文，漢學所師承者也。《崇文總目》刪去子夏名，以袪誤惑，最爲有理。

馬氏序曰："《唐會要》云，開元七年三月十七日詔，《子夏易傳》近無習者，令儒官詳定。劉知幾、司馬貞議皆以爲不可。五月五日詔，《子夏傳》逸篇，令帖《易》者停。自時厥後，如晁説之、程迥、陳振孫、章如愚、何喬新、馬貴與等并以此書爲僞，孫坦《周易折蘊》以爲杜鄴，趙汝楳《周易輯聞》、徐幾《易輯》皆以爲鄴、彭祖二人皆字子夏，懸空臆度，迄非定論，獨洪邁信之。按《子夏傳》，漢代所師承也，劉向以爲韓嬰作，必其說與子夏同。漢、晉人及見丁、韓諸傳，故有是說，非後人懸揣之比。蓋此書自馯臂傳之，至丁寬、韓嬰得而修之，載入己書中。如毛萇説《詩》，首列子夏小序之類，故班《志》《易》十三家有丁氏八篇、韓氏二篇，而不云子夏，猶之《毛詩》，但言毛傳，而不別著小序之目也。薛虞不知何人，晉張璠稱其有記，度必漢、魏間人。自其記述，《子夏傳》乃單行，故晉有四卷，梁有六卷，隋唐有二卷也。唐初最重此書，僧一行《易纂》，孔氏《正義》，《釋文》亟引之。明皇欲頒行學校，爲議者格，廢不果，書遂淪没。李鼎祚集古《易》三十餘家，僅存數節，此外蓋無聞矣。後人不見原書，張弧輩遂用王弼本別撰十卷，或增十一卷。《紹興闕書目》又有《周易子夏》十八章，五行家言託名子夏，今其書亦不見。若此之類，信屬贗作。武威張太史澍輯此篇，今據校録分爲二卷。”

邵氏晉涵曰：“《子夏易傳》，漢初諸儒私相傳習，得上秘府，遂得著於《七略》。王儉《七志》尚仍劉《略》之舊，而班《志》無之，是必班固因其不立於學官，削而去之也。今《子夏易傳》見於李氏《集解》者，皆粹然無疵，可信爲聖門所授。自班氏不載於《志》，浸至散亡，遂有僞造全書以惑人者，追原本始，皆班氏階之屬也。《易傳》即不出於西河，書藏於祕府，亦當著於目録，辨其由來，使天下後世明見其得失，乃懵然莫辨，猥以不載絕之，是與於絕聖離知之甚者。外此若魏文侯《孝經傳》、賈誼《左傳解詁》，皆先哲之緒言，後人徒以《漢志》所無，棄而不習，馴至淪亡。竊意班《志》所載，其稱如千家者，皆删取劉《略》之餘；其新入者，則班氏所附益。附益之不當，鄭樵已譏之矣。又孰知其妄爲進退，不詳不備若此哉！”此邵氏所擬提要，録於《南江札記》。

張氏金吾曰："《子夏易傳》有三本：劉向《七略》，《易傳子夏》，韓氏嬰也。阮孝緒《七錄》，《子夏易》六卷，或云韓嬰作，或云丁寬作。此唐以前本，李氏《集解》、陸氏《釋文》所引者是也。唐末張弧所僞撰，則《崇文目》、晁《志》所著錄，《困學紀聞》所稱引者是也。今世行本又係後人僞託，不但非韓嬰、丁寬書，亦并非張弧書矣。"

《金石文字記》："《孔彪碑》，其文有云'扔馬'者，《易》用'拯馬壯'。《子夏傳》、《説文》、《字林》并作'扔'，音升，一音承，上舉也。漢時所傳如此，而今作'拯'者，唐開成以後所定。又按《方言》：'扔，拔。出休爲扔。'休，古溺字。《周禮·職幣》注：'振，猶扔也。'又作'撜'。《淮南子》'子[一]路撜溺而受牛謝'。注：'撜，音丞，舉也。'則'撜'與'扔'同爲一字矣。又作'承'。"

《子夏易傳》十一卷

世傳僞《子夏傳》，即此本。唐張弧用王弼本撰。

《通志堂》本。國史《志》、《中興書目》并云十卷，當即此本。惠徵君以《釋文》、《集解》二書校之，無一字相合。《崇文目》十八卷，音三卷，五行家所託名，今無傳矣。

《周易》，《漢志》十二卷，其本不知何如。竹書《易經》五篇，竹書公孫叚、邵陟《論易》二篇，見《晉書》，今佚。

《連山》、《歸藏》皆闕佚，惟《周易》爲完書，然自費直更於前，王弼亂於後，古本次第，不可得知。宋代數大儒雖各有論定，未必一一復其初也。

《漢魏二十一家易注》三十一卷

周卜子夏，漢孟喜、京房、馬融、荀爽、鄭康成、劉表、宋衷、陸績，魏董遇、虞翻、王肅，吳姚信，晉王廙、張璠、向秀、干寶、蜀才、翟元、九家、劉瓛注

映雪草堂本。嘉慶四年，孫堂輯注之僅存，并拾異文，依元書之目，各爲一編。内鄭注四卷，虞注十卷，餘家各一卷，每卷有小序。注有古文通借之字，則援引經傳、小學疏證之，而詳其姓氏。阮相國爲之序。

《漢志》：孟喜《周易章句》二篇，《周易災異》十一篇，又六十六篇。蓋合京房言之。《説文》所引，皆孟氏《易》，與今文多異。其説《易》，本於氣而後以人事明之。"十二月卦"出於孟氏。

漢有二京房，皆出焦延壽之門。《漢志》《京房易傳》十一篇，《隋志》《周易章句》十卷。又《錯卦》、《妖占》、《守林》、《飛候》等，凡十一種，皆五行家言。諸家皆祖田何，大義略同，惟京爲異。其以卦氣言事，皆有效驗。

子夏《易》五傳而至田何，漢《易》自田何《易傳》始，何以上無書。何授弟子王同，《漢志》王同《易傳》二篇，漢《易》著録自王同始。丁寬師田何，復師其同門之友周王孫，以受古義，爲《易》家之始師，由是有施、孟、梁丘〔二〕之學。

先秦之《易》，未有及於理義者。田何、丁寬所傳，只是文義章句，而訓詁之學興。自費直之《易》亡，學者遂宗王弼之説。自王弼而下，其説紛紛，反有不若象數之粗有發明者。至於京氏之學，流爲術數，自成一家，大抵皆卜筮、陰陽、氣候之言，不復更及《易》道。

費氏《易》至馬融始作傳，《七録》一卷，《唐志》作《章句》十卷。融傳康成，康成始以彖象連經文。馬解頗生異説。

劉表，字景升，魯恭王之後也。開立學官，博求儒士。使綦〔三〕毋闓、宋衷等撰定五經章句。《隋志》《周易章句》五卷。《中經簿》《易注》十卷，《七録》九卷，《目録》一卷。衷受學於同郡王暢，當時名高八及，爲海内所稱。其書淪亡，深爲可惜。

宋衷《周易注》，《隋志》十卷，其學與康成相似。

陸績《周易述》，《隋志》十五卷，已佚。《鹽邑志林》所載一卷，乃抄撮《釋文》、《集解》而成者。曹秋岳見藏書家有三卷，陸氏注《京氏易》三卷，未知是此否。陸績之學，始論動爻，史稱績作《渾天圖》，注《易》，釋《玄〔四〕》，皆傳於世。

董遇《周易注》，《七録》十卷。史稱遇歷注經傳，頗傳於世。嘗言讀書百遍，其義自見。人苦其難，從游者少。

荀爽起自布衣，九十五日而至三公。《周易注》，《隋志》十一卷。荀傳費學，參用孟注，陰陽升降，洞見本原。虞翻稱其知《易》，且謂馬融有俊才，解釋不及。荀悦言叔父爽著《易傳》，據爻象承應陰陽變化之義，以十篇之文解説經義，由是兖、豫之言《易》者，咸傳荀氏學。

《九家易解》，《隋志》十卷，不知何人所集，以荀氏爲主，故稱“荀九家集注”。其序有荀爽、京房、馬融、鄭玄、宋衷、虞翻、陸績、姚信、翟子元，注内又有張氏、朱氏，并不詳何人。郝敬謂九家者流，附會穿鑿，迂辭無當。程迥曰：“荀爽於説卦添物象以足卦爻。”如乾爲衣，坤爲帛之類。《朱子本義》稱荀九家者，其文不備。查元章謂：“不須添，添亦不盡。”光案：查氏所謂添不盡者，誠是，惟在占者依類求之，擬議以成其變化。壬課十二爻所屬物象甚多，亦此類也。

《南史》：姚察曰：“臣九世祖信，名高往代。”又《七録》有《姚信集》二卷、《士緯新書》十卷，其説《易》與荀、虞相似，故九家集解有之。梁《七録》十二卷，隋、唐《志》皆十卷。

王廙《周易注》十卷，《隋志》三卷，殘闕，六朝文章，清詞霏霏，非荀、虞、馬、鄭之比。

張璠《周易集解》，《七志》云十卷，集鍾會、向秀、庾運、應貞、荀煇、張煇、王宏、阮渾、楊乂、王濟、衛瓘、欒肇、鄒湛、杜育、楊瓚、張軌、宣舒、邢融、裴藻、許適、楊藻凡二十一家，依向秀爲本。古來集諸《易》以成一家者，荀九家、李鼎祚《集解》及此書，號爲大作。今惟李書存。《釋文》坤二爻下引張璠本，汲古閣《釋文》誤作張倫。朱《考》於張璠外別列張氏一家，凡《釋文》所引之張氏，一歸於誤出之張倫，歧之又歧，蓋未細審《釋文》之例也。

向秀注《莊子》，郭象竊爲己有，世傳郭象《莊子注》即向之本。書後注《周易》，大義可觀，與漢注有彼此，未若隱莊之絕倫也。

干寶《周易注》，隋、唐《志》十卷，其注用京氏占候之法，後人譏其小物詳而大道隱，誠非無自。其注有爻義、宗塗、問難、元品四種，俱佚。又著《搜神記》，今傳於世。干裔居嘉，善以塼埴爲業，干窰鎮由是得名，作“于”者誤。

翟元無考，其學宗荀氏。李氏《集解》引其說。

《周易》“蜀才”注，《七錄》云：“不詳何人。”《七志》云是王弼後人。陸氏云：“姓范，名長生，自號蜀才。”《華陽國志》：“范賢，名長生，一名延久，又名九重。”《十六國春秋》：“范賢長生，善天文，有術數，民奉之如神。其說《易》本荀氏學。”

《周易鄭康成注》一卷

宋王應麟撰集

《玉海》附刻本。前有王氏自序，後有汲古堂跋。鄭注原本久佚，王氏采輯而成。又鄭氏《周易》三卷，國朝惠棟增補，《雅雨堂》刊本，附李氏《集解》後。又《周易》鄭注十二卷，國朝張惠言訂正，湖海樓刊本，丁傑重加考訂，末附《正誤》、《易贊》、《易論》、《叙録》。此兩本皆補正王氏之書，而《易》注至是無憾矣。

王氏自序曰："鄭康成學費氏《易》，爲注九卷，多論互體。以互體求《易》，左氏以來有之。今鄭注不傳，其説間見於鼎祚《集解》及《釋文》、《詩》、三《禮》、《春秋義疏》、《後漢書》、《文選注》，因綴而録之。先儒象數之學，於此猶有考云。然康成箋《詩》多改字，注《易》亦然。如'包蒙'爲'彪貘'，豕之牙爲'互'，'包荒'讀爲'康錫'，'馬蕃庶'讀爲'蕃遮'，'皆甲宅'之'皆'讀爲'解'，'一握爲笑'之'握'讀爲'屋'。其説近乎鑿，學者蓋謹擇焉。"

《新本周易鄭氏注》三卷

《雅雨堂》本。惠氏益漢上、嵩山之説爲三卷。

盧氏序曰："北宋時鄭《易》猶存《文言》、《説卦》、《序卦》、《雜卦》四篇，載於《崇文總目》，至南宋而四篇亦佚。於是王厚齋輯爲鄭氏《易》一卷，前明胡孝轅震亨刊其書，附李氏《易傳》之後。《正義》所采爻辰，乃律家合辰、樂家合聲之法。漢學《易》義無多，存此以備一家。"

《周易鄭注》十二卷

宋王應麟集，國朝丁傑後定，張惠言訂正

《湖海樓》本。蕭山陳春校刊。前有盧文弨序，後有《正誤》、正王氏之誤。《易贊》、《易論》、《世説》注作"序易"。《叙録》、藏錫堂叙《易》源流。附録。鄭注《詩》、《禮》所引《易》義皆用京氏學，與《易》注用費學不同。丁小疋因胡氏、惠氏兩本重加考定，凡

《乾鑿度》之文羼入者，悉刊去之，復補其未備，歲久始克成書。

《周易鄭氏注》，《隋志》九卷，《七録》十二卷，《舊唐志》同。《釋文》、《叙録》、《新唐書》十卷。不知何緣增益。其本合彖象於經，使學者尋省易了。

蕭子顯曰：“康成生炎漢之季，訓義優洽一世。”

李延壽曰：“鄭玄并爲衆經注解，大行於河北。魏末，大儒徐遵明門下講鄭氏所注《周易》。遵明以傳盧景裕及清河崔瑾，景裕傳權會、郭茂。權會早入鄴都，郭茂恒在門下教授。其後能言《易》者，多出郭茂之門。”

馮椅曰：“鄭氏《易》旨趣淵確，去聖人未遠也。”

《周易鄭氏注》三卷

國朝張惠言箋

小琅嬛仙館本。互體，傳自田何，王厚齋以爲康成之學，蓋考之未審也。

《周易虞氏義》九卷　附《虞氏易事》二卷
　《虞氏易禮》一卷　《易候》一卷　《易言》
　一卷

吳虞翻撰，國朝張惠言輯

箋易注元室本。《隋志》九卷，《五行家易律歷》一卷，《周易集林》一卷，又《周易日月變例》六卷，虞翻、陸績撰。

宋咸曰：“先儒如虞翻、崔憬之用互體，京房、郎顗之用五行，皆去聖人遠矣。”

朱震曰：“虞氏論象太密，則失之於牽合，牽合之弊或至於無説。”

王弘[五]撰曰：“納甲之説，京氏《易傳》、魏氏《參同契》皆有之，而虞氏之説較備。”

朱氏曰：“虞氏世治孟氏《易》，《釋文》所引，其文或不盡依孟氏。虞注雖不傳，《集解》撦采獨詳，其大略尚存也。”

張氏《箋易注元室集》鄭注、虞注以外，有《荀氏九家》三卷、學海堂《經解》一卷，玉函《輯易》二卷。《鄭荀義》三卷、鄭氏言禮，荀氏言升降，虞氏言消息，鄭、荀宗費氏，虞宗孟氏。費《易》僞。《易義別録》十四卷、孟氏四家，京氏三家，費氏七家。《子夏傳》非漢所説，別爲一家。《易緯説略》三卷、《説稽覽圖》、《乾鑿度》、《通卦驗》三書，求其純者，條而次之，存其義略，闕其不知。《易圖條辨》一卷。《經解》本無《鄭荀義》、《説略》、《條辨》三種。此本共四十一卷，嘉慶十六年阮氏小琅嬛仙館校刊。

王謨《漢魏遺書鈔》、《歸藏》，晉薛貞注，一卷；荀《九家易解》一卷；孟氏《章句》一卷。

玉函山房輯《易》共六十三家，視諸家所輯爲備。

《周易注》十卷　附《略例》一卷

魏王弼、晉韓康伯注

相臺岳氏本。《易》王、韓注，《書》孔傳，《詩》毛傳，《春秋左氏傳》杜集解，《禮記》鄭注，每卷後有木刻亞形“相台岳氏刻梓荆谿家塾”印，大小篆、隸文、楷書不等。每葉末上旁刻篇識，如乾卦刻一“乾”字，《堯典》刻“堯典”二字之類。每葉十六行，每行大字十七字，注同。注外隔一圈爲音，所音之字各加一圓圈。乾隆四十八年武英殿仿宋本，前有御題詩，每卷末葉後刻某官臣某人敬書，蓋諸臣分寫，如影鈔之例。各卷皆有考證。

《易》王注六卷、每十卦爲一卷，四卷、五卷各二卦，無序。韓注三卷、《繫辭》上下二卷，《説卦》、《序卦》、《雜卦》一卷。《略例》一卷。唐四門助教邢璹注并序。今坊刻諸注疏本，皆無《略例》。《隋志》《周易注》十卷，蓋併《略例》爲十。新、舊《唐書》同。《七志》作“十卷”，“十”字恐是“七”

字之誤。《略例》綜一部之大旨，括三聖之微言，邢璹謂其經緯天地，探測鬼神，信然。《明象》、《辨位》諸篇，諸家多稱之，謂出漢儒之上。岳本考據精，監本闕訛甚，未可同日而語也。

《魏志》：“弼好論儒道，辭才逸辨，注《易》及《老子》。案：《通志》著《周易窮微論》一卷，《中興書目》著《易辨》一卷，大旨與《略例》同，而其書皆佚。爲尚書郎，年二十餘卒。”案：弼字輔嗣，山陽高平人。

何劭曰：“弼注《易》，往往有高麗言。太原王濟好談，病[六]《老》、《莊》，常云：‘見弼《易注》，所悟者多。’然弼爲人淺而不識物情。”程伯子曰：“王弼注《易》，元不見道，但卻以《老》、《莊》之意解說而已。”司馬光曰：“輔嗣好以《老》、《莊》解《易》，恐非《易》之本旨。”晁説之曰：“《易》雜《老》、《莊》而專明人事，則自王弼始。弼好《老》、《莊》，魏晉談玄，皆弼輩倡之。”郭雍曰：“漢興，諸儒僅能訓詁，舉大義，或復歸於陰陽家流，大失聖人言《易》之旨。正始中，王輔嗣一切革去，易以高尚之言。然輔嗣祖述虛無，其辭雖美，而無用於天下國家，於是《易》有空言矣。”黃宗羲曰：“論者謂弼以《老》、《莊》解《易》，試讀其注，簡當而無浮氣，何曾籠絡玄言？故能遠歷於唐，發爲《正義》，其廓清之功，不可及也。”石介曰：“王弼多取康成舊解爲之訓説，今之《易》蓋出於費説也。”李石曰：“王弼注《易》，刻木偶爲鄭玄像，見其所誤，輒呼叱之。”宋祁曰：“王弼著《易》，直發胸臆，不知鄭康成等師承有自。”

陳臯曰：“《易》本上下二篇，王弼注釋之時，以孔子《十翼》文相錯，因離爲六篇，謂之‘乾傳’、‘泰傳’。夫既稱經，又何以名傳？案鄭康成本并無‘乾傳’、‘泰傳’字，蓋輔嗣加之也。”代淵曰：“彖與大小象諸卦，本同乾卦，例皆於六爻後相繼而列之，聚爲一處。至鄭康成、王弼注時，謂彖與大象本論卦體，故列六爻前；小象以釋爻，故各退在逐爻後，使人易曉。惟留乾之一卦不移。"邵博曰："古《易》既亂於費氏，又亂於王氏。"吳仁傑曰："王弼《易》用康成本，謂孔子贊《易》之辭本以釋經，宜相附近，乃各附當爻，每爻加'象曰'以別之，謂之'小象'。又移《文言》附於乾、坤二卦，加'文言曰'三字於首，而以《繫辭》上、下'傳'字施之《説卦》前、後二篇。分上經乾傳第一、泰傳第二、噬嗑傳第三，下經咸傳第四、夬傳第五、豐傳第六，而無'卷'字。"稅汝權曰："《易》經義、文、周、孔之手，可謂最古，而篇第不明，蓋漢、魏以來諸儒之罪，而王、韓尤其著者。《魏志》謂鄭康成始合象、象於經，厥初猶如今乾卦附之於後。至王弼則自坤以下各爻聯綴之，標題乃以'上經乾傳'至'下經豐傳'爲六卷，已不知於義何居。及康伯，又以上、下《繫》爲七、八卷，《説》、《序》、《雜》爲第九卷，《略例》爲第十卷，使羲、文、周公上、下二篇之經不成二篇，而孔子《十翼》不成十翼，漢魏迄今幾千餘年，列於學官，專置博士，無一人能辨其非者，惑世誣民，抑何甚哉！"俞琬曰："古《易》爻、傳自爲一篇，不以附經。今學者惟弼是從，竟莫敢移動。吕汲公、王原叔、晁以道、李巽巖、吕東萊、朱紫陽皆以分經合傳非古。吳仁傑、稅汝權編《周易古經》，亦皆極論弼之失。讀《易》者當考其是，不可狃以舊説。"陳廷敬曰："費直以象、象釋經，附於卦後，今乾卦是其例也。"

　　李延壽曰："河南及青、齊之間，儒生多講王弼《易》，師訓益寡。"孔穎達曰："王輔嗣之《易》，獨冠古今，所以江左名儒并傳其學，河北學者罕能及之。"陸德明曰："王弼注《易》，上、下經二卷，《略例》一卷。"李綱曰："弼有'得意在忘象，得象在忘言'之論，深斥象數之學，謂互體不足，遂及卦變，變又不足，推至五行，義無所取。而近世學者遂廢象而不談，失聖人之意多矣。"朱子曰："王弼《周易》巧而不明。"陳振孫曰："自漢以來，言《易》者多溺於占象之學，至弼始一切掃去，暢以義理，於是天下宗之，餘家盡廢。"吳源曰："五經惟《易》最古，至費氏而古《易》遂變爲今，至鄭康成、王弼而今《易》不可復古。"《南齊書》："顧歡注王弼《易》二《繫》，學者傳之，今佚。"沈珩曰："輔嗣《明卦》、《明爻》諸篇，舉義明徹，不特掃象占之溺，亦出漢經師訓詁之上。"王伯厚曰："程子謂學《易》先看王弼，蓋輔嗣之注，學者不可忽也。"黃宗炎曰："宋儒詆王弼爲崇尚虛無，雜述異端曲說，晉魏談玄，自王倡始。至神州陸沉，中原魚爛，皆輔嗣所肇，甚或擬其罪爲桀紂。噫！亦太甚矣。"

《吳文正公集》："邢璹有《略例注》，潮陽陳禧爲之補釋，多所發明。禧年甚少而篤志於經，世武功而從事于文，諸侯之子而齒於庶士以共學，是其天質之異於人者也。"

《考證》："《大畜》'利涉大川'，案《六經正誤》云，'涉'字誤'涉'，興國軍本作'涉'，從水從步。步從少，反止爲少，動足也，足一止一動爲步，非從多少之'少'"。"《益》六三注'主所任'，後人改宋板'主'字作'王'，誤矣。""《豐》上六'闃其無人'，折中定本、監本'闑'，門內從具。徐鉉曰：'窺，小視；臭[七]，大張目。言始小視之，雖大張目亦不見人也。'""'其受命也如響'，別本作'嚮'，失宋板之舊。"《序卦》'決必有遇'，殿本、汲古閣本、監本'有'字下俱有'所'字。案通志堂所輯衆本與此本同。""'物不可以終動，動必止之'，'動必'二字，諸本皆無，通志堂諸本惟董楷《附錄》有此二字。今殿本亦增入。""《雜卦》：'遘，遇也。'《說文》：'遘'訓'遇'義，如'姤'。案全經'姤'作'遘'，止此一見。《漢上易傳》、《童溪易傳》、《俞氏集說》與此同，但卦名不應通用，依折中本改正。"謹案宋本朱子《本義》，遘，遇也，不作"姤"。"《略例》'陰苟，隻焉'。'隻'改'隻'。案《說文》，必鳥一枚也，從'又'持

‘隹’。持一隹曰隻，持二隹曰雙。無從‘夊’者。”

　　吳斗南《古周易》載九江周氏燔本，上經乾傳第一，上經泰傳第二，上經噬嗑傳第三，下經咸傳第四，下經夬傳第五，下經豐傳第六，《繫辭》上第七，《繫辭》下第八，《說卦》第九，則《略例》爲第十明矣。陸德明乃以《序卦》爲第十，《雜卦》爲第十一，故以《略例》之第十爲後人輒加之，其說非是。此盧氏之說。《古易》，《說卦》連《序卦》、《雜卦》，第九。

　　文光案：輔嗣之學，出於馬、鄭，馬、鄭出於費氏。《略例》凡七篇，曰《明彖》，曰《明爻通變》，曰《明卦適變通爻》，曰《明象》，曰《辯位》，曰《略例下》，曰《卦略》。邢璹《略例注》，毛氏刻入《津逮秘書》，無序跋。《隋志》《周易》十卷，蓋并《略例》爲十。“彖曰”、“象曰”、“文言曰”，輔嗣所加。

《周易注疏》十三卷　附《略例》一卷

魏王弼注，唐陸德明音義，孔穎達疏

乾隆四年重刊《十三經注疏》，至十一年十二月校刻告竣，共三百四十六卷，十七函。首御製序，次進書表，諸臣職名。各經前有注解傳述人。即陸氏《釋文》所錄。各卷後有考證。《四庫全書考證》，即正殿本之誤。各經末有總案。《周易注疏》前有王注原目，自上經乾傳第一，至《雜卦》第十一，標題無“卷”字。次傳述人，次《正義序》，次《正義》卷一。論八段，與序相接。此《正義》十四卷之首卷，不在經疏、傳疏之列，故《館閣書目》不數之，謂止十三卷。卷內凡“注”字、“音義”字、“疏”字，皆作陰文。疏下加“《正義》曰”三字。孔疏王注分六卷爲十卷，上經五卷，下經五卷，合韓注三卷爲十三卷。監本分爲九卷，蓋據王注六卷、韓注三卷之文，而不依其篇第也。諸經題曰“注疏”，而《易》獨名爲“兼義”；諸經分錄音義，而

《易》獨附之卷末。是合刻注疏之始，體例未定，故爾乖違，後人遂沿而不改。殿本重爲訂正，使歸畫一。凡監本今已殘缺。之舛錯謬訛，十去其六七矣。

《經籍跋文》："《正義》十四卷，《新唐志》、晁《志》同，惟陳氏《書錄解題》作十三卷，引《館閣書目》亦云'今本止十三卷'。按序所云十四卷者，蓋兼《略例》一卷而言。若《正義》原本，止十三卷。《舊唐志》誤作十六卷，後皆作十卷，又爲妄人所并也。原本單疏，并無經注。正經注語惟標起止，而疏列其下。注疏合刻起於南北之間。至於音義，舊皆不列。本書附刻音義，又在慶元以後，即《沿革例》所謂'建本有音義、注疏是也'。以其修板至明正德間止，亦稱'正德本'。以其每半葉十行，又謂之'十行本'。然它經音義，附於每節注後、疏前，獨《易》總附於末卷之後，故題爲'周易兼義'，而不稱'附音'。余得宋刻大字本十三卷，每半葉八行，行十九字，蓋紹興初監本。每葉楮背有'習説書院'四字長印。可以勘今本之脱誤，更復不少。如《咸象傳》凡一百一字，今本全脱。宋本之足貴如此。"陳仲魚諸跋刻於《拜經樓藏書記》後，觀此可知宋本面目，且可知音注合刊之由，故錄之。鄭《易》多論互體，自王學孤行，遂置不講。

《羣書拾補》："《周易略例》，明嘉靖監本附刻《易注疏》後，字句多訛。日本《考文》據以爲本。官本據相臺本及《漢魏叢書》、《津逮》本互爲參訂，已較各本爲善。今復取錢孫保影抄宋本以校官本，著其異同。""《略例》下近而不相得者，志各有所存也。此下注有訛舛，今錄錢本正之。"

文光案：經有單注本，如相臺所刻九經是，附釋音；有單疏本，傳刻甚少，間有藏者；有注疏附釋音本，今所行者是也。《十三經注疏》，殿本以外，有汲古閣本，世不甚重。明監本間有存者，亦甚寥寥。今以阮相國校本爲佳。相國所重刊者，爲宋本。宋本《周易》，分卷不與古本同。今官本所分又不盡合宋本。《考文》所説宋板式，與錢本微異。《羣書拾補》有古本式、利本式、宋本式、錢本式。

《周易正義》十卷

唐孔穎達疏，王韓之注

江西南昌府學本。嘉慶二十年用文選樓本校定，道光六年重校，附阮相國《校勘記》。

《校勘記》：“國朝之治《周易》者，未有過於徵士惠棟者也。而其校勘雅雨堂《李氏集解》與自著《周易述》，其改字多有似是而非者。蓋經典相沿已久之本，無庸突爲擅易；況師説之不同，他書之引用，未便據以改久沿之本也，但當録其説於考證而已。”

《舊唐志》十四卷。《中興書目》同，《新唐志》作十六卷。宋本《周易兼義》案《唐書》，孔穎達與顏師古、司馬才章、王恭、王談受詔撰《五經訓》，凡百餘篇，號“義贊”，詔改爲“正義”云。其名“兼義”，宋人所題。十卷，《音義》一卷。明閩刊本《周易兼義》九卷，《釋文》一卷，《略例》一卷。宋本、閩本《音義》總附於末卷之後，故改“正義”爲“兼義”。《周易》兼《音義》已不可通，“兼義”之外又題“釋文”，更不可通，蓋誤以“正義”爲“兼義”，不知“正義”之兼“音義”也。

王注宋儒多詆之，謂崇尚虛無，雜述異端曲説，甚或擬其罪爲桀紂。噫！亦太過矣。唐太宗詔諸儒刊定“義疏”十餘家，凡辭尚虛誕者，皆所不取。惟王注獨冠古今，亦其學其辭，足以折服羣賢。故自魏至唐，學者共宗之。程子謂學《易》先看王弼，王伯厚謂輔嗣之注不可忽。自《程朱傳義》出，學者乃束而不觀。今其説之合者，已備録於《周易折中》，無庸更爲異論矣。

《新唐書傳》：“孔穎達，字仲達，冀州衡水人。”歐陽修曰：“于志寧撰孔穎達碑，質於《唐書》，字有不同。碑云字沖遠，可以正傳之謬。”

程珌曰：“自王弼以後，江南‘義疏’祖尚虛無，至唐孔穎達辨析音義，頗爲當時所宗。然至於聖賢用心，斯道大統，固未之深及也。”

黄震曰：“陸德明、顔師古、孔穎達訓詁之學，用意良苦，如漢馬、鄭之流矣。”董真卿曰：“穎達與顔師古等同撰《周易正義》。又撰《玄談》六卷。朱《考》：‘《紹興書目》有之，今佚。’陸德明《周易文句義疏》二十四卷，見《唐志》，又見本傳。《周易大義》二卷，見隋、唐二《志》。朱《考》曰皆佚。

朱《考》：“葉氏《菉竹堂書目》，有長孫無忌《周易要義》五册，凡十八卷。今有其書，大略與《正義》相同。考《正義》即係無忌刊定，非別一書也。”案：《正義》出於衆手，非孔氏一人所撰。

《載籍足徵録》：“《易經》十二篇，施、孟、梁丘三家。述祖案：施、孟、梁丘、京、費、高諸家經久佚，存者惟王弼、韓康伯所注今《易》，即《儒林傳》所謂‘以象象、文言解説上、下經’者，相傳爲費氏《易》。六藝中《尚書》、《禮》多缺略，唯《易》、《詩》、《春秋》爲完書，今諸家章句雖亡，而經文可尋舊第。陸氏《釋文》云：‘馬融、鄭康成、荀爽并傳費氏《易》。’《三國志·虞翻傳》注：‘翻奏上所注《周易》，言其高祖零陵太守光少治孟氏《易》，至翻五世，世傳其業。’是孟、費兩家經間猶有一二存者。”

《潛研堂集》：“唐初删定《五經正義》，孔穎達以官高獨專其名。其時同修者，《周易》則馬嘉運、趙乾叶；《尚書》則王德韶、李子云；《毛詩》則王德韶、齊威；《春秋》則谷那律、楊士勛、朱長才；《禮記》則朱子奢、李善信、賈公彦、柳士宣、范義碩、張權。分修既非一手，彼經與此經相矛盾者甚多。采劉焯、劉炫二家。‘鞭作宮刑’，疏云：‘鞭刑，日來亦皆施用，大隋造律，方使廢之。’‘宮辟疑赦’，疏云：‘漢除肉刑，宮刑猶在。大隋開皇之初，始除男子宮刑。’唐人修書不當，仍稱‘大隋’，蓋沿二劉之文而未及驗正也。開皇除宮刑之令，不見於《隋志》，當據疏以補之。'南郊祀，感生帝'，此鄭氏説，而王肅極詆之。《禮記疏》是鄭而非王，《春秋疏》又是王而非鄭。"

《周易兼義》十卷

唐孔穎達等奉敕撰

汲古閣本。埽葉山房翻刻《十三經》，即毛本也。

《羣書拾補》："汲古閣所梓諸經多善本，唯《周易》獨否，蓋舊坊本之最下者也。如《正義》此經之例，每節有數段者，其經文與注皆相連，先整釋經文都畢，然後釋注。毛本則遇凡有注者，輒割裂疏語附其下，致有語氣尚未了者，亦不復顧。今官本則從善本中出，已改其失矣。唯外間毛本獨多，故沈氏、浦氏《十三經注疏正字》、日本《考文》皆據毛本爲説。山氏所見有古本、宋本、明監本，予以錢本訂正於此。"

《李氏周易集解》十七卷

唐李鼎祚撰

汲古閣本。《集解》者，唐著作郎李鼎祚集子夏、孟喜、京房、馬融、荀爽、鄭康成、劉表、何晏、宋衷、虞翻、陸績、干寶、王肅、王輔嗣、姚信、王廙、張璠、向秀、王凱冲、侯果、蜀才、翟元、韓康伯、劉瓛、何妥、崔憬、沈驎士、盧氏、崔覲、孔穎達等凡三十餘家，附以《九家易》、《乾鑿度》，凡十七篇，其所取荀、虞之説爲多。

李燾曰："鼎祚自序止云十卷，無亡失也。"朱睦㮮曰："《唐志》稱《集注》十七卷，據自序云十卷，而首尾俱全，初無亡失，不知唐史何所據而云十七卷。《崇文總目》及《邯鄲圖志》亦稱七篇逸，蓋承唐史之誤耳。"《張氏藏書志》曰："是書自宋以來，止有十卷，無十七卷可知也。毛氏既析十卷爲十七卷，以合《唐志》

之文，又改自序中一十卷爲一十八卷，以合附録《略例》一卷之數，而宋以來之卷次遂不可復識矣。"

《中興藝文志》："李鼎祚《易》宗鄭康成，排王弼。"

晁公武曰："鼎祚《集解》皆避唐諱，又取《序卦》名冠《雜卦》之首，《隋志》所録六十九部，今所有五部而已。關朗不載於目，《乾鑿度》自是緯書，焦氏《易林》又屬卜筮，《子夏書》或云張弧僞爲，然則《隋志》所録，舍王弼書，皆未得見也。獨鼎祚所集諸家之説，時可見其大旨。"

鼎祚，資州人。資州有讀書臺，見《清容居士集》。仕唐，爲祕閣學士，以經術稱於時。《唐書》、《蜀志》俱無傳。《易解》，有明朱睦㮮重刊宋本，得之李中麓。《中興書目》止列三十家，餘説尚多。

《易傳》十卷　附《略例》一卷

唐李鼎祚撰

宋本。張紹仁校。朱氏《經義考》未著録。

李鼎祚以易學顯名於唐，方其進《平胡論》，預察胡人叛亡日時無毫釐差，象數精深蓋如此。而所注《周易全經》，世罕傳焉。然鼎祚，資人也，爲其州守，因斥學糧之餘，鏤板藏之學宮，俾後之士因以知前賢通經學古，其用力蓋非苟而已。學録鄉貢進士謝誨、學正新鄭縣尉侯天麟校讎，教授眉山史似董其事，乾道二年四月甲午，郡守唐安鮮于侃書。

乾道元二，先君子假守資中，公退惟讀書，不暫輟，蓋亦晚而好《易》。謂李鼎祚資人也，取其《集解》，合刊之學宮。病其舛脱，則假善本於東漕巽巖先生。然亦猶是也，姑傳疑焉，惟不敢臆以是正。兹四十有七年矣，板復荒老，且字小，不便於覽者。不肖嗣申之，將大字刻之漕司，尚廣其傳。嘉定壬申三月甲子申之。

此《易傳李氏集解》，十卷，次第雖不謬於古本，但其中之舛錯脱訛，幾不可讀。黃蕘翁近從海寧陳君仲魚借來汲古閣毛襃華伯影宋大字本，余因從蕘翁轉假以校此本。影宋本後有王氏《略例》，胡刻所無，別校於程榮本上。嘉慶丙子季冬張紹仁記。

此本猶是宋時舊第，遇宋諱若"貞"、若"殷"、若"恒"，俱缺末筆，蓋影寫宋嘉定本也。首頁有毛襃圖記。

《李氏易傳》十七卷　附《釋文》一卷

唐李鼎祚撰

《雅雨堂》本。盧氏校刊。是書前題"易傳"二字，板口刻"李氏易傳"。前有乾隆丙午盧見曾序，次李氏自序，末有慶曆[八]甲申計用章後序。依前明朱氏、胡氏、毛氏三本校正，刻入叢書。

李氏自序略曰："臣少慕玄風，游心墳籍，歷觀炎漢迄今巨唐，采羣賢之遺言，議三聖之幽賾，集虞翻、荀爽三十餘家，刊輔嗣之野文，補康成之逸象，各立名義，共契玄宗。先儒有所未詳，然後輒加添削。每至章句，僉列發揮，俾童蒙之流，一覽而知；達觀之士，得意忘言。至如卦、爻、彖、象，理涉重玄，經注、文言，書之不盡，別撰索隱，錯綜根萌，音義兩存，詳之明矣。其王氏《略例》，得失相參，仍附經末。式廣未聞，凡成一十卷，以貽同好，冀將來君子無所疑焉。"案：盧本改一十卷為一十八卷，蓋依明本也。

盧氏序曰："兩漢傳《易》者數十家，唯費氏為古文《易》。今所傳之《易》，乃費《易》也。費翁以彖象、《繫辭》、《文言》解說上、下經，頗得聖人遺意。其後荀慈明祖述費學，亦以十篇之義詮釋經文，故當時兖、豫言《易》者，皆傳荀氏學。九家亦以荀為主，虞義皆荀注也，故《集解》荀、虞獨多。明板皆迷失，又多訛字，予為校正，刊以行世。"

文光案：毛氏《津逮秘書》所刻《周易集解》，有李氏自序、嘉靖丁巳朱睦㮮序。鄭注《周易》，南宋所引，已非全文，王伯厚裒輯成書，附刻《玉海》後。明胡孝轅又刻於《李氏集解》之後，盧雅雨因之。而見《集解》者不知鄭注，特爲表出。姚叔祥補二十五則，丁氏因胡、惠兩家之本重加考定，至今稱善。

《李氏易解賸義》三卷

國朝李富孫撰

《讀畫齋》本。書成於乾隆五十五年，有自序。

李氏序曰：“癸卯歲，讀書於願學齋，從祖敬堂先生教講《易》，因縱觀萬善堂所藏《易解》，不下百種。顧自宋以後，多惑於圖説，而《易》爲方術之書，於聖人‘寡過’之義去之遠矣。夫《易》學有三派：有漢儒之學，鄭、虞、荀、陸諸家精矣；有晉唐之學，王弼、孔穎達諸家，即北宋之胡瑗、石介、東坡、伊川，猶是支流餘裔；至宋，陳、邵之學出，本道家之術，創爲圖説，轉相授受，羲、文、周、孔之所未及，漢以後諸儒之所未言者，附會穿鑿，以自神其説，理其理而非《易》之所謂理，數其數而非《易》之所謂數，直欲駕前聖而上之，而《易》道愈晦矣。資州之解，精微廣大，聖賢遺旨，略見於此。然三十六家之説，尚多未采，其遺聞賸義，聞見於《陸氏釋文》，《易》，《書》，《詩》，《三禮》，《春秋》，《爾雅義疏》及《史記集解》，《後漢書注》，隋、唐《書》，李善《文選注》，《初學記》，《北堂書鈔》，《太平御覽》，唐宋人《易》説等書，猶可搜輯。爰於披讀之餘，綴而録之，以附其後，其僞本與有完書者不録。”

文光案：是書可與《集解》相輔而行，故録之。惠定宇《易》實宗漢學，凡所援引，多取裁於《集解》。

《周易口訣義》六卷

唐史徵撰

聚珍本。大旨與《易解》相類而互有詳略。此本從《永樂大典》録出，缺豫、隨、無妄、大壯、晉、睽、蹇、中孚八卦。

朱氏《經義考》："魏徵《周易義》六卷，新、舊《唐志》均不載。蓋即史證《口訣義》，惟因荆南田鎬《藏書目》誤云'魏鄭公撰'，而紹興中《祕書省續編》到《四庫闕書目》亦載之，晁氏《郡齋讀書志》已糾其謬矣。"案：朱氏未見此書，故於考中標"佚"字。

《崇文總目》："河南史證撰，不詳何代人。其書直鈔孔氏説以便講習，故曰'口訣'。"案：諸家以徵爲唐人，實無確證。

晁氏曰："唐史證撰，鈔注疏以便講習。田氏乃以爲魏鄭公撰，誤也。"案：恐是因"徵"字名同而誤。

陳氏曰："《三朝史志》有其書，非唐則五代人也。避諱作'證'字。"案：《宋志》作"史文徽"，蓋以"徵"、"徽"二字相近而誤，別本作"史之徵"，又以"之"、"文"二字相近而偽。

史徵自序曰："伯舉、宏機纂其樞要，先以王注爲宗，後約孔疏爲理。"案：是書所引有出於孔疏、李解之外者，非直鈔注疏也。

《周易舉正》三卷

唐郭京撰

天一閣本。書至宋始出，故晁氏疑之，然其義較長於今本，故洪氏取其明白者二十處，載於《容齋隨筆》。《道藏》中有此書，范氏刻之。別有汲古閣本。京所舉正，如《坤》初六象曰"履霜堅冰，陰始凝也"，無"堅冰"二字；《比》九五象曰："舍逆取順，失前禽也"，"失前禽"在"舍逆取順"之上。趙汝楳以爲臆改。

《崇文總目》：“京世授五經，得王輔嗣、韓康伯手寫《易經》，比世所行或頗差駁，故舉正其訛而著於篇。”《中興書目》：“京自序，言得王、韓手寫定本。比校今所習者，或將經入注，用注作經，小象中間以下句反居其上，爻辭注内移，後義卻處於前，兼有脱遺、二字顛倒謬誤者，并依定本，舉正其訛，總一百三十五處，二百七十三字。”晁公武曰：“京以繇、象相正有闕漏處，可推而知，託云得韓、王手札及石經耳。”洪曰：公武所進《易解》，多引郭説。

《易數鈎隱圖》三卷

宋劉牧撰

抄本。從宋本《六經圖》録出，有自序。《宋志》一卷。

劉氏序曰：“夫易者，陰陽氣交之謂也。若夫陰陽未交，則四象未立；八卦未分，則萬物安從而生哉？是故兩儀變易而生四象，四象變易而生八卦，重卦六十四卦，於是乎天下之能事畢矣。夫卦者，聖人設之，觀於象也。是故仲尼之贊《易》也，必舉天地之極數，以明成變化而行鬼神之道，則知《易》之爲書，必極數以知其本也詳矣。注疏之家至於分經析義，妙盡精研，及乎解釋天地錯綜之數，則語惟簡略，與《繫辭》不偶，所以學者難曉其義也。牧也蕞生祖述，誠愧其狂簡，然則象有定位，變有定數，不能妄爲之穿鑿耳。”

《易數鈎隱圖》三卷　附《遺論九事》一卷

宋劉牧撰

《通志堂》本。《讀書志》、《紹興書目》作三卷，今本同。凡四十八圖。自序謂“形”由“象”生，“象”由“數”設。因摭天地奇偶之數，自太極生兩儀而下至於復卦，凡五十五位，點之成圖，於逐圖下各釋其義，使覽者易曉。牧學盛行慶曆，時言數者皆宗之。“九事”者，太皞受龍馬負圖，第一；重六十四卦，推盪訣，第二；大衍之數五十，第三；八卦變六十四卦，第四；辨陰陽卦，第五；復見天地之心，第六；卦終未濟，第七；蓍數揲法，第八；陰陽律吕圖，第九。此本出於《道藏》，徐氏刻入《經解》。陸《志》有明人影鈔宋藏本、趙氏小山堂舊鈔本。宋撫州本《六經圖》，開首即“鈎隱圖”也。劉牧有《新注周易》十一卷，《卦德通論》一卷，見《宋志》。

陳振孫曰：“黄黎獻爲之序。又爲《略例圖》，亦黎獻所序。又有三衢劉敏士刻於浙右庾司者，歐公序文淺俚，決非公作。”王應麟曰：“《鈎隱圖》，黎獻受於牧，摭爲《略例》一卷、《隱訣》一卷。吴祕受于黎獻，作《通神》一卷，以釋‘鈎隱’，奏之，凡三十四篇。”雷思齊曰：“自圖南五傳而至劉長民，增至五十五圖，名以‘鈎隱’。師友自相推許，更爲唱述，各於《易》間有注釋，曰《卦德論》，曰《室中語》，曰《記師説》，曰《指歸》，曰《精微》，曰《通神》，亦總謂《周易新注》。每欲自神其事，及迹而究之，未見其真能有所神奇也。”

黄瑞節曰：“楊鼎卿彙六經爲圖。唐仲友輯《經世圖譜》，并守劉牧之説。”王道曰：“牧以九爲圖，十爲書，朱、蔡不能辨倒，仍爲兩可之辭以支吾，可見牧之所執者是也。”朱氏曰：“劉長民河圖數九，洛書數十，此受於師者然爾。西山蔡氏乃更之，非長民易置也。”案：孔、鄭諸儒皆謂自一至十爲河圖，自一至九爲洛書，惟牧反是，蓋據《春秋緯》言之，非無見也。

《宋志》黄黎獻《鈎隱圖略例》一卷。《紹興書目》分載《續鈎隱圖》、《略例義》，各一卷。

《宋志》：“李覯《删定易圖序論》六卷。”自序云：“牧所爲《易》圖五十五，首觀之則甚複重，不出乎河圖、洛書、八卦三者之内，彼五十二，皆疣贅也，而况力穿鑿以從傀異。考之破碎，鮮可信，懼誤後學，乃删其圖而存之者三焉，所謂河圖也，洛書也，八卦也。於其序解之中撮舉而是正之，諸所觸類，亦復詳説，成六論。"此序節録於《經義考》。李書，范文正進於朝，宋時與《鈎隱圖》同刊，今或以李圖爲劉圖。

《宋志》宋咸《王劉易辨》一卷，伸王弼而絀劉牧，凡二十篇。牧之學，求異先儒，故李、宋或删之，或辨之。

漢《易》多主象數，魏晉或雜以《老》、《莊》。王輔嗣雖主義理，亦不免其餘習，但文義明白易曉，故唐代宗之。至宋，歧出圖書一派，牧在邵子之前，其首倡者也。牧之學出於种放，放出於陳摶。摶，字圖南，亳州人，隱居武當山，移居華山。周世宗召見，不仕。宋太祖賜號希夷先生。好讀書，常自號扶摇子。詳《東都事略》。《宋志》載陳摶《易龍圖》一卷，即所謂"先天圖"也。希夷前，莫知其所自來。自序云："於仲尼三陳九卦之義，探其旨，所以知之。"序文晦澀，葉夢得以爲僞作。魏了翁謂先天之學，惟魏伯陽窺見此意，至陳處士始發其秘。希夷傳之穆修，穆修傳之李之才，挺之著《變卦反對圖》八篇、《六十四卦相生圖》一篇，楊甲《六經圖》謂"之才卦圖"。蘇子美與挺之同學《易》於穆伯長。之才傳之邵子，指爲"性天窟宅"本義，崇而奉焉，冠於《大易》之首，而希夷之書則亡之久矣。希夷以象學授种放，放授許堅，堅授范諤昌，《宋志》載《大易源流圖》一卷，《易證墜簡》一卷。諤昌授彭城劉牧，故雷氏謂自圖南五傳。

《删定易圖序論》 六卷

宋李覯撰

鈔本。《宋志》六卷，馬氏《通考》一卷，皆與進書狀不合。前有覯自序、范仲淹進狀。按狀，《禮論》七篇，《明堂定制圖》一篇，《平土書》三篇，《易論》十三篇，共二十四篇，爲十卷。覯字泰伯，旴[九]江人，有富國强兵之學。

雷思齊曰：“李泰伯著六論以駁劉長民非是，至謂懼其註誤學子，壞隳世教，而删其圖之重複，存之者三焉，河圖也，洛書也，八卦也。夫長民之多爲圖畫，固未知其是，而泰伯亦元未識此圖之三，本之則一耳。”

《六十四卦相生圖》一卷

宋李之才撰

鈔本。楊甲《六經圖》謂“之才卦圖”，傳之邵子，邵子傳之陳安民。是圖不獨八卦能生六十四卦，又旁通相生。得此，然後《易》之彖辭可知其從來，所謂“象學”也。

《周易口義》十三卷

宋倪天隱述其師胡瑗之説

白石山房本。康熙丁卯李氏校刊，有序。

李振裕曰：“胡安定《易》傳十卷，即此書。安定，泰州人。此書得於其鄉，詳於義理，略於象數。是書初出，湯潛菴篤好之，遂相讎校，以傳天隱，不知何許人所述。《上下經口義》十卷，外又有《繫辭》上、下及《説卦》三卷。此三卷晁《志》不載，《宋志》有之。但既列《易傳》十卷，復列《口義》十卷，《揚州志》亦仍其目，誤也。孟喜假田生，劉炫假連山，張弧假卜子夏，阮逸假關子明，《易》之依託名字者多矣。獨此書源流，井然無可訾議，蓋安定講授之餘，欲著述而未逮，天隱述之，以其非師之親筆，故不敢稱傳，而名之曰‘口義’。傳諸後世，或稱‘傳’，或稱‘口義’，各從其所見，無二書也。此本十三卷，與《宋志》合。《宋志》誤出《易傳》十卷，李氏辨之，是也。《簡明目録》作十二卷，陸《志》載明本十五卷，‘二’、‘五’字皆誤。明本竟題倪天隱撰，亦誤。倪序首稱‘先生曰’，蓋述其師之言也。安

定說《易》，專主文義，不論象數，程子之《易》實本於此。劉紹
攽曾言之，見《周易詳說》、《東都事略》。胡瑗，字翼之，泰州如
皋人。爲人師，言行而身化之。景祐、明道以來，學者有師，惟
瑗與孫復、石介三人。瑗以布衣召見，論《樂》，拜校書郎。嘉祐
中遷太子中允，充天章閣侍講，以太常博士致仕。”

晁公武曰：“安定《易解》甚詳，或云門人倪天隱所纂，非其
自著也。無《繫辭》。”

陳振孫曰：“新安王晦叔嘗問南軒曰：‘伊川令學者先看王輔
嗣、胡翼之、王介甫三家《易》，何也？’南軒曰：‘三家不論互
體，故云爾。然雜物撰德，具於中爻，互體未可廢也。’南軒之說
雖如此，要之三家者，文義皆坦明，象數殆於掃除略盡，非特互
體也。”

趙汝楳曰：“《易》畫備於包犧，辭詳於三聖，性命道德之蘊，
夫子盡已發之。顧乃‘災異’於西漢，‘圖緯’於東都，‘老莊’
于魏晉之交，賴我朝王昭素、胡安定諸儒挽而回之，伊洛益闡其
說，究極指歸，然後始復爲‘性命道德’之言。”案：王昭素以處士爲
國子博士，爲《易論》三十三卷，取諸家之善，參以其言折衷之。

董真卿曰：“胡氏《易傳》經二篇，傳十篇，上象一，下象
二，大象三，小象四，《文言》五，上《繫》六，下《繫》七，
《說卦》八，《序卦》九，《雜卦》十。”又曰：“胡氏著《周易口
義》十卷，《繫辭說卦》二卷，授其弟子記之。大抵主王弼。”案：
依董氏之言，則《易傳》與《口義》實爲二書，出於目見；李氏以爲一書，出於臆造，未
敢深信。

《温公易說》六卷

宋司馬光撰

福本。《宋志》一卷，又三卷，又《繫辭說》二卷。《行狀》：
蘇軾撰。《易說》三卷，《注繫辭》二卷。《山西經籍志》：《易說》

三卷，《繫辭説》二卷。案：《志》溫公之書存者不過三之一，所佚多矣。此本出自《永樂大典》，前四卷如輔嗣之例，《繫辭》以下凡二卷，實爲完書。惟解説處甚少，《説卦》僅二條，《序卦》、《雜卦》皆無説。謂《繫辭》爲雜記前聖及孔子解《易》之語，與諸家不同。前有荼陵陳仁子序，《總論》三條。溫公説《易》，設爲問答之語。

晁公武曰："《易説》雜解《易》義，無銓次，蓋未成書也。"

朱子曰："嘗得溫公《易説》于洛人范仲彪，盡隨卦六二，其後闕焉。後數年，好事者於北方互市得版本，喜其復全，然無以考其真僞也。"案：宋本多寡不同，此本爲朱子所見與否，亦未可知。陳序云："溫公《易説》，視諸老猶最通暢，今流傳人間世，稿雖不完，其論太極陰陽之道，乾坤律吕之交，正而不頗，明而不鑿，獵獵與濂、洛貫穿中間。分剛柔、中〔一〇〕正配四時，微疑未安，學者宜心會爾。"

《橫渠易説》三卷

宋張載撰

《通志堂》本。無序，附行狀。書無缺佚，《宋志》十卷，誤。

《東都事略》："張載，字子厚，長安人。學古力行，篤學好禮，爲關中士人所宗，世所謂橫渠先生者也。"《宋史》："先生之學，以《易》爲宗，以《中庸》爲體。"

晁公武曰："載居橫渠，故以名書，其解甚略，《繫辭》差詳。"楊時喬曰："今本止六十四卦，無《繫辭》，實未全之書。"程珌曰："宋興百年，名儒輩出，胡安定得其義，邵康節得其數，案：邵子《古周易》八卷，《宋志》無見。《周易會通》、《因革》，董真卿謂與晁説之本同。邵子因希夷《先天圖》，又作《後天圖》以示人。朱子言康節伏羲卦位近於穿鑿附會，且當闕之，而《啓蒙》實發其旨。升菴謂因其出於希夷而諱之，恐人疑其流於神仙。其言是也。邵子之父名古，有《周易解》五卷，見《通考》。其學先正音文。邵氏二書皆未見，或云邵子無《易解》，不過《先天圖》，未可確信。程明道、伊川得其理，周濂溪得其體，案：周子《易通》一卷，即《通書》。《易通》與《太極圖》相表裏。圖出於希夷而其學行，則不知其師傳之所自。張橫渠得其用，然後《易》之道大明於天下。"董真卿曰："橫渠《易説》三卷，發明二程所未到處。"

呂柟曰："橫渠《易説》簡易精實，於發經、開物、修身、教人甚切，當爲先生之書無疑。竊謂《易》本爲人事而作，雖歷四聖，其究一揆，非專説天以道陰陽也。故孔子以君子行此四德，解《乾》'元亨利貞'，示諸卦爻，皆此例爾。今以質諸《易説》，益篤信焉。"

《東坡易傳》九卷

宋蘇軾撰

明本。是本萬曆庚戌顧氏刊於豫章，焦竑序。汲古閣《津逮秘書》本卷同。閔齊汲刊本八卷，附王輔嗣《易論》。三本皆明本也。是書亦名《毘陵易傳》。

《東都事略》："蘇軾，字子瞻，眉山人。父洵，晚讀《易》，作《易傳》未究，疾革，命軾述其志。卒以成書，復作《論語説》，最後居海南作《書傳》。三書既成，撫而歎曰：'後有君子當知我矣。'"

蘇籀記其祖轍遺書曰："公言先曾祖晚歲讀《易》，玩其爻象，得其剛柔遠近、喜怒逆順之情，以觀其辭，皆迎刃而解。作《易傳》未完，疾革，命二公述其志。東坡受命，卒以成書。初，二公少年，皆讀《易》，爲之解説，各仕他邦。既而東坡獨得文王、伏羲超然之志，公乃送所解於坡。今蒙卦猶是公解。"此條出於《欒城遺言》。蘇轍有《易説》三篇。

陸游曰："蘇氏《易傳》，方禁蘇氏學，故謂之毗陵先生。"

馮椅曰："朱子有《辨蘇氏易》，即此書也。"案：朱子所不取者，凡十四條。焦竑序曰："直指桐柏顧公，與蘇同產而來按豫章，乃刻以傳，而委余爲序。是時周、程之説未行，而得意忘言，爽然四解，非訓故家所能及也。”

此本校刊精工，遠勝閔本、毛本。板口有刻工姓名。凡《上經》三卷，《下經》三卷，《繫辭》上、下二卷，《説卦》、《序卦》、《雜卦》一卷。首行題“東坡先生易傳”。

《易程傳》六卷　　《繫辭精義》二卷

宋程子撰

覆元至正本。《古逸叢書》之四。首宋元符二年程子自序，次九圖，朱子集録。末記云“至正己丑孟春積德書堂新刊”，二行十二字，長印。卷内首行上題“周易上經卷第一”，下題“程子傳”，次行六畫卦之下，接“乾，元亨利貞”，注中“一作某字”及反切，皆以陰文別之。每葉二十二行，每行大字二十一字，注二十六字。六卷至未濟終。《序卦》分列於諸卦之首，在卦畫注之下，以一圈隔之，并有注文小字書之。《精義》前無序，首行題“晦菴先生校正周易繫辭精義”，卷上次行題“東萊吕祖謙編”，三行題“上繫”二字，行款、字數與《程傳》同。《説卦》、《序卦》、《雜卦》俱備，末有乾道五年東萊跋。

黎氏《叙目》曰：“《程子易傳》，《東都事略》、《直齋書録》載六卷者，是爲原本，錢遵王猶及見之。後世通行本併作四卷，大失程氏舊第。近金陵局刻依董氏《周易會通》，區作六卷，實則未見原書。此本雖元時坊刻，然宋諱如‘貞’、‘恒’，‘桓’、‘慎’、‘敦’等字多缺筆，則元繙宋板也。所有異同，即附於逐行字句下，是東萊吕氏參定之遺，尤爲難得。原書無吕跋，今從《會通》中録出，補刻於後。《繫辭精義》二卷。董真卿云：‘東萊集周子、二程子、張子諸家經説、語録及二程子門人共十四家之説以補之。’然則《館閣書目》以爲託名者，誤也。惟卷首諸圖爲坊賈增入。"文光案:《程傳》卷一至履,卷二至蠱,卷三至離,卷四至解,卷五至鼎,卷六至未濟。

右元至正積德書堂刊本《易傳》,首卷末題"晦菴先生校正伊川易傳上經終"一行,十三字,蓋坊賈所爲。按《東都事略》、《書錄解題》并云"《易傳》六卷",而馬《考》、《宋志》均作十卷,《二程遺書》則并爲四卷,《敏求記》載有六卷本。文光謹案:《天禄琳琅書目·宋板》:"《易傳》六卷。"其參差之故,或謂當時本無定本,故所傳各異,而其實非也。予謂《遺書》之四卷,爲明人所併;端臨之十卷,蓋據當時坊刻《程朱傳義》合刻云然,而《宋志》因之,非別有所據傳抄本也。日本昌平學藏有《程朱傳義》十卷,元延祐甲寅孟冬翠巖精舍刊本,亦缺宋諱,則其根源於宋本無疑。蓋自宋董楷有《周易傳義附錄》十四卷,坊賈遂以朱子所定之古文從《程傳》,而以程之卷第從《本義》,又刪其所載異同,而二書皆失本真。後來各析爲書,而二書又互相攘奪。近世《本義》有重刊,吳革本始復朱子之舊,而《程傳》原本終不可見。此本仍爲六卷,又異同兩存,其爲東萊定本無疑。至《繫辭精義》,陳《錄》稱《館閣書目》以爲託祖謙之名。今按所載諸家之説,翦截失當,謂爲僞託,似不誣。然此書流傳尤少,其中載《龜山易説》久已失傳,存之亦未必不無考證焉。光緒癸未嘉平月,宜都楊守敬記。原注:"《宋志》,《傳》九卷,《繫辭解》一卷。明廣東崇德堂刊本載異同,而音義亦刪除。予得《程朱傳義》殘本二冊。"

呂氏跋曰:"伊川先生遺言見於世者,獨《易傳》爲成書。傳摹浸舛,失其本真,學者病之。祖謙舊所藏本出尹和靖先生家,標注皆和靖親筆。近復得新安朱熹元晦所訂,讎校精甚,遂合尹氏、朱氏書,與一二同志參合其同異,兩存之以待知者。既又從小學家是正其文字,雖未敢謂無遺恨,視諸本亦或庶幾焉。會稽周汝能堯夫、鄞山樓鍔景山,方職教東陽,乃取刻諸學宮。"

《讀書敏求記》：“有宋談《易》諸家，尚占者，宗康節，以義理爲虛文；尚辭者，宗伊川，以象數爲末伎。羲畫周經，判然兩途矣。伊川《易傳》，《宋志》十卷，吾家所藏宋刻本止六卷。今考《程朱傳義》後二卷小序，曰程先生無《繫辭》、《説卦》、《序卦》、《雜卦》全解，東萊《精義》載先生解并及《遺書》，今并編入續六十四卦之後，題之曰‘後傳’，庶程朱二先生皆有全《易》云。則是予所藏六卷爲程氏原書，而《後傳》乃據《精義》、《遺書》摻入者，端臨《通考》亦未爲核也。”

《易傳》四卷

宋程子撰

呂氏本。此《二程全書》之一種，前有程子自序并上下篇義。程子著《易》未成而得疾，學者所傳無善本。

楊氏《校正後序》曰：“伊川先生著《易傳》，方草具，未及成書，而先生得疾，將啓手足，以其書授門人張繹。未幾而繹卒，故其書散亡。政和之初，予友謝顯道得其書於京師，示予，而錯亂重複，幾不可讀。東歸，待次毘陵，乃始校定，去其重複，逾年而始完。先生道學，足爲世法，而闡《易》尤盡心焉。其微辭妙旨，蓋有書不能傳者，恨得其書晚，不及親受旨訓。其謬誤有疑而未達者，姑存之以俟知者，不敢輒加損也。然學者讀其書，得其意，忘言可也。”又《與游定夫書》曰：“《易傳》後序，顯道爲之，其跋尾已削去不用。前年在京師與顯道議，云先生亦嘗有意令門人成之，故其序述如此，蓋舊本西人傳之已多，惟東南未有此書，欲以傳東南學者，不叙其所以，恐異時見其文有異同，不足傳信也。與顯道初議如此，恐此書方秘藏，未敢出示人，或未安，更希示諭。序云‘隨時變易以從道’，某亦疑此語。細思之，如《繫辭》云：聖人之作《易》也，將以順性命之理，不可謂《易》與性命爲二也。乾之六爻，初則潛，二則見，三則乾乾，若此類皆隨時變易以從道，於理似無害，更思之，如何？"右錄於《龜山集》。

陳淳曰："自秦以來，《易》幸全於遺燼，道則晦而不章。卑者泥於窮象數，而穿鑿附會，爲災異之流；高者溺於談性命，而支離放蕩，爲虛無之歸。程子蓋深病焉。於是作《傳》以明之，一掃諸儒之陋見，而《傳》即日用事物之著，發明人心天理之實，學者於是始知《易》爲人事切近之書。"尹焞曰："先生平生用意，惟在《易傳》，求先生之學，觀此足矣。"董真卿曰："《程傳》正文只據王弼本。"馮當可曰："王輔嗣蔽於虛無，而《易》與人道疏；伊川專於治亂，而《易》與天道遠。"魏了翁曰："《程傳》明白正大，切於治身，切於用世，未易輕議。"以上錄於《經義考》。朱氏所采多與本集不符，不知何故。大抵序文冠於本書者多，與集本互異，宜分別著之。

晁公武《讀書志》："朱震言：'頤之學出於周敦頤，敦頤得之穆修，亦本於陳搏，與邵雍之學不同。然考正叔之解不及象數，頗與胡翼之相類。'景迂云：'胡武平、周茂叔同師潤州鶴林寺僧壽涯，其後武平傳其學於家，茂叔則授二程。'與震之言不同。"

柳氏《書後》曰："《易程氏傳》，惟婺學舊刻經東萊成公校定，最爲完善。皇慶癸丑之歲毀不存矣，而故家所藏亦多散落。今讀《易》者必曰自程氏，計其梓行于江浙閩楚，無慮數十本，大抵取便紙墨易於轉售，魯魚亥豕，隨閱隨得，承訛踵謬，襲爲故常。成公所校本，文公素所稱善，學者何自知之？而予獨拳拳求索，今茲偶得，以爲厚幸，其與俗好異焉例如此。識於卷末，示吾子孫，其勿輕棄。"右錄於《待制集》。

郝敬曰："程正叔《易傳》大抵因王弼之舊，廓而充之，徒執君子小人治亂生解，其於三極之道殊覺偏枯。"《榕村集》："伊川窮一生之力，作一《易傳》，多是自己之意。"

《易學辨惑》一卷

宋邵伯温撰

文瀾閣傳鈔本。前有邵氏自序。

《宋史》：“邵伯温，字子文，洛陽人。康節處士雍之子也，紹興四年卒。趙鼎表墓曰：‘以學行起元祐，以名節居紹聖，以言廢於崇寧。’三語盡伯温出處云。”

邵伯温曰：“先君《易》學微妙玄深，不肖所不能知也。其傳授本末，則受《易》于李之才挺之，挺之師穆修伯長，伯長師陳搏圖南。先君之學雖有傳授，而微妙變通則其所自得也。平時未嘗妄以語人，黄云嘗以數學傳伊川，伊川堅不從。惟大名王天悦、案：王豫長於《易》，聞康節篤志於《易》，欲教之，與語三日，大驚服，遂師之。滎陽張子望從學，又皆蚤死。秦玠、鄭夬嘗欲從先君學，先君以玠頗好任數，夬志在口耳，多外慕，皆不之許。玠嘗語夬以王天悦傳先君之學，夬力求之，天悦不許。天悦感疾且卒，夬賂其僕，於卧内竊得之，遂以爲己學，著《易傳》、《易測》、《明範》、《五經明用》案：鄭夬《易測》六卷，有温公進呈劄子。《易傳》十二卷，《時用書》九卷，皆佚。姚嗣宗謂劉牧之學授之吴秘，秘授之夬。數書，皆破碎妄作，穿鑿不根。夬竊天悦書入京師，補國子監。解試策問八卦次序，夬以所得之説對。有司異之，擢在優等。既登第，以所著書投贄公卿之門。後以賊罪竄，秦謂必有天譴，恐指此。嘗以“變卦圖”示秦玠，秦既知夬竊書，乃謂夬何處得此法，又謂西都邵某聞大略，近乎自欺矣。然謂得之異人，蓋指希夷而言也。”沈括曰：“夬書皆荒唐之論，獨‘變卦説’未知其是非。予後見兵部員外郎秦玠，論夬所談，駭然曰：‘何處得此法？’玠曰：‘嘗遇一異人，授此歷數，推往古興衰運歷，無不皆驗，嘗恨不能盡其術。’”馬中錫曰：“夬著書談《易》變，曰乾一變生復，得一陽；二變生臨，得二陽；三變生泰，得四陽；四變生大壯，得八陽；五變生夬，得十六陽；六變生歸妹，得三十二陽。坤一變生姤，得一陰；二變生遯，得二陰；三變生否，得四陰；四變生觀，得八陰；五變生剝，得十六陰；六變生歸妹，得三十二陰。乾坤錯綜，陰陽各三十二。乾坤，大父母也。復姤，小父母也。歸妹者，歸宿之地也。一時無人解其旨，獨秦玠知之，謂所親曰：'此天地之秘藏，西都邵雍稍知粗迹，已能洞達吉凶之變。鄭君何敢筆之於書？當必有天譴。吾因達是，動遭坎坷，恐亦不久於世矣。'已而鄭與秦果俱死。"

《周易古經》二卷

宋呂大防撰

鈔本。前有自序。

呂氏自序曰："《周易古經》者，《彖》、《象》所以解經，始各爲一書。王弼專治《彖》、《象》，以爲注，乃分綴於卦爻之下。學者於是不見完經，而彖象辭次第貫穿之意，亦缺然不屬。予因按古文而正之，凡《經》二篇，《彖》、《象》、《繫辭》各二篇，《文言》、《説卦》、《序卦》、《雜卦》一篇，總一十有二篇。"

晁公武曰："《古經》十二篇，別無解釋。"尤袤《與吳仁傑書》曰："頃得呂東萊所定《古易》一編，朱元晦爲之跋，嘗以板行，乃與左右所刊呂汲公《古經》無毫髮異，而東萊不及。微仲嘗編此書，豈偶然同耶？"陳振孫曰："微仲所録上、下經，并録爻[一]、《彖》、《象》，隨經分上、下爲六卷，上、下《繫辭》二卷，《文言》、《説卦》各一卷。"胡一桂曰："《古易》之復，始自元豐汲郡呂微仲，嵩山晁以道繼之，最後東萊先生又爲之更定，實與微仲本暗合。"董真卿曰："《古經》《上經》第一，《下經》第二，《上彖》第三，《下彖》第四，《上象》第五，《下象》第六，《繫辭》上第七，《繫辭》下第八，《文言》第九，《説卦》第十，《序卦》第十一，《雜卦》第十二，其所次序與東萊定本同。但東萊只分上經、下經，而無‘第一’、‘第二’字。又東萊稱《彖上傳》第一，至《雜卦傳》第十，小有不同。”

《宋志》：“王洙《古易》十二卷。”葉夢得曰：“吾嘗於睢陽王原叔《宋史》：“洙字原叔，應天順城人，諡文，著《易傳》十卷。”家得《古易》本。”陳振孫曰：“《古易》出王原叔家，上、下經惟載爻辭，外《卦辭》一，《彖辭》二，《大象》三，《小象》四，《文言》五，《上繫》六，《下繫》七，《説卦》八，《序卦》九，《雜卦》十。葉石林以爲此即《藝文志》所謂‘《古易》十二篇’者。按隋、唐《志》皆無《古易》之目，當亦後人依仿録之。”

邵博邵子之孫。曰：“《古易》《卦爻》一，《彖》二，《象》三，《文言》四，《繫辭》五，《説卦》六，《序卦》七，《雜卦》八，其次序不相雜也。予家藏大父手寫《百源易》，實《古易》也。百源在蘇門山下，康節讀書之處。”案：王、邵二家皆在呂氏之前，其《古易》大略相同。

《宋志》：“晁説之録《古周易》八卷。”晁公武曰：“從父詹事公《晁氏世譜》：“説之字以道，慕司馬公爲人，自號景迂生。”以諸家《易》及許氏《説文》等凡十五書，是正其文字，且依漢田何本分《易經》上、下并十翼通爲十二篇，以矯費氏、王弼之失。謂劉向嘗以中古文《易經》校施、孟、梁丘經，至蜀人李譔，又嘗注古文《易》，遂名曰《古易》。”李燾曰：“呂公書，文字句讀初無增損。景迂則輯諸家異同，斷以己意，有增有損，篇第則放費長公，未解輔嗣未注以前，舊本并十二篇爲八篇。呂、晁各有師承，初不祖述，而其指歸則往往暗合。”董真卿曰：“東坡以著述科薦以道，其《易》學本康節。”朱子曰：“晁氏、呂氏大同小異，互有得失。先儒雖言費氏以《彖》、《象》、《文言》參解《易》爻，然初不言其分傳以附經也。至謂鄭康成始合彖象於經，則《魏志》之言甚明，而《詩疏》亦云漢初爲傳訓者，皆與經別行，三傳之文，不與經連。故石經書《公羊傳》皆無經文，而《藝文志》所載《毛詩故訓傳》亦與經別。及馬融爲《周禮》注，乃云欲省學者兩讀，故具載本文，而說經爲注。馬、鄭相去不遠，蓋仿其意而爲之爾。故呂氏於此義爲得之，而晁氏不能無失。至晁謂初亂古制時，猶若今之乾卦，《彖》、《象》并繫卦末，而卒大亂於王弼，則其說原於孔氏，而呂氏不取也。蓋孔疏之言曰，夫子所作彖辭，元在六爻經辭之後，以自卑退，不敢干亂先聖經世之辭。及至輔嗣之意，以爲象者本釋經文，宜相附近，其義易了，故分爻之象辭各附其當爻下言之。此其以爲夫子所作元在經辭之後，爲夫子所自定，雖未免於有失，而謂輔嗣分爻之象以附當爻，則爲得之。故晁氏捨其半而取其半也。其實今所定復爲十二篇者，古經之舊也。王弼注本之乾卦，蓋存鄭氏所附之例也。坤以下六十三卦，又弼之所自分也。”

《閩書》：“鄭厚，字景韋，興化軍人。著《存古易》，削去《彖》、《象》，《文言》大傳，以爲皆後之學《易》者所作。”

晁說之曰：“晉汲冢古簡獨《周易》最爲明了，上、下篇與今正同，別有《陰陽說》而無《彖》、《象》。《文言》、《繫辭》，杜預疑仲尼造於魯，尚未播之遠國。”案：吳仁傑謂《文言》以下，弟子記夫子之言也，今《文言》、《繫辭》有“子曰”可證，鄭說非是。薛季宣《古文周易》十二卷，自序云：“《文言》一篇，舊失其序，雖先儒謂次《彖》、《象》，或以爲次《繫辭》，以理言之，皆非其舊。夫‘乾坤’，《易》之門也，非‘乾坤’無以見《易》，故以《文言》起之。然不敢以己見爲必得，姑從其近似者，以待明哲。”《浙江通志》：“季宣，字士龍，永嘉人。”

《宋志》：“程迴《古易考》一卷。”一桂曰：“康節《百源易》實《古易》也。沙隨蓋本諸此，而篇第與二呂合，只以《文言》

在《繫辭》之前爲不同耳。”董真卿曰：“迵字可久，號沙隨，睢陽人，登隆興元年第，嘗爲德興丞。以女妻董熠，卒老女家，今墓在焉。初祠邑庠，朱文公爲書‘沙隨先生之祠’六字。文公嘗稱迵爲愷悌博雅君子。”吳澄曰：“沙隨先生經業精深，朱子多取其説，於朱爲丈人行，故朱子以師禮事之。”《浙江通志》：“迵嘗受經學於嘉興聞人茂德、嚴陵喻樗。”案：《宋志》尚有《易章句》十卷，《外編》一卷，《古易占法》一卷。天一閣刊本《周易古占法》三卷，紹興三十年自序。

李燾《周易古經》八篇。吳仁傑曰：“《古易》有呂氏書，又有晁氏書，刊於成都、宜春兩郡。李仁甫侍郎嘗合二氏之説刊焉。今復出此編，世遂有三書矣。仁傑取二氏篇第、三君子後記刻置校官。”

《宋志》：“吳仁傑《古周易》十二卷。”自序云：“汲冢書止有上下經釋文，孔壁所得古文，傳爲十翼而不言經，然則十翼之作，其初自爲篇簡，不與《易經》相屬，此冢、壁所藏，所以各得其一歟？漢田何之《易》，其傳出於孔氏，上下經、十翼離爲十二篇，而解者自爲章句，此古經也。又有費直《易》，無章句。”《崇文總目》序云：“以《彖》、《象》、《文言》雜八卦中者，自費氏始。”按，鄭康成《易》以《文言》、《説卦》、《序卦》合爲一卷，則《文言》雜入卦中，康成猶未爾，非自費氏始也。直本傳云“徒以《彖》、《象》、《繫辭》十篇之言解説上下二經”，蓋解經但用《彖》、《象》、《繫辭》，《漢書》本誤以“之言”字爲“文言”耳。直之學似於每卦之後列《彖》、《象》、《繫辭》，去其篇第之目，而冠“傳”字以總之，經自經，傳自傳也。然《彖》、《象》、《繫辭》之名一没不復，汨亂古經，則始於此。劉向嘗以中古文校施、孟、梁丘，或脱去“無咎”、“悔亡”，惟費氏經與古文同，由是諸家之學浸微於漢末，而費氏獨興，康成因之。今王弼《易》乾卦自《文言》以前，則故鄭氏本也；上經、下經之目，本之費直、孟喜；《繫辭》上、下傳之文，本之王肅；《彖》、《象》、《繫辭》、《文言》之次，本之《藝文志》；而《説卦》之爲三篇，則河内女子所得之數也。《隋志》："《易》失《説卦》三篇，河内女子得之。"而《説卦》止一篇，故先儒疑《易》文有亡者。吳氏畫全卦，繫以《彖》、《辭》，再畫本卦，分六爻，而繫以爻辭；《繫辭傳》則通釋卦爻之辭，改上、下《繫》爲《説卦》，以合河内三篇之數：皆出於臆度，故朱子不取。其篇第在古如此。《玉海》：汲郡吕氏、嵩山晁氏、睢陽王氏、東萊吕氏，各定《古易》，其後九江周燔又改次序，與諸家不類，故言《古易》者爲五家。吳仁傑集爲一卷，名曰《集古易》。《漁洋文略》："張昶《吳中人物志》云：'吳仁傑，字斗南，崑山人，登淳熙進士第，官國子學録，嘗講學朱子之門。所著有《古易》、《周易圖説》、《樂舞新書》、《廟剎罪言》、《郊祀贅説》、《鹽鐵論》丙丁各二卷、《禘祫錦蔂書》三卷、《集古易尚書洪範辨圖》一卷、《兩漢刊誤補遺》十卷，并行於世。'"

《歸愚集》："王弼《易》同其例者，如杜預分《左傳》於經之下，宋衷、范望，散《太玄》'贊'與'測'於八十一首之下。李鼎祚又散《序卦》冠之卦首，此又效王氏而失焉者也。"

《宋志》："吕祖謙《古易》一卷。"陳振孫曰："東萊《古易》篇次與吕微仲同，音訓則其門人王莘叟筆受。晦菴刻之臨漳、會稽，益以程氏是正文字及晁氏説，所著《本義》，據此本也。《繫辭精義》集程氏諸家之説，以《程傳》不及《繫辭》故也。《館閣書目》以爲託伯恭之名。"董真卿曰："吕氏《古易》十二篇，一卷，《上經》第一，《下經》第二，《彖上傳》第一，《彖下傳》第二，《象上傳》第三，《象下傳》第四，《繫辭上傳》第五，《繫辭下傳》第六，《文言傳》第七，《説卦傳》第八，《序卦傳》第九，《雜卦傳》第十。"宋儒所定《古易》或有師承，或出意見，均未之見古簡，故微有不同。其與《漢志》所載之《古經》，雖得其近似，恐難悉合，故《文言》之次，終無定論。或在《繫辭傳》後，或在《繫辭傳》前，吳氏又欲冠諸乾、坤之首。十翼之爲《象上傳》、《象下傳》，爲《上象一》、《下象二》，亦不能決其孰是也。今惟經二篇、傳十篇爲無可疑耳。凡古書之體式增注文者，悉不能如舊，故古注多別行，而世重單注本、單疏本，亦有故也。

《通志堂經》解刻《古易》十種，一曰《古周易》，二曰《費直易》，三曰《鄭康成易》，四曰《王弼易》，五曰《吕大防易》，六曰《晁説之易》，七曰《吳仁傑易》，八曰《睢陽王氏易》，九曰《九江周氏易》，十曰《東萊吕氏易》，各列其次第，使觀者易考。

《吳園易解》九卷

宋張根撰

聚珍本。傳是樓鈔本。序文殘闕，附《録序》論五篇、《雜説》一篇，皆論《繫辭》。又《泰論》一篇，專論泰卦。

孫垓後序曰："先祖太師案：《宋史》有傳。稱太師者，其子燾孝宗時爲參知政事，追贈官也。閑居十年間，杜門著書，自歷代至本朝編年，凡數百卷，五經、諸子皆爲之傳注。先公忠定收拾於兵燹之餘，綴輯殘稿，未及全備而復謝世。垓不肖，弗克負荷，未能悉以刊行，大懼湮没不彰，惟有《易解》。"闕。

《易小傳》六卷

宋沈該撰

《通志堂》本。前有《進易劄子》、御筆獎諭并自序。

《進易劄子》曰："臣不揆，妄意於《易》三十餘年矣。自王弼而下，未嘗以變體釋爻辭。近世之言變體者，復入爻象之正。臣既以正體發明爻象之旨，又以變體擬議變卦之意。每卦別爲一論，其詳見於序。爲六卷十二册，繕寫上進。"

陳造曰："《小傳》皆春秋君子用《易》之説。亡友周令譽授余一紙書，乃春秋時占法，其法純用《易》而盡屏卜筮家神將、時日諸説，云'用之占筮如神'，乃知讀古書可得古法，思與不思爾。"

陳振孫曰："本《春秋左氏傳》占法，卦爲一論。高宗云："論最精切。"又有《繫辭》補注十餘則附之卷末。"

《漢上易傳》十一卷　《卦圖》三卷　《叢説》一卷

宋朱震撰

《通志堂》本。前有進書表，末附漢上先生履歷。朱震經術深純，《宋史》有傳。何義門曰："《卦圖》及《叢説》，西亭王孫抄本，不善，其十一卷影宋本可據。"

晁公武曰："朱子發自謂其學以伊川爲宗，和會邵雍、張載之論，合鄭玄、王弼之學爲一，云其書多采先儒之説以成，故曰'集解'，然頗舛謬。"朱子曰："王弼破互體，朱子發用互體。互體自左氏已言，亦有道理，只是今推不合處多。"陳振孫曰："於象數加詳，序稱九卷，蓋合《説》、《序》、《雜卦》爲一也。"魏了翁曰："《漢上易》太煩，人多倦看，卻是不可廢。"胡一桂曰："'變、互、伏、反、納甲之屬，皆不可廢，豈可盡以爲失而詆之？觀其取象，亦甚有好處。但牽合處多，且文辭煩雜，使讀者茫然不能曉會，看來只是不善作文爾。"

《易璇璣》三卷

宋吳沆撰

《通志堂》本。前有吳沆自序，又成德序。何義門曰："汲古得舊本，有序文，寫樣付東海後人，竟未曾刻，其全書尚有訛處。"

吳氏序曰："凡二十七篇，分爲三卷，上以明天理之自然，中以講人事之修，下以備傳疏之失，庶幾上補聖時崇廣經術之意，名之曰《易璇璣》云。"

《宋鑑》：紹興十六年九月，撫州布衣吳澥進《宇内辨》、《歷代疆域志》；吳沆進《易璇璣》、《三墳訓義》。太學博士王之望言："三墳書無所傳授，疑近世好事者所爲。"詔澥永免文解。沆以書犯廟諱，故賞不及焉。

胡一桂曰："沆字德遠，號環溪先生，臨川人，環溪其所居也。《易璇璣》三卷，每卷九篇，雜論《易》義。又有《易禮圖說》，前有或問六條，圖說十二軸。"

成德序曰："環溪沆，崇仁布衣，上書不報，歸隱環溪。言《易》自象而求之卦，次求之象，次求之爻，爲論二十七篇。其文簡奧，間有韻語，如古繇辭，成一家言。"

《揲蓍古法》一卷

宋鄭克撰

鈔本。是書以今之言揲蓍法者，或不取四營成易，不待三變成爻，而謂之"小衍"；或不揲右手所分，不數小指所掛，而謂之"小譜"：故列舊法，使有可據。

《周易新講義》十卷

宋龔原撰

日本刊本。前有鄒浩序、深甫自序。朱《考》曰"未見原本"。王學一派，其人其書似無足取。

《紫巖居士易傳》十卷

宋張浚撰

《通志堂》本。前有《易論》，微旨奧義，與《程傳》合。

曾王父忠獻公潛心於《易》，嘗爲之傳，前後兩著稿，親題第二稿，云："此本改正處極多，紹興戊寅四月六日，某書斯爲定本矣。"獻之頃嘗繕録之，附以《讀易雜説》，通爲十卷，藏之於家。忠獻嘗與屏山劉公書云："無他用心，惟靜默體道，卒究聖人心法。"又答澹菴胡公書云："杜門亦惟聖賢之道是求，夫求而得之者，其在是矣。"惜其傳之未廣，竭來舂陵，刻於郡齋，與學者共之。嘉定庚辰仲冬吉日，曾孫獻之百拜謹書。

經文多存古意，"力少而任重"，不作"小"。

《易原》八卷

宋程大昌撰

聚珍本。原書久無傳本，故朱《考》曰"佚"。此本采自《大典》，尚得百餘篇。大昌字泰之，休寧人。學術湛深，諸經皆有論説。以《易》義糾紛，因作是書以貫通之。苦思力索，四年而成。

極天下之大，萬物之衆，事爲之夥，而其形體情實，無有不相配對者也。寒暑、日月、雷風、晝夜、山澤、水火、君臣、父子、夫婦、牝牡、道器、剛柔、仁義、治亂、進退、生死、得失、吉凶、榮辱，有萬不同，而無有孑然獨立者也。夫其每出必兩者，何也？陰陽其實爲之也。陰陽之未出也，太極則其總也。及其既出也，則天地其初也。事事物物，無有外乎天地而自生自立者矣，而天地又從太極而受陰陽焉。故事物之無不有兩者，其源實出於陰陽也。六十二卦無一卦焉而不載乾坤，則何事何物而非兩出也？故説明兩而《易》之本末著矣。

"一生二，二生三，三生萬物"，其語雖始老氏，而理本《易》出也。一之爲太極也，予數言之矣。自二及三，夫子固嘗極言其總，而曰天地絪縕，萬物化醇也；男女構精，萬物化生也。夫其天也，地也，是爲兩矣。兩之合也，別有絪縕者出焉，既不可分以屬天，亦不可別而爲地，又不可斥諸數外，則安得不參乎二而成其爲三也？凡《易》之從二出三者，其象皆總乎此也。故夫子隨舉男女以配對天地，而期夫人之類求也。然則男女之構精，即天地之絪縕者矣。絪縕者，與天地而三，則其化既可醇矣。則夫婦構精者，合男女而三，其化亦可由此以生也。凡天下事事物物，從交而變，從變而凝者，莫不出乎此之三者。而凡三之類，悉可放此以推矣。大傳既發絪縕構精之理，乃始正引爻辭而爲之明。曰："三人行，則損一人；一人行，則得其友。言致一也。"此言凡從陰陽而得實體者，無適而非二也。實有之象莫著乎人矣，三則損一，是損三而就其爲二也。一則得友，是益一而成其爲二也。損益之間，率以及二爲底止，夫是之謂致一也。盡《易》一書，莫非主兩起變，即皆以二爲底止者也。於是天地、男女皆二也，二具而三自形，則從二得變者是也。故老氏表發其理，而立爲二能生三之論以補三，聖人之所未言也。

日往則月來，月往則日來，日月相推而明生焉。暑往則寒來，寒往則暑來，寒暑相推而歲成焉。往者，屈也；來者，信也。屈信相感而利生焉。夫日月寒暑，往來屈信，其非二乎？兩體對出之中，有相推相感者焉。如絪縕之非天非地，而實別爲一理也，則安得而不三也？十三卦之叙創物也，凡棟宇、弧矢、杵臼、舟楫、衣裳、書契之類，無有一物而自出一用者。故夫子謂備物致用，立成器以爲天下利也。然則器之成也，雖其形而甚下，猶須備二致三，而因三成質也，況其形焉而上與之立總者乎？

《易》象既成而爲書也，陰陽之交，有互體相入者焉。凡曰相錯相雜、相得相易、相蕩相推、相摩相資、相感相攻、相逮相悖，是皆合二以成其互者也。二其分也，互其合也，分之外有互焉，則不得不三也。原其始，則皆陰陽而交焉者也。故老氏於三已生物之後，又嘗即其所形而明其所始矣，曰："萬物負陰而抱陽，沖氣以爲和。"夫且負且抱，是二之相交者也。負抱之中有和焉，則萬物之所從爲物者也。莊子又推本此理所出，而明言之曰："至陽赫赫，至陰肅肅。肅肅發乎天，赫赫出乎地，兩者交通成和而物生焉。"是亦指夫肅肅赫赫之交者，以爲兩而兩之，以成和者爲三也。兩以三出而物生矣，是又即三之未及生物，而與老氏之語本末相感者也。以上錄自本書。

文光案：天地絪縕節，《本義》云："釋損卦爻義而不解其所以然，得此說遂明。所謂二者體也，一者用也，體立而用行，體靜而用動，動靜相交，變化不窮，故老子云'三生萬物'也。"是書《宋志》十卷。朱氏《經義考》云："篁墩程氏輯，《新安文獻志》載有三篇。"此本共一百五十八篇，中論河圖、洛書，五行相生，著說卦圖，邵、鄭異同，于《易》義實有闡發，不徒文詞辨博已也。宋《易》佚者甚多，此本爲朱氏所未見，猶是完帙，更可寶已。

《中興館閣録》："程大昌，字泰之，新安人。趙逵榜進士，淳熙二年四月，除祕書少監，三年權刑部侍郎。"

陳氏《書録》："《易原》論天地五十有五之數，參之河圖、洛書、大衍之異同，以此爲《易》之原也。以及卦變、揲法，皆有圖論，往往斷以己見，出先儒之外。"

大昌自序曰："淳熙辛丑，歸自泉南，僑居吳興，奉祠凡四更年。多病罕出，迺得以其暇力深探竟討，乃粗有見。已而反諸先儒之論，率多不合，始亦未敢自信也。揚子雲曰：'衆言淆亂折諸聖。'夫子之立《繫辭》、《說卦》也，正與一《易》立爲權度也。於焉而求其衷，則有宿矣。使諸家之說協諸夫子而協歟，則無問乎何人，無問乎其說之嘗行乎否也，予皆主而用之矣。如其未也，則予不敢舍夫子而詭隨也。嗚呼！其亦不量也矣！疑衆人之所不疑，不主久傳而務求其初，思而未達，至忘寒暑、寢食、疾病，及每有得，則心開神王，不知世間得喪而身之疲老也。書成，名曰《易原》。《易》之原未易見矣，姑識吾志焉耳。若夫著，非《易》也，而《易》之象數寓焉。苟其揲歸失指，則理亦隨戾，故別爲《蓍説》以明之。而稱謂雜複，易以相亂，故又加立之圖。圖成而數著於象，凡其窮理盡性，以至於命，皆可如此以求矣。"

《古周易》一卷

宋吕祖謙撰

《通志堂》本。吕氏自序，朱子跋。音訓爲其門人金華王莘叟所筆受，朱子刻之臨漳、會稽，益以程氏是正文字及晁氏説。所著《本義》，據此本也。按東萊《易説》二卷，朱《考》曰"存"，乃先生平時講説所及而門人記録之者，非成書也，故義有未瑩處。

乙酉秋七月，講《易》於蘇溪別墅，大意以漢《易》爲宗，同人中間有悟者。陳子仲嘉，讀《檀弓》，玩"太山梁木"之歌，謂夫子占得蠱卦。其説近理，然山未見其頹，木未見其壞，人未見其萎，是尚有未到處。愚以爲占得蠱之明夷，山變地則平，木變火則化。哲，明也，明夷則傷其哲矣。上爻最高，蠱之上，故曰太山。大梁在中巽之中，故曰梁木。艮之爲艮，陽爻在上，上爻斷，山其頹乎？巽之爲巽，陰爻在下，中爻斷，木其壞乎？蠱卦，艮手在上，巽股在下，有垂手而立之象。蠱之明夷，坤腹在上，有臥牀之象，人其萎乎？離目入於地中，則瞑目矣。《周官》有占夢之法，夫子占與不占，實無確證，前人或有是説，亦未可知。惟聖言淵微，象數存焉。陳子悟及之，予又從而推衍之，蓋《易》本有是象，故得以傅會成説。然"太山梁木"之歌，前人有議之者，以爲聖人必無此事，其論亦甚正大。然即無其事，不妨存此占也。耿文光記。

校勘記

〔一〕“子”，據《金石文字記》補。

〔二〕“丘”，原避孔子名諱作“邱”。下同改。

〔三〕“蓁”，原作“其”，據《三國志》改。

〔四〕“玄”，原避清聖祖玄燁名諱作“元”。下同改。

〔五〕“弘”，原避清高宗弘曆名諱作“宏”。下同改。

〔六〕“病”，原作“易”，據《三國志》改。

〔七〕“昊”，原作“関”，據《説文解字》改。

〔八〕“曆”，原避清高宗弘曆名諱作“歷”，下同改。

〔九〕“旴”，疑誤，據《四庫全書》似當作“旰”。

〔一〇〕“中”，據《温公易説》補。

〔一一〕“爻”，原作“繫”，據《直齋書録解題》改。

經部一

《易》類二

《周易本義》十二卷

宋朱子撰

宋本。咸淳乙丑，九江吳革校刊。每葉十二行，行十五字。首原序缺，次吳氏序，次九圖。朱子《易傳》，凡二稿，初稿已佚，此其次稿。末爲《五贊》，終以《筮儀》。吳本末題"敷原後學劉空校正"，翻本無之。曹寅刻《本義》於揚州，即吳本而改其行款，縮爲小字，與此懸殊矣。宋本與今本絶不相同，其異文并諸家論説已詳著於《目録學》，兹不複出。按朱《考》："《朱子易傳》，《宋志》十一卷，佚；《周易本義》十二卷，存；《易學啓蒙》三卷，存，有朱子自序。《古易音訓》二卷，未見。《蓍卦考誤》一卷，存，有朱子自序。"朱子初爲《易傳》，用王弼本，復以吕氏《古易》爲《本義》，大指略同而加詳焉。郭雍著《蓍卦辨疑》三卷，朱子謂"説愈多，法愈亂，因爲《考誤》"。

《郭氏傳家易説》十一卷

宋郭雍撰

浙江重刊聚珍本。卷首爲紹興辛未自序并總論。《上經》三卷,《下經》三卷,《繫辭》二卷,《説卦》、《序卦》、《雜卦》各一卷。末有曾恰跋。

郭氏自序曰:"先人受業伊川先生二十餘年。雍始生之時,横渠、明道久已謝世,甫四歲而伊川殁,獨聞先人言先生之[一]道,其所學、所行、所以教授,多見於《易》與《春秋》、《中庸》、《論語》、孟氏之書,是以門人率於此盡心焉。重念先人之學殆將泯絶,先生之道亦因以息,惟懼無以遺子孫,於是潛稽《易》象以述舊聞,用傳於家,使毋忘先生之業。道雖不足,志則有餘矣。"

曾氏跋曰:"郭雍子和家傳伊川先生之學,初示予兼山先生《中庸解》、《易説》,《四學淵源論》。久之,子和又以所著《中庸》、《易説》二書及《兼山九圖》相授,其道則子思、孟子,一出於誠,廣而充之,求爲聖賢,皆有益於德者也。舉而措之事業,可以迪哲爽邦,則清净簡易,悉本諸人情,可無爲而有成功。是書之傳,豈曰小補之哉?恰承乏宜春,奉詔書搜羅逸遺,恰不揆,輒以雍之學行薦於朝廷。今又以其書傳諸學者,苟有絲髮之益,則予之志願足矣。恰以斯言寄子和,乃報云:'子何爲者耶?吾將與書俱隱,幸勿廣也。'"此序作於隆興甲申,其結衔爲右奉直大夫、知袁州軍州、主管學事兼管内勸農營田事,賜紫金魚袋。

《直齋書録》:"沖晦處士自言其父忠孝受學於程伊川,示以《易》之艮曰:'艮,止也,學道之要,無出於此。'遂榜其室曰'兼山'。"文光案:《敦艮齋遺書》論艮止之義最詳,豈祖述伊川乎?然徐氏之學近於禪。

馮椅曰:"白雲山人《易説》不以彖爲卦辭,而直循王弼之名,以爲孔子自言其彖,泥於卦變。毛伯玉不以爲不然。"文光案:雍謂觀乎彖辭者,即孔子自謂其彖傳,此説爲世所非。

朱氏《經義考》曰:"闕。今惟《大易粹言》所載存。"文光案:本書有與《粹言》所載互異者。是書舊有夷陵謝主簿校正本,名字未詳。　《抱經堂集》：“其説皆平易正大，有益於治。《繫辭傳》、《説卦傳》，郭氏亦分章段，故有‘前章’、‘此章’之語，且有與朱子微異者，而今本缺之，漏也。”

《周易義海撮要》十二卷

宋李衡撰

《通志堂》本。前有紹興庚辰李衡自序，後有刊書跋。房氏百卷之書，《宋志》不載，陳振孫亦云未見，則佚已久矣。其書取以《易》名者百家，自康成下及王介甫。《撮要》删其半，而補所未備。其第十二卷爲《雜論》，則李氏集諸儒之説也。是書宋刻以外未有刊行者，故納蘭氏刻入《經解》。

何義門曰：“汲古宋本。每首頁有印，其文云：‘淳熙七年，明州恭奉聖旨勅賜魏王府書籍，謹藏於九經堂，不許借出。’其印精工絶倫，宛然筠川學記。”

李氏序曰：“《易義海》，熙寧間蜀人房審權所編。房謂自漢至今，專門學不啻千百家，或泥陰陽，或拘象數，或推之於互體，或失之於虛無。今於千百家內斥去雜學異説，摘取專明人事、羽翼吾道者，僅百家，編爲一集，仍以正義冠之端首，鏊爲百卷，目之曰《周易義海》。或諸家説有異同，理相疑惑者，復援父師之訓、朋友之論，輒加評議，附之篇末。衡得是書而讀之，其間尚有意義重疊、文辭冗瑣者，載加删削，而益之以伊川、東坡、漢上諸説，庶學者便於觀覽云。”

周汝能、樓鍔識後曰：“江都李公衡屬意於《易》，得蜀房生《義海》，删之以爲《撮要》。始以家名者百，公略其半，以卷計亦百，今十有一。第十二卷《雜論》一，是又創於公手，以補房生之缺者。公自御史來守婺，鋟諸板，教授周汝能、樓鍔識之。乾道六年十一月望日也。”

陳振孫曰："房審權編《義海》百卷，近時江都李衡彦平删削，而益以東坡、伊川、漢上之説，爲《撮要》十卷。若房氏百卷之書，則未見也。"

董真卿曰："《易義海撮要》十二卷，删房氏本爲之，而略其半，又有《雜論》以補房氏之闕。今《宋志》載《撮要》而不載房本，亦可惜也。"序跋諸説，大概相同，録其一二可矣，未免重見疊出。

《復齋易説》六卷

宋趙彦肅撰

《通志堂》本。天一閣抄本，徐氏重刊。前無序，後喻、許二跋，末附《行實》。彦肅，字子欽，宋之宗室。

《復齋先生行實》曰："先生有《廣雜學辨士冠禮昏禮饋食圖》，爲文公所稱。成〔二〕曰："朱子見而作《通解》。"其論《易》微與文公不同。朱子曰："子欽《易説》爲説太精，取義太密，或傷簡易之趣。"然傾嚮屬望，愈益切至。其殁也，文公哭之慟，曰：'趙丈爲人，今豈易得！'先生嘗曰：'先聖作《易》，有畫而已。後聖繫之，一言一字皆自畫中來。譬如畫師傳神，非畫烟雲草木比也。'故先生言《易》不離象數，而義理具足焉。"

喻仲可跋曰："《易説》六卷，先生所述。是書觀象玩爻，無一字外來；研精覃思，無一辭苟發；出自胸臆，無一句襲蹈前人者。書雖不多，一生精力實於此乎？在卒後二十有六年，郡太守莆陽許公取是書刊焉。"

許興裔跋曰："余假守嚴陵，公之門人喻仲可始携其所著《易説》見過。如公之賢而無後，余懼其久而或泯，因囑喻君校勘，刊置公之祠堂，與志學者共之。并以公之行實大概刊附於後，俾來者有考焉。"

成德序云："人千百言不能盡者，約以數語，卓然可傳。"

《周易玩詞》十六卷

宋項安世撰

《通志堂》本。自序，自跋，樂章跋。光刻本有虞集序、徐之祥序、馬端臨序。

安世《自述》曰：“嘉泰三年壬戌之秋，重修《周易玩詞》十六卷。章句初定，因自歎曰：安世之所學，蓋伊川、程子之書也。程子生平所著，獨《易傳》爲全書，安世受而讀之三十年矣。今以其所得於《易傳》者，述爲此書，而其文無與《易傳》合者，合則無用述此書矣。世之友朋以《易傳》之理觀我書，本末條貫，無一不本於《易傳》者；以《易傳》之文觀我書，則未免有‘使西河之民疑汝於夫子’之怒。知我者，此書也；罪我者，此書也。”

陳振孫曰：“安世當慶元中得罪時宰，謫居江陵，杜門潛心不出，諸書皆有論說，而《易》爲全書。程氏一於言理，盡略象數，而此書未嘗偏廢；程氏於小象頗欠發明，而此書爻象尤貫通。蓋亦遍考諸家，斷以己意，精而博矣。”

馬序云：“是書必暮年所著，家有善本，先君嘗熟復而手校之。方塘徐君掌教，初菴以是書錄梓學舍，俾贅語其編尾。”徐序云：“集賢初菴傅公以《易》學經世，被遇殊休，俾其徒黃棠創建精廬，嘉惠後學，經府傳窟中，獨缺此書。予過梧翁先生馬公考學，得所藏本，乃咸淳乙丑禮部貢院所點校，敬錄諸梓。”虞序云：“集至壯歲，至好此書。今淮西廉訪僉事幹君克莊，取是書於篋，俾齊安郡學刻而廣之。”成德序云：“是書盛行於宋季，元大德中，幹玉倫徒常刻於齊安，而馬貴與、虞伯生爲之序。數百年來，傳本漸稀，近得善本，因重梓之。平甫讀《程傳》三十年，又問學於朱子之門，書成於《本義》二十年之後，朱子未見。故於《程傳》、朱《義》多所發明。"書末記云："咸淳乙丑，被命典舉，以花朝自點，呈於禮部貢院。鄱陽馬廷鸞。"

吳仁傑曰："王昭素謂《易·序卦》云'離者，麗也'，諸本此下更有'麗必有所感，故受之以咸。咸者，感也'，凡十四字。晁以道《古易》取此三句增入正文，謂後人妄有上、下經之辨，故刪省云。"又曰："觀鳥獸之文，指龍虎鳥龜言之，即所謂觀象於天者。下句'與地之宜'，即所謂觀法於地者。爽傳，'天'字於文爲衍。"

王氏曰："項氏與朱子、象山往還。象山謂其善文辭[三]，好議論，蓋所不許；而朱子詆斥，不遺餘力。貴與、道園於經義甚疏，未之深考而漫有稱道。直齋謂其補《程傳》所未足，徐氏謂於《本義》多所發明，尤似夢語，其於項書未一讀也。朱子之學，一再傳而已非其舊，故是書盛行於宋季，莫有能辨之者。吳氏《纂言》多取項説，其牽合附會，穿鑿破碎，適有相類，以啓後學，愈燼亂矣。"右録於《白田草堂雜著》。王氏於朱子之學用功甚至，其於項氏《易》亦三復其書言之，非如貴與等之妄立説也。

《周易總義》二十卷

宋易袚撰

文瀾閣傳鈔本。前有紹定戊子陳章序。"總義"者，總卦爻之義而爲之説也。每卦各列爻義，合諸家之異而折衷之，總爲一説。其書可傳，其人不足道也。

《誠齋易傳》二十卷

宋楊萬里撰

聚珍本。是書歷十有七年而成。公歿之後，有稱其書於朝者，其子長孺具狀進之。此本前有理宗嘉熙元年狀二通。按吳澄跋，有誠齋自序，而此本無之，蓋已佚矣。其説長於以史證經，文極奇，説極巧，故文士好之。初名"外傳"，後去"外"字。元時合《程傳》并行，然間有與《程傳》不同者。蓋此傳有感而作，如胡氏《春秋傳》、黃石齋《九種書》，皆借書以發抒其意，非經之本旨也。且以史證《易》，人各一意，未必與爻象悉合。然古以乾初爲舜耕歷山，九三爲元德升聞，已開此例，踵而成之。今有《易史》并《爻徵》一書，餘詳《目錄學》。阮逸有《易筌》六卷，每爻必以古事系之。陳振孫誚其牽合。

《誠齋易傳》二十卷

宋楊萬里撰

明本。嘉靖四十二年賈淇校刊，張時徹序，流傳本甚罕。前有淳熙戊申誠齋自序、宋臣寮請抄錄《易傳》狀、楊承議誠齋之子，名長孺。申送《易傳》狀、嘉泰甲子誠齋後序。聚珍本後序佚。

吳澂跋曰："誠齋《易解》板本行天下久矣。王若周得其草稿，有序及泰、否二卦。凡先生親筆改定之處，比初稿爲密。獨初名'外傳'，後去'外'字，余謂當從其初。是書皆推行《易》道之用，經之本旨必未如是，故名曰'外傳'宜。"

鄭希聖跋曰："右《誠齋易》乃舊本，鬻書客潘生所售余者，置諸三家村芭蕉林中讀書處。時至大二年己西端陽日。"

陳櫟曰："誠齋本文士，因學文而求道，於經學性理終非本色。坊中以是書合程子《易》并行，名曰《楊程二先生易傳》，實不當也。胡雙湖《本義附錄纂注》，無半字及之，可見楊《傳》足以聳動文士，不足使窮經之士心服。"

楊士奇曰："吾鄉楊文節公《易傳》，當時已板行，而其稿前百餘年尚藏楊氏，元季之亂，所存無幾矣。此小畜、同人、大有三卦，公族敵所藏，皆公手筆，其中有一二處竄定而重錄者，至今二百餘年，楷墨如新，誠可寶也。公與晦菴先生交遊，有講論之益。先生平居論人物，於公極推重，而未嘗及此書者，蓋書成於先生既殁之後也。"

朱良育跋曰："誠齋《易傳》，自淳熙戊申至嘉定甲子，凡十七年始脱稿，前後序文皆公手筆。其説本之伊川而多引史傳事證，蓋象數之學蔑聞焉。嘉定元年，臣僚申請得旨，給劄其家，抄録宣付秘閣。此本紙札精好，真三百年物也。書後有元人鄭希聖題字，在至大二年己酉，距今二百八年矣。予得之祝希哲，希哲得之朱性甫，性甫得之南園俞石澗先生家藏。正[四]德十一年夏四月。"

郝敬曰："楊誠齋説《易》，每爻引一古人作證。以此爲初學，舉一隅則可；欲執此證前《易》，所失甚多。"

徐乾學曰："楊寶學傳《易》，以中正立而萬變通爲《易》之指歸，立説多本之伊川。此本爲其門人張敬之校刻，元人鄭希聖題識猶存。又有正德吳郡朱叔英跋尾。"

《大易粹言》十卷

宋曾穜撰

《通志堂》本。前有自序，後跋二首。

穜序曰："淳熙乙未夏五月，穜代匱龍舒，因與二三僚友裒伊川家所嘗發揮《大易》之旨者，明道、伊川、横渠、張戴，字子厚。廣平、游酢，字定夫。龜山、楊時，字中立。兼山、郭忠孝，字立之。白雲，郭雍，字子和。合七先生集爲一書，板之以傳。"

李祐之跋曰："祐之游温陵曾公之門，公平居議論，必及於《易》，而伊川之學尤所篤好。嘗以親愛白雲之説，合伊川兄弟爲七家。洎來舒郡，出以相示，且俾訂證其非是。凡涉書七十又五種，爲字四十五萬有奇，義多互見，辭或重出，而後伊川之《易》

無遺恨之歎。”

張嗣古跋曰：“右《大易粹言》，前太守曾君糧命郡博士方聞一所裒輯者也。雖七家之《易》不無淺深異同之論，然考其師友淵源，皆自伊洛中來。歲久，板漫滅，復爲之修改七百三十有六板，以與學者共之。嘉定癸酉五月望。”陳造曰：“此板在舒州已就漫漶，予修之，遂爲佳本。”

趙希弁曰：“《大易粹言》七十卷，總論三卷。”

樓鑰曰：“曾君編《大易粹言》，刊於龍舒，又自著書，名曰‘菋書’，以八起數。菋，氣至切。又李新有書名‘觖’，或作‘欲’，音從劇，倦也。饅觖，亭名，在上谷。饅，漢官切；觖，從山谷之谷、彈丸之丸。止是亭名，無別義。”

《大易粹言》，《宋志》十卷，《玉海》同，惟趙希弁與董真卿皆云七十三卷。其書合七家爲一編，并採諸家語録、文集，大要主義理，與魏了翁《集義》，皆《易》解之最精純者。

《易圖説》三卷

宋吳仁傑撰

鈔本。《宋志》：“《古周易》十二卷，《圖説》二卷，《集古易》一卷。”成德序曰：“斗南論用九、用六最精詳，具於所訂《古周易》之後。《圖説》則演爲圖，以明其旨者也。是二書本相輔而行。仁傑《古易》本十二卷，今本止舉其略，而集家所訂於後。《吳中人物志》有《集古易》，即此。”誤以《集古易》爲《古易》。

《易傳燈》四卷

宋徐總幹撰

《函海》本。以釋氏“傳燈”命名，殊屬未安。

先君總幹，幼年習聲律，自後喜經術而厭雕篆，由是再更六典。紹興初，嘗師東萊吕先生祖謙、説齋唐先生仲友。從宋先生真卿書堂，因見壁間伏羲先天八卦圖像，篤志學《易》，佩服師訓，蚤夜究心。嘗應試漕闈，兩預薦書，皆以是經。先君重道義而輕利禄，薄奔競而安恬退，隱居易堂，精研先天之學，以六十四卦三百八十四爻，係國家興衰治亂之時用。寶慶間，遂作《周易大義》，繼作《衍義》，續作《傳燈》。究先哲之微言，期後學於同歸，去爻應、互體等，越數十載方脱稿。先君初意爲子孫衆多，皆欲淑以斯文，故作是書，非欲自佖其學也。愚不敢私，即取而公之，悉鋟諸梓。不惟不秘先君之志，而先君之學亦於是乎傳矣。寶祐丁巳仲春既望季子徐子東敬繫。

是書《宋志》不載，諸家俱不著録。此本采自《永樂大典》，李氏刻入《函海》而佚其名。陸氏《藏書志》依序題爲“徐總幹”。總幹，官名，非人名也，今姑仍之。然其名難考，朱《考》著徐雄、徐相而無總幹之名，則佚已久矣。

《周易稗傳》一卷 《外篇》一卷

宋林至撰

《通志堂》本。《宋志》一卷。《通考》二卷，《外篇》一卷。元時有刊本，至正間陳泰所刻，併爲二卷，其本難得。

陳振孫曰：“至撰凡三篇，曰《法象》，本之太極；曰《極數》，本之天地之數；曰《觀變》，本之揲著十八變。《外篇》則曰《反對》、《世應》、《互體》、《納甲》、《卦氣》之類，凡八篇。”

陳泰曰：“林先生字德久，松江府人。宋淳熙釋褐魁，官至祕書，登晦菴朱先生之門。是書乃庸田使康公出授士子，今太守劉公命鋟於嘉興郡學，傳示學者云。”

《泰軒易傳》六卷

宋李中正撰

東洋刊本。前有廣川董洪序。諸家書目不載其名。日本人用活字排印。詳見《孳經室外集》。是書專明人事於起伏消長之機，隨事示戒，非空談者可及。

《西溪易説》十二卷

宋李過撰

鈔本。前後無序跋。過字季辨，興化人。

馮椅曰：“西溪《易説》多所發明，然以毛漸《三墳》爲信，誤矣。”

胡一桂曰：“西溪《易説》於乾卦、彖辭下便掇入《彖傳》，《彖傳》内便掇入《文言》，釋彖處繼以大象，又分爻辭附於小象，又附入《文言》。古《易》至此，汩亂無餘矣。”

張雲章曰：“過晚喪明，棄科舉授徒。其《易説》成時，有自序，董曰：“慶元戊午自序，謂幾二十年而成。”今抄本失去。”

《用易詳解》十六卷

宋李杞撰

文瀾閣傳鈔本。以《易》爲有用之學，故名《用易》。

杞自序曰：“經非史也，而史可以證經。以史證經謂之駁焉可也，然不質之於史，何以見聖人之經爲萬世有用之學也耶？古之聖人所以周流變化而前民之用者，皆用《易》之妙也。堯、舜之揖遜，湯、武之征伐，伊、周之達，孔、孟之窮，在天下有如是之時，在《易》有如是之理，在聖人有如是之用，蓋不獨十三卦制器尚象爲然。故吾於《易》多證之史，非以隘《易》也，所以見《易》爲有用之學也。嗚呼！學《易》非難，而用《易》爲難，吾豈敢自謂能爾乎？嘉泰癸亥六月望日。”

《周易傳義附録》十四卷

宋董楷撰

《通志堂》本。前有序例、綱領、圖説。取《程傳》、朱《義》合而一之，凡《程氏遺書》、《朱子文集》有稗於“傳義”者，取而附之《繫辭》以後。程子無説，則取程以平日論説補之，而附録如上、下經之例。其後董真卿之輯録《纂注》、明之《大全》，實權輿於此。楷字正叔，台州臨海人。從陳器之游，得朱子再傳之學者也。程子《傳》用王弼本，朱子《本義》用東萊《古易》本。楷以程子在前，遂割裂朱子之書，散附《程傳》之後。《大全》亦仍其誤，至成矩專刻《本義》，亦用《程傳》次序。鄉塾之士，遂不知有古經矣。

《易象意言》一卷

宋蔡淵撰

聚珍本。久無傳本，今刻入蔡氏《九儒集》。又見於《藝海珠塵》。按朱《考》，蔡氏所著，有《周易經傳訓解》四卷，尚存三卷。又《卦爻辭旨》、《大傳易説》、《象數餘論》、《古易叶韻》，俱佚。

王應麟曰：“《離》九三‘鼓缶而歌’，蔡伯静解云：‘當哀而樂也’；‘大耋之嗟’，‘當樂而哀也’。盛衰之道，天之常也。君子之心，順其當而已，不樂則哀，皆爲其動心而失其常者，故凶。此説長於古注。”

文王、周公所繫之辭，有以理言者，如“元亨利貞”、“直方大”之類是也；有以事言者，如“觀盥而不薦”、“師出以律”之類是也；有以象言者，如"履虎尾"、"見龍在田"之類是也；有以占辭言者，如"利建候"、"行師利"、"用爲大作"之類是也；有以斷辭言者，如"征，凶，无攸利"、"悔亡，吉，无咎"之類是也。卦爻所繫，大略不出乎此矣。

"无咎"有五義：《師》之彖，吉而无咎者也；《節》之三，過由己作而無所歸咎者也；《大過》之上，凶而不可咎者也；《晉》之初，善補過而无咎者也；《萃》之四，獲吉，乃能无咎者也。

乾、坤、屯、蒙，卦之名也。健、順、動、説，卦之性也。天、地、風、雷，卦之象也。陰、陽、剛、柔，卦之才也。中、正、危、懼，卦之位也。應、害、遠、近，卦之情也。上、下、乘、承，卦之體也。元、亨、利、貞，卦之辭也。剛、柔、往、來，卦之變也。

凡剛進而上，遇柔則利，遇剛則不利。

乾、漸，以一物之次序明爻象；咸、艮，以一身之次序明爻象；井、革，以一卦之次序明爻象。

《童溪易傳》三十卷

宋王宗傳撰

《通志堂》本。前有自序、林焞序。

林焞序曰："予與童溪生同方，學同學，同及辛丑第，知其出處甚詳。公性能酒，飲已輒論《易》，而於二《繫》爲詳。出其門者，十九青紫。既第之三年，教授曲江。越二年而書成，大書其影曰'三十之卷《易書》，自謂無愧三聖'，其篤於自信者歟？"

何義門曰："汲古宋本，俞石硐收藏，後缺一卷，非全書也。屢考其始末，寄來京師，跋中竟未及此。"

宗傳字景孟，世稱王景孟，即其人也。據《閩書》，爲寧德人。鄱陽董氏以爲臨安人，誤矣。淳熙八年，與林焞同舉進士。

林序作於淳熙丙午。宗傳自序不著年月。

《丙子學易編》一卷

宋李心傳撰

《通志堂》本。原書十五卷，久佚，此俞石硼節本。前有自序，後有高、俞二跋。丙子者，嘉定九年也。

高斯得跋曰："秀巖先生，近世大儒也。世徒見其所論著藏於明堂石室，金匱玉版，遂以良史目之。不知先生中年以後，窮經道奧，經術之粹，有非學士大夫所能及者。又其天資極敏，過絶於人。如《三禮辨》二十餘萬言，二百八十日而成；《學易編》二百八十日而成；《誦詩訓》亦逾年而成。考訂鄭、王、孔、賈之謬，折衷張、程、吕、朱之説，精切的當，有功於學者爲多。斯得受業於門，每念有以廣其傳者。來守桐江，首取《詩》、《易》二書刊之，與同志共。"

俞琬跋曰："此書係借聞德坊周家書肆所鬻者，天寒日短，老眼昏花，併日而鈔其可取者。其書取王弼、張横渠、程伊川、郭子和、朱晦菴而求其是，又以其父隆山之説證之，或又附以己見，中間盡有可取。"

《周易集義》六十四卷

宋魏了翁撰

元本。鶴山書傳刻其少，予僅得此本及《古今考》。

方回跋曰："僉書樞密院事魏文靖公鶴山先生了翁[五]華父，前乙酉歲以權工部侍郎，坐言事忤時相，謫靖州。取諸經注疏，摘爲要義，又取濂、洛以來諸大儒《易》説爲《周易集義》六十四卷。仲子太府卿静齋先生克愚[六]明己，壬子歲以軍器監丞出知徽州，刊《周易集義》置於紫陽書院。以兵興廢，書板盡毀。尋草創新書院於南門内，獨《集義》僅有存者。今戊子歲，山長吳君夢炎〔七〕首先補刊。會江東詳刑使者太原郝公良弼〔八〕，深嗜《易》學，謂聖人之經，得濂、洛而後明；五經、《論》、《孟》之原，非此諸大儒明之，則終於不明；又非有如文靖公因縶閑僻，類聚成篇，則世之學者，亦無從盡知之也。欣然割資相工，得回所藏墨本，率總府郡頖協助兩山長及書院職事生員，醵泉訖役，半年而畢矣。夫《易》道之難明也，自漢至今，説《易》何啻千家。王弼、孔穎達注疏單行，朱文公嘗深辟之，讀者亦鮮。李鼎祚《易百家解義》，間見子夏、京房、虞翻、陸績、蜀才之説及鄭玄互體，殆無復讀者。天啓斯文，濂、洛有作。周元公曰：‘無極而太極。’謂太極無形而有理，以明《易》有太極之旨，不可以迹求，而翼之以《通書》。爲臨川陸學者，肆爲强辯，則不可讀《易》。邵康節始因‘大傳’分言伏羲‘先天’、文王‘後天’，如‘兩儀’、‘四象’，乃伏羲畫卦次第，惟文公獨得其傳。爲永嘉葉學、三山林學者，別爲臆説，則不可與讀《易》。程純公、正公師元公，其説《易》，張横渠撤皐比以遜之。正公嘗教人讀王弼、胡瑗、王安石《易》，伊川《易傳》出，則已削三家之疵而極其粹。苟猶泥於三家而不求之《程傳》者，則不可與〔九〕讀《易》。純公、正公皆嘗聞康節‘加一倍’法，而正公不屑於象數，惟專於義理，故文公謂邵明義《易》，程演周經，蓋欲學者合邵、程而爲一也。豈惟邵、程當合爲一？藍田吕與叔初師横渠，後與上蔡謝顯道、廣平游定夫、龜山陽中立在程門爲四先生。乾用九，坤用六，凡例惟與叔、歐公及文公三人知之。漢上朱子發本《程傳》而加象數。和靖、尹德充登正公門，最後將易簀，授以《易傳》。其論生卦惟許康節。五峰胡仁仲得之上蔡，傳之南軒張宣公。而東萊吕成公與文公、宣公相友，文公於是集諸儒之大成。《易》本筮占，乃述《本義》、《啓蒙》、《圖説》，多得之邵學者，不於此混融貫通焉，則亦不可與讀《易》。文靖公之在渠陽，欲以東萊《讀詩記》爲《讀易記》，謂辭變、象占乃《易》綱領，而繇、彖、象、爻之辭，畫爻位虛之，别互反飛伏之説，乘承比應之例，一有不知，則義理闕焉。是書濂流、洛派，凡十六家合爲一，觀之而《易》道備矣。先是，温陵曾穜刊《易粹言》，七家中有郭兼山《易》。文靖公謂忠孝《易》書去程門遠甚，自黨論起，絶迹程[一〇]門，殁不設奠，故并其子雍曰‘白雲易’者黜之。臨邛張行成，文靖公鄉人，爲邵《易》，注解《通變》、《經世》、《觀物》等書，世稱《七易》，疑文公未之見，别爲一支，以備旁考。今文靖公集百卷，明《易》之義者，二百三十章有奇，《易》學最精。嘗與參知政事西山真先生德秀[一一]、希元[一二]、文公門人輔廣漢卿相講磨渠陽山中，苦於書不備，友難得。是書猶欲有所裨益，而未爲序引者，此也。權遠柄國二十七年，窮侈極謬，屏文靖公卧五溪，窮處逾七稔，不如是，後世焉得是書而讀之？至元二十五年十月既望。”

董真卿曰：“其書自周子、邵子、二程子、張子、吕氏、謝氏、楊氏、尹氏、游氏、胡五峰、朱漢上、劉屏山至朱子、張宣公、吕成公、李隆山、子心傳，凡十七家，他《易》不與。仲子充愚知徽州，刊於紫陽書院，至元戊子補刊。”

吴師道曰：“魏公《集義》自周、程諸門人，下及朱、吕，淵源所自，可以參觀，但其取漢上朱氏，以備象數一家，未免蕪雜。”

魏鶴山取諸經注疏之文，據事别類而録之，謂之《九經要義》。其書傳本甚少，惟《周易要義》見於陸氏《藏書志》。朱《考》載《九經要義》二百六十三卷。

《朱文公易説》二十三卷

宋朱鑑撰

《通志堂》本。前後無序跋。輯朱子平日論《易》之語，見於語録、文集者，共爲一編。

董真卿曰："文公孫鑑子明集語録爲《易説》，淳祐壬子序之。鑑仕至吏部侍郎、湖廣總領。"

楊士奇曰："《易説》分爲三册，先生於《易》自《本義》、《啓蒙》之外，凡雜著及門人所記口授之言，其精義皆在此書。蓋先生之孫鑑所會粹，而學《易》之士所不可無者。"

徐乾學曰："文公《易説》，公嫡孫子明守富川時所輯，淳祐中鋟板，蓋取門人問答之語會粹而成，多與《本義》、《啓蒙》相發明，大有功於學者。嗣後董正叔、胡庭芳、董季真各有采輯，皆是爲之權輿也。"

《東谷易翼傳》二卷

宋鄭汝諧撰

《通志堂》本。前有汝諧自序、鄭如岡跋、鄭陶孫跋，後有成德序。所謂"翼傳"者，翼程子《易傳》也。自序謂"同而不異，則喪其所以爲同"，是真翼者矣。

汝諧自序曰："古今傳《易》者多矣，至河南程氏始屏諸家艱深之説，而析之以明白簡易之理，一時學者知所師承。汝諧伏讀其書，心之所安者，信之；其所未安者，疑之。疑斯辨，辨斯明矣。乃以程氏之説疏於經之左。程氏有所未及，與及之而未明，凡可傳以己意者，則題以爲《翼傳》。其在《睽》曰'君子以同而異'，同異之相形也，猶水火之相滅而相成也。同而不異，則喪其所以爲同矣。此書非立異於程氏也，祇以爲同也。"

陳振孫曰："'翼'云者，所以爲《程傳》之輔也。大抵以《程傳》爲主而附以己見之異。然汝諧立朝，多爲善類所不可，至互相排擊。仕至吏部侍郎。"

鄭如岡跋曰："先君玩《大易》之理，誦《易傳》之辭，研精覃思，凡數十年而後就。成書既久，尚冀少進。其後寢疾，始以授尹錞、張繹，先覺猶不敢自足。歲在壬辰，如岡持節閩嶠，以稿本求是正於西山真公貳卿，且論叙於篇首。公不靳淵源之論，爲之發揮，已而謂如岡曰：'先君子歿已久矣，精力畢見於此書，詎可不使流布，以示學者？'如岡謹受教，是歲仲夏刻於漕司之澄清堂。"

鄭陶孫跋曰："後六十年，陶孫勸學七閩，訪澄清堂板，已罹兵毀。又十有六年，陶孫由詞垣勸學江左。會廬陵學官來徵遺書，謹取家藏本授之，能刻梓以與程、楊兩先生參，亦斯文之一幸也。惟曾大考歷事四朝，紹興得謝後，屢召不起，與誠齋同被褒異。出處同，則其著書亦同於'翼經'而已。"

成德序云："朱子謂《程傳》用意精密，道理平正，尚疑其舉三百八十四爻盡屬之於人身，於作《易》之意有所未盡，且其間義理多伊川所自發，與經文隔膜，所以讀者難於貫穿。而程子亦自云：'成書旋復修補，期於七十，其書始出。'又曰：'吾於此書止説得七分，後人更須自體玩究。'其不敢自信如此。此東谷鄭氏舜舉《翼傳》之所以作也。是書於伊川之隱而未發者，融會貫通而出之，確乎其有以自得也。"

《水村易鏡》一卷

宋林光世撰

《通志堂》本。前有自序。

光世自序曰："古之君子，天地、日月星辰、陰陽造化、鳥獸草木，無所不知，不必讀繇辭、爻辭，眼前皆自然之《易》。世道衰微，《易》象幾廢，孔聖懼焉，於是作《大象》、《小象》，又作《繫辭》，明明以人間耳目所易接者，立‘十二象’，令天下後世皆知此象自仰觀俯察而得也，曰鳥獸、曰身、曰物則次之。《大象》、《小象》者，釋《易》也。《繫辭》者，又釋《大象》、《小象》也。‘十二象’者，又釋《繫辭》也。後世諸儒釋《易》，凡天地變化，陰陽消長，君子小人，進退之道，言之詳矣，獨仰觀俯察之學，則置而不言。臣家藏書萬卷，晚始窺先大父刪定、臣霆手校《靈憲圖》。臣雖知天，然未知星與《易》合。歲在丙午，時居海上，忽一夕，觀天有感，縱觀天、澤、火、雷、風、水、山、地八宮之星，皆自然六十四卦也，遂頓悟聖人畫卦初意。臣何修得此，於天隱而不言，咈天也。敢先以《繫辭》，自離至夬十三卦，凡十二象筆之書，願與通天地人之君子演而伸之，亦以補諸儒之所未言焉。”

林光世字逢聖，興化軍莆田縣人。

《易學啓蒙小傳》一卷

宋稅與權撰

《通志堂》本。前有自序。

與權自序[一三]曰：“伏羲先天理數之原，文公特於《易學啓蒙》抉其秘，圖像咸本諸邵氏。間與袁機仲談‘後天易’，則謂嘗以卦畫縱橫反覆求之，竟不得文王所以安排之意。是以畏懼，未敢妄爲之説。與權嘗從先師魏文靖公講究邵氏諸書，乃於《觀物篇》得《後天易上下經序卦圖》，反覆觀之，皆成十有八卦，然後知乾、坤、坎、離、頤、中孚、大小過、否，《易》之八卦爲上、下兩篇之幹；其互易之五十六卦，爲上、下二篇之用。非邵氏此圖，則‘後天易’之旨，千載不明矣。嗚呼！孔子《雜卦》一傳，專以反對而發；'後天易'互用兩卦，'十二爻'之深旨也。學者熟玩《雜卦》，則於邵氏此圖，信其爲寫出天地自然之法象矣。朱文公殆亦留斯義以俟後人耶？輒不自揆，敬述而申之曰《易學啓蒙小傳》。"

俞琬曰："稅氏《周易古經》案：《校正周易古經》十二卷，有自序，以邵子"觀物"爲斷。二篇，其經卦如乾、坤不可反，則畫兩卦；如屯、蒙可反，止畫一卦。從邵氏本刻石而反復互觀，此古竹書體也。是書借陳笑問寫本抄録，其正經二篇并十翼與晦菴無異。其注十翼，即晦菴本。"

《易學啓蒙通釋》二卷

宋胡方平撰

《通志堂》本。元本，徐氏刻入《經解》。至元己丑自序。方平字玉齋，徽州婺源人。按朱《考》，胡氏尚有《外易》一作"翼"。四卷、《易餘聞記》一卷，俱未見。朱子《易〔一四〕學啓蒙》，惟胡方平本最善。《啓蒙》四篇，專明象數，以爲讀《本義》者設，而讀《啓蒙》者又宜熟玩《通釋》。

方平自序曰："近世學者喜談《易》，其專於文義者，既支離散漫，而無所根據；其涉於象數者，又皆牽合傅會，而或以爲出於聖人心思智慮之所爲也。若是者，予竊病焉。因與同志頗輯舊聞，爲書四篇，以示初學。"

劉涇跋曰："嘗記兒時從家庭授《易》，聞之先君子云：'昔晦菴先生之講學於雲谷也，我先文簡、雲莊兄弟，與西山蔡先生父子從游最久。講四書之餘，必及於《易》，與諸生時時凌絶頂登眺，觀天地八極之大，察陰陽造化之妙，蓋其胸中已有"真易"一部在宇宙，故所論象數、義理自有以見其實而造其微。'晦菴'雲中'、'谷中'，皆書室名也。舊藏雲莊所抄諸經師説數巨帙，兵燼之餘，其存者蓋千百之什一耳。一日，新安胡君庭芳來訪，出《易》一編，謂其父玉齋平生精力盡在此書，而其所援引則雲谷當日及門之士遺言餘論多在焉。仰惟一時師友從游之盛，重念先世問學淵源之歸，輒爲刊寘書室，以成胡君之志焉。”

《周易集説》十四卷

宋俞琰[一五]撰

《通志堂》本。俞琰字玉吾，生於宋，宋亡，遂不復有仕進意。隱林屋山，摭諸家《易》説，名曰《大易會要》，一百三十卷，及注上、下經并十翼，凡十四卷。又有《經傳考證》、《讀易須知》、《易圖古占法》、《卦爻象占分類》、《易圖合璧連珠説》。授温州學録，不赴。後得異人金液還丹之秘，注魏伯陽《參同契發揮》三卷、《陰符經解》一卷、《易外別傳》一卷，以吾儒性命之學，推陰陽消息之理。雅好鼓琴，乃作《弦歌毛詩譜》。別有《幽明辨惑》、《席上腐談》、《書齋夜話》等書，詳見《吳中人物志》。

王都中序曰：“《周易集説》大概以晦菴爲主而參以程氏，又集諸家之善爲之説，凡三脱稿矣。書成，不可不傳，敬請鋟諸梓，以與同志者共之。至大庚戌冬至。”

李克寬序曰：“石澗先生，吳中老儒也。著《周易集説》，自至元甲申，今逮三十九年。考論文義，證以五經，歲月彌久，其説益精。至治壬戌春。”

張瑛序曰：“即象數言義理，精粗本末，一以貫之。”

琰自序《別傳》曰：“《易外別傳》者，《先天圖》環中之秘，漢儒魏伯陽《參同契》之學也。人生天地間，首乾腹坤，呼日吸月，與天地同一陰陽，故伯陽借《易》以明其説，大要不出先天一圖。是雖《易》道之緒餘，然亦養生之切務，蓋不可不知也。

圖之妙在乎終坤始復，循環無窮，其至妙則又在乎坤、復之交，一動一静之間。愚嘗學此矣，遍閲《雲笈》，略曉其一二。忽遇隱者，授以讀《易》之法，乃盡得環中之秘。反而求之吾身，則康節邵子所謂‘太極’，所謂‘天根月窟’，所謂‘三十六宫’，靡不備焉。是謂身中之《易》。今爲圖如左。”又後序曰：“《易外别傳》一卷，爲之圖，爲之説，披闡《先天圖》環中之秘玄，證以《参同》、《陰符》諸書，参以伊川、横渠諸儒之至論，所以發朱子之所未發，以推廣邵子言外之意。愚雖不暇專志從事於此，而丹之妙用，非苟知之，蓋嘗試之者也。故敢直指方士之所靳，以破學者之惑。嘗慨夫世所傳丹家之書，廋詞隱語，使覽者無罅隙可入，往往目炫心癢，掩卷長歎。如蔡季通、袁機仲嘗與朱子共訂正《参同契》，雖能考其字義，然不得其的傳，未免臆度而已。愚今已得所傳，又何忍緘嘿以自私，乃述是書，附於《集説》之後，蓋謂丹家之説雖出於《易》，不過依仿而託之者，初非《易》之本義也。丹家之大綱要領，愚於是書言之悉矣。丹書之口訣細微，則具載於《参同契發揮》三篇，兹不贅云。”

　　子仲温跋曰：“先君子嘗遇隱者，以《先天圖》指示邵子環中之秘玄，故是書所著，發明邵子之學爲多。”

　　成德序曰：“《周易上下經説》二卷，《象辭説》一卷，《彖傳説》二卷，《爻傳説》二卷，《文言傳説》一卷，《繋辭傳説》二卷，《説卦説》一卷，《序卦説》二卷，《雜卦説》一卷，合一十三卷，各冠以序，統名曰《周易集説》，而《易圖纂要》一卷、《易外别傳》一卷附焉，吴人俞琰玉吾叟所著也。叟於寶祐間以詞賦稱。宋亡，隱居不仕，自號石澗道人，又稱林屋洞天真逸。世之言圖書者，類以馬毛之旋、龜文之坼，獨叟謂《尚書·顧命》‘天球、河圖在東序’，河圖與天球并列，則河圖亦玉也，玉之有文者爾。崑崙産玉，河源出崑崙，故河亦有玉。洛水至今有白石，洛書，蓋石而白有文者。其立說頗異。考叟說《易》諸書，咸附於《集說》之後，而今已無存，惜哉！”

《周易集說》，《四庫全書總目》所載凡四十卷。王彝云三十六卷，今本實十四卷。或作十三卷者，誤也。陸氏《藏書志》載元刻元印本不分卷，每葉二十四行，每行二十字，板心間有“存存齋刻”四字。玉吾自序，撰於皇慶癸丑。《上經》刊於至正八年，《下經》刊於九年，《象傳》刊於十年。跋云：“嗣男仲溫校正，命兒楨繕寫，謹鋟梓於家之讀《易》樓。”按自序，先撰《大易會要》一百三十卷，又撰《集說》四十卷，則原書爲四十卷明矣。序又云：“如《易經考證》，如《易傳考證》，如《讀易須知》，如《易圖纂要》，如《六十四卦圖》，如《古占法》，如《卦爻象占分類》，如《易圖合璧連珠》，如《易外別傳》，乃余舊所編者，將毀之，而兒輩以爲可惜，又略加改竄而存於後。”《提要》曰：“所附諸書見於《永樂大典》者，散亂不能整比。按《集說》雖以程、朱爲主，亦不盡同。玉吾有讀《易》癖，研之至精，書可寶也。”

文光案：此本前有至大庚戌孟淳序，至治壬戌李克寬序，皇慶元年白珽序，至治二年里人顏堯煥咸淳進士。序、楊載序，泰定元年黃溍序，至正六年于文傳序。凡《上下經說》二卷，《象辭說》一卷，《象傳說》二卷，《爻傳說》二卷，《文言傳說》一卷，《繫辭傳說》二卷，《說卦說》一卷，《序卦說》一卷，《雜卦說》一卷，合十三卷，各冠以序，名曰《周易集說》。按成德序，有《易圖箋要》一卷、《易外別傳》一卷，此本無之。末有皇慶癸丑玉吾後序。《簡明目錄》、朱氏《考》皆作四十卷，《彙刻書目》作十卷。此刻爲遵王元本，何曰“伊人所校板心”，大謬。

孟氏序曰：“玉吾叟講坤之六二，謂六二既中且正，是以其德直方，惟從‘乾陽’之大，不習‘坤陰’之小，故無不利，皆以兩卦相并而取義。”

楊氏序曰：“俞氏於《易經》之文有字義特出者，必旁考五經，其爲學之近古如此。”

成德序曰：“其書草創於至元甲申，斷手於至大辛亥，用力可謂勤矣。世之言圖書者，類以馬毛之旋，龜文之坼，獨叟之持論，謂《尚書·顧命》‘天球、河圖在東序’，河圖與天球并列，則河圖亦玉也，玉之有文者爾。崑崙產玉，河源出崑崙，故河亦有玉。洛水至今有白石，洛書，蓋石而白有文者。其立説頗異。至其集衆説之善，誠有功於《易》者也。”

俞氏自序曰：“《周易集説》者，集諸説之善而爲之説也。曷爲善？能明三聖人之本旨則善也。琰幼承父師面命，首讀朱子《本義》，次讀《程傳》，長與朋友講論，則又有程、朱二公所未言者，於心蓋不能無疑。乃歷考諸家《易》説，摭其英華，萃爲一書，名曰《大易會要》，凡一百三十卷。不揣固陋，遂自至元甲申集諸説之善而爲之説，凡四十卷，因名之曰《周易集説》云。”

俞氏後序曰：“予生平有讀《易》癖，三十年間，雖隆寒大暑不輟。每讀一字一句而有疑焉，則終日終夜沈思，必欲釋其疑乃已，洎得其説，則欣然如獲拱璧。親戚朋友咸笑之，以爲學雖勤而不見用於時，何乃不知時變而自苦若是耶？予則以理義自悦，猶芻豢之悦口，蓋自得其樂，罔知所謂苦也。粵自至元甲申下筆，解上、下經并六十四象辭，與夫《象傳》、《爻傳》、《文言傳》，期年而書成，改竄者二十餘年，凡更四稿。或有勉予者云：‘日月逝矣，《繫辭傳》及《説卦》、《序卦》、《雜卦》猶未脱稿，其得爲完書乎？’予亦自以爲欠。至大辛亥，自番禺[一六]歸吳，憩海濱僧舍，地僻人静，一夏風涼，閑坐無所用心，因取舊稿《繫辭傳》讀之，不三月，并《説卦》、《序卦》、《雜卦》改竄皆畢，遂了此欠。噫！予髮種種矣。嚮嘗與予共講者，如西蜀苟在川、新安王太古、括蒼葉西莊、番禺齊節初，悉爲古人，獨予未亡。今也書既完矣，癖既瘳矣，則當自此收心歸腔，以樂餘年，留氣煖臍，以保餘生，弗復更自苦矣。如《易經考證》，如《易傳考證》，如《讀易須知》，如《易圖纂要》，如《六十四卦圖》，如《古占法》，如《卦爻象占分類》，如《易圖合璧連珠》，如《易外別傳》，乃予舊所編者，將毁之，而兒輩皆以爲可惜，又略加改竄而存於後。"

文光案：《考證》諸書已亡，共講之人亦不可考。

《周易象義》十六卷

宋丁易東撰

文瀾閣傳鈔本。至元中秋杭山寓叟章鑑序，甲午易東自序二首。按朱氏《經義考》，載《周易象義》十卷，易東前後二序與此本絕不相同，蓋非一本也。是書以象爲主，故名曰"象義"。言象者，唐有《李氏集解》，宋有《漢上易傳》。漢上原於李氏，李氏主康成之學，於虞翻、荀爽所取爲多。然漢《易》不免陰陽術數之陋，朱氏或有紛然雜出之條，故丁氏集衆説而折衷之。自序所謂"三體"，本體、互體、伏體是也。

章鑑序曰："石潭丁君漢臣用功於《易》，亦既有年，謂伊川既詳於論理，則略於論象。自謂止説得七分，正以是也，真足以窺伊川言外之旨。又謂朱漢上之説原於李鼎祚，或失於泥。漢上致傷於巧，不若博採兼收，而要其大歸，此《象義》一書所由作也。觀其序曰'錯之以三體，綜之以正變，則統之有宗，會之有元，就使諸老復生，不易斯言矣'，試舉其大略以明之。如'坤納乙'，故稱'帝乙'；'兑納丁'，故稱'武丁'；'巽爲白'，故曰'素履'；'乾爲衣'，故曰'桑苞'；'燕'爲燕安之'燕'；'爵'爲爵禄之'爵'；'鳴謙'以兑口而鳴；'熏心'以離火而熏；'巽爲發'，加‘震’之‘竹’，則有簪之象；‘乾爲玉’，用玉於東方則有‘圭’之象；‘巽爲繩’，則有繫與維之象；‘兑爲毁折’，則有襭與漏之象。至於‘豚魚’不宜析爲二物，‘濡首’不當泥諸飲酒，‘丘園’實取義於‘艮山’，‘弓輪’蓋取義於‘坎月’，事事皆有祖述而非傅會也，字字皆有依據而非穿鑿也。雖本之鼎祚、漢上，而擴虞翻、干寶諸子之所長，故能萃聚而成一家之書。伊川《易傳》三分之未説者，至是補其缺而會其全，是可爲智者道，難與俗人言也。"

《湖廣總志》"丁易東，龍陽人，官至翰林編修。入元，數徵不起。注《周易傳疏》以授學者，建石壇精舍，教授生徒，資以廩費。事聞，賜額‘沅陽書院’，授以山長。"

《易學啓蒙圖傳通義》七卷

宋熊禾撰

鼇峰書院本。至正癸巳曾孫熊玩校刊，有序。

熊玩序曰："朱子宗邵子之傳，合程氏之説，作《易本義》、《啓蒙》，而《易》道明。朱子既殁，學者寖失其真。於是曾祖勿軒憂之，復著《通義》四篇，以承其統；末又附以古人占法，以見隨時變易之義焉。先祖著述，如五經四書訓釋固多，傳於世者惟此篇未及。玩叨登第，任將樂令。恐其久而湮没，遂壽諸梓而序其源流如此。"

文光案：是書《四庫》未收。熊氏《易學圖傳》二卷，《春秋通義》一卷，《四書標題》一卷，詩文三卷，補遺一卷。此明天順中所刻《勿軒集》也。正誼堂本刪削太甚。

《周易輯聞》六卷　附《易雅》一卷　《筮宗》一卷

宋趙汝梅撰

《通志堂》本。前有自序。

汝梅齒耄學荒，何敢言《易》？獨先君子自始至末，於《易》凡六稿，日進日益，末稿題曰“補過”。汝梅得於口授者居多，外除以來，逾二十載，因輯所聞於篇，庶不忘先君子之教，且以觀吾過云。《易雅》之作，異於《廣雅》、《埤雅》。易，變易也，卦殊其義，爻異其旨，萬變畢陳，衆理叢載。乃復熟畫辭，而爲此書，庶幾緣是指入《易》之迷津，求體《易》之實用。博考先傳作《筮宗》。宗，聚也。

杭大宗曰：“汝梅爲觀文殿學士，善湘季子，又史彌遠壻。善湘著《周易約説》五卷，已載《宋史》。汝梅亦明象數，自言得之庭訓，其《輯聞》、《易雅》、《筮宗》，通志堂刻之。惟《易序叢書》世所罕傳，竹垞謂即《輯聞》三書，漁洋謂即《易雅》。以今本校之，惟首列《易雅》及《筮宗》三卷，以後爲《深衣考》、爲《律本義》、爲《周尺記》、爲《八陣通記》、爲《如意城略》、爲《六日七分論》、爲《辯方圖》、爲《納甲辨合》十卷。朱、王兩氏所言，以臆斷也。方善湘制江淮時，屢有展地之賞，陣記城略，或試之有效，抑彌遠爲之奥援也。汝梅晚歲以理財進，頗爲清議所擯。要其人亦有意用世者，論説不可并廢。”“汝梅著《叢書》，用力二十四年，當時已板行。福葛中序。”

校勘記

〔一〕“之”，原作“也”，據《郭氏傳家易説》改。

〔二〕據該書，“成”字後脱一“德”字。

〔三〕“謂其善文辭”，清王懋竑《白田雜著》作“譏其喜文解”。

〔四〕“正”，原作“至”，據清朱彝尊《經義考》改。

〔五〕“了翁”，據《四庫全書》本元胡一桂《周易啓蒙翼傳》，當作文中小字注。

〔六〕“克愚”，同上。

〔七〕“夢炎”，同上。

〔八〕“良弼”，同上。

〔九〕“可與”，原作“與可”，據同上書乙正。

〔一〇〕“程”，原作“杜”，據同上書改。

〔一一〕“德秀”，據同上書當作文中小字注。

〔一二〕“希元”，原作“師元”，據同上書改。

〔一三〕“序”，原作“易”，據《易學啓蒙小傳》改。

〔一四〕“易”，原作“置”，據《宋史·藝文志》改。

〔一五〕“琰”，原避清仁宗顒琰名諱作“琬”。下同改。

〔一六〕“禹”，原作“易”，據清朱彝尊《經義考》改。下同改。

經部一

《易》類三

《周易本義附録纂注》十五卷

元胡一桂撰

《通志堂》本。前有康熙丁巳成德序。是書體式悉依《朱子本義》原本，諸本皆作"纂疏"，本書作"纂注"。第十一至末爲《五贊》、《筮儀》、《易圖》及《十翼論》、《文言辨》、《本義啓蒙論》。一桂《易》學出於其父方平，得朱子之正宗。是書最便初學。

成德序曰："考亭之學一再傳，後惟新安尤盛，父兄師友各自名家。若玉齋、雙湖父子，其最著也。雙湖以閩爲文公講學之地，過其郷，訪求緒論，復從建安熊禾勿軒游，與之上下講議者十餘年。歸則裒集諸家之説，疏朱子之言，爲《易本義附録纂注》及《啓蒙翼傳》二書。又《書説詩傳附録纂疏》。嘗觀漢人經學，各有師法，此韋表微有《九經師授譜》，劉餗有《授經圖》，李燾亦有《五經傳授》，著其流派，咸有條理。近代經學至朱子而得其歸，若節齋蔡氏、槃澗董氏之於《易》，九峰蔡氏之於《書》，傳貽輔氏之於《詩》，清江張氏之於《春秋》，勉齋黃氏、信齋楊氏之於《禮》，皆朱子嫡嗣也。再傳而後，懷孟、金華、新安、鄱陽，其傳益著，其派益廣。苟能爲之稽其授受，別其源流，使後之學者知淵源之有自，豈不爲明經者之一助乎？”

黄氏曰：“雙湖取朱子《文集》、《語録》之及於《易》者，附於《本義》下，謂之‘附録’；取諸儒《易》説之發明《本義》者纂之，謂之‘纂疏’。”《千頃堂書目》。

《易學啟蒙翼傳》四卷

元胡一桂撰

《通志堂》本。前有皇慶癸丑自序。目録分上篇、中篇、下篇、外篇。爲朱子一家之學，史稱一桂精於《易》。

胡氏自序曰：“先君子爲《啟蒙通釋》，愚復爲《本義附録纂疏》，以承先志。又成《翼傳》四篇者，誠以朱子之學浸失其真。如圖書已釐正矣，復仍劉牧之謬者有之；《本義》已復古矣，復循王弼之亂者有之；卜筮之數炳如丹青〔一〕矣，復祖尚玄旨者又有之。若是者，詎容於得已也哉？故曰月圖書之象數，明天地自然之《易》彰矣；卦爻、十翼之經傳，分羲、文、周、孔之《易》辨矣。夏、商、周之《易》雖殊，而所主同於卜筮。古《易》之變復雖艱，而今終不可逾於古。傳授注雖紛紛不一，而專主理義，曷若卜筮上推理義之爲實？夫然後舉要以發其義，而‘辭變’‘象占’尤所當講；明筮以稽其法，而《左傳》諸書皆所當備；辨疑以審其是，而河圖、洛書當務爲急。凡此者，固將以翼朱子之《易》。若夫《易緯》，焦、京玄虚，以至《經世》、《皇極内篇》等作，自邵子專用‘先天卦’外，餘皆《易》之支流餘裔。苟知其概，則其列諸外篇固宜。”

《提要》曰：“是書凡爲内篇者三，一曰《舉要》，二曰《明筮》，三曰《辨疑》。”

文光謹案：是書《舉要》、《明筮》、《辨疑》，俱在下篇一篇之內，非以此分三篇也，自序甚明。上篇爲《天地自然之易》、《伏羲易》、《文王易》、《周公易》、《孔子易》；中篇爲《三代易》、《古易》、《古易之變》、《古易之復》、《易學傳授》、《易學傳注》。

筮法有以卦名占者，有以卦字占者，有以卦氣占者，有以卦體、卦象占者，有以卦爻辭占者，有以世應納甲占者，不一而足。

愚集左氏筮法，以《春秋》內外傳爲主，并及《家語》、《鑿度》及附抄史傳數條，以備占法。若郭氏《洞林》，全用五行、六神及年月日諸煞神占，靈驗無比。

愚合唐宋《藝文志》、《唐五行志》、《郡齋讀書志》、《通志》所載《易》注及愚收拾在諸志外者三百餘家。中篇《傳注》。所謂外篇者，如焦氏《易林》、京氏《易傳》、郭氏《洞林》皆是卜筮事，已非先聖之舊。衛氏《元包》用京卦序，而卦辭皆自爲。魏氏《參同》，發明二用六虛，極爲的當，但借坎離爲修養之術。至於《太玄》、《潛虛》、《洞極》，則外之又外者。若夫邵子《皇極經世書》直上接伏羲"先天易"，專用其卦，不用其筮，立爲推步演算法，前知無窮，巍乎高哉，功在萬世。自元聖以來，一人而已，特其作用不同於文王、周、孔，列諸外篇。

《周易本義集成附録》十二卷

元熊良輔撰

《通志堂》本。前有自序、陳櫟序。《綱領》，《易圖》，上、下經二卷，謂之《集成》；十翼十卷，謂之《附録》。朱氏《授經圖》但録《集成》二卷，蓋未見全書也。自唐迄元，所採凡八十四家。

良輔自序曰："曩執經於遙溪熊先生，已知好《易》迺大德。壬寅，先生之友泉峰龔先生授徒泉山之麓，良輔分教小學。山深日久，因得肆意於《易》，取諸説而涵泳之，時有得失，乃以己意採輯成編，以朱子《本義》爲主。如《語録》，如《程傳》，以及諸家之説與《本義》意合者，亦有與《本義》不合而似得其旨者，備録以相發，名曰《集疏》，泉峰先生親爲校正。於是繕寫成編，凡十二卷，藏之以俟。會丁巳以《易》貢，而同志益信其僭悦，閔其久勤，間出工費，勉鋟諸梓。"

陳櫟序曰："任重，南昌忠孝里人，名良輔，梅邊，其號也。歲丁巳以《易》貢，年壯而志益勤，其進詎可量哉！"

黃虞稷曰："良輔，字任重，南昌人，舉延祐丁巳鄉試。是書外有《易傳集疏》，不傳。"

《讀易私言》一卷

元許衡撰

《通志堂》本。前有成德序。是書論六爻之德位，多發明《繫詞傳》同功異位、柔危剛勝之義。

《元名臣事略》："許文正公衡，字平仲，懷慶河内人，官至集賢大學士兼領太史院事。至元十八年三月薨。皇慶二年詔從祀夫子廟廷。"

耶律有尚曰："先生著述曰《小學大義》，乃在京教學者口授之語；曰《讀易私言》，是五十後所作，又云時年四十一；曰《孟子標題》，嘗以教其子師可；曰《四箴説》、《中庸説》、《語録》等書，乃雜出於衆手，非完書也。"

蘇天爵曰："國家初有中夏，士踵宋金餘習，以記誦詞章相誇尚。許文正公始以孔孟之書、程朱之訓倡明斯道。一時師友講習，若河汾、伊洛之盛。"

成德序曰："公所著書不多，見行於世者，《魯齋遺書》而已。《讀易私言》者，統論六畫大義，簡括精當。金元以來，蘇黃之學行於中州，公從江漢先生，得聞伊洛之旨，與柳城共倡明之。元儒之學，惟公最純。公又有《大學要略》一卷，蓋領成均時以教胄子者，直述常語，俾使通曉，可與并行也。"

《易纂言》十三卷

元吳澄撰

《通志堂》本。《簡明目録》十卷。

焦竑序曰："吳氏幼清作《纂言》，一決之象，超然卓詣，絶不爲兩可之詞。稽疑抉奥，契於吾心者，抑何多也！嘗曰：'吾於《易》書，用功久而下語精，其象例皆自得於心。'又曰：'吾於《書》有功於世，視《易》爲猶小，吾於《易》有功於世爲甚大。學《易》者弗劓心於是，如舍筌而求魚，不可得也。'予藏是本數十年，梓之以傳。萬曆甲寅春日。"

黄虞稷曰："《易叙録》案：《朱考》："凡十二篇。"因東萊吕氏《古易》重加修訂，正其文字闕衍謬誤者。"

《易學濫觴》一卷

元黄澤撰

聚珍本。前有自序，後附行狀。

趙汸作行狀曰："先生諱澤，字楚望，資州人。留家九江行省，以書院山長之禄起，教授江之景星、洪之東湖，考滿即歸，閉門授徒。絶食，不知所出，而先生瞑目端坐，涵泳優游，未嘗少變。然終不降心以謀温飽，惟以經學失傳，用是爲戚。其於《易》以明象爲先，因孔子之言，上求文王、周公之意，而其機括，則盡在十翼，作《十翼舉要》。以爲《易》起於數，因數設卦，因卦立象，因象起意，因意生辭，故孔子曰：'《易》者，象也。'立象以盡意，居則觀其象而玩其辭。聖人言《易》之爲教如此，《易》不可廢象明矣。由象學失傳，漢儒區區掇拾，凡陋不足以得聖人之意。而王輔嗣‘忘象’之説興，至邢和叔則遂欲忘卦棄畫，雖以近代巨儒繼作，理學大明，而莫能奪也。作《忘辨》。象有一卦之象，有一爻之象，或近取諸身，或遠取諸物，或以六爻相推，或以陰陽消長，而爲象學者猶可求也。然有象外之象，則非思慮所能及矣，而況於立例以求之乎？李鼎祚綴緝於王氏棄擲之餘，朱子發後出而加密，丁易東繼之而愈詳，聖人立象之意終不可見。作《象略》。象學既明，則因象以立意，因意以得辭。陰陽消長，有一定之機；上下貴賤，有一定之分；善惡吉凶，有一定之則。位之當者，孔子無由獨言其非；卦與爻之小者，文王、周公固不謂之大。然後知三聖人之《易》一而已矣。若舍象而求，則人自爲《易》，不期於異而自異。作《辨同論》。嘗曰：‘《易》有八卦，有六十四卦，有三百八十四爻，有大象，有小象，有《大傳》、《繫辭》，有《説卦》，有《序卦》，有《雜卦》，有河圖、洛圖、著策之數，學者當隨處用工，各詣其極，至於一以貫之，而後全《易》見矣。’又曰：‘古者占筮之書，即卦爻取物類象，懸虛其義，以斷吉凶，皆自然之理，乃上古聖人之所爲也。文王、周公作《易》，特取一二立辭以明教。自九筮之法亡，凡著人所掌者，皆不可復見，而象義隱微，遂爲百世不通之學矣。’乃作《易學濫觴》。臨川吴文正公見之曰：‘楚望父之著經也，其志可謂苦矣。宏綱要義，昭揭其大而不遺其小。先儒舊説可信者，拳拳尊信，不敢輕肆臆説以相是非。用工深，用意厚，以予所見明經之士，未有能及之者也。’先生經學自得之説爲多，薦經寇亂，故宅爲墟，遺書之在者鮮矣。悲夫！”

此本前有吴澄序，末題“延祐第七[二]書於《易學濫觴》、《春秋指要》之後[三]”，蓋二書合刻之本也。

澤年十七，始熟復《繫辭》，既又讀《左傳》，疑於艮之八及諸占法，蓋深索之勞，積四十餘年，至今猶有未釋然者，然無所不盡其思矣。大德三年，於易象始有所悟。又積十數年，大概得其五六，由是始具稿。又積十年，乃稍得其節目。然所悟深者，大抵不入稿而存諸心。若更益以十年之功，比之輔嗣，其得失相去遠矣。

《周易會通》十四卷

元董真卿撰

《通志堂》本。前有序，記程、朱綱領。凡例、目錄、姓氏。按朱《考》，載葉味道初名賀孫，《一統志》誤析爲二人，又云："皆朱子門人而事業不同。"《周易會通》，與此爲二書。

子僎跋曰："《周易》經傳，自漢儒以來，紛紜不一，欲速好徑者，則混淆而莫分；嗜古復初者，則離析而難讀。家君以《程傳》、《朱義》合爲一書，筮之，遇師之坤。於是尊經以統傳，而不失於古；訂傳以附經，而且便於今。僎負笈閩關，謀繡諸梓，庶幾家傳而人誦之。"

成德序曰："題爲《經傳》，集程、朱解，附録纂注，冠以凡例十條，及歷代因革一卷，而以《啓蒙》、《五贊》、《筮儀》、《附録纂注》終焉。金華吳正傳駁之，謂'朱子之義與《程傳》體制不同，不當強求其通'。而自序云'集四聖二賢諸經之説以備一書'，其亦勇於自任矣。當時師弟授受，淵源可考，皆本於程、朱子者也。"

《大易輯説》十卷

元王申子撰

《通志堂》本。前有王履、程文海二序。申子，宋末元初人。何曰："吳志伊有宋本，未見。"恐以元本爲宋本。

吳澂曰：“王巽卿《易》雖與鄙説多不同，然皆祖本《程傳》。《程傳》有與本文不甚協者，乃更之。其書最爲平正穩當，不敢以其不與己説合而輕議之也。”

李琳曰：“巽卿手輯一家之言，髓探三聖之旨，天機獨露，日用互明，乃知象數之源，畢具性命之理。”

田澤曰：“蜀儒王申子《大易輯説》，分緯河圖，以溯伏羲畫卦之始；錯綜河、洛，以定文王位卦之次；又參上《繫》、下《繫》，以履聖人設卦繫辭之旨；又主成卦之爻，以發聖人立象取義之因。貫通爻義，章分象傳，訂晦菴‘十圖’、‘九書’按：王履序云，魏鶴山、史學齋皆祖張觀物“九圖”、“十書”之説，人多疑之。之旨，辨濂溪‘無極’、‘太極’之説，無一毫之穿鑿，有理致之自然。澤於大德十年任澧州路推官，詢之學校，諸儒皆曰：‘申子前邛州兩請進士，寓居慈利州天門山，隱居幽深，無心求仕。垂三十年始成此書。’觀其覃思之精，用力之勤，誠可嘉尚。”

鄧從仕曰：“申子所著《易》‘十圖’、‘九書’，推本先儒之説，紬繹錯綜；附以己見，言詞條達，旨意詳明。皇慶二年四月，湖廣行省劄付王申子，充武昌路南陽書院山長。”

《周易本義附録集注》十卷

元張清子撰

鈔本。前有大德癸未自序。《四庫》未收，久佚。

董真卿曰：“清子字希獻，號中溪，建安人。其書以文公《本義》高下字行，反置之王弼今《易》經文之下。”

俞玉吾曰：“清子所集諸家，如楊彬夫所録外，有晁説之、李子思、李開、程迥、毛璞、項安世、馮時仁、馮椅、趙汝梅、趙汝騰、黃以翼、蔡淵、吳繡十三家。每卦皆有徐進齋、邱行可之注。清子所注則附於後。”

《學易記》九卷

元李簡撰

《通志堂》本。輯六十四家之說，間亦附以己意。

何義門曰：“從李中麓家藏抄本發刊後，健菴得一元刻，書賈偽作劉玘著，并假造劉玘序文。健菴云：‘近得玘《學易記》，昔未曾刻。’予狂喜叫絕，急索觀之。及開卷，即李簡之書。余云：‘宜去偽序并傳。’皆未從也。”

是書仿李鼎祚《集解》，前有姓氏并自序。

《周易參義》十二卷

元梁寅撰

《通志堂》本。前有自序，以《程傳》、朱《義》釋經意殊，乃融二家參合爲一。

《明太祖實録》：“寅字孟敬，臨江新喻人。辟集慶路儒學訓導，以親老辭歸。明年兵起，遂隱居教授。所著有《周易參義》、《詩書演義》、《周禮考注》、《春秋考義》。徵修《禮》、《樂書》，已六十餘，在禮局中，討論精審。書成，賜金帛，將授以官，以老病辭歸。結屋石門山，學者稱爲‘梁五經’。”

《周易傳義大全》二十四卷

明胡廣等奉勑撰

明本。是書仿宋板之式，古雅可愛，紙墨皆佳。坊肆以贗宋本，不辨其爲明書也。首列《程傳序》，有注。次上、下篇義，《五贊》，《筮儀》，綱領，凡例，引用先儒姓氏一百三十六家，纂修官名，胡廣、楊榮、金幼孜以外，尚有蕭時中等三十九人。《朱子圖説》，即“九圖”，有附録。總目。《上經》十一卷，《下經》十卷，《繫辭》二卷，《説卦》、《序卦》、《雜卦》一卷。此書本不足存，以其板本異常，易於惑人，故録之。坊刻有《五經大全》本。

《明成祖實録》："永樂十二年十一月甲寅，上諭行在翰林院學士胡廣，侍講楊榮、金幼孜曰：'五經、四書皆聖賢精義要道，其傳注之外，諸儒議論有發明餘藴者，爾等采其切實之言，增附於下，務極精備，庶幾以垂後世。'命廣等總其事，仍命與朝臣及在外教官有文學者同纂修。開館東華門外，命光禄寺給朝、夕饌。十三年九月己酉，《五經四書大全》成，廣等以進，上覽而嘉之，親製序於卷首，御奉天殿受之，命禮部刊賜天下。庚戌，賜鈔幣有差，仍賜宴於禮部。"

朱竹垞曰："永樂中，詔修《五經四書大全》，開館則給月饌，書成則賜鈔、賜幣、賜燕，又御製序文頒行，稱爲廣大悉備。不知胡廣諸人，止就前儒之成編，一加抄録而去其名。如《詩》則取諸劉氏；《書》則取諸陳氏；《春秋》則取諸汪氏；《四書》則取諸倪氏；《禮》則於陳氏之《集説》外，增益吳氏之《纂言》；《易》則天台、鄱陽二董氏，雙湖、雲峰二胡氏。於諸書外全未寓目，所謂'大全'，乃至不全之書也。夫既竊其廩賜，并未效纖毫搜采之勤，攘私書爲官書以罔其上，豈不顧博聞之士見而齒冷乎？即此可見胡廣心術之不純，而同事諸臣亦苟且遊戲甚矣！"文光：纂修官蕭時中，《提要》作"葉時中"。

《古周易訂詁》十六卷

明何楷撰

海澄郭氏本。乾隆壬申郭文焱校刊，有序。崇禎六年何楷自序，張溥序并來書，黃幼元來書。後有《答客問》一篇，據《易》以明時事。原板厄於兵燹，其書向有傳者，刻本亦佳。此爲重刊之本。上欄所刻朱字，乃石齋《易説》。何氏之學，博而不精，書中雖不免師心自用之處，然徵引古本，多存舊説，爻辭之不能明者，考之此書，往往得解，非空談義理者所可及也。

楷自序曰："朱子以分經合傳爲非，愚故別異經傳以遠田何之舊。竊謂夫子之注《易》備矣，學者因而求之，則思過半，仍取彖、象二傳附於經文之下，傳降經文一格。以爲之注，易以'彖傳'、'象傳'等字。其《文言》專釋乾坤及上下《繫》、《説》、《序》、《雜》等傳。凡有關於彖、象者，亦各隨卦而附列焉，以袓費直之意。輒不自量，網羅舊聞，裁以管見，爲之小注，爰題曰《古周易訂詁》云。"

《周易集注》十六卷

明來知德撰

春輝堂本。康熙二十七年，崔蓮生官兩淮鹽運使，捐俸重刊，有序。萬曆戊戌來氏自序，篇義，字義，分卷圖，雜説諸圖。以雜卦、綜卦論易、象，自成一家之書。

來氏自序曰："德遠客萬縣求溪深山之中，始於隆慶四年，終於萬曆二十六年，二十九年而後成書，正所謂困而知之也。是以忘其愚陋，改正先儒注疏之誤，僭妄未暇論及云。"

崔華序曰："瞿塘先生閉戶萬山中，殫精竭智，探索者三十年，豁然解悟，獨抒所見，編爲《易注》，發明前聖因數取象之意，而補諸儒訓詁所未及。書成之日，雖經梓行，第巴蜀屢經兵燹，簡帙散失。余購得遺本，公之海內。"

《易象正》十六卷

明黃道周撰

芥舟本。前有鄭開極序，次目。初卷上、下發明圖像，凡十二圖，有序。十二卷，發明彖爻。終卷上、下發明圖書。次凡例

一卷，"春秋説象凡例"十八條，"本卦説象明義凡例"十九條，
"《繫辭》説象凡例"十九條，末有諸家序説。此《易》外別傳，
《皇極經世》之支流也。

《兒易内儀以》六卷　　《兒易外儀》十五卷

明倪元璐撰

原本。《内儀以》崇禎辛巳自序，次説，次或問，次目。是書
先彖辭、爻辭、大象傳，次"儀曰"，降二格，多引詞。序云：
"漢人説《易》，舌本强撅，似兒强解事，不知兒不解事也。"《外
儀》首自序，次義例八則，次版策式，次目。序云："外之者，以
其假圖召策，假板陳圖，不免支游，近於小道。又以圖像所設，
意在明兒，墨守先儒，不敢自出，而兒得之，則生戲謔，所以外
之也。"案：兒取孩始之義，其曰"以"者，六十四卦大象皆有
"以"字，故以爲名也。説曰："大象，曰'以'者，言其用也。
仲尼用《易》，如丹[四]制汞，使就財實；用革治歷，革盡，卦皆
歸歷；用師、萃治兵，師、萃盡，卦皆歸兵。故學《易》者不可
以不明大象，離象求《易》，即力竭而思不能盡矣。"是書憂時傷
亂，借《易》以發抒其意，不必爲《易》之所有，然亦非《易》
之所無也。蓋《易》包羣言，任人領取，發一義，明一事，無非
《易》也。顧寧人曰："舉天下之書，皆可以注《易》。"其信
然矣。

《學易記》五卷

明金貴亨撰

《惜陰軒》本。前有嘉靖庚申温陵洪朝選序、道光庚子三原李
錫令跋。是書爲晚年讀《易》所著，不錄經文，不輯注語，直抒
意見，不偏不駁。更於程、朱以下諸儒之説最合者，斷曰"是説

明白"；其不愜當者，則曰"未安"。不攻擊古人，亦不依違古人，讀書之法，莫善於是。此書《四庫》未收。御纂《周易折中》取其說。臨海宋氏校刊《台州叢書》，搜求是書，已不可得。此本爲明時舊刻，流傳甚少，李氏得之，重爲付梓。

金賁亨，字汝白，臨海人，正德甲戌進士，累官福建、江西提學副使。自號其居曰"一所"，故學者以"一所先生"稱之。居平言動有紀，細過必錄，默坐澄心，一意涵養。有《文集》四卷、《道南錄》五卷、《台學源流》七卷、《學庸議》二卷、《象山白沙要語》一卷、《主一辨》一卷。

《讀易大旨》四卷　附錄一卷

國朝孫奇逢撰

原本。康熙戊辰門人耿極序，次義例，曾孫用正跋。附錄《兼山堂答問》爲第五卷，乃先生與三無道人論《易》。書末有李靲跋。

耿極序曰："徵君與鹿忠節倡道北方，迨避地蘇門，乃受《易》於三無道人，而得其大旨。極侍左右，手錄而校之，且錄素所聞者附於後。"

用正跋曰："先徵君晚年著《易》，甫脫稿，即屬門人耿極訂正，故序文、凡例皆缺。"

義例曰："偶據見之所及，撮其體以示門人子弟，非逐句逐字作解。'不離日用常行內，直造先天未畫前。'願闡此義。圖之理，廣大精微，衰年乏心得，不敢冒認究竟。圖者，圖此《易》；卦爻者，發揮此圖：非有二也。故《本義》詳於圖，而《程傳》略之。編中先己說，而後以諸家印之，偶有小異，正欲借異印同，非分道，亦非騎牆也。"

先生姓孫氏，名奇逢，字啓泰，一字鐘元，直隸容城人。時

畿内多盜，乃移家五公山，從游者甚衆，教化大行。順治間，詔
徵不起，躬耕於蘇門百泉山。年逾七十而功益密，惟獨知之地，
不敢自欺，一言一動，務循天理而已。年九十二卒。著《理學宗
傳》，其自序曰：“‘真修之悟，其悟皆修；真悟之修，其修皆悟’，
洵至言也。”湯文正公游先生之門，故其著述悉衷師説云。倪元坦有
《孫鍾元傳》，見《畬香草存記》，曰：“《明儒學案》載先生事，實詳節俠而略儒行。
此按《湯子遺書》、《望溪文鈔》補所不逮。”

　　文光案：“孫徵君所著有《歲寒堂答問》、《孝友堂家
　　規》。避地蘇門，有《遊譜》，卷帙無多，予皆藏之。又有
　　《四書近指》、《書經近指》，近日始得。餘詳年譜。李𡊅即徵
　　君所從受《易》者。

《周易觀象》十二卷

　　國朝李光地撰

　　《安溪全集》本。是書取《繫辭傳》“知者觀其象辭，則思過
半矣”之義，實注全經，非止解象辭也。榕村別有《周易通論》
四卷，亦在集中，《語録》、《文集》皆有《易》説。

《易酌》十四卷

　　國朝刁包撰

　　原本。書成於順治庚子，重刊於雍正壬子，三刻於道光癸卯。
前有高輔良序、自序、孫男承祖重訂序、“讀易法”十三則、凡例
八條、《雜卦圖》一卷。《雜卦傳》大過以下八卦不反對，《本義》
云未詳，諸家多臆説，或有改易叶韻者，惟此書獨得其解。

《周易玩辭集解》十卷

　　國朝查慎行撰

　　原本。書成於雍正甲辰。前有陳世倌序、門人沈延芳跋。《河

圖卦説》一卷，不在卷内。

自序曰："慎行童而讀《易》，白首而未得其解也。則仍於聖人之辭求之，始而玩卦辭、爻辭，繼而玩《彖傳》、大小《象辭》，務於聖人之辭，字字求著落詮釋。其求諸經文而不得，必先考之注疏，復參以諸儒之説，不敢偏徇一解，亦非敢安立異同。平心和氣，惟是之歸。管窺蠡測，亦間附一二。"

《仲氏易》三十卷

國朝毛奇齡撰

《西河合集》本。仲氏，大可之兄，名錫齡，字與三，精於《易》，未著書。此書述其兄之遺説，言雖辨而有根據，非空造虛詞也。

李塨曰："《周易》有五易，'移易'居一。非'移易'則《易》文不可解，非'移易'則上下《繫》、《説卦》諸傳俱無所屬，非'移易'則《春秋傳》'官占'、'史筮'諸法悉千載如長夜。先生既得其傳於仲氏，乃復參之損、益、升、萃諸卦名，其旋復道諸象詞，'剛上'、'柔下'、'剛來'、'柔來'諸夫子象傳，以及田何、費直、虞翻、荀爽輩旁通正變八十九家諸義疏，爲之剖辭畫象，立變解占，使'三易'、'五易'一旦豁然，'官占'、'史筮'諸法瞭若指掌。神哉！'移易'。三聖之神明，悉於先生發其扃矣。"

《推易始末》四卷

國朝毛奇齡撰

《西河合集》本。既作《仲氏易》，復采自漢以來諸儒之言卦變者，以成是書，即所謂"移易"也。

李塨曰："易有五易：一曰'變易'，如乾變坤，坎變離類；

一曰'交易'，如乾坤交爲泰否，坎離交爲既濟、未濟類。此兩易，前儒能言之。然此伏羲之易，以畫卦用'變易'，重卦用'交易'。也。一曰'反易'，如屯反爲蒙，咸反爲恒類。一曰'對易'，如上經需、訟與下經晉、明夷對，以地對天，以火對水；上經同人、大有與下經夬、姤對，以五陽對五陽，一陰對一陰類。一曰'移易'，如泰爲陰陽類聚之卦，移三爻爲上爻，三陽往而上陰來則爲損；否爲陽陰類聚之卦，移四爻爲初爻，四陽來而初陰往則爲益類。此三易者，自漢、魏迄今，多未之著，而《周易》之爲《易》，實本諸此。以《序卦》用'轉易'，分上、下經，用'對易'，演《易·繫辭》用'移易'也。"

《易小帖》五卷

國朝毛奇齡撰

《西河合集》本。西河説《易》之語，門人録而成書。

晉，畫也；明夷，誅也。"畫"與"誅"失反對之義。《示兒編》以明入地爲闇，又《卦略》有"明夷爲闇之主"語，因謂"誅"是"昧"字之誤，昧與畫對，此極有理。朱子《本義》所載"筮儀"，本之焦氏《易林》"撲法"而不著所自。"繫于苞桑"，謂苞桑微物，不堪重繫也。舊注以"强固"解"苞"字，失其義矣。"苞"者，叢生無主幹之名。

《春秋占筮書》三卷

國朝毛奇齡撰

《西河合集》本。《春秋傳》所載之占筮，人多不明，觀此可得其解。西河有《河圖洛書原舛編》一卷、《太極圖説遺議》一卷，皆在集中。

《周易傳注》七卷　附《周易筮考》一卷

國朝李塨撰

鈔本。前有康熙五十二年自序，凡例十九條。屯卦後有《乾坤立本圖筮考》，上自《左傳》"陳侯之占"，下及"自占"，皆畫卦以明其義，多論互體古占法也。塨，字剛中，蠡縣人，遊於西河之門，故其説多主毛氏。所著《大學辨業》、《閲史郄視》等書，予皆藏之。《易注》有刻本，其餘四五種皆抄本也。《易注》自序云："《易》爲人事而作也，故其説皆歸人事。例謂《易》入漆城已久，若與先儒辯難，卷不勝載，故但注經意，不爲駁言。若河圖、洛書，不得不辨也。《參同契》、《鈎隱圖》、《三易洞璣》諸書，皆亂《易》者也。"

《周易函書約存》十八卷　《約注》十八卷
《別集》十六卷

國朝胡煦撰

葆璞堂本。《簡明目錄》：《約存》二十四卷，《別集》八卷。雍正二年校刊，原本不存，此本爲公之子季堂所編。恭錄上諭，奏摺提要，李去侈序，自序，凡例，目錄。《約存原圖約》一卷，《原卦約》一卷，《原爻約》一卷，《原圖》四卷，《原卦》一卷，《原古》十卷。《約注》上經六卷，下經六卷，上、下《繫辭傳》四卷，《説卦傳》一卷，《序卦》、《雜卦》一卷。《別集》，《易學須知》三卷，《易解辨異》三卷，《籌燈約旨》十卷。《約注》、《別集》皆有自序。附《卜法詳考》四卷。是書發明圖書之藴，推廣李氏《集解》、來氏《集注》之意，而不爲理障。蓋象學亡於魏，圖學盛於宋，故酌於漢宋之間而爲之注。卦爻有全依古注者，其全改古注者，則以圖書定正之。一卦比量於六十四卦，則卦之象明；一爻比量於三百八十四爻，則爻之義備。前人雖有是説，未若此書之詳且盡也。文良公平生精力盡在此書，而《易外別傳》，如《潛虛》、《經世》諸書，六壬、遁甲諸法，無不遍及，是又本末兼賅，精粗備舉矣。

《別集》自序曰：“經教昭如日月，而後人汩之，幾若障雲懵霧，不可卒解。其始原於注釋家好新立異，各執己見，而不克深維聖人遺教之本心。其繼由於後學者膠柱刻舟，固執成説，而不復折衷於聖人翼經之本旨，是猶闔户求明而欲觀之達、屢校求行而欲遠之致也云耳。夫聖人之六經，即聖人所傳之道，而《周易》尤爲深邃。然孔子之十翼固在也，精求其藴，静會其旨，固自有確切著明、首尾聯貫、始終一義者昭於十傳。故學《周易》而不克與聖人之翼，殫精畢慮，極量推求，必旁行歧出之徑途將愈遠而愈離其故矣。熙學《易》四十餘年，凡於《易》中卦、爻、圖像，莫不原本十翼，冀其不與經義相違。如曰《易》有太極，非謂太極爲圖也，而後儒以爲圖矣。但謂《易》有太極，非謂太極之外又有無極也，而後儒復加無極矣。如云分而爲二，以象兩也，非謂所除之一亦有象也，而後儒以爲‘象太極’矣。如説卦中明有窮理盡性致命之説，而後儒但以爲占卜之書矣。如象辭之往來上下，但據摩蕩時言之，非有‘卦變’之説，而後儒以爲‘卦變’矣。此類甚夥，不能悉舉，故所發明盡有宗經而不能宗傳者。業成《釋經》四十九卷，後約爲十八卷。《原圖原卦原爻原古》五十卷，後約爲十六卷。爲《函書》正集。兹取《函書約》、今載《約存》。《易學須知》、《易解辨異》各三卷，《籌燈約旨》十卷，共十九卷。今編爲十六卷。合成一帙，名爲《別集》，用質同好。”

《易説》六卷

國朝惠士奇撰

《真意堂》本。璜川吳氏校刊，有序。

吳英序曰："半農先生《易説》，盡以書卷説漢《易》者也，惜其書爲未成之書，故止有八卷。今存六卷。乾隆己巳板鐫於予家，而今板皆壞散，故予使人繕寫重雕，以廣其傳。先生之子定宇，著《周易述》二十一卷，雖闕兩卷，然多可取以續《易説》者。儻有薈粹舊聞，加以新知以足是書，是亦嗜古者所跂足而瞻望者夫。嘉慶庚午。"

《周易洗心》十卷

國朝任啓運撰

《清芬堂》本。乾隆己丑年刊，門人耿毓孝校，有跋。前有雍正庚戌任氏自序并讀法。前二卷自河圖、洛書至《雜卦》，凡三十六圖，并筮儀、占法。後八卷爲上、下經十傳，末有《困於易六十四韻》。予所藏《釣臺遺書》甚多，《洗心》尤素所嗜好，與童蒙講説，甚爲有益。《易》書宜多聚，予聚百十家《易》，其爻之不明者終不能明也。

任氏自序曰："予學《易》有年，初取周公之爻，觀其參，觀其伍，觀其變，斯有以識小象所由殊。繼取文王之卦，觀其綜，觀其易，漸有以識大象所由立。既由爻象反之圖書，乃恍然於洗心藏密之旨，而知孔子五十學《易》，即堯舜'執中'之旨也。庚戌，發憤探索，忽神遊乾坤圖，見八卦開朗，十六日〔五〕乃甦，作詩紀之。"

《周易述》二十卷　補二卷

國朝惠棟撰，門人江藩補

《學海堂》本。《簡明目録》：二十三卷，未成之書。

凌廷堪序曰："元和惠君定宇著《周易述》二十卷，未竟而卒，闕自鼎至未濟十五卦，《序卦》、《雜卦》二傳。德州盧運使序而刻之，闕帙如故，慎之也。《易》家之龐雜，如王、韓之鑿，宋人之陋，太極、河、洛之誕，此在國初諸儒黃宗炎氏、毛奇齡氏、胡渭氏皆能言其非者，然從欲有盡祛魏晉以來儒説之異，而獨宗漢《易》者也。漢《易》最深者無過荀氏、虞氏，其説僅見於李氏《集解》，後儒士苴視之，而漢之師法盡亡矣。惠君生千餘年後，奮然論著，取荀、虞，旁及鄭氏、干氏九家等義，且據劉向之説以正班固之誤。荀、虞注皆孟氏學，班書不及。蓋自東漢至今，未析之大疑，不傳之絶學，一旦皆疏其源而導其流，不可謂非一代之儒者宗也。予讀其書而惜其闕，思欲補之，自懼寡陋，未敢屬草。予交江君，讀其所補十五卦，引證精博，皆予所欲爲而不能爲者。方之惠書，殆有過之無不及也。”

《易漢學》八卷

國朝惠棟撰

《經訓堂》本。畢氏校刊。孟長卿《易》二卷，虞仲翔《易》一卷，京君明《易》二卷，附干寶。鄭氏《周易》“爻辰圖”一卷，荀慈明《易》一卷。其〔六〕以上七卷。第八卷辨“河”、“洛”、“兩儀”、“四象”、“太極圖”。惠曰：“道教莫盛於宋，希夷之圖，康節之易，元公之太極，皆出自道家。”朱曰：“自漢以來，諸儒言《易》莫有及太極圖者，惟道家著‘太極三五’之説，此惠氏所以辨也。”惠氏又著《明堂大道録》八卷、《禘説》二卷，二書經部禮類。畢氏皆刻入《經訓堂叢書》。《總目》落《禘説》。

惠氏自序曰：“漢學之亡久矣。《春秋》爲杜氏所亂，《尚書》爲僞孔氏所亂，《易經》爲王氏所亂。杜氏雖有更定，大校同於賈服。僞孔氏則雜采馬、王之説。漢學雖亡而未盡亡也。惟王弼以假像説《易》，根本黃、老，漢經師之義蕩然矣。余家四世之學，上承先漢，左右采獲，成書七卷，存什一於千百，庶後之思漢學者猶知取證。”

《易圖條辨》一卷

國朝張惠言撰

箋易注元室本。阮氏校刊。

後世所謂"戴九履一"，自漢師説之，以爲太乙行九宮之數而已。有八卦之位，而後有太乙之九宮。緯云：太乙取其數以行九宮，是太乙取八卦之數，非八卦之數出於太乙也。後儒乃謂宓義則此而畫卦，不亦誣乎？

"靈樞"、"太乙"、"九宮"與《易》説合。

明堂象紫宮，故法太乙、九宮。《大戴禮》盧辯注云"法龜文"，正與僞孔《傳》合，不知何所據。蓋東晉之世，始有以九宮爲洛書者矣。

北齊甄鸞注《九宮算》云："九宮者，即二四爲肩，六八爲足。"未言龜文。宋人之説誤會此文也。

五方生成之數，漢儒説《易》，無不用之，而不以爲河圖、洛書。希夷《龍圖》，其書已亡，《序錄》載於《宋文鑑》。

天地自然之圖，世傳蔡元定得於蜀之隱者，秘而不傳，雖朱子亦莫之見。此即乾南坤北之圖，元初出於建安，明人盛傳之，其託於蔡季通，非有證據，而胡朏明酷信之，抑亦惑矣。

乾南坤北之圖，據邵子以天地定位一節解之。然天地定位，經未嘗云南北也；水火不相錯，經未嘗言東西也。首天地，次山澤，次雷風，次水火，於乾一、兌二、離三、震四之序又違矣。"雷以動之"一節，先雷風，次雨日，次艮兌，次乾坤，兩兩相對，而與上節又異。末節先言雷，次風，次火，次澤，次水，次艮，此邵子所謂"後天"也，而即結之曰"故水火相逮，雷風不相背，山澤通氣"。然則前之卦位相對者，仍與"帝出乎震"一節之文通爲一義，而不得截分爲先、後天，義、文《易》也。

《本義》所載"先天圖"，是朱子以"太極圖説"合而訂之，故盡去其一二、太少、剛柔之名，而以陰陽爲兩儀，老、少陰陽爲四象，於說較通，然非康節意也。

康節於河圖、洛書僅一及之，曰"圜者，河圖之數；方者，洛書之文"而已。"先天圖"并不出於圖、書，後人硬配，云"出於康節"，非是。

以"反對"言"卦變"，近有黄宗羲、胡渭、江永，其前則宋薛温明、來知德皆言之。此於象辭最合，非義勝也。兩卦相反，則剛柔必互上下，其勢不能不合也。然兩卦相反，則此往彼來者，各爻皆然，何取於一爻，而曰卦自此變耶？且如《訟》"剛來而得中"，"來而得中"云者，其初未始得中也。若自《需》九五，則本自得中，何必來而得耶？且二則來而得中，五獨非往而得中乎？且如《賁》"柔來而文剛"，分剛上而文，"柔來而文剛"，必剛本在下，而"柔來"乃成文也。分剛上者必下，而二三爻剛分之以上也。亦上有柔，剛往乃成文也。若自噬嗑反，則全離皆下，但可云"文自外來"，豈唯六五"來而文剛"乎？噬嗑下卦唯有一陽，何以分之？噬嗑之上本剛，何待剛上而文柔乎？舉此二條，其他悉如是。然則此爲臆説決矣。

凡《易》書，五代之季盡亡。宋人所著，如吕祖謙《音訓》、朱震《漢上易傳圖叢説》，往往猶有古義，蓋取之他書，所徵引時有訛謬，然或有今人所不逮見者。李衡《義海撮要》、項安世《玩詞》、李心傳《丙子學易編》，愈遠愈訛。

王弼之説多本鄭氏，而棄其精微，其盈虚消息之次、周流變動之用，不詳於象、象者，概以爲不經。

《易緯略義》三卷

國朝張惠言撰

箋易注元室集本。前有自序。

張氏自序曰："緯者，其原出於七十子之徒相與傳夫子之微言，因以識陰陽五行之序、災異之本也。游、夏之徒，或口受其傳怡，益增附推闡以相授。秦漢之間，師儒第而錄之，其亦有技術之士以其所能推說於篇，參錯間出，故其書雜而不純。劉歆之於緯精矣，當其時，河、洛之文大備，而《七略》不著錄，將以符命之學出於其中，在所禁祕耶？鄭康成氏，漢之大儒，博通古文，甄錄而爲之注，則緯之不可廢也審矣。至隋而六經之緯焚滅，惟《易》獨存，《後漢書注》載其目，宋儒擯之，訖於元明，無傳於世。竊以爲《乾坤鑿度》，僞書也，不足論。《乾元序制記》，宋人抄撮者爲之。《坤靈圖》、《是類謀》、《辨終備》亡佚既多，不可指說。其近完存者，《稽覽圖》、《乾鑿度》、《通卦驗》。《稽覽圖》論六日七分之候，《通卦驗》言八卦晷氣之應，此孟京氏陰陽之學。《乾鑿度》論乾坤消息始終，一變而六，進而九，一陰一陽，相并而合於十五，統於一元，正於六位，通天意，理人倫，明王度，蓋《易》之大義，條理畢貫，諸儒莫能外之。其爲夫子之緒論，田、楊以來，先師所傳習，皎然無疑。至其命圖書、考符應、算世軌，其傳湮絕，文闕不具，不可得而通。故就三書以考古師說，條而次之，以類相從，通其可知者，闕其不可知者，存其義略焉爾。"

邵氏曰："緯書之興，始於周末，盛於元成。太史公首述其言，京房、李尋遞推其說，斷無向、歆父子不見緯書之理，亦斷無見其書而不載其書之理。今《漢志》無之，是班固所削也。夫緯書誠多鄙別字、不經之言，然亦聖人遺訓，貫徹三才之理，擇而辨之可也，削而去之不可也。當時緯書盛行，孰爲周末所流傳，孰爲哀平所增損，當有端緒可尋。盡去其籍，則其書出之早晚，後人何由考證？"錄於《南江札記》。

《易義別録》十四卷

國朝張惠言撰

箋易注元室本。嘉慶十九年阮氏小琅嬛仙館校刊。"別録"者，孟氏四家孟氏、姚信、翟元、蜀才，京氏三家京氏、陸績、干寶，費氏七家費氏《易》出於偽託。馬融、宋衷、劉表、王肅、董遇、王廙、劉瓛。《子夏傳》非漢師説，別爲一家。是書又刻於《學海堂經解》。

上經之初，坎震用事，春之象也。上經之末，離火用事，夏之象也。下經之初，兑澤用事，秋之象也。下經之末，坎水用事，冬之象也。上經陽體也，終之以離者，陽極而一陰生也。下經陰體也，終之以坎者，陰極而一陽生也。《易》畫自下而上，《易》圖自右而左，《易》數之用逆，即理之用順也。

《周易虞氏消息》二卷

國朝張惠言撰

琅嬛仙館別行本。前有阮相國序。

阮氏序曰："昔伏羲作十言之教，曰乾、坤、震、巽、坎、離、艮、兑、消、息。《易緯》曰：'聖人因陰陽起消息，立乾坤以統天地。'《易》曰：'君子尚消息盈虚，天行也。'是消息者，聖人所以立卦、推爻、繫彖象之旨也。漢時説《易》者皆明消息，今遺文可考者，鄭、荀、虞最著，而虞氏仲翔世傳孟氏《易》，又博考鄭、荀諸儒之書，故其書參消長於日月，驗變動於爻象，升降上下，發揮旁通，聖人消息之故更大明焉。惜後通之者少。五代時姚氏、翟氏、蜀才氏能傳之，亦未大顯。唐初以王注列學官，而師説亡。迨宋，圖書之説興而《易》義更晦。幸李鼎祚撰《集解》，採虞注獨詳。國朝惠徵士棟據之作《易漢學》，推闡納甲於消息變化之道，稍啟端緒。後作《周易述》，大旨宗虞而義有未通，補以鄭、荀諸儒，讀者以未能專一少之，蓋虞學之晦久矣。武進張編修惠言承徵士之緒，恢而張之，約而精之，闡其疑滯，補其亡闕，糾其訛舛，成《虞氏義》九卷。又標其綱領，成《虞氏消息》二卷。其大要明乾元以立消息之本，正六位以定消息之體，敘六十四卦以明消息之次，推九六變化以盡消息之用。始於‘幽贊神明’，終於‘乾元用九而天下治’。蓋自仲翔以來，綿綿延延千四百餘載，至今日而昭然復明。嗚呼！可謂盛矣。編修不幸早卒，其弟子陳生善得最後定本，思廣傳之。余素重編修書，因命之校，付梓人。”

先生所著《易說》：《周易虞氏義》九卷、《周易虞氏消息》二卷、《虞氏易禮》二卷、《虞氏易事》二卷、《虞氏易候》一卷、《虞氏易言》二卷、《周易鄭荀義》三卷、《周易鄭氏注》一卷、《周易荀氏九家注》一卷、《易義別錄》十七卷、《易緯略義》三卷、《易圖條辨》一卷。案：茗柯《易說》十二種，皆刻入《箋易注元室集》。先生入翰林四年，以疫卒。其舉進士座主中丞阮公徵其遺書，將刊木而傳之。序其書者，其甥董士錫，嘗受《易》於先生者也。

嘉慶十八年，阮氏環琅[七]仙館校刊《箋易注元室集》，《易說》外有《讀儀禮記》一卷、《茗柯文集》四卷、附《擬名家制義》。詞一卷，凡十五種。《儀禮圖》十八卷，有別行本。《易說》十二種，《學海堂經解》所刻不足。其他《太元述虞》、《說文諧聲譜》、《墨子經解》、《青囊天玉通解》諸書皆未見。

《周易姚氏學》十六卷

國朝姚配中撰

崇文書局本。湖北《一經廬叢書》之一種。

是書成於道光元年。姚氏采輯舊聞，成《周易參象》十四卷，又爲論十篇附於後。更約煩就簡，改其體例，名曰《周易疏證稿》。凡四易，最後定本，題《周易姚氏學》。以鄭注爲主，參以漢魏舊説，較惠氏《易述》爲精。此本刊於光緒三年，前有《旌德姚君傳》、包世臣撰。包世榮序、朱甘霖序、自序。贊元第一，釋數第二，定名第三。汪守成所刻與此本不同。篇首言經傳相連始自費，非始自鄭，但費直亡章句，止有其本。又謂荀、虞注爻傳皆有“象曰”之稱，爻傳附當爻下，疑亦非始自弼也。前説前人有之，後説未經人道。傳之附經，便於省讀，故姚注亦王弼本也。

附　録

《易緯乾鑿度》二卷

漢鄭康成注

浙江重刊聚珍本。第一單三十九種，一百二十四册，二十函。省城振綺堂汪氏、壽松堂孫氏、大知堂汪氏、知不足齋鮑氏公印通行。

原本殘缺，依經史所引及錢叔寶舊本互正，定爲上、下二卷。“太乙”、“九宫”、“四正”、“四維”皆本於十五之説，乃宋儒“戴九履一”之圖所自出。

《易緯乾坤鑿度》二卷

庖犧氏先文，公孫軒轅氏演古籀文，蒼頡修爲上、下二篇

聚珍本。是書上卷爲《乾鑿度》，下卷爲《坤鑿度》。蒼頡注。與《乾鑿度》爲二書。

乾爲天門，坤爲人門，巽爲風門，艮爲鬼冥門。　坎、離、震、兌爲四正。　庖犧氏著《乾鑿度》上、下文。　媧皇氏紀《靈母經》。　炎帝、黃帝有《易靈緯》。　公孫氏、老孫氏，名軒

轅。爻法改籒篆理文作《契典墳》八册，九簡十牋。　　"漢代舉"注：後漢王鳳舉曰："不讀《易經》者，不得登朝。須《道德》二經與宰相剥勅批。"魏亦如此，至唐虞世南舉曰："不讀《易》，不可爲宰相。"

《易緯稽覽圖》二卷

漢鄭康成注

聚珍本。是書爲孟喜、京房之學所自出，漢世大儒言《易》者，悉本於此，最爲近古。至所稱軌籥之數，以及"世"、"應"、"遊"、"歸"，乃兼通於日家推步之法。惟年號紛雜，多後人所附益。

《養新録》："大指即'帝出乎震'一章之文而推演之，又與《洪範》五行相表裏。七十子之微言間有存者，而術士迂怪之説亦雜其中。"

《易緯辨終備》一卷

漢鄭康成注

聚珍本。此《永樂大典》所載，僅二百餘字。"辨終備"，一作"辨中備"。元按，《史記正義》引《易中備》云："孔子正月爲商瞿筮，曰：'瞿當有五丈夫子。'子貢曰：'何以知之？'子曰：'卦遇大畜，艮之二世，九二甲寅木爲世，九五景子水爲應，陽爻五，應有五子'云云。"檢今書無其文，蓋非全本也。

《易緯乾元序制記》一卷

漢鄭康成注

聚珍本。"文王比隆興始霸，伐崇，作靈臺，受赤雀丹書，稱王制命，示王意。"元按，《詩》"文王"篇孔穎達《正義》引此文作《是類謀》。又引注稱鄭康成"興始霸"作"興起霸"。《毛詩》孔疏引《坤靈圖》云："法地之瑞，黄龍中流見於錐。"又馬驌《繹史》引《坤靈圖》云："君子得衆人之助，瑞應先見於陸。瑞應之至，君子法地，蛇不如龍，陸不如河。"與此文俱相合，疑"自古君子"以下俱當爲《坤靈圖》之文，而中有脱簡耳。孔疏所引，今《坤靈圖》無此文，疑後人於各緯中分析以成此書。

《易緯坤靈圖》一卷

漢鄭康成注

聚珍本。是書僅二百二十五字，孫殼謂配《乾鑿度》名篇，馬《考》一卷，今僅存論乾、無妄，大畜卦詞及史注所引"日月連璧"數語，所佚多矣。元按，《繹史》引《坤靈圖》云："伏羲立九部而民易理。"又云："蠶，陽者，火，火惡水，故食不飲。桑者，土之液，木生火，故蠶以三月，葉類會精，合相食。"《隋書》引《坤靈圖》云："河龍以正月辰見，白龍與五黑龍鬭，白龍陵，故泰，人有命。鄭康成云：'陵'當爲'除'。"今皆無其文，蓋此本非完書，且有錯入《乾元序制記》篇内者。

《易緯是類謀》一卷

漢鄭康成注

聚珍本。"是類謀"一作"筮類謀"。《御覽》諸書多引之，略稱完備。《玉海》謂三館所藏有鄭注《易緯》七卷，《稽覽圖》一，《辨終備》四，《是類謀》三[八]，《乾元序制記》六，《坤靈圖》七，二卷、三卷無標目。《永樂大典》篇次亦然。

《易緯通卦驗》二卷

漢鄭康成注

聚珍本。是書上卷明稽應之理，下卷言卦氣之徵驗。《黄氏日抄》謂其書大率爲卦氣發，《説郛》所載，皆從類書中湊合而成，不逮十之二三。此書久已失傳，并無善本可校，正文往往與注相混。諸經注疏、《續漢書》劉昭補注、《初學記》、《御覽》、《古微書》諸本所引互有異同，不盡可據。

《直齋書録》："按《後漢書》'緯候之學'注：緯，七緯也；候，《尚書中候》也。所謂'河洛七緯'者，《易緯稽覽圖》、《乾鑿度》、《坤靈圖》、《通卦驗》、《是類謀》、《辨終備》也，《書緯璿璣鈐》、《考靈曜》、《帝命驗》、《運期授》也，《詩緯推度災》、《泛歷樞》、《含神霧》也，《禮緯含文嘉》、《稽命徵》、《斗威儀》也，《樂緯動聲儀》、《稽曜嘉》、《叶圖徵》也，《孝經緯援神契》、《鉤命決》也，《春秋緯演孔圖》、《元命包》、《文耀鉤》、《運斗樞》、《感精符》、《合誠圖》、《考異郵》、《保乾圖》、《漢含孳》、《佐助期》、《握誠圖》、《潛潭巴》、《説題辭》也。讖緯之説，起於哀、平、王莽之際，以此濟其篡逆。公孫述效之。而光武紹復舊物，乃亦以赤伏符自累，篤好而推崇之，甘與莽、述同志。於是佞臣陋士從風而靡，賈逵以此論左氏學；曹褒以此定漢禮，作《大予樂》。大儒如鄭康成，專以讖言經，何休又不足言矣。二百年間，惟桓譚、張衡力非之，而不能回也。魏、晉以革命受終，莫不傅會符命，其源實出於此。隋唐以來，其學浸微矣，考《唐志》猶存九部八十四卷。今其書皆亡，惟《易緯》僅存如此。及孔氏《正義》，或時援引先儒，蓋嘗欲刪去之，以絶僞妄矣。使所謂'七緯'者皆存，猶學者所不道，況其殘缺不完，於僞之中又有僞者乎？姑存之以備凡目云爾。"

《唐志》有《論語緯》十卷，"七緯"無之。《御覽》有《論語摘輔像》、《撰考讖》者，意其是也。《御覽》又有《書帝驗期》、《禮稽命曜》、《春秋命歷序》、《孝經左右契》、《威熹拒》等，皆"七緯"所無，率皆不足深考。

《古三墳書》一卷

不著撰人名氏

鈔本。從《漢魏遺書》鈔録出，《楊龜山先生集》有是書跋，則宋時已有此僞書，不知所自來矣。

楊氏跋曰：“右山墳、氣墳、形墳謂之三墳，世傳以爲古三皇書，非也。其辭簡而質，遠而無統，其有意於放古之爲乎？孔子曰：‘神無方，易無體。’又曰：‘生生之謂易。’其義深矣，殆不可以形數名也。是書《太古河圖代姓紀》曰：‘博厚而濁謂之“太易”，太易之數三，是以形數名易也。’其言殆與孔子異乎，吾是以知其非古書也。其他不合者，非特一二而已，未敢以臆說論之，姑俟博古而深於道者考正焉。”

右《易》類

《周禮》：“太卜掌三《易》之法，一曰《連山》，二曰《歸藏》，三曰《周易》。”《連山》見於《唐志》，《歸藏》見於《隋志》，而《漢志》皆無，則亡佚已久。今所傳者，惟《周易》而已。所録凡八十九家，夏殷之《易》皆後人采輯而成，疑信參半，真僞難明，雖有其說，而不適於用也。《周易》莫古於《子夏易傳》，而僞本甚多，其用王輔嗣之例者，固僞而又僞，即今所輯或一卷或二卷者，亦皆殘闕失次，姑存其名以備一家。漢注惟鄭康成一家，久有輯本。唐注惟李鼎祚一書，多存古籍，然傳本甚少，人鮮知之。自漢《易》亡而王《易》興，王《易》行而古本不可復見矣。今所讀者，惟《程傳》、朱《義》，其本即王輔嗣之本也。河圖、洛書諸說，其始於何人，吾弗能知也。“方位”、“卦變”諸說，原出於道家者流，注疏本無之，其爲朱子所列、爲後人所加，吾弗能考也。宋元諸家之《易》，或衍程朱餘緒，或爲《易》外別傳，刊本雖完，人亦罕習。善夫豐川之言曰："以訓詁言《易》而《易》存，以聰明言《易》而《易》亡。"譏宋元《易》也。明之《大全》不足觀。來氏深山獨處，研思成注，雖自神其術，終不免於遷就。我國家經學昌明，遠超前代，《御纂周易折中》參考羣言，務求至當，允爲説《易》之準繩。《御纂周易述義》多取互體，發明古義，漢《易》、宋《易》，至是而集其成矣。由是人文蔚起，鴻儒輩出，輯古《易》者，如孫、如馬；精漢《易》者，如惠、如姚。毛氏則專明古法，胡氏則參酌漢宋。李氏觀象有獨得之奇，任氏洗心有至精之理。要皆殫思竭力，博觀約取，一洗其門户之見，而又無孤陋破碎之疵，實非元明儒所可及也。由今《易》以讀古《易》，由今人以稽古人，實今日讀書之要法也。吾讀《易》書百餘種，未見其盡《易》之蘊也。然識大識小，莫不有《易》道存焉。故自其精者言之，雖程、朱亦尺有所短；自其粗者言之，雖焦、京亦寸有所長：惟在善讀者廣儲慎擇而已。舉一家之説，不足以盡之；合數十百家之説，截其長，補其短，雖不足以盡之，而庶乎近之。故無論其爲漢、爲宋，求合於卦爻而已；亦無論其言理、言數，求切於日用而已。"吉凶悔吝生乎動"。厲以乾乾，而黽勉者加功；震以虩虩，而恐懼者致福：此則學《易》之要旨也。附以《易緯》、《古三墳書》，亦讀《易》者所當知，其餘所藏尚多，不及備載。

附録：《易》説

平陽院試經解題，爲同人試畢，諸生來問。因自同人起，每日一卦，淺爲之説，使初學易曉。六十四卦俱畢，將欲整比改訂，而稿已散逸，僅餘比卦，因録於此。同時試《汾陰寶鼎賦》，復考《鼎之説》爲一篇，已刻入《目録學》，而未敘緣起，因并記之。甲午重九日耿文光識。

比卦説

比以親輔爲義，水與地常相親，比之象也。五爻以陽剛居尊位，爲卦之主，而下四爻皆比之，故曰"下順從"也。不言上應者，上爻"後夫也"，有凶道焉。上下應者，君與民應，民與君應，非上下五陰應一陽也。初爻乃幼穉之人，所謂天真爛漫者是也，小兒口中多實話，可知其有孚信矣。初以孚信比五，雖不與五相應，待其積誠既久，如缶之盈，必得九五之用，故曰有它吉。它謂五也。二爻柔順中正，自内卦比外之五，得其正應，故又正又吉。三爻陰柔不中正，本屬小人，不能從上，既無初之實心，又乖承應，皆陰一類。小人同爲惡黨，故曰"比之匪人"。當比之時，君子與君子爲朋，小人與小人爲朋，其親近一也。四爻以柔居，柔不内比，三陰而外比九五，故又正又吉。五爻以一陽居中，剛健中正，故能顯明。其比之道，而下之四陰，皆來比已。如田獵之得禽，然其不來者"後夫也"，失則失之矣。上爻於禽爲"前禽"，於人爲"後夫"。"邑人不誡"者，無聲無聞也。今所謂"不擾地方"者是也。湯放桀，武王伐紂，歸市者弗止，耕者不變，皆是上施中也。此卦以順從爲義，從上者宜在下，上爻居五之上，下從五則凶，從五亦不順，故曰"其道窮也"。此卦次於師之後，如世亂之時，陰柔小民不能自立，明主出則羣爭歸附，否則不安，故曰"不安方來"。忽有居卦之上者，不可爲首，故曰"无首"。而謂之爲"後夫"，實無位置斯人之處，故曰"无所終也"。親比固然是好，然有君子之比，有小人之比，故必再筮元永貞，如九五之"剛中"則无咎矣。否則羣陰共處，不能无咎，故曰"再筮元永貞，无咎，以剛中也"。陰柔固能順從，終非陽剛之才，此卦陰爻太多，故象有戒辭。

晉卦説

三陽皆進則爲泰，泰，君道也，故大象曰：“后以裁成天地之道，輔相天地之宜，以左右民。”三陰并進，則爲晉，晉，臣道也。故彖辭曰：“晉，康侯用錫馬蕃庶，晝日三接。”“泰”如唐虞之世，君聖臣良。“晉”如伊尹相太甲，周公輔成王，君明臣順之時也。坤順承天，侯順用命，是以康侯不取其健而取其順，地道無成而代有終也。凡爻剛則進，柔則不進，此獨言進者何？合三爻言之也。合三爻何以能進？動則進矣。《文言》曰：“坤至柔而動也。”剛是也。卦之名“晉”，專主坤言，故傳曰：“順而麗乎大明。”柔進而上行，柔進者何？坤進也。坤在內卦者八，何以不俱言進？天在地上，閉而不交；山在地上，止而不進；雷出地奮，進而不漸；水行地中，進而不升；風行地上，升而不漸；澤在地中，聚而不進。惟此卦，火在地上，如日方升，故字從日，有君明臣順之象，合漸進大升之義。是以“康侯用錫馬蕃庶，晝日三接”也。《易》中言“侯”多主長子，“屯，利建侯”、“豫，利建侯”是也。坤有臣道，亦謂之以侯，別於震，故曰“康侯”。利建之侯，所利在建；康國之侯，所重在康。康，安也。凡物順則安，不順則不安；厚則安，不厚則不安。坤厚載物，坤順承天。夫國安而天下安，侯之所以爲康也。必合下三爻成一坤卦，“晉”字方足。分析之，仍是柔爻不進。初曰“摧如”，不可進也。二曰“愁如”，不能進也。三曰“衆允之”，似可進矣。以其柔也，亦不言進裕无咎，克寬克仁也。“衆允之”，彰信兆民也。此非康國之侯乎？受茲介福，有必然者。介福者何？“錫馬蕃庶”是也。受者何？“晝日三接”是也。合此三爻，大象備矣。在《易》爲變例，其不變者，屯之彖曰“利建侯”，初九曰“利建侯”是也。下三爻備臣之道，而又急於進，故初曰行正，二曰中正，三曰上行，皆繫以佳辭。四無中正之德，又無柔順之心，陽剛妄進，竊居高位，鼩鼠之屬，自不能免。此卦重柔進，故剛進者不善。五爲柔爻，故許其往告。六爲剛爻，故戒以貞吝。進無可進，退而自修，往無可往，反而克己，此利用克邑之義也。上爻爲無位之人，切身發昭明一義，自治甚嚴，故曰“厲”。此“厲”字，即“終日乾乾，夕惕若厲”之“厲”，故繫以“吉，无咎”。貞者何？美其修也。吝者何？私難去也。自治而不能治人，故曰：“道未光也。”治人者必先自治，故曰：“自昭明德。”昭明德者，明明德也。《大學》傳之首章，引《書》三節，末句以《易》傳結之，引而不發，皆自明也。“自”字原出於“自昭明德”，自“格物”以至“修身”，“昭明德”之事也。自“家齊”至於“國治”，康侯之功也。非明不足以察其私，非順不足以終其節，侯之爲侯如此。吾於此卦得修己之方，識治人之道，明上下之禮，知進退之義，而必以柔爲重者，晉繼大壯之後，四陽既盛，過剛則折矣。聖人調和陰陽，使不偏勝於此，又見大中之極焉。“晉”字古以進爲義，學者觀象玩詞，日有所進，毋曠厥功，此進之始也。外文明而內柔順，地道卑而上行，勞謙君子，雖進而不矜不伐，此進之中也。順而麗乎大明者，已造乎正大高明之域，而見其進，未見其止，此進之終也。振新於一日，而一日進矣；毋間於日日，而日日進矣。但使處者有進而無止，出者難進而易退，則朝無倖位，野無惰民，夫是以天下太平也。故説《易》者以晉與泰并論云。

戊寅重陽後，大雨雪六日，閉戶静坐，爲兒輩講《易》。適至晉卦，偶閲陳氏《午亭文編》有《經解》二卷，六十四卦俱備。細研之，未能愜心，因書此以爲讀《易》之法。讀《易》之法固不盡此，此所道者，吾心之《易》，其合與否，未可知也。《易》道精微，四聖人包舉其全，無所滲漏，後人一知半解，奚當於《易》？然不可謂之非《易》也。聖人有聖人之《易》，常人有常人之《易》，識大、識小，莫不有伏羲、文王、周公、孔子之道焉。來瞿塘居南山三十年，著《易集注》，多所發明，大抵静者心多妙。人世擾攘，不堪讀書，故朱子教人静坐。

校勘記

〔一〕"青"，據《易學啓蒙翼傳》補。

〔二〕"第七"後，《易學濫觴》吴澄序有"立秋之後四日"六字。

〔三〕"後"，同上書作"卷端"。

〔四〕"丹"，原作"井"，據《兒易内儀以》改。

〔五〕"十六日"，據《周易洗心》，此三字前有一"越"字，并在"乃甦"之後。

〔六〕"其"，似當作"共"，并在下文"以上"之後。

〔七〕"環琅"，據上文當作"琅嬛"。

〔八〕"三"，據《玉海》當作"五"。

經部二

《書》類

《書序》一卷

百篇《尚書》闕序存。

鈔本。恭録《御纂書經傳説》。序在書後。

陸德明曰："馬、鄭之徒，百篇之序，總爲一卷。孔以各冠其篇首，而亡篇之序，即隨其次第，居見存者之間。"

劉歆曰："孔子修《易》序《書》。"班固曰："《書》之所起遠矣，至孔子纂焉，上斷於堯，下訖於秦，凡百篇而爲之序，言其作意。"《隋志》："孔子删《書》，别爲之序，各陳作者所由。"孔穎達曰："《書序》，鄭玄、馬融、王肅并云孔子所作，依緯文也。百篇凡六十三序。"又曰："百篇次第，孔、鄭不同。孔依壁内篇次，即序爲文。鄭依賈氏，别録爲次。"程子曰："《書序》，夫子所爲，逐篇序其作之之意。"董銖曰："《書序》之作，出於聖人無疑。學者觀書，得其序，則思過半矣。"葉適曰："以《書序》爲孔子作，其説本出班固。固因司馬遷，遷因孔安國。安國無先世的傳，止據前後浮稱，兼左氏楚靈王言倚相事爾。"以上謂《序》爲夫子所作。

林光朝曰："《序》乃歷代史官相傳，以爲書之總目，猶

《詩》之小序也。"朱子曰："《書序》恐即是經師所作，決非夫子之言。"金履祥曰："方漢初時，《泰誓》且有僞書，何況《書序》之類？且孔傳古文，其出最後，則附會之作有所不免，其爲齊、魯諸儒次第附會而作《序》可知也。"陳櫟曰："今考序文於見存之篇，雖頗依文立義，而識見淺陋，無所發明，其間至有與經相戾者。於已亡之篇，則依阿簡略，尤無所補，其非孔子所作明甚。顧世代久遠，不可復知。然孔安國雖云得之壁中，而亦未嘗以爲孔子所作。"以上謂《序》非夫子所作。

鄒季友曰："《史記》盡引今文《書》二十八篇及僞《泰誓》一篇，并不引孔壁所增諸經，是太史公未見孔壁書明矣。然卻多引小序，雖亡篇之序亦有之。意西漢時自有百篇之序，故太史公見之，造僞書者亦見之，非專出於孔壁也。"

朱氏《經義考》曰："《書小序》，西漢孝武時當即有之，此史公據以作《夏殷本紀》。若孔壁古文《尚書》，漢魏西晉諸儒均未之見，而馬融於《書小序》有注，見於陸氏《釋文》。"又曰："朱子疑《詩・小序》，而并疑《書・小序》；疑孔安國所傳之古文，而并疑古文之有小序。然百篇之序實自漢有之。"又按："《伯禽》、《唐誥》，王伯厚云：‘皆策命篇名，《大傳》之序有《揜誥》，《史記・殷本紀》有《太戊》一篇。’《孟子》注云‘《逸書》有《舜典》之序’，《歷志》引古文《月采》篇，俱不入百篇之目，是則《書》名尚多，其篇目偶逸者歟？"

《尚書傳》十三卷

漢孔安國撰

相臺岳氏本。此即所傳之僞孔氏《傳》也。晉梅賾所依託，諸家所爭論者，即此書。首行題"《尚書傳》第一"，次行"堪典第一"，三行降三格"《虞書》"，又降三格孔氏《傳》。前有孔序，亦僞作。凡《虞書》五篇、《夏書》四篇、《商書》十七篇、《周書》三十二篇，共五十八篇。《序》言五十九篇，其一篇爲百篇之序，孔氏分冠於各篇之首。伏生口授者二十八篇，在《孔傳》爲三十三篇。伏生以《舜典》合於《堯典》，《益稷》合於《皋陶謨》，《盤庚》三篇合爲一，《康王之誥》合於《顧命》，少五篇之數，故爲二十八篇。孔氏增多伏生二十五篇，謂《大禹謨》、《五子之歌》、《胤征》、《仲虺之誥》、《湯誥》、《伊訓》、《太甲》三篇、《咸有一德》、《説命》三篇、《泰誓》三篇、《武成》、《旅獒》、《微子之命》、《蔡仲之命》、《周官》、《君陳》、《畢命》、《君牙》、《冏命》，此二十五篇爲僞古文，合三十三篇，僞五十八篇，其三十三篇與鄭注同。孔序云：“其餘錯亂摩滅，弗可復知。”謂《虞書·汩作》、《九共》九篇、《豪[一]飫》，《夏書·帝告》、《釐沃》、《湯征》、《汝鳩》、《汝方》，《商書·夏社》、《疑至》、《臣扈》、《典寶》、《明居》、《肆命》、《徂后》、《沃丁》、《咸乂》四篇、《伊陟》、《原命》、《仲丁》、《河亶甲》、《祖乙》、《高宗之訓》，《周書·分器》、《旅巢》、《命歸》、《禾嘉》、《禾成》、《王政》、《將蒲》、《姑賄》、《肅慎之命》、《亳姑》，凡四十二篇亡。

《隋志》：“安國爲五十八篇作傳，會巫蠱事起，不得奏上，私傳其業於都尉朝。朝授膠東庸生，謂之《尚書》古文之學。”

陸德明曰：“江左中興，元帝時豫章内史梅賾奏上孔傳《古文尚書》。亡《舜典》一篇，購不能得，乃取王肅注《堯典》，從‘慎徽五典’以下分爲《舜典》篇以續之，學徒遂盛。”又曰：“齊姚方興采馬、王之注，造孔傳《舜典》一篇，云於大航頭買得之。梁武時爲博士議，遂不行用。”劉知幾曰：“姚方興獻孔傳《舜典》，舉朝集議，咸以爲非。及江陵板蕩，其文北入中原，學者得而異之。隋學士劉炫遂取一篇，列諸本第。”鄭公曉曰：“《舜典》‘曰若稽古帝舜’二十八字，蓋隋開皇時人僞爲之，假設姚方興以伸其歲月爾。”孔穎達曰：“梅賾上孔氏《傳》，猶闕‘乃命以位’以上二十八字。”

《册府元龜》：“孔安國爲臨淮太守，傳《古文尚書》十三卷、《今文尚書》十四卷。”

歐陽修曰：“陳、隋之間，伏生之學廢絶，而孔《傳》獨行。”

洪邁曰：“孔安國《古文尚書》自漢以來不列於學官，故《左氏傳》所引者，杜預輒注爲‘逸書’。劉向《説苑·臣術》篇一章云：‘《泰誓》曰：附下而罔上者，死；附上而罔下者，刑；與聞國政而無益於民者，退；在上位而不能進賢者，逐：此所以勸善而黜惡也。’漢武帝元朔元年，詔責中外不興廉舉孝，有司奏議，與《説苑》所載正同。而諸家注釋，至於顏師古，皆不能援以爲證，今之《泰誓》初未嘗有此語也。漢宣帝時，河內女子得《泰誓》一篇獻之，然年月不與序相應，又不與《左傳》、《國語》、《孟子》衆書所引《泰誓》同，故馬、鄭、王肅諸儒皆疑之。”

朱子曰：“安國《書傳》恐是魏晉間人作，託安國爲名。漢儒訓釋文字，有疑則闕，今此卻盡釋之。”又曰：“孔安國解經最亂道，看得只是《孔叢子》等做出來。”又曰：“孔氏《書序》不類漢文，疑是晉宋間文章。”孔《序》，《文選》錄之，世皆篤信，實爲僞作。朱氏所考最爲詳明。金履祥曰：“安國之《序》，疑東漢人爲之，不惟文體可見，而所謂‘聞金石絲竹之音’，端爲後漢人語無疑也。蓋後漢之時，讖緯盛行，其言孔子舊居，事多涉怪，如‘闕里草自除’、‘張伯藏璧’之類。若此附會多有之，則此爲東漢傳古文者託之可知也。”

陸游曰：“孔《序》言：‘爲〔二〕隸古，更以竹簡寫之。’隸爲隸書，古爲蝌蚪，蓋前一簡作蝌蚪，後一簡作隸書，釋之以便讀誦。近有善隸者，輒自謂所書爲隸古，可笑也。”

劉敞曰："'九共'應作'九丌。'古文'丌'作'亓'，與'共'相似，故誤傳以爲'共'耳。"王應麟曰："'泰誓'，古文作'大誓'，與'大誥'義同。開元間，衛包定今文，始作'泰'。"

"雖有周親，不如仁人"，傳言："至親雖多，不如周家之少仁人也。"考證殿本、閣本及諸坊本皆無"也"字。"少仁人"義難曉，岳珂節取疏中一"也"字，連"仁人"二字另作一句讀解，最圓足，并非晉唐間善本可及。"協用五紀"，《漢書》作"叶"。叶，古文"協"字也。"一五行"，《漢石經》無"一"字。《餘傳》首句并不言疇數。"無逸"，《大傳》作"毋逸"。散宜生，孔《傳》以散爲氏，非是。《人表》爲"散宜氏"。

《廣川書跋》："《漢石經》'天命自度'作'亮'，'惠鮮鰥寡'作'惠於矜寡'，'乃逸既誕'作'乃憲既延'，'治民祗懼'作'以民肆'，'高宗享國五十又九年'作'百年'。以書考之，知傳授訛誤，不若碑之正也。"

文光案：《漢石經》殘字見於王氏《萃編》者甚多，其他書可以考見《漢石經》者，亦復不少，具詳《萃編》。董逌謂《古文尚書》已見於《漢石經》，而語多影響，意有難明。汲古本《廣川書跋》又多缺字、誤字、佚文、脱句，故不復録也。

孔《序》云："復出此篇并序，凡五十九篇，爲四十六卷。"所謂"復出此篇"者，蓋因伏生所合之五篇，復出之爲三十三篇也。四十六卷，蓋因《小序》四十六篇而分之。序有合數篇爲二序者，故得四十六也。其詳見於毛氏《冤詞》。《冤詞》所列今、古文篇數最明，取而玩之，亦可知今文、古文之别矣。至鄭氏三十三篇之次，與孔《傳》之三十三篇前後不同，已詳著於《目録學》，茲不復出。

《尚書注疏》十九卷

漢孔氏傳，唐陸德明音義，孔穎達疏

武英殿本。乾隆四年校刊。書前有目録、《正義序》、《尚書序》、《尚書原目》、《尚書》注解傳述人。自《堯典》至《秦誓》，凡十九卷。《正義序》稱二十卷者，并序、目計之也。按序當在後，目當在前，今本序、目俱在前。傳述人即陸氏《釋文叙録》也。監本歲久漫漶，殿本訂訛補缺，爲之句讀，各附考證於卷末，其無可證者仍闕之。

《注疏原目考證》："顧炎武曰：'孔氏古文與張霸之書爲二。'按：張霸之百兩篇，僞古文也。而賈、馬、鄭所解之古文則就伏生所傳之二十八篇，其字句稍異於歐陽、夏侯三家，故亦稱《古文尚書》耳。然賈、馬、鄭皆未見古文全經，亦并未見孔《傳》，是以注解不同，穎達疏詳核矣。"

孔子序《書》百篇，以傳學者。火於秦，復出於漢，百篇中蓋存者半，逸者半。伏生經文二十八篇。孔安國古文，連伏生書共五十八篇是也。五十八篇之在漢世，又顯者半，晦者半。古文上秘府，事寢，不行。今文，歐陽、大小夏侯三家并立博士是也。三家經文又同者半，異者半。西京劉向合校文字異者七百餘，脱字數十，東京蔡邕等考定刻石太學是也。自漢及晉之東，古文復出，及齊梁缺簡稍完，然天下行古文者半，不行者半。古文但傳江左，至隋開皇始頒學宫是也。唐太宗詔孔穎達諸儒撰《五經正義》，於是《尚書》家之説又廢者半，行者半。專用孔《傳》，今文三家訓解遂佚不傳。顧自有《正義》以來，讀書家又信者半，疑者半。穎達同時有馬嘉[三]運摭其疵，後時有王元感糾其謬，然疑疏不疑傳也。劉敞、程子、王安石、蘇軾諸儒考脱簡，定句讀，每離傳以解經，然疑傳不疑經也。至南宋信經者半，疑經者半矣。

林之奇、吕祖謙所著依《小序》酌《傳疏》，猶不過略短從長。其篤信古文，恨不見百篇全經者，則有鄭樵。其力辨古文，疑孔《傳》一書爲僞者，則有吳棫。至元吳澄明、郝敬，直謂《尚書》真者半，僞者半；自伏生二十八篇以外，不可爲經，當留者半，删者半。此則不可以不辨者也。古文平易淺近，較二十八篇之渾渾、灝灝、噩噩，誠絶不相類。其文變蝌蚪爲隸古，不無得失。其篇本《書序》以詮次，不無後先。其説採綴載籍，條貫成章，不無增減遷就。其閲世自漢至晉，不列庠序，後進通儒伏處巖穴者，或隨時補苴，緣飾其間，遂令虞、夏、商、周之文如出一手。雖朱子亦嘗疑之，而不能不奉爲經者，千古聖賢學問之淵源、功德之根本，具在古文，不可没也。孔《傳》詁經，義質辭簡。孔《疏》於制度典章，徵引賅博，隨文剖析，時有折衷。善學者棄瑕録瑜，取舍各半可矣。”

《天禄琳琅書目》曰：“漢唐傳經以石，五代始有木刻。至宋而重監本，然校對多疏，輾轉致誤。此岳珂《沿革例》、毛居正《六經正誤》多校正監本之訛，或取諸蜀本、越本、建本而從其善者。南宋本《纂圖互注尚書孔傳》附音十三卷，《盤庚》中之‘乃祖先父丕，乃告我高后曰’，《文侯之命》之‘即我御事’、‘汝克昭乃烈祖’，皆足正監本之誤。明監本皆附音，非北宋監本之舊矣。大抵南宋所刻，始句下附音，故首行必標‘附釋音’，以別於監本。”

《尚書正義》二十卷

漢孔安國傳，梅頤所託，唐孔穎達疏

揚州阮氏重刊宋本。梁國子助教江夏費甝作《尚書義疏》，穎達廣之。《唐儒學傳》云：“穎達與顏師古等撰《五經義訓》百餘篇，號《義贊》，詔改爲《正義》云。”其中不無謬冗，馬嘉運駁正其失。永徽中于志寧等就加增損，始布天下。唐史志傳多參差，所記撰著人姓名往往不同。詳見晁《志》。《正義》，《益稷》外別有《棄稷》篇。

《校勘記》曰：“自梅賾獻孔《傳》，而漢之真古文與今文皆亡，乃梅本又有今文、古文之別。《唐志》：‘衛包改古文從今文。’說者謂今文從此始，古文從此絕。殊不知隋以前已有今文，蓋變古文為今文，實自范寧始。寧自為《集注》，成一家言，後之傳寫孔《傳》者從而效之，此所以有今文也。六朝之儒，傳古文者多，傳今文者少，今文自顧彪而外，不少概見，李巡、徐邈、陸德明皆為古文作者。孔疏出於二劉，亦用古文，如‘塗’之為‘斁’，‘云’之為‘員’是也。然疏內不數覯，殆為後人竄改，如陳鄂等之於《釋文》歟？乃若天寶，既改古文，其舊本藏書府，民間不復有之，更經喪亂，不可問矣。開成初，鄭覃進石經，悉用今文。前此張參之壁經，後此長興之板本、廣政之石本，當無不用今文者。乃後周顯德六年，郭忠恕獨校《古文尚書》上之，不知從何而得。其本宋初仍不甚行，至呂大防得于宋次道、王仲至家，而晁公武取以刻石，薛季宣據以作訓，然後大顯。今按《釋文序錄》云：‘《尚書》之字[四]本為隸古，既是隸寫古文，則不全為古字。穿鑿之徒，務欲立異，依傍字部，改變經文，疑惑後生，不可承[五]用。’是所謂古文，不過如《周禮》、《漢書》，略有古體及假借、通用之字而已，其為贗本無疑。然觀陸氏之言，則穿鑿立異，自古而然，不獨郭氏也。”

文光案：此條言衛包之前，今文、古文皆存，而傳古文者為多。衛包之後，古文已絕。唐代惟傳今文。至郭忠恕又有古文，宋代傳之，蓋偽作也。

《載籍足徵錄》：“《尚書》古文經四十六卷，為五十七篇。經二十九卷，大、小夏侯二家。歐陽經三十二卷。述祖案：《尚書》

古文經久佚，其三十二卷即二十九卷。然夏侯經二十九卷，《章句解故》亦二十九篇。歐陽經三十二卷，章句三十一卷，其一卷蓋序也。故《玉海》云：《大傳》篇有《九共》、《帝告序》，又有《嘉禾》、《揜告》，今本闕。是今文《尚書》亦有序矣。古文經者，孔《疏》言鄭注《古文尚書》篇目，略云於二十九篇分出《盤庚》二篇、《康王之誥》，又《大誓》二篇，爲三十四篇。更增益僞書二十四篇，《舜典》一，《汨作》二，《九共》九篇十一，《大禹謨》十二，《益稷》十三，《五子之歌》十四，《胤征》十五，《湯誥》十六，《咸有一德》十七，《典寶》十八，《伊訓》十九，《肆命》二十，《原命》廿一，《武成》廿二，《旅獒》廿三，《冏命》廿四，以此二十四爲十六卷。《九共》九篇共卷，除八篇，故爲十六。蓋二十九卷，增益十六卷，序一卷，凡四十六卷。其五十八篇，建武之際亡《武成》一篇，故四十六卷爲五十七篇。但鄭既不爲二十四篇作注，則其篇目或見於《書贊》，或見於百篇序注，皆不可考。馬融亦云：‘逸十六篇，絶無師説。’蓋篇目雖存，第相傳爲祕府古文，馬、鄭皆未必實見其書也。遷書載《堯典》、《禹貢》諸篇，多古文，亦不及十六篇。《史記》逸篇有《湯征》、《湯誥》，鄭《目》有《湯誥》無《湯征》。劉歆《三統譜》引《周書·武成》篇，即《周書·世俘》篇。是十六篇之真偽存佚，諸儒誦述，不過曰‘出於孔壁，藏於祕府’，其實自漢以及經師相授受，唯此二十九篇及序一篇而已。伏生所素習者，秦篆及徒隸之書，即得二十九篇，字滅簡脱，略以意屬讀而已。劉向以中古文校歐陽、大小夏侯三家經文，而二十九篇皆以定矣。是馬、鄭所注爲杜伯山所傳，杜所傳即劉所校。此二十九篇，佚《大誓》一篇，其二十八篇及序存。東晉梅賾奏《古文尚書》，雖屢經校改，失其本真，然百篇之僅存者惟此而已。”

　　陸德明《尚書釋文》，《宋志》一卷。《崇文總目》：“皇朝太子中舍陳鄂奉詔刊定。始開寶中，詔以德明所釋乃《古文尚書》，與唐明皇所定今文駁異，令鄂删定其文，改從隸書，蓋今文自曉者多，故音切彌省。"晁公武曰："《古文尚書》，孔安國以隸古定，自漢迄唐，行於學官。明皇改從今文，由是古文遂絕，陸德明獨存其一二於《釋文》。"王應麟曰："唐陸德明《釋文》用古文。後周顯德六年，郭忠恕定《古文尚書》并《釋文》刊板。太祖命判國子監周惟簡等重修。開寶五年二月，詔翰林學士李昉校定，上之，詔名《開寶新定尚書釋文》。咸平二年十月，孫奭請摹印《古文尚書音義》與新定《釋文》并行，從之。天聖八年九月雕新定《釋文》。"

文光案：宋本《尚書釋音》盧本作《音義》。二卷，遵義黎氏刻入《古逸叢書》。每葉二十行，每行注二十五字，開首缺十行。《秦誓》自"諞"字以下缺，《文侯之命》約缺二百餘字。此即陸氏《經典釋文》之第三、四卷也，而不標《釋文》卷三、卷四。朱《考》"書七"別出《尚書釋文》，想單行已久。末有吳縣潘錫爵跋，云："影寫宋本，行數、字數與士禮居影刊之《孝經》、《論語》、《孟子》相同。"又云："其本爲盧紹弓所未見。"予以盧本互勘，無甚殊異。宋本"某某切"，盧本皆作"反"。宋本自《顧命》以後亦作"反"。宋本有不如盧本者，開首"高辛"二字，注"母不見"，"母"下脫名字，盧本不脫。紹弓所云"徐本不誤，而宋本反誤"者，其信然矣。

王氏《玉海》云："張霸之徒偽作二十四篇，十六卷，蓋亦略見百篇之序，故以伏生二十八篇復出爲三十四篇，附以求合於孔氏之古文經五十八篇、四十六卷之數。"又云："張霸偽造《尚書》百兩篇，而爲緯者附之，云：'孔子求書，得黃帝元孫帝魁之書，迄於秦穆公，凡三千二百四十篇。斷遠取近，定可以爲世法者百二十篇，以百二篇爲《中候》。'按《尚書大傳》，有《九共》，此伏生所傳，必有所據。其張霸僞書，諸書所引皆妄作也。劉向、班固、劉歆、賈逵、馬融、鄭玄之徒，皆不見真古文，而誤以此爲古文之書。服虔、杜預亦不之見。王肅注似竊見孔《傳》。晉鄭沖以古文授蘇愉，愉授梁柳，柳之内兄皇甫謐從柳得之。柳又以授臧曹，曹授梅賾，賾於前晉奏上。其書已亡《舜典》一篇。乃取王肅注《堯典》'慎徽五典'以下分爲《舜典》續之。《泰誓》，非伏生所傳。當武帝時，《泰誓》已出，而入伏生書内，故《史記·儒林傳》總言二十九篇。伏生壁藏亡數十篇，唯聞二十八篇。伏生作《尚書傳》此即《大傳》。四十一篇，授張生，張生授歐陽生。《隋志》云：'濟南伏生之傳，唯劉向父子所著《五行傳》是其本法，而又多乖戾。'《釋文》：'《大傳》三卷，伏生作，鄭康成注。其序云：劉子政校中書，奏此目録，凡四十一篇。康成詮次爲八十三篇。今本四卷，首尾不倫。'漢儒《五行傳》，其原自《大傳》，其流爲災異之説。"以上節録《漢藝文志考證》。

《玉海》載漢《中文尚書》、《尚書雜記》、鄭玄《書贊》、荀爽《尚書正經》、《漢尚書》、《書傳略説》、魏《尚書釋問》、晉《集解尚書》、梁《尚書大義》、唐二十五家《書》、唐《尚書演範》、《洪範外傳》、唐《無逸圖》、《玉海》有圖類，著圖甚備。唐《尚書君臣事蹟圖》、唐《續尚書》，陳正卿纂漢至唐十一代詔策、章疏、歌頌、符徵、論議。景德《尚書禮記圖》、祥符《觀尚書圖》、皇祐《無逸孝經圖》、紹興《無逸圖》、元祐《無逸講義》、紹興《三墳訓義》、《尚書治要圖》、《書九意》、胡翼之《洪範論》、王安石《洪範論》、蘇洵《洪範論》、各一卷，二圖。孫諤《洪範會傳》一卷、攻王氏之失。王雱《新經尚書》十三卷、楊時中立《書義辨疑》一卷、專攻王雱之失。蘇軾《書傳》十三卷、明刻《蘇氏經解》本，駁王氏之説爲多。《國史志》《周書音訓》十二卷。《周書》，《漢志》與《尚書》爲類。今人史部，"逸"字、"汲冢"字皆後人所加。宜依《漢志》，仍題《周書》爲正。王氏《漢藝文志考證》與《玉海·藝文》相出入。

《禹貢指南》四卷

宋毛晃撰

聚珍本。葉氏《菉竹堂書目》有此書，朱氏未見，則佚已久矣。《經義考》二卷，《文淵閣書目》一冊。

右凡九州之水，曰浮、曰達、曰入、曰沿、曰逾、曰至、曰亂、曰匯、曰迆、曰溢、曰流、曰別、曰道、曰被、曰會、曰過、曰同者，以舟而渡則曰"浮"；自此通彼則曰"達"；水自上之下、自小之大則曰"入"；順流而下則曰"沿"；逾，言所越也；至，言所到也；亂，言橫流而濟也；水勢不可以盡泄，則匯以澤之，"東匯澤爲彭蠡"是也；水勢不可以徑行，則迆而流之，"東迆北會於匯"是也；水勢有所赴而不能容，則縱其溢而舒之，"溢爲滎"是也；水由地中順理而行謂之"流"，"東流爲漢"、"为济"是也；同出而支分谓之"別"，"东别为沱"是也；橫流之初，失其故道，今皆复焉，而称曰"道"，"九河既道"是也；流溢旁覆，覃及下流，而称曰"被荷泽"、"被孟豬"是也；水出異源，自彼合此为"会"，"东会于泗沂"之类是也；小水合大水，大水衡流而行为"过"，"东过洛沘"之类是已；枝分派別，复合其所归为"同"，"灉沮会同"、"同为逆河"之类是已。九州之泽曰潴、曰泽者，昔焉氾滥，于是乎渟潴而不溢，故彭泽、荥波皆曰"既豬"；昔焉漂流，于是乎锺聚而不散，故雷夏曰"既泽"。九州之土，昔焉沦没，不可种殖，水患既平，其地复治，则曰"淮沂"。其又云土梦，作又九州之山，祭之而水患平，则曰"蔡蒙"。旅平已平，而遍祭之，则曰"荆岐"。既旅，终南惇物，至于鸟鼠，非特水患平，又可种殖，则曰"蒙羽"。其艺总叙众山，始随而刊之，终祭而报之，则曰"九山刊旅"。叙百川之浚导，则曰"九川涤源”。叙诸泽之涵浸，则曰“九泽既陂”。唐虞史官纪载之工，简明严备，後世虽欲效之，弗可及已。

文光案：朱《考》所列《禹贡图》并论说、注解、考辨凡六十九家，皆类聚于《尚书》之後，与《四库》例不同，最便省览，其中有《禹贡》、《疆理记》、《沿革图》、《山川名》、《急就章》、《禹治水谱》、《禹迹九州图》，又有《禹贡溯洄本末》、《瑶琨华末》等名，皆人所不知者，因录之以资博识。凡职方、地理、河渠、田赋诸书，其文皆祖《禹贡》，盖经国鸿规，莫备于此矣。朱右《禹贡凡例》一卷，其自序可与《指南》参看，并录于左：

愚读《禹贡》而知圣人之书，法谨而有辨也。其载九州山川、地理曲折及贡赋封域之事，言简义密，词严意周，一字之间，含蓄无尽。如书山川，广平曰“原”，下湿曰“隰”，山南曰“阳”，水北曰“汭”，地高曰“丘”，再成曰“陶”，高平曰“陆”，潴水曰“泽”。其土色无块曰“壤”，土粘曰“埴”，脉起曰“坟”，青黑曰“黎”，玄而疏曰“垆”。其草木，少长曰“夭”，上竦曰“乔”，“繇”言其茂，“条”言其〔六〕长，丛生而积曰“苞”。其水道，因水入水曰“达”，循行水涯曰“沿”，舟行水上曰“浮”，绝水而渡曰“逾”、曰“乱”，大水合小水曰“过”，小水合大水谓之“入”，二水势均相入谓之“会”，会而合之一谓之“同”。其治功，除木曰“刊”，祭山曰“旅”，致功曰“绩”，可种曰“艺”，可治曰“平”，顺其道曰“从”，得其正曰“殷”，经始治之谓之“载”，已尽平治谓之“既”。其赋法，最薄曰“贞”，杂出曰“错”。其贡赋，常献曰“贡”，器盛曰“筐”，包裹曰“包”，待命曰“锡”，非一物曰“错”。凡例不过四十，而千万世之丰功盛德，尽在是矣。

愚按此真圣人之文也。大禹治水事迹，使後世史官纪之，数十卷不能盡也，而一篇書包括无穷。且如叙次九州，只改易数字，而迥然不同。每州字数之多寡，亦相去不远。正如《大易》之彖词、爻词，夫子之《彖傳》、《象傳》，文字簡严，无过长者。其有定者，只此六位，而无定者变化莫测矣。敢云聖人著書，先定體例，而自然之例有如此者？後之著述家宜知所法矣。

《尚書説》七卷

宋黃度撰

沃川黃氏家塾本。明呂光洵、唐順之所校，道光九年黃氏重刊，板頗工整。前有呂光洵序并篇目。此序載於《經義考》，後半叙宣獻出處始末甚詳，明人序之僅見者，惟不言孔《傳》出於梅氏，疑古文者始於吳才老。當時《裨傳》初出，人尚未信，故黃氏詁訓仍取偽孔《傳》。朱子曰："才老《書解》，徽州刻之，於考究上極有工夫，惟義理上看得不仔細。"黃氏《書説》未知朱子見否，然於義理則仔細矣，可與才老書兩讀之。才老書《裨傳》十二卷，《菉竹堂書目》尚存，朱氏未見，近無傳本，甚可惜也。度字文叔，新昌人，《宋史》有傳。

呂氏序曰："洵得黃氏《書説》七卷於武郡。呂江峰氏與太史唐荊川氏校其訛謬，以授黃氏子孫，刻諸家塾。宋儒治《尚書》者，言人人殊，蓋數十餘家，吳氏、王氏、呂氏、蘇氏最著。九峰蔡氏得紫陽朱子之學，作《集傳》，學者尤宗之，於是諸家言《尚書》者，不復行於世，好學之士無所參互，以求自得，而書益難矣。宋禮部尚書遂初黃先生與朱子、止齋、水心相友善，著《詩》、《書》、《周禮》說諸書，共百餘卷。《周禮》、《詩》說，水心序而行之，其餘或不復存。幸而存者《尚書説》，其訓詁多取孔氏，而推論三代興衰治亂之端，與夫典謨、訓誥，微辭妙義，如'人心'、'道心'、'精一'、'執中'、'安止'、'惟幾'、'綏猷'、

'協一'、'建中'、'建極'之旨，皆明諸心，研諸慮，以其所契悟，注而釋之。其辭約，其義精，粲然成一家言，諸儒尚焉。年餘七十作《周易傳》，未訖而歿。水心誦之曰'明哲先幾，終始典學'，可謂知言也已。"

陳振孫曰："度篤學窮經，老而不倦。晚年制閫江淮，著述不輟，時得新意，往往晨夜叩書塾，爲友朋道也。"文光案：晨夜叩門爲友朋道，明朱存理亦然。勤學者多相似也。陳振孫、趙汝談皆疑古文者。

《書集傳》六卷

宋蔡沈撰

元本。至正乙酉虞氏明復齋刊。前有沈氏自序、其子杭進書表，卷中有鄒近仁《音釋》，後有《書序》一卷、《朱子問答》一卷。

蔡杭上《書集傳》表曰："臣切考典謨、訓誥、誓命之文，無非載道。諸家箋釋訛以相襲，雜而不純。有大儒朱熹特出，經皆爲之訓傳，義理洞明。《書》尤切於討論，工夫未逮，謂先臣沈從遊最久，見道已深，俾加探索之功，以遂發揮之志。往復之緘具在，刪潤之墨猶新。所有先臣沈《書集傳》六卷，《小序》一卷，《朱熹問答》一卷，繕寫成十二册，隨表上進。"

真德秀《表墓》曰："君諱沈，字仲默，姓蔡氏，西山先生季子也。卜居九峰，當世名卿，物色求訪，將薦用君，不屑就也。"

趙希弁曰："右晦菴先生訂正，而武夷蔡沈《集傳》也。沈自序於前，其子杭進於朝。沈字仲默，稱九峰先生。"

黃震曰："經解惟《書》最多，至蔡九峰參合諸儒要說，嘗經朱文公訂正。其釋文義既視漢唐爲精，其發指趣又視諸家爲的。《書經》至是而大明，如揭日月矣。"

朱升曰："《古文書序》自爲一篇，孔注移之，各冠篇首，序文與《書》本旨往往不合。蔡氏刪之而置於後，以存其舊，蓋朱子所授之旨也。"

何喬新曰："自漢以來，《書》傳非一。安國之注，類多穿鑿；穎達之説，惟詳制度。朱子所取四家，而王安石傷於鑿，呂祖謙傷於巧，蘇軾傷於略，林之奇傷於繁。至蔡氏《集傳》出，別今、古文之有無，辨《大序》、《小序》之訛舛，而後二帝三王之大經、大法粲然於世焉。"

桂萼曰："《書》典謨注，雖經朱子改定，尚有冗處。其《夏書》以後，蔡《傳》雖詳，亦多贅鑿。務在反之於心，其不可通者，不可強也。"

何孟春曰："蔡氏《書傳》'日月五星運'，與朱子《詩傳》不同。其他注説，與鄱陽鄒季友所論亦有未安者。"

趙舒生曰："殷盤周誥，詰屈詭晦，秦火之後又多脱訛，今必欲以常理恒言釋之，故多勉強附會。"

朱鶴齡曰："古經之學非訓詁不明，然有訓詁不能無異同，有異同不能無蹖駁，他經皆然，《尚書》爲甚。求其條貫羣言，闡明奧旨，無逾於蔡《傳》。但其意主於撥棄注疏，故名物制度之屬，不能無訛；筆力視紫陽《易》《詩》二傳亦多不逮，識者不能無憾焉。考明初令甲本宗注疏，蔡《傳》附之後。又以蔡《傳》未精，命儒臣劉三吾等博採諸説，參互考訂，名《書傳會選》，頒諸學官。其後《大全》行，而此書遂廢。又其後，科舉專取蔡氏，白首窮經，仍訛踵陋，此《埤〔七〕傳》之所由作也。夫仲默作傳，已不盡同紫陽之説，何獨疑於生仲默之後者哉？"長孺著述甚富，所有《書埤〔八〕傳》十卷、《考異》一卷，久已刊行。此其序中語也。

文光案：蔡氏《書傳》，議者頗多。黃景昌著《正誤》，程直方著《辨疑》，余芑舒著《讀蔡傳疑》，此皆攻駁蔡《傳》者也。許謙《讀書叢説》與蔡《傳》多不合，陳師凱

《蔡傳旁通》、鄒季友《蔡傳音釋》、方傳《蔡氏傳考》皆足
補蔡氏所不逮，是大有功於蔡氏者也。

《書義主意》、《書義矜式》、《書義斷法》、《尚書作義要
訣》，皆宋元時科舉家兔園册，流傳最久，多書坊所僞託，不
必考其姓名也。

《書集傳》六卷

宋蔡沈撰

明監本。前有自序，後有《書序》。是書程直方辨之，余芑舒
疑之，袁仁砭之，明太祖集諸儒更定之，至今人人誦習，卒莫能
改，固自有可傳者矣。

任氏曰："《洛誥》與《召誥》相爲首尾。《召誥》順序，年
月日於前。《洛誥》倒序，故先言戊申，其日也；十二月，其月
也；惟七年，其年也。僞孔《傳》爲攝政之七年，猶近之。蔡引
吳氏爲周公留洛七年乃薨，尤謬。蓋公留洛止四年，而公薨於成
王之二十二年，則自此以後，公尚十五年而薨也。""《呂刑》一
篇，蔡氏言穆王耄荒，車轍馬迹徧於天下。呂侯竊《舜典》贖刑，
創爲此法，聚斂民財，供其侈用。按：如此則呂侯長君逢君爲罪
已重，聖人何取焉？考穆王佚遊之事，皆在十七年之前，因祭公
《祈招》之諫，其後享有天下又三十八年，則必有悔其前失者，安
得以前過概終身耶？呂侯於王百年入相，安能以三十年後之贖鍰
供三十年前之侈用乎？如此持論，亦迂遠而無當矣。""'耄，斷句。
荒度作刑'，一句，九十曰耄。荒，大也。年已耄而大度人情作刑
法，見穆王勤於末路以令終也。""'人心惟危'二語，一見《管
子》，一見《荀子》，俱曰'道書'，不曰'禹謨'。《咸有一德》
記引之曰'尹吉取亂侮亡'。《左傳》兩引，皆引者申說之辭，非
仲虺之言也。'無從匪彝，無即慆淫'，《國語》單襄公所述先王之

令，不云‘湯誥’也。意梅賾時古書尚多，所謂《古文尚書》或掇拾補綴成之，其中純駁亦難言之矣。因思漢初諸儒，閔秦火之烈，得古聖一言半詞，輒以己意補綴成章，如《家語大傳》、《韓詩內外傳》、《繁露》、《說苑》、《新序》、《淮南》諸書，或均一言而問答異，或一節合而首尾殊。古文亦大約類是，不必盡信，不必盡疑也。”“《禹謨》別纂一篇，并非序意，前猶近謨，中類於典，後全乎誓書體，未有如此雜者。”“‘惟三月’至‘乃洪大誥治’，疑爲錯簡者，始於蘇長公。”以上錄於《經義雜識》。

《融堂書解》二十卷

宋錢時撰

浙江重刊聚珍本。是書舊無傳本，諸家俱未引及，《經義考》亦云未見。四庫館臣從《永樂大典》採出，編纂成書。首釋篇題，次解《書序》，然後分解經文，如注疏之體。其意在表章《書序》，故亡書之序亦依舊第錄附諸篇之末。前有進書劄狀二通，後列《家塾尚書演義》三十冊，即此書也。又《學詩管見》三十冊，《周易釋傳》二十冊，《四書管見》八冊，《兩漢筆記》十二冊，共五種。今惟《兩漢筆記》尚存於世，餘三種不可見矣。《書解》惟《伊訓》、《梓材》、《泰誓》全佚，《說命》、《呂刑》亦間有闕文，餘皆完善。

喬行簡《劄子》云：“嚴州布衣錢時，山居讀書，理學淹貫，嘗從楊簡遊，深所推許。嘗聘講徽州郡庠，遠近士子，翕然雲集。已而得其講篇，辨析義理，參錯事物，發明疑難，有以起人。其作《兩漢筆記》，類皆痛漢氏襲秦之弊，而尤反覆致意於後世，所以不敢望三代之治，又見其學之爲有用。”文光案：《兩漢筆記》與魏鶴山《古今考》識見相同，可以互參。

一器物之微，特工人之所爲耳，於舜何與，而曰“予工”？蓋制器尚象，自聖人出，其所制作，妙理存焉。今觀犧尊、象尊、玉爵、瑤爵，與凡聖世相傳之遺制，體格端重，名義淵永，無一物非託之以寓進業之深旨，不虛作也。

先儒謂《九共》即《九丘》、《九州》各一篇。

元案："若稽古"三字，鄭康成以爲能順天而行之，與之同功，孔《傳》以爲順考古道而行之者，大旨略同。錢氏斷爲後世追溯之辭。自錢時説行，而舊解遂隱。

盧氏曰："《書解》説《武成》、《康誥》，足洗憑臆紛更之謬。其他多抒己見，蓄疑可釋。"

　　文光案：是書以《大序》爲夫子所作；以堯舜爲謚；以"陟方"爲魂升於天，死如不死；以《禹貢》爲出於禹手，故序不云作《禹貢》；以"刊旅"爲林木既除，行旅可通；以"東漸西被朔南"，及於聲教所及，見得五服，不是四方，各爲二千五百里：皆抒其所得，不必實有所據。至謂《泰誓》無脱簡，"周公初基"一節不當移於《大誥》之前，則確有見解，不主宋儒之故説。其他採取諸書，擇善而從，與專守一家之學者固不同也。

《古文尚書考異》六卷

明梅鷟撰

《平津館》本。嘉慶甲戌孟秋蘭陵孫氏校刊。前有元和顧廣圻序、孫星衍序。鷟作《尚書譜》并此書以考正古文。閻氏《疏證》言《尚書譜》殊武斷，然足以鷟作僞者之魄。孫氏採若干條散各卷中，其三卷有錄無書，是譜可補《疏證》之缺。鷟，詳《旌德縣志》。

顧氏序曰："《尚書》古文之僞，自南宋吳棫昌言及之，逮今日而抉剔其罅漏者輩出，旌德梅氏其一也。予求得《考異》讀之，歎其絶有佳者。元吳氏雖有采輯補綴，無一字無所本之論，而羅列書傳以相證驗，實至驚乃始近密。如言'舞干羽，有苗格'出於《淮南子》，及言割裂《論語》，與夫改竄《左傳》之失其本旨者，往往精確不磨，切中僞古文膏肓，卓然可傳也。但其書不甚顯於世，故著錄家有五卷、四卷、一卷之不同，而書名或稱《考異》，或稱《譜》，文字亦彼此多寡，分合互異。近孫淵如搜訪善本，詳加校正，將以刊布，固其宜哉。梅氏此書，不知孔壁真古文逸十六篇，而誤信《正義》，指作張霸'百兩'之類，俟閻氏正之。而梅氏、閻氏皆不知真《泰誓》伏、孔皆有，即《史記》所載鄭康成所注之類，又俟惠徵君《古文尚書》考正之。其得失皆不相掩，梅君自無妨與閻、惠并行，以待後學之博觀也。"

孫氏序曰："《考異》就僞書本文究其拙摭錯誤之處，條舉件繫，加總論於前，存舊文於後。於是閻氏推廣爲《疏證》，惠氏、宋氏相繼辨駁。紀相國校上四庫書，以《考異》所言皆有依據，其爲依託，佐證顯然。奏蒙高宗純皇帝睿鑒，始有定論。顧其書藏在和閣，傳寫不易。茲得舊本，合取其長，錄爲定本，共成六卷，刻梓以傳。"

《尚書》二十九篇之外有張霸僞書，自漢時已罷黜，不傳於世。《考異》以真《泰誓》爲僞作，則承馬融之誤；以孔壁真古文十六篇爲即張霸書，則承孔穎達之誤。

> 文光案：梅氏《考異》，朱《考》未著，知當時傳本甚少。閻若璩《尚書古文疏證》十卷，姚際恒《古文尚書通論別僞例》十卷，錢煌《壁書辨疑》六卷，三書俱存。朱氏曰："山陽閻百詩、錢塘姚善夫、桐鄉錢曉城三家，皆攻《古文尚書》者。"予所藏祇《疏證》一種，姚、錢二家書俱未見也。

《洪範明義》四卷

明黃道周撰

侯官鄭氏刊本。康熙三十二年鄭開極序，次黃氏自序，次目。

初卷原本古文一篇，正定今文一篇。上卷自"訪箕"至"福威"凡十一章，下卷凡二十六圖，二十八紀，合五十四篇。終卷再定今文一篇，六府、三事、九官、九成、平格圖七篇。自記云："此書肇於丁丑冬仲，奉命纂修，凡十閱月。與《儒行》、《月令》、《緇衣》四種修束進呈，未謄副本，只存原草，稍簡付梓。三書頗有次第，獨此書下卷紊亂。再簡下卷以付諸生，與進呈原本稍別，而其梗概、義理一也。上卷則依原本，無有差池。"按，是書二十八紀，皆引《歷代五行志》。"庶徵"章"恒暘"、"恒雨"之類，皆歷舉史事以明之，而不言"休徵"。洛書有圓圖，有折角者。《易拇》云："洛書不折角。"

　　黄氏自序曰："《洪範》一書以理義古奥，條貫錯綜，沿二千年未之有改，使禹、箕之結撰，與史記同觀，神聖之微言爲耄口所亂，良可惜也。臣考篇中有錯簡者三、訛字者三。錯簡如'五紀'、'三德'、'敷言'錯而在後，'威福'、'建極'、'敷言'錯而在前；訛字如'晨'爲'農'、'式'爲'忒'、'殛'爲'極'之類：皆伏、鼂所不稽，鄭、孔所未説。臣思此義近二十年，爲《明義》四卷，其上卷皆言天人感召、性命相符及好德用人之方，下卷皆言陰隲相協、彝倫條貫及陰陽曆數之務，初、終兩卷乃正定篇章、分別倫序以及聖神授受之統，凡八萬九千六百餘言。古今典籍自《易象》、《春秋》而外，所可敦崇抽繹，未有過於斯書者也。"

　　鄭氏序曰："先生精陰陽律曆之學，時則有《三易象正》之書。其進呈講幄也，時則有《月令》、《洪範》之著。《洪範》之理數，莫備於《明義》也。"

　　唐、虞作事皆本圖書，《堯典》言曆象、日月、星辰，《洪範》言歲、月、日、星辰、曆數，蓋自羲皇以來，本天相傳，禮樂刑政皆由此出。

自春秋至元終，惟漢文、景、昭、宣四朝不饑，百谷用成。

文光案：朱《考》所列《洪範》諸說，凡八十九家，漢、唐僅八家，宋說最多。《晉書》：「孝武時夏侯始昌通五經，善推《五行傳》，以傳族子夏侯勝，下及許商。」商著《五行傳記》一篇，與劉向同。向著《洪範五行傳記》十一卷，原出伏生《大傳》，其書不可見，載於班書《五行志》者，皆其遺法也。《洪範》之說由此滅裂，使經世之成法降爲災異陰陽之書。然自漢以來，未有非之者。《隋志》有《洪範占》、《日月變》、《五行星曆》，皆其流也。宋仁宗撰《洪範政鑒》，以《皇極》爲本，又撰《洛書五事圖》，最深於《洪範》之學者也。自此以往，爲論、爲解、爲說、爲辨、爲圖、爲記者，不一而足。朱子謂「曾子固說得勝如他人」，而其書未見。元趙孟頫以宋之公族仕於新朝，議者每以爲恨，因書《洪範》篇，并畫箕子、武王授受之意。文徵明謂其引以自蓋者，其信然矣。此固無與于《洪範》者也。王魯齋、文本心、吳草廬，皆有考定《洪範》之本，而所見不同，互有得失。胡允大又合三家之書，定正之爲《洪範集說》一卷，其書尚存。明太祖命儒臣書《洪範》，揭於御座之右，朝夕觀覽，因自爲注。《文淵閣書目》分著宣宗皇帝序一篇、世宗皇帝《序略》一篇，當與《御注洪範》二冊合爲一編也。王禕著《洛書非洪範辨》，徐常吉著《洪範則》、《洛書辨》，書皆未見。瞿九思夢至璇宮，見一巨人告之曰：「此爲安邑。」覺而大悟，遂衍《範》數月，成《衍義》五卷。其說以《洪範》非衍於箕子，而作於神禹，禹都安邑，故託之夢，真囈語也！朱《考》所著如《堯典說》、《九族考》、《中星考》、《象刑解》、《人心道心說》、《題旅獒圖》、《金縢圖說》、《無逸圖》、《畢命論》諸篇，或採自本集，或見於他書，不必皆有專書也。

《尚書集解》十七卷

國朝孫承澤撰

城南書舍本。前有康熙十一年自序、《尚書篇目考》。注降一格，有案語，有夾註，小字，板本甚佳。

孫氏自序曰："馬、鄭諸家俱未見真古文行世者，獨孔安國一傳，又亂於唐人之讖緯。余筮仕汴梁，故宗西亭先生家多經學祕本，因抄入笥中。余舊著《集解》，今屆八旬，恐其散佚，重加裒益，刊之家塾。所解多從蔡《傳》，參以東萊《書說》，其有不合者，正以仁山之《表注》、許白雲之《叢說》，要歸之明白暢達而止。至於《書》之有序，其言簡古，程子、呂子皆尊信之，今仍弁於每篇之首，以補蔡《傳》之缺。又蔡《傳》中有'日月隨天左旋'之說，明《會選》改正其失。'左旋'之說其實不誤，此不足爲蔡《傳》病。若其考證失真，如璿，玉也，誤以爲珠；'簡'、'潔'，二河也，誤以爲一：如此尚多。又《洪範》一篇有禹之經，有箕子之傳，乃俱以爲箕子之言，此其失之大者。余故曰注書難，注《尚書》尤難也。"

蔡《傳》序文節入疏文內，於伏生二十八篇者復出，下誤入"舜典益稷"四字，故篇名及數目皆不能合。按，疏文說甚明。

《洪範》有經有傳，其說發于仁山金氏。余向注《洪範經傳集義》，一遵其說。今重加刪定，以成此篇。

一、五行。二、五事，箕傳。三、"八政"傳，缺。"曰王省惟歲"至"則以風雨"，此箕子"五紀"傳。五、"皇極，皇建其有極"。"無偏無黨"至"歸其有極"，禹經。"曰皇極之敷言，是彝是訓，于帝其訓，凡厥庶民"至"爲天下王"，箕傳。"曰"者，箕子傳辭也。六、"三德"至"三曰柔克"，禹經。"平康"至"柔克"，箕傳。七、"稽疑"至"曰悔"，禹經。"凡七"至

"用作凶"，箕傳。八、"庶徵"至"曰風"，禹經。"曰時"至
"恒風若"，箕傳。九、"五福"至"命"，禹經。"斂時五福"至
"汝用咎"，箕傳。以有"皇極"語，故錯簡在"皇極"。"六極"
至"弱"，禹經。"惟辟作福"至"民用僭忒"，此"福極"總傳，
舊錯簡在"三德"。

《古文尚書疏證》八卷　附錄一卷

國朝閻若璩撰

眷西堂本。前有黃宗羲序、康熙甲申閻詠序、乾隆乙丑鍾靈
跋、孫男學林二跋、曾孫男大衍跋，次目錄。凡一百二十八條，
有錄無書者十三條，皆注"闕"字。第三卷全佚。是書先成四卷，
南雷序之後續成八卷。補遺十一則，刻成後從手稿中檢出，附四
卷後。第五、第六卷各分上下。各條之後，降一格者爲札記，蓋
惟恐不傳，故附於此，然大半與《尚書》無涉，究爲此書之累。
百詩諸作如《四書釋地》、《潛邱劄記》并《疏證》皆隨手所記，
未曾整比，其後人亦未能詳爲編次，故於體例多所未安。此本爲
平陰朱續晫所梓，并《古文書疑》合刊之，傳本甚少。詠曰："首
曰'尚書'，尊經也。次曰'古文'，傳疑也。疏證，取《漢書》
'疏通證明之'之語。顏注：'疏通，猶言分別也。證明，明其
僞也。'"

黃氏序曰："吳草廬作《纂言》，以伏氏二十八篇爲之解釋，
以古文二十五篇自爲卷帙，其小序分冠於各篇者，合爲一編，置
於後。歸震川以爲不刊之典，郝楚望著《尚書辨解》亦依此例。
然從來之議古文者，以史傳考之，則多矛盾。嘉靖初，梅鷟著
《尚書譜》，取傳記之語，與二十五篇相近者類列之，以證其剽竊，
稱引極博，然於史傳之異同，終不能合也。百詩寄《疏證》四卷，
屬予序之。其取材富，折衷當。安國之《尚書》雖不立學官，未
嘗不私自流通。逮永嘉之亂而亡，梅賾作僞書，冒以安國之名，

則是梅賾始僞，後人并以疑漢之安國，其可乎？可以解史傳連環之結矣。”

閻詠記曰：“家大人著《疏證》，愛之者争相繕寫，以爲得未曾有，而怪且非之者亦復不少。徵君意不自安，曰：‘吾爲此書不過從朱子引而伸之。’因命詠取《語録》四十七條，《大全集》六條，彙次成編，名《朱子古文書疑》，就京師刻以行世。”

《古文尚書冤詞》八卷

國朝毛奇齡撰

《西河合集》本。前有李塨序。毛氏先作《尚書釋疑》數十條，後又增損爲《定論》四卷。既而毀之，更爲《冤詞》。其目曰總論，曰《今文尚書》，曰《古文尚書》，曰“古文之冤始於朱氏”，曰“古文之冤成於吴氏”，曰“篇題之冤”，曰“序之冤”，曰“小序之冤”，曰“詞之冤”，曰“字之冤”。所列今、古文篇數最明，歷引諸書，皆有條理，其論直截了當，使人易明。雖不免偏駁，間失和平，然其才究非潛邱所及。使其中正從容，則又無甚高論矣。學者取其長而棄其短可也。

俞正燮《書後》曰：“吾聞之鄒平成君瑾，謂今枚文爲魏晉人書者，非冤也。古文非伏生所有，二十五篇又分出伏書五篇者，奏上於晉，大行於唐，疑於宋，至元明人，則憑虚詬詈之。奇齡徒以明人應試妄攻古文，吴澄、歸有光僞造‘《尚書》二十九篇，古經十六卷’之文，遍檢《漢志》無之。又陰妒閻氏《疏證》之作。聞桐鄉錢甲、漳浦蔡甲謾語激而右枚，反以鄭之四十六卷當黍書一卷，則爲枚學者，終不識數。且謂杜林東漢初人，《後漢書》列之東漢末諸儒之後，明別之爲非孔學，曾不覽《漢書》，亦列安國於西漢末諸儒之後，以非博士業，然則《後漢書》列杜林於諸儒後，正明其爲孔學。且桓榮、賈逵、杜林、鄭、馬，皆自有傳，故附見之《儒林傳》末。毛於此學，而不思《書》詞《書》字適以發枚覆，所引篇目盡背於古。枚文之罪在塞絕孔書，而自晉以來朝典文章，半出枚義，則此二十五篇爲考訂詞頭之用，亦儒者不可少之書。是毛書不爲無理。雖然，枚文固宋以來言精、言微、言心性者之資糧也，而朱子獨以爲疑，嗚呼！卓矣。"

　　文光案：明崇禎末，國子助教鄒鏞請斥古文，勿立學，而未有報也。江介大家隨僞造古文，以多賫賄海估使流播夷國，而得之中邦。幸估者心動，碎其書而投之於海。至是之後，論《古文尚書》者紛紛起矣。此《冤詞》之所以作也。《西河集》并《經問》皆有與潛邱論《疏證》語，閻以爲僞古文，毛以爲真古文。其曰"冤詞"者，爲孔氏、梅氏鳴冤也，故氣不能平。凡諸家之所疑所辨，皆條分縷析，一一證明，巧爲附會，務伸其說。使諸家不論古文之僞，則亦已於辨駁矣；使諸家皆以古文爲不僞，則又別立一說矣。其生平好與人辯，大抵如此。或曰即梅賾所作，亦是古書，此持平之論也。

《尚書廣聽録》五卷　《舜典補亡》一卷

國朝毛奇齡撰

《西河合集》本。前有自序、李塨序。

《廣聽録》自序曰："《漢志》曰'書以廣聽'。予讀宋儒書，不能於此外有所推，暨而往往以聽而廣其説。因取舊所雜聞者編而記之，名曰《廣聽録》。"

《補亡》自序曰："孔《傳》行世，相傳亡《舜典》一篇。細檢其詞，則《舜典》尚存半篇在《堯典》後，未嘗全亡，'月正元日'以後，真《舜典》矣。因取'帝堯紀文'在'月正元日'以前者，補《舜典》之亡，只存《帝紀》及原注。"

李塨序曰："先生三書最晚出，故有缺逸。《廣聽録》舊目十卷，今亦不合。惟《冤詞》則塨所親受，始末有可記者。《補亡》有二本，其一多引據者，先生自焚之，其略見古文卷中。"

《古文尚書考》二卷

國朝惠棟撰

讀經樓定本。乾隆五十七年刊，錢大昕序。百詩《疏證》多與此合，而於《泰誓》尚沿《正義》之誤，未若先生之考精而約也。

錢氏序曰："自宋迄明，攻古文之僞者多矣，而終無以窒信古文者之口。其故有三：謂晚出爲僞，則并壁中書而疑之，不知東晉之古文自僞，西漢之古文自真也。謂梅本不可信，則鄭本當可信，又疑其出於張霸，不知鄭所受於賈、馬者，即孔安國之古文，不特非張霸書，并非歐陽、夏侯本也。孔壁本有《泰誓》，與今文同。太史公所載、許叔重所引、鄭康成所注，皆真《泰誓》也。自梅書別有《泰誓》，乃以舊《泰誓》屬之今文。東晉之《泰誓》固僞，西漢之《泰誓》則非僞也。安國所傳授，即伏生二十九篇，其後得壁中書，以今文讀之，字句或異，因別爲説，由是《尚書》有孔氏之學。其增多十六篇，雖定其文而無其説。知安國之真古文，則知增多者十六篇，別之爲二十四篇，而斷非二十五篇。安國所説者仍二十九篇，別之爲三十四篇，而斷無五十八篇之傳。此千四百餘年未決之疑，而松崖先生一一證成之。宋生子尚得是書，亟梓而傳之。"

《尚書古文考》一卷

日本山井鼎撰

《函海》本。此《七經孟子考》中之一册，李調元校刊。

李氏《古文尚書證訛跋》曰："《古文尚書》者，宋王應麟所集鄭氏注而撰爲此書也，其中頗多訛誤。余參考諸書，互相校正，誤者改之，脱者補之，遺者增之，不但鄭玄原注犂然不紊，即王厚齋原本，亦居然完善矣。考《古文尚書正義》，《漢·孔安國傳》稱爲'正義'者，唐孔穎達序謂'蔡大寶、巢猗、費甝[九]、劉焯、劉炫'六家也。《漢志》叙《古文尚書》，孔安國獻，遭巫蠱事，未立於學官，較伏生口授今文多十六篇，魏、晉以來絶無師説。杜預注《左》所引皆'逸書'。至東晉，豫章河内[一〇]梅賾始得安國《傳》，增多二十五篇。《隋志》：'静室[一一]祕府存有《古文尚書》經文，今無有傳者。'梅始奏之，有鄭《書》注、馬注。自隋陸德明據作釋文，唐孔穎達據作疏，遂與伏生廿九篇合爲一。據唐以來劉知幾列入《史通》，未言古文之僞。自吳棫議之，朱子疑之，近閻若璩作《疏證》，謂鄭玄《書序注》所傳，與孔《傳》篇目不符，其説固確。至謂鄭注亡於永嘉之亂，則殊不然。考《隋志》，鄭氏與馬注皆著録，稱所注二十九篇。《釋文》引之亦同。蓋去其無師説十六篇，故止二十九，與伏生數合，非別有一本注孔氏書也。至又謂稱'孔傳'以孔穎達之故，考《史記》、《漢書》，但有安國'上《古文尚書》'之説，并無作傳事。《釋文》引《藝文志》乃云'安國獻《尚書傳》'，始增一'傳'字，則定從'傳'乃自陸德明，非穎達。惟德明於《舜典》下注云：'孔氏《傳》亡《舜典》一篇。時以王肅注頗類孔氏，故取王注，從"慎徽五典"以下爲《舜典》，以續孔《傳》'。又云'粤若稽古，帝堯曰：重華協於帝'十二字，是姚方興所上，孔氏《傳》所無。阮孝緒《七録》亦云'方興本此'，下更有'浚哲文明'至'乃命以位'二十八字，則出王注無疑。始皇[一二]中雖增入此文，尚未入孔《傳》，故德明云爾。夫古文之書不傳久矣，古文之真，毛氏《冤詞》辨之最詳，蓋深惜逸書之真、王注之散也。故鄭氏特注之，非鄭氏注者經文不載，誠欲以存逸書於千百之一也。前有伏生經文，乃孔氏古文目錄，俱照原本。此本不多見，予故爲之校而行之，以多訂經傳之訛，故曰‘證訛’。臚列亦有書矣，讎對亦有年矣，未敢一字出諸臆説也。按閻氏又有鄭玄注十六篇之名，爲《舜典》、《汩作》、《九共》、《大禹謨》、《益稷》、《五子之歌》、《胤征》、《湯誥》、《咸有一德》、《典寶》、《伊訓》、《肆命》、《原命》、《武成》、《胍契〔一三〕》、《冏命》，與古文二十五篇截然不同。此亦原本不載，應麟博學多聞，想當別有所據也，姑存而不論云。”《童山集》

　　盧氏曰：“鄭注《詩》、《禮》之外，若《易》、《孝經》、《論語》、《尚書》之注，今皆無聞。宋王厚齋輯《易》三卷、《論語》二卷、《尚書》十一卷，尤班班可考。五禮昉於唐虞，在巡狩則言五等諸侯朝聘之禮爲切。其釋金三品爲銅三色。古者惟銅之用最廣，而以之作貢，必不責以難得之貨。孔《傳》言‘金銀銅’，金銀非民間所常用也。他如作服十二章、州十二師，鄭注皆勝孔氏。鄭《易》已梓行，《書》與《論語注》，嚴氏長明得自秦中故家，欲與王氏所輯《左傳》賈服義并爲雕板以傳，予爲之序。”孫貽穀曰：“《尚書》、《孝經》、《論語》非深寧所輯，疑惠定宇託名也。”

《尚書今古文考證》七卷

　　國朝莊述祖撰

　　《珍蓺宧遺書》本。自《堯典》至《泰誓》爲五卷，第六卷爲重校定。《大誓》三篇合《正義》所云“上篇觀兵時事，中、下二篇伐紂時事”，雖非全文，頗具首尾。第七卷爲書序。自序云：“略校辭，考同異，以求其長義。”

　　《法言》所云“《酒誥》之篇俄空焉”者，蓋指今文言之也。馬、鄭傳，杜林漆〔一四〕書本與今文迥別。　“分王曰封，以厥庶民”以下爲《梓材》，始於劉向校定以後。　隸古本多據㭬〔一五〕書本。

《尚書今古文注疏》三十卷

國朝孫星衍撰

《平津館》本。嘉慶乙亥年刊於金陵。前有自序、凡例。三十卷，各分上下，第三十爲《書》序。孫氏於此書用功甚至，勝王氏《尚書後案》。

孫氏自序曰：“《書》有孔氏穎達《正義》，復又作疏者，以孔氏用梅賾《書》雜於二十九篇，析亂《書》序，以冠各篇之首；又作僞傳而舍古説。欽奉高宗純皇帝鑒定四庫書，採梅鷟、閻若璩之議，以梅氏《書》爲非真古文，則書《疏》之不能已於復作也。兼疏今、古文者，仿《詩疏》之例，毛、鄭異義，各如其説以疏之。史遷所説則孔安國故《書》，《大傳》則夏侯、歐陽説，馬、鄭注則本衛宏、賈逵孔壁古文説，皆有師法，不可遺也。今、古文説之不能合一，猶三家《詩》及三《傳》難以折衷。即鄭注《三禮》，亦引今、古文異字及鄭司農、杜子春説。至晉以後，乃用李斯別黑白而定一尊之學，獨申己見，自杜預之注《左傳》、王弼之注《易》、郭璞之注《爾雅》濫觴也。經廿九篇，并序爲三十卷者，伏生出自壁藏，授之鼂錯，教於齊魯，立於學官，大小夏侯、歐陽爲之句解，傳述有本。後人疑爲口授經文説爲略以其意屬讀者，誤也。孔壁古文獻自安國，漢人謂之‘逸十六篇’，後漢衛宏、杜林、賈逵、許氏慎等皆爲其學，未有注釋。而經文并亡於晉永嘉之代，不可復見也。《書大傳》：孔子謂顏淵曰：‘《堯典》可以觀美，《禹貢》可以觀事，《咎繇謨》可以觀治，《洪範》可以觀度，《六誓》可以觀義，《五誥》可以觀仁，《甫刑》可以觀誠。’凡此七觀之書，皆在廿九篇中，故漢儒以《尚書》爲備。

又以爲法斗，四七二十八宿，其一斗也。又云：'孔子更選二十九篇，二十九篇獨有法也。'尋此諸說，即非正論，可證漢儒之篤守廿九篇無異辭也。廿九篇析爲三十四篇者，伏、鄭本分合之不同。《大誓》後得，然見於《史記》、《書大傳》，似上、下二篇，至唐以後并失之，其詞見於傳記，猶可徵也。《書大傳》存本，亦爲後人刪節，馬、鄭注至宋散佚。王應麟及近代諸儒，或從《書》傳輯存之，故可附經而爲疏也。文有今、古之分者，孔壁書蝌蚪文字，安國以今文讀之，蓋秦以來改篆爲隸，或以今文寫書，安國據以讀古文，其字則異，其辭不異也。司馬氏用安國故，夏侯、歐陽用伏生說，馬、鄭用衛、賈說，其說與文字雖異，而經文不異也。古文篆籀之學絕於秦漢，聲音訓詁之學絕於魏晉，典章制度之學絕於隋唐。《尚書》爲唐虞三代之文，字蹟遠古，詁訓與世方言不同，制度或在《禮經》之先。後人不考時代，率爲之注解，致訓故乖違，句讀舛誤，謂之佶屈聱牙，殊可歎也。孔氏之爲《書正義》，序云：'據蔡大寶、巢猗、費甝、顧彪、劉焯、劉炫等。'又云：'覽古人之傳記，質近代之異同，存其是而去其非，削其煩而增其簡。'是孔氏之疏，不專出於己。今依其例，徧採古人傳記之涉《書》義者，自漢魏迄於隋唐。不取宋以來諸人注者，以其時文籍散亡，較今代無異聞，又無師傳，恐滋臆說也。又採近代王光禄鳴盛、江徵君聲、段大令玉裁諸君《書》說，皆有古書證據，而王氏念孫父子尤精訓詁。但王光禄用鄭注兼存僞《傳》，不載《史記》、《大傳》異說。江氏篆寫經文，又依《說文》改字，所注《禹貢》僅有古地名，不便學者循誦。段氏《撰異》一書，亦僅分別今、古文字。及惠氏棟、宋氏鑒、唐氏焕俱能辨證僞《傳》。莊進士述祖、畢孝廉以田，解經又多有心得。合其所長，亦孔氏云'質近代之異同，存其是而削煩增簡'者也。爲書始自乾隆五十九年，迄於嘉慶廿年，以數十年中，條記《書》

義，編纂成書，聊存梗概，以俟後賢。”

司馬遷從孔氏安國問故，是古文説；《書大傳》，伏生所傳歐陽、大小夏侯，是今文説；馬、鄭雖有異同，多本衛、賈，是孔壁古文説。

宋本注疏，注爲雙行小字。明本注或單行，疏爲雙行。汲古本始以注爲中字，疏爲雙行小字。今依其式。

《禹貢錐指》二十卷　圖一卷

國朝胡渭撰

漱六軒本。康熙四十四年吉水李振裕序，次徐秉義序、胡會恩恭紀，次略例，次《禹貢圖》四十七篇。前有自序，後有自跋。予所藏初印本甚佳，遠勝學海堂本。卷十一、卷十四皆分上、下，卷十三分上、中、下，而中卷又自分上、下，實二十六卷。注《禹貢》者十數家，以此爲冠。胡氏著述甚富，此尤精力所注。

李氏序曰：“渭研精覃思，凡二十載而成是書。書成而適逢右文之世，蒙特達之知，爲之表章，豈獨渭之幸哉！亦是書之實有功於經學也。昔之釋《禹貢》者，二孔之《注疏》，蔡氏之《集傳》，皆立於學官。蔡氏因陋就簡，無所發明，僅以資科舉之業而已。安國《傳》頗多牴牾，先儒皆以爲魏晉間人依託，非西漢筆也。是書摘孔、蔡之謬不少，而採班、酈之善爲多。至於百家之説，折衷紛紜，要於一是，其有功於經學也大矣！”

徐氏序曰：“修《一統志》時，博學洽聞之士盡招集邸舍，其精於地志、山經、水注之書者，若顧景范、黃子鴻、閻百詩、胡朏明，皆海内碩儒傑士，而同在伯足之門，可謂盛矣。《錐指》晚出，其有功於《禹貢》不細。至發明夏道，所陳大義十餘，尤足證明孔子‘無間’之旨，非但稽考沿革、鈎核異同而已。”

胡氏序曰：“《禹貢圖》皆予所手摹也。凡九州之疆域、山海川流之條理、原隰陂澤之形勢，及古今郡國地名之所在、八方相距之遠近，大略粗具。而獨恨晉圖既亡，諸地記道里之數，無以得準望之實。裴氏序云：'制圖〔一六〕之體有六：一曰分率，所以辨廣輪之度也；二曰準望，所以正彼此之體也；三曰道里，所以定所由之數也。四曰高下，五曰方邪，六曰迂直，此三者各因地制宜，所以校夷險之異也。'今按分率者，計里畫方，每方百里、五十里之謂也。準望者，辨方正位，某地在東西、某地在南北之謂也。道里者，人迹經由之路，自此至彼，里數若干之謂也。路有高下、方邪、迂直之不同，準繩三者，皆道路夷險之別也。準望遠近之實，必察虛空鳥道以定數，然後可以登諸圖，而八方彼此之體皆正。否則得之於一隅，必失之於他方，而不可以爲圖矣。古之爲圖者，必精於勾股之數，故準望絫黍不差。金吉甫云：'勾股演算法，自禹制之，所以測遠近高深，而疆理天下，弼成五服者。'今《通典》、《元和志》、《寰宇記》、《九域志》等書，皆於州郡之下列四至八到之里數，可謂詳矣，而夷險之形不著。至於近世之郡縣志，尤爲疏略，其道里亦未必盡覈，況可據以定準望耶？晉圖一亡，而準望之法遂成絕學。嗚呼！惜哉。"

阮氏曰："《禹貢》黑水有二，一在雍州，一在梁州，名同而地異。梁州之域，必遠包滇池、黑水以南，始合經文。若以今瀘水當之，則梁州祇有四川，不包雲南矣。'導黑水，至於三危，入於南海'，此經之三句，朗如日星。求入南海之水於滇之南，今有三焉：南盤江由粵西至粵東入海，禮社江由交趾入海，瀾滄江由南掌入海，此三大水既入南海，安得不謂之黑水，而反以不入南海之瀘當之乎？吾故曰求導水之黑水不可得，當於入南海之水求之；求三危不可得，當於入南海之水上游求之；求'華陽黑水'之黑水不可得，即於經文入南海之黑水合之。然則今滇南入南海三水上游之間，非所謂三危歟？考梁州黑水者，自漢以後，言人人殊，予惟以經文定經文，餘不必辨矣。"又曰："甘肅黑水與雲南黑水相隔甚遠，斷不能通。黑水，亦晦黑之義。海，晦也。《禹貢》之黑水，皆荒遠晦黑之水之通名，非色黑也。入南海三水，上游爲廣西、開化、臨安、普洱、順寧、永昌六府。雍州三危與導水三危，亦名同地異。"

文光案：《古今圖書集成》所收黑水之説最備，所考亦勝於他本，宜詳覽焉。

歸有光曰："《禹貢論》五十二篇，得之魏恭簡公，而亡友吳純甫家藏有《禹貢圖》，皆淳熙辛丑泉州舊刻也。泰之此書，世稱其精博。然予以爲山川土地，非身所歷，終無以得其真。太史公言張騫窮河源，烏睹所謂崑崙者，元世祖至元十七年使驛治運河，土番朵甘思西鄙星宿海，所謂河源者，始得其真。如泰之所辨鳥鼠同穴數百言，以爲二山，而吾郡都太僕常親至其山，見鳥鼠來同穴，乃知宇宙間無所不有，不可以臆斷也。"錄自《歸太僕集》。此跋程大昌《禹貢論》。是書《宋志》五卷，通志堂本二卷，聚珍本補圖作八卷。詳《目錄學》，茲不復出。

《洪範正論》五卷

國朝胡渭撰

原本。乾隆己未曾姪孫紹芬校刊，有序。前有自序，又曾煜序。是書先列經文，注降二格，引説降三格。

胡氏自序曰："《洪範》一書，如日月之麗天，有目者所共睹，而間有晦盲否塞者，則先儒之曲説爲之害也。'五事'本於'五行'，'庶徵'本於'五事'，不過以雨、暘、燠、寒、風之時不時，驗貌、言、視、聽、思之敬不敬。而漢儒《五行傳》專主災異，其所言'貌之不恭'、'厥極惡'等事，固已乖矣；而又推廣言之，曰妖、曰孽、曰眚、曰痾、曰眚、曰沴，復援《春秋》及漢事以實之，以瞽史矯誣之説亂彝倫攸叙之經，害一也。《洛書》

之本文具在《洪範》，劉歆之言非妄，而宋儒乃創爲白黑之點、方圓之體、九十之位，則書也而變爲圖矣。且謂《範》之理可通於《易》，故劉牧《易數鉤隱》以九位爲河圖，十位爲洛書，而蔡元定兩易其名，害二也。《洪範》原無錯簡，而宋儒任意改竄，移‘庶徵王省惟歲’以下爲‘五紀’之傳，移‘皇極斂時五福’至‘其作汝用咎’及‘三德惟辟作福’以下，并爲‘五福’、‘六極’之傳，害三矣。愚爲是解，非敢撥棄舊詁而逞吾臆見也，去其不正者，以就其正者，而聖人之意得矣。自甲申迄乙丑，芟繁補闕，辨誤析疑，纂成五卷，名之曰《洪範正論》。”

曾氏序曰：“曩會稽胡允文先生作《定正洪範》一書，擘分經傳，與古本節次多異。自‘初一’至‘次九’，儷河圖之九爲綱；自‘五行’至‘六極’，儷洛書之十爲目。河圖九而洛書十，祖劉牧也，其義亦實本劉歆云。今德清胡東樵先生作《洪範正論》，志在釐正曲説，非另有所定也。依文序義，血交脈注，且援據閎博，無所罣漏，辨析精微，不苦汗漫，以言乎解經則備矣。先生從孫香圃先生，尤貫串經學，出《正論》示煜，因謹志簡端，并質指歸云。”

明嘉靖中，有豐熙者撰《古書世學》，原注：“鄞人云豐坊僞撰，託名父熙。”言其曾大父河南布政使慶，得箕子朝鮮本以藏於家。其書自神農政典至微子止，後附《洪範》一篇，此附會《左傳》而爲説耳。神農時尚未有書，安得有政典？是又因近世之僞《三墳》而附會其説也。

己之貌，使人視之而可畏可象，是曰恭。己之言，使人聽之而有倫有脊，是曰從。人之貌，己視之而知其邪正，是曰明。人之言，己聽之而知其是非，是曰聰。當貌思貌，當言思言，當視思視，當聽思聽，當而能通乎微，以致其恭、從、明、聰，是曰睿。

魯昭公之習儀以亟，漢成帝之尊嚴若神，恭之末也，不可以作肅。祝鮀之佞，嗇夫之利口，從之似也，不可以作乂。離朱之目，足以察秋毫之末，明之小者也，不可以作哲。師曠之耳，能識南風之死聲，聰之小者也，不可以作謀。思莫切乎貌、言、視、聽，遊心六合之内，窮高遠而察深厚，思之蕩而無用者，非睿也，不可以作聖。故《論語》曰"近思"，《易》曰"君子思不出其位"。

《禹貢會箋》十二卷

國朝徐文靖撰

志寧堂本。乾隆十八年自序，又《禹貢圖》趙弁序、凡例十條，次山水總目并《禹貢圖》，不在卷内。是編主於駁正疑誤，先列蔡《傳》於前，而辨其是非，各有證據。其名"會箋"者，取四海會同之義，雜採經傳子史、九流百家，支分派別，悉會於一。而所採《山海經》最多，謂以禹經解禹書，訛誤少矣。胡氏《錐指》考訂漢唐注疏，最爲詳密，且多發前人所未發，當時號爲絶學。是書推驗其説，更加精密，讀《禹貢》者，宜參觀而互證也。按序，位山所著《山河兩戒考》、《管城碩記》、《竹書紀年統箋》久已刊行，進呈御覽。《會箋》成於康熙壬辰，藏之巾箱四十餘年，旋里後逐一讎校，冠以圖説，始出問世，時年八十八矣。《禹貢圖》古未有聞，漢明帝治汴渠，賜王景《禹貢圖》，當是收秦圖書所得。晉裴秀著《禹貢圖序》，載《晉史》而圖亡。今圖十八，各附以考，多所駁正云。

《玉函山房輯尚書》二十一卷

國朝馬國翰編

濟南皇華館本。前無總序，有目録。

《今文尚書》一卷。"放勛，欽明文塞晏晏"。緯書用《今文尚書》。"辯章百姓"。古文作"平"。"宅禺鐵"。"辯秩東作"。"辯秩南僞"。

“分命和仲度，西曰柳穀”。“寅餞入日，辯秩西成”。“辯在伏物”。“帝曰：欽哉，慎徽五典”。“望秩于山川，班于羣神”。“曰雨、曰濟、曰涕、曰霧”。“民儀有十夫”。“不克堂，矧克構”。“迺有爻伐厥子”。爻，效也，效湯武伐厥子。

《古文尚書》三卷。序曰：“《説文》引《書》及所載古文之字見《尚書》者，確爲壁經真本。其或以隸寫，或兼存伏書異文，自有引例，不與古文相淆。又賈、馬、鄭皆傳古文學，其本與今書異者，亦皆古經之舊。又郭忠恕《漢簡》載古《尚書》遺字，多與《説文》古文字合。又日本山井鼎得足利學所藏《古文尚書》三本，摘取之以作《考文補遺》及《古文考》，其古字多奇，而文句增減殊異尤多，海外流傳，或即徐福所挾之古本歟？今併輯録。它書有引稱者，亦採入。宋薛季宣有《尚書古文訓》，其書行於世，固可取以参考也。㳄、虞。旾、書。䒮、堯。亓。厥。“九功惟序，九序惟歌”。古本“叙”并作“序”。“帝初耕於歷山”。古本有“耕”字。“予乘四載，水行乘舟，陸行乘車，山行乘欙，澤行乘輴”。古文、今文并有此四語，今本脱。飤、食。舆、興。万、萬。蝅。蠶。“至于今五邦”。古本有“至”字。“惟孝于孝，友于兄弟”。古本“惟孝”下有“于孝”二字。応、應。𠔀、冬。𠂢。龜。

《尚書歐陽章句》一卷。序曰：“歐陽生《章句》并《説義》，隋、唐《志》皆不著目，佚已久，今從諸書所引輯録。又考：林尊事歐陽高，授平當、陳翁生，由是歐陽有平、陳之學。又楊震孫賜，通《尚書桓君章句》。桓君名郁，治歐陽《尚書》者也。兹取平當，楊賜引《書》語亦并輯入。鄭康成譏歐陽失其本義，然當古文未顯之時，抱守殘編，此爲功首，兩漢歐陽之學視夏侯爲盛也。”

《尚書大夏侯章句》一卷。序曰：“大夏侯勝《章句》已佚，裒輯爲卷。周堪、孔霸俱事大夏侯，堪授牟卿及許商，霸傳子光，由是大夏侯有孔、許之學。劉向與大夏侯亦一家之學。兹并取孔光、劉向所引《書》義輯入，其説多與古殊異，固不止‘嵎鐵’、‘柳穀’已也。”

《尚書小夏侯章句》一卷。序曰：“按傳，夏侯建從五經諸儒問，與《尚書》相出入者，牽引以次章句，具文飾説。勝非之曰：‘建所謂章句小儒，破碎大道。’建亦非勝‘爲學疏略，難以應敵’。建卒自顓門名經。此夏侯一家授受，而各分門户也。今與大夏侯書并佚，引者率與歐陽同稱，其稱夏侯者，不標大小，惟據所引，分繫三家書内。考張山〔一七〕事夏侯建，授李尋、鄭寬中、張無故、秦恭、假倉，由是小夏侯有鄭、張、秦、假、李氏之學。今諸家惟李尋有傳，所述經義皆小夏侯之佚説，并取編輯，其與大夏侯殊旨者，見一班已。”

《尚書馬氏傳》四卷。序曰：“《隋志》馬融注十一卷，《唐志》馬融傳十卷，今佚。兹從《釋文》、《正義》、《史記集解》等採輯，分爲三卷，并序四卷。季長治古文學，而所注止今文二十九篇。序謂《太誓》後得，頗以神怪爲疑，然注中佚説亦止是。今文《太誓》其本多異字，蓋典校祕府，時能見古文真本。間有參三家今文而用之者，以視僞孔《傳》，判天壤矣。且康成之學，淵源於馬氏，參考鄭義，多與之同，宜與衛、賈并稱也。”

《尚書王氏注》二卷。序曰：“王肅所注亦今文二十九篇，與馬、鄭同。百篇之序亦有注，別輯附後。其學專與鄭爲難。王氏《後案》云：王注之存於今者，按之皆與馬融及僞孔合，僞孔之出於肅，乃情事之所有，考古者當以此辨之。”

《古文尚書音》一卷。序曰：“晉徐邈音，《隋志》一卷。又云梁有《尚書音》五卷，孔安國、鄭玄、李軌、徐邈等撰，蓋邈後之人集四家音合爲五卷。至隋已亡，猶存邈一卷之音，今并佚矣。從《釋文》，參《集韻》、《六經正誤》等書輯録。音從鄭氏者多，其不明言鄭者，亦可推見之。"

《古文尚書舜典注》一卷。序曰："《唐志》晉范寧注十卷，《釋文》作'集解'，亦十卷，孔《傳》本隸古，范直改爲今字，輯得十二節，大抵用馬、鄭舊義。"

《尚書劉氏義疏》一卷。序曰："隋劉焯《義疏》，《唐志》二十卷，今從《正義》輯錄。焯交津橋劉智海，家多墳籍，就之讀書，雖衣食不繼，晏如也。存此遺編，功力具見。"

《尚書述義》一卷。序曰："劉炫聰明博學，與焯結盟爲友，名亞於焯，故時人稱二劉焉。炫書以焯爲本，稍加裁改。《正義》引二劉者說無區分，稱小劉者，與大劉爲說不同矣。今以稱大劉者，歸焯；稱小劉及劉君者，歸炫；其稱二劉者，各著之明。其爲一家之學，而異同亦借可考焉。"

《尚書顧氏疏》一卷。序曰："隋顧彪疏，衍孔《傳》，時參鄭說，不墨守一家訓詁也。"

　　文光案：馬氏所輯《尚書》凡十五家，漢賈逵《古文訓》一卷，晉李容《集注尚書》一卷，亡名氏《尚書逸篇》一卷，凡三種，有録無書。

附　録

《尚書大傳》四卷　《考異》一卷　《補遺》一卷　《續補遺》一卷

漢伏勝撰，鄭玄注

愛日草廬本。嘉慶庚申年刊。前有乾隆丙子盧見曾序、鄭氏序，無目録。卷一爲《虞夏傳》，卷二爲《殷傳》、《周傳》，卷三爲《洪範五行傳》，卷四爲《略說補遺》，不著名氏。《考異》、《續補遺》，盧文弨撰，有序。按鄭序，此書爲伏生歿後門人各述所聞，特撰大義，非伏生所撰也。其書本四十一篇，康成詮次爲八十三篇，《宋志》猶存，前明未聞著録。乾隆間孫氏嘗於羣籍中抄撮成書，全非伏生之舊。盧學士得《雅雨堂》本，以校孫氏之書，因作《考異》，凡有益於是書者，悉爲搜討而集録之，此本是也。

顏之推曰：“孔子弟子宓子賤，爲單父宰，即虙犧之後。兗州永昌郡城，舊單父地也。東門有子賤碑，漢世所立，云濟南伏生即子賤之後。是知‘虙’之與‘伏’古來通字。”

《洞冥記》：“李克者，馮翊人也。自言三百歲，少而好學，爲秦博士，門徒萬人。伏生時十歲，就克受《尚書》，乃以口傳授伏子四代之事，略無遺脱。”

任氏曰：“伏生《大傳》：‘惟后王元祀，帝命禹步於上帝，禹乃共辟厥德，受天休命，爰用五事，建用皇極。’后王，禹也。帝，舜也。禹攝，舜猶在帝位，但攝政，未踐帝位，故稱后王，但別於羣后而非帝也。王之名於是乎始。‘步’即‘陟’也，所謂舜薦禹於天也。‘皇極’本作‘王極’，唐明皇乃改‘王’爲‘皇’，今無知者矣。”又曰：“伏生所傳《説命》之義，非今所有《説命》也。《大傳》載武王伐殷，識其政事，非今所有。武成《甫刑》略載二十五，百罪之目，其刑書則亡。《五行傳》‘維王后元祀，帝令大禹孚於上帝’，注曰：‘孚，推也。帝令禹推演天道，謂觀得失反覆也。’”録於《釣臺遺書》。

文光案：任氏所引《大傳》，與此本互異。此本爲“王后”，爲“帝令”，爲“大禹”，爲“受命休令”，僅數語耳，不同如此，全本又不知何如。大抵盧本不足據，《大傳》“王極”注曰：“‘王極’或皆爲‘皇極’。”蓋不知古本爲“王極”也。術家以推步爲禹步，蓋本之《大傳》。

《大傳》，《隋志》三卷，《釋文》同。晁公武曰：“今本四卷，首尾不倫。”葉夢得曰：“言不雅馴，未可據依。”愚按：中多古説，未可廢置。今人但知有黄鐘之管，不知有黄鐘之鐘。《大傳》曰：“天子將出，則撞黄鐘，右五鐘皆應。”注曰：“凡律吕十二，各一鐘，天子宫懸黄鐘，蕤賓在南北，其餘則在東西。”此亦人所鮮知者也，因表出之，以廣見聞。

《雅雨堂》本《大傳》四卷，《補遺》一卷，無鄭氏序。乾隆丙子盧氏校刊，書後刻《鄭司農集》，與此本不同。

《尚書大傳定本》五卷　附《洪範五行傳》三卷

國朝陳壽祺編

三山陳氏本。前有陳氏序。卷一上爲序録，下爲《唐傳》、《虞傳》；卷二上爲《虞夏傳》，下爲《殷傳》；卷三、四爲《周傳》；卷五爲《略説》，末有《辨訛》一篇，正盧氏《雅雨堂》本之譌。《洪範五行傳》中、下二卷各分上、下。案：中多引《開元古經》，又《六藝流别》全載《五行傳》一篇，與盧本同。陳校本改移次第，有案。又馬氏《繹史外録》内有《洪範五行傳》一篇。盧本《洪範五行傳》不及《通考》所載之詳，而其間又有以向、歆之文闌入者，與伏生書大不類。

陳氏序曰：“《尚書大傳》見《漢志》、鄭氏序、《隋志》、《唐志》、《崇文目》、晁《志》，并著録三卷。《唐志》别出《暢訓》一卷，疑即《略説》之譌。《舊唐志》直云《尚書暢訓》三卷，伏勝注，謬甚。陳《録》言印板刓缺，宋世已無完本，迄明遂亡。近人編輯，有仁和孫晴川本、德州盧雅雨本、曲阜孔叢伯本。孫、盧本多舛舛[一八]；孔氏善矣，而分編强復《漢志》之舊，非也。其他訛漏，猶不免焉。今覆加稽覈，揭所據依，稍參愚管而爲案三卷。首爲《序録》一卷，其所芟除，别爲《訂誤》一卷，末載《漢書·五行志》，綴以它書所引《劉氏五行傳論》三卷，總爲八卷。”

《大傳》條撰大義，因經屬旨，其文爾雅深厚，非漢儒訓傳所能及。康成獨注《大傳》，其釋《三禮》，每援引之。及注《古文尚書》，多據《大傳》以明事。且夫伏生之學，尤善於禮，其言皆唐虞三代遺文。朱子《儀禮通解》，采摭《大傳》獨詳，蓋有裨禮學，不虛也。《五行傳》者，自夏侯始昌，至劉氏父子傳之，皆善推禍福，著天人之應。漢儒治經，莫不明象數陰陽，以窮極性命，故《易》有“孟京卦氣”之候，《詩》有“翼奉五際”之要，《春秋》有“公羊災異”之條，《書》有夏侯、劉氏、許商、李尋《洪範》之論。班固本《大傳》，攬仲舒，別向、歆以傳《春秋》，告往知來，王事之表不可廢也。是以錄《漢書・五行志》附於後，以備一家之學云。以上陳氏説。

《顏氏家訓》以伏生爲子賤之後。既爲子賤之後，不應與其遠祖同字。而《索隱》引《漢紀》，以爲伏生字子賤，恐即因漢碑而輾轉致誤。漢碑固不誤也。今《漢紀》無此文，不知小司馬何據。然范書實云伏生名勝，字子賤，其名則是，其字則非也。湖本《史記》載《索隱》，引《漢紀》作“紀年”，張晏作“張華”，皆誤。門塾之學，《漢書・食貨志》、《白虎通》、《公羊傳》宣十年注、《學記》注皆有此説。《尚書・洛誥》正義引《大傳》而釋之曰“是教農人以義也”，以爲“予其明農哉”之證。

《穆堂初稿》：“葉氏謂《大傳》言不雅馴，至以天地人四時爲七政；謂《金縢》作于周公歿後爲不可據。愚謂即此二者亦足徵《大傳》立義之精，非後世訓詁所能及。政者，國家所行之事，即《堯典》所言是也。曆象欽天，天之政也。分測四極，地之政也。東作西成，南訛朔易，人之政也。殷仲春，殷仲秋，正仲夏，正仲冬，四時之政也。天、地、人、四時，各有應行之事，故謂之七政。其事見於《周官》，詳於《月令》，後世猶守之。至於日月五星，古未聞有專理之政事。《月令》本於《夏小正》，去唐虞政治未遠。凡五之別皆在，獨未嘗及於五緯。至周末《石氏星經》，始以五緯星列於日月之次，然則金、木、水、火、土五星，不得列於唐虞之七政也審矣。偽孔《傳》以後世之見釋古書，豈若伏氏之傳，爲得欽天授時之大也哉！至於《金縢》一篇，《大傳》以爲成王葬周公，適有風雷之變，因追念前事之異，叙而紀之。則君有念功之美，臣無矜功之累，而前人之疑釋矣。”

文光案：此考於七政頗有發明，惟《金縢》有“親迎周公”、“王出郊”等語，不知當作何解，終不能釋人之疑也。

《漢志》：“劉向《五行傳記》十一卷，許商《五行傳記》一篇。”晉《五行志》：“宓生創紀《大傳》，其言五行庶徵備矣。班固據《大傳》，采仲舒、劉向、劉歆，著《五行志》。”宋《五行志》：“伏生創紀《大傳》，五行之體始詳。”《隋志》：“伏生之傳，惟劉向父子所著《五行傳》是其本法，而又多乖戾。”《漢五行志》：“夏侯所傳，與劉向同，惟劉歆傳異。”

文光案：《尚書大傳》，程子疑其文不可信，王廉熙陽作論，謂非聖人之書；陳《錄》謂其徒雜記所聞，不必當時本書：蓋疑者多而信者少也。又案：伏生作《尚書大傳》，王炎作《尚書小傳》，戴表元序，見《剡源集》。

右《書》類

《周官》：“外史，掌三皇五帝之書。”其書已佚，《古三墳》則偽書也。以墳典爲三皇五帝之書，其說本於孔《傳》。杜注但云皆古書，則孔《傳》不可據矣。“尚書”者，上世之書也。王肅以爲上言之，史官書之，蓋專與鄭氏立異，不從可也。《漢志》所載歐陽、大小夏侯三家，永嘉之亂，其書并亡。今所傳之今文、古文，皆非漢世之真本也。梅氏拾殘補闕，聯綴成章，使可句讀，故至今誦之。與今之輯佚書者其意同，其迹異；與後之撰偽書者其迹同，其情異也。自晉迄唐，絕無異議。

疑古文者，始於宋，詳於明，至我朝而辨益精，證益確。然終不絕於誦讀者之口，則古聖之微言大義，藉是以存者，正不少也。且此本之外別無他本可據，則亦無古於是者矣。今所録者凡二十一家，注疏以外惟今、古文之辨最爲詳明。宋、元《書》説最多，而所存古義極少，因與《禹貢》、《洪範》之別行者，略存數種，以見其概。閻氏《疏證》，毛氏《冤詞》，《四庫》并收之，則各有可取故也。《學海堂經解》俱未刻入，則以後人交議故也。今皆著録，以見相攻者不免私意，廣收者原無偏袒也。愚謂讀《尚書》者，知今文、古文而已，正不必攻駁梅氏也。攻之而不能廢，駁之而終不得其真，則亦徒勞而已。孟子曰：“吾於武城取二三策而已矣。”是不但僞書不可信，真古文亦不可盡信矣。附以《大傳》，則古之緯書也。程大昌《禹貢論》、王柏《書疑》已見於《目録學》者，兹不複出。

校勘記

〔一〕“豪”，據《書・舜典》附亡書序當爲“稾”。

〔二〕“爲”，原作“無”，據宋陸游《老學菴筆記》改。

〔三〕“嘉”，原作“家”，據清齊召南《寶綸堂詩文鈔》改。

〔四〕“字”，原作“至”，據唐陸德明《經典釋文》改。

〔五〕“承”，原作“寫”，據同上書改。

〔六〕“言其”，原作“無甚”，據清朱彝尊《經義考》改。

〔七〕“埠”，原作“禆”，據清朱鶴齡《尚書埠傳》改。

〔八〕同上。

〔九〕據唐孔穎達《尚書孔傳序》，“費甝”後有“顧彪”二字。

〔一〇〕“河内”，據《隋書》當作“内史”。

〔一一〕“静室”，據同上書當作“晉世”。

〔一二〕“始皇”，據《四庫全書總目》當作“開皇”。

〔一三〕"胝契"，據同上書當作"旅獒"。

〔一四〕"黍"，據清朱彝尊《經義考》當作"秜"。

〔一五〕同上。

〔一六〕"圖"，原作"圍"，據《禹貢錐指》改。

〔一七〕據《漢書》，"張山"後有一"附"字。

〔一八〕"殺舛"，原作"殺訛"，據該書改。

經部三
詩類

《詩序》二卷

周卜子夏撰

鈔本。從《詩序補義》録出。

《後漢書》："衞宏作《毛詩序》，善得風雅之旨，於今傳於世。"沈重曰："按鄭《詩譜》，《大序》子夏作，《小序》子夏、毛公合作。"《隋志》："先儒相承，謂《毛詩序》子夏所創，毛公及衞敬仲又加潤益。"陸德明曰："孔子最先删《詩》，以授於子夏，子夏遂作序焉，口以相傳，未有章句。"又曰："'《關雎》，后妃之德也'至'用之邦國焉'，名《關雎》序，謂之《大序》，此以下則《小序》也。文光案：或謂《關雎》爲《大序》，《葛覃》以下爲《小序》，未知孰是。《大序》是子夏作，《小序》是子夏、毛公合作。卜商意有未盡，毛更足成之。"孔穎達曰："《詩》三百一十一篇，子夏作序。"自孔氏以上無異説。

韓愈曰："子夏不序《詩》。"王安石曰："《詩序》，詩人所自製。"程子曰："《詩大序》，其文似《繫辭》，其義非子夏所能言也，分明是聖人作此，以教學者。"王得臣曰："《詩序》蓋出於孔子，非門弟子所能與也。若'《關雎》，后妃之德也'、'《葛覃》，后妃之本也’，此一句孔子所題，其下乃毛公發明之。"黃櫄曰："《詩》之《大序》，學者疑之，或雜出於百家傳記而傅會之說，終莫之統一，所以滋後人之疑也。"朱子曰："《詩序》自是兩三人作，今但信《詩》，不必信序。"范處義曰："《詩》有《小序》，有《大序》。《小序》，一言國史記，作詩者之本義也。《小序》之下，皆《大序》也，亦國史之所述。"自韓子以後，諸說不同。

黃震曰："王質、鄭樵始皆去序言《詩》，與諸家之說不同。晦菴先生因鄭公之說，鄭漁仲有《詩辨妄》，力詆《詩序》，以爲皆是村野妄人所作。盡去美刺，探求古始，其說頗驚俗，雖東萊不能無疑焉。夫《詩》非序莫知其所自作，去之千載之下，欲一旦盡去自昔相傳之說，別求其說於茫冥之中，誠難事矣。"馬端臨曰："朱文公於《國風》諸篇之序，詆斥尤多。以愚觀之，《詩序》不可廢，《詩》之所不言，賴序以明。自漢以前，經師傳授，其去作詩之時，未甚遠也。學者所當遵守，以求詩人之意，固不宜一切廢之，鑿空探索，而爲之訓釋也。"楊慎曰："去序言《詩》，自朱文公始。文公因呂成公太尊《小序》，遂盡變其說，蓋矯枉過正，非平心折衷之論也。"此言去序言《詩》之非。

朱氏曰："《詩》之有序，不特《毛傳》爲然，說《韓詩》、《魯詩》者，亦莫不有序。《齊詩》雖亡，度當日經師，亦必有序。惟《毛詩》之序本乎子夏，子夏習《詩》而明其義，又能推原國史，明乎得失之故。《毛詩》出，學者舍齊、魯、韓三家而從之，以其有子夏之序，不同乎三家也。論者多謂‘序作於衛宏’。夫《毛詩》雖後出，亦在漢武時，《詩》必有序而後可授受，韓、魯皆有序，《毛詩》豈獨無序？直至東漢之世，俟宏之序以爲序乎？"

文光案：《詩序》不著撰人，諸家多由臆斷，或以爲子夏作，或又爲非子夏作，或以爲子夏、毛公合作，或以爲衛宏作；或謂採詩時即有此序，或又謂國史所記。紛紛致辨，終無定論。今從朱《考》，題子吳作。唐以前無疑序者，至宋始有遵序、攻序之説。遵序者或以爲聖人之作，攻序者直以爲野人之作。水火冰炭，上下懸殊。章如愚曰："《詩序》之壞《詩》，無異三《傳》之壞《春秋》。"吳澂曰："舍序讀《詩》，不煩訓詁而意自明，是序之有害於《詩》爲多。"此兩説又皆以序爲必不可存者也。大抵師心自用，徒逞口辯，連篇累牘，悉屬空造，無所根據，則曰所據惟理。夫理所以決疑解惑，豈有滋人疑惑者乎？信而好古，理之至也，豈有疑而好今者乎？愚故於攻序諸篇，略不採録，謂其非古説也。夫依古議古，庶幾近之；據今疑古，恐不然也。大抵宋儒多疑魯、齊之書，疑《詩》，疑不足述矣。其他疑《古文尚書》，疑《書序》、《詩序》，疑三《傳》，疑《周官》，疑《孟》者，亦不一而足。辨説愈紛，議論多歧。延及於元，其風未熄，非聖人復起，誰能斷其是非哉？且因疑生變，變亂古經，以意更定，傳之於今，亦有數家，恐未足爲萬世法也。朱子曰："質之《史記》、《國語》，然後知《詩序》之果不足信。"朱竹垞曰："稽之《尚書》、《儀禮》、《左氏内外傳》、《孟子》，其説無不合，可見《小序》之足信。"兩説相反，讀《詩》者將何所適從乎？

《毛詩箋》二十卷

漢鄭玄撰

相臺岳氏本。首行題"《毛詩》卷第一"。次行《周南·關雎》詁訓傳禮[一]第一"。三行，降四字，"《國風》"；又降五字，"鄭氏箋"。每詩各冠以《小序》。

"江有汜"，應改作"氾"。《爾雅》："水決復入爲氾。""氾"音"汜"，乃"氾濫"字也。 "搔首踟蹰"，傳："志往而行

止。"蜀石經與此同，諸本俱作"行正"，不若原本"止"字義
長。　　"綠竹猗猗"，齊、魯、韓《詩》皆作"菉竹"，《毛傳》
本《爾雅》訓爲二草名。案《詩》詠"綠竹"者，興武公之德，
中虛外直，清勁不汙，朱子從之。若以爲草名，於義無取。
"美目盼兮"，"盼"應作"盼"。按《説文》、《玉篇》"盼"字與
《毛傳》合，與"盼"字迥別。　　"子之還兮"，《齊詩》"還"作
"營"。《漢志》："臨菑名營邱。"師古注："之，往也。"《韓詩》
"還"，又作"嫙"。注訓"好兒"。猱，《齊詩》作"巙"。
"三歲貫女"，《魯詩》"貫"作"宦"，與《毛傳》訓事義同。
"役車其休"，箋："庶人乘役車，役車休，農功畢。"張溥《注疏
合纂》："上'役車'下有'也'字，無下'役車'二字。"
"墓門有梅"，箋："梅之樹，善惡自耳，徒以鴞集其上而鳴。"案
箋意，謂梅樹善惡本任自然，特以鴞集而人惡也。"自耳"猶云
"本自耳"。"耳"，古本原無可疑，諸本改作"自有"，而連下
"徒"字作句，誤矣。　　"伐木許許"，傳："許許，柿兒。""柿"，
今本作"柿"，非。"柿"，謂削下木片也。"柿"，果名。今本因
世俗以"柿"作果名，反改作"柿"，其誤甚矣。　　"家伯維
宰"，朱子作"冢宰"。　　"旻[二]天疾威"，作"昊天"是。
"鞹[三]瑑有珌"，箋："珌，下飾也。"殿本、閣本無"也"字，多
"珌，下飾者"四字，義不可解，係後人誤增。古本無此四字，上
有"也"字。　　"母教猱升木"，箋："若教，使其爲，必能也。"
諸本俱作"若教，使其爲之，必也"，義殊難解。岳本去一"之"
字，增一"能"字，較他本爲明曉。　　"神罔時恫"，箋："無是
痛傷其所爲者。"按：閣本、永懷堂諸本俱無"其所爲者"四字，
岳氏據疏增入。　　"思齊"原本五章，鄭分爲四，故言以下是毛
公本意，原本此詩章句，與《關雎》合。殿本闕"五章"二字，
閣本闕"二章"二字，皆傳寫訛脱也。　　"公尸來止熏熏"，箋：

“燕七祀之尸於門户之外，故以喻焉。其來也不敢當王之燕禮。”諸本脱一“焉”字，遂致句義有乖，此岳本之所以勝於他本也。

“媚〔四〕于庶人”，箋：“謂撫擾之。”諸本作“無擾”，後人所改原本作“撫”，義長。　“職涼善背”，箋：“工相欺違。”閣本“工”作“互”，亦通，但原本“工”字尤爲“善”字正解。“式固爾猶”，箋：“謀，謂度己之德。”鄭箋訓“猶”爲“謀”，復即“謀”字而釋之，當用“謂”字。諸本謂作“爲”，連下作句，於義未安。　“居常與許”，箋：“周公有常邑，所由未聞也。”今本“所由”二字譌作“許許田”三字，不成文義矣。以上武英殿重刊岳氏本《考證》，鄭箋皆冠以“箋曰”，箋之前毛氏《故訓傳》也。

陸德明曰：“鄭氏作箋，申明毛義以難三家，於是三家遂廢。曰‘鄭氏箋’者，相傳云是雷次宗題，承用既久，未敢爲異。又按周續之與雷次宗仝受慧遠法師義，而續之釋題已如此，又恐非雷之題也。”

柳開曰：“鄭氏箋《詩》，務異毛公，徒欲强己一時之名，非能通先師之旨。”

歐陽修曰：“鄭氏於《詩》，其失非一。或不取序文，致乖《詩》義；或遠棄《詩》義，專泥序文；或序與《詩》皆所無者，時時自爲之説。”又曰：“鄭箋《鴟鴞》一篇，與《金縢》之書特異，此失其大義也。”

黃震曰：“《毛詩》注釋簡古，鄭氏雖以禮説《詩》，於人情或不通，及多改字之弊，然亦有足以裨《毛詩》之所未及者。”

朱氏曰：“《毛詩》經文久而滋誤者，因鄭箋可證其非。若《小旻》‘如彼泉流’，今誤‘流泉’。鄭箋云‘如原泉之流’，則‘流泉’非矣。《旱麓》‘延於條枚’，‘延’今作‘施’。鄭箋云‘延，蔓於木之枚，木而茂盛’，則當作‘延’矣。《吕覽》、《韓詩外傳》亦作“延”。《思齊》‘厲假不瑕’，‘厲’今作‘烈’。鄭箋云：

'厲、假，皆病也.' 又古之人無'擇'，'擇'今作'斁'. 鄭箋云：'口無擇言，身無擇行，以身化其臣下.' 《卷阿》'嗣先公爾酋矣'，今作'嗣先公酋矣'. 鄭箋云：'嗣先公之功而終成之.' 《蕩》'殷鑑不遠，近在夏后之世'，今本失'近'字. 鄭箋云：'近在夏后之世，謂湯誅桀也.' 凡此可補王伯厚《詩考》之闕."

《毛詩注疏》三十卷

漢鄭氏箋，唐陸德明音義，孔穎達疏

武英殿本. 乾隆四年校刊. 目録在首，次《毛詩正義序》，次《詩譜序》，次《毛詩譜》，次《毛詩》原目，次《毛詩》注解傳述人，皆不在卷内. 自《周南》至《那之什》，凡三十卷. 《毛詩譜》并《序》，鄭氏撰，孔疏. 《譜》不分卷. 《注疏》原目. 《詩·國風》，舊題也. "毛"字或云小毛公所加，或云河間獻王所加，故大題在下. 鄭注《三禮》并大題在下，班《書》、陳《志》題亦然. 鄭氏箋，疏云："鄭自題之，不言名而言姓者，顯其家學." "《周南·關雎》詁訓傳第一"，毛氏所題. 漢初爲傳訓者，皆與經別行，故《漢志》《毛詩經》、《毛詩故訓傳》分著其目. 及馬融爲《周禮》之注，乃云："欲省學者兩讀，故具載本文." 然則後漢以來，始就經爲注. 此《詩》引經附傳，不知誰氏爲之. 讀書者多忽目録，此其宜知者也. 謹案《天禄琳琅書目》，《毛詩》四卷，不依風、雅、頌分卷，祇列《詩序》、經文，然"家伯維宰，降予卿士"之類，尚從古本. 南宋活字本《唐風》内"自"字横置可證. 模印字用藍色，尤所稀見. 此本外間未見. 《四庫考證》官本之誤百十三條.

漢世《詩》有四家. 齊、魯、韓先立學官. 平帝時，《毛詩》始立，鄭氏箋之. 厥後《齊詩》久亡，《魯詩》不過江東，《韓詩》雖存，無有傳者. 歷晉至隋，毛、鄭大行. 唐孔穎達奉詔作疏，據諸本刪繁增簡，學者尊奉，無敢異議。至朱子手訂《集傳》，而《毛傳》、鄭《箋》其傳習之者，罕有其人矣。錄於舊稿，偶忘姓名，俟檢。

陸釴曰：「魯、齊、韓三家之箋，至唐已失其傳，雖有存焉者，訛矣。」

《毛詩正義》四十卷

漢毛亨傳，鄭玄箋，唐孔穎達疏

《文選樓》本。阮相國校刊。

《校勘記》曰：「考異於《毛詩經》，有齊、魯、韓三家之異。齊、魯《詩》久亡，《韓詩》則宋以前尚存，其異字之見於諸書，可考者大約毛多古字，韓多今字，有時必互相證，而後可以得毛義也。毛公之傳《詩》也，同一字而各篇訓釋不同，大抵依文以立解，不依字以求訓，非熟於《周官》之假借者，不可以讀《毛傳》也。毛不易字，鄭《箋》始有易字之例。顧注《禮》則立說以改其字，而《詩》則多不欲顯言之，亦或有顯言之者。毛以假借立說，則不言易字而易字在其中。鄭又於傳外研尋，往往傳所不易者而易之，非好異也，亦所謂依文立解，不如此則文有未適也。孟子曰：『不以文害辭，不以辭害志。』孟子所謂『文』，即今所謂『字』，言不可泥於字，而必使作者之志昭著顯白於後世。毛、鄭之於《詩》，其用意同也，傳、箋分而同一，《毛詩》字有各異矣。自漢以後，轉寫滋異，莫能枚數。至唐初而陸氏《釋文》、顏氏《定本》、孔氏《正義》先後出焉，其所遵用之本，不能畫一。自唐後至今，鋟板盛行，於經、於傳箋、於疏，或有意妄更，或無意訛脫，於是繆鰲莫可究詰。因取各本校定，知經有經之例，傳有傳之例，箋有箋之例，疏有疏之例，通乎諸例而折衷於孟子『不以辭害志』，而後諸家之本可以知其分，亦可以知其一定不可易者矣。”

《載籍足徵録》："《詩》，魯、齊、韓三家，經皆二十八卷，毛二十九卷。今《毛詩》三十卷，乃《毛詩故訓傳》卷數也。《毛詩》亦二十八卷，又《序》一卷，故二十九卷。竊意三家傳授生徒，自亦以見存爲數，不獨《毛詩》然也。知《詩》三十卷爲二十八卷者，《國風》併檜、曹，《頌》併《魯頌》、《商頌》。《正義》云：'漢初爲傳訓者，皆與經別行。三《傳》之文不與經連，故石經書《公羊傳》皆無經文。'《漢志》云：'《毛詩經》二十九卷，《毛詩故訓傳》三十卷。'是毛爲'故訓'，亦與經別也。其鄭之箋，當在經傳之下矣。”

《經籍跋文》："《毛詩》二十卷，宋刻本首題'監本纂圖重言重意互注點校《毛詩》卷第一'。每葉十二行，行十八字。凡重言、重意、互注，俱用規識。凡釋文，與傳、箋相連，不加識別。所謂'監本'者，當即《沿革例》云'監中現行本也'。《經義考》載宋刻《纂圖互注毛詩》，當即此本。惟彼前有《毛詩舉要》二十五圖，此但存《毛詩圖譜》，并不知何人所刻。宋時各經，諸子皆有重言、重意，蓋經生帖括之書。此本刻畫工整，紙墨精良，且原於監本，斯爲可貴。審其避諱，'慎'字缺筆，'敦'字則否，殆是孝宗時刻者。其傳、箋足證今本之誤處尤多，附釋文亦勝今本。又書中用朱筆點句，而於諱字則以朱筆規識，蓋猶宋人書塾中課讀之本耳。”

莫氏《經眼録》："《毛詩注疏》二十卷，元刻大字本。每葉十六行，行十八字。傳、箋、釋文及正義夾行，行二十五字。按《毛詩故訓傳》本二十卷，孔《疏》序云四十卷，蓋每卷析爲二。唐、宋《志》，《崇文目》，《通考》俱作四十卷，或以《故〔五〕訓傳》有釋文之本彙刻，故作二十卷。今人校經，每以十行爲祖，然其修補之葉，直至明正德止，故亦稱'正德本'。孰若此書，元刻元印，并無修板，大字悦目，尤足寶貴也。是書爲黃蕘圃所收，買諸五柳居書籍舖者。"

朱氏曰："《鄭風·叔于田》二篇，其第二篇《小序》，特加'太'字以別之，故孔氏《正義》云：此言'叔于田'，下言'太叔于田'。今西安唐刻石經第二篇首章，猶冠以'太'字。自去序言《詩》，舍《正義》弗習，而經文失其舊，學者不復措意矣。"

《毛詩草木鳥獸蟲魚疏廣要》三卷

吳陸璣撰，明毛晉廣要

汲古閣本。前有崇禎己卯毛晉序。是書各標一句爲目，如"方秉簡兮"之類。正文爲陸疏，降一格爲毛注。後有毛晉跋。《四庫全書考證》正毛本《廣要》之誤，凡二十七條。

毛氏序曰："陸《疏》傳播詩人之耳，聲若震霆，思一見不可得。及展卷讀之[六]，堦前梧影未移，而卷帙已告竣矣。嗚呼！昔人所謂'窘[七]於採擇，非通儒所爲'，信非虛語，況相傳日久，愈失其真。時余方訂正《十三經注疏》，於《詩經》尤不敢釋手，遂因陸氏所編若干題目繕寫本文，旁通《爾雅》，郭、鄭諸子之書，芟其蕪穢，潤其簡略，正其淆訛，又參之確聞的見，自左庭以及山巔、水湄、平疇、異域，凡植者、浮者、飛者、走者、鳴而躍者、潛伏而變化者，無不蒐列，命之曰《廣要》。更有陸氏未載如'葛'、'桃'、'燕'、'鵲'之類，循本經之章次而補遺焉。"

毛氏跋曰："右《毛詩疏》二卷，或曰吳太子中庶子烏程令陸璣作也，或曰唐吳郡陸璣作也。陳氏辨之曰：'其書引《爾雅》郭璞注，則當在郭之後，未必吳時人也。但諸書援引多誤作"機"。按機，字士衡，晉人，不治《詩》，則此書爲唐人陸璣字元恪者所撰無疑矣。後世失傳，不得其真，故有疑爲贗鼎者。'或又曰：

'贗則非贗，蓋摭拾羣書所載，漫然釐爲三卷，不過狐腋豹斑耳。'其説近之。唐楊嗣復等《毛詩草木蟲魚圖》二十卷，朱《考》曰'佚'。《古賢畫録》：'太和中，文宗好古重道，以晉明帝朝衛協畫《毛詩圖》草木、鳥獸、古賢、君臣之像不得其真，召程修己圖之，皆據經定名，任意採掇，由是冠冕之制，生植之姿，遠無不詳，幽無不顯。'鄭樵曰：'本陸璣《疏》爲圖，今雖亡，有《疏》在，則其圖可圖也。'"

申公培，魯人，少事浮丘伯，受《詩》，是爲《魯詩》。

轅固生，齊人，以治《詩》名，孝景時爲博士。公孫宏亦事固。《齊詩》有翼、匡、師、伏之學。案：諫大夫翼無姓，匡爲匡衡，師爲師丹〔八〕，伏理爲伏。韓嬰，燕人，景帝時爲常山太傅。嬰推《詩》之意而作内、外傳，頗與齊、魯間殊。

孔子删《詩》，授卜商。商爲序，授魯人。魯身授李克，克授孟仲子，仲子授振牟子，牟子授荀卿，卿授魯國毛亨〔九〕。亨作《故訓傳》，授趙國毛萇〔一〇〕。時人謂亨爲大毛公，萇爲小毛公，以其所傳，故名其詩曰《毛詩》。

《詩本義》十五卷　附《鄭氏詩譜》一卷

宋歐陽修撰

明本。此本每葉二十二行，每行二十字。《本義》題"歐陽氏"，《詩譜》題"歐陽修補亡"。前有《詩圖總序》，末有《詩譜補亡後序》。按朱《考》："《本義》有張燫序，此本無之。其書先爲論，以辨毛、鄭之失，然後斷以己見，所得比諸家爲多。歐公先著《詩圖》十四篇，世次先後甚備。復補譜十有五，補其文字二百七，增損塗乙改正者八百八十三，而鄭氏之譜復完矣。"

《直齋書録》："《詩譜》三卷，漢鄭康成撰，歐陽修補亡。其序云：'慶曆四年至絳州得之，有注而不見名氏。'"

宋《兩朝國史志》："歐陽修於絳州得注本，卷首殘闕，因補成進之，而不知注者乃太叔求也。"《譜》序自"周公致太平"以上皆缺，歐公取《正義》補足，因爲之注。自"周公"以下用舊注。

《池北偶談》："宋艾軒光朝與朱子同時同里，説《詩》最不喜歐陽《本義》，與趙子直書云：'《詩本義》初得之，如洗腸胃，誦之三歲，覺得有未盡穩處，大率歐陽、二蘇及劉貢父談經多如此。'又一書駁《本義》甚悉。大抵《本義》雖未必盡合，然較考亭盡去《小序》而以意斷，不啻勝之，無可厚非。"

《詩論》一卷

宋程大昌撰

《珠塵》本。前有自序。朱《考》作《詩議》，凡十七篇。謂《詩》有南、雅、頌，無國風，出於臆説，不可據依；謂《詩序》皆漢以後語，非子夏所作，亦人云亦云。

《詩集傳》八卷

宋朱子撰

蓮峰書屋〔一〕本。江右潯陽萬氏校刊，有蓬山記。此本紙墨皆佳，前有萬淺原劄記七條、萬青銓跋一則，書内額上刻小序。其劄記與朱《傳》無涉。明人之空言更不足録。今坊間所刻《易本義》、《詩集傳》、《四書章句集注》皆非朱子之舊，而人鮮知之。謹案《詩集傳》原本二十卷，今本八卷，蓋坊刻所併。朱《考》所載亦二十卷，今二十卷之本流傳甚罕。前有《詩傳綱領》、《詩圖》、大小《序》，後附《詩序辨説》，近本皆删去。其間經文訛異，馮嗣京所校正者，凡十二條；陳啓源所校正者，凡十四條。傳文譌異，陳啓源所校正者，凡十一條；史榮所校正者，凡十條。已詳著於《目録學》。可知坊刻既多，愈轉愈訛，失宋本之真矣。

昔朱鑑取《朱子文集》、《語類》所載講論《詩傳》之語，編爲六卷，題曰《文公詩傳遺説》，後序云：“先文公《詩集傳》，豫章、長沙、後山皆有本，而後山讎校爲最精，第初稿脱時，音訓間有未備，刻板已竟，不容增益，欲著補脱，終弗克就，未免仍用舊板，葺〔一二〕爲全書。補綴趦那，久將漫漶。暨來富川，郡事餘暇，輒取家本，親加是正，刻置學宮，以傳永久。”據此則朱子《詩傳》，當時已非一本，惟諸本皆佚，不能考其同異矣。恭讀《天禄琳琅書目後編·宋板經部》，《詩集傳》四函，十六册。前有《詩傳綱領》、《詩圖》、《自序》、大小《序》，李爵家藏本有據梧居士謙收堂藏書等印。又《明板經部》，《詩集傳》二函，十册，近刻，無《詩序辨説》，此猶古本。又《前編·明板經部》，《詩經集傳》一函，十册。此書前後俱無序跋，亦不載刊刻年月，而板式字體實屬明刊，其刻字印工咸出上選，惜墨色少差耳。以上三部皆二十卷。《提要》曰：“朱子注《詩》，兩易稿，凡吕祖謙《讀詩記》所稱‘朱氏曰’者，皆其初稿。其説全宗《小序》，後乃改從鄭樵之説，是爲今本。”陳《録》：“夾漈《詩傳》二十卷，《辨妄》六卷。辨妄者，專指毛、鄭之妄，謂《小序》非子夏所作可也，盡削去之而以己意爲之序，可乎？樵之學雖自成一家，而其師心自用，殆孔子所謂不知而作者也。”愚按：鄭樵《詩傳》，朱《考》曰未見。周孚著《非鄭樵詩辨妄》一卷，自序云：“撮其害理之甚者，凡四十二事。”則是書初出，已有議之者，不獨直齋一人也。又按：朱子用鄭樵説攻《詩序》，見於《語録》。虞集謂閩多賢人，嘗有攻《序》之説，朱、鄭兩家各有所采，蓋臆度之詞也。《詩序》一卷。《御纂詩經》分爲上、下二卷，先列《辨説》，後爲《集説》。《四庫考證》《詩序》二條，正官本之誤。

　　《拜經樓藏書記》：“右不全宋本《詩集傳》，陳簡莊徵君爲先君子購得，經文悉與唐石經同，注文悉存。文公原本與徵君所藏宋刻相伯仲，係明晉府故物，每册皆有印記，楮墨古雅，字畫精楷，蓋宋刻之佳者。徵君跋云：‘是本或即文公孫鑑所云後山本也。’自《小雅》以後缺，止餘八卷。吉光片羽，彌足珍已。”

《養新録》：“寶山朱寄園家藏元儒雙湖胡氏《詩傳附録纂疏》二十卷，泰定丁卯建安劉君佐翠巖精舍刊本，有盱江揭祐民序。其書前有《綱領》，後有《詩序辨説》，一遵朱文公元本，如‘終然允臧’、‘遠兄弟父母’、‘羊牛下括’、‘以篤于周祜’等，皆與唐石經同，與今通行本異。蓋今本沿明板之譌，即經文亦有改竄，非考亭之舊矣。‘家伯維宰’，‘維’作‘爲’，此以意相近而訛，今本作‘冢宰’，必非考亭意也。《小雅》‘爰其適歸’，‘爰’下注：《家語》作‘奚’。《周頌》‘假以溢我’，‘假’下注：《春秋傳》作‘何’。‘溢’下注：《春秋傳》作‘恤’。文公雖采它書而用其義，然未敢輕改經文。今本删去‘《家語》作奚’句，直改爲‘奚’，大非文公説經謹慎之意。‘假以溢我’句，删去《春秋傳》云云，則注中‘假’之爲‘何’、‘溢’之爲‘恤’云云，令人不解何謂矣。讀是書知元儒尚守家法，不似明人之鹵莽妄作。朱《考》雖載此書，誤作八卷，注云‘未見’，是誠世間難得之本矣。”

莫氏曰：“此書《四庫全書》未著。每葉二十二行，每行大字二十，小字雙行二十四。”

揭序云：“胡氏撰集大成，身歿乃已。後十餘年，得劉氏君佐，乃朱子故友劉用之後人，不忍以用朱子之學者堙鬱不售，亟鋟諸梓。”

前有十五國地理圖一葉，附録纂疏姓氏二葉，《語録輯要》五葉，後有篆文爲二行木記云：“泰〔一三〕定丁卯仲冬翠巖精舍新刊。”《詩傳綱領》七葉，篇目後有行書七行木記：“同治丙寅六月在上海，宜興周濂珂淮清持以相示，有守甓齋藏書、新安汪氏啓淑、秀水計光炘曦、白氏諸印。”據君佐木記，尚附王伯厚《詩考》，而此失之。

　　文光案：新安胡氏，名一桂。祐民序乃致仕時所作，其結銜爲從事郎、邵武路總管府經歷。是書《通志堂經解》未刻入，則難得之甚矣。據莫氏所見，尚在人間，倘有藏之者，取今本《集傳》細心互校，當不止如錢氏所舉。錢氏所舉者，前六條皆在馮、陳二家校正之中，“假以溢我”一條，則錢氏所獨得也。

《吕氏家塾讀詩記》三十二卷

宋吕祖謙撰

明本。前有嘉靖辛卯陸鈇序，又淳熙壬寅朱子序。每葉二十八行，行二十九字。盧氏《羣書拾補》所據以補萬曆癸丑南都刻本殘葉者，即此本也。陸序云：“近得宋本，柱史應臺傅公刻於南昌郡。”盧曰：“南昌本從宋本出，字多從古，今不易得。”恭讀《天祿琳琅書目》曰：“第一卷爲《綱領》，卷二以下釋大、小《傳》經文，博引諸家注成之，朱子序。巾箱本，不載鋟刻年月。《公劉》首章下識云：‘先兄修是書至此終。自《公劉》此章訖終篇，則往歲所纂輯，未及刊定，今不敢損益，姑從其舊。’則此書乃其弟所校刊也。御題：‘此吕氏家塾本也。說《詩》家自毛、鄭後同異紛紜，鮮所折衷。東萊兼綜衆說，挈要提綱，斷以己意，於三百之義殆庶幾乎？向爲檇李項氏家藏，卷約字工，猶屬閩中舊刻，其珍惜之！’乾隆御識鈐寶二，曰‘幾暇怡情’，曰‘乾隆宸翰’。項元汴，字子京。好收金石、遺文、圖繪名迹，凡斷帙隻行，悉輪其門。書法出入智永、趙吴興之間，兼工山水，號墨林居士。‘項墨林鑑賞章’，‘法蔭’。”

莫氏《經眼錄》：“友芝家藏。是書後自半卷二十一至三十二，其行款及從古字悉同盧氏所舉嘉靖本，盧氏所記缺脫，此本一皆完好。字墨精雅，印用羅紋錦紙，舊裝古色，香撲眉宇，恐尚是嘉靖祖本也。道光癸巳買之京師，雖非完帙，已足寶貴矣。道光戊戌，復買一上半殘本，板稍大，行款亦不同。癸巳本反切及注中附注皆用單行，側書，戊戌本則悉易雙行。癸巳本概用小篆古體作楷書，雖不盡精貫，亦留意小學人所爲。戊戌本則十改六七，如常書。"

平津館所藏嘉靖本有"陳子龍印"、"潁川陳氏校定典籍之章"。

《呂氏家塾讀詩記》三十二卷

宋呂祖謙撰

谿上聽彝堂本。未成之書，原二十二卷，後十卷爲門人所續。按朱《考》有魏了翁序，今本無之。

《直齋書録》："是書博采諸家，存其名氏，先列訓詁，後陳文義，剪裁貫穿，如出一手。已意有所發明，則別出之，《詩》學之詳，未有逾於此書者也。然自《公劉》以後，編纂已備，而條例未竟，學者惜之。"

盧氏跋云："釋經雜而不貫與隘而鮮通，兩者均失之。東萊《詩經》，一字一句必本其所自，而不以自專其意。所不取而可備一説者，亦附注於正解之下，以俟夫人之自擇焉。蓋其織綜之妙，合眾説如一説，既不使異説得隔閡其間，而其近是者又未嘗盡棄也。斯非釋經之善者乎？東萊所自爲説，比眾説下一字，條例固云，然書内有説後稱'東萊曰'者，參差互異，余悉正之。初得神廟時南都本，脫兩葉，從嘉靖本抄補足之。又有以小本示余者，亟相對校，知神廟本多脫誤。小本多用分隸體，神廟本易用今字，且更有妄爲撰造者。小板本即嘉靖間四明陸鈘所校鐫也，尚有訛處，以余所抄本視之，爲更勝矣。"

《續吕氏家塾讀詩記》三卷

宋戴溪撰

聚珍本。元案謂"吕氏"以下至"未貫"，原本脱十四字，今校補[一四]。陳《録》題《岷隱續讀詩記》。是書久佚，從《永樂大典》録出。大抵涵文義以求詩人之志，與吕氏宗旨小異。朱《考》注："未見。"

《直齋書録》："其書出於吕氏之後，謂吕氏於字訓章旨已悉，而篇意未貫，故以'續記'爲名。其實自述己意亦多，不用《小序》。"

《絜齋毛詩經筵講義》四卷

宋袁燮撰

浙江重刊聚珍本。絜齋爲崇政殿説書，撰進此本，於振興恢復之事，再三致意，而不失風人本旨，與胡氏《春秋傳》割經義以從己説者大異。原本久佚，《宋志》、馬《考》、朱《考》皆不列其目。兹從《永樂大典》衺輯而成，凡四十九篇。首爲《詩序》二篇，至《碩鼠》而止，《雅》、《頌》諸篇講義皆缺。

《詩輯》三十六卷

宋嚴粲撰

谿上聽彝堂本。嘉慶庚午校刊。前有林希逸序、嚴氏自序、蒙齋袁甫字蒙齋。手帖一通、《條例》、《清濁音圖》、全清、次清、全濁、不清不濁，爲清濁四音[一五]。《十五國地理圖》。第一卷首爲《詩序》，有注。是書因吕氏《詩記》而作，而獨爲完帙。每詩各冠以《小序》，有注，有總説。其音訓本之温公《指掌圖》，尤爲詳明，與

呂氏《記》皆宋代説《詩》之善本，非他家所能及也。明刻有趙
府居敬堂本，趙王厚煜所刊，圖後有毛氏《綱目》，多存宋本之
舊，與後來誤本不同。

嚴氏自序曰：“二兒受東萊義，誦之不能習。予爲緝諸家説，
句析其訓，章括其旨，使之瞭然易見。既友朋訓其子若弟者，競
傳寫之。困於筆劄，胥命鋟之木。”

《條例》曰：“集諸家之説爲《詩緝》，舊説之善者，不必求
異，有所未安，乃參以己説，要在以意逆志，優而柔之，以求吟
詠之情性而已。字訓句義，插注經文之下，以著所從，乃錯綜新
舊説以爲章指，順經文而點綴之，使詩人紆餘涵泳之趣，一見可
了，以便家之童習耳。郯子‘五鳩’備見《詩經》，詳第一章。”

袁甫曰：“坦叔於《黍離》《中谷有蓷》《葛藟》不用舊説，
獨能探得詩人優柔之意。其他一章一句，時出新意，大抵宛轉有
旨趣，可與言《詩》也已矣。”

黃佐曰：“華谷嚴氏《詩緝》，以呂氏《讀詩記》爲主，而集
諸家之説以發明之。”

《詩考》一卷

宋王應麟撰

《玉海》附刻本。前有自序。先《韓詩》，次《魯詩》，次
《齊詩》，次《詩》異字異義，次逸詩，次補遺。惟《韓詩》最
多，《魯詩》、《齊詩》祇數條，説少故也。有《後序》一。首燕
韓嬰作《内外傳》數萬言，《内傳》已佚，藉此可考其説，與齊、
魯間殊，然歸一也。是書有盧氏校本，增所未備。明人所作《申
公詩説》、《端木詩傳》，證以此考，其僞益明。妄改古書者，見此
亦應知其不可。

王氏自序曰：“漢言《詩》者四家，師異指殊。賈逵撰《齊魯

韓與毛氏異同》，梁崔靈恩采三家本爲《集注》。今惟《毛傳》、鄭《箋》孤行，韓僅存《外傳》，而魯、齊《詩》亡久矣。諸儒説《詩》，壹以毛、鄭爲宗，未有參考三家者。獨朱文公《集傳》闊意眇指，卓然千載之上。言《關雎》則取匡[一六]衡；《柏舟》婦人之詩，則取劉向；笙詩有聲無辭，則取《儀禮》；‘上天甚神’，則取《戰國策》；‘何以恤我’，則取《左氏傳》；《抑》，戒自儆；《昊天有成命》，道成王之德，則取《國語》；‘陟降庭止’則取《漢書》注；《賓之初筵》，飲酒悔過，則取《韓詩序》；‘不可休息’、‘是用不就’、‘彼岨者岐’，皆從《韓詩》；‘禹敷下土方’，又證諸《楚詞》。一洗末師專己守殘之陋，學者諷詠涵濡而自得之，躍如也。文公語門人：‘《文選》注多《韓詩章句》，嘗欲寫出。’應麟竊觀傳記所述三家緒言，尚多有之，罔羅遺軼，傅以《説文》、《爾雅》諸書，粹爲一編，以扶微學、廣異義，亦文公之意云爾。讀《集傳》者，或有考於斯。”

後序曰：“《詩》四家異同，唯《韓詩》略見於《釋文》，而魯、齊無所考。劉向《列女傳》謂蔡人妻作《芣苢》，周南大夫妻作《汝墳》，申人女作《行露》，衛宣夫人作《邶·柏舟》，定姜送婦作《燕燕》，黎莊公夫人及其傅母作《式微》，莊姜傅母作《碩人》，息夫人作《大車》。《新序》謂伋之傅母作《二子乘舟》；壽閔其兄，作憂思之詩，《黍離》是也。楚元王受詩於浮丘伯，向乃元王之孫，所述蓋《魯詩》也。鄭康成注《禮記》，以‘於嗟乎騶虞’爲歎仁人，以《燕燕》爲定姜之詩，以‘生甫及申’爲仲山甫、申伯，以《商》爲宋詩，‘維鵜在梁’以不濡其翼爲才，‘上天之載’讀曰‘栽’，‘至於湯齊’讀爲‘躋’；注《周禮》，云‘甸’讀與‘惟禹敶之’之‘敶’同。康成從張恭祖受《韓詩》，注《禮》之時，未得《毛傳》，所述蓋《韓詩》也。賈誼謂騶，文王之囿；虞，虞官也。歐陽子從之。韋昭注《國語》，謂

《采菽》王賜諸侯命服之樂，《黍苗》道召伯述職、勞來諸侯，與朱子《集傳》合。太史公以‘薄伐玁狁，至於太原’、‘出輿彭彭，城彼朔方’爲周襄王時之詩。班固謂‘靡室靡家’之詩，懿王時作；‘城彼朔方’之詩，宣王時作。《白虎通》以《相鼠》爲妻諫夫之詩，趙岐以《小弁》爲伯奇之詩。漢儒言《詩》，其説不一如此。《關雎》，正風之始也，魯、齊、韓以爲康王政衰之詩，揚子云‘傷始亂’。《鹿鳴》，正雅之始也，太史公云‘仁義陵遲，《鹿鳴》刺焉’。聖人刪[一七]詩，豈以刺詩冠風、雅之首哉？揚子又云：“正考甫常晞尹吉甫矣，公子奚斯常晞正考甫矣。”正考甫得《商頌》，而以爲作《商頌》；奚斯作‘新廟’，而以爲作《魯頌》。此皆先儒所不取。許叔重《説文》謂其稱‘《詩》毛氏’皆古文也，而字多與今《詩》異，豈《詩》之文亦如《書》之有古今歟？并綴而録之。”

《詩地理考》六卷

宋王應麟撰

《玉海》附刻本。前有自序并《地理總説》。引《王制》、《書大傳》、《史記》、《詩譜序》、《文中子》，凡十則。是書全録《詩譜》，凡有涉於《詩》中地理者，備採無遺。間有注文，亦所引之説，不加辨證。

王氏自序曰：“夫《詩》由人心生也。風土之音曰風，朝廷之音曰雅，郊廟之音曰頌，其生於心，一也。人之心與天地山川流通，發於聲，見於辭，莫不繫水土之風，而屬三光五岳之氣。因《詩》以求其地之所在，稽風俗之薄厚，見政化之盛衰，感發善心而得性情之正，匪徒辨疆域云爾。是用據傳、箋、義疏，參諸《禹貢》、《職方》、《春秋》、《爾雅》、《説文》、《地志》、《水經》，網羅遺文、古事，傅以諸儒之説，列鄭氏《譜》於首，爲《詩地理考》，讀《詩》者觀乎此，亦升高自下之助云。”

《詩傳注疏》三卷

宋謝枋得撰

《知不足齋》本。前有乾隆辛丑吳長元序。原本久佚，卷帙無考。元人解詩，互相徵引刪節，詳略亦各不同。茲於《永樂大典》各韻所載元人《詩經》纂注中採録一百六十四條；歷搜諸書，又得一百三十七條。存詳去略，編爲三卷，祇標篇目，不録經文，以脱略甚多也。先生説《詩》見志，於《小雅》憂傷哀怨之什恒致意焉；而於經義發明透暢，又非空作議論者比。解《無衣》寓高宗南遷之失，論“皇父”刺似道誤國之姦，至疏《蓼莪》之四章，詳明愷側，令人讀之欲淚。讀是編者，可以論世知人矣。

《詩經世本古義》二十八卷

明何楷撰

溪邑謝氏本。嘉慶己卯依原板重刊。前有范景文序、林蘭友序、曹學佺序、楷自序。參校姓氏至百家，則明代刻書之陋習也。首卷爲原引，自“古文‘詩’作‘𧥳’”叙至“楷家世受《詩》”。附録論風、雅、頌三條。篇次二十八卷，依二十八宿，殊屬無謂。角部至軫部，分爲二十八部，共三百五篇。書成於崇禎十四年，原本未見，其篇第皆非舊次，第一章爲“篤公劉”。亦可謂好異者矣。別本有依監本之次而刻其注者，頗便循覽。或又議其非何氏本意，然予但取其注，不取其篇次也。其注於名物訓詁所採極博，林序所謂“破萬卷而出之”者，誠不誣也。恭讀《天禄琳琅書目》，曰其書不依《毛詩》次第，略本鄭氏《詩譜》而雜以己意。取三百五篇叙其時世，始夏少康之世《公劉》篇，迄周敬王之世《下泉》篇，凡二十八王，各爲序引於前。末屬引一首，仿《序卦傳》體，以韻語明所以比屬牽綴之義，不免穿鑿傅會。而援據極博，考證極詳，亦可謂萃一生之精力者矣。

何氏自序曰："凡余説《詩》，是不一術。先循之行墨，以研其義；既證之他經，以求其驗；既又考之山川譜系，以攄其實；既又尋之鳥獸草木，以通其意；既又訂之點畫形聲，以正其誤；既又雜引賦《詩》斷章，以盡其變。諸説兼詳，而《詩》中之爲世爲人，若禮若樂，俱一一躍於是。喜斯文之在兹，歎絶學之未墜也。"

《毛傳》云："小曰橐，大曰囊。"孔云："囊、橐俱用裹糧食，而異其文，明有小大之別。宣二年《左傳》稱趙盾見靈輒餓，食之，又爲簞食與肉，寘諸橐以與之。橐，唯盛食而已，是其小也。哀六年《公羊傳》稱，陳乞欲立公子陽生，盛之巨囊内。可以容人，是其大也。"徐云："按字書，有底曰囊，無底曰橐。然則橐今纏腰下者。"嚴粲云："《東方朔傳》云'奉一囊粟'，是糧米盛於大囊，乾餱盛於小橐也。"予初不解橐爲何物，觀此始明，因録之以見何注之詳。其他類此者尚多，非諸家所及。

《毛朱詩説》一卷

國朝閻若璩撰

鈔本。從《昭代叢書》中録出，未見單行本。

《詩小序》久而漸知其不安也，反覆詳考，覺朱未盡非，毛未全是，至《詩》有不可解處，亦幾與《春秋》等。蓋《春秋》從魯史來，朱子謂魯史不傳，不得深探聖人筆削之旨。余則謂《詩序》具載國史，國史不傳，亦無由知是《詩》之何爲而作。夫不知何爲而作，遂學分四家，家各一説。　夫子時《詩》有定説，衆所通曉。孟子時便不然，咸丘蒙不解《北山》之旨，妄摘其中四語，以證天子可得〔一八〕；而臣父竊謂"勞于王事"以下，即《北山》詩之序也。

毛説之可信，從國史來；其不信，雜出講師之傳授，故曰非一人作也。朱子攻《毛傳》，正在講師之傳授。　王陽明曰："《詩》非孔門之舊本。"

《毛詩稽古編》三十卷

國朝陳啓源撰

原本。嘉慶十八年校刊。此《詩》學專門之書，寫刻甚精，中多古字。《學海堂》本改易今字。前有康熙十八年朱鶴齡序、門人趙嘉稯序，次叙例十條，次目錄。前二十四卷依序解經而不載經文，其篇目無説者亦不載。次五卷爲總詁，分六子目：一曰舉要，明《小序》、四詩、六義、詩樂、詩人及《集傳》、詩證。詩證者，因朱子釋《詩》，多引它書以證成己説也。二曰考異，考《爾雅》、《毛傳》異同，鄭《箋》"砭"字異同，康成它注與箋詩異同，《釋文》、《正義》異同，《集傳》用顔注《韓詩》異同。三曰正字，分字義、字形、字音三目。四曰辨物，先總辨，次草木辨，次禽蟲辨。五曰數典，先祀典，次樂舞，次禮制，次土田，次梁名，次門室，次器用，次旗幟，次佩玉，次衣裘。六曰稽疑，有它注引傳疑誤，《正義》引《爾雅》疑誤，監本經注疑誤，《釋文》疑誤，《集傳》疑誤。繼以附錄一篇，皆辨論書中所未盡。末有嘉慶甲戌費雲倬《附考》一卷，蓋刻書時所考。謹案《四庫全書提要》云"卷末有自記"，而此本無之。書成於康熙丁卯，歷十四載，三易稿乃定。書有數本，故字形不一。此本乃半古半今之字，頗不便於省覽。每卷之前，刻同邑龐佑清繡廷氏校，即陳氏之手稿也。趙序云："記脱稿時，皆從俗書所抄，底本亦不純用古字。自校五六過，而謬者尚有十之一。"然則其手稿字亦不一矣。

朱氏序曰："《爾雅》一書，古人專以釋《詩》，亦子夏之徒爲之。至六書必祖《説文》，名物必稽陸《疏》，皆先儒説《詩》

律令。今人動以新義掩古義，今音證古音，此不可解也。予爲
《通義》，多與陳子長發商榷而成。近乃自成《稽古編》，悉本
《小序》、《注疏》，爲之交推旁通。予書猶參停今古之間，長發則
專宗古義，宣幽決滯，劈肌中理。世有溯源三百者，必能專奉此
書爲微言未墜，長發其竢之而已。"

文光案：是書即與朱氏所商榷、搜討、辨證，積久成帙
者，足補《通義》所未備。然亦間有異同，各遵所信，兩書
可相輔而行。又案：《四庫全書考證》增改是書者六條，宜録
出參看。

趙氏序曰："先生父諱志中，‘志’皆作‘意’，或作‘記’。
作書顛末，已見朱序及先生跋。先生殁於己巳之冬，距今十三年。
書合四本。"

文光案：趙氏於甲子歲訪善書人，鈔得一本，曹司農溶
留貯采山堂。辛巳又從陳氏昆弟借得手稿，字體一遵許、徐，
恐讀者驚詫，概以時下習書録之。是趙氏所抄之帙，凡二本。
其二本皆手筆也，藏存耕堂。是爲四本。

阮相國序曰："漢平帝世，《毛詩》始立於學。高密鄭君爲故
訓作箋，先儒無異説。魏王肅注《詩》，始難鄭《箋》，而《詩
序》、《詩傳》未有妄肆譏評者。至宋歐公作《本義》，乃盡棄毛、
鄭，而鄭漁仲之徒，遂逞其臆見，廢序譚經。周孚駁之，不遺餘
力，其書不行於世。朱子作《集傳》，參用其説，然作《白鹿洞
賦》，仍從古義。又答門人問曰：‘舊説亦不可廢。’蓋朱子作《集
傳》時，本用《小序》，因與東萊論詩相爭，改從漁仲，此乃一時
之意見，非盡出本旨也。輔廣、劉瑾不達斯旨，曲護《集傳》。元
時又以《集傳》取士，承用至今，不但廢序，而傳、箋亦廢矣。
吳江陳氏與其友朱長孺同治《毛詩》，慨古義云亡，卮言雜出，著
《稽古編》。篇義宗《小序》，釋經宗毛、鄭，故訓本之《爾雅》，

字體正以《説文》，志在復古，力排蕪義。所以於《詩童子問》、《詩傳通釋》二書掊擊尤甚，豈非實事求是之學哉！近世惠定宇亟稱此書，於是好學之士始知轉抄。同時惠君研谿著《詩説》，發明古義，與陳氏不謀自合。今儒崇尚實學，二君實啓之。是書惜無刊本，手稿藏龐生繡廷家。今依原本付之剞劂，嘉惠藝林，俾自謂涵泳本文以意逆志者，讀之必廢然自反矣。"

陳氏叙例曰："古人釋經多由師授，不專據經本。況《詩》得於諷誦，非竹帛所書，確有畫一。諸儒傳寫，師讀各分，經文亦互異，故字與義有不必相符者。非得師授，豈能辨其孰是哉？今師授雖絶，而傳義尚存。尋繹傳義以考經文，其異同猶可正也。""古今爲《詩》學者大備，今日論《詩》不必師心以逞，惟當擇善而從，故斯編止參酌舊詁，不創立新解。《集傳大全》今日經生尚之，而《注疏》亦立於國學，故所辨證此二書爲多。""引據之書，以經傳爲主，而兩漢諸儒文語次之，以漢世近古也。魏晉六朝及唐又次之，以去古稍遠也。宋元迄今，去古益遠，又多鑿空之論、僞託之書，非所取信。其援據詳明、議論典確者，亦百有一二焉。""此編之例，有誤則辨，無則置之，故止題篇什，不載經文。""附録一卷，凡經注訛脱，已列稽疑，而辨析未詳者；傳、箋、釋文，字義故實，須加考證者；辯證《詩》義，因而旁及他典者；論斷已明，尚有餘意未盡者；後儒之説，未甚著聞，而其誤須辯者；竪義稍越常間，恐人河漢其言者；三家詩説可爲博聞之助者，皆彙入焉，仍以經爲次。"謹案《提要》云："附録一卷，統論風、雅、頌之旨。"非是。蓋見目録中止標風、雅、頌數字，而未細審此例也。沈氏謂："後五卷爲心得之學，非抄撮漏罝者。"語亦不確。蓋未嘗細玩條例，亦未讀《四庫提要》也。"朱子自言最喜顔監説詩，無專家之陋。又語門人：《文選》注多引《韓詩章句》，欲採録爲一册。然二家《詩》説多有與毛、鄭同者，朱子輒不從，而別爲立解，原朱子之意專在攻《序》，故獨取其異於毛、鄭者，而同者則置之也。""《洪武正韻》

大取舊韻紛更之，甚諧俗吻，而於雅音則非矣。”“《釋文》有功經
學，然載注疏中者，已非全書，至近世尤不爲俗學所尚，罕寓目
焉。襲舛仍訛，豕魚連幅，十倍傳箋，甚足愧也。案：古人經由
師授，讀本各分而字畫亦異，略載於《釋文》。其曰‘某本又作
某’、‘某本亦作某’者，讀本之不同也。其曰‘字又作某’、‘字
亦作某’者，古字之通用也。相沿既久，脫誤愈滋。又《釋文》
元本所載經文，或與今本經文異，則‘別作’之字，與今文同而
元字反異。俗儒傳寫，不知其故，往往互易其文，甚有但改元字
而‘別作’之字不改，遂致兩字相同者，非有他據，何由正之？
又《釋文》多引《爾雅》、《説文》、《字林》、《方言》等書及
《韓詩》之語，亦時與彼文不同，兩異必有一誤，然未可臆斷也。”
“《集傳》所載經文，馮嗣京以注疏本校之，得訛字及文倒者共十
有二。今又得十二訛字，脫者、倒者各一。”“《集傳》經文多誤，
而傳中訛字亦復不少。有朱子欲改而未及者，有後儒知而辨之者，
亦有相習而莫覺者。”“俗本《集傳》將元本反切皆轉爲直音，意
在便童蒙之誦習也，然舛謬頗多，反誤初學。”

　　費氏小引曰：“予舊藏《稽古編》，係我鄉張太史尚瑗手抄本。
屢擬付梨，因未得原本，中止者二十餘年。壬申夏，龐子携元稿
與予商其剞劂事，予遂慫恿成之。龐子所藏，實作者後定之本，
作者親書之，親校之。龐子因先賢手澤猶存，縱有訛脫，悉如其
舊。然予以諸本細爲互校，其中字句有仍從初稿爲是者若干條，
乃另籤於後，以備識者酌訂之。”“書中古字，今將顯與時體異者，
一一從《説文》中細校，并録許、徐全注，俾讀者一見瞭如，得
其真面目矣。”

　　沈氏《提要》曰：“參伍衆説，尋流泝源，大要以傳、箋爲
本，而出入於《大全》、《集傳》之間。不泥古，不悖古，《周禮》
所謂‘調人’，可約略其指趣矣。二十五卷後總詁、舉要各條，心

得之學，非抄撮漏罥者。"

文光案：沈氏以總詁、舉要爲一例，不知舉要以下乃總詁之子目，語僅數十字而不勝指摘，皆讀書疏略之故也。

丙戌春試畢，在京師録得沈氏《提要》，語焉不詳。旋里後，取本書讀之，復録此數十條，斯知大意。是書辨證《集傳》、《大全》，意在復古，非調停於兩可也。沈氏以爲調人，失其旨趣矣。是書之病正在泥古，以爲不泥古，非是。凡書非深心研究，不可妄説，以誤後人。沈氏所著《皇清經解提要》大半不確，此其一端也。予之爲《藏書記》也，大半於讀書之時，記其顛末，以備遺忘。其於佳本，必詳叙之，以告同好。或先録諸説，而後詳本書；或先録本書，而後採他説。隨手爲之，以俟整比，故名曰"叢稿"，漫無倫次。然詳之又詳，則解得其解，視沈氏《提要》精密多矣。

《毛詩寫官記》四卷

國朝毛奇齡撰

《西河合集》本。漢武置寫書之官，記其所聞，名"寫官"，書名本此。毛氏所著《詩説國風省篇》一卷，《詩札》二卷，《詩傳詩説駁議》五卷，《白鷺渚主客説詩》一卷，《續詩傳鳥名》三卷，并《寫官記》凡六種，俱刻入《合集[一九]》。

李塨曰："此先生初避人時釋《詩》本也。引書多不記原文，其大略可信則引之，且必鍛鍊改易，以成其詞，故假爲問答，借作往復主客辨論。比之韓、魯之爲《詩》，且有進焉。""先生解經，必抉其積滯而發其宿蝕，凡諸已明者不復再較。三百篇皆僞詩，其言倡於王柏，程敏政删改《劉歆傳》以附會之。"

毛甡曰："省篇者，自省也。聞詩而有省。夫齊、魯、韓三家已極備，漫漶而爲之説者，自漢迄今，抑何侈也！吾畢去其説，而僅取所聞者著之篇。”“《詩傳》子貢作，《詩說》申培作，向來無是書。明郭相奎家忽出此二書，以爲祕閣石本。郭本則摹古篆書，而附以楷體今文，用作音注。張元平刻於貴竹，專用楷體。李本寧復合刻篆文、楷體於白下，且加子夏《小序》，名曰《二賢言詩》。於是一入之《百家名書》，再入之《漢魏叢書》，而二書之名遂相沿不可去矣。”

《毛詩日箋》六卷

國朝秦松齡撰

尊賢堂本。此本合刻《蒼硯山人集》。前有康熙庚辰宋犖序。

宋氏序曰：“其書不盡取《小序》，然能精擇毛、鄭舊説，以會粹於歐、蘇、王、呂、程、李、輔、嚴諸儒之言，而折衷於朱子，間發己意，必協於義理之正。而於近儒説《詩》，若郝敬、何楷、顧炎武諸家皆取節焉，與《集傳》相發明者。”

《詩傳名物集覽》十二卷

國朝陳大章撰

原本。前有邱良驥序。百卷本未見。此本鳥二卷，獸二卷，蟲豸一卷，麟介一卷，草四卷，木二卷，徵引最爲繁富。《四庫考證》正是書誤者凡七條。

邱氏序曰：“書凡百卷。先生家居，日課其子弟門人，閲十餘年，三易稿而成，未嘗輕以示人。今歲夏，九舅氏子京自粵西赴都，歸里門，請於先生，得鳥獸魚蟲草木十二卷，將携梓閩中。此書首朱《傳》，次箋、疏，旁搜博采，間附己意，別有論著，兹未之及，蓋慎之也。良驥受教有年，親見用力之勤，特書端委，以應子京舅氏之命。”

《毛詩故訓傳》三十卷

國朝段玉裁撰

《經韻樓》本。前有自序。嚴傑云："後人有專爲《毛傳》作疏者，宜以此爲定本云。"

段氏自序曰："《毛詩故訓傳》三十卷者，玉裁宰巫山，事簡所訂也。曷爲三十卷？從《漢志》也。夫人而曰治《毛詩》，而所治者乃朱子《詩傳》，則非《毛詩》也，是以訂《毛傳》也。《故訓傳》與鄭《箋》久與經文相雜廁，曷爲每篇先經後傳也？還其舊也。周末漢初，傳與經必各自爲書也。然則《漢志》云《毛詩經》二十九卷，《毛詩故訓傳》三十卷，本各自爲書。今釐次傳文，還其舊，而每篇必具載經文於前者，亦省學者兩讀也。傳多於經一卷，其分合今無考也。"

《詩經小學》四卷

國朝段玉裁撰

《學海堂》本。提要曰："以六書訓作解經義，故曰小學。"別有《經韻樓》原本。

《説文》："火，燬也。""燬，火也。""烓〔二〇〕，火也。"古火讀如毀，烓、燬即"火"字之異。　唐石經"苞苴"字皆去"艸"。"白茅苞之"，陸本不誤，《注疏》本釋文改爲"包"，其誤始於唐石經。《木瓜》箋云："以果實相遺者，必苞苴之。"引《書》"厥苞橘柚"。今《書》作"包"，譌。郭忠恕云："以草名之苞爲'厥包'。"其順非有如此者，失之不審。"不可選也"，《車攻》序："因田獵而選車徒。""選"皆"算"字之假借。《漢書》引《詩》"威儀棣棣，不可算也"。《説文》："算，數也。"《毛傳》："不可數也。""算"、"選"同部音近。又《夏官·司馬》

“羣吏撰車徒”注：“撰讀曰算。”“撰”亦“算”之假借。　《說文》引《詩》“能不我慉”，按：能之言而也、乃也。《詩》“能不我慉”、“能不我知”、“能不我甲”皆同。今作“不我能慉”，誤也。古“能”、“而”音近，同在一部。　“其之翟也”，按：此篇“也”，疑古皆作“兮”。《說文》引“玉之瑱兮”、“邦之媛兮”。古《尚書》、《周易》無“也”字，《毛詩》、《周官》始見。《遵大路》二“也”字，一本皆作“兮”。　“蛾眉”，毛、鄭皆無說。王逸注《離騷》云：“蛾眉，好貌。”師古注《漢書》始有“形若蠹蛾”之說。“娥”，一作“蛾”。　“𣠢”，古拳握字，今字書佚此字，僅存於《五經文字》“𣠢”字注。《吳都賦》“覽將帥之𣠢勇”，善曰：“《毛詩》曰‘無拳無勇’，‘拳’與‘𣠢’同。”俗刻《文選》訛誤。　“上入執宮公”，今本“公”作“功”，誤也。公，事也。此箋云：“治宮中之事。”今襲唐定本之誤。今俗人用“膚功”，亦非。　李善《西征賦》注：“《文字集略》曰[二一]：‘狼狽，猶狼跋也。’《孔叢子》曰：‘吾於狼狽，見聖人之志。’”謂《狼跋》之詩也。“狽”即“跋”字。“跋”、“跟”古通用。《說文》無“狽”字，“狽”，即“跋”之訛。因狼從犬而“跟”誤從犬，猶“榛榛狉狉”，俗因“狉”從犬，而“榛”亦誤從犬，作“獉”也。《蕩》詩“顛沛”，即“蹟跋”之假借。傳：“顛，仆也。沛，跋也。”“沛”、“跋”、“跟”同在第十五部，今“沛”、“跟”讀去聲，古與“跋”同入聲，是以通用假借。自去、入歧分，罕知“顛沛”即“蹟跋”之假借，且罕知“狽”即“跟”之訛，“跟”即“跋”之通用字矣。

　　“于三十里”，唐石經作“卅”。按：二十并爲“廿”，讀如“人”；三十并爲“卅”，讀如“跋”：即反語之始也。《廣韻》云唐人仍讀爲二十、三十。　《毛詩》有三“皖”字：一“睍睆黃鳥”，傳曰：“好貌。”一“有睆其實”，傳曰：“實貌。”一“睆彼牽牛"，傳曰："明星貌。"《釋文》曰："字從白，或從目邊，非。"南宋本《毛詩傳箋》有"非"字，此古本也。今本《釋文》乃改作"睆"，從目，而删"非"字。"皖"、"睆"、"皖"三字皆不見《説文》，而時俗任意通用，大約古作"皖"，或作"皖"，又訛爲"睆"。如《地理志》"皖縣"，《漢書》宋本作"皖"，從日，今本從目，皆宜依《毛詩》釋文從"白"。　《詩》言"炮"者四，《瓠葉》、《閟宫》是也。言"炰"者二，《六月》、《韓亦》是也。多以爲偏旁小異，而不知實有二字。炮必連毛，故《閟宫》曰"毛炮"，傳曰："毛炮，豚也。"今《詩·閟宫》作"炰"，乃誤字也。"炰"乃蒸煮之名，其異體作"缹"。《六月》、《韓亦》皆言"炰鼈"，鼈無毛，非可炮者，於"蒸煮宜缹"之語，如今言"焜"，俗語如"煸"。自《説文》失去"炰"篆，誤認"炮"、"炰"一字，而其義晦矣。肉加於火上曰"燔"，貫肉加於火曰"炙"，《生民》作"烈"，煮之鑊曰"烹"。凡炮、燔、炙、燔、燎不用鑊，炰、煮、烹、蒸用鑊。　"誰能執熱，逝不以濯"，謂誰能苦熱而不澡浴以潔其體，以求涼快者乎？乃常情常事。鄭《箋》，《孟子》趙注、朱注，《左傳》杜注皆云"濯其手"，轉使義晦，由泥於"執"字耳。杜詩"爾曹輕執熱，爲我忍煩促"，言爾等不避暑熱，忍耐煩促，而爲伐木禦虎之事也。得左氏、毛公正解矣。《詩》意"執熱"言觸熱、苦熱。　"罙入其阻"，《毛傳》曰："罙，深也。"箋云："罙，冒也，冒入其險阻。"各本皆同。今按《毛傳》異字，毛作"罙"，即《説文》之"突"字也；鄭作"罙"，即《説文》之"罙"字也。二本不同而同之，蓋陸氏《釋文》之過也。"罙"可訓"深"，不可訓"冒"。《五經文字》云："罙、罙音彌。上《説文》，下《釋文》，見《詩》。"由是此錯鑄成矣。文光案：今《詩》作"罙"，上爲毛之半，下爲鄭之半。校注云坊本誤作"罙"，是又以不誤爲誤也。"罙"即"深"之半字。

《玉函山房輯詩》四十三卷

國朝馬國翰編

濟南皇華館本。所輯凡二十九家。

《魯詩故》三卷，漢申培撰。培，魯人，故所傳詩稱"魯詩"。《漢志》：《魯故》二十五卷，《魯説》二十八卷。其書亡於西晉，故隋、唐《志》皆不著録。按《漢書》，孔安國爲申公弟子。又韋賢治《詩》，傳子玄成，由是《魯詩》有韋氏學。韋賢事江公及許生。又張長安、唐長賓、褚少孫皆事王式，式事徐公及許生，徐、許皆江公弟子。江爲申公弟子，盡傳其詩。由是《魯詩》有張、唐、褚氏之學。今可徵者，孔安國有《書傳》、《論語訓説》、《古文孝經傳》。韋玄成，《漢書》本傳載其奏議。褚少孫有《補史記》，凡所引《詩》，皆《魯詩》也。又司馬遷從孔安國問《古文尚書》，於申公爲再傳弟子。《史記》引《詩》亦爲《魯詩》無疑。《困學紀聞》云："《魯詩》出於浮丘伯，孫卿門人。以授楚元王交。交與申公事浮丘伯。劉向乃交之孫，其説蓋本《魯詩》。朱《考》謂蔡邕石經悉本《魯詩》。按石經《魯詩》殘碑載於《隸續》，他書尚有引石經者，由此推之，邕所撰述，其引用不與毛同，皆《魯詩》也。臧庸《拜經日記》云："《爾雅》是《魯詩》之學。"又謂唐人義疏引某氏《爾雅》注，即樊光也。且詩并與毛、韓不同，蓋本《魯詩》。又謂王叔師《楚辭章句》所引《詩》與《爾雅》、《列女傳》合，蓋《魯詩》也。并據輯補，釐爲三卷，視明豐坊《魯詩世學》及申培《詩説》之僞本，固大有間矣。節録馬氏序，復加注以明之，下同。楚元王《詩傳》已佚，《漢志》謂二家，魯爲近之。班《志》藝文本劉歆《七録》。歆爲向之子，劉氏世傳《魯詩》，向《列女傳》皆《魯詩》。

《齊詩傳》二卷，漢后蒼撰。《齊詩》出於轅固。固，齊人，故號"齊詩"。固傳云："諸齊以《詩》顯貴，皆固之弟子也。"《漢志》：《齊后氏故》二十卷，《齊孫氏故》二十七卷，《齊后氏傳》三十九卷，《齊孫氏傳》二十八卷，《齊雜記》二十八卷。《玉海》作十八卷。應劭注曰："后蒼作《齊詩》。"陸氏《釋文》云："轅固生作《詩傳》，號'齊詩'。"《漢紀》："轅固生作《詩外內傳》。"然《漢志》題后蒼，不著固名者，則《齊詩》之有傳説自蒼始，孫氏故傳亦宗后氏也。《隋志》云："《齊詩》魏代已亡。"《通考》："董逌《藏書目》有《齊詩》六卷，疑後人依託。"王應麟《詩考》輯十六節，并及翼奉、蕭望之、匡〔二二〕衡及伏理子湛之説。班氏世傳齊學，凡《漢書》表、志、贊、叙出於班氏父子手筆，所引皆《齊詩》無疑也。班固作《白虎通》，引《詩》有《魯訓》，有《韓內傳》，其不言何家者，以齊爲本，故不顯姓名也。并據輯補，題"后蒼"者，以翼、匡、師、服之學，皆后氏也。引者多稱傳，因題《齊詩傳》也。

《韓詩故》二卷，《韓詩內傳》一卷，《韓詩説》一卷，漢韓嬰撰。馬氏無序。馬氏所輯各家皆冠以序，明其人之有傳、無傳、相傳之序、所據之本，此三序恐佚。本傳："韓嬰，燕人，孝文時博士，推詩人之意，作《內外傳》數萬言，頗與齊、魯殊，然歸一也。燕、趙間言《詩》者，由韓生。"河內趙子事韓生，授蔡誼，誼授食子公與王吉，吉授長孫順，由是有王、食、長孫之學。《漢志》：《韓故》三十六卷，《內傳》四卷，《外傳》六卷，《説》四十一卷，隋唐止存《外傳》，析爲十篇，申、毛之《詩》皆出荀卿，《外傳》多引荀書。荀卿即孫卿。其遺説往往見於他書。馬氏所輯，據《水經注》、卷三十四引《韓詩》序。王氏《詩考》、《文選注》、《釋文》、《説文繫傳》、江休復《醴泉筆錄》、《北堂書鈔》、《御覽》、高誘《呂氏春秋注》、誘習《韓詩》。《麈史》、《佛般洹經》、《一切經音義》，其他採於諸經注疏者尚多。

《韓詩章句》二卷，漢薛漢撰。本傳云："字公子，淮陽人也。世習《韓詩》，父子以章句著名。漢少傳父業，漢父方，字子容。尤善説災異讖緯，教授常數百人。當世言《詩》者推漢。"《章句》定於杜撫，撫有高才，受業於漢。稱《薛君章句》，以別張、匡《韓詩章句》也。其書久佚，兹更輯補，粗見梗概。

《韓詩翼要》一卷，漢侯苞撰。《隋志》十卷。今佚，唯從《正義》及陳暘《樂書》輯録四節。

《毛詩馬氏注》一卷，漢馬融撰。《隋志》：梁有十卷，亡。唯《正義》及《釋文》引十一節，《水經注》引一節。鄭康成受業於融，而説《詩》不爲苟同，卓越之識愈可見矣。

《毛詩問義〔二三〕》一卷，魏劉楨撰。魏文帝《典論》以魯國孔融、廣陵陳琳、山陽王粲、北海徐幹、陳留阮瑀、汝南應暘、東平劉楨爲"七子"，稱其於學無所遺，於辭無所假，自以騁騏驥於千里，仰齊足而并馳，蓋亦偉其才矣。《義問》，隋、唐《志》并十卷，今佚，從諸書輯得十二節。訓釋名物與陸《疏》相似，猶不失漢人家法云。

《毛詩王氏注》四卷，魏王肅撰。隋、唐《志》二十卷，今佚。其説申述毛旨，往往與鄭不同。鄭箋《毛詩》時參三家舊説，故傳、箋互異者多。《正義》於毛、鄭皆分釋之，凡毛之所略而不可以鄭通之者，即取王注以爲傳。

《毛詩義駁》一卷。王肅注《毛詩》，以鄭《箋》有不合於毛者，因爲此書。曰"義駁"者，駁鄭氏義也。《隋志》八卷，今佚，輯録十二節。鄭氏訓義優洽，自有此駁，門户紛争矣。

《毛詩奏事》一卷。王肅取鄭氏之違失，條奏於朝。《隋志》一卷，久佚，從《正義》採得四節。

《毛詩問難》一卷，王肅申毛以難鄭也。梁有二卷，亡，從《正義》録七節。

《毛詩駁》一卷，魏王基撰。王肅著《諸經傳解》，及論定朝議，改易鄭氏舊説，而基據持鄭義，常與抗衡。《唐志》五卷，今佚，從《正義》、《釋文》錄十五節。依鄭駁王，具有根柢。

《毛詩答雜問》一卷，吳韋昭、朱育等撰。《七錄》七卷，亡，今從《正義》、《御覽》等書輯録十三節。

《毛詩異同評》三卷，晉孫毓撰。評毛、鄭、王肅之異同，於箋義不設其長，而朋於王者亦復不少，所以有陳統之難也。隋、唐《志》十卷，佚，從《正義》、《釋文》輯爲三卷。武威張澍介侯《二酉堂叢書》載此書之目，尚未付梓。

《毛詩拾遺》一卷，晉郭璞撰。《隋志》一卷，久佚，今從《釋文》、《正義》、《北堂書鈔》等書輯録七節。

《毛詩徐氏音》一卷，晉徐邈撰。梁有二卷，亡，從《顏氏家訓》、《釋文》、《匡謬正俗》、《六經正誤》、《類篇》、《集韻》所引合輯爲卷。其音如"嫉"音"自"、"踞"音"渠"、"苑"音"柳"之類，今廢不行。然仙民爲晉名儒，豈無據而云然？知沈約四聲蔑古不少，存此舊音，比於齊鐘薛鼓云。

《毛詩序義疏》一卷，齊劉瓛撰。《隋志》一卷，今佚，從《釋文》、《正義》所引得二節。

《毛詩周氏注》一卷，宋周續之撰。周續之與雷次宗同受慧遠法師《詩》義，其書久佚，隋、唐《志》不著。從《顏氏家訓》及《北堂書鈔》、《匡謬正俗》輯得六節。

《毛詩十五國風義》一卷，梁簡文帝撰，馬氏序。佚，僅録"《毛詩》指説"一節。

《毛詩隱義》一卷，梁何胤撰，馬氏序。佚，録於《釋文》。

《集注毛詩》一卷，梁崔靈恩撰。題"集注"者，集合前儒之説。隋、唐《志》二十四卷，今佚，裒集爲卷。其引鄭《箋》多與今本不同，知由俗儒訛傳，賴此以存其舊。又其書雖以毛爲主，間取三家，尤資考訂云。

《毛詩舒氏義疏》一卷，舒援撰。《隋志》二十卷，當是晉宋間人。從《正義》録三節。

《毛詩沈氏義疏》二卷，後周沈重撰。《隋志》二十八卷，佚，今採《音釋》合訂二卷。本傳載《音》二卷。

《毛詩箋音義證》一卷，後魏劉芳撰。《隋志》十卷，佚，今從《文選注》、《御覽》採得七節。

《毛詩述義》一卷，隋劉炫撰。《隋志》四十卷，《唐志》三十卷，今佚。劉氏之説，其純者皆具於《正義》，特晦其名，莫由區別。今録三節，存此梗概，庶可循求焉。

《毛詩草蟲經》一卷，撰人缺。《初學記》及《埤雅》引之，則六朝人所作。輯録四節，其説究悉物理，可見一斑。

《毛詩題綱》一卷，撰人缺。《御覽》引四節，皆即篇義參合序説，發明比興之旨。考《隋志》有《毛詩發題序義》一卷，梁武帝撰，疑即是書也。

《施氏詩説》一卷，唐施士匄撰。從《嘉話録》、《昌黎詩注》輯録四節。匄兼善《左氏春秋》，以二經教授。

《鄭氏詩譜補亡後訂》一卷　附《拾遺》、《許氏詩譜鈔》一卷

國朝吳騫撰

《拜經樓》本。《詩譜》舊本三卷，有徐整暢、岑叔、裴隱、劉炫注，宋時皆遺。歐公補亡，亦三卷。行本一卷，注不可見。正文多訛。戴氏考正疏闕，間亦不免。吳氏從各本重加校定。首《詩譜補亡後訂》，次《詩譜拾遺》十五條，次《許氏詩譜鈔》，次《孫氏爾雅正義拾遺》。

鄭氏序曰："夷、厲以上，歲數不明，太史年表自共和始，歷宣、幽、平王而得春秋次第，以立斯譜。欲知源流清濁之所處，則循其上下而省之；欲知風化芳臭氣澤之所及，則旁行而觀之：

此《詩》之大綱也。舉一綱而萬目張，解一卷而衆篇明。於力則鮮，於思則寡，其諸君子亦有樂於是與！"原案："此序或曰宋均作。"

歐陽氏《詩圖總序》曰："司馬遷謂古詩三千餘篇，孔子删之，存者三百。鄭學之徒皆以遷説之謬，言古詩雖多，不容十分去九。以予考之，遷説然也。何以知之？今書傳所載逸詩，何可數焉？以圖推之，有更十君而取其一篇者，又有二十餘君而取其一篇者，由是言之，何啻乎三千？"文光案：删詩之説，始於史公，諸家非之，歐公是之，終無定説矣。

吳氏序曰："元東陽許文懿公嘗以鄭、歐之譜世次，容有未當，别纂《詩譜》繫於《詩集傳名物鈔》，其間如《二南相配圖》退《何彼襛矣》、《甘棠》於《王風》，而削《野有死麕》，猶之魯齋王氏欲黜淫邪之詩三十餘篇，子朱子不取《小序》，蓋其師學授受相承如此。特所序諸國傳世歷年甚悉，有足資考核者，因爲輯訂，附諸《詩譜補亡》之後。"是書成於乾隆甲辰。

吳氏跋曰："東原戴氏以爲注《爾雅》之孫炎有二，一爲魏徵士，樂安人，字叔然；其一蓋唐五代間人，惜字與爵里不可考。惟陸氏《埤〔二四〕雅》所引孫炎注，多後之孫炎。驀按：邢昺《爾雅注疏》序云：'其爲義疏者，俗間有孫炎、高璉，皆淺近俗儒，不經師匠。'是宜於二家之説概置弗録。而或者復疑邢氏説不取高璉，仍多載孫炎之語，是皆未達前説者也。因從《埤雅》採録附《詩譜拾遺》之後，以補自來簿録所未及。"

《詩古微》二卷

國朝魏源撰

脩吉堂本。前有李兆洛序并目録。《正始篇》二篇，《詩樂篇》四篇，《三家發凡》三篇，《毛詩明義》五篇，《三家發微》三篇，《齊魯詩發微合篇》一篇，《魯詩發微》二篇，《韓詩發微》二篇，

《三家通義》一篇，《三家同義》一篇，《三家異義》一篇，《集傳初義》一篇。上卷十四篇，下卷十二篇，共二十六篇。餘詳《目録學》。源字默深，邵陽人。

《毛詩鄭箋改字説》四卷

國朝陳喬樅撰

《小娜嬛館》本。前有自序。

陳氏自序曰："鄭君箋《詩》，其所易傳之義，大抵多本之魯、齊、韓三家。如讀'素衣朱繡'爲'綃'，讀'他人是愉'爲'偷'，解'豔妻'爲厲王后，解'阮徂共'爲三國名，此魯説也。讀'邦之媛也'爲援助之'援'，'可以樂飢'爲'療飢'，此韓説也。《詩緯》多用《齊詩》，'十月之交'，氣之相交，周之十月，夏之八月也。是説見於緯，亦見於箋，此齊説也。如斯之類，皆證據顯明者。間有不言其讀，而但於訓釋中改其字以顯之；亦有仍用其字，而但於訓釋中改其義以顯之。蓋當時魯、齊、韓并立學官，故箋所采撿不煩具徵諸家，而治《詩》者無不知之。今三家詩亡，不能盡考，然舉一反三，足以徵信鄭君深明於文字、聲音、訓詁、通假之源，折衷微言，擇善而從，其學之卓出諸儒者在是。近儒臧氏著《經義雜記》首發其覆，陳氏《稽古編》、惠氏《詩經古義》、段氏《詩經小學》皆有所發明，然尚有未詳者。家大人嘗鉤考魯、齊、韓三家詩，欲爲傳箋同異者疏通證之，輯而未成。謹遵所聞，蒐討羣書，參互考證，申明鄭君之説，案列如左。"

《毛詩考證》四卷

國朝莊述祖撰

《珍藝宧遺書》本。是書無序跋。有考者，始列詩句。如"鐘

鼓樂之”爲一行；“石經‘鐘’作‘鍾’”爲一行，降一格。所引
《説文》、《釋文》、石經爲多，間及《五經文[二五]字》，其他有岳
本、毛本、阮校、段校、何焯云、盧文弨云。

《毛詩周頌口義》二卷

國朝莊述祖撰

《珍蓺宦》本。道光乙未年刊，無序跋。是書先列序，後刊
詩。如《清廟》，“序曰云云”，以下爲“箋云”、“正義云”，“口
義”在後，降一格。詩内所引有傳曰、箋云、正義、申毛云、申
鄭云。述祖，字葆琛，武進人。

蔡邕《獨斷》“宗廟所歌詩”備載《周頌》三十一章，大略
同《毛詩序》，亦時小有所更易。《清廟》云：“洛邑既成，諸侯
朝見，宗祀文王之所歌也。”蔡以清廟爲明堂，故謂祀文王爲宗
祀，與鄭異義。

《毛詩禮徵》十卷

國朝包世榮撰

小仙游閣本。道光八年刊。前有陶澍、陳鑾、熊遇泰、從父
兄世臣序，行狀，墓表，自序，凡例，目録。

陶氏序曰：“六經之道同歸，而卜氏言《詩》通於《禮》後，
明其互相爲用也。惟鄭深於《禮》，每以《禮》説《詩》。蓋漢人
專門傳授，恒詳於制度名物，略於義理，不獨《詩》爲然。而學
者即可因是以求三代經曲之迹，與聖作明述相遇於一堂，猶旦暮
也。後世高談性命，逃之於空虛，議論日多，而無當於實用，學
術之所以不能如古，蓋在是矣。涇川包孝廉世榮之説《詩》也，
但取《詩》之涉於《禮》者，疏通而證明之。其分門別類，大端
仿陳祥道《禮書》及秦氏《五禮通考》，闊綱細目，不必盡具，而

以資小學，廣多識，猶之五都市也。書刻於君歿之後，君從兄世臣，惜君年不永，亟鐫以傳之於世。”

陳氏序曰：“毛氏之學於《禮》至精。鄭氏注《三禮》，其説《詩》用三家，最後見毛公義長，乃作箋以薦成毛義。而後之排鄭學者，謂其以《禮》説《詩》，不合毛氏，舛矣！包君此書，以《禮》爲綱，以《詩》爲目，條舉件繫，展卷了達，而詩人立言之意與毛、鄭傳經之旨，可繹而自得之。”

熊氏序曰：“包君季懷於書無所不讀，而一歸之於《詩》。著有《訓詁》八卷、《草木》二卷、《鳥獸》一卷、《蟲魚》一卷、《輿地》一卷，名曰《學詩識小録》。又述吉凶典禮、宮室、車輿、衣服、飲食、器具、樂章，凡三十餘萬言，貫穿馳騁，分散探纂，爲許學門庭留此法物。”

包氏自序曰：“玩《三禮》注疏，旁稽《史》、《漢》、《三國志》、《通典》，據《詩》文分五禮，以引其端緒，稽其制度，次其條目，或推廣詩意，附類詳説。其師説互異者，并行甄別，以備遺忘。”

例曰：凡所徵引，略有删節。鄭氏注經，不盡全文，賈、孔作疏及《通典》、《通考》皆然。今仿其例。

附　録

《韓詩外傳》八卷

漢韓嬰撰

亦有生齋本。乾隆五十五年趙懷玉校刊。有序，又盧文弨序，舊序二首，序説一篇。《外傳》行本甚多，以此本爲佳。案第六卷“衛靈公晝寢”條內云“諸侯相見，不宜相臨以庶”，“以庶”，

《廣博物志》作"以勢"，"勢"字義長，而趙校未及。然趙本篇首引董斯張語，似曾翻閱《廣志》，蓋此條偶失檢也。《外傳》舊有毛本、林本、通津草堂本，近有周氏校注本、《經解彙函》本、周趙合刊本，皆佳本也。《漢志》：《韓故》三十六卷，《内傳》四卷，《外傳》六卷，《詩説》四十一卷。今惟《外傳》存。

歐陽修曰："韓嬰之書，至唐猶在，今但存《外傳》，非嬰傳《詩》之詳者。而其遺説時見於他書，與毛之義絶異，而人亦不信。"

劉安世曰："嘗記少年讀《韓詩》，有'雨無其極'篇，序云：'正大夫刺幽王也。'首云'雨無其極，傷我稼穡。浩浩昊天，不駿其德。'　《詩》中云'正大夫離居'，豈非所謂'正大夫'乎?"

范處義曰："後人見《詩》中有'正大夫離居'之語，故加二句，且牽合以爲'正大夫刺幽王'，似不可信。"

洪邁曰："《外傳》十卷，慶曆中將作監主簿季用章序之，命工刊刻於杭。"

陳振孫曰："《外傳》多於舊，蓋多雜説，不專解《詩》，不知果當時本書否也。"

王應麟曰："《韓詩序》云：'《黍離》，伯封作。'陳思王植《令禽惡鳥論》曰：'昔尹吉甫信後妻之讒，而殺孝子伯奇，其弟伯封求而不得，作《黍離》之詩。'其《韓詩》之説與?"又曰："侯包言衛武公作《抑》詩，使人日誦於其側。朱子謂'不知此出在何處'。愚按：侯包之説，見於《詩正義》。《隋志》：《韓詩翼要》十卷，侯包撰。然則包學《韓詩》者也。"

　　右《詩》類

　　古詩三千餘篇，孔子删之爲三百。漢儒倡之，後儒議之，蓋疑者半，信者半。《國風》、《雅》、《頌》之什，或以爲太史所分，或以爲孔子所分，或又謂不待太史、孔子而後分也，蓋是者半，非者半。大、小序之作，或以爲子夏，或又謂非子夏，蓋可者半，否者半。此三者，至今不能決也，而連篇累牘，辨説紛如。愚以去古既遠，確證誠難，并列其説，不加論斷，是或讀書之一道也。秦、漢以前之古本，不可見矣。漢時傳詩者有齊、魯、韓、毛四家，各有師傳，不相統貫，義既不同，字亦各異，是固疑無可疑，而信不妨并信矣。然齊、魯、韓三家已佚，所存者，惟毛萇之傳，而毛亨之《故訓》亦亡。明時忽出《子貢詩傳》、《子夏詩説》，皆鄞人豐坊所撰，僞迹顯然，不足存也。今所録者凡三十一家，始於鄭《箋》，附以《外傳》。其中考辨名物，訓詁字義，最爲讀《詩》要著；而《詩》音入於小學類者，亦宜參觀。《毛詩圖》著於《七録》者，尚有三家；《韓詩圖》見於《名畫記》者，尚有一家。今皆亡佚，深可惜也。今有《毛詩名物圖考》，尚可爲童蒙講説；而宋本《六經圖》中有《詩圖》，亦宜省視。其他《爾雅》、《埤雅》、《方言》、《釋名》、《説文》、《本草》皆可爲《詩》學之助，宜遍及也。宋元經説已著於《目録學》者，兹不復贅。《毛詩指説》、《六家詩名物抄》已見於《耿氏書目》者，亦不再録。近人説詩多宗漢學。

校勘記

〔一〕“禮”，據《毛詩箋》當衍。

〔二〕“旻”，原作“昊”，據同上書改。

〔三〕“鞞”，原作“鞸”，據同上書改。

〔四〕“媚”，原作“婿”，據同上書改。

〔五〕“故”，原作“詁”，據上文改。

〔六〕“讀之”，原作“之讀”，據《毛詩草木鳥獸蟲魚疏廣要》乙正。

〔七〕“窘”，原作“窮”，據同上書改。

〔八〕“師丹”，原作“丹師”，據同上書乙正。

〔九〕“亨”，原“享”，據同上書改。

〔一〇〕“萇”，原作“長”，據同上書改。下同改。

〔一一〕“蓮峰書屋”，原作“連書峰屋”，明萬青銓有《蓮峰書屋》，據以乙正。

〔一二〕“茸”，原作“茸”，據朱鑑《詩傳遺説》改。

〔一三〕“泰”，原作“嘉”，據清莫友芝《宋元舊本書經眼録》改。

〔一四〕“元案”至“今校補”三句，乃宋陳振孫《直齋書録解題》案語，似係誤置此處。

〔一五〕“音”，原作“首”，據《詩輯》改。

〔一六〕“匡”，原避宋太祖趙匡胤名諱作“康”。

〔一七〕“删”，原作“剛”，據《詩考》改。

〔一八〕“證天子可得”，原作“記夫子所得”，據清閻若璩《尚書古文疏證》改。

〔一九〕“合集”，原作“全集”，據上文改。

〔二〇〕“焜”，原作“堄”，據《説文解字》改。

〔二一〕“曰”，原作“字”，據唐李善《文選注》改。

〔二二〕“匡”，原作“巨”，據上文改。

〔二三〕“問義”，據《隋書》當作“義問”。

〔二四〕“埤”，原作“神”，據清吳騫《愚公文存》改。下同改。

〔二五〕“文”，原作“五”，唐張參有《五經文字》據改。

經部四

禮類一

《周禮注疏》四十二卷

漢鄭氏注，唐陸德明釋文，賈公彥疏

明本。前有賈公彥《正義序》，汲古閣本結銜作唐散騎大夫，此本作唐朝散大夫，與宋本《五經正義》表合。每葉十八行，行二十一字。鄭氏《周官禮注》十二卷，見《隋志》。鄭氏《三禮目録》，朱《考》注“佚”字。賈疏《禮記目録》引鄭氏説。恭讀《天禄琳琅書目》，曰《周禮》二函，十二册，漢鄭康成注，唐陸德明音義，十二卷。相臺例云：世傳九經，自建、蜀、京、杭而下有建余氏本，分句讀，稱爲善本云云。此書每卷後或載余仁仲比校，或余氏刊於萬卷堂，或余仁仲刊於家塾，所謂建余氏也。句讀處亦與所言相合。卷末各詳紀經注音義，字數點畫完好，紙色極佳。張氏古照堂所藏，名無考。

《後漢書》：“玄從東郡張恭祖受《周官禮記》。”

晁公武《讀書志》：“史稱賈《疏》五十卷，今并爲十二卷，發揮鄭學最爲詳明。”

陳氏《書録》：“《周禮》六官實本於《周官》，《周官》舉其凡，《周禮》詳其目。”

董逌曰："公彦此書據陳邵《異同評》及沈重《義》爲之，二書并見《唐志》，今不存。"

王炎曰："康成之訓釋可謂有功於《周禮》矣。雖然，一則以緯説汩之，一則以臆説汩之，《周官》之意晦矣，故學者不得不疑。"

《玉海》："徐氏曰：'鄭注誤有三：《王制》漢儒之書，今以釋《周禮》，其誤一。《司馬法》兵制也，今以證田制，其誤二。漢官制皆襲秦，今引漢官以比《周官》。小宰，乃漢御史大夫之職，謂小宰如今御史中丞，如此之類，其誤三。'"

文光案：陳祥道有《周禮纂圖》，朱《考》曰"佚"。今纂圖互注小字本《周禮》前有《經圖》二十九，各繫以説，多引陳氏《禮書》之言。

《周禮注疏》四十二卷

漢鄭玄注，唐賈公彦疏

《文選樓》本。揚州阮氏校刊。

《校勘記》曰："有杜子春之《周禮》，有二鄭之《周禮》，有後鄭之《周禮》。《周禮》出山巖屋壁間，劉歆始知爲周公之書而讀之，其徒杜子春乃能略識其字。建武以後，大中大夫鄭興、大司農鄭衆，皆以《周禮解詁》著，而大司農鄭康成乃集《周禮》之成，爲《周禮注》。蓋經文古字不可讀，故四家之學皆主於正字。其云'故書'者，謂初獻於祕府所藏之本也。其民間傳寫不同者，則爲今書。有云'讀如'者，比擬其音也；有云'讀爲'者，就其音以易其字也；有云'當爲'者，定其字之誤也。三例既定，而大義乃可言矣。説皆在後鄭之注，唐賈公彦等作疏發揮，殊未得其肯綮。因通校經注疏之譌字，并及釋文，復定其是非。凡言周制、言漢學者，容有藉於此。"

李氏跋曰："宋末王昭禹仍荆父新説，作《周禮詳解》四十卷，吾嘗於陰氏《韻府》輯其説。"

《經籍跋文》："《周禮注》十二卷，宋刻小字本，附載音義。首題'《纂圖互注周禮》卷第'，次'《天官冢宰》第一'，夾注音義，下題'《周禮》'，越格題'鄭氏注'，又次經文起。前列《周禮》篇目，次列《圖説》，凡三十五。每葉二十四行，行二十一字，注行二十五字。余仁仲本每葉二十行，行十七字，注行二十二字。拜經樓巾箱本王蘭泉司寇有跋，大致與此刻同，俱未若斯本之佳。前有玉蘭堂印，又古吴王氏及辛夷館印，又季振宜藏書印，蓋始爲文衡山，繼爲王雅宜藏，後歸季滄葦者，皆鑒賞名家。《延令宋板書目》'《纂圖互注周禮》十卷'，疑即此。其注之勝於今本者甚多，兹不具述。"

《周禮漢讀考》六卷

國朝段玉裁撰

《經韻樓》本。鄭氏注，各卷皆分上下。是書成於乾隆癸丑，今刻入《學海堂經解》。段氏耄年著書，未敢深信。凡書少年所著，老而更定者，益見精密。若耄年著書，期於速成，不免昏忘，且多率意，是不可不辨也。

段氏自序曰："漢人作注，於字發疑正讀，其例有三：一曰'讀如'、'讀若'；二曰'讀爲'、'讀曰'；三曰'當爲'。'讀如'、'讀若'者，擬其音也。古無反語，故爲比方之詞。'讀爲'、'讀曰'者，易其字也，易之以音相近之字，故爲變化之詞。比方主乎同，音同而義可推也；變化主乎異，字異而義憭然也。比方主乎音，變化主乎義。比方不異字，故下文仍舉經之本字；變化字已易，故下文輒舉所易之字。注經必兼兹二者，故有'讀如'，有'讀爲'；字書不言變化，故有'讀如'，無'讀爲'。有言‘讀如某’、‘讀爲某’，而某仍本字者，‘如’以別其音，‘爲’以別其義。‘當爲’者，定爲字之誤、聲之誤，而改其字也，爲救正之詞。形近而訛，謂之字之誤；聲近而訛，謂之聲之誤；字誤、聲誤而正之，皆謂之‘當爲’。凡言‘讀爲’者，不以爲誤；凡言‘當爲’者，直斥其誤。三者分而漢注可讀，而經可讀。三者皆以音爲用，六書之形聲、假借、轉注於是焉在。漢之音，非今之四聲，二百六韻也。玉裁昔年成《六書音韻表》質諸天下，今成《周禮》六卷。鄭君序曰‘其所變易，灼然如晦之見明；其所彌縫，奄然如合符復析’，謂杜、衛、賈、馬、二鄭之能事也。又曰‘猶有差錯，同事相違，則就其原文字之聲類考訓詁，據祕逸’，謂己補正之功也。訓詁必就其原文，而後不以字妨經；必就其字之聲類，而後不以經妨字。不以字妨經，不以經妨字，而後經明，經明而後聖人之道明。點畫謂之文，文滋謂之字；音讀謂之名，名之分別部居，謂之聲類。周時大司徒、鄉大夫、保氏所教，外史所達，大行人所諭聽者，漢四百年間瞭然衆著。魏李登以成書，沿至陸法言等八人，猶能知其崖略。夫不習聲類，欲言六書治經，難矣！”

以上禮類《周禮》之屬。

鄭氏曰：“《禮器》‘經禮三百’，謂《周禮》也。”又曰：“周公居攝而作六職，謂之《周禮》。”《正義》：“《周禮》、《儀禮》，并周公所記。所謂‘禮經三百，威儀三千’。禮經則《周禮》也，威儀則《儀禮》也。”馬融曰：“孝武開獻書之路，《周官》出於山巖屋壁。”《隋志》：“漢時有李氏得《周官》，《周官》蓋周公所制官政之法，上於河間獻王，獨闕《冬官》一篇。獻王購以千金，不得，遂取《考工記》以補其闕，合成六篇奏之。至王莽時，劉歆始置博士，以行於世。河南緱氏杜子春受業於歆，因以教授。”鄭樵曰：“《周禮》一書，或謂文王治岐之制，或謂成周理財之書，或謂戰國陰謀之書，或謂漢儒附會之説，或謂末世瀆亂不驗之書，紛紜之説，無所折衷。予謂非聖人之智不及。文中子居家，未嘗廢《周禮》；太宗讀《周禮》，謂其真[一]聖作。其深知《周禮》者歟！若夫王莽敗於前，荆公敗於後，此非《周禮》不可行，而不善用《周禮》者之過也。”

賈公彦曰：“周衰，諸侯惡典籍之害己，《司空篇》亡。”鄭康成曰：“《考工記》，司空之官也。《司空篇》亡，漢興，購求千金不得。此前世識其事者，記録以備大數耳。”《南齊書》：“文惠太子鎮雍州，有盜發楚王冢，獲竹簡書，青絲編簡，廣數分，長二尺。有得十餘簡以示王僧虔，曰：‘是蝌蚪書《考工記》，《周官》所缺文也。’”林希逸曰：“《周禮》六官闕其一，河間獻王以《考工記》足之。《考工》之文自與五官不同，予嘗以此爲造物之巧，畢竟五官文字，俱同一律，《考工》之文又奇，足以此書，似造物有意也。”朱申曰：“《冬官》不名‘司空’而名‘考工記’者，蓋漢儒名之也。”朱氏曰：“《考工記》，漢以補冬官之闕。然周官三百六十，多以士爲之，若《記》之所云，直百工焉爾。《記》之所載三十工，鄭氏以爲司空之官，非矣。”又曰：“説《周禮》者言《冬官》不亡，散見五官中，多以意强補《冬官》。惟錢氏氈不襲前人之説，可謂温故知新矣。”

《儀禮注疏》十七卷

漢鄭氏注，唐陸德明音義，賈公彦疏

武英殿本。前有總目、賈序、鄭氏目録。此目有注有疏，目録之名昉於此。伏讀《天禄琳琅書目》，《儀禮》凡四部：其一爲鄭注，係規仿宋槧，書手、刻工皆拙，有趙氏子昂樞密之章，允文三印，篆法庸俗，皆出一手，爲書賈僞作無疑。其一爲鄭注

《三禮》之一，無校刊人，序跋當是坊間所刻之本，曲江張氏收藏印記，未詳其人。此二部在第七卷《明板經部》內。其一亦鄭注，每卷末列經若干字，注若干字，通卷宋諱缺筆，惟不諱“慎”字、“惇”字，蓋紹興年間刻本。以此本正明監本之誤者，凡一百二條，皆著於目後。此一部在《續編》第二卷《宋板經部》內。其一爲注疏，每卷首標“提督直隸學政、監察御史餘姚聞人詮校正，直隸常州府知府遂昌應櫃刊行”。二人皆嘉靖年間人。考明制，天下學校領以提學道，惟兩畿則差御史。按《江南通志》，詮字邦正，王守仁之門人，著《芷蘭集》，又有《飲射圖解》，是講經禮之學者。此一部在《後編》第十二卷《明板經部》內。

館臣識曰：“《儀禮》一經，自宋熙寧後不列於學官，學者又苦其難讀，故治之者頗少，版本之訛謬視他經尤多。現行者明國子監本與鳳苞汲古閣本，魯魚亥豕，大約雷同。外則朱子、黃氏、楊氏、敖氏諸本，採取刪節，俱非鄭、賈之全書。敖氏所存，約之又約，而經文差爲可據。經文以開成石經爲高曾之規榘，然亦不能完善無誤。石刻固足以勘諸本之是非，而石刻之是非，則又當以諸本還而勘之者也。釋文惟於不常見之字與字之有轉音者，傅之音義，每舉經注一字，間有數字比連，亦可因此偶有推尋焉。賈疏文筆本多冗拙，加以顛錯紛挐，盈紙觸目，黃氏、楊氏雖間有訂正，而未及十之一二也。今據諸本別其異同，決其是否，於踦駁疑難之處，更反復其意理，究析其指歸。凡所引用者，必考其傳注之原文上下章。若前後卷交相闡發者，必考其相因相變之所自。顯有證佐確然無疑者改之，其不可稽者則闕。今并以列於卷尾，其或監本雖訛，毛本已正，及更易隻字虛詞，人人望而可知者，則不盡著也。”

《平津館書籍記》：“南宋本《儀禮》止載經文，無序跋。黑口板，每葉廿行，行廿字。內有補刻葉。板心上有‘閔何校’三字，閩中所刻。末附《儀禮旁通圖》一卷。”“明板《注疏》每葉十八行，行廿一字。板心下有刻字人姓名”。“陳本鄭注釋文皆作小字，疏用小圈別之。前本‘恒’、‘桓’等字俱依宋本缺筆，此本不缺。黑口板，每葉廿行，行廿二字。有諸家印。”

莫氏《經眼錄》：“宋本《儀禮》，鄭注，十七卷。每葉十六行，行十七字。注雙行，行字同。板心上端右并有‘淳熙四年刊’五篆字。每卷末悉分記經、注字數。一卷首、十七卷尾并有‘松雪齋’、‘趙孟頫印’、‘海上醉六經齋藏書之章’三印。首又有‘竹泉珍秘圖籍’、‘敦淳珍藏顧氏’二印，末又有‘梁氏家藏’一印。二卷末又有談聞齋主人楷書木記，凡百有七字。同治甲子，署蘇松太道丁禹生日昌獲之上海市中，乙丑五月三日客道署借讀，審定爲實事求是齋經籍之冠。”

文光案：《四庫全書考證》一百卷，其第十二卷正官本《儀禮注疏》之誤者，凡五十三條，皆官本《考證》所不及。但其中有疑似者，有官本不誤而改之反誤者，不可不知，宜與盧氏詳校本對勘之。盧本多據官本，間亦正官本之誤，惟此五十三條盧氏則未之見也。又案：阮氏《儀禮石經校勘記》四卷，有《粵雅堂》本，此可以正經文者。《注疏》有官本及阮太傅校本，參以盧校本，而此經可讀矣。盧本不録全文，摘句加注，不可爲讀本也。又案：《孫氏書目》，《儀禮注疏》凡三本，一汲古閣本，一明九行本，一十行本，陳鳳梧刊。

《儀禮注疏》十七卷

漢鄭玄注，唐賈公彥疏

《文選樓》本。阮氏校刊。

《校勘記》曰：“《儀禮》最爲難讀，昔顧炎武以唐石刻九經校明監本，惟《儀禮》訛脫尤甚。經文且然，況注疏乎？賈疏文筆冗蔓，詞意鬱輵，不若孔氏《五經正義》之條暢，傳寫者不得其意，脱文誤句，往往有之。宋世注、疏各為一書，疏自咸平校勘之後，更無別本，誤謬相沿，迄今已無從一一釐正。朱子作《通解》，於疏之文義未安者多為删潤。在朱子自成一家之書，未為不可；而明之刻《注疏》者，一切惟《通解》之從，遂盡失賈氏之舊。今合諸本，詳列異同，復定其是非。大約經、注則以唐石經及宋嚴州單注本為主，疏則以宋單行本為主，參以《釋文》、《識誤》諸書，於以正明刻之訛，雖未克盡得鄭、賈面目，亦庶還唐、宋之舊觀。鄭注疊古今文最為詳覈，語助多寡，靡不悉紀。今校是經，寧詳毋略，用鄭氏家法也。"

《儀禮石經校勘記序》曰："臣謹按《儀禮》，漢石經僅有殘字，難校全經。自鄭康成作注，參用今古文後，至隋末陸德明始作《釋文》，校其同異。今《釋文》本又多為唐、宋人所亂。唐開成石經所校未盡精審，且多朱梁補刻及明人補字之訛。宋張淳校刻浙本，去取復據臆見。臣今總漢石經殘字、陸德明《釋文》、唐石經、杜佑《通典》、朱熹《通解》、李如圭《集釋》、張淳《識誤》、楊復《圖》、敖繼公《集説》、明監本、《欽定義疏》、武英殿注疏諸本，以及内廷天禄琳琅所收諸宋元本、曲阜孔氏宋本，綜而核之，經文字體，擇善而從，録成四卷，用付經館，以待總裁加勘。臣元敬識。"

楊慎曰："洪武中，劉有年上《儀禮》逸經十八篇，求之内閣，不見其書。"_{文光案：或云有年所上逸經即吳澄之本，詳見盛氏《集編》綱領。}

陳仲魚《宋本儀禮注跋》曰："《儀禮鄭注》十七卷，明繙宋刻本，首列'《儀禮》卷第一'；次行'士冠禮第一'，越三格'《儀禮》'，越二格'鄭氏注'；又次行經文起，注雙行，不附音釋。每葉十六行，行十七字。卷末夾注經幾字、注幾字。凡'敬'

字缺筆，而不避‘徵’‘讓’等字，疑出於宋天聖以前本。相傳爲明嘉靖間徐氏繙刻宋本《三禮》，此其一也。近惟吳中黃氏士禮居收藏宋嚴州刻本十七卷最佳。每葉二十行，每行大二十五字，小三十字不等。宋乾道八年命張淳校刊《儀禮》，有監、巾箱、杭、嚴四本，今所存《識誤》稱嚴本者十餘條皆與之合。是本雖係繙刻，其原尚在嚴本之前，較之俗間通行本，實遠過之。《日知錄》所云‘監本脱落’者，一一皆在，且其注亦無不在焉，豈非幸事！又注之可以訂正今本者甚多，別有校記，合之蕘圃所藏宋景德官本《儀禮》單疏五十卷，而賈疏亦全矣。因思亭林身際亂離，出遊關塞，未及購覓善本，是以《説文》真本及《廣韻》足本等書，皆不可以不備，而竟未之見，爲可惜耳。”

《養新錄》：“黃蕘圃所藏《注疏》小字宋本，每葉廿八行，行廿四字。每卷末記經、注字數，又總記經、注字數。《士冠禮》‘建枏’，今本誤‘建’爲‘捷’，此本經、注皆不誤。《儀禮疏》五十卷，亦蕘圃所藏，自卷廿二至卷廿七皆缺。每葉三十行，行廿七字。末卷有大宋景德元年校對、同校、都校諸臣姓名及宰相呂蒙正、李沆，參政王旦、王欽若銜名，真北宋本也。唐人撰《九經正義》，宋初邢昺撰《論語》、《孝經》、《爾雅》疏，皆自爲一書，不與經、注合并。南宋初乃有并經、注合刊者，士子嘉其便於誦習，爭相仿效。其後又有并釋文入經、注之下者。陸氏所定經文與正義本偶異，則改竄釋文以合之，而釋文亦失陸氏之舊矣。今所傳附釋音之《注疏》，大約光、寧以後刊本。今南北監本惟《易》釋文不攙入經注内，《公羊》、《穀梁》、《論語》俱無釋文。”

姚氏範曰：“晉、宋儒者多爲《喪服》作疏，是以《喪服》篇專行。唐人作正義，全不省視，抄襲入全經之疏，則重複冗亂矣。又唐人作疏之體，不駁注文，注縱有失，必伸其説。”

《儀禮注疏詳校》十七卷

國朝盧文弨校

《抱經堂》本。乾隆乙卯年刊。前有凌廷堪序并自序，及所引諸家，又凡例九條。

凌氏序曰："《儀禮》一經，明監本及汲古閣本舛誤特甚，崑山顧氏、濟陽張氏既據開成石本校正其經文矣，校鄭注者則有休寧戴氏，并校賈疏者則有嘉定金氏。戴氏所據者，小字宋本、嘉靖重刊相臺本；金氏所據者，明鍾人傑本、陳鳳梧本。至於所校賈疏，惟據《經傳通解》一書而已。先生此書則自宋李氏《集釋》而下，所引證者數十家，凡經、注及疏，一字一句之異同，必博加考定，歸於至當，以云'詳校'，誠不虛也。其經文於顧氏、張氏所校之外，如《大射儀》'負侯許諾'節'如初，去侯'，據歙縣汪氏以爲'去侯'二字疑衍；《聘禮記》'所以朝天子'節'朱白倉'下，據戴氏以爲仍當有'朱白蒼'三字；《既夕記》'男女改服'四字，據金氏以爲從《大記》誤入；《特牲饋食禮》'賓坐取觶，還，東面拜'，據戴氏以爲'拜'字誤衍等：皆確不可易。而注文《大射儀》脱者六節，《公食大夫禮》以疏文誤入者二節，并多至百許字，尤爲有功於鄭氏。疏文則據魏氏《要義》等校正，亦有多出於金氏者。後之治是經者，執此而求，不翅暗室之一燈、大水之一樹矣。又《士冠禮》'贊者盥于洗西'，案疏云：'盥於洗西，無。'正義引《鄉飲酒禮》以爲知在洗西，則經文無'于洗西'三字可知。《燕禮》'主人盥洗'節'賓降筵，北面答拜'，案疏以賓受獻訖，立於序内，未有升筵之事，謂降筵爲誤，誠然。今以《大射儀》經文校之，'賓降筵'三字當作'西階上'三字。蓋《大射》之前，即《燕禮》，故此節經文全與《大射》同，惟此三字異。而鄭注亦與《大射》略同，無降筵之説[二]，則鄭氏所見經文本非'賓降筵'字可知。《少牢饋食禮》'佐食遷肵俎于阼階西'節'脊脅肺肩在上',案《禮》之通例,肩,貴體,不當在'脊脅'之下。濟陽張氏云:'上文已言肩,不當重出,且遺"胃"字,則"肩"字即"胃"字之誤。'今詳疏意,本當作'胃'字,然則唐初本尚是'胃'字也。此三條皆廷堪尋繹疏文而得者,其'盥于洗西'節,幸與先生合,故爲之序。至其徵引之廣,刊定之嚴,不使敖繼公臆爲增改者闌入焉,則深於《禮》者自知之,無俟頌揚也。"

盧氏自序曰:"乾隆庚申之歲,秀水盛庸三世佐從桑先生遊,見其手《儀禮》一經,彙眾解而研辨之,於其節次亦時有更易,以其說質於先生,定而後各條疏於經文之下,戊辰成書。歎其精鑿,實有出於昔人之上者。庚子入京,晤程太史晉芳,言於此經已得十一家之本,將甄綜而疏通之。時余年六十四,稍見諸家之本,往往有因傳寫之訛誤而遂以訾鄭、賈之失者。於是發憤先爲《注疏》校一善本,已錄成書矣。既而所見更廣,知鄭、賈之說實有違錯,凡後人所駁正,信有證據,因復亟取而件繫之。向之訂訛正誤,在於字句之間,其益猶淺;今之糾謬釋疑,尤爲天地間不可少之議論,今定名曰《儀禮注疏詳校》。庸三之書名曰《集解》,卒後,無從更見其書。此書中僅載一兩條,猶是昔年之簡錄者也。聞程蕺園太史已卒,所欲爲者殆亦未就。獨余留世間,今年已七十有九矣,而始成是編,不可謂非幸也已。"

例曰:"自宋相傳之注疏,已有訛錯,如朱子《通解》、魏華父《要義》,所引亦與今本大概相同。""鄭注是者固多,然不能全是。賈疏宗主鄭說,即有參之前後而不合,證之他經而亦歧者,亦必依違其間,曲爲之解。方氏、吳氏頗擿其失。今採其至當者論之,駁者不錄。"

賈疏本多謇澀,傳寫彌復滋訛。朱子《通解》細爲爬梳,易以通曉。　賈疏於經文每段皆標明其旨趣，然亦有遺漏處。浦氏悉爲補之。　《識誤》專依《釋文》，然賈氏所據之本，未必與陸氏符同，各從其舊可也。　汪容夫中示余以校訂宋本，質之劉端臨台拱，以爲所校者非宋本，大半依元人敖繼公《集解》。劉於此書用功最深，惜未見其成書。　單注本乃敖氏本也。敖氏往往引後篇之注於前，又多以己意增成其文。當時不察，以爲賈疏以前之舊本，不知其不足憑也。　魏華父《儀禮要義》五十卷，世罕流傳。《聚樂堂藝文目》有之，朱竹垞未見，杭州汪氏新得此書，嚴元照以二百六十千轉購之。每段先標大旨，以下但載賈疏，絕無論説，其訛舛與近本略同。然易於尋求，不可廢也。　方苞《析疑》，吳廷華《疑義》，《覲禮》以下未得見。浦鏜《正字》，金日追《正訛》。　余校是書，間於賈疏訂正其誤，有出於館閣校本之外者，然以云融貫，則卒莫能自信。

　　《記‧冠義》　"疏云：冠義者，記子冠中之義也"，官本於"云"字上增"又鄭注《禮記‧冠義》"七字。今考《禮記‧冠義》并無此注，即鄭《目錄》亦與此不同。此云"冠義"者，即疊此正文"冠義"而言。官本乃以正文"冠義"不繫"記"下，而繫於下文"始冠'之上，則疏此語遂無所承，而轉疑爲《禮記‧冠義》之注矣。　"加有成也"注"醮夏殷之禮，每加於阼階，醮之於客位，所以尊敬之，成其爲人也"，此二十五字今本脱，朱、李皆有。　周弁注"收言所以收斂髮也"，此下有"齊所服而祭也"六字，李無，金云鍾本無，亦鄭注《郊特牲》文而《通解》移入者，傳寫者不知而誤仍耳。

　　"弁是古冠之大號，非直含六冕，亦兼爵弁於其中。見士之三加之冠有爵弁者，故云'弁'。弁者，冠名也。"此段官改云："非直言爵弁，亦兼含六冕於其中，見士之三加之冠，周爲爵弁，故歷陳此三者也。"今案：疏此節專爲爵弁而發，今改云"非直言爵弁"云云，更説反矣。且"兼含六冕"之下，接以"士三加之冠，周爲爵弁"，豈爵弁在六冕之中乎？語意絶不相貫，當仍舊文爲是。文光案：官本《考證》"非直含六冕"二句，語勢似倒，以六冕尊於爵弁也。"爵弁者"以下，語不相貫，誠如盧氏所云，宜以經意順之。"《内則》曰：飲重醴"，此下當補"稻醴清糟黍醴清糟粱醴"十字。 《喪服記》"爲人後者於兄弟"，戴云："古人昆弟不稱兄弟，凡稱兄弟皆疏遠者。上節注云'兄弟，猶言族親'是也。'於所爲後之子、兄弟，若子'，所爲後之子者，其女子子也。所爲後之兄弟，則其族親也。舉遠以賅近之辭。若言兄弟之子，則義不可通矣。《通典》所見《記》文未誤。"案：石經已誤，疏亦沿誤。

文光案：盧氏所校《儀禮》，有見於《羣書拾補》者，詳略不同，宜參互觀之。此本内所引"《義疏》云"、"東壁云"最多。東壁，吴氏廷華也。其所摘脱誤皆就毛本而言。盧氏於《儀禮》用功甚至，然亦間有誤者。如《士冠禮》"贊者奠纚笄櫛于筵"疏"不言纚紞等三物"，"三"訛"四"。偶舉其一，實不止此。凡按者各據所見之本，又各以己意爲定，未必其十之九合也。然其確然不誤者，自不可移易。"四"字之訛，相沿於官本《注疏》。官本《注疏》之誤，見於是書者甚多。《四庫全書考證》五十三條，亦有未確當者，宜與盧校本對勘之。阮氏《儀禮校勘記》不及盧書，尤宜取而互證之。盧校《封氏聞見記》、《謝宣城集》，二書皆未見。又案：《盧公墓誌》云："公諱文弨，字紹弓，號磯漁，又號檠齋，晚更號弓父。抱經，其堂顏也。父存仁，有《白雲詩文集》。母馮太恭人，馮先生景女也。公擩染庭訓，又漸涵於外王父之緒論，長則桑先生調元塙而師之。馮、桑二公皆浙中懋學之士，故其學具有原本。公生於康熙丁酉，卒於乾隆乙卯，年七十有九，杭州人，嘉慶元年葬於仁和芝芳橋之原。"

《儀禮識誤》三卷

宋張淳撰

浙江重刊聚珍本。前有自序。乾道八年曾逮刊《儀禮鄭注》十七卷，《陸氏釋文》一卷，忠甫爲之校定，因舉所改誤字別爲是書。朱子稱其精密，又云較他本爲最勝，詳見《語類》。近世久無傳本，兹採自《永樂大典》，爲東原所校，見《戴譜》。其中案語最詳，於忠甫之誤多所糾正。惟《鄉射》、《大射》二篇適在《大典》缺卷之内，不可復考。其餘原缺者，亦復不少，各爲案語以識之。

張氏自序曰：“《儀禮》決非秦漢間筆，其制度必出於聖人。漢時言經則離記，言記則離經，今記附經之後者，誰也？出於孔氏之宅壁者曰《禮記》，河間獻王之得先秦古書者曰《禮記》。夫‘禮’者，今之《儀禮》，‘記’者，今《儀禮》之記，時未有《儀禮》之名也。豈漢後學者睹十七篇中有儀、有禮，遂合而名之與？秦暴焚書，《禮》之見於漢者，猶有古經五十六卷，經七十篇，記百三十一篇，漢之君臣特不好不尚而已。至宣成，大小戴、劉向所録，止十七篇，十蓋逸其七八，孰謂不好不尚之禍，乃甚於秦之焚之也！魯人高堂生傳《士禮》十七篇，其篇數與今《儀禮》同，陸德明、賈公彦皆以爲今《儀禮》。考之《漢志》，高堂生之《禮》，后倉最明，倉以傳大、小戴。古經者出魯淹中，多天子、諸侯、卿大夫制，愈於倉等推士禮以致天子。夫如是，則高堂生所傳特《士禮》爾。今《周禮》中所謂《士禮》，有《冠》、《昏》、《相見》、《喪》、《既夕》、《虞》、《特牲饋食》七篇，他皆天子、諸侯、卿大夫禮，必非高堂生所傳者，不知賈、陸二子何據而云爾。漢數六經，《禮》、《樂》與焉，厥後《樂書》亡矣，有《儀禮》在矣，復不取。《儀禮》古矣，然聖人設官分職之書也，至其所用以長以治者，豈能舍《儀禮》？《禮記》古矣，然皆釋《儀禮》之義，若《祭義》、《冠義》、《昏義》、《鄉飲酒義》、《射義》、《燕義》、《聘義》是也，豈得而先《儀禮》？班固之論曰：‘六經之道同歸，禮樂之用爲急。’固之言必有得於先生長者之緒餘，而非臆度也。鄭康成收拾於大、小戴及劉向《別錄》中，參以今古之文，定爲之注，其書已不純古矣。陸德明因劉、范二家之音，作爲《釋文》。劉之本，如以‘時’爲‘旹’，以‘糟’爲‘蔇’，以‘洗’爲‘淬’，以‘輻’爲‘繡’，以‘御’爲‘衙’，與陸本異矣。陸本尚非劉本，其可謂純鄭乎？至賈公彥所據作疏之本，又德明所謂‘亦作’、‘又作’、‘或作’之本也。公彥論‘鄉飲酒執觶’與‘洗北面’之句，云俗本有‘盥’字，然則今之本又公彥所謂‘俗本’也。此書之傳如是而已，歲久而文益訛。乾道七年春，今兩浙轉運判官、直秘閣曾公來守是邦，越明年，夏肇鋟《儀禮》，以淳嘗識此書也，命之校之。此書初刊於周廣順之三年，復校於顯德之六年，本朝因之，所謂‘監本’者也。而後在京則有巾箱本，在杭則有細字本。渡江以來，嚴人取巾箱本刻之，雖咸有得失，視後來者爲善。此皆淳之所見者也。淳首得嚴本，故以爲據，參以羣本，不足則質之《疏》與《釋文》，《疏》、《釋文》又不足，則闕之，蓋不敢以謏見斷古經也。監本者，天下後世之所祖；巾箱者，嚴本之所祖。故其有誤則亦辨之，餘則采其所長而已[三]。既畢，裒其所校之字，次爲二卷，以《釋文》誤字爲一卷附其後，總三卷，題曰《儀禮識誤》，豈獨以識《儀禮》之誤，亦以自識其誤也。”

　　《説文》無“撤”字，“有司徹”，未聞有作“撤”者。“撤”乃俗字，張氏以“徹”爲“撤”，疏矣。　《説文》有“韜”無“綹”，“綹”即“韜”之別體。“癹”本訓滑，與“韜”同音，故“韜”亦借用“癹”。張氏字學未有見，轉以作“韜”爲非，疏矣。　張氏改“尊冪”從鼎罵之“罵”，於字學殊欠精覈。

《説文》無"辦"字，《新坿》有之。《儀禮音義》作"辦"者，乃後人所改，非陸氏之舊，此據以改"辨"字，考古殊疏。"宴"無作"宴"者，監本筆劃偶舛，張氏從之，疏矣。 《説文》無"筴"字，"筴"即"策"之俗體，張氏反改是從非。以上原案，戴校此書甚精密，勝他書。

文光案：張氏株守《釋文》，多以俗書改正體，故朱子亦言其書不能無舛謬。盧氏摘其舛謬者，爲書後一篇，所考甚詳。見《抱經堂集》。

《儀禮集釋》三十卷

宋李如圭撰

福本。《戴譜》：是書全録鄭康成注，而旁徵博引以釋之。先生據以補《注疏》本脱字二十四，改訛字十四，删衍字百六。其《鄉射》、《大射》二篇已闕，參取惠棟、沈大成二家所校宋本，證以唐石經，以成《儀禮》完帙，可誦習。有提要一首，乾隆四十七年二月恭校上。是書目録自《大典》，原本十七卷，首尾完具者止十五篇，其《鄉射》、《大射》二篇并《綱目》皆在《大典》缺卷之内，無從考補。此本先列正文，次鄭注，次釋。注、釋降一格，皆大字。案語爲雙行夾注。"釋白〔四〕"下間有闕文，世無傳本，不可考也。前有陳汶序。

陳氏序曰："自漢以來，禮日益壞，其大經大本固已晦蝕不明，所謂'頌'，師古曰："頌，與'容'同。"貌威儀之事，僅從此書，世亦莫有知者。此學士大夫之責也。然其節目之繁，文義之密，驟而讀之，未易曉解，甚或不能以句，后倉所說泯没無傳，鄭注又時有疏略，汶心竊病之。近得李君所著《集釋》，窮探博采，出入經傳，以發明前人之未備。考論宫室之制，則有《釋宫》；分別章句之指，則有《綱目》。其有志於古而用力之勤如此，學者能玩而繹之，則知禮與天地并其周旋，揖讓、登降、進退，莫非天理之流行，人道之所以立，先王之盛化行俗美與！夫後世之不如古，皆由於禮之興廢而不可誣也，則是書於世教豈小補哉？遂刻之桂林郡之學宮，與同志者共之。”

古經者出於魯淹中及孔氏，與十七篇文相似，多三十九篇。文光案：三十九篇是爲逸經，其篇目有見於它書者，如《奔喪》、《投壺》之類是也。詳盛氏《集編》。今《儀禮》十七篇，則高堂生所傳者也。古經所多三十九篇，字皆篆書，絕無師說。此十七篇之次，因劉向《別録》、戴德篇次。 高堂生、蕭奮、后倉、二戴凡五人所傳，即《儀禮》之書。 “廟”，唐石經作“庿”。《釋文》云：“庿，劉昌宗音廟”，則知古來無作“廟”者。

陳氏《書録》：“《集釋古禮》十七卷，《釋宮》一卷，《綱目》一卷，廬陵李如圭寶之撰，淳熙癸丑進士，嘗爲福建撫幹。”

文光案：古無《儀禮》之名，陳《録》所題皆《古禮》。《文獻通考》作紹興癸丑進士。《提要》云：“疑當爲紹熙癸丑，陳氏、馬氏各訛一字也。”

《儀禮釋宮》一卷

宋李如圭撰

聚珍本。前有自序。《朱子大全集》亦載其文，與此大略相同，惟無序。

李氏自序曰：“周之禮文盛矣，今僅見於《儀禮》。然去古既遠，《禮經》殘闕，讀《禮》者苟不先明乎宮室之制，則無以考其登降之節、進退之序，雖欲追想其盛而以其身揖讓周旋乎其間，且不可得，況欲求之義乎？於是本之於經，稽之於注釋，取宮室名制之可考者，彙而次之曰《釋宮》。”

陳氏《書録》：“《釋宮》者，經所載堂室門庭，今人所不能曉者，一一釋之。”

《儀禮圖》十七卷

宋楊復撰

宋本。是書流傳甚少，宋本以外，未見別本，惟《旁通圖》刻入《通志堂經解》。《孫氏書目》有此書，不著何本，想亦是此本也。近有張氏《儀禮圖》，遠勝此本。恭讀《天禄琳琅書目》曰：“是書用鄭注，附音義，間採疏説，其斷以己意者，用‘今按’云云。”凡圖即附句後，爲圖二百又五。末《旁通圖》分三門：曰宮廟，曰冕弁，曰牲鼎。禮器爲圖三十有五，前冠朱文公乞修《三禮》奏劄，次紹定戊子復自序。復爲朱門弟子。趙彦肅嘗作《特牲少牢二禮圖》質諸朱熹，熹曰：“更得冠、昏圖及堂室制度并考之，乃爲佳爾。”復故因其師説，以成此書。是本序後刻“崇化余志安刊於勤有堂”。按宋板《列女傳》載“建安余氏靖菴刻於勤有堂”，乃南北朝余祖焕始居閩中，十四世徙建安書林，習其業二十五世。余文興以舊有勤有堂之名，號“勤有居士”。蓋建安自唐爲書肆所萃，余氏世業之，仁仲最著，岳珂所稱“建余氏本”也。

《儀禮鄭注句讀》十七卷　附《石經正誤》一卷
《監本正誤》一卷

國朝張爾岐撰

原本。是書初名“節釋”，後改“句讀”。於鄭注則録其全文，賈疏間有去取，時附己説，多前人所未發。積三十餘年之力，至五十九歲而書始成。前有康熙甲寅劉孔懷、顧炎武序，并自序。時方多故，無板行之者，書成於庚戌，至乾隆八年癸亥，同郡諸君子取艾司寇所藏原本，捐刊以行。其校者爲高氏廷樞，悉依手稿，一字不訛。今所通行者，爲書市重刊之本，不足據矣。蒿菴所正監本，脫誤凡二百餘字，唐石經脫誤凡五十餘字，皆附於後。恭讀《天祿琳琅書目》，以宋本正監本凡百三處，多張書所不及。張氏所取者，石本、吳澄本、監本，所見甚隘。石本即今存於關中者，開成石經是也。爾岐字稷若，號蒿菴，濟陽人。

《儀禮集編》十七卷　附錄一卷

國朝盛世佐撰

貯雲居本。此馮氏刊本，有跋，實十七卷。《四庫》所著四十卷之本，與此刻不同。此本首提要；次總目；次乾隆丁卯桑調元序；次凡例；次馮浩序；次引用姓氏，自周至國朝凡一百九十七家；次篇第；次綱領。附錄監本正誤、石經誤字。《提要》云："附錄有目無書。"此本有書。

桑氏序曰："予向友教南屏山禾之盛生來從事是經，不輟寒暑，送難鈎元，暗與古合，專仿何晏、范寧，臚先說而衷以己意，分卷如經之舊。前卷綱領標其凡，後卷附錄勘正監本、石本，補顧炎武、張爾岐之闕，鄭、賈、楊氏之圖之失胥正之。辨經與記之參錯，庶乎經之功臣已。"

馮氏序曰："大司寇秦公著《五禮通考》，君所論定，實居其半，而君自有專書，以爲可獨行也。嘗繕清本呈君座師溧陽史相公。家藏止一稿本，中有未移正者數十條。予與君有中表誼，少同學，申以婚姻，同成進士，惟誠君二子敬謹寶藏。天雖促君以年，或默有以相君此書也。"

馮氏集梧刊書跋曰："盛庸三先生《儀禮集編》藏稿於家。集梧幼承庭誥，謂《儀禮》人所罕讀，此實善本，惜其子力未能刊行。子溶即集梧姊壻也。嘉慶辛酉春，取稿本商之同志，謀付剞劂。先君子知而色喜，猶慮力未能成。集梧遴工寫宋體，校藏。又二年，購梨木刻之，并得鮑、顧二君參校，以甲子夏竣事，先生之書可以傳矣。時先君子棄養已四年，不及見此刻之成；而上距先生之卒，忽忽閱五十餘年，九原有知，可以慰矣。書仍古篇第十七卷，序、凡例、綱領、目録爲首卷。"案：是書卷前題"鮑漱芳、顧修參校"，卷末題"男盛溶、盛澄校字"。又案：此書本十七卷，《簡明目録》作四十卷，恐誤。

士冠禮第一《集釋》云戴德篇次，前三篇與《別録》同。

士昏禮第二二戴同。

士相見禮第三二戴同。

鄉飲酒禮第四戴德第十。

鄉射禮第五戴德第十一。

燕禮第六戴德次十二。

大射儀第七戴德次十三。聖前七篇，與《別録》同。

聘禮第八德十四，聖十三。

公食大夫禮第九德十五，聖十六。

覲禮第十德十六，聖十七。

喪服第十一德十七，聖九。

士喪禮第十二德第二，聖十四。

既夕第十三德第五，聖十四。

士虞禮第十四德第六，聖第八。

特牲饋食禮第十五德第七，聖第十。

少牢饋食禮第十六德第八，聖十一。

有司[五]第十七德第九，聖十二。

右劉向《別録》篇第，鄭康成從之，即今傳本是也。案《周禮》，大宗伯所掌五禮，曰吉禮，特牲、少牢、有司是也；曰凶禮，喪服、士喪、既夕、士虞是也；曰賓禮，士相見、聘、覲是也；曰軍禮，闕；曰嘉禮，冠、昏、鄉飲、鄉射、燕、大射、公食是也。若以是次之，與鄭本不能無異。《記》云"夫禮始於冠，本於昏，重於喪祭，尊於朝聘，和於鄉射"，所言之序亦復不同。以上録於本書。盛氏於《士冠》、《士相見》、《士[六]喪》等篇《禮記傳注》傳寫混淆者，從蔡氏更定。武成之例，別列改本於後，而不敢移易經文，最爲謹嚴，説經家宜以爲法也。

例言："是編所采，有全解行世者，僅十數家。文集、語類、雜説及他經解，苟有與此經相發明者，務摭録之，不專主一家言"。"明中葉以後，經解之書往往隱没古人名字。是經幾十年始克成編，一得之愚，附於其後。有先我得之者，則削之惟恐不盡。""是經遭王安石廢罷之後，讀者絶少，宋人陳祥道、張淳、李如圭輩之講説多不傳。明國子監所刻《十三經注疏》，此經訛脱特甚。或欲據關中石經刊正之，不知唐之石經在當時已譏其蕪累，又況碑版剥落，補字荒陋，惡可據爲定本耶？張爾岐爲《正誤》，所據止石本、監本、吳澄本而已，未嘗博考宋、元人舊本，故從違容有未當。今更取朱子《通解》、楊氏《圖》、敖氏《集説》諸本，辨其異同，務歸至當。注疏闕誤可考者，亦與補正。""康成祖讖緯，兼有牽率傅會之病，同時通人已有譏其多臆説者。然其家世習禮，身復博通羣籍，故其爲文，簡嚴該洽，先王之制度賴以不墜，其功居多。王子邕雖力排之，而卒不能掩。賈公彦等作疏，芟除異議，鄭注遂孤行至今。宋後説經者夥矣，他經舊説多遭擯棄，而此書以罕習得完。朱子《通解》裒集禮書，詮解多仍舊文。敖繼公《集説》出，間發新義以易之，而於制度文反多未備，計其優劣，蓋與陳澔之《集説》等。京山郝氏，尤好立異，所著《節解》，掊擊鄭、賈不遺餘力，而考據未精，穿鑿已甚。今并録諸家之説，斷以己意，去非求是。""朱子謂《儀禮疏》説得不甚分明，故《通解》所引加以潤色。後儒因之，於賈疏各有删改。今掇其勝於原文者，著於篇而分注其下曰"從某書節本"；其未經删改及他説，但去冗長，不妄增損。""《鄉射禮》文有與《鄉飲酒禮》同者，《大射儀》有與《燕禮》、《鄉射禮》同者，鄭氏各爲之注，未免複出，此等處概從節去"。"分節法昉於《通解》，後多遵之。顧其分合參錯不符，今酌衆本擇善而從"。"以記分屬於經文每條之下，亦《通解》例，而以爲釋是經之例，則不可。是編一依鄭本，經自經，記自記。”“此經所亡惟軍禮。抑嘗思之，孔子自謂未學軍旅，而《周禮》夏官之職亦多闕文。《隋志》言河間獻王得《司馬穰苴兵法》一百五十篇，無敢傳之者，豈以其書禁祕，非儒者所素習，故不傳於後與？”

《儀禮古今文疏義》十七卷

國朝胡承珙撰

武昌本。光緒三年崇文書局校刊。前有道光五年墨莊自序。余所藏有求是草堂原本。

胡氏自序曰：“鄭注所謂‘今文’者，乃小戴本所謂‘古文’者，《漢志》云‘古經出於魯淹中’者也。鄭君作注，參用二本，從今文者，則今文在經，古文出注；從古文者，則古文在經，今文出注。此其大較也。然有不止此者。今、古文各有一字兩作者；有不言今、古文，但云某或作某者，殆當時行用，更有別本；有必用其正者，取其當文易曉；有即用其借字者，取其經典相承；有務以從古者；有兼以通今者；有因彼決此者，則別白而定所從；有互見而并存者，可參觀而得其義。當日隻字之去取，義例存焉。曩治《禮經》，竊見及此，遂取注中疊出之字并‘讀如’、‘讀爲’、‘當爲’各條，排比梳櫛，一一疏通而證明之，爲治此經者之裨助云。”

文光案：治經者句梳字櫛，最爲要緊功夫。得胡氏此書而《儀禮》可讀矣，宜家置一本也。

《儀禮圖》六卷

國朝張惠言撰

小琅嬛仙館本。嘉慶十年阮相國序。

阮氏序曰："《儀禮圖》六卷，今年春始得於武進董君處見其手録本。董君名士錫，編修之高弟子，即編修之女夫也。因屬董君校寫，刻之於板。昔漢儒習《儀禮》者必爲容，故高堂生傳《禮》十七篇，而徐生善爲頌，禮家爲頌皆宗之。頌即容也。宋楊復作《儀禮圖》，雖《禮》文完具，而位地或淆。編修則以爲治《儀禮》者，當先明宮室，故兼采唐、宋、元及本朝諸儒之義，斷以經注，首述宮室圖，而後依圖比事，按而讀之，步武朗然。又詳考吉凶冠服之制，爲之圖表。又其論喪服，由至親期斷之説爲六服加降表，貫穿《禮經》，尤爲明著。予嘗以爲習《禮》者當先爲頌，昔叔孫通爲綿蕝以習儀，他日亦欲使家塾子弟畫地以肄禮，庶於治經之道事半而功倍也。是圖非即徐生之頌乎？"

文光案：張氏有《讀儀禮記》二卷，見《茗柯全書》。讀《儀禮》者，宜先聚諸家之説，條分件繫，一事未詳，不治第二事，此漢學之家法也。又案：以緯説經，後人猶知其非，豈康成大儒反昧乎是？天地以南北爲經，東西爲緯，有經不能無緯，其信然矣。經者，布帛之正紋也；緯者，布帛之橫紋也。以橫紋之布帛比正紋之布帛，人亦釋然無疑矣。《易》之經緯，《詩》之經緯，《禮》之經緯，豈異是乎？但經言必不及於緯，緯言或有補於經，故康成引之，惟後儒不能通緯，一唱百和，羣以爲非，未免耳食，愚於此終不能無疑焉。因記於此，以俟知者。

《儀禮漢讀考》一卷

國朝段玉裁撰

《學海堂》本。前有嘉慶甲戌茂堂自識。先成一卷，其十六卷未成。

《經韻樓集·禮十七篇標題漢無儀字説》曰："鄭君本書但云

‘禮’，無‘儀’字，可考而知也。《禮器》曰‘經禮三百，曲禮三千’，”注云：‘經禮謂《周禮》，其官有三百六十。文光案：鄭氏以周官三百爲經禮三百，其説未允。朱子嘗辨之。曲，猶事也。事禮，謂今禮也。禮篇多亡，本數未聞，其中事儀三千。’按：‘今禮’者，謂當漢時所存十七篇也。‘本數未聞’者，對上《周禮》六篇。‘其官三百六十’，言漢時經十七篇及記百三十一篇，乃殘逸之所餘耳。其未殘逸時，其載事儀有三千也。賈疏、師古注皆云‘威儀三千’即今《儀禮》，其説非是。《中庸》曰‘禮儀三百，威儀三千’，易‘經禮’爲‘禮儀’，易‘曲禮’爲‘威儀’者，凡禮皆儀。故總其綱曰‘經禮’，亦曰‘禮儀’；詳其目曰‘曲禮’，亦曰‘威儀’。《漢志》亦曰‘禮經三百，威儀三千’是也。凡鄭箋注引《聘禮》、《燕禮》，每舉篇名，未嘗稱‘儀禮’，大約梁、陳以後乃爲此稱。蔚宗在宋時，但云‘禮’而已。文光案：盛氏云“儀禮”之稱始於唐。賈疏、每卷題‘儀禮’。陸《釋文》，《叙錄》云“鄭某注《儀禮》”。雖沿俗稱，而唐之學士固有但稱‘禮經’者，至《九經字樣》則兩云‘見《儀禮》’矣。校十七篇，標題當刊去‘儀’字，但存‘禮’字，乃與鄭本書合。開成石經未是也。”

《士冠禮》注“槷，或作‘臬’”，非也。“臬”，古文“臬”假借字。　戚，各本作“蹙”。漢人無“蹙”字。漢人多謂門限爲“門切”，“門切”即“門楣”也，亦謂之“戚”。言其界畫謂之閾，言其迫切謂之戚。　古“旅”、“臚”通用。季氏旅於泰山，《漢書》作“臚岱”是也。　“今齊名‘菆’爲‘靬’。句絕。靬之制似韝”，今本作“今齊人名‘菆’爲‘靬鞃’，靬之制似韝”。此以“靬鞃”爲句，又添一“靬”字下屬，自《正義》已然，而《毛傳》、鄭《箋》、《駁異義》、孔冲遠本皆誤。

《儀禮正義》四十卷

國朝胡培翬撰

蘇州湯晉苑刊本。前有咸豐壬子沔陽陸建瀛序、道光己酉順德羅淳衍序，次目錄，末有同治戊辰陸光祖跋、陸氏刻郝氏《爾雅義疏》、金氏《求古録禮説》、江氏《韻書》三種并此書。姪肇智記。此注於各本經注異同不詳載。予初讀《儀禮》，用張氏《句讀》本，嫌其所見未廣，因録敖氏《集説》、《通志堂》本尚缺幾卷，每卷後有一紙最善，其序以《儀禮》爲侯國而作，而王朝之禮不與焉。盛氏《集編》、盧氏《詳校》於上方，而《儀禮》可讀矣。既而《集編》爲友人携去，憶之而終不見，蓋傳本甚少也。最後見《正義》，以重價得之，而《集編》不復憶矣，蓋未有美備於是者也。

陸氏序曰：“績溪胡農部撰《正義》，以鄭注爲宗，而萃輯羣言，辨析精密，因屬陳君奂詳校授梓，仍依原帙，分四十卷。《士昏禮》及《鄉飲酒禮》、《鄉射禮》、《燕禮》、《大射儀》五篇十二卷，則其門人楊君大堉所補也。”

羅氏序曰：“先生自述其例有四，曰補注，補鄭君注所未備；曰申注，申鄭君注義也；曰附注，近儒所説雖異鄭，旨義可旁通，附而存之，廣異聞，袪專己也；曰訂注，鄭君注義偶有違失，詳爲辨正，別是非，明折衷也。有好是書而刊布之者，其亦先生之志也夫！”

胡氏跋曰：“先叔父病《儀禮》賈疏多疏舛，乃博徵衆説，參以己意，撰爲《正義》，用力四十餘年，一生心血所注也。”

敖氏曰：“《禮古經》十七篇，其十三篇之後皆有記，四篇則無之，《士相見》、《大射》、《少牢》上下。或亡逸爾。夫記者乃後人述其所聞，以足經意者也。舊各置之本篇之後，所以尊經而不敢與之雜也。班固之時，經、記猶不相合，今乃各在本篇後者，其鄭氏置之與？朱子《通解》始以記文分屬於經文之下，予不能從也，何以言之？記有特爲一條而發者，有兼爲兩條而發者，亦有兼爲數條而發者，有於經意之外別見他禮者。若但爲一條發者，可用《通解》之例，非是，未見其可也。"

以上禮類《儀禮》之屬。

《禮古經》，《漢志》：五十六卷，經七十篇，記一百三十一篇，注：七十子後學者所記也。《明堂陰陽》三十三篇，注：古明堂之遺事。《王史氏》二十一篇。注：七十子後學者。《別録》云六國時人。劉歆曰："魯恭王得古文於壞壁，逸《禮》有三十九，天漢之後，孔安國獻之。"范《書》："孔安國所獻《禮古經》五十六篇及《周官經》。前世傳其書，未有名家。"朱子曰："今《儀禮》多是士禮。河間獻王得古《禮》五十六篇，其中卻有天子、諸侯禮。班固作《漢書》時，其書尚在，鄭康成亦及見之。今注疏中有援引處，不知甚時失了，真可惜也。"吳澄曰："魯恭王壞孔子宅，得古文《禮經》於孔氏壁中，凡五十六篇，河間獻王得而上之。其十七篇與《儀禮》正同，餘三十九篇藏在祕府，謂之《逸經》，孔、鄭所引《逸中霤禮》、《禘於太朝禮》、《王居明堂禮》皆其篇也。唐初猶存，後儒曾不以爲意，遂至於亡，惜哉！"草廬纂《儀逸禮經》八篇，傳十篇，刻於國子監崇文閣。鄭康成曰："傳《禮》者十三家，惟高堂生及五傳弟子戴德、戴聖名世也。"《崇文總目》："《儀禮》乃儀度委曲之書，若後世儀注，其初蓋三千餘條。"陳《録》："此乃儀，更須有禮書。"朱《考》所載《士禮考正》、《昏禮用中》、《鄉飲酒儀》、《射禮集解》、《覲禮》、《辨喪》、《服譜注》，凡百十家，而喪服最多，其中多未見之書，或採自本集，不必皆單行本也。高堂生所傳恐非今本。

校勘記

〔一〕"真"，據宋鄭樵《六經奧論》補。

〔二〕"説"後原衍一"説"字，據《儀禮注疏詳校》删。

〔三〕"己"，據《儀禮識誤》補。

〔四〕"釋白"，據《儀禮集釋》及文意，"白"似當作"曰"爲是。

〔五〕據《儀禮》，"有司"後脱一"徹"字。

〔六〕"士"，據《儀禮注疏》補。

經部四

禮類二

《禮記注》二十卷

漢鄭玄注

相臺岳氏本。首行題"《禮記》卷第一"，次行"《曲禮》上第一"，間四字，"鄭氏注"。

"君子耆老不徒行，庶人耆老不徒食"，注："徒，猶空也。"《考證》："方愨解'徒行'曰：'無乘而行'，解'徒食'曰'無羞而食'，即鄭注'空'字之義。毛本作'徒猶黨也'，謬矣。"

《曾子問》"祭殤不舉"，古本原無"肺"字，不知孔疏據何本增入。　《禮器》"逆祀而弗止也"，注："是夏父弗綦爲宗人之子也。"按《左傳》，夏父弗綦爲宗伯，此作宗人，未詳所自。惟宋張洽"躋僖公"注用宗人夏父弗忌之言，是宋本如是。

《學記》"官先事，士先志"，注："官，居官者也；士，學士也。"殿本無上"官"字。　《樂記》"名與功偕"，注："各同其得天下之功。"按"各"字指上文"大章"等而言，較諸本作"名"字，義更明捷。《雜記》後附興國本《雜記》上下二條。《緇衣》"有國者章善癉惡"，古本不作"章善"。諸本"國"字下有"家"字。　《深衣》"續衽鉤邊"，按深衣制度，惟此節難考。鄭注云云。楊復推明其義，又引衣圖以證之，可以矯疏家之失。　“儒有席上之珍以待聘”，注：“席，猶鋪陳也。鋪陳往古堯舜之善道以待問也。大問曰聘，舉見舉用也。”殿本、毛本作“席，陳也；珍，善也。鋪陳往古堯舜之善道以待聘召，懷忠信之德以待見舉用也。”文義互異。按孔氏此注無疏，《七經考文》所載古本則與原本合。　《大學音義》有“文公云”、“程子云”，蓋岳氏所補。　《後漢書》：“玄本習小戴，後以古經校之，取其義長者，爲鄭氏學。又注小戴所傳《禮記》四十九篇。”

李覯曰：“鄭康成注《禮記》，其字誤處但云‘某當作某’。《玉藻》全失次序，亦止於注下發明，未嘗便就今文改正。此蓋尊經重師，不敢自謂己見爲得。”

朱子曰：“鄭康成考禮名數大有功，事事都理會得，如漢律令亦皆有注，儘有許多精力。”

衛湜以爲簡嚴該貫，郝敬以爲牽强穿鑿。

段氏曰：“《釋文》、唐石經初刻皆云‘《喪服經傳》第十一’，無‘子夏傳’三字，賈疏單行本同。今各本皆作‘《喪服》第十一，子夏傳’，非古也。蓋淺人增此三字，因删去上文‘經傳’二字耳。此傳子夏所作，乃賈氏因人言傅會之，未嘗妄爲標題也。自唐石經改刻增竄，遂使古人意必之辭成牢不可破之論矣。”“‘野人曰：父母何算焉？’此謂野人言父與母何別也。疏云‘不知分別父母尊卑也’，語甚明。程氏易田疑‘算’爲‘尊’字之訛，此疑所不當疑也。”“‘夫妻牉合也’，‘牉’必俗字。《周禮》‘媒氏掌萬民之判’，注曰：‘判，半也，得耦爲合，主合其半，成夫婦也’。‘片’者，‘半’之假借字；‘判’者，亦‘半’之假借字。古三字同音，義亦相近。《說文》無‘牉’字，《字林》始有。‘片’與‘半’同義，合成一字，不合六書之法。古‘片’、‘半’通用，如《漢書》‘一半冰’即‘一片冰’也，讀同判。《釋文》

俗本作'牉合'，葉氏所抄宋本作'胖合'。《説文》曰：'胖者，半體肉也。'亦用假借字，而義甚近。《通典》引《喪服》傳作'判合'，皆勝於俗本作'牉'遠矣。考《五經文字》、《九經字樣》，皆不載'牉'字。《周禮》'酒正'疏云'夫妻片合'，蓋'片'、'半'皆分也。《毛詩》'迨冰未泮'，古文必作'半'。'半'者，破也；'泮'者，'泮宮'字也。古分其合曰半，合其分亦曰半。""'衣二尺有二寸'，注云：'加闕中八寸。'今各本經注、注疏皆作'闊中'。後人因賈疏内多言'橫闊'，因盡改疏'闕中'爲'闊中'。'闕'之與'闊'文義絕殊，闕中者，刲去左右共八寸成空闕也。""'梁曰薌其'，各本皆作'萁'，此沿唐石經之誤也。其，語助也。禮家以其字足句，古行禮時讀文如此。《釋文》已有此誤，陸氏不能正。"

"'天子親載耒'，各本'耒'之下皆有'耜'字。注云：'耒耕之上曲也。''耕'各本作'耜'。黄主政有蜀大字本，獨作'耕'，是也。《説文》曰：'耕者，犁也。耒者，手耕曲木也。'《正義》言'載耒器'，所推者耒也，故經重耒。"" '參保介御之間'，今各本皆作'參保介之御間'，'御之'二字誤倒。保介，車右也。置耒於車右與御者之間。"以上録於《經韻樓集》。

《禮記注》二十卷　附《考異》二卷

漢鄭氏注

牉[一]州本。嘉慶丙寅，陽城張氏影摹重雕，書法仿歐體。每葉二十行，每行大字十六，小字二十四。各卷末有經、注字數。書本末有"撫州公使庫新刊注《禮記》二十卷并《釋文》四卷"二行，校正銜名七人，又"淳熙四年二月"一行。前無序，末有顧廣圻跋、張敦仁序。予於同治元年始得此本，近聞有翻刻本，未見。伏讀《天禄琳琅書目》："《禮記注》宋大字本、中字本，校正與余仁仲本同。今行陳澔《集説》塗改經文甚多。”

萬卷精華樓藏書記·卷七

張氏序曰：“撫本《禮記》爲元和顧千里之從兄抱沖名之遂，廩貢生。所藏，予轉借影寫一部。又慮其僅存之易絶也，以墨於板。又取世行各本校讎出入，爲之考異，凡經文與開成石經每合。明嘉靖時有單行經注本，相臺岳氏有互音本，互相不同，撫本過之矣。又明南雍有附音注疏本，乃俗本之祖，而訛舛滋多。今所論説，祇以明是非差隱者，至於撫本既是而不皎然易知，不更詳著。”

明南雍本，世稱“十行本”，蓋原出宋季附音本。而元明間所刻，正德以後遞有修板，小異大同耳。李元陽本、萬曆監本、毛晉本則以“十行”爲之祖。近有重刊“十行本”者，款式無異，其中字句特多改易，難可徵信。其北宋所刻單疏，見於《玉海》三十九卷，有《咸平禮記疏》一條，云：“二年六月己巳祭酒邢昺上新印《禮記疏》七十卷”。是爲《正義》元書，未知今海内尚有其本否。曲阜孔氏別有宋槧注疏本，每半葉十行，經十六，注及正義雙行小字二十二，卷首題《禮記正義》，亦七十卷，計必南宋初所刻，向爲吳門吳氏所藏。惠定宇所手校，其後所傳校者即此也，與日本山井鼎所考亦爲吻合，而彼有缺軼矣。撫本與宋監本有同有異，説見毛居正《六經正誤》，而撫本不誤。

《禮記注疏》六十三卷

漢鄭氏注，唐陸德明音義，孔穎達疏

武英殿本。首目録，《曲禮》上至《喪服四制》。次孔穎達《正義》序。次《注疏》原目，《曲禮》上第一至《喪服四制》第四十九。每篇下有音義，有疏，音、疏皆引鄭《目録》，而字句不同。次《三禮》注解傳述人。各卷後有考證，末有總識。

國子監《十三經》板，歲久刓敝，訛謬相沿。《禮記》尤甚，

二三七

《禮運》、《禮器》各篇《正義》，闕文實多。在館諸臣遍蒐善本，再三讎對，是正文字，凡六年始付開雕。

《記》本叢書也，撰錄非一人，薈萃非一說，自孔門弟子下逮秦漢諸儒所記，并採兼收。故雖不能有純無雜，然其大者如《大學》、《中庸》，廣博精深，爲聖賢傳道之經訓；《曲禮》、《少儀》、《內則》，實小學之支流餘裔；《玉藻》、《郊特牲》、《文王世子》，實朝廟之文物典章也。《冠》、《婚》、《鄉飲酒》、《射》、《聘》、《燕》諸義，《喪服》小大、《雜記》、《服問》、《間傳》、《曾子問》、《三年問》諸篇，既皆《儀禮》之正解餘論；而《深衣》、《奔喪》、《投壺》則又古經之剩簡佚篇，可以補《儀禮》所不及者。《記》以兼收并採，而純雜相半，亦以兼收并採，而鉅細不遺。選言宏富，便於誦習，視《儀禮》難讀、《周官》不全，相去固有間矣。此《記》之以叢書得稱爲經也。康成漢代大儒，兼通五經，尤精《禮》學。其於《記》也，廓馬融、盧植餘業，參以《儀禮》、《周官》異同，訂訛糾謬，縷分條貫，厥功懋焉。

《禮記正義》六十三卷

漢鄭玄注，唐孔穎達疏

《文選樓》本。揚州阮氏校刊。

《校勘記》："《小戴禮記》，隋、唐《志》并二十卷，唐石經所分是也。《正義》，舊、新《唐志》皆云七十卷，晁《志》、陳《錄》皆同。案：古人義疏皆不附於經注而單行。單行之疏，北宋皆有鐫本，今厪有存者《儀禮》、《穀梁》、《爾雅》，而他經多亡。正義多附載經注之下，其始謂之'兼義'，其後直謂之'某經注疏'。其始本無釋文，其後又附以釋文，謂之'附釋音某經注疏'，最後又去'附釋音'三字，蓋皆紹興以後所爲，而北宋無此也。七十卷之本出於吳中，惠棟用以校汲古閣本。識云：'訛字四千七百有四，脱字一千一百四十又五，闕文二千二百一十有七，文字異者二千六百二十有五，羨文九百七十有一，點勘是正。'其真本今藏曲阜孔氏。近年有巧僞之書賈，取六十三卷舊刻添注塗改，綴以惠棟跋語，鬻於人，鏤板京師者，乃贋本耳。"

戴氏曰："唐初，漢時書籍存者尚多，作正義者不能廣爲搜羅，得所折衷，於《春秋》專取杜預，於《易》專取王弼，於《尚書》專取孔安國，遂使士人所習不精。即《三禮》用鄭注矣，而其疏紕繆不少，只可有四五分也。"又曰："'五味、六和、十二食，還相爲質'，《五經算術》作'滑'，應是古文。又'六十律相生之法，以上生下，皆三生二；以下生上，皆三生四；陽下生陰，陰上生陽，始於黃鐘'，今《禮記》疏無'始於黃鐘'四字，今本《後漢書》亦然。又'各統一月'，今本范《書》譌作'各終一日'，下'當月者'譌作'當日者'。《禮記》疏引作'各統一日'，下仍作'當月者'。惟《五經算術》所引無誤。"

《戴譜》："朱文游夬所藏《禮記注疏》，乃惠定宇依吳進士泰來所藏宋刊本校出，凡爲卷七十，與唐、宋《志》合。除此本外，無不六十三卷者。其字句不同處，今本脱去連行無考處，一一完善。程太史晉芳、姚比部鼐及玉裁皆臨繕一部。"

《載籍足徵錄》："《隋志》云：'漢初，河間獻王得仲尼弟子及後學者所記一百三十一篇，獻之，時亦無傳之者。至劉向考校經籍，得一百三十篇，第而叙之。又得《明堂陰陽記》三十三篇、《孔子三朝記》七篇、《王氏史氏記》二十一篇、《樂記》二十三篇，凡五種，合二百十四篇。戴德删其煩重，合而記之爲八十五篇，謂之《大戴記》。而戴聖又删大戴之書爲四十六篇，謂之《小戴記》。漢末馬融遂傳小戴之學。融又足《月令》一篇、《明堂位》一篇、《樂記》一篇，合四十九篇。'述祖按：《隋志》所言殊失實，無論大、小戴，皆在劉向前，而《月令》、《明堂位》即

《明堂陰陽記》。既云'劉向所合'，又云'馬融所足'，前後矛盾，深可咤歎。《釋文·序録》引陳邵《周禮論序》云：'戴德删古《禮》二百四篇爲八十五篇，謂之《大戴禮》。戴聖删《大戴禮》爲四十九篇，是爲《小戴禮》。後漢馬融、盧植考諸家同異，附戴聖篇章，去其繁重及所叙略而行於世，即今之《禮記》是也。鄭氏亦依盧、馬之本而注焉。'是馬融亦附《小戴》篇章，無所增益，斯爲得其實矣。《序録》又云：'劉向《别録》有四十九篇，其篇次與今《禮記》同名，爲它家書拾撰所取，不可謂之《小戴禮》。'《别録》二十卷，隋、唐《志》猶存，但鄭《目録》所云'明堂陰陽'、'祭祀制度'、'世子法之'等，於《别録》各有所屬，其篇次未必同今《禮記》。而《小戴記》之爲四十九篇，非馬融所益，則信而有徵已。又橋仁著《禮記章句》，曹褒傳《禮記》，皆四十九篇，皆在馬融前，《隋志》之謬，固不足辨也。問：'陳節良言《古禮》二百四篇，與《志》所云百八十四篇者不合，何也？'曰：'於百八十四篇之外，别采《樂記》十三篇、《孔子三朝記》七篇，故有二百四篇。'問：'鄭氏《樂記目録》云十一篇，合爲一篇，曷言十三篇？'曰：'褚少孫所補，多今《樂記》二篇。褚是元、成間人，録《大戴樂記》篇數，《小戴》又删二篇，故十一篇。"

　　《經籍跋文》："《禮記正義》七十卷，宋刻本。首題'《禮記正義》卷第一'；次列'國子祭酒上護軍曲阜縣開國子臣孔穎達等奉勅撰'，'勅'字提行；次列正義，夾行；次'《曲禮》上第一'。自首至'夫禮者所以定親疏節正義'之後，題'《禮記正義》卷第一終'。每半葉八行，每行十六字。注及正義小字雙行，行二十二字。注後不附釋文。前有《禮記正義序》。《玉海》：'咸平二年，祭酒邢昺上新印《禮記疏》七十卷。'是爲《正義》原書，厥後附釋音本，又改爲六十三卷，而原定卷次遂亂。此與山井鼎《考文》所據多合，而彼有缺文，此則純全，誠稀世之寶也。惠定宇取校毛本，有書賈錢聽默竊以所儲十行本重臨惠校，綴以原跋。十行本亦南宋時刻，每半葉十行，首題‘附釋音《禮記注疏》’，亦稱‘附釋音本’；前序後有‘建安劉叔剛宅鋟梓’，又稱‘劉叔剛本’，實即《沿革例》所謂‘建本’，有音釋注疏。其板漸損，遞修至明正德，故《考文》目爲正德本。厥後閩本、監本、毛本皆從此出。聽默所臨與惠校不符，詭言惠校宋本，且僞用故家收藏印記，鬻諸長安貴客，以獻伯相。和珅遂屬其黨復將毛本略校，影寫摹雕。後有珅跋，下用“致齋和珅”小印，又‘大學士章’，又壓角印曰‘子子孫孫，其永寶之’。時乾隆六十年事。嘉慶三年，其家籍没〔二〕，板已散亡，印本流傳甚少。予近得和刻，因借友人所臨惠本而重校之，其所分七十卷俱鈎識之。至於第十九卷《曾子問》第二十一葉，十行本久經全脫，閩、監本，毛本因而空白者，和刻已補，其連脫數行者，縮寫補全，惟妄改處頗多。兹照惠校更正，仍目之曰宋本，以和刻亦原於宋也。”此陳仲魚之說，宜與《校勘記》互證，且可知明監本、毛本之所由來，故錄之。宋本愈傳愈少，近尚有影抄《校正》諸本，再過數百年，不但宋本之面目不可識，即《校正》諸本，亦難得矣。存之於目，尚可知其大概云。

文光案：戴聖著《禮記羣儒疑義》，《七錄》十二卷，已佚。高誘《禮記注》、《藝文類聚》引之。盧植《禮注》，《隋志》十卷。朱子曰：“東漢諸儒考《禮》煞好，盧植也好。”《詩疏》、《通典》并引之。王肅《禮記注》以《月令》爲周公所作。朱子曰：“王肅議《禮》必反鄭玄。”孫炎《禮記注》始改舊本，以類相從，其不用小戴本可知。鄭小同《禮義》四卷，新、舊《唐志》作《禮記義記》。成伯璵《禮記外傳》四卷，張幼倫注通《三禮》言之。邢昺《禮選》二十卷，太宗詔寫二本，一本賜其家，一本俾置昺冢中，詳見《宋史》，今佚不傳。又案：胡寅謂《禮運》子游作，《樂記》

子貢作；郝敬謂《中庸》子思所作，《緇衣》公尼父所撰，《月令》呂不韋所修，《王制》漢文帝時博士所録，《三年問》荀卿所著：皆不知何本。大抵出於衆手，真贋相雜，正不必指定爲何人也。

《大戴禮記補注》十三卷

北周盧辯注，國朝孔廣森補注

儀鄭堂本。此孔氏所著書之第二種。前有阮相國序；次孔氏序録，前言補注之由，後言所據之本，中明篇第。自《王言》至《易本命》，凡三十九篇，爲十三卷。按：《大戴禮記》八十五篇，第三十八以上今亡，《王言》爲三十九，中間又缺四十三、四十四、四十五、六十一四篇及八十二以後四篇。隋、唐《志》卷帙雖同，而文則增多，則今本散逸多矣。畿輔本卷内題“北周涿盧辯注，曲阜孔廣森補”，此本卷内不題名。有“補”字者爲孔注。

《王言》第三十九舊本題爲“主言”，篇中“王”字凡十，九皆誤作“主”，唯第十六字不誤，今據以正。

《哀公問五義》第四十文同《荀子·哀公篇》，“義”，當讀“儀”。

《哀公問於孔子》第四十一文同《小戴記·哀公問》。

《禮三本》第四十二文同《荀子·禮論》，《史記·禮書》取此。以上第一卷。

《禮察》第四十六首章文同《經解》，自“凡人之知”以下取賈誼《論時政疏》也。

《夏小正》第四十七《小正》別有全經，此特其傳耳。以上第二卷。

《保傅》第四十八取《賈子書·保傅》、《傅職》、《容經》、《胎教》四篇，其《保傅》一篇，《漢書·賈誼傳》有之。以上第三卷。

《曾子立事》第四十九以下十篇并取《曾子》，《漢志》有《曾子》十八篇，今其八篇亡。

《曾子本孝》第五十

《曾子立孝》第五十一

《曾子大孝》第五十二《祭義》有其文。

《曾子事父母》第五十三以上第四卷。

《曾子制言》上第五十四

《曾子制言》中第五十五

《曾子制言》下第五十六 "制言"者，法言也。篇大，故分爲三。

《曾子疾病》第五十七

《曾子天圓》第五十八以上第五卷。

《武王踐阼》第五十九宋王應麟有注，附刻《玉海》後。

《衞將軍文子》第六十以上第六卷。

《五帝德》第六十二太史公曰："孔子所傳《宰予問五帝德》及《帝繫姓》，儒者或不傳。"謂此篇及下《帝繫》篇也。《五帝本紀》、《三代世表》多依此爲之。

《帝繫》第六十三《世本》之屬，瞽誦詩，并諸世繫，此篇猶古文之遺。

《勸學》第六十四，文與《荀子》同。以上第七卷。

《子張問入官》第六十五

《盛德》第六十六《五經異義》引《盛德記》即此篇，未知何時析《明堂》別爲一篇，故以後篇第錯易，乃有兩七十四，今仍合之以復古本。以上第八卷。

《千乘》第六十七《孔子三朝記》七篇，今在《大戴禮》，蓋《千乘》、《四代》、《虞戴德》、《誥志》、《小辨》、《用兵》、《少間》是也。師古以《用兵》篇非《三朝記》，誤。

《四代》第六十八

《虞戴德》第六十九

《誥志》第七十以上第九卷。

《文王官人》第七十一文同《逸周書》。

《諸侯遷廟》第七十二

《諸侯釁廟》第七十三《戴記》《遷廟》、《釁廟》、《公冠》、《投壺》、《奔喪》諸篇，皆《禮古經》之遺，鄭君《禮注》每引《烝嘗禮》、《禘於太廟禮》、《朝貢禮》、《巡守禮》、《中霤禮》、《王居明堂禮》，皆古經之逸篇，惜今不存。以上第十卷。

《小辨》第七十四

《用兵》第七十五

《少間》第七十六以上三篇當次《文王官人》之前，使《三朝記》相屬。以上第十一卷。

《朝事》第七十七此篇多録《周官》典命、行人、司儀諸職中，有《觀義》、《聘義》、《諸侯相朝義》，則《儀禮》之傳也。其《聘義》與《小戴》同。

《投壺》第七十八與《小戴記》文互相備，末附《射事》一章，《小戴》無之。以上第十二卷。

《公冠》第七十九此篇亦古經之遺，唯言公冠與士異者，餘皆大同。

《本命》第八十《説苑·辯物篇》、《小戴》、《喪服四制》文有與此同者。

《易本命》第八十一《淮南子·墜形訓》取此。以上第十三卷。

孔氏《序録》曰："《大戴》全篇八十有五，今所存見劣及四十，文句訛互，卷帙散亡，不揣淺聞，輒爲補注。其第一、第二、第七、第九、第十二凡五篇，舊注既逸，稍已意補其詁訓云爾。今最舊惟宋刊本，已多脱略訛互，鄭注所引與《文選》所引，今《記》無其文，則唐本信有增多於今者。顧尚未大離。淳熙乙未，穎川韓元吉刻於建安郡齋者。別有元本、元至正甲午，海岱劉貞庭刻於嘉興路學，言分上、下卷，無注。《漢魏叢書》本、舛謬最甚，注亦不完。朱本、明浙江朱養純刻。高安本、朱氏藏書十三種之一。盧本、多所是正。戴氏校本。戴吉士在《四庫全書》館所校。其旁見他書者，《儀禮經傳通解》有九篇，《夏小正》、《保傅》、《曾子事父母》、《踐阼》、《遷廟》、《釁廟》、《朝事》、《投壺》、《公冠》。《先聖大訓》有十三篇，《王言》、《五義》、《哀公問》、《衛將軍文子》、《入官》、《本命》及《三朝記》七篇。臨川吳氏《儀禮逸經》有五篇，《遷廟》、《釁廟》、《朝事》、《投壺》、《公冠》。《永樂大典》有二十二篇，《大典》以《戴記》諸篇分隸韻字之下，今中秘藏本已殘缺，唯《五義》、《哀公問》、《夏小正》、《曾子立事》、《事父母》、《制言》上中下、《疾病》、《天圓》、《踐阼》、《衛將軍文子》、《官人》、《遷廟》、《釁廟》、《小辨》、《少間》、《朝事》、《投壺》、《公冠》、《本命》、《易本命》在所存韻中。互相讎勘，從其善者，義有兩通，則并著之。《小戴記》、《周禮》、《周書》、《管子》、《荀子》、《吕氏春秋》、《淮南子》、《賈誼新書》、《韓詩外傳》、《史記》、《漢書》、《説苑》諸篇，多與是《記》相出入，亦并載之。音義取資博驗《家語》者，先儒馬昭之徒以爲王肅增加。《漢志》：《孔子家語》二十七篇。師古曰："非今所有《家語》。"殊文別讀，置而弗論。舊説戴聖删戴德之書爲今《禮記》，故《大戴》缺篇并是《小戴》所取。然《哀公問》、《大孝》、《聘義》、《投壺》之等已見《小戴》者，是書猶存，斯言不然矣。唐皮日休有《補大戴禮祭法文》。今《記》無《祭法篇》，似又後人以其重出《小戴》而去之者。"

戴氏曰："《隋志》：'戴聖删大戴之書爲四十七篇，馬融足《月令》、《明堂位》、《樂記》合爲四十九篇。'今考孔氏《義疏》，於《樂記》云：'按《別録》，《禮記》四十九篇，《樂記》第十九。'然則《樂記》篇第，劉向列之《別録》，即與今不殊。《後漢書・橋玄傳》云：'七世祖仁著《禮記章句》四十九篇。'劉向當成帝時校理秘書，橋仁親受業小戴之門，亦成帝時爲大鴻臚。劉、橋所見篇數已爲四十有九，不待融足三篇甚明。作《隋書》者，徒附會大戴闕篇，以爲即小戴所録，而尚多三篇，不符，遂漫歸之融耳。"

《冠義》曰："公侯之有冠禮，夏之末造也。"則周公制禮時，固有公冠禮矣。文光案："公侯"或作"諸侯"，"諸"字恐誤。

阮氏序曰："十三經之外宜亟治者，惟《大戴禮記》矣。《夏小正》爲夏時書，《禹貢》惟言地理，兹則言天象，與《堯典》合。《公冠》、《諸侯釁廟》、《朝事》等篇足補《儀禮》十七篇之遺，《盛德》明堂之制爲《考工記》所未備。《孔子三朝記》，劉向曰："孔子三見哀公，作《三朝記》。"《論語》之外，兹爲極重。《曾子》十篇，儒言純粹，在《孟子》之上。《投壺》儀節較《小戴》爲詳，《哀公問》字句較《小戴》爲確，然則此《禮》宜亟治審矣。

顧自漢至今，惟北周盧僕射爲之注，且未能精備。自是以來，章句淆淆，古字多舛，良可慨歎。近時戴東原、盧紹弓相繼校訂，蹊逕略闢。曲阜孔檢討乃博稽衆説，爲注十三卷，使二千餘年古經復明於世，爲功鉅矣。檢討之弟廣廉乃以乾隆五十九春付刻，因爲之序。元年來亦治是經，有注有釋，鄙陋之見與檢討間有異同。今檢討書先行，元定稿後，再以質之治經者。"

文光案：孔氏補注《夏小正》篇凡十二章，二千四百七十字，旁注"今補"二字，於每月之下，條列經文凡幾事。如正月下注云"此章經文凡二十二事"是也。所有之注皆補注，甚[三]爲精密，多所是正。傅崧卿本始分經傳月爲一章，凡十二章，然間有舛訛，故孔注不分經傳，恐誤以經爲傳，以傳爲經也。

《大戴禮記補注》十三卷　附《校勘記》十三卷

國朝孔廣森撰

《畿輔叢書》本。此王氏校正之本。盧辯，涿人也，故王文泉刻入《畿輔叢書》。前有王樹枏校正序。

王氏序曰："孔氏據宋刻旁稽博采，作爲補注，然往往拘守古本，穿鑿附會，以成其失。王懷祖先生謂凡是書之顯然訛誤者，孔必曲爲之説，而不肯依他書改正，此亦守殘之癖也。盧辯涿人，文泉是刻意在表章盧注，以孔注能引伸其所未備，遂併取之，屬余作校正，附於卷末。余向有《夏小正訂經》、《訂傳》二書，今校是書，悉采舊説，言期當理，義貴有據，不敢故爲異説以惑來者。"

《漢書》："德號大戴，爲信都太傅。大戴授琅琊徐良斿卿[四]，由是大戴有徐氏之學。"

《後周書》："盧辯，字景宣，范陽涿人。博通經籍，爲太學博士，以《大戴禮》未有解詁，乃注之。累遷尚書右僕射，進位大將軍。”

晁公武曰：“《大戴禮》每卷題‘九江太守戴德撰’。按九江太守，聖也，蓋後人誤題云。”

朱子曰：“《大戴禮》本文多錯，注尤舛誤，或有注，或無注，皆不可曉。”又曰：“《大戴禮》冗雜，其好處已被小戴採摘來做《禮記》了，然尚有零碎好處在。”

朱氏曰：“《大戴禮記》本無甚蹐駁，自小戴之書單行，而《大戴記》遂束之高閣。世儒明知《月令》爲呂不韋作，乃甘棄《夏小正》不用，殊不可解。學齋史氏其論説亦不取《大戴》，然由其説推之，則《大戴記》在宋日曾列之於經，故有‘十四經’之目，史繩祖曰：“《大戴記》雖列之‘十四經’，然雜取《家語》之書，分析而爲篇目，祝辭内有‘先帝’及‘陛下’字，皆秦始皇所定之稱，周初豈曾有此？可謂不經之甚。”此亦學者所當知也。”以上錄於《經義考》。

毛氏曰：“《禮記》無戴聖集成之事，戴聖受《儀禮》，立戴氏一學，且立一戴氏博士，而於《禮記》似無與焉。今世但知《禮記》爲《曲臺禮》、《容臺禮》爲《戴記》，而并不知《曲臺》、《容臺》與《戴記》之爲《儀禮》，此皆舉子不讀書之故，無足責者。氏欲崇《儀禮》，貶《禮記》，以《禮記》爲贓吏所集成，而不知贓吏所集成而立學、立博士者，正《儀禮》，非《禮記》也。間嘗考‘曲臺’、‘容臺’所由名。漢初魯高生傳《士禮》十七篇，即《儀禮》也。是時東海孟卿傳《儀禮》之學，以授后倉，而后倉受禮，居於未央宮前之曲臺殿，校書著記約數萬言，因名其書爲《后倉曲臺記》。至孝文時，魯有徐生，善爲頌。頌者，容也，不能通經，祇以容儀行禮爲禮官大夫，因又名習禮之處爲容臺。此皆以《儀禮》爲名者。若其學，則后倉授之梁人戴德及德從兄子聖與沛人慶普三人。至孝宣時立大小戴、慶氏禮，三家之學，皆有博士。時大戴爲信都太傅，小戴以博士至九江太守，治行多不檢，如氏所稱'贓吏'者。是《儀禮》集成實係二戴，故舊稱《儀禮》爲慶氏《禮》、爲大小戴《禮》，以是也。若《禮記》則前志祇云《記》百三十一篇，當是《禮記》未成書底本，然并不名《禮記》，亦并無二戴傳《禮記》之說。惟《後漢·儒林》有鄭玄所注四十九篇之目，則與今《禮記》篇數相合，故鄭玄作《六藝論》，云：'今《禮》行於世，戴德、戴聖之學也。此《儀禮》也。'又云：'戴德《傳記》八十五篇，則今《大戴禮》是也。戴聖傳《禮》四十九篇，則《禮記》是也。'然其說究無所考。及觀《隋志》所云，則荒唐甚矣。《前漢·儒林》并不載刪《禮》之文，而《東漢·儒林》又無其事，且《大戴禮》見在，并非與今《禮記》爲一書。凡此皆當闕之，以俟後此之論定者。"又曰："《禮記》舊謂孔子詔七十子共撰所聞以爲記，雖其間雜以他儒，如荀況、公孫尼子諸篇，合以成書，然大抵不出春秋、戰國之間。若《儀禮》則顯然戰國人所爲，觀其託孺悲以作《士喪禮》，託子夏以爲《喪服傳》，明明援七十子之徒，借作倚附。然且七十子之徒尚有《大學》、《中庸》，確然爲孔門後儒所記。而《儀禮》倚附，別無考據，則《儀禮》遜《禮記》遠矣。且《儀禮》、《禮記》了不相屬。仲長統云：'《周禮》，禮之經；《禮記》，禮之傳。'而朱氏誤襲之，即以《儀禮》當《周禮》。《周禮》亦與《禮記》全不合。"又曰："宋鄭樵作《三禮辨》，有云魯高生所傳《士禮》一十七篇，今之《儀禮》是也。后倉《曲臺記》數萬言，今之《禮記》是也。按前、後《漢志》及《儒林傳》皆以高堂所傳十七篇，瑕丘蕭奮即以授后倉作《曲臺記》，是時兩漢俱并無《禮記》一書，故孝宣立二戴及慶氏學官，皆《儀禮》之學，源流不同。鄭樵著《通考》，極稱有學，新安朱氏極遵其說，而六經源流尚未能晰，況其他乎？"以上錄於《經問》。

文光案：西河以《儀禮》出於二戴，《禮記》非戴聖所集成，其説可備參考，因備録之。諸家説《記》源流者多引《隋志》，而不知《隋志》多誤，此其甚者。《月令》、《明堂位》、《樂記》三篇乃原書所有，并非馬融所增。橋仁著《禮記章句》，曹襃傳《禮記》，皆見於《漢書》本傳，皆四十九篇，皆在馬融前，《隋志》之謬固不足辨也。書中所云“氏”，蓋福建漳學廩生蔡氏也。蔡氏於康熙間具疏四通，欲上之未得，因自勒其疏行世。此所駁者黜《禮記》一條。毛氏於顧寧人、閻百詩、朱竹垞則稱名，餘不足數不稱名，如錢丙、蔡氏是也。

焦氏《明堂圖説》曰：“大戴之文，禮論所説《周禮》、《孝經》之義，非《盛德》本文也。中又雜入‘朱草’以下二十五字，於文義爲不倫，於篇義爲不切。而又以‘朱草’爲‘蓂莢’，殊不可解。按許君所引，鄭氏所駁，明白皎然。檢今本，此文在《盛德》記後，另標《明堂》篇名，又與《異議》引爲《盛德》篇者大異，顯屬後人因鄭氏有吕不韋之説，摘出附以衆説，別爲《明堂》一篇附於《盛德》之後，故其文冗雜不一，不可爲據，因考之。《北史》魏封軌云：‘大戴之《禮》著十二堂之論。’《隋書》宇文愷引‘《明堂》者，古有之’八十六字。《舊唐書》顏師古議云：‘大戴所説初有近郊之言，復稱文王之廟，進退無據，自爲矛盾。’據此則魏末隋唐之間，《盛德》之文已與《明堂》、《月令》説、《周禮》、《孝經》説相亂，諸儒引之而不深考，故或據以爲説，或疑而與之辨。幸《五經異義》隋時尚存，牛宏議《明堂》引‘明堂者，古有之也’四十九字，卓然可據，至今賴之。今注不傳名氏，或以爲盧辯[五]撰。辯未見《五經異義》，不知《明堂》爲篇後人雜附者，其注二九、四七、五三、六一，八云‘法龜文也’。九數之爲洛書，始於趙宋，辯《注》不應及此，蓋辯《注》已亡，此注乃後人爲之，非辯《注》也。諸説紛紛，新巧易惑，左荼右縮，獲一亡十，不知經文本明，鄭注非謬也。"

以上禮類《禮記》之屬。

朱氏《經義考》列《大戴禮》於《禮記》之前，以《大戴》在先故也。《四庫書目》附録《大戴禮》於《禮記》之屬後，以其殘缺不全故也。今注勝於古注，又經諸大家考訂，因次於《禮記》之後，以明與《四庫》附録之本不同也。又案：高堂生傳《士禮》瑕丘蕭奮，以《禮》至淮陽太守。東海孟卿事奮，以授后倉、魯間丘卿。倉説《禮》數萬言，號《曲臺記》。后氏之禮分爲四家，聞人通雖未立於學官，而石渠《禮》論其議奏獨多。慶普《禮記》未詳篇目，東漢曹克父子尚傳其學。克著《禮記章句辨難》，於是有慶氏學。褒著《禮通義》十二篇，又著《演經雜論》百二十篇，又傳《禮記》四十九篇，教授諸生千餘人，慶氏學遂行於世。《隋書》："大戴、小戴、慶氏三家并立。"然曹褒所論皆讖緯之言，故所制漢禮不行。大小戴、慶氏皆后倉弟子，然所傳之《禮》不必皆爲《儀禮》。毛氏之説固未可深信也。《大戴禮》自盧注以後，元馬定國有《大戴禮辨》一卷，朱《考》曰"佚"。吳澄《大戴禮序録》一篇，朱《考》曰"存"。阮相國言治此經，其注則未見也。其他《大戴禮》之説，具見於《經義考》。

《禮書》一百五十卷

宋陳祥道撰

福清鄭氏本。前有進書表。

《直齋書録》："《禮書》[六]一百五十卷，太常博士長樂陳祥道用之撰，論辨詳博，間以繪畫，於唐代諸儒之論，近世聶崇義之圖，或正其失，或補其闕，元祐中表上之。"

陳《録》又載《禮象》十五卷，陸佃改舊圖之失，其尊、爵、彝、舟皆取公卿家及祕府所藏古遺器，與聶圖大異。岷隱戴先生分教吾邑，作閣齋館池上，畫此圖於壁，而以"禮象"名閣，與論堂《禮圖》相媲云。

《三禮圖集注》二十卷

宋聶崇義撰

《通志堂》本。前有竇儼序、崇義自序，末有刊書跋。

聶氏自序曰："凡所集注，皆周公正經，仲尼所定，康成所注，傍依疏義。事有未達，則引漢法以況之。"

陳伯廣跋曰："熊君子復得蜀本，屬予刻之。其圖度未必盡如古昔。淳熙乙未閏月三日。"

《崇文總目》："崇義因《三禮》舊圖，凡得六本，考正是否，每篇目叙其凡，參以近世沿革之説，建隆二年五月丙寅表上之。詔頒行之，又畫於國子監講堂之壁。"文光案：議者以其書爲以意爲之，全無來歷，詔毀其壁。詳見《宋史·本傳》。

《直齋書録》："自周顯德中受詔，至建隆二年奏之，蓋用舊圖六本參定，故題'集注'。詔國學圖於宣聖殿後北軒之屋壁。至道中，改作於論堂之上，以板代壁，判監李至爲之記。吾鄉郡庠安定胡先生所創《論堂繪三禮圖》當是依仿京監。嘉熙戊戌，風水堂壞，今不存矣。"

　　文光案：《宋史·聶崇義傳》述《三禮圖》甚詳。此圖始就之時，已不滿人意，其後議者更衆。愚以宋本《古玉圖》證之，圭璋之屬多不合，林光朝謂其以意爲之者，誠是也。楊傑《補正三禮圖》三十六卷，其書不傳。隋、唐《志》所載《三禮圖》亦皆散佚，無從是正也。

《儀禮經傳通解》三十七卷　續二十九卷

宋朱子撰，其門人黄榦續

呂氏重刊白鹿洞本。前有嘉定癸未四明張處序，目録一卷，朱子撰。首爲考定《漢書・藝文志》，末爲《乞修三禮劄子》。凡《家禮》五卷，《鄉禮》三卷，《學禮》十一卷，《邦國禮》四卷，共二十三卷，爲四十二篇，題曰《儀禮經傳通解》；《王朝禮》十四卷，題曰《儀禮集傳集注》。蓋草創之稿，故仍其舊名。凡目之有序者三十篇，自《踐阼》以下無序，未成之書也。四十二篇之前，目下皆標第幾，以後有目無“第”字。《學禮》内原闕《鐘律義》一篇，今闕《書數》一篇，《王朝禮》闕《卜筮》一篇。按《禮書綱目》存《鐘律義》，有《卜筮》，惟無《書數》。《夏小正》、《月令》，在《王朝禮》内，《小正》有音無注。各分經傳，末雜引諸子。有注《月令》，有注《大學》、《中庸》，在《學禮》内。有注《禮書綱目》、《夏小正》、《月令》，在《通禮》内。《小正》有補有音無注，《月令》附《吕氏春秋・十二月紀》。《淮南・時則訓》、《通典・唐月令》所附皆在注内。《小正》後補《周月》一篇。《大學》、《中庸》止存篇目。黄氏續喪、祭二禮。原本無目録，今本有目一卷，乃吕氏刊板時所集，有長印記之。《喪禮》十五卷，大要以《儀禮》爲本，分章句，附傳記，使條理明白而易考。《喪禮圖式》別爲一卷，以附於後，共十六卷。其編纂先後之次，具詳於楊序。此書自十六卷至二十九卷，皆楊復所重修。楊序：“《喪服圖式》草具甫就，而先生殁矣。”又云：“附於正卷帙之外，以俟君子，亦先生平日之志云。”則《喪服圖式》亦楊氏所訂。序又云：“先生所修祭禮，本經則《特牲》、《少牢》、《有司徹》，《大戴禮》則《遷廟》、《釁廟》。”注云：“已上四卷，未分章句，入注疏。”案今本已分章句，已增注疏，是出於楊氏之手也。自此以下，皆爲楊氏所補。蓋黃氏於祭禮用力甚久，規模已定，楊氏預聞次輯之略，故取遺稿而訂定之，合前《經傳通解》及《集傳集注》，總六十有六卷，即白鹿洞原本也。予初得梁氏本，不以爲善，繼得呂氏本，因其制義名家，詫爲善刻。及細觀之，幾於無節不錯，其任意删改，仍不脱明人氣習，乃知晚邨於書猶門外也。當時以千秋之俎豆許之，豈不謬哉！其呂氏評語亦多未愜意處。其《愿書》甚有佳篇，能以古文爲時文，但其書已焚，不足論已。

張處刊喪、祭二禮，序曰："南康舊刊朱文公《儀禮經傳》與《集傳》、《集注》，而喪、祭二禮俄空焉。蓋以屬門人勉齋黃榦，俾之類次而未成也。處來南康，聞勉齋已下世，深恨文公之志不終。南劍陳使君以其書來，且遣刻者數輩至，於是鋟木，更一年而後畢。是雖喪、祭二門，而卷帙多前書三之一，是以刊造之日長。分符星渚，乃文公遺愛之地。兹得全其所欲述之書，以畢其平日傳受之志，豈非幸歟！"南康道院初刻凡三十七卷。

任釣臺上張撫軍書曰："《儀禮經傳通解》，其書鏤板甚少，呂氏復刊布之，意亦美矣。其板錯謬殊多，如《少牢饋食禮》經文脱者至五十餘字；注文誤者至五百餘字；《六沴》篇所引《大傳》黑壞，未刻至千有餘字。其他謬誤，總而計之，蓋不下數萬焉。乞將呂板頒賜二部，使生徧考引用諸書，逐字校定，以一部爲改注草本，以一部爲改訂定本進呈，傳諭書肆，逐一改鐫，庶此書爲完書，而學者亦有所循習矣。若進而上之，則黃氏於禘祫諸説，多本考亭，而今抄寫注疏，'威靈白招拒'云云，不啻方底而圓蓋，當議改也。朱子書不過六百餘紙，而黃氏喪、祭二禮數反倍之，不免過繁，當議節也。又進而上之，則朱子所存注疏，大抵芟薙之功多而曉暢之意少，擇則精而語未詳，當議增也。又進而上之，即朱子所採傳記，前後亦或有可商者焉。必劑其繁簡，鱗次而櫛比之，斯足以成朱子之志而爲不朽之盛業。生竊有志，姑俟異日。"

文光案：如任氏所云，信朱子之功臣矣。晚邨學朱子而刻書已謬誤至極，朱子豈如是哉！向以梁本之不舊，呂本之不能讀也。遍求任氏校本，亦未之見，因録此書於《清芬樓集》，以證予説之不謬。自江氏《禮書綱目》出，而《通解》遂成完帙。讀是書者，宜并參也。又朱子所删之注疏，一一互證，以求朱子去取之意，亦用功之要法，而獲益不淺者也。

《重刊朱子儀禮經傳通解》六十九卷

國朝梁萬方編

原本。是本以黄氏體例改朱子之體例，合爲一編，删繁補闕，參以己意，頗傷蕪雜。《書數》篇，採及運筆諸法，尤爲無當。案《禮書綱目》、《書數》篇在《通禮》内，有目無書，蓋如朱子之舊，不敢妄補也。

《直齋書録》："外府丞長樂黄榦直卿，晦菴之壻，號勉齋。始晦菴著《禮》書，喪、祭二禮未及論次之，以屬榦續成之。"

朱在《儀禮經傳目録後記》曰："《經傳通解》二十三卷，蓋先君晚歲之所親定，次第具見於目録，唯《書數》一篇闕而未補，而《大射禮》、《聘禮》、《公食大夫禮》、《諸侯相朝禮》八篇，則猶未脱稿也。其曰'集傳'、'集注'者，此書之舊名也。凡十四卷爲《王朝禮》，而《卜筮》篇亦缺。餘則先君所草定，而未暇删改者。至於《喪》、《祭》二禮，則嘗以規模次第屬之門人黄榦，俾之類次。他日書成，亦當相從於此，庶幾此書本末具備。"

吳師道曰："以《三禮》論，則《周官》爲綱，《儀禮》乃本經，而《禮記》諸篇則其疏義。三者固有本末之相須而不可闕，是以子朱子慨然定爲《儀禮經傳通解集注》之書，未完者門人又足成之，可謂《禮》書之大全、千古之盛典也。"

虞集曰："先王既遠，禮樂崩壞。秦漢以來，諸儒相與綴輯所傳聞而誦説之，後世猶得稍見其緒餘者，則其功也。然其臆説自爲牴牾，亦不無焉。自非真知聖人之道，不能有所決疑於其間。伊洛諸君子出，然後制作之本，蓋庶幾矣。至於朱子，將觀其會通以行其典禮，故使門人輯爲《通解》，其志固將有所爲也。事有弗逮，終身念之，而所謂'家禮'者，因司馬之説而粗爲檃括，特未成書而世已傳之。其門人楊氏以其師之遺意，爲之記注者，蓋以補其闕也。"

曾棨曰："朱子挈《儀禮》正經以提其綱，輯《周禮》之記諸經有及於禮者，以備其闕，釐爲家鄉、邦國、王朝之目，自天子以至於庶人之禮，謂之《儀禮經傳通解》，然亦未及精詳。"又曰："楊氏因朱子之意，取《儀禮》十七篇，悉爲之圖，制度名物，粲然畢備，以圖考書，如指諸掌，西山真氏稱爲不刊之典焉。"又曰："勉齋即世，祭禮未就，信齋據二公草本，參以舊聞，精加修定，凡十四卷。"

《大小宗通釋》一卷

國朝毛奇齡撰

《西河合集》本。毛氏所著《禮》書凡八種，《昏禮辨正》一卷，《嫡制折衷》二卷，《北郊配位尊西向議》一卷，《辨定嘉定大禮議》二卷，《辯定祭禮通俗譜》五卷，《喪禮吾説篇》十卷，《曾子問講録》四卷，并此書共二十六卷。

李塨曰："《禮記・士禮》與《周官》經雖統屬未全之書，而有周之禮與唐、虞、夏、商之禮，悉繫於其中。而鄭氏説《禮》自相舛駮，不能合諸經通貫，因有穿鑿，而宋人概以私意橫行之，而禮亡矣。先生博極羣籍，以諸經爲宗，而合周、秦子家及漢、魏、晉、唐之言《禮》者，而并爲貫串，討求參辨，必刊正謬誤以求其一是，於是雜爲論説。在《昏禮》則有告廟、謁廟、婦見、廟見、主聘、主昏諸大節，在《祭禮》則有祭室、祭時、祭儀、祭器、内祭、外祭諸大節；在《喪禮》則有養疾、禱復、斂殯、葬祔以及喪奠、喪服、弔喪、奔喪諸大節，皆千年晦閟而發於一旦。然且鍼纖縷細，銖眇錙忽，無不達孔穴而剖塵块，以致三代廟制，列朝宗法，宋、明之大禮，郊壇之配位，凡所論及，動成創典。至於《明堂禮》、《學校禮》、《郊社禘嘗禮》、《經禮》、《曲禮》，其見於《經問》者，漢唐以來未有能道之者也。”

　　文光案：毛氏長於議禮，《宗釋》於“別子爲祖”節講之最詳。其所著《春秋傳》亦多説禮，識見甚有高處。惟以經爲簡書，傳爲策書，瑣瑣言之，實爲鑿空之論，何所見而云然？大抵宋學説經多空言，其理有精有不精；漢學説經必徵實，其證亦有確有不確：是在善讀者明辨而已。凡以經證經者，或不免以經證己，必須檢出原書，嚴加搜討，其精確與罅漏處，不難立判。至於説理之語稍有差池，人心必有所不安。凡微覺不安者，即其説之未精者也。籤題記之再四，思索久久，自能折衷。如此讀書，是爲能自用功，庶不爲古人所誤。予恐毛氏之欺我也，因識於此。果能擇善而從，古人皆我師矣。

《禮書綱目》八十五卷

國朝江永撰

鏤恩堂本。嘉慶庚午婺源俞鳴玉荆山校刊。首提要；次《江先生傳》，劉大櫆撰；次汪廷珍、阮元序并自序三首。目錄凡八門：曰嘉禮，曰賓禮，曰凶禮，曰吉禮，皆因《儀禮》所有者而附益之；曰軍禮，曰通禮，曰曲禮，皆補《儀禮》之所不備；

《樂》一門，居後。總一百六篇，并首三卷，共八十八卷。首卷有朱子《儀禮·釋宮》，《曲禮》內有《孝經》、《弟子職》、《樂》類凡五卷，樂制、鍾律、鍾律義、樂器、歌舞，終以《樂記》。凡《樂書》內所采《樂記》皆無"賓牟賈"以下之文。

　　阮氏序曰："《禮經》於六籍爲尤繁難治，故朱子在經筵曾有乞修《三禮》之劄，而未果行。晚年乃親定《儀禮經傳通解》一書，大旨以古十七篇爲主，而取《禮記》及諸經子史書所載有及於禮者，皆附於其下。草創雖定，而未暇删改，故以喪、祭二禮屬勉齋黃氏爲之。勉齋續編，一準朱子遺説，然尚有未定，復以其書授信齋楊氏，而後粗有端緒。蓋《三禮》之難成也如是。然其中尚有品節度數，待後人之補綴者，復數百年於茲矣。婺源老儒江慎齋先生有憂之，乃取《紫陽遺書》提其綱領，別立門目，補其缺者固多，弼其違者亦復不少，增損隱括，以成此編。"

　　江氏自序曰："《禮》、《樂》全經廢缺久矣，今其存者唯《儀禮》，乃禮之本經，所謂'周監二代，郁郁乎文'者，此其儀法度數之略也。《周禮》爲諸司職掌，非經曲正篇，又逸其《冬官》，蓋周公草創未就之書。《禮記》則羣儒所記錄，或雜秦漢氏之言，純駁不一。其《冠》、《昏》等義，則《儀禮》之義疏耳。自《三禮》而外，殘篇逸義亦或頗見於他經，《論語》、《孟子》、《爾雅》、《春秋內外傳》、《大戴》、《孔叢》等書，諸子則《管子》、《荀況》，漢儒則伏生、賈誼、劉向、班固之徒，亦能記其一二，然皆紛綸散出無統紀。至於聲律器數，則又絕無完篇。《樂記》但言其義，已失其數矣。散逸之餘，《儀禮》正篇猶存。二戴之記者，如《投壺》、《奔喪》、《遷廟》、《釁廟》之類，已不可多覯。其他或一篇，雜録吉凶一事，散見彼此；又或殷周異制，紀載互殊。學者莫由觀其聚，則亦不能會其通。此朱子《儀禮經傳通解》所爲作也。朱子之書修於晚歲，前後體例亦頗不一。《王朝禮》編自衆手，節目闊疏，未入疏義。黃氏之書，喪禮固詳密，亦間有漏落。祭禮未及精專修改，較喪禮疏密不倫。信齋楊氏有《祭禮通解》，議論詳瞻而編類亦有未精者，蓋纂述若斯之難也。竊謂哀集經傳，欲其賅備而無遺；釐析篇章，欲其有條而不紊。尊經之意，當以朱子爲宗；排纂之法，當以黃氏喪禮爲式。爲之增損櫽括，以成此編。凡三代以前，禮樂制度散見經傳雜書者，搜羅略備，而篇章次第較《通解》尤詳密焉。屢易稿而書成，姑繕寫本文及舊注一通，名曰《禮書綱目》。若夫賈、孔諸家之疏與後儒考正之説，文字繁多，力不能寫，且以俟諸異日。"

汪氏序曰："先生纂輯是書，以古經爲主，經不足，補以傳記，又不足，則旁證以諸家之説，巨細咸備，正變不遺。斯則先王之禮，得朱子而不墜朱子之志，得先生而後成，此豈尋常經生之書所可比哉！先生於前人之説，擇善而從，無所徇，亦無所矯。其有聲韻也，取顧氏之考古，而益以審音；其於推步也，因梅氏之致精，而補其遺缺；其於樂律也，大旨主朱載堉，而起算則依密率。其作是書，猶此志也。"

傳曰："先生於古之制度名物，必參互而得其據證，爲之辨明，則其説具載方册之中，而人顧莫之見。及先生指以示人，則人皆恍然自失，而不啻其心所欲言，信乎其爲博物强識之君子也。年八十二，其卒乾隆二十七年三月十三日也。先生婺源之江灣人，姓江氏，名永，字慎修。"

《讀禮通考》一百二十卷

國朝徐乾學撰

原本。前有康熙三十五年朱彝尊序、公之子樹穀疏、凡例十二條、引用書目六百種、目錄。曰《喪期》二十九卷，曰《喪服》八卷，曰《喪儀節》四十四卷，曰《葬考》十三卷，曰《喪具》

六卷，曰《變禮》七卷，曰《喪制》九卷，曰《二氏禮》、《異俗禮》二卷，曰《廟制》二卷。《喪期》以《儀禮·喪服》篇爲主，而凡古今之論服制者皆附見焉。先仿國史之例，撰表三篇，自"斬衰三年"至"緦麻三月"以及"殤服"，而國恤亦備載《喪服》，爲古今五服制度及變除次第，有圖有表。《喪儀節》以《儀禮》之《士喪禮》、《既夕》、《士虞禮》三篇爲主，而唐之《開元禮》、宋之《政和禮》、司馬氏之《書儀》、朱子之《家禮》、明之《會典》五書，自疾病以至挽歌，凡言喪之儀節者，皆附見焉。其歷代國恤之儀，以類而從。《葬考》，凡葬次、葬法以及祭墓，而歷代山陵之制，亦以類而從。《喪具》，凡附於身、附於棺、周於椁者，皆具載焉。參考歷代品式，一之以本朝制度。《變禮》本黃勉齋舊說六篇，今并《聞喪》、《奔喪》爲一篇。又有《緩葬》、《渴葬》、《改葬》，暨後世父母乖離、不知存亡、親柩被焚、墓毀、制服諸事，各自爲類，亦附於末。《喪制》本之古制以及今日通行之制，有變古、復古、守禮、通於時□[七]、不及禮、違禮者并爲論次，而《二氏禮》、《異俗禮》亦及焉。《廟制》者，孝子報本追遠，莫重於祭，自王侯以迄士庶，有圖有說，悉爲詳考其制度。此其書之八大綱也，而古今之喪禮略備矣。

　　是編上自王朝，下迄民俗，凡簡籍中所載，有及於喪禮者，無不採入。　《儀禮》載喪禮者十之三，《禮記》載《喪禮》者十之四，今於二《禮》之傳注及諸家說，有可採者，莫不搜入，於二書之精義頗有所發揮。　古今《儀禮》之家，莫詳於晉，亦莫善於晉，事出創見，《禮》所不及者，亦皆辨之成理，可爲後世遭變禮者之準。如此之類，咸爲採入。　國恤儀注，隋以前皆有之，而書軼不傳，唯《後漢書》頗載其說。至許敬宗修《顯慶禮》，惑於孔《志》，約蕭楚材之言，削去國恤不載。《開元禮》因之，故唐之國恤無可考。惟《通典》載《大唐元陵儀注》，始末頗備。迨宋之《政和禮》、明之《集禮》，亦復不載國恤。今於宋則採《宋史》及《通考》，於明則採《會典》及《歷朝實錄》，雖禮文未備，亦約略可觀矣。　　"三父八母"之說，出於《元典章》，詳玩其圖，多難解者。　　輯書之法，宜補偏救弊，宜財成斷制，宜有案而無斷。以上節錄凡例。

　　文光案：是書五禮尚闕其四，而《凶禮》如"荒弔"、"襘恤"之目亦未備，故秦氏補之。古來《喪服》諸書，例附於《儀禮》之後。今因秦氏《通考》實本是書而成，故列於《五禮通考》之前，觀者可連類及之也。

《五禮通考》二百六十二卷

國朝秦蕙田撰

味經齋本。乾隆十八年陽湖八十二老人蔣汾功、顧棟高、方觀承、盧見、受業盧文弨序，并秦氏自序共六通，凡例十四條。總目分上、下卷，首爲《禮經》作述源流、歷代禮制沿革。凡吉禮一百二十七卷，嘉禮九十二卷，賓禮十三卷，軍禮十三卷，凶禮十七卷。校此書者，皆當代名儒，書中雖不列姓名，見於他書者甚多。予所藏初印本板甚精工，紙墨皆佳。今合《讀禮通考》爲一書，而徐氏板本不及。

　　蔣氏序曰："往時徐大司寇有《讀禮通考》一書，於諸禮猶闕而未備。少宗伯秦公奮然繼起，合五禮而編次之，其不可強釋者，則闕疑焉。素知其家多藏書，凡《禮經疏義》外間絕少刊本，而庋貯緘題者數十笥。宗伯以絕人之姿，盡發而讀之。早歲即洞其條理，綜核纂注，彙爲一編。通籍後，簪筆承明，每稍暇，輒抒思釐定。至晉居秩宗而帙始成，人以爲善於其職云。"

　　盧氏序曰："味經秦先生示《五禮通考》，全書增徐氏吉、軍、賓，嘉四禮，而喪禮補其未備。苞括百氏，裁翦衆說，舉二十史之記載，悉以《周禮》、《儀禮》提其綱，上自朝廷之制，下逮諸儒之議論，靡不搜抉冗隱，州次部居，令讀者一覽易曉。至是而世之有志於禮教者，始暢然滿志而無遺憾矣。”

盧氏序曰：“吾師本朱子之意，因徐氏之例而遍考五禮之沿革，博取精研，凡用功三十八年而書乃成梓。”

秦氏自序曰：“歲甲辰，年甫逾冠，偕同邑蔡學正宸錫，吳主事大年、學士〔八〕尊彞兄弟爲讀經之會，相與講《三禮》。自秦漢諸儒抱殘守闕，注疏雜入讖諱，繆轕紛紜，至今猶蔀。迺於《禮經》之文，如‘郊祀’、‘明堂’、‘宗廟’、‘禘嘗’、‘饗宴’、‘朝會’、‘冠’、‘昏’、‘賓’、‘祭’、‘宮室’、‘衣服’、‘器用’等，先之以經文之互見錯出、足相印證者，繼之以注疏，諸儒之牴牾訾議者，又益以唐宋以來專門名家之考論發明者，每一事一義，輒集百氏之説而諦審之。審之久，思之深，往往如入山得逕，榛蕪豁然，又如掘井逢源，溢然自出。然猶未敢自信也，半月一會，問者、難者、辨者、答者，迴旋反覆，務期愜諸己、信諸人，而後乃筆之箋釋，存之考辨。如是者十有餘年，而哀然漸有成帙矣。丙辰通籍，奉内廷，見聞所及，時加釐正。乙丑簡佐秩宗，奉命校閲禮書，職業攸司，源流沿革，不敢不益深考究。丁卯、戊辰，杜門讀《禮》，乃與吳君尊彞陳舊篋，置抄胥，發凡起例一依徐氏之本，并取向所考定者，分類排輯，補所未備。嘉定錢宮允曉徵實襄參校之役。辛巳冬爰始竣事，凡爲門類七十有五。”

五禮之名，肇自《虞書》；五禮之目，著於《周官》。《大宗伯》曰“吉、凶、軍、賓、嘉”，《小宗伯》“掌五禮之禁令與其用”等。自古《禮》散軼，漢儒掇拾於煨燼之餘，其傳於今者，惟《儀禮》十七篇、《周官》五篇、《考工記》一篇，文多殘闕。《禮記》四十九篇，删自《小戴》，及所存《大戴禮》，間有制度可考，而純駁互見，附以注疏。及魏晉諸家，人自爲説，益用紛歧。唐宋以來，惟杜氏《通典》、陳氏《禮書》、朱子《通解》、馬氏《通考》言《禮》頗詳。今案《通解》專錄注疏，未及史乘，且屬未成之書。《禮書》詳於名物，略於傳注。《通典》、《通考》雖網羅載籍，兼收令典，第五禮僅二書門類之一，未克窮端竟委。近代徐氏著《讀禮通考》，古《禮》則仿《通解》，兼採衆說，詳加折衷；歷代則一本正史，參以《通典》、《通考》，廣爲搜集。是書因其體例依《通典》五禮次第編輯，而《通典》内之《王朝禮》別爲條目，附於嘉禮，合徐書而《大宗伯》之五禮古今沿革、本末源流、異同失得之故，咸有考焉。　杜氏、馬氏專據志書，而本紀、列傳不加搜採。兹特遍採紀傳，參校志書，分次時代，詳加考核。凡諸議禮之文，務使異同并載，曲直具存，庶幾後之考者得以詳其本末。　歷代禮典，西京賈、董昌言，未遑制作；東都鋭意舉修，多雜讖緯；魏晉則僅傳儀注。逮梁天監中，五禮始有成書。唐《開元禮》出而五禮之文大備，杜氏因之，參輯舊聞，作爲《通典》。馬氏增廣，纂入《通考》。元明各有《集禮》及《典章》、《會典》等書。　兹編於經傳搜集無遺，至先儒論說及累朝奏議，亦廣爲採取，較之《通典》、《通考》詳略懸殊，卷帙亦多於他禮。以上節錄凡例。

　　文光案：是書《吉禮·宗廟制度》内言樂者八卷；《嘉禮·觀象授時》二十卷，内有《推步法》三卷、《時令》二卷；《嘉禮·體國經野》十二卷，皆言地理。蓋天文、時令、地理、律吕、算法皆備於此書，而不免於雜。嗜博者往往如是，遂爲全書之累。

《家禮》八卷

舊題宋朱子撰

紫陽書院本。此本有刊書跋。

温公有成書，讀者厭其長篇浩瀚，先生因爲是書。方草定即爲僧童竊去，其間有未定之説。先生歿，五羊本先出，最多訛舛。餘杭本再就五羊本爲之考訂，復精加校正，綱條節目，粲然明白，甚便服行。嚴陵鄭侯因刻之郡庠，與邦人共之。鄭寺丞名之悌，嚴陵守。

陳氏曰："始得王郎中子正傳本三卷，上卷編程子《祭説》及《主式》；中卷自《家廟時祭》以至《墓祭》凡九篇，而《時祭》篇中又分'卜日'、'齋戒'、'陳設'、'行事'凡四條，爲文蓋統一而無分綱目；下卷則列諸祝詞而已：蓋最初本也。先生之季子敬之傳得《時祭儀》一篇，其文有綱目大小字之别，明白易曉。雖未見亡本之爲何如，比初本體例不同。有士人録得僧寺亡本五篇，通禮居一，冠、昏、喪、祭四禮次之。篇内隨事分章，章之中又各分綱目。未幾，傳入廣。廖子晦意爲定本，遽刊諸帥府，其間有闕文、脱句、訛字。惜其書出於先生既歿之後，反爲未完之缺典，甚可痛也。"録於《北溪大全集》。

王氏曰："《家禮》載於行狀，其序載於《文集》，其成書之歲月載於年譜，其書亡而復得之由載於《家禮》附録。黄勉齋作行狀，但云'所輯《家禮》，世所遵用，其後多有損益，未及更定'。《文集》、《語録序》外，無一語及《家禮》者。惟《與蔡季通書》有'已取《家禮》四卷納一哥'之語，此《儀禮通解》中《家禮》六卷之四，非今所傳之《家禮》也。後人以朱子家季子所傳，廖子晦[九]、陳安卿皆爲刊刻，三山楊氏、上饒周氏復爲之考訂。雖尊用其書，實未有能行者，故於其中謬誤亦不及察。應氏《家禮辨》其文不傳，僅見於邱氏本。予遍考《文集》、《語録》所載，一一詳注之，所摘謬誤亦數十條，庶來者有以知《家禮》決非朱子之書，而俟考古者裁定之也。"録於《白田草堂集》。

文光案：予所藏邱氏本爲錢時所刊，微勝俗本。又武先慎《家禮集議》一卷，乾隆癸丑自刊本。王復禮《家禮辨定》

十卷，康熙四十六年自序。

《泰泉鄉禮》七卷

明黃佐撰

明本。嘉靖己酉香山令鄧遷依黃氏原本校刊，有序，又順德何絅序，末有門人楊維震跋。

鄧氏序曰："泰泉公提督廣西學政，乞休家居，著《鄉禮》六卷，又以《士相見禮》及《投壺》、《鄉射》諸篇附之，合七卷。先是，刻於廣之藩司，頒諸郡邑，固有所興起云。"

文光案：泰泉所著《樂典》三十卷，《詩經通解》二十五卷，《春秋傳意》十二卷，《庸言》十二卷，《革除遺事》十六卷，《翰林記》二十卷，《廣州府志》六十卷，《廣東通志》七十卷，《廣西通志》六十卷，《南雍志》二十四卷，《香山志》八卷。香山，其桑梓也。《姆訓》、《兩京賦》、《敷教錄》各一卷。《漱芳集》、《廣州人物傳》少時所作，《六藝流別》、《明音類選》、《唐音類選》、《羅浮山志》門人所編，《通歷》、《理學文選》未成書也。泰泉雖學守程朱，然不以聚徒講學名，故博而切實，凡所論述，可見諸施行，故其書可寶也。

《內外服制通釋》七卷 附錄一卷

宋車垓撰

文瀾閣傳抄本。前有牟楷序、總目。《五服諸圖》一卷，《五服喪制名義》、《五服提要》一卷。《五服圖說》五卷。自"斬衰"至"緦麻"，各分"正服"、"加服"、"義服"。"齊衰杖期"以下有"降服"。卷之八注"缺"字。其目爲"三殤以次降服"，應服期而殤者，降服[一〇]小功；緦麻[一一]應服小功而殤者，降服緦麻。卷之九爲《深衣疑義》，亦缺。謹案：《四庫書目》并《經義考》

皆缺此二卷，則佚已久矣。卷内第一行題"雙峰先生《内外服制通釋》"，第二行題"天台車垓經臣"，第三行題"男瑢編次"。附録行狀、祭文、墓表，後有至元後庚辰東海布衣此山張復跋、男瑢識、從子惟賢跋。是書元刻未見，《四庫》所著亦抄本。此本端楷工整，前後序跋草、行皆佳，惜其全書不可見也。

牟氏序曰："禮之行，由於俗之厚；俗之厚，由於喪之重也。周家忠厚之俗，亦惟喪祭之重而已。"

車瑢識曰："先君成此書，未脱稿而更化，及逃竄山谷，竟以疾終。家塾悉爲煨燼，手澤無存。庚午春，弔先師柄筠鄭先生，於書房中見《通釋》一書，儼然具在，於是編寫成帙。瑢不敢秘，遂鋟諸梓。"

馬良驥撰行狀曰："公於百家之説必反覆辨訂，至於《禮經》尤詳。如深衣之續衽，先儒未有一定之論，公則用《注疏》皇氏'廣頭在下'之説，改正續衽爲裳之上衣之傍，而後深衣之制始得其宜。喪服親疏之隆殺，文公《家禮》尚或遺略，公作《通釋》，其於'正降羨加'多以義起，習禮者得之，如指諸掌焉。"垓及從兄若水，皆受業於季父安行，安行受業於陳埴，埴受業於朱子，故是書一仿《家禮》而補其所未備，且釋其所以然。詳見《宋元儒學案》。

附　録

《弟子職集解》一卷

國朝莊述祖撰

珍蓺宧本。前有自序。

莊氏序曰："《弟子職》在《管子》書，古者家塾教弟子之法。《漢志》附《石渠論》、《爾雅》後，蓋以禮家未之采録，故特著之六藝。有説三篇，今佚。按《別録》有《子法》、《世子

法》、《弟子職記》、《弟子事師之儀節》、《受業之次叙》，亦《曲
禮》、《少儀》之支流餘裔也。漢建初論五經引《弟子職》，鄭康
成每據以説禮，當時尤重之，與六藝同。今以附禮家之後，其説
蓋闕焉。注《管子》者，或云房玄齡，或云尹知章，要是唐人舊
注，猶不失詁訓之恉，《朱子通解》載《弟子職》亦采舊注，間有
與世所傳劉績補注同者，不能復爲别出。近洪北江所撰《弟子職
箋釋》，徵引尤博，今并録之，稍有所增演，名曰《集解》，猶裴
龍駒之《史記》本之徐廣也。又注疏所引《弟子職》，文與義多異
同，彼此可以互證，取便童子講，故不厭其繁焉。

以上禮類禮書之屬。

此類宜與政書類因革禮之屬參看。余家所藏禮書，如
《温公書儀》、《泰泉鄉禮》之類尚多，原本是編不及備載。金
鶚著《求古録》、《禮説》，潘氏《滂喜齋叢書》刻其《補遺》
七篇，其全書則未之見也。

右《禮》類

《周官經》，《漢志》六篇，唐時謂之《周禮》。《周官》
傳四篇，别有《周政》、《周法》、《河間》、《周制》等篇，似
與《周官》相表裏，今皆亡佚。《禮古經》，班氏、鄭氏猶及
見之，不知何時亡失，注疏中有援引處。《儀禮》十七篇，多
是士禮，卻少天子、諸侯禮，則所逸尤多。此吴澄所以有
《儀禮逸經》也。《曲臺記》、《慶普禮記》皆佚，惟戴聖《禮
記》獨存，而《大戴禮記》亦闕。謹案《四庫書目》，禮類
分六目，曰《周禮》，曰《儀禮》，曰《禮記》，曰《三禮》
總義，曰通禮，曰雜禮書。今所録者凡三十二家：《周禮》二
家。《儀禮》十家。《禮記》四家。《三禮》總義，如《三禮
圖》之類，或名標《三禮》，或禮義兼《三禮》者，皆入焉，
凡四家。通禮如《禮書》之類，雖兼《三禮》而歷代之制皆

備，與經義不同，故別爲一類，凡五家。雜禮書則私家之儀注也，凡二家。今自陳氏《禮書》以下，皆謂之"禮書"，而以《弟子職》附焉。

校勘記

〔一〕"胖"，據下文似當作"撫"。

〔二〕"没"，原作"殁"，據清陳鱣《經籍跋文》改。

〔三〕"注，甚"，原作"甚注"，據文意乙正。

〔四〕"卿"，原作"鄉"，據《漢書》改。

〔五〕"辯"，原作"辨"，據《周書》改。下同改。

〔六〕"書"，原用"圖"，據宋陳振孫《直齋書録解題》改。

〔七〕"□"，據《讀禮通考》當作"禮"。

〔八〕"學士"前原有一"朱"字，據《五禮通考》及下文删。

〔九〕"晦"，原作"昭"，據《家禮》改。

〔一〇〕"降服"后，據清朱彝尊《經義考》似脱"大功"二字。

〔一一〕"緦麻"前，據同上書似脱"應服大功而殤者降服小功"十一字。

經部五

《春秋》類

《春秋經傳集解》三十卷　附《名號歸一圖》二卷　《春秋年表》一卷

晉杜預注。《名號圖》，蜀馮繼先撰，宋岳珂重編。《年表》，不著撰人名氏

相臺岳氏本。首行題“《春秋經傳集解》隱公第一”，次行注“隱公”，三行“杜氏注”。前有杜氏序。《名號歸一圖》，取經傳人名異稱者使歸於一。《年表》凡二十圖。二書皆左氏學，故岳氏刻九經，并附《春秋》之後。杜注經文、傳文之上，各冠“經”字、“傳”字。武英殿仿宋本有《考證》，讀杜注者，宜悉録之。《正誼齋叢書》刻《左傳》杜注，其考證有出於殿本之外者，亦佳本也。坊間所刻《左氏傳》俱非杜注原本，且多删節之本。讀《春秋》者宜知此全經、全傳、全注也。

《桓公三年》傳：“齊侯送姜氏。”《考證》：“此傳後殿本、閣本有注，乃陸氏音義中文，非注也。故原本不録。”　《十四年》：“春，公會鄭伯于曹。”注：“以曹地，曹與會。”此因經文不書曹，故注申言之。殿本、閣本無下“曹”字，則“與會”二字義無所屬。文光案：《十八年》傳：“周公弗從，故及。”注：“及於難也”。今本作“周公弗

從，故及於難"。合注爲一句，誤甚。　《閔公元年》傳："公次于郎以待之。"注："非師旅之事，故不書。"殿本、閣本脫"不"字，與注意背。　《僖公五年》："童謠云。"注："以爲鑒戒。"殿本、閣本無此四字。　《九年》傳："東略之不知。"注："言或向東略，不能復向西略。"案：齊侯未嘗東伐，故宰孔云："東略之不知。"注言齊若舉兵或向東耳，必不能再來西"，"或"字正解"不知"二字。諸本作"復向東"，非。　《十八年》傳："衆不可，而後師于訾婁。"傳言邢狄伐衛，文公恐人心未固，故先以國讓，逮衆人不可，乃陳師訾[一]婁，以決必勝。此"而後"字意也。殿本、閣本"後"作"從"，似屬"衆人"解，於義未順。

　《二十八年》傳："謂楚人曰不卒戍也。"注："詐告楚人。"案：魯殺子叢以説晉，又懼於楚，故託言子叢不終戍事而殺之。此注所以言"詐告"也。他本誤作"謂"字。　《文公十五年》傳："與而不書後也。"注："今貶諸侯，似爲公諱。"諸侯凡議事聚會而公不與，則爲惡，經恒諱而不書。今此會雖不與，實非公惡，而有似乎爲公諱者，故傳發例以明其非。他本"似"作"以"，於義未協。　《十六年》傳："楚子乘駧。"殿本、閣本及正義本俱作"驛"。楊慎云置緩，郵速，駧疾，則"駧"、"驛"二字其義顯別，此當用急速之"駧"。《五經大全》盡改《左傳》"駧"字爲"驛"，後人并以"駧"爲"驛"之省文，故二字率用耳。　"公子鮑美而豔，襄夫人欲通之而不可，乃助之施。"他本作"夫人助之施"。按"乃"字正襄夫人欲通不可之轉計，於文義不當重用"夫人"字。　《宣公十一年》傳："使封人慮事。"注："慮事，無慮計功。""無慮"二字義似難曉。正義云："無則慮之，訖則計功。"史書多有"無慮"之語，皆謂揆度前事。殿本、閣本改作"謀慮"，反失其舊。　"'反之可乎？'對曰：'可哉。'"殿本、閣本無"對"字，并無"可哉"二字，當從原本爲善。　《十二年》傳："王見右廣，從之乘，屈蕩户之。"《彙纂》定本、閣本、坊本俱作"尸之"，杜注訓"止"。顧炎武曰"古人以守户之人謂之户者，取其能止人也"，則原本"户"字非誤。《襄公二年》傳："會于戚，謀鄭故也。"注："鄭久叛〔二〕也。"案：鄭自成十六年同盟于戚，後遂叛晉即楚，至是已六年，故注云"久"。殿本、閣本作"鄭人"，似失注意。　《八年》傳："子孔、子蟜、子展欲待晉。"注："待晉來救。"他本"來"作"求"，費解。　《十年》傳："生秦丕兹，事仲尼。"注："言二父以力相尚，子事仲尼，以德相高〔三〕。""二父"，殿本及諸本皆作"董父"，似屬易解，不知"二父"兼指耶〔四〕人紇與秦董父也。"以力相尚"，即指抉門、登布兩事，玩"相"字可見。　《十三年》傳："先王卜征，五年而歲習其祥。"注："五年五卜，皆同吉。"殿本、閣本作"習卜"。玩傳意，自是每年一卜，凡五卜皆吉，并非相習。　《十九年》傳："穆叔歸曰：'齊猶來也，不可以不懼。'"殿本、閣本無"歸"字，似仍與叔向言矣。　《二十一年》傳："對曰：'吾不免是懼'。"注："恐與子并罪。"殿本將監本"并"作"所"，義不可曉。　《廿三年》傳："有臧武仲之知。"注："謂能避齊禍。"按武仲不及崔杼之難，所謂"避齊禍"也。殿本、閣本"禍"作"遇"，於義未愜。　《二十五年》傳："且昔天子一地一圻。"殿本、閣本作"且夫"。按"昔"字與下文"今大國多數圻""今"字相應，從原本爲善。　傳："會于夷儀之歲。"按此數語蓋爲後年之事，而年前發端者，左氏往往有之，然皆附在上年之末，而不繫次年之首。今此傳本應刊在二十五年，而刊在二十六年前，故杜氏注云："特跳此者，傳寫失之。"跳出，乃魏晉間儀注，寫表章别起行頭之謂。是知杜氏以前本然，原本故仍其舊。自明永樂中改刻《注疏》諸本，移置上卷之尾，雖傳例畫一，然於杜注、陸音所謂"跳出"二字，義安屬耶？文光案：襄公二十五年之事終於第十七，此第十八之考證，專爲襄公二十六年先傳後經而發。蓋杜氏所見之舊本如是，不欲輕易其次第，故依舊本錄之，而復著其傳寫之誤於此，可見古人之慎，且可知晉時之本，而岳氏刊板之善、殿本考證之精均可見矣。予故詳錄之，以爲讀書之助。學者讀書於此等處多不留心，欲識古書之面目難矣。

《三十年》傳：“二月癸未，晉悼夫人食輿人之城杞者。”按“二月”，殿本作“三月”是也。以《長歷》推之，癸未乃三月之二十三日，若作二月，則下文四月不當有己亥。　“豐卷奔晉，子產請其田里。”注：“請于公，不沒入。”按注言子產請命鄭伯，不使豐卷田里沒入于官。他本作“請于公不沒人”，謬矣。　《昭公九年》傳：“豈如弁髦而因以敝之。”注：“弁亦冠也。”殿本、閣本、《杜林合注》本無此四字。　《十年》傳：“天以七紀。”注：“二十八宿面七。”按“面七”猶云每面各七。《合注》本、永懷堂本作“四七”，於義轉淺。　《十二年》傳：“公饗之，爲賦《蓼蕭》。”諸本無“公”字。　“將適曹，飲鄉人酒。”注：“南蒯自其家還適費”。殿本“還”作“遷”，訛。蒯乃費邑宰，或以事返其家，今自其家復至費，故“還”非“遷”也。　《十三年》傳：“《詩》‘樂旨君子，邦家之基。’”注：“言樂與君子爲治。”殿本作“樂只”，注中“與”字亦作“只”。按原本凡傳所引《詩》俱作“樂旨”，言[五]樂與君子爲治，意較明順。　《十五年》傳：“王雖弗遂。”注：“言今雖不能遂服，猶當靜嘿，而便宴樂，又失禮也。”殿本“能遂”作“遂能”，“而便”作“可便”。按“遂服”謂“遂竟其服”，非“遂能”之謂，二字不可倒。至“可便宴樂”，尤與上下文語氣不類。　《十七年》傳：“必火入而伏。”注：‘隨火沒也。’“沒”字正釋“伏”字，言必當火入之時與火俱沒。他本“沒”作“行”，失“伏”字之義。

《十九年》傳：“令尹子瑕聘于秦，拜夫人也。”注：“爲明年譖太子張本。改以爲夫人，遣謝秦。”按：“爲明年”句是結“太子建居城父”以上一段，“改以爲夫人”句方釋“令尹子瑕”二句，須分看始得。前聘秦嬴，本以妻建，今楚子自取之，故云"改以爲夫人"。後人不察"改"字之義，易以"故"字，則文義似承爲'明年'句直下，失之遠甚。 《二十三年》傳："叔孫旦而立期焉。"注："從旦至旦爲期。"殿本作"從旦至暮"，非。

"戊辰晦，戰於雞父。"注："違兵忌晦戰，擊楚所不意。"按晦月終陰之盡，兵家所忌。吳故違之，是楚所不意也。"違"字與卻至曰"陳不違晦"之"違"字同解。殿本作"遺"，殊失其義。

《二十五年》傳："吾聞文成之世，童謠有之。"諸本作"文武之世"，非。賈逵曰："文成，魯文公、成公也。"原本精密，可訂俗本之訛。 《哀公十三年》傳："以六邑爲虚。"注："空虚之，各不有。"按"空虚之"者，仍置爲閒田也。"各不有"者，宋、鄭各不有也。諸本作"名不有"，於義未協。 《十七年》傳："沈尹朱曰：'吉過于其志。'"按"過于其志"，謂爵禄過其所望。坊本"吉"作"言"，非。 《二十一年》傳："惟其儒書以爲二國憂。"注："魯據《周禮》。"坊本作"用禮"，非。《周禮》，即韓宣子所見《易象》與《春秋》。

《春秋左傳杜注》三十卷

晉杜預注

《正誼齋》本。汪氏校刊，每篇有考證，甚精。杜注岳本之外，以此本爲善，書不多見。

義門《集校春秋經傳書後》曰："當陽成侯集《春秋經傳》爲解，比老乃成。其書賅貫三才，庶幾立言斯實靡愧。宋之晁氏規其棄經信傳；然而錯綜盡變，於經亦云精且密矣。自唐以降，未之或先。近時書賈乃并刻宋本林氏荒淺之說，題曰'杜林合注'。經生弗審，但取煩多，豈知適亂耳目，都無發明。摯監孤行之論，聖人不易也。書肆中惟永懷堂、汲古閣二本不雜以林説，而汲古閣本有鍾惺評點，尤可痛疾。因取永懷堂本校其訛字，且明著林說之陋，或世之君子由是專習杜義云爾。明之陸氏粲嘗爲《左傳附注》，顧氏炎武因之爲《杜解補正》三卷，其中解地理者十五條，或正昔違，或補曩闕，悉有援據，誠亦杜氏忠臣，故附於後焉。釋例十五卷，雖散見正義中，而不獲其全書。求而刻之，以備一家之學。陸氏音義，此本所存僅半，殊屬乖疏，仍而不革，則書肆之力未逮也。"文光案：何氏校本未見。《春秋釋例》十五卷，有武英殿聚珍本，又席氏掃葉山房本，皆義門所未見。

義門與人書云："足下爲我寫《春秋正義訛字》惠寄，近日對至第十二卷，其中如'未之絶也'，秦板九經猶然不誤；'得罪於母之寵子帶'，蓋衍一'弟'字，更不從順。得此如去目瞖。又'孔子娶於亓[六]官氏'，自王伯厚《姓氏急就篇》及宋本《東家雜記》，皆作'亓'，正義中反從流俗作'升'，若非宋本，何以析疑？"

文光案：杜氏解既成，親見汲冢古書七十五卷，所記多與《左傳》同，與《公羊》、《穀梁》異。又一卷純集《左傳》卜筮事，名曰《師春》。師春似抄集者姓名，詳見《集解》後序。正義云："竹書不可盡信。"杜氏亦云："當時雜記未足取，審而推求甚詳。"可見其精力悉萃於此。

《春秋左傳注疏》六十卷

晉杜氏注，唐陸德明音義，孔穎達疏

武英殿本。前有目錄、《春秋正義》序、《春秋左傳》序、《春秋左傳》原目，附《春秋三傳》注解傳述人。傳起隱公元年，盡哀公十七年。卷末爲杜氏後序。此序并疏說《竹書》甚詳。各卷末有考證，凡有關於左氏短長，有補於杜注孔疏者，悉採録之，附於後。伏讀《天禄琳琅書目》曰："《春秋經傳》二十卷，無注，刻於光宗時。《左傳》監本訛舛甚多，幸宋刻尚有數本，前人辨證亦多不至，如《儀禮》絕學，傳刻辨證俱尠也。此本較它本俱優，足證監本之訛者，凡若干條。書中有九疊東宮書府印，蓋明官籍也。”“《春秋經傳集解》三十卷，前預自序，後預後序，每卷末載經、注若干字，乃真宋監本，希世之珍。其證有四：不附入音義，一也；自序後連卷一不另篇，二也；闕筆極謹嚴，如桓二年“埏”字，諸書從未見避，三也；明傳刻監本誤字一一無訛，四也。得此真於讀書有益，不特元明諸刻，即同時麻沙本度越遠矣。書末跋云：‘“衛侯賜北宮喜諡曰貞子，賜析木鉏諡曰成子。”杜注云：“皆未死而賜諡。”《困學紀聞》引焉，是人臣生而賜諡也。後升菴、甯人、漁洋皆據以爲古人有生而諡者。昔何義門得宋槧不全《左傳》，注中云：“皆死而賜諡。”予檢相臺本及諸本，皆有“未”字，惟汲古所藏宋刻《左傳》全帙及殘本皆作“死而賜諡”，蓋“未”字之增已久，伯厚不加細審，爲所誤耳。予因取翻岳本校之，無甚大謬，然此一字之增，何啻天壤間？正數十字，皆岳本不及，此本真可寶也，因誌之以破千古之誤。乾隆丙午秋，彭城仲子識。”’按是跋不著名氏，而其説頗有考訂。何焯語出所評《困學紀聞》，亦有根據，故附鈔之。”“《春秋經傳集解》附音義，印記云：‘淳熙三年四月十七日左廊司局内曹掌典〔七〕秦玉〔八〕楨等奏聞，壁經《春秋》、《左傳》、《國語》、《史記》等書多爲蠹魚傷牘，不敢備進上覽。奉〔九〕勅用棗木、椒紙各造十部，四年九月進覽。監造臣曹棟校梓，司局臣郭慶驗牘。’按書中字句，間有一二與傳刻監本同者，然大指尚不舛誤。據識乃孝宗年所刻以備宣用者。棗木刻，世尚知用；若印以椒紙，後來無此精工也。”“杜預《集解》附音義，宋麻沙本。末刻印記云：‘謹依監本寫作大字，附以釋文，三復校正刊行。如履通衢，了亡窒礙，誠可嘉矣。兼列圖表於首，迹夫唐、虞、三代之本末，雖千載之久，豁

然如一日矣。其明經之指南歟！以是所傳，願垂清鑑。淳熙柔兆
涒〔一〇〕灘中夏初吉閩山阮沖猷種德堂刊。'據此則岳珂謂監本《釋
文》自爲一書益信，而明代傳刻附入《釋文》者，皆沿麻沙而非
宋監本之舊，宜字句之多訛耳。"

《春秋集注》一函，二册，張洽注。洽字元德，清江人，朱門
弟子。書十一卷。按明初定科舉制，《春秋》用胡安國傳及洽集
注，此書列於學官，與朱、蔡、胡、陳并行。後來學者日趨簡便，
遂廢不行，惟通志堂有新刻。似此宋本，稀如星鳳矣。摘藻堂《圖書
記》。

王觀國曰："古本《春秋經》自爲一帙。至左氏作傳三十卷，
自爲一帙。杜預作《春秋經傳集解》，乃分經之年而居傳之首，於
是不復有古經《春秋》矣。"

羅璧曰："《左傳》、《春秋》初各一書，後劉歆治《左傳》，
始取傳文解經。晉杜預注《左傳》，復分經之年與傳之年相附，於
是《春秋》及《左傳》二書合爲一。"

朱氏《經義考》："孔子作《春秋》，若無左氏爲之傳，則讀
者何由究其事之本末？左氏之功不淺矣，匪獨詳其事也，文之簡
要尤不可及。"《百國春秋》，朱《考》曰"佚"。

《春秋左傳正義》三十六卷

周左丘明撰，晉杜預注，唐孔穎達疏

《文選樓》本。揚州阮氏校刊。

《校勘記》："《左氏傳》漢初未審獻於何時，《漢志》說孔壁
事衹云得《古文尚書》及《禮記》、《論語》、《孝經》，不言《左
氏經傳》也。《説文》序云：'魯恭王壞孔子宅，得《禮記》、《尚
書》、《春秋》、《論語》、《孝經》。又北平侯張蒼獻《春秋左氏
傳》。'然後左氏經傳所自出，始大白於世。左氏之學，興於賈逵、

服虔、董遇、鄭衆、穎容諸家。杜預因之，分經比傳，爲之集解。今諸家全書不可見，而流傳間見者，往往與杜注乖異。唐人專宗杜注，惟蜀石經兼刻經、傳、杜注文，而蜀石經盡亡，世間拓本僅存數百字。後唐校九經，鏤板於國子監，此亦經、傳、注兼刻者，而今多不存。至於孔穎達等依經、傳、杜注爲正義，本自單行，宋淳化元年有刻本。至慶元間，吳興沈中賓分系諸經注本合刻之，蓋後唐田敏等所鏤，淳化元年所頒，皆爲最善本，而畢集於是。後此附釋文之本，未有能及此者。元和陳樹華即以此本遍考諸書，凡與《左氏傳》經文有異同，可備參考者，撰成《春秋内傳考證》一書。《考證》所載之同異，雖與正義本不同，然亦間有可采者。今即各本精詳捃摭，雖古字古言不可究悉，庶幾網羅放佚，冀成注疏善本，用裨學者矣。"

《載籍足征録》："建武中，范升駁左氏不可立，凡四十五事。陳元相與辨難，而卒立之，以李封爲博士，未幾復廢。其後賈逵列《公》、《穀》不如左氏四十事，名曰"長義章'，帝善之。其注左氏者，有《左氏訓詁》、《同異》、《條例》、《章句》，而馬融又集賈逵、陳元、鄭衆三家同異之説，又有服注，左氏大興。"

《春秋公羊傳注疏》二十八卷

舊題周公羊高撰，漢何休注，唐徐彦疏

《文選樓》本。揚州阮氏校刊。

《校勘記》："漢武帝好《公羊》，治其學者，胡母子都、董膠西爲最著。膠西著書十餘萬言，皆明經術之意，至今傳焉。子都爲景帝時博士，後年老歸教於齊，齊之言《春秋》者無不宗事之。《公羊》之著竹帛，自子都始。戴宏序稱子夏傳與公羊高，高傳其子平，平傳其子地，地傳其子敢，敢傳其子壽，壽與弟子胡母子都著於竹帛是也。何休爲膠西四傳弟子，本子都條例以作注，著

《公羊墨守》、《公羊文諡〔一一〕例》、《公羊傳條例》，尤邃於陰陽五行之學，多以讖緯釋傳。惟黜周王，魯，傳無明文，晉王接以爲乖础大體，非過毀也。傳初不與經相連，分經附傳，大氐漢後人爲之，而唐開成始取而刻石。徐彦疏，《唐志》不載，《崇文目》始著錄，亦無撰人名氏。宋董逌云：‘世傳徐彦所作，其時代里居不可得而詳矣。’王鳴盛云‘即《北史》之徐遵明’，不爲無見也。蓋其文章似六朝人，不似唐人所爲者。晁《志》、陳《錄》并作三十卷，世所傳本乃止二十八卷，其參差之由，亦無可考也。今以何煌所校蜀大字本、宋鄂州官本及唐石經本、宋元以來各注疏本，臚其同異，訂其是非，後之爲是學者，俾得有所考焉。”

《載籍足徵錄》：“徐疏序云：‘左氏先著竹帛，故漢時謂之古學；《公羊》漢世乃興，故謂之今學。是以《五經異義》云古者《春秋左氏》說，今者《春秋公羊》說是也。’據此則志所稱古經十二篇，爲左氏經無疑。《公》、《穀》二傳皆十一卷，與經十一卷相配。《志》所稱經十一卷爲《公》、《穀》二家之經，又可知矣。鄭司農《周禮注》云：‘古文《春秋經》，公即位，爲公即立。’鄭傳左氏學，所稱古經，當爲左氏之經。《漢書・劉歆傳》謂《左氏傳》多古字古言，今左氏經傳絕少古字，蓋魏晉以後經師所改，非漢時所傳之真本也。”

《春秋穀梁傳集解》十二卷

晉范寧撰

影宋紹熙本。《古逸叢書》之二。前有范寧序，後有余仁仲記，欄外題“日本東京木村嘉平刻”。

范氏序曰：“《左氏》有服、杜之注；《公羊》有何、嚴之訓；釋《穀梁傳》者，雖近十家，皆膚淺末學，不經師匠，辭理典據既無可觀，又引《左氏》、《公羊》以解此傳，文義違反，斯害也已。於是乃商略名例，敷陳凝滯，博宗諸儒同異之説，與二三學士及諸子弟各記所識，并言其意，各記其姓名，名曰《春秋穀梁傳集解》。"

余仁仲記曰："《公羊》、《穀梁》二書，書肆苦無善本，謹以家藏監本及江浙諸處官本參校，頗加釐正。惟是陸氏釋音字或與正文不同，如此序'釀嘲'，陸氏'釀'作'讓'；《隱元年》'嫡子'作'適'，'歸舍'作'唅'，'召公'作'邵'；《桓四年》'曰搜'作'廈'。若此者，衆皆不敢以臆見更定，姑兩存之，以俟知者。紹熙辛亥冬朔日建安余仁仲敬書。"文光案：此記凡六行，行十九字，監本提行書。

黎氏《叙目》曰："此與揚州汪氏問經堂繙刻《公羊傳》同，爲建安余氏家塾本，二書均有'余仁仲敬書'。《穀梁》之成，當後《公羊》二歲，此次撫刻俱精，有取藍勝藍之妙。"

《經籍訪古志》："《穀梁傳》十二卷，宋槧本，阿波侯藏。每半板十一行，行十八九字；注雙行，二十七字。每章附音義，每卷末有經、傳、注及音義字數。又記'仁仲比校訖'、'余仁仲刊於家塾'。十二卷末記'國學進士余仁仲校正，國學進士劉子侯、陳幾、張甫同校，議郎、簽書武安軍節度判官廳公事陳應行參校，癸丑仲秋重校訖'。又余仁仲跋。序後及卷尾有余氏萬卷堂藏書記，卷端捺金澤文庫印。此本就阿波國學俾一書生影鈔，毫髮盡肖，宛然如宋槧，今猶藏在求古樓。揚州汪氏重刊宋本《公羊傳》，亦仁仲所校刊，與此同種。"

楊氏記曰："余仁仲萬卷堂所刻經本，今聞於世者曰《周禮》，曰《公羊》、《穀梁》。《公羊》，揚州汪氏有繙本。《周禮》，舊藏盧雅雨家。惟《穀梁》僅康熙間何煌見之，然其本缺宣公以前，已稱爲希世之珍。此本首尾完具，無一字損失。以何氏校本照之，有應，有不應，當由何氏所見爲初印本，此又仁仲覆校重訂者，故於何氏所稱脫誤之處，皆挖補擠入。然則此爲余氏定本，何氏所見猶未善也。原本舊爲日本學士柴邦彥所藏，文政間，衍谷望之使人影摹之，纖毫畢肖，輾轉歸向山黃村。予來日本，即從黃村求得之。星使黎公付之梓人，逾年而後成。按《穀梁》所據之經，不必悉與《左氏》、《公羊》合，而分經附傳之例亦與二傳差互。至范氏之解，則傳習愈稀。除注疏刊本外，絕尟證驗，即明知有脫誤，亦苦於無徵不信。然則此本之不絕如綫，誠爲瓌寶。今以唐石經證經傳，以唐宋人說《春秋》三傳者佐之；以宋監本、注疏本證《集解》，以陸氏《釋文》佐之。又自宋以來所傳經注本不必與《釋文》合，而合刻注疏者往往改《釋文》以就之，至毛本則割截尤甚。此本後有仁仲自記，不以《釋文》改定本，亦不以定本改《釋文》，猶有漢唐經師家法。今單行《釋文》俱在，此本既悉與之合，故於注疏所附亦不一一訂正焉。楊守敬記。"原注："余所藏日本古鈔經注本，首題'監本《春秋穀梁傳》'，多與十行本經注合。"

　　文光案：楊氏記後題"余仁仲萬卷堂《穀梁傳考異》"，蓋楊氏所附校札內引何校余本、監本、毛本、呂本、張本、閩本、十二卷之本，附何校《公羊傳》序。校札云："此因余氏有合刻《公》、《穀》二傳跋，故原本摹之，今亦附列於後。"此本刻法極精，宋本之佳者亦不過如是，誠可寶也。

　　應劭曰："穀梁子名赤，子夏弟子。"　　阮孝緒曰："名俶，字元始。"　　顏師古曰："穀梁子名喜，受經於子夏。"　　麋信曰："秦孝公時人。"　　晉元帝曰："《穀梁》膚淺。"　　范寧曰："《穀梁》清而婉，其失也短。"　　劉敞曰："《穀梁》窘於日月。"　　崔子方曰："《穀梁》失之迂。"

《春秋穀梁傳注疏》二十卷

周穀梁赤所述傳，其學者録爲書。晉范寧注，唐楊士勛疏
《文選樓》本。揚州阮氏校刊。

《校勘記》："《六藝論》云：'穀梁善於經，豈以其親炙於子
夏，所傳爲得？其實與公羊同師子夏。而鄭氏《起廢疾》，則以穀
梁爲近孔子，公羊爲六國時人。'又云：'傳有先後，然則穀梁實
先於公羊矣。'今觀其書，非出一人之手。如《隱五年》、《桓六
年》并引《尸子》說者，謂即尸佼。佼爲秦相商鞅客，鞅被刑後
遂亡，逃入蜀，而預爲徵引，必無是事。或傳中所言者非尸佼也。
自漢宣帝善《穀梁》，於是千秋之學起，劉向之義存，若更始、唐
固、麋信、孔衍、徐乾皆治其學。而范寧以未有善釋，遂沉思積
年，著爲《集解》。《晉書》范傳云：'徐邈復爲之注，世亦稱
之。'似徐在范後，而書中乃引邈注一十有七，可知邈成書於前，
范寧得以捃拾也。讀《釋文》所列經解傳述人，亦可得其後先矣。
《漢志》經、傳各自爲帙，今所傳本，未審合并於何時也。《集解》
則經、傳并釋，豈即范氏之所合歟？范注援漢、魏、晉各家之說
甚詳，楊疏分肌擘理，爲《穀梁》學者，未有能過之者也。但亥
豕魯魚，紛綸錯出，學者患焉。康熙間，長川何煌者，焯之弟，
其所據宋槧經注殘本、宋單疏殘本并希世之珍，雖殘編斷簡，亦
足寶貴。"

《經籍跋文》："何小山煌嘗據宋本校汲古閣注疏，改正甚多。
《穀梁傳疏》十二卷，照宋鈔本。是疏本單行，卷第仍范解之舊，
《通考》、《玉海》并引《崇文目》作三十卷。唐、宋《志》，陳
《録》俱作十二卷，疑《崇文目》誤。趙希弁《讀書附志》載
《春秋穀梁傳注疏》二十卷，云昭德先生《讀書志》中有諸經注
疏，獨無《穀梁》注疏云。考晁《志》有單疏，無注疏，趙未悉

其例。趙所見注疏合并已作二十卷，至今相沿不改，遂失其原。此本出李中麓家，缺文公以前五卷，行款悉依舊式，而繕寫不工，即何所據之本。”

《鍼膏肓》一卷　《起廢疾》一卷　《發墨守》一卷

漢鄭玄撰

《藝海珠塵》本。初何休好《公羊》學，遂著《公羊墨守》、《左氏膏肓》、《穀梁廢疾》，鄭氏作此以攻之。原本久佚，此本爲後人所抄撮，《鍼膏肓》二十餘條，《起廢疾》四十餘條，《發墨守》四條。

盧氏曰：“《隋志》《春秋左氏膏肓》十卷，《穀梁廢疾》三卷，《公羊墨守》十四卷，皆何邵公撰。康成爲此書，何見之慚，乃曰：‘康成入吾室，操吾戈，以伐我乎？’《公羊》卷帙最多，而亡最早。《膏肓》後亡，《崇文目》尚有九卷。今三書皆不傳。莊進士述祖於各經疏所引廣爲搜輯，《鍼膏肓》得廿八條，《起廢疾》得三十八條，《發墨守》得五條。邵公當日專欲伸《公羊》，然《公羊》理本短，囿於鄉曲之見，而朝廷典故不能周知，所以一經輸攻，而壁壘已摧，後人亦不能復爲樹立以與兩家相抗拒，此其亡之所以獨先也。丁小雅抄得莊書，并得朱石君任晉藩時所進本，互相讎校。晉本不及莊本采輯之多，而《鍼膏肓》中有一條尚爲莊本所缺，予於是彙而抄之。”又曰：“《公羊》注疏雖列十三經中，能留意者絶少。蓋公羊氏以經生之見測聖人，而聖人幾爲亂名改制之尤，今當聖道大明之日，固夫人而知其説之謬矣。雖然，漢治《公羊》者有純儒焉，有名臣焉。讀一書即得一書之益，今人見解議論遠過古人，而行反不逮，何也？予讀《春秋繁露》，因思董生頗精《公羊》家言，爲之沿流溯源，則是書不可不讀，獨恨何氏之論遠不逮江都，故其說多苟碎不經之談，而疏獨爲之依阿其間，不敢斷其非是，此猶是漢人欲伸師學之見。何氏文筆未善，故其言多有晦塞難曉者，疏獨能通之。其所引《春秋》說與諸緯書，俱已不傳，後世亦賴是見其一二，不可棄也。”又曰：“張洽爲朱子門人，其《春秋集注》刻入《通志堂經解》中；而《春秋集傳》二十六卷，朱氏《考》疑其已佚。今得元延祐元年梓本，尚缺七卷，而其采擇之精、立論之確，於此可得其崖略。”召弓三說録於《抱經堂集》。

文光案：是書有《漢魏遺書》鈔本、問經堂輯本，又見《高密遺書》。今有鮑氏《後知不足齋叢書》本，題曰“王復輯，武億校”，略有所增，無大殊異。

《春秋傳》十五卷

宋劉敞撰

《通志堂》本。出於抄本。

王應麟曰：“劉原父深於《春秋》，然議郭后祔廟，引《春秋》‘禘於太廟，用致夫人’，‘致者，不宜致也。且古者不二嫡，當許其號而不許[一二]其禮’。張洞非之曰：‘按左氏哀姜之惡所不忍道，而二傳有非嫡之辭，敞議非是。’然則釋經議禮難矣哉。”

《春秋權衡》十七卷

宋劉敞撰

《通志堂》本。依孫北海宋本重刊。

葉夢得曰：“劉原父知經而不廢傳，亦不盡從傳，據義考例以折衷之，經傳更相發明，雖間有未然，而淵源已正。”

晁公武曰：“《權衡》論三《傳》之失，《意林》叙其解經之旨，劉氏傳其所解經也。如‘桓無王’、‘季友卒’、‘胥命’、

'用〔一三〕郊'之類，皆古人所未言。"

《春秋意林》二卷

宋劉敞撰

《通志堂》本。此本無序跋，有考證一葉。是書《玉海》、《藝文》五卷。史有之刻《權衡》、《意林》於清江府，有序。又吳萊後序。并見《經義考》。

史氏序曰："清江爲二劉三孔鄉，文獻宜徵而足。今三孔集故在，獨二劉所著燬於兵。假守於此，旁加搜訪，得原父《春秋意林》、《三傳權衡》，議論堅正，有功聖經，再壽諸梓。"

吳氏序曰："《意林》猶未脱稿，多遺闕。"

何喬新曰："劉氏《意林》之書出，而《墨守》、《膏肓》之論詳。"

《春秋傳説例》一卷

宋劉敞撰

浙江重刊聚珍本。劉氏有《春秋文權》五卷，佚。

《提要》曰："是書自宋以來絶少傳本，故通志堂未刻。《經義考》曰'佚'。兹從《永樂大典》録出，僅二十五條，尚缺其半。"

陳氏《書録》："原父始爲《權衡》，以評三家之得失。然後集衆説，斷以己意，爲之傳。傳所不盡者，見之《意林》。其傳用《公》、《穀》文體，《説例》凡四十九條。"

《春秋經解》十五卷

宋孫覺撰

《正誼齋》本。前有自序、楊時序。嘉定丙子新安汪綱刊本，有跋。周麟之、邵楫序，後慶元改號張顏跋。此書大旨宗《穀梁》，參以《左傳》、《公羊》啖、趙未盡者，補以其師胡瑗之説。

陳氏《書録》：“其自序言三家之説，《穀梁》最爲精深，且以爲本，雜取二傳及諸儒之説，長者從之，其所未安，則以所聞於安定先生者斷之。海陵周茂振跋云：‘先君傳《春秋》於孫先生。嘗言王荆公初欲釋《春秋》以行於天下，而莘老之書已出，一見而忌之，自知不復能出其右，遂詆聖經而廢之，曰此斷爛朝報也，不列於學官，不用於貢舉云。’”

文光案：《宋志》：《左氏解》一卷。陳曰：“題王安石撰，其實非也。”尹和靖言介甫未嘗廢《春秋》，以爲“斷爛朝報”者，皆後來無忌憚者託介甫之言也，與周氏説異，未知孰是。

《春秋辨疑》四卷

宋蕭楚撰

浙江重刊聚珍本。録自《永樂大典》。

《提要》曰：“子荆明《春秋》之學，趙暘、馮澥、胡銓皆師之。是書《宋志》十卷，明人所編止三卷。《江西志》及《萬姓統譜》皆云四十九篇，今止四十五篇。前有乾道壬辰胡銓序，書内有原注、原附注及胡銓附注，皆別題之，而以今校正各附於下。”

胡氏序曰：“羅氏兄弟泳、泌鋟板以傳，乞銓序。”

李日華曰：“《春秋》書法之妙，如‘六鷁退飛過宋都’，謂人仰觀見爲六物，察之知爲鷁，而退飛極望，知其爲過宋都。蓋先得數，次得物，次得地也。‘隕石於宋五’，謂見有隕自天者，察之石也，所隕之地爲宋，而數之爲五，蓋先有睹，次得物，次得地，而後得數也。一句不數字，而一時俯仰情態宛然，書法之

妙，無踰是矣。"_{録自《竹嬾題跋》。}

《春秋考》十六卷

宋葉夢得撰

聚珍本。前有紹興八年自序、目録。總論三卷，列十二公爲十三卷。按《宋志》，葉氏所著有《春秋傳》二十卷，《春秋讞》三十卷，《考》亦三十卷。三書本相輔而行，不可偏廢，而是書久佚。四庫館從《大典》録出，雖編次悉仍其例，而所存僅十之七八矣。

葉氏自序曰："吾所謂失者，非苟去之也，以其無當於義也；吾所謂非者，非臆排之也，以其無驗於事也。乃論次其求古而得之可信不疑者，爲《考》三十卷。"

《東萊左氏博議》二十五卷

宋呂祖謙撰

清吟閣正本。道光戊戌錢塘瞿世瑛校刊，有跋。首刻《提要》、凡例、目録。凡一百七十篇，與坊行四卷之本不同。乾道五年伯恭自序。

呂氏自序曰："《左氏博議》者，爲諸生課試之作也。始予屏處東陽之武州，居半歲，里中稍稍披蓬藋從予遊。談餘語隙，波及課試之文，乃取左氏書理亂得失之迹，疏其說於下。旬儲月積，浸就篇帙，遂次第其語，以諗觀者。"

瞿氏跋曰："書之刻於當時者，既不可得見；而宋元來重雕之本，多脫文訛字；而今世通行本爲明人所掇取者，尤闕略而不完。故爲是正文字，重刊以惠來者。"

瞿氏刊書例曰："今本八十六篇，且删節字句，改題篇目，殊失真面。今悉照宋刻登載。當時傳鈔，輾轉沿訛，故宋元本誤字甚多。今參合明本、元本、文瀾閣本及平湖胡氏所藏宋本，悉心讎校，無慮數過，舍短從長，衷於一是。宋本詳載左氏傳文，今不贅列。宋本於徵引史事略爲注釋，遺漏甚多，蓋《博議》在宋時爲經生家揣摩之本，流行甚廣，坊肆謬加訓釋，名爲詳注，用以標異投時，非呂氏之舊，故悉汰之。宋本於篇目下用黑文白字標絜主意，如'論天理'、'論名分'之類，亦陋者所施，今删之。"

《讀春秋編》十二卷

宋陳深撰

《通志堂》本。何義門曰："元人鈔本，前有成德序。是書以經文一句提首，諸説分注於下。"

成德序曰："宋元之際，吳中多老師宿儒，若俞石澗琬、陳清全深、余邦亮元爕、湯思言彌昌、王子英元傑，皆精究羣經，咸有撰著。清全子於《易》、於《詩》、於《春秋》皆有編，《春秋編》原本左、胡，采摭諸語，深有益於學者。偶獲元槧本，爲加校勘，而屬之梓。"文光案：義門以爲鈔本與序不同。

《蘇州志》："宋陳深，字子微，世爲吳人。題所居曰'清全齋'，因以爲號。生於宋末。宋亡，篤志古學，閉門著書。元天曆間，奎章閣臣以能書薦，匿不肯出。別號寧極，所著詩文名《寧極齋稿》。子直，字叔方，有孝行，能繼父業，以'慎獨'名其齋，蓋父子皆吳隱君子也。"

文光謹案：《四庫提要》謂朱彝尊《經義考》引盧熊《蘇州志》，稱深云云。今查朱氏《考》，無此條，不知何故，且朱《考》於書名外更無別説。又案：元時有慎獨齋所刊諸本，當是叔方家刻。

《春秋類對賦》一卷

宋徐晉卿撰

《通志堂》本。前有皇祐三年自序，後有至大戊申區斗英跋。《春秋》一萬八千言，此賦一萬五千言，一百五十韻，包羅經傳，首尾貫穿，比事之切，非深於《春秋》者不能。《春秋賦》見《宋志》，有崔昇、裴光輔、伊玉羽、李象諸家，晁《志》又有楊筠，分門屬類，賦十篇，獨不載是書，則傳本甚少。此出於汲古閣，蓋李中麓鈔本也。

區氏跋曰：“是賦乃徐祕書所作。江陵路總管太原趙嘉山得其善本，授之郡庠，俾鋟梓以淑諸生。”

《春秋集傳釋義大成》十二卷

元俞皋撰

《通志堂》本。前有《三傳》序、程子傳序、胡氏傳序、凡例、例後有自述。綱領、程朱之說。世次。按朱氏《考》，有吳澄序，此本不載。是書一以程、朱爲斷，參以啖、趙諸家，而折衷以己意。胡傳多附會，是書可救胡氏之偏，而發程、朱所未盡。

俞氏自述凡例曰：“自杜氏注《左傳》，始有凡例之說。計其數若干，而不考其義。唐陸氏學於啖、趙，作纂例，雖分析詳備，亦未嘗以義言之。逮程子爲傳，分別義例。愚遵程子說，以事同、義同、辭同者定而爲例十六條。”

春秋一百二十四國，而其世紀之可紀者，二十國而已。最難考者“舒”有羣舒，故有舒鳩、舒庸、舒蓼；“越”，總稱也，又有於越、南越、百越；“狄”，總稱也，又有北狄、長狄、赤狄、白狄；“戎”，總稱也，又有徐戎、山戎、犬戎、陸渾戎、驪戎、戎蠻；凡此之類皆難考。文光案：此書世紀可與《春秋大事表》參看。

黃虞稷曰："皐字心遠，新安人。泰定間師事宋進士趙良鈞。良鈞仕宋，爲廣德軍教授，宋亡不仕，以《春秋》教授鄉里。皐以所聞於師者，發明經旨，分別三《傳》是否，而補胡氏之所未及。"《千頃堂書目》。

《春秋諸國統紀》六卷　目錄一卷

元齊履謙撰

《通志堂》本。出於汲古閣元本，顔書甚精。前有臨川吳澄序、《序言》："是書不以褒貶説《春秋》，與己意相合。"延祐四年沙鹿齊履謙自序。書凡二十有二篇，首魯，次周，魯不當先周。次宋、齊、晉、衛、蔡、陳、鄭、曹、秦、薛、杞、滕、莒、邾、許、宿、楚、吳及諸小國、諸亡國。每國有小序一段，末有思恭履謙之弟。跋。按《經義考》卷一百九十四，有柳貫跋，此本不載。

文光案：齊《序》謂夫子修《春秋》，合二十國史記爲之，不主因魯史從赴告之義，柳氏甚以爲不然。但其語含而不露，跋先言假魯史以著侯國之行事，末言見沙鹿之書，亦先儒引而未發之奧，既誦繹之，復次其單陋質之先生，可謂善於立言矣。墨子見百國《春秋》，古史有夏、商《春秋》，又有晉《春秋》。《國語》：晉羊舌肸習於《春秋》，悼公使傳其太子；楚莊王使申叔時傳太子箴，教之《春秋左傳》；韓宣子見魯《春秋》。後世史學亦多以"春秋"名其書，如《虞卿春秋》、《陸賈春秋》、《吳越春秋》、《漢魏春秋》、《唐春秋》之類，往往有之。見齊氏序。

《春秋本義》三十卷

元程端學撰

《通志堂》本。前有至正元年牒、翰苑進書於朝，移文浙東憲司，牒本道帥府於概管七路儒學出帑助刊。刻書姓氏、共六人。至正五年張天祐序、元統元年程端學自序、泰定丁卯又序、《春秋傳》名氏、自三《傳》而下，凡一百七十六家，其書佚者十之九。綱領、問答、點抹例。每頁二十二行，二十字。經文頂格，注降一格。先訓詁，次事實，次議論。議論即"本義"，仿朱子《集注》意。何義門曰："元刻最精，有句讀圈點抹。因中有缺頁，不敢擅增句讀圈點。鄙見有無皆照原本，而東海必欲一例，竟未刻句讀圈點，惜哉！"

黃虞稷曰："端學慨《春秋》一經未有歸一之說，遍索前代說《春秋》凡百三十家，折衷同異，湛思二十餘年，作《本義》以發聖人之經旨，復作《辨疑》以訂三《傳》之疑似，作《或問》以較諸儒之異同。《綱領》一卷，所以著意也。"

文光案：《三傳辨疑》二十卷，《或問》十卷，當時因經筵官請命有司，取其書板行天下。三書原并刻，今所見者惟《本義》。所採實一百七十六家，《寧波府志》、《千頃堂書目》及成德序皆作一百三十家，不知何故，或未細檢與？宋人遺佚之書賴此以存，是可貴也。端學，端禮之弟。黃佐《南雍志》錄此書，蓋在國學時所著也。

《春秋集傳》十五卷

元趙汸撰

《通志堂》本。前有趙汸自序、倪尚誼後序。是書專重書法，亦引諸說。朱氏《考》有汪元錫序，此本不載。趙子常師事九江黃楚望，傳《春秋》之學，著《屬詞》、《師說》、《左傳補注》三書，學者宗之。《本義》以病輟筆，自昭公二十八年以下，門人倪尚誼續成，分爲十五卷。《屬詞》、《補注》，汪左丞刻之東山書院。《集傳》，至嘉靖中，東阿劉隅始得其書於汪元錫，而屬教諭夏鏗傳之。三書本相輔而行，一生精力，盡在於此，學者宜遍讀也。

《左傳杜解補正》三卷

國朝顧炎武撰

《亭林十種》本。《遺書》之一。近有重刊本二十種。

顧氏自序曰："《北史》言周樂遜著《春秋序義》，'通賈、服説，發杜氏違'。今杜氏單行，而賈、服之書不傳矣。吳之先達邵氏實有《左觿》百五十餘條。文光案：明刻邵氏《經史全書》，内有此種。又陸氏粲有《左傳附注》，傅氏遜本之爲《辨誤》一書。今多取之，參以鄙見，名曰《補正》，凡三卷。若經文大義，左氏不能盡得，而《公》、《穀》得之；《公》、《穀》不能盡得，而啖、趙及宋儒得之者，則别記之於書，而此不具也。"

文光案：《左傳》有姚培謙校刊本，杜注外有所增益，其眉間甚寬。幼讀《左氏傳》，恒苦杜注之略，因録諸家説於上方，《補正》其一也。今備列諸本於後，使讀者有考焉。

《左傳官名考》二卷，《函海》本。　《左傳事緯》四卷，《函海》本，與馬本不同。　《左傳五十凡》，《經韻樓》本。《左傳釋人》，原本。　《左傳解詁》，《漢魏遺書》本。　《春志四傳私考》。　《左傳校勘記》。　《惠氏左傳補注》。　《左傳小疏》。　《左傳異禮略》，《蛾術堂》本。　姚氏《左傳補注》，湖南局本。　《左傳補疏》，《學海堂》本。　《左氏蒙求》，《藝海》本，《芬欣閣》本。　馬氏《左傳事緯》。　《左傳義注舉要》。　《左氏古經》。　趙汸《左傳補注》。　《左氏傳説》，通志堂本。　《義門讀書記》。　《左氏春傳》二卷。　《羣經義證左傳》三卷，授堂本。　《經讀考異左傳》一卷。　《困學紀聞》第六卷爲《左傳》。　宋程大昌《考古編》内有《左傳》。《瞥記》第二卷《左傳》五十條。　《南江札記》。　《孔氏所著書》。　《十駕齋養新録》。以上三種皆有《左傳》説。官本《左傳注疏》有考證，仿岳本同。　《春秋名號歸一圖》、《春秋年表》，皆左氏一家之學。　原本《春秋大事表》，《珠塵》本《春秋識小録》、《左傳職官》、《地名》、《人名》，皆讀《左》者不可缺之書。

《重論文齋筆談》解“亥有二首六身”一條，最爲詳明。　姚氏《惜抱軒全集》有《左傳補注》。　其他一、二條有見於諸書者，不及備載。　沈欽韓《左傳補注》十二卷，功訓堂本。　明監本《正義》，杜注多脱落。

《左傳事緯》十二卷

國朝馬驌撰

《懷澄堂》本。乾隆甲辰仁和黄暹重刊。前有許元淮序、攬茝齋主人《例略》六條、左氏小傳一篇、目録。自“鄭叔段之亂”至“災異”，共一百八篇，《左傳字解》一卷，分通用、直音二目。《簡明目録》有附録八卷，此本無之。

許氏序曰：“《春秋事緯》爲馬氏《繹史》中之一類。《繹史》板久不存，《事緯》另列成部，而孤行不廣。其《例略》曰‘易編年爲叙事，篇目一百有八’，令讀者一覽即解，且無遺忘之病，誠善本矣。其篇末組織新豔，貫串恣肆，尤臨文必備之書。余寶是書有年，及門黄子春渠請重鎸之，爰畀是書而付之梓。”

《春秋毛氏傳》三十六卷

國朝毛奇齡撰

《西河合集》本。毛氏所著《春秋》，是書之外，《春秋屬辭比事記》四卷，《春秋條貫篇》十一卷，《春秋簡書刊誤》二卷，《春秋占筮書》三卷。

毛氏自序曰：“‘春秋’者，魯史之名也。古凡史官記事，必先立年時月日，而後書事於其下，謂之‘紀年’。然每歲所書，四時必備，祇名'春秋'者，春可以賅夏，秋可以賅冬也。先仲氏云：'《春秋》爲六經之一，三代以前早有之。至三代以後，則祇傳夫子一書，而前此《春秋》之書亡焉。'古凡稱六藝，即六經也，即《易》、《書》、《詩》、《禮》、《樂》與《春秋》也。其以此六藝爲教，謂之六教。《禮記經解》所云《詩》教、《書》教、《禮》教、《樂》教、《易》教與《春秋》教，此夫子之言也。夫子言古王之爲教本如是也。其以此六藝爲學，謂之六學。班《志》云：《易》學如天，當無時不學，而《詩》、《書》、《禮》、《樂》與《春秋》共學，則如天之有五行。必三年通一藝，自十五入大學後，至三十而五學始立。故西漢劉歆輯內府古文《春秋》，名《六藝略》，而《漢志》謂古之王者，左史記言，右史記事，事爲《春秋》，言爲《尚書》。帝王靡不同之。是三代以來原有是書，與《尚書》并傳。秦火以後，遂以夫子之《春秋》當六經之數。按《周禮》，內史讀四方之書事，謂書四方之事而讀於王前，此記事也。若外史掌四方之志，謂標誌其名，而列作題目以告於四方，故又曰外史掌書名，以達於四方。其所謂記，即《春秋》之傳也；所謂志，即《春秋經》也。特志簡而記煩，簡則書之於簡，謂之簡書，以竹爲之，但寫一行字者；煩則書之於策，謂之策書。單策爲簡，聯簡爲策，以編合竹簡，合兩竹爲一冊。簡策之例，必具三事：一讀本國，一上之王朝，一告之四方邦國諸侯。春秋記事，原有門部，作志者因門爲題，就事立誌，謂之籤題。見於舊史者，其法式有二十二門，而統以四例概之。'隱公'二字，魯史文也，舊史官所標之字。"

《左傳補注》六卷

國朝惠棟撰

潮陽官舍本。前有自序。

惠氏自序曰：“棟曾王父朴菴先生，幼通《左氏春秋》，至耄不衰。常因杜氏之未備者，作《補注》一卷，傳序相授，於今四世矣。竊謂《春秋》三傳，左氏先著竹帛，名爲古學，故所載古文爲多。晉、宋以來，鄭、賈之學漸微，而服、杜盛行。及孔穎達奉勅爲《春秋正義》，又專爲杜氏一家之學。值五代之亂，服氏遂亡。嘗見鄭康成之《周禮》、韋宏嗣之《國語》，純采先儒之説，末乃下以己意，令讀者可以考得失而審異同。自杜元凱爲《春秋集解》，雖根本前修，而不著其説，又其持論間與諸儒相違，於是樂遜《序義》、劉炫《規過》之書出焉。棟少習是書，長聞庭訓，每謂杜氏解經頗多違誤。因剌取經傳，附以先世遺聞，廣爲《補注》六卷，傳之子孫，俾知四世之業，勿替引之云爾。”

《春秋左傳古經》十二卷

國朝段玉裁撰

《經韻樓》本。前有嘉慶辛未題辭。

段氏曰：“胡氏之經，雜取《左氏》、《公羊》、《穀梁》三家之經爲書，不衷於一，蓋三家各自爲經。《漢志》言古經十二篇，古者，左氏之經也。又言經十一卷，自注云：《公羊》、《穀梁》二家者，謂二家之經，皆十一卷，與古經不同也。自轉寫合二條爲一行，而罕知其解矣。古經因十二公爲十二篇，《公羊》、《穀梁》合閔公於莊公同卷，則爲十一卷。説見何氏《公羊解詁》。古曰篇，今曰卷。竹木曰篇，縑素曰卷。三家經卷數不同而皆經、傳各爲書。杜氏取左經冠於某年傳首，二家則漢以後學者析經文冠某事之首，而無傳者依次附焉，於是三家之專經均不可得見。因恭録左氏經文，取鄭公注《禮》，《周禮》存古文、今文故書之例，附見《公羊》、《穀梁》經文之異，以小字雙行注各條下，爲十二篇。又以二家卷數之不同，附注左氏各篇之末，每條時出訂正之

《載籍足徵記》："《漢志》：《春秋古經》十二篇，經十一卷，《公羊》、《穀梁》二家。謹案：劉歆《移太常博士書》稱，《春秋》左氏丘明所修，皆古文舊書。許慎《說文》序云：'左丘明述《春秋傳》，皆以古文。'江式云：'北平侯張蒼獻《春秋左氏傳》，書體與孔氏相類，即前代之《古文周禮》。'鄭注《古文春秋經》，'公即位'爲'公即立'，段曰："古者'立'、'位'同字。"是《左氏傳》多古字也。"

《春秋三傳異同考》一卷

國朝吳陳琬撰

《珠塵》本。前有自序。《函海》有《三傳比》二卷，可參看。

吳氏自序曰："傳以釋經，而三家互有異同，何也？蓋孔子作《春秋》，筆削一出自己斷，親炙如游、夏不能贊一辭，何惑乎傳聞者之互有異同也？有異同，斯有得失。三家親見與傳聞，不可知。大抵三《傳》始皆口授，自學者著爲竹帛，遞相傅會，乃愈多異辭，總以合於經者爲得，其不合者均失焉。昔朱子刻《春秋》於臨漳郡，止用左氏經文，而曰《公》、《穀》二傳所以異者，類多人名、地名，而非大義所繫，故不能悉。然人名、地名之異，或由語音字畫之訛，一從左氏宜矣。其中亦有左氏非，《公》、《穀》是者，且有一字殊而大義俱乖者。三家之失，自歐陽永叔、鄭夾漈屢辨之矣。昔馬融著《三傳異同說》，《唐志》有李鉉《春秋三傳異同》十一卷、李氏《三傳異同例》十三卷、馮沆《三傳異同》三卷，今皆不存。趙氏又嘗考其舛謬，凡一百六十條。陸氏《纂例》三《傳》經文，舛謬凡二百四十一條，自言考校從其有義理者，然往往亦多言，未知孰是，兼恐舛謬，不止於此。故先儒惜其與奪未能悉當，欲更爲釐定焉。愚皆未見其書，今祇以居嘗辨正者，略著於篇。大約三《傳》不可盡信，不可并存，學者當思未有傳以前，《春秋》之旨安在，而後三《傳》皆可備折衷，其諸讀書能觀大意者歟？"

《春秋職官考略》三卷

國朝程廷祚撰

《珠塵》本。李氏《函海》有《左傳官名考》二卷，可參看。

程氏自序曰："説者以《周禮》爲周公未行之書，然考《春秋傳》列國官名，多與《周禮》合者，則其説亦未盡然也。但《周禮》爲王朝之制，其時頒於列國者，必有異同而不能無改。於東遷以後，其詳不可得聞，豈不惜哉！予竊義取《漢書》採左氏爲《職官考略》，而證其合於《周禮》者，以待論定云。"

《晉軍政始末表》按曰："《周禮》'戎僕'、'戎右'，平時俱無此官，有事然後命之。觀韓之戰，猶曰'卜右'可見。後以用兵時多此官，無事亦設，殊失古人設官之意。"此表爲第三卷。

《春秋地名辨異》三卷

國朝程廷祚撰

《珠塵》本。上卷一地二名至七名，中卷二地一名，下卷三地一名至五地一名。《晉書地理志證今》附。

程氏自序曰："地理沿革，古者靡得而稱，《春秋》則不可殫述矣。昔塗山之朝，孟津之會，諸侯不可勝數。周室東遷，大國多至數圻，其狡焉思啓封疆者，何國蔑有？往昔諸侯，大抵爲《春秋》之縣邑矣，非事變使然哉！《春秋》之中，有一地數名者，有數地一名者，異同未析，每多淆混。夫兩漢之際，劉昭以爲稱號糾紛；南北之時，沈約以爲巧歷莫算：蓋謂沿革之難詳也。余採舊説爲《春秋地名辨異》，以著沿革所自始，而世運之汚隆亦從可觀焉。”

《左傳人名辯異》三卷

國朝程廷祚撰

《珠塵》本。上卷周、魯、晉，中卷齊、宋、鄭、衛，下卷楚、秦、陳、蔡、曹、邾、莒、吴、紀、虢。一人兩稱至六稱，士會有八稱：一士季、一隨會、一隨武子、一隨季、一季氏、一范武子、一范會。按古人一名數稱，梁氏《古今人表考》最詳。

程氏自序曰：“上古有名而已，《春秋》之時則異焉。鞅也、志父也，一人兩名也。盆也、狄也、卷也，一人三名也。子産之與子美，一人兩字也。蔿艾獵之於孫叔敖，東郭賈之於大陸子方，兩名相懸，實則一人也。其周末之彌文乎？何名稱之繁歟？《左氏傳》於一人之身，而名號錯陳；一篇之中，而判若甲乙。創矣而不經，華矣而非則，由古以來未有也，左氏一家之例也。作《左傳人名辨異》。”程氏三種，統名《春秋識小録》。

《公羊春秋通義》十一卷

國朝孔廣森撰

原本。此巽軒所著書之第一種，先生之弟静吾所校刊者。前有嘉慶十七年孔廣廉序、全書目、翁氏總序、阮氏《通義序》。内題“何氏解詁，孔廣森謹案”。末有自序一卷，共十二卷。

阮氏序曰：“《公羊》之學兩漢最盛，然説者既多，至有背經任意者。任城何君起而修之，覃精積思，閉門十有七年，乃有成書。略依胡母生條例而作解詁，其本單行。至晉劉兆始内經傳中，以朱書别之。六朝時，何休之學猶盛行於河北，厥後漸微，幾成絶學。先生思述祖志，從事於《公羊春秋》，謂趙汸最爲近正，何氏體大思精，然不無承訛率臆。於是旁通諸家，兼采《左》、《穀》，凡諸經籍，義有可通於《公羊》者，多著録之。何氏之失，多所裨損，以成一家之言。元爲聖門之甥，讀先生此書，始知聖志之所在。因敬叙之。"

孔氏自序曰："《春秋》之書，上本天道，中用王法，而下理人情。天道者，一曰時，二曰月，三曰日；王法者，一曰譏，二曰貶，三曰絶；人情者，一曰尊，二曰親，三曰賢。此三科九旨，唯公羊氏有是説焉。今因原注，删其支陋，冀爲一家之言。"

翁氏序曰："《漢志》：《三朝記》七篇。王應麟曰：今在《大戴禮》，《千乘》、《四代》、《虞戴德》、《誥志》、《小辨》、《用兵》、《少間》也。撝約曰：《小辨》、《用兵》、《少間》，此三篇當在《文王官人》之前。則《三朝記》七篇相屬，此實《大戴》篇次之定論，學者所宜知也。撝約所輯《岐鼓凡將》手篆一册，予題詩於後，屢檢未得。又其讀《漢書》一條，《地理志》下篇魯國分壄之末，'東平、須昌、壽良皆在濟東，屬魯，非宋地也，當〔一四〕考'，此句師古亦誤注。撝約曰：此十八字是後人讀《漢志》者校勘之語，須昌、壽良皆屬東郡。光武叔父名良，故曰壽張。今仍稱壽良，知是魏以後人所校語，雜入正文耳。此於考訂《漢志》極有益，即書於簡端，非必以序例之耳。"

文光案：近世爲《公羊》學者，孔氏之外，凌曙《公羊禮疏》十一卷，《公羊禮説》一卷，《公羊問答》二卷，皆刻入凌氏《叢書》；劉逢禄《公羊何氏釋例》十卷，《公羊何氏解詁箋》一卷，皆刻入《學海堂經解》；姚鼐《公羊補注》一卷，刻入《全集》；陳奐《公羊逸禮考證》一卷，刻入《滂喜齋叢書》。而《穀梁》甚微，姚氏有《穀梁補注》，《續經解》中有《穀梁》二三種，未及細録。又李文淵《左傳評》三卷，有抄本。沈豫《左官異禮略》一卷，方氏《左傳義法舉要》一卷，皆集本。劉逢禄《左氏春秋考證》二卷，《學海》本。焦循《杜注補疏》五卷，《雕菰樓》本。范照藜《左傳釋人》十二卷，原本。沈彤《左傳小疏》一卷，曹基《左傳條貫》十八卷。臧壽精於算術，著《左氏古文》九卷，自昭公二十三年以下，門人楊峴續成。凡此皆讀《左》者所當知也。

《玉函山房輯春秋》五十一卷

國朝馬國翰編

濟南皇華館本，凡四十五種。

《春秋大傳》一卷，漢初經師所撰。

《春秋決事》一卷，漢董仲舒撰。董氏傳《公羊學》，既撰《繁露》，復爲此書，引經斷獄，當代取式焉。《漢志》：《治獄》十六篇。《隋志》稱《決事》，《唐志》稱《決獄》，皆十卷。

《公羊嚴氏春秋》一卷，漢嚴彭祖撰。嚴氏治《公羊》，其流派見於傳者有十數家，史未詳述。

《春秋公羊顏氏記》一卷，漢顏安樂撰。

《春秋穀梁章句》一卷，漢尹更始撰。漢儒傳《穀梁》學者，惟尹及劉向有書。《穀梁》學自榮廣、皓星公開之，尹得其宗，鳴於當代。

《春秋穀梁傳說》一卷，漢劉向撰，隋、唐《志》皆不著録。其說多明災異，與所記《洪範》五行相表裏。

《春秋左氏傳章句》一卷，漢劉歆撰。左氏有章句自歆始。賈逵、穎容、許淑三家，皆祖述劉氏。

《春秋牒例章句》一卷，後漢鄭衆撰。衆父興，少學《公羊》，晚善《左氏》。衆傳父業，亦師承劉氏。

《春秋左氏傳解詁》二卷，後漢賈逵撰。隋、唐《志》三十卷，久佚。王應麟輯《古文春秋左傳》中載逵説，而疏漏尚多。
兹更補綴，合舊輯爲二卷。

《春秋左氏長經章句》一卷，賈逵撰。以左氏義深君父，公羊
多任權變，卓識不磨。唯好用圖讖，明劉氏爲堯後，史論譏其
附會。

《春秋三傳異同説》一卷，後漢馬融撰。説二叔爲夏殷之叔
世，五典爲五行，與賈、鄭殊，未必可從。融於《易》、《書》、
《詩》、《禮》皆有注。

《解疑論》一卷，漢戴宏撰，不詳何人。《難左之説》，佚，存
序一則。

《春秋文謚例》一卷，漢何休撰，翼《公羊解詁》，而作五始、
三科、九旨、七等、六輔、二類、七缺之設，何其紛紛邪？《隋
志》一卷。

《春秋左氏傳解誼》四卷，後漢服虔撰。《解》中有康成手稿，
服、鄭固一家之學也。《隋志》三十一卷，《唐志》、《釋文》并三
十卷。今從王氏所輯，更補缺漏。又《膏肓釋痾》《隋志》十卷。一
條、《長説》《隋志》九卷。一條附於後。

《春秋釋例》一卷，後漢潁容撰。杜氏亦著《釋例》，或因潁
書而增修之。

《左氏奇説》一卷，後漢彭汪撰。

《春秋左傳許氏注》一卷，後漢許淑撰。

《春秋左氏經傳章句》一卷，魏董遇撰。隋、唐《志》并三十
卷，如"士匄"作"王正"、"專壹"作"搏壹"之類，多與杜異
而同於賈、服、王肅，則漢魏時古本，足正俗本之誤。

《春秋左傳王氏注》一卷，魏王肅撰。隋、唐《志》三十卷。
肅父朗有《傳注》十二卷，《隋志》別載之，似肅因父書增多十
八卷。

《春秋左氏傳嵇氏音》一卷，魏嵇康撰。

《春秋穀梁傳糜氏注》一卷，魏糜信撰。隋、唐《志》十二卷。如“討”作“糾”，“蒐”作“搜”，“射”作“亦”，“鍾”作“童”，“宮”作“官”，本多異字，必有所受，不可考已。

《春秋公羊穀梁傳解詁》一卷，晉劉兆撰。楊序：《穀梁》家有劉瑤，盧紹弓以爲即兆也。與今本文異者，足資參考。其《春秋調人》及《解左》不可見矣。

《春秋左氏傳義注》一卷，晉孫毓撰。《隋志》十八卷，《唐志》三十卷。《賈服異同略》，隋、唐《志》五卷。二書大旨申賈而駁服。虔注受於康成，而王肅説多主賈逵。孫朋於王，猶評《詩》之見也。毓有《毛詩異同評》。

《春秋公羊穀梁二傳評》一卷，晉江熙撰。

《春秋穀梁傳徐氏注》一卷，晉徐乾撰，研究書法“日”與不“日”之例。

《春秋土地名》一卷，晉裴秀、容京、相璠等同撰。因修《晉輿地圖》而作。《隋志》三卷。雖不免舛失，然杜氏所缺，此能確指言之。

《春秋穀梁傳注義》一卷，晉徐邈撰。《唐志》：《注》十二卷，《傳義》十卷，《音》一卷，并佚。其書見重於時，范解引述獨多，辭理典據，實有可觀。序所謂二三學士，徐當其選。乃楊疏於范氏門生故吏指謂江、徐，又以膚淺末學譏之，失於深考矣。

《春秋徐氏音》一卷，晉徐邈撰。《隋志》三卷，《唐志》一卷。《易》、《書》、《詩》、《禮》皆有音。

《春秋左氏函傳義》一卷，晉干寶撰。《晉·禮志》謂寶留思京房、夏侯勝等，傳其説，伐鼓于社，以爲厭勝，蓋二子之緒論也。

《薄叔元問穀梁義》一卷，晉范寧撰。叔元未詳何人，范作

《集解》，叔元有所駁問，范隨問逐條答之，仿鄭氏《釋廢疾》之體例也。

《春秋穀梁傳鄭氏説》一卷，晉鄭嗣撰。不詳何人，以范序考之，當是寧父汪門生故吏。

《春秋左氏經傳義略》一卷，陳沈文阿撰。

《春秋傳駁》一卷，後魏賈思同撰。衛翼隆精服氏學，上書難杜六十三事。思同駁其乖錯者十餘條，是非互見，積成十卷。

《春秋左傳義疏》一卷，蘇寬撰。不詳何人。《正義序》謂全不體本文，唯旁攻賈、服。

《春秋左傳述義》二卷，隋劉炫撰。《北史》本傳四十卷，《隋志》同，《正義》多引之。

《春秋規過》二卷，劉炫撰，既作《述義》，又摘杜義之失以正之。《正義》所引凡一百七十餘條，固不免煩碎錯亂之處，亦有顯爲杜失而孔疏必委曲護之者。

《春秋攻昧》一卷。炫著《規過》以攻杜氏。杜注外衆説有不合者，作此以駁難之。史稱炫强記默識，莫與爲儔。又謂多自矜伐，好輕侮當世書，適肖其人矣。《攻昧》取《仲虺》文也。

《春秋集傳》一卷，唐啖助撰，凡十年乃成。與炫書相類，斥三《傳》之謬，或失苛察，而精確處自不磨也。

《春秋闡微纂類義統》一卷，唐趙匡撰，損益啖書。晁公武曰：“啖、趙以前學者皆專門名家，苟有不通，言經誤，其失也固陋。啖、趙以後，學者喜援經擊傳，其或未明，則憑私臆決，其失也穿鑿。”楊慎曰：“杜預作《春秋釋例》，趙匡作《春秋纂例》，蓋以《春秋》難明，故以例求之。至於不通，則又云變例。變例不通，又疑經有闕文、誤字。嗚呼！聖人之作豈先有例而後作《春秋》乎？”二論皆切中其弊，然訓解時多精語。

《春秋通例》一卷，唐陸希聲撰。韓滉亦著《通例》一卷，無從徵述。

《春秋折衷論》一卷，唐陳岳撰。《唐摭言》：“司空圖謂贍博精緻，足以下視兩漢迂儒矣。”《崇文目》云：“以三家異同三百餘條，參求其長，以通《春秋》之義。”晁《志》：“其書以《左傳》爲上，《公羊》爲中，《穀梁》爲下，比其異同而折衷之。”《吳立夫集》有後序，則元時全書尚存，今不可得矣。

　文光案：馬氏所輯《左氏》十七家，皆可爲讀《左》之助。《公羊》三家，《穀梁》六家，《公》、《穀》合者二家，大抵取之於《正義》者爲多。凡其所輯書目，有出於隋、唐《志》之外者，其蒐採之功不可没已。予故詳錄之，使人知古書之名目，且殘編斷簡尤可珍也。

附　錄

《春秋繁露》十七卷

漢董仲舒撰

《抱經堂》校定本。前有慶曆七年樓郁序，目錄後有盧文弨記，卷末附錄諸家説。盧校本甚精，而脱文、衍文尚多，疑誤處亦復不少。書凡八十二篇，其三十九、四十、五十四三篇俱佚。目錄著“闕文”二字。注中有“錢云”，當是辛楣校語。《滅國》上、下二篇爲第七、第八，錢云：“此本一篇，不當分。”《郊語》第六十五，錢云：“《郊語》一篇，似當次《四祭》篇後，此下五篇實一篇也。”《天地之行》第七十八，錢云：“首一條乃養生家言，後一條言君臣之道，似非一篇之文。”《郊義》第六十六，錢云：“此當爲‘論郊’首篇，且與下合爲一篇，後人編次失之。”又云：“篇首《郊義》二字，真古篇名，餘俱後人所分而爲之名，非本書之舊。”此皆錢氏之説也。《五行相生》第五十八，官本云：

"此篇舊本在五十九，今案文義，當在前，因互易之。"《會盟要》第十，計臺本作"盟會要"。《考功》、《爵國》等篇，盧云："有不可强通者。"《度制》第二十七，萍鄉本在三十五，一名《調均篇》。《五行對》第三十八，注云："此當在《五行五事》篇後。"《五行之義》四十二，注："此當在《五行相生》篇前。"《五行相生》第五十八，注云："舊本《相生》篇在《相勝》篇後。按文義當在前，今移正。"伏讀《四庫全書提要》曰："是書宋代已有四本，多寡不同，樓鑰所校，乃爲定本。鑰本原闕三篇，明人重刻，又闕第五十五篇及第五十六篇首三百九十六字、第七十五篇中一百八十字、第四十八篇中二十四字，又第三十五篇顛倒一頁，遂不可讀。其餘訛脱不可勝已。蓋海内藏書之家，不見完本三百年於兹矣。今以《永樂大典》所存樓本詳校，其異於他本者，凡補一千一百餘字，删一百十餘字，改定一千八百二十餘字，神明煥然，頓還舊觀。雖曰習見之書，實則絶無僅有之本也。"謹案：凡所闕者，聚珍本俱補足，其顛倒者，亦移正。盧本校正有加"案"字者，有不加"案"字者，與官本不同。又案：盧本目録篇名下俱有"第"字，書内同，惟四十一、四十二、四十三無"第"字，當是脱落。

盧氏序曰："是書以天證人，析理斷事，實切於養德養身之要，而凡政治之原，郊祀之典，用人之方，弭災之術，俱無所不備。即其正名辨制，委曲詳盡，亦始入學者所必當研究也。謹就二三學人，覆加考核，合資雕板，用廣其傳。乾隆五十年十月舊史官臣盧文弨謹書目録後。"

《崇文總目》："隋、唐《志》卷目與今同。其書義引宏博，非出近世，然其間篇第已舛，無以是正。又即取《玉杯》、《竹林》題篇，疑後人取而附著云。"

《館閣書目》："隋、唐《志》及《三朝國史志》十七卷，今十卷。《繁露》之名，先儒未有釋者。案《逸周書·王會解》：'天子南面立，絻無繁露。'注云：'繁露，冕之所垂也，有聯貫之象。'《春秋》屬詞比事，仲舒立名，或取諸此。"_{文光案：此亦臆説，}恐未必然。

晁氏《讀書志》："史稱十餘萬言，今溢爲八十二篇。又通名'繁露'，皆未詳。隋、唐《志》卷目與今同，但多譌舛。"

六一《書》後："本傳著書百餘篇，_{文光案：同一漢書。晁云十餘萬}言，歐云百餘篇，豈所見之本不同歟？抑歐公誤歟？今書才四十篇，又總名'繁露'，失其真也。予在館中校勘羣書，見有八十餘篇，然多錯亂重複。又有民間應募獻書者獻三十餘篇，其間數篇在八十篇外，乃知董生之書流散而不全矣。董生深極《春秋》之旨，然惑於改正朔，而云'王者，大一元'者，牽於其師之説也。"

陳氏《書録》："萍鄉所刻，有三十七篇。今樓攻媿得潘景憲本，卷、篇與前志合，然亦非當時本書也。況《通典》、《御覽》所引，皆今書所無者，尤可疑也。又有寫本十八卷，但七十九篇，考其篇次皆合，但前本《楚莊王》在第一卷首，而此本乃在卷末，別爲一卷。前本雖八十二篇，而闕文者三，實七十九篇也。"

文光案：胡榘宰萍鄉，刻之縣齋者，爲萍鄉本。其兄胡槻刻樓校本於江東漕司，其後岳珂復刻之嘉禾郡齋。世遂以樓本爲定本。《通典》所引，見程大昌前跋，又有《寰宇記》所引各一條。《御覽》所引，見程氏後記。但三書所引樓本有之，則所見異也。程大昌有《演繁露》，今行於世。

黄氏《日鈔》："《御覽》古《繁露》特多，是太平興國間《繁露》尚存，今逸不傳。今攻媿定本謂爲仲舒所著無疑，而取《楚莊》篇第一，謂爲潘氏本有之。至於《調均》篇，萍鄉本列置第三十五，樓本不及此篇，不知何説也。"_{文光案：《度制》即《調均》}篇，黄氏蓋未審也。今書惟對膠西王越大夫之問，詞約義精，具在本傳。餘多煩猥，甚至於理不馴者有之。蓋隋唐國初，《繁露》未必皆仲舒之舊，中興後《繁露》又非隋唐國初之《繁露》矣。"

錢氏曰："《漢志》：《春秋公羊》家，董仲舒《治獄》十六篇。文光案：董子與胡母生同治《公羊春秋》。儒家者流，董仲舒百二十三篇。《繁露》爲後人掇拾而成。傳言《玉杯》、《繁露》、《清明》、《竹林》之屬數十篇，當即《公羊治獄》十六篇；而《上疏條教》百二十三，則儒家所列也。蓋《藝文》析仲舒所著爲二，如史志分'經説'、'別集'兩門，而別集之文制、策廟、災對之屬咸備焉，故冠以《上疏條教》也。今合二者爲一書，《治獄》在其中，《條教》在其中，而獨以《制策》諸篇爲別集，此由後之詮次者不悟八十二篇不皆説《春秋》之文，遂以《春秋》説之。《繁露》篇爲書名，而改《繁露》篇曰《楚莊王》，蓋以首篇名書，因以首語名篇耳。觀史所列諸篇，無以人名者，則灼然可知矣。"

文光案：錢氏之説甚是，可解向來之惑。是書似經非經，似子非子，書目中幾無位置之處。蓋《漢書》分爲二，後人誤合爲一，又雜入他人之言故也。是以議者半，疑者半。向使綴輯者分説《春秋》者爲《公羊治獄》，入《春秋》類；分《上疏條教》爲董子，入儒家類：體例既明，羣疑自釋。但今書之次第不可改易也，疑以傳疑而已。明陳諒刻《膠西集》，的是宋本，惜未之見。祠本《春秋繁露》後有《董子文集》，想亦是後人綴輯而成，非原書也。盧氏校刊《繁露》，名曰"董子校刊"，《新書》名曰"賈子"，以爲西漢兩大儒皆以經生而通達治體，其遺言宜討論也。錢唐爲合刊序。

錢氏序曰："誼粹於禮，其言治道以三代盛王爲指歸，而參之秦漢以通其變，故爲有用之實學。仲舒則《春秋公羊》家老師。何氏'三科'、'九旨'之説，多自仲舒發之。其言五行災異陰陽出入，原於《易》'一陰一陽之謂道'，蓋漢世知天之學也。故二子皆本於經，而賈子得其大，董子得其精。先生之校是書，必確求其可據，以證明二子立言之意，唐故一言蔽之曰：慎也。”

文光案：錢竹汀以《玉杯》等數十篇即《公羊治獄》十六篇，恐未必然。十六篇當在此數十篇內，數十篇應不止《公羊治獄》也。今本自《楚莊王》至《俞序》凡十七篇，若合《滅國》上、下爲一篇，適得十六篇之數，皆《春秋》家言，然不敢定爲《公羊治獄》也。《符瑞》第十六說“西狩獲麟”，《俞序》第十七總說《春秋》，此兩篇似《春秋》之終、首篇。“《春秋》分十二世以爲三等”與“《春秋》之道奉天而法古”，此兩段似《春秋》之始。“楚莊王殺陳夏徵舒”一段，“《春秋》曰晉伐鮮虞”一段，“問者曰：‘晉惡而不可親’一段，此三段不當在開首。細玩之，其中錯簡甚多，而前人無有言者，唯知其錯亂而已。如朱子之注《大學》，稍爲理治，似便誦讀，然無朱子之學，徒見其妄而已。故盧氏之校正不敢更易次第，意甚善也。予所藏《繁露》，一聚珍本，一祠本，近又得《畿輔叢書》本，并此爲四本。是書中有《求雨》、《止雨》二篇，其法甚備，他書中有録之者可試驗也。

右《春秋》類

《漢志》，《春秋古經》十二篇，經十一卷，所謂魯之《春秋》是也；周、燕、齊、宋皆有《春秋》，載在《墨子》，所謂百國《春秋》是也，其書亡矣。古本《春秋經》自爲一帙，今《春秋》讀本亦有無傳者，全非古式，豈《漢志》之舊哉？左氏作傳時，經文已闕，如“夏五郭公夫人氏”，皆闕文也。經闕而後傳始作也。《左氏春秋傳》，《漢志》三十卷，其事詳而實，其文富而豔。或作五十凡以爲《春秋》之例；或云《魯史》有例，聖人之《春秋》無例，以義爲例；或以

《春秋》爲褒貶之書；或云有貶而無褒；或云以《春秋》爲褒貶者，亂《春秋》者也：其説互異。然"褒"之一字出於後世。馬遷則云"采善"，劉向所云首貶患也。劉歆曰："左氏筆削與聖人同意，而不言褒貶，其言褒貶者，失微顯之義矣。"何孟春曰："經以標義，史以備事，經義隱而史事顯。左氏，備事之書也。聖人筆削，義隱於事，次第其事，傳以實之。實之者，顯之也。"其説當矣。然左氏依經以爲傳，後人或舍傳以從經，其攻駁左氏者，實隱本《公》、《穀》，故以私意亂聖經者，其書可删。孔子作《春秋》，若無左氏爲之傳，則讀者何由究其事之本末？左氏之功不淺矣。故當時雖不立於學官，而後世誦習，久而益顯，非《公》、《穀》所可比也。左氏，或以爲楚人，或以爲魏人，或以左氏、左丘氏爲二人。或云"古之賢人，在孔子前"，然傳終於孔子卒後。《漢志》以爲與孔子同時，然口授弟子不當有闕文，則班書未可深信也。又或以爲魯太史，或以爲左史倚相，并存其説，不必辨也。《公羊傳》、《穀梁傳》，《漢志》皆十一卷，二家皆經生各守所學。近世尚有《公羊》學，而《穀梁》益微。今所錄者凡二十九家，三《傳》注疏以外，皆慎所擇。附以《繁露》，則古書也。

校勘記

〔一〕"訾"，原作"誓"，據《春秋左傳注疏》改。

〔二〕"叛"，原作"判"，據《春秋經傳集解》改。

〔三〕"高"，原作"尚"，據同上書改。

〔四〕"聃"，原作"聊"，據同上書改。

〔五〕"言"，原作"至"，據同上書改。

〔六〕"亓"，原作"并"，據宋王應麟《姓氏急就篇》改。下同改。

〔七〕"典"，原作"興"，據葉德輝《書林清話》改。

〔八〕"玉"，原作"王"，據同上書改。

〔九〕"奉"，原作"奏"，據同上書改。

〔一〇〕"涒"，原作"話"，據同上書改。

〔一一〕"謚"，原作"譜"，據清朱彝尊《經義考》改。

〔一二〕"許"，據同上書補。

〔一三〕"用"，原作"由"，據宋晁公武《郡齋讀書志》改。

〔一四〕"當"，原作"嘗"，據《漢書》改。

經部六

《孝經》類

《古文孝經孔氏傳》一卷

漢孔安國撰

《知不足齋》本。前有乾隆四十一年盧文弨、吳騫、鄭辰序，次孔氏序、日本享保十六年太宰純序。内題"漢魯人孔安國傳，日本信陽太宰純音"。通計經一千八百六十一字，傳八千七百九十四字。復刻《指解》本正文於後，凡一千八百一十言。末有鮑廷博跋。

盧氏序曰："《孝經》有古、今文。鄭注者，今文也；孔傳者，古文也。五代之際，二家并亡，宋雍熙中，嘗得鄭注於日本矣，今又不傳。鮑君以文訪得古文孔氏傳，遂傳以入中國。余按其文義與《釋文》、《會要》、《舊唐書》所載一一符會，必非近人所能撰。然安國之本亡於梁，而復顯於隋，當時有疑爲劉光伯所作者。即鄭注，人亦疑其不出於康成。雖然，古書之留於今者有幾？即以爲光伯所補綴，亦何可廢也？蓋其文辭與西京不類，與《尚書》孔傳體裁亦别，又不爲漢惠帝諱'盈'字，唯此爲可疑耳。漢桓譚、唐李士訓皆稱《古孝經》千八百七十二言，與此本不符。章首傳云'孔子者，男子之通稱也[一]。仲尼之兄伯尼'十五字，斷屬訛誤，在讀者之善擇矣。"德水盧氏嘗刻《古文孝經》、《尚書大傳》、《乾鑿度》等書，被籍後板之在否，不可知。

吴氏序曰："自晉至梁，孔、鄭二家并立於學。其後梁亂，孔傳獨亡。隋祕書監王劭於京師訪得之，以示河間劉炫。炫因序其得喪，述其義疏，爲《稽疑》一篇。當時學者頗疑孔傳爲炫所撰。唐開元中，詔議孔、鄭二家。史官劉知幾請行孔廢鄭，諸儒非之，卒行鄭學。迨明皇御注出，而鄭氏亦幾於廢。雍熙初，日本僧奝然以鄭注《孝經》來獻，中土始有其書。按宋《三朝藝文志》云'周顯德末，新羅獻《别序孝經》'，即鄭注也。然歐公《五代史記》謂新羅自晉以後不復至中國，而奝然則見於《宋史·日本傳》，斯爲可信。是書厄於秦，巫蠱於漢，亡於梁，譁於隋，聚訟於唐，散佚於五代。自有經傳以來，更歷患難，莫甚於此矣。"

鄭氏序曰："宋時祕閣所藏古文有經無傳，故司馬光作《指解》，多取今文舊注引而伸之。此本'以順天下'作'以訓'，'然後能保其宗廟'句增'保其禄位而'五字。'故親生之膝下'，作'是故親生毓之'，傳云：'育之者，父母也。''續莫大焉'，作'績'，傳云：'績，功也。'此二條班《志》已稱諸家之説不安，古文句讀皆異，然則此本爲最古矣。"

孔氏序曰："始皇焚書坑儒，《孝經》由是絶而不傳也。至漢興，建元之初，河間王得而獻之，凡十八章，文字多誤。博士頗以教授。後魯共王使人壞夫子講堂，於壁中石函得《古文孝經》二十二章，載在竹牒，其長尺有二寸，字蝌蚪形。魯三老孔子惠抱詣京師，獻之天子。天子使金馬門待詔學士與博士羣儒從隸字寫之，還子惠一通，以一通賜所幸侍中霍光。霍光甚好之，言爲口實。時王公貴人咸秘焉，比於禁方，故《古文孝經》初出於孔氏。而今文十八章，諸儒各任意巧説，分爲數家之誼，度其爲説，誣亦甚矣。吾愍其如此，發憤精思，爲之訓傳，悉載本文，萬有餘言，朱以發經，墨以起傳，庶後學者睹正誼之有在也。今中秘書皆以魯三老所獻古文爲正。河間王所上雖多誤，然以先出之故，諸國往往有之。漢先帝發詔，稱其辭者，皆言'傳曰'，其實今文《孝經》也。"

太宰純序曰："今文《孝經》行之久矣，古文者，雖安國爲之訓傳，當時未必行也。馬季長作《忠經》十八章，仿今文《孝經》也。朱子妄改經文篇章，著爲經一章，傳十四章，且删去其本文二百餘字。朱氏之徒，舉不信《孝經》而學心法，其不爲浮屠之歸者幾希。是經國人相傳之久，文字訛謬，魚魯不辨。純既以數校讎，且旁及他書，所引苟有足徵者，莫不參考，十更裘葛，乃成定本。其經文與宋人所謂古本者亦不全同，傳中間有不成語，雖疑其有誤，然諸本皆同，姑傳疑以俟君子。今文有陸氏音，古文則否。因依陸氏音例并音經傳，庶乎令讀者不誤其音矣。"

鮑氏跋曰："通本'義'字作'誼'，未經明皇敕改，尤爲古本之徵。安國自序與先儒稱述之詞合。奄然適宋，獻鄭注《孝經》一本於太宗。司馬君實等得之，大喜，此即《指解序》所謂'祕閣所藏止有鄭氏'也。又按，宋《三朝藝文志》稱周顯德末新羅獻《別序孝經》即鄭注者，此語誤也。《五代史記·高麗傳》：'周世宗六年，高麗國王昭進《別叙孝經》一卷。''別叙'，叙孔子所生及弟子事迹，明非鄭注《孝經》。而新羅地近高麗，并誤以高麗爲新羅矣。純序後有一印云'字曰德夫'，末稱享保壬子梓行，乃皇清康熙十一年也。"

文光案：劉炫所得孔傳，儒者諠諠，謂非舊本，此僞孔傳也。今鮑氏所刻日本本，此又一僞孔傳也。

《孝經鄭氏解》一卷

國朝臧鏞堂輯

知不足齋本。前有嘉慶辛酉阮相國序。《孝經》無鄭氏注，唐人已議之。開元初，左庶子劉子玄奏議，請廢鄭子〔二〕《孝經》，依孔注。略云：今所行《孝經》，題曰鄭氏，皆云是鄭玄，而魏晉之朝無有此説。後魏、北齊之代，立於學官〔三〕，蓋虜俗無識，故致斯謬。今驗《孝經》非鄭玄所注。見《大唐新語》。日本人岡田挺之者，於其國《羣書治要》中得鄭注《孝經》，殘缺不完。鮑以文多方求之，刻入叢書。諸序力言其不偽，然證以臧氏輯本，其偽顯然。《羣書治要》爲唐初所輯，劉子玄定見其本。據子玄之説，則不但《治要》中所採非鄭氏真本，即《治要》以外恐亦無康成《孝經》注也。

阮氏序曰："往者鮑君以文持日本《孝經鄭注》請序，予按其文辭不類漢魏人語，且與羣籍所引有異，未有以應。近見臧子東序輯錄本，喜其精核，欲與新出本合刊，仍屬予序。予知東序治鄭氏學幾二十年，有手訂《周易》、《論語注》等，所採皆唐以前書，爲晉宋六朝相傳鄭注學者，咸所依據。鮑君耄而好學益篤，凡有善本，靡不刊行。然則《孝經》舊引之注，新出之書，二本并行，亦奚不可？"

洪氏曰："'仲尼居'，古文作'凥'，今本作'居'，疑後人所改。"

臧氏曰："'凥'當作'居'，此因《釋文》上云《説文》作'凥'，因并改此也。以隸書寫篆文自稱正體者，發端於南宋毛居正、岳珂等，而近時學者爲尤甚。然唐石經具存，無此異樣，可以之誣古人乎？因今之輯《孝經鄭注》者，無不過信此字，故首訂正之。"文光案：洪氏有《孝經鄭注》輯本，故東序云然。

《大唐新語》："梁載言《十道志》解南城山引《後漢書》云：'鄭玄遭黃巾之難，客於徐州。'今者有《孝經序》相承，云鄭氏所作。其序曰：'僕避難於南城山，棲遲巖石之下，念昔先人餘暇，述夫子之志而注《孝經》。'蓋康成嗣孫所作也。陸德明亦云：

'案《鄭志》及《晉中經簿》并無，唯晉穆帝集講《孝經》，云以鄭注爲主。今驗《孝經注》與康成所注五經體并不同，則劉子玄所證信有徵矣。'"

《吹劍録》："溫公歸洛，講《孝經》，有二父老往聽講，持簞食豆羹以獻。公爲詳盡講'庶人'章。講畢，父老請曰：'自天子至士皆有《詩》，庶人獨無，何也？'公不能答。"文光案：古本《孝經》不引《詩》，昔人曾有是説。溫公注《孝經》豈不知此？宋人小説恐不足據。王阮亭云："東郡耿隱之道見云，曾見古本'庶人章'末引《詩》云：'書爾于茅，宵爾索綯'。"見《池北偶談》。

文光案：《孝經鄭注》詳見《唐會要》。劉知幾駁議凡十二條，以爲鄭氏自序所作不及《孝經》，弟子追述師著，亦不言鄭注《孝經》。趙商作鄭先生碑文，具稱諸所注箋駁論，而不言注《孝經》。《中經簿》於《易》、《書》、《詩》、《三禮》、《論語》凡九書皆云'鄭氏注，名玄'，至《孝經》則稱鄭氏解，無"名玄"二字，其言確切有據，則此注決非康成所作。劉肅以爲胤孫所爲，王伯厚謂"不知鄭氏爲小同"者，近似。又案：《新語》所記與《會要》相出入，惟略。所引《後漢書》一條，又見於《太平御覽》，今范史無其文。

《孝經正義》三卷

唐玄宗明皇帝御注，宋邢昺疏

《文選樓》本。阮氏校刊。

《校勘記》："孔注今不傳，近出於日本國者，誕妄不可據。要之，孔注即存，不過如《尚書》之僞傳，決非真也。鄭注之僞，唐劉知幾辨之甚詳，而其書久不存。近日本國又撰一本，流入中國，此僞中之僞，尤不可據者。《孝經注》之列於學官，係唐玄宗御注。唐以前諸儒之説，因藉捃摭以僅存，而當時元行沖《義疏》經昺删改，亦尚未失其真。學者舍是，固無由窺《孝經》之門徑也。惟其訛字實繁，因旁披各本并《文苑英華》、《唐會要》諸書，或讎或校，務求其是。"

《經籍考文》："《孝經》一卷，唐明皇注，繙宋相臺岳氏刻本。首題'《孝經》一卷'，次頂格'開宗明義章第一'，又次頂格經文起。注雙行，附釋音，每加句讀前。有唐玄宗皇帝御製序。每半葉八行，行十七字。卷末有亞形篆書'相臺岳氏刻梓'，'荊溪家塾印'，與所刻各經同，大都與唐石臺本合。此宋刻本，向藏崑山徐氏。前有'傳是樓'及'徐炯珍藏秘笈'二印，後有'徐中子'及'彭城中子審定'二印。今本爲桐鄉金氏翔和書室精摹繙刻，視原本幾欲亂真。"

文光案：《孝經鄭注》一卷，日本國本。鮑氏刻入叢書，附洪頤煊《補證》一卷。

《孝經集注》四卷

明黃道周撰

鄭氏刊本。前有張鵬翮、沈珩、鄭開極序，後有門人胡夢銷、林有柏、陳有度、陳允元、朱垣跋。是書以《孝經》爲經，集《禮記》、《孟子》爲傳，各加注於其下。崇禎庚辰，先生被逮白雲庫下，諸獄卒皆不敢有望於公，惟日奉紙札丐書。時公拷掠備至，血肉淋漓，日據敗几書《孝經》以當役錢。凡一百二十本，皆與獄卒持去。見莊起疇所著年譜及孫承澤《庚子銷夏記》。漢陽葉名澧得第二十九本於亳州何氏，詳錄石齋跋語於《橋西雜記》，并記蔡夫人所書《孝經》。夫人忠端之室，善臨池，代公作行草，幾亂真。公所書百二十本，本本各別。集傳原本已散佚，此刻與寫本絕不相同。謹案：石齋先生所著經傳凡九種，曰《孝經集傳》，曰《易象正》，曰《三易洞璣》，曰《洪範明義》，曰《表記集傳》，曰《坊記集傳》，曰《緇衣集傳》，《坊》、《表》《緇衣》三書另立章名，非《禮記》之次第。《坊》、《表》皆附《春秋問答》。曰《月令明義》，曰《儒行集傳》，其書有傳有不傳。侯官鄭開極網羅搜訪，得之於浙，合刊以行，各種俱題"鄭開極重訂"，知非原本矣。

沈氏序曰："是書紹朱子之意，謂六經之本皆出《孝經》，而《儀禮》、二戴記皆爲《孝經》疏義，他若游夏諸儒及子思、孟子所傳，亦備采之，謂之'大傳'。經傳各條之下，先生以窮理所得，暢厥發明，謂之'小傳'。起草於崇禎戊寅，卒業癸未。"

《孝經問》一卷

國朝毛奇齡撰

《西河合集》本。毛氏所著《周禮問》二卷，《大學問》一卷，《明堂問》一卷，《學校問》一卷，《郊社禘祫問》一卷，《經問》十四卷，補三卷。李塨曰："此先生説經之餘録也。祇就及門所輯偶然入記者登之於録，多係山陰盛唐、仁和王錫所輯。"

毛氏曰："袁六符道其鄉人通洋者，每得海外書。有日本《孝經》，是'仲尼閒居曾子侍坐'，有千文，互異八字；有《尚書》，即豐氏《世學》本。惟新羅《尚書》無《大禹謨》、《五子之歌》、《旅獒》、《君陳》四篇，而多《舜典》半篇，在《慎徽》、《五典》之前，其餘字句多不同。吉安曾宏副使得其書，藏於家。予遣沈生告其所知，幸勿爲僞。君鄉人豐氏世爲僞書，在明嘉靖間曾造海外書二本，名爲《古書世學》，其一稱朝鮮本，云箕子傳書古文；其一稱徐市倭國本，云市因李斯坑儒，託言入海，盡載古書，至島上立倭國，即今日本是也。二國所譯書，豐慶録得之，實則豐坊僞爲也。"

《經問》曰："《太極圖説遺議》中有《上方大洞真元妙經品》，唐玄宗御製序，稱爲真元聖主上方開化無極太上靈寶天尊所傳，敢問是書所由來。按，此書在杭州吳山火德廟道藏中，係刻本，王草堂搜得之，衹録其書名并圖與玄宗序，而書仍付去。其圖與朱震所進《周子太極圖》同。然則宋人太極圖本真元所合圖，而陳摶竊取之。陳摶本真元，真元本《參同》，無可疑者。其證有二：一，陳子昂詩曰：‘太極生天地，三元感廢興。至精諒斯在，三五誰能徵？’一，唐釋圭峰作《禪源詮集》，畫十重圖，中一爲‘阿梨耶’，即太極也。左行爲‘覺’，右行爲‘不覺’，即坎、離也。釋中洲［四］集曰：‘此即《太極真元圖》也。乾之九五，太極也；用九無首，無極也。坎中爲人心之危，以中有黑業也；離中爲道心之微，以中有白業也。’慈雲釋灌頂曰：‘佛有黑白業，以“真”與“覺”爲白，“妄”與“不覺”爲黑。’”

《中文孝經》一卷　附《孝經外傳》一卷

國朝周春撰

《珠塵》本。此本凡十八章，每章述其大旨，無注。前有自序并自記。舊有諸家外傳，或佚，或未見。周氏據經傳補之，凡二十四條。是書有齊氏序，見《寶繪堂集》。此本無之。春字松靄。

周氏序曰：“《孝經》有今文，有古文，有遵今文而斥古文者，有從古文而毀今文者。史志及《玉海》、《通考》、《吕氏大全》、朱氏《經義》述之綦詳。要之，各有所長，何容偏廢也？春以朱子《刊誤》爲主，竊取後漢劉子奇之義，定爲《中文》，或於童蒙不無小補。”

陳氏《書録》：“世傳秦火之後，河間人顏芝得《孝經》，藏之以獻河間王，十八章是也。文光案：舊説古本無章次，至唐始定爲十八章。相承云‘康成作注’，而《鄭志》、《目録》不載，故先儒并疑之。”文光案：日本鄭注不可信，臧氏所輯者，真鄭注也。

朱氏《經義考》：“江直方《孝經外傳》二十二卷，張萱曰：‘元至元中所撰，摘《孝經》中指示切要，條爲之説，仍集經史子集中嘉言善行合經義者，依經分類，爲之羽翼。'"

《孝經三本管窺》一卷

國朝吳隆元撰

朱氏藏本。《孝經》出於漢初顏芝之子貞者，爲今文十八章，鄭氏爲之注。武帝時得於孔壁者，爲古文，二十二章，孔氏爲之注。明皇御注用今文，於是今文盛行。溫公專主古文，朱子因之，爲經一章、傳十四章。三本者，先古文，有注；次今文；次朱子《刊誤》：皆有跋。前有《古今文考》。

《孝經廣注》一卷

國朝朱軾撰

朱氏藏本。此因吳草廬本而廣其注，附於《管窺》之後。其不標姓名者，皆吳氏原文，朱注加"軾案"以別之。前有康熙五十九年梁汾序、朱氏自序、殷元福序。此序《管窺》，非序《廣注》也。故《提要》謂朱本有梁、殷二序，似誤。末有大德癸卯門人河南張恒記，則吳本之舊也。

殷氏序曰："頃見年友易齋考正古今文同異，其意以古文未可輕議，而以朱子《刊誤》與修補《大學》同功，其志存乎移風易俗，而其功則本於服習允蹈。"

文光案：吳氏定本改今文爲經一章、傳十二章，又顛倒其次序。又按：李公麟《孝經圖》摘其中入相者畫之，凡十八事，非特一本。

右《孝經》類

《孝經》，魏文侯傳爲最古，《漢志》劉昭注、《通典》、《齊民要術》并引之，又見《淮南子》。文侯受業於子夏，其得聖門之說，必真。虞淳熙《孝經邇言》謂《孝經》自魏文侯而下至唐宋，傳之者百家，九十九部，二百二卷，由元迄今，抑又多矣。蓋以文侯傳爲《孝經》之首，視漢諸儒猶後起也。《漢志》《孝經》十一家，馬氏所輯僅三家。長孫氏名里無考。説有"閨門"一章，唐删此章，而數猶十八，知非鄭氏之舊矣。此漢初傳經之首。后氏説，引經字句與今本不同。安昌侯張禹。説，《正義》引之。餘説皆佚。魏王肅解，隋、唐《志》一卷。子雍好攻鄭學，此解與孔、鄭同義，切理愜心之訓，固有不能駁難者矣。晉殷仲文注，周子《通書》所謂"一爲要"者實源於此，粹然理語而人不稱述，豈以桓玄戚黨，惡其人而并棄其言耶？隋前之説多收於注疏，而去取有酌。唐後之説備見於朱《考》，而十不存一。近代注家雖衆，陳陳相因。任釣台於山右佛龕得鈔本《孝經》，有文同戴記，而今本無者，亦殘本也。又遵朱子《刊誤》本作章句，其序載於《清芬樓遺稿》，而書則未見。明皇御注近有《古逸叢書》本，差可依據。日本《孝經》，《羣書治要》所載也。今所録者凡八家，略具梗概，不及備載。今文、古文宜并存也，孔注、鄭注不必辨也。《孝經》之旨原不在是，徒勞煩喙，是逐末而忘本矣。《堯典》"克明峻德"以至"黎民於變"，孝之爲道，已具於親睦九族中矣。舜以克孝而徽五典，禹以致孝而叙彝倫。伊尹述成湯之德，一則曰立愛惟親，再則曰奉先思孝，人紀之修，孰大乎是？文王止孝，武周達孝，尚矣！漢之列宗廟號，皆有"孝"字。范《書》《荀求〔五〕傳》："漢制，使天下誦《孝經》。"元朔間有司議不舉孝，以不敬論。蓋愛其親而愛他人，上下常相保之術也。齊永明諸王講《孝經》，梁武帝、昭明太子皆注《孝經》。隋蘇威言："唯《孝經》一卷，足以立身治國，何用多爲？"隋主納其言，以《孝經》賜鄭譯。唐制，舉明經以《孝經》爲九經之首。宋詔崇孝弟力田，而明經仍唐制。明太祖諭俗，首孝順父母。皇朝經學昌明，遠超前代。世祖章皇帝御注《孝經》，闡明微旨，頒賜海內，用端治本，以視開元御注度越遠矣。世宗憲皇帝御纂《孝經集注》，言近而旨遠，別擇羣言，勒爲大訓。蓋虞周孝治，察地明天，故能心契孔、曾，以權衡衆説之是非也。朱子謂《孝經》爲曾氏門人所記，熊禾謂孔門之學惟曾氏得其宗，《孝經》經傳章句與《大學》相似，其出曾子門人無疑。夫學以《大學》爲本，行以《孝經》爲先，自天子至庶人一也。

校勘記

〔一〕"也"，據《古文孝經》補。

〔二〕"子"，據《大唐新語》當作"注"。

〔三〕"官"，原作"宫"，據同上書改。

〔四〕"洲"，原作"州"，據《孝經問》改。

〔五〕"求"，據《後漢書》當作"爽"。

經部七

五經總義類

《駁五經異義》一卷　補遺一卷

漢鄭玄撰

聚珍本。許慎以五經傳說臧否不同，於是撰《五經異義》，傳於世。鄭康成所著百餘萬言，亦有駁許慎《五經異義》之名，然鄭氏所駁之文，即附見於許氏原本之内，非別爲一書也。《宋志》無是書，則失傳已久。此山西巡撫採進本，不知何人所輯。或題“宋王應麟編”，亦無確據。原本錯雜無條理，四庫館詳加釐正，又以朱氏《考》所引、長洲[一]惠氏所輯參互考證，除其重複，定著五十七條。別爲補遺，附於後。

《簡明目録》曰：“舉許慎《五經異義》條舉而駁其説。原本十卷，久已散佚。此本乃從諸書中抄撮而成，其有鄭駁而無許義者，有許義而無鄭駁者，則諸書所引有詳略也。”謹案：官本以義、駁兩全者彙列於前；其僅存駁義者，附録備考。

《駁五經異義》一卷　《補遺》一卷　《箴膏肓》一卷　《起廢疾》一卷　《發墨守》一卷　《鄭志》三卷附一卷

漢鄭玄撰，《鄭志》魏鄭小同撰

《後知不足齋》本。光緒十年鮑廷爵校刊。前有嘉慶五年孫星衍序。許慎著《五經異義》，鄭氏條舉而駁其説，原本十卷，久佚。此本前列《異義》，後標"駁曰"，差勝他本。諸本有鄭駁無許義，有許義無鄭駁。《補遺》亦許、鄭所撰。初，何休好《公羊》學，遂著《公羊墨守》、《左氏膏肓》、《穀梁廢疾》，鄭氏作此攻之，三《傳》訌爭，有自來矣。此三書宜入《春秋》類，因鮑氏五種同刊，故列於此。《鄭志》爲門人問答之語，康成殁後，其孫小同編爲十一卷。秦鑑附録此五書，皆非完帙，然鄭氏之學猶略存其崖岸也。

孫氏序曰："鄭氏五書，曩在史館校中秘書所鈔存，不知何時人集録。吾友王大令復及武故令億案：書内題"偃師武億校，秀水王復輯"。互加考校，注明所采原書，又加增補，雕板行世。余爲之序。漢儒經學授受有本，其傳出於七十子，即孔子微言大義之所存，故其説可信，非好古之過也。古人解經之例有三：一曰守師説，一曰以經解經，一曰以字解經。非此三者，漢儒不滕口説。其經説存於今最可考證者，則有《白虎通》及《五經異義》諸書，許、何、鄭彼此相非，不害其説之各有依據。聚珍板本近時流布漸少，急宜刊以行世，使古學不墜於地。此本既出，武君手校，詳核其文，亦尚有遺漏。輯録之書不妨隨時增補也。武君以名進士官博山令，研窮經義，搜討金石，卒於家。王君官偃師令，亦有循聲，善爲詩。既死，將鬻此板以自給。予貧未能購，存之聊記簡端，以告知者云。"

《鄭志》三卷

漢鄭玄撰，魏鄭小同編

《汗筠齋》本。嘉慶三年嘉定秦氏校刊，前有目録。上卷六十五條，中卷四十八條，下卷六十二條，末附録諸家論説，秦鑑撰。錢東垣、錢繹後跋二首。

　　錢氏東垣跋曰："《鄭志》一書，范蔚宗謂鄭氏門人所集，《隋志》等書謂其孫小同所編，今本不知何人所集。《四庫全書提要》言兩江總督採進，聚珍板刊行，人間絕少。首題'鄭小同編'，則仍從《隋志》等書也。其下卷多鄭氏弟子互相問答語，當是《鄭記》之文。古人生徒既多，來學者不能俱親受業，每以入室弟子轉授之。親受業者爲弟子，轉授者爲門人。《鄭志》爲鄭君晚年定論，尤足模楷百世。秦君照若刊叢書，囑予勘訂，因偕弟繹、侄取諸經正義及唐宋説部類書所引，詳細校對。聚珍板舊有案語，悉仍其舊。新加按語，特標名以別之，不敢雜也。"

　　錢氏繹跋曰："《鄭志》北宋已佚，故《崇文總目》不載。茲本往往羼入他書，如《鄭記》數條。考《隋志》，《鄭志》，魏鄭小同撰；《鄭記》，鄭玄弟子撰。《孝經正義》云：'鄭君卒後，其弟子追論師所著述及應對，時人謂之《鄭志》。鄭之弟子分證門徒各述所言，更爲問答，編録其語，謂之《鄭記》。'《史通》所説略同，惟'更爲問答'訛作'更不問答'。無識之徒襲劉知幾説，遂改《鄭記》爲《鄭志》。但《鄭記》即係北海弟子反覆辨難以合於司農之學，與《鄭志》體例不甚相懸，且散佚已久，偶有僅存，附録之，均足以存鄭學之梗概，特當標出注明耳。"

　　《史通》："鄭弟子追論師説及應答，謂之《鄭志》。分授門徒，各述師言，更不問答，謂之《鄭記》。"

　　錢氏曰："按《通典》及《初學記》所引《鄭記》，均有王瓚答詞，與知幾所云'更不問答'者不合。考《孝經疏》，引此文作'備述師言，更爲問答'，知'不'字乃'爲'字之訛。《玉海》、《經義考》并沿用誤本，殊失訂正。又《通典》所引《鄭志》皆玄與門人問答之詞，所引《鄭記》皆其門人互相問答之詞，知《志》之與《記》其別在此。凡引門人問答者，疑本《鄭記》之文校刊者，據《史通》'更不問答'之説，改爲《鄭志》也。"

《經典釋文》三十卷　附《考證》三十卷

唐陸德明撰

《抱經堂》本。乾隆五十七年，依宋本參校重刊。前有盧文弨自序；次馮班、葉萬、陸稼書三跋，蓋原書所有；次陸氏序録一卷，曰序，曰條例，曰次第，曰注解傳述人，曰目録。《周易》一卷，《古文尚書》二卷，《毛詩》三卷，《周禮》二卷，《儀禮》一卷。右上帙十卷并序録。《禮記》四卷，《春秋左氏》五卷。右中帙十卷。下帙不標此行。《春秋公羊》一卷，《春秋穀梁》一卷，《孝經》一卷，《論語》一卷，《老子》一卷，《莊子》三卷，《爾雅》一卷。按目中、下帙各缺一卷，不足三十之數，不知何故。其標目《經典釋文》卷第幾，旁注某經音義之幾。凡十二經，無《孟子》，而雜出《老》、《莊》二子，蓋沿六朝之習。謂《爾雅》爲後人所益，故殿末焉。然《爾雅》釋經，固不釋《老》、《莊》也。《唐書》云：“德明成此書，太宗議而善之。”此本三十卷，末有乾德三年五月勘官張崇甫、皇甫與、姜融、馮英四人，開寶二年正月重詳勘官陳鄂、姚恕二人，又呂餘慶、薛居正、趙普進書三人。《釋文》所引古書甚多，書名下多引《七録》。晁《志》無《釋文》，則其書宋代已少。

盧氏序曰：“此書行於世者，《通志堂經解》中有之。宋雕本不可見，其影鈔者，尚儲於藏書家。余借以校對，則宋本之訛脱反更甚焉。徐本有宋本是而誤改者，然書之失真，亦每出於宋人。宋人好逞臆見而改舊文，如陸氏雖吳產，而其所彙輯前人之音，則不盡吳產也。乃毛居正著《六經正誤》，譏陸氏偏於土音，輒取他字易之，後人信其説，遂以改本書矣。又凡切音有音和，亦有類隔，陸氏在當時或用類隔，未嘗不可以得聲，而後人疑其不諧，亦復私爲改易。注疏本多有之。幸本書尚無恙，然其浸淫以疑惑後人者不少矣。古來所傳經典，類非一本，陸氏所見與賈、孔諸人所見，本不盡同。今取陸氏書附於注疏本中，非強彼以就此，即強此以就彼，欲省兩讀，翻致兩傷。又本書中如《孝經》、《論語》、《爾雅》多以校者之詞羼入之，今雖不遽刪削，唯略爲之，間使有辨焉。唐人經典多不全用《說文》，陸氏意在隨時，不取駮俗。此書中間亦引許氏正流俗之非，而不能盡一信從，且有以俗字作正文，而以正體爲附注者，至其點畫之間，亦每失正。觀唐人石經及五經文字所載，皆是習相沿用，今亦仍而不革，庶乎不損本真。然於六朝人所用甚鄙俗字，陸氏固未嘗闌入也。此書匯博學詳說之資，先儒之精蘊賴以留，俗本之訛文賴以正，實天地間不可無之書也。因爲之手校，重雕刻成，猶再三校，目爲之昏。其文舊皆連屬，今審其可離者離之，以便觀者。書中是非及今所因革，以所聞於師友者，別爲考證，附於後，不以淆亂本書。”

馮氏跋云：“原書文瀾閣祕籍也，不知何自出於人間。震澤葉林宗購書工影寫一部，凡八百二十葉。是書世無刻本，與注疏所引往往不同，讀者幸詳而寶之也。”

葉氏跋云：“從兄林宗借絳雲樓藏本，影寫書工謝行甫也。林宗死，所藏宋元刻本并抄謄未見之書畫，爲不肖子孫散没。此書幸存，因而留之。今絳雲已爲祝融所收，此書安得不重寶之耶？”

陸氏跋云：“《釋文》列《老》、《莊》於《爾雅》之上，未免不倫，然其有功經傳亦多矣。自刊諸經注疏者，將音義附各條下，學者遂不復見此書之全。辛酉季春，予在虞山，葉子石君以家藏抄本示我，始獲睹德明本來面目。雖音義散見各經，然如費氏之以《易象》、《文言》附卦爻，杜氏之以《左氏傳》附經，范望之以《太玄贊》散於八十一首之下，先儒往往病其變亂古訓，則此書惡可不存其舊耶？”

陸氏序曰：“夫書音之作，作者多矣。但降聖已還，不免偏尚質文，詳略互有不同。余少愛墳典，情存著述。粵以癸卯之歲，《考證》："陳後主至德元年、隋開皇三年，陸氏已三十矣。按本傳，德明之卒，當在高祖之初，明甚。" 承乏上庠，循審舊音，苦其太簡，况微言久絕，大義愈乖，既職司其憂，文光案：時爲國子博士。寧可視成而已？遂因暇景，救其不逮，研精六籍，采摭九流，搜訪異同，校之《蒼》、《雅》，輒撰集五典、《孝經》、《論語》及《老》、《莊》、《爾雅》等音，合爲三帙三十卷，號曰《經典釋文》。古今并録，括其樞要，經注畢詳，訓義兼辯，質而不野，繁而非蕪，示傳一家之學，用貽後嗣，與我同志，亦無隱焉。"

陸氏例云："先儒舊音，多不音注，然注不曉則經義難明。今以墨書經本，朱字辨注，用相分別，使皎然可求。舊音皆録經文全句，今則各標篇章於上，摘字爲音，慮有相亂，方復具録，惟《孝經》童蒙始學，《老子》衆本多乖，是以二書特紀全句。《爾雅》解者不同，時存其異。前儒作音，多不依注，注者自讀，亦未兼通。今微加斟酌，其音堪互用，義可并行，苟有所取，靡不畢書，各題氏姓以相甄識。義乖於經，亦不悉記。若兩本俱用，以明同異，其涇渭相亂，隨加刊正。他經別本詞反義乖而又存之者，示博異聞耳。《尚書》之字，本爲隸古，既是隸寫古文，則不全爲古字。今宋、齊舊本及徐、李等音所有古字蓋亦無幾，穿鑿之徒改變經文，疑惑後生，不可承用。今皆依舊爲音，其字有別體，則見之音内，然亦兼采《說文》、《字詁》，以示同異者也。《春秋》人名字、氏族及地名，或前後互出，或經傳更見，如此之類，皆斟酌得中，務使得宜。《爾雅》本釋墳典，字讀須逐五經，而近代學徒好生異見，改音易字，皆采雜書。飛禽必須安'鳥'，水族便應著'魚'，蟲屬要作'蟲'旁，草類皆從兩'屮'，如此之類，實不可依。今并較量，不從流俗。"此例只是一篇，與今之凡例各爲一條者不同。是書於《老》、《莊》音義最爲詳悉。

盧氏《考證》："馬、鄭、王肅所注《尚書》，皆孔壁真古文，陸氏指爲今文，謬甚。""《舜典》一篇，《釋文》用王肅本，孔氏《正義》用姚方興本，本自不同，今《舜典》音義無一字出姚本外者。《書》釋文被後人竄改，此篇最甚。""大、小《戴記》各自傳述，非互相刪并也。《隋志》惑於陳、邵之言，且云戴聖刪大戴書爲四十六篇，漢末馬融足《月令》、《明堂位》、《樂記》三篇，合四十九篇。此說甚謬，學者無爲所惑也。""《鴻雁之什第十八》，《通志堂》本闕此題，今補。""《漢志》：《易傳》，韓氏二篇，名嬰。據陸引《七録》，知子夏《易傳》，即韓嬰所撰，稱'子夏'者，或嬰之子，或後人誤加。劉向父子當必不誤，宜以《七録》所言爲正。而《中經簿録》云'丁寬所作'，不知《漢志》本有丁氏八篇，名寬，與韓氏兩列，安得并合爲一？張璠云馯臂子弓所作，則《漢志》何以不載？《釋文》及《隋志》俱託之卜子夏，更不足據。""《儀禮》注疏本所載音義，於《釋文》刪削不載者甚多，又雜以朱子《通解》中所音，迥非陸氏之舊，於此益見元本之不可廢也。""《釋文》爲後人所顛錯脫落者甚多。""《古文官書》舊本誤作《尚書》，按《隋志》，《古文官書》，一卷，在小學類，今據改正。段氏有《衛宏官書考》一篇。"

陳氏《書録》："《釋文》兼解文義，廣采諸家，不但音切也。或言陸吳人，多吳音，綜其實，未必然。按前世《藝文志》列於經解類，《中興書目》入之小學，非也。"

《重論文齋筆談》："盧校《經典釋文》已見其書，不甚精審，考證亦多疏舛。詢之王、邵二公，均不滿其書，謂盧郎老矣，而刻書甚易，能無誤乎？邵公謂盧公喜與時賢作難，是其一蔽。至卷首校勘姓氏，有某某兄九人。《釋文》是何等書，乃有此九兄之稱？如屠沽家酒肉簿，不意抱經先生鄙俚至此！"此王端履記其師南陔之説。王、邵，王名懷祖，邵名晉涵。今本無九兄之名，蓋已刪去。文人相輕，大抵如是。《釋文》本不易校，盧本初成，議者甚多。然此本以外別無校正，故行本仍以盧本爲佳。

文光案：影宋蜀大字本《尚書釋文》一卷，黎氏刻入《古逸叢書》，末有吳縣潘錫爵跋，蓋邕侯所手摹也。此本爲黃蕘圃、顧千里諸人所未見，余以盧本對校之，亦無大殊異。

《六經圖》六卷

宋楊甲撰

宋撫州本。乾道元年，苗昌言序。共三百九圖，明衞承芳照宋本摹刻。恭讀《天禄琳琅書目》，《六經圖》一函，六册，宋楊甲撰，毛邦翰補。《大易象數鈎深圖》一册，《尚書軌範撮要圖》一册，《毛詩正變指南圖》一册，《周禮文物大全圖》一册，《禮記制度示掌圖》一册，《春秋筆削發微圖》一册。苗昌言序云："陳大夫爲撫之菁[二]年，取《六經圖》編類爲書，刊之於學。"序後列銜"知撫州陳森"，見《西江志·職官門》。次通判、學正各一人，學録二人，經論六人。而邦翰爲州學教授，實補諸圖。此書宋本在明時已爲難致，新都吳氏曾購得授梓。見顧起元序。今重刊本或間有之。若此本之古香寶刻，誠希珍也。按《玉海》："紹定六年六月甲午緝熙殿成，御書二字榜之。"《宋史·理宗本紀》："六年秋九月，以《緝熙殿榜記》宣付史館。"書中有"緝熙殿"及"内殿文璽"、"御府圖書"三，則宋時已爲善本，登之中秘矣。又有明"文淵閣印"、"更徵累代寶藏"。其"鬻及借人爲不孝"一印，乃是收藏家取唐杜暹語以示其後人。《清波雜志[三]》："暹於所藏書末自題云：'清俸買來手自校，子孫讀之知聖道，鬻及借人爲不孝。'""緝熙殿書籍印"，三行，六字，朱文。

《六經圖》六卷

不著撰人名氏

《致用堂》本。雍正元年襄城常定遠依鵝湖書院石本校刊。書衣題"五經全圖"、"周禮圖附"。序言六卷，亦不明附之故。按目錄每經各分圖上四卷，圖下四卷，共四十八卷，而書只一册。板甚寬大。目錄後俱題"牟欽元編輯"，而與牟序不合，與撫州本楊圖更不同。

牟氏序曰："漢宋以來諸儒考訂，刻石傳世。吾弟嵩山出守廣信，因修書院，摹拓多本。近聞常生刻成，其同里請序於余。"

《刊正九經三傳沿革例》一卷

宋岳珂撰

《正誼齋》影宋本。此岳氏刻書例也。一曰"書本"，二曰"字畫"，三曰"注文"，四曰"音釋"，五曰"句讀"，六曰"脱簡"，七曰"考異"。參訂考證，極其精核，海寧陳氏所刻，爲相臺書塾本。近有湖北崇文書局本。相臺諸本皆有亞字形印，項氏萬卷堂所刻宋本亦仿此式。

彭氏曰："古人有所作，必先立例，非特著書，刻書亦然。此荆溪家塾刻經例也。未見所刻之書，不知此例之善，非此例不知所刻之善。今岳氏本五經皆入天禄琳琅，命武英殿影刊頒行。續又見《論語》、《孝經》、《孟子》。嗚呼！相去六百年，安能盡所刻之九經三傳而讀之哉？"錄於《知聖道齋讀書跋尾》。相臺《周禮》近有成都翻本。

《刊正九經三傳沿革例》一卷

宋岳珂撰

《知不足齋》本。桐華館訂正，鮑氏重刊。

世所傳九經，自監、蜀、京、杭而下，有建余氏、興國于氏二本，皆分句讀，稱爲善本。廖氏又以余氏不免誤舛、于氏未爲的當，合諸本參訂爲最精。板行之初，天下寶之。流布未久，元板散落，不復存。嘗博求諸藏書之家，凡聚數帙，僅成全書，懼其久而無傳也，爰仿成例，乃命良工刻梓家塾。如字畫，如注文，如音釋，如句讀，悉循其舊，且與明經老儒分卷校勘，而又證以《説文》、《韻略》，非敢有所增損於前。偏旁必辨，圈點必校，不使有毫釐訛錯。視廖氏世綵堂本加詳焉。舊有總例，存以爲證。

九經以見行監本爲宗，而不能無訛謬脱落之患，多仍五季之舊，實與俗本無大相遠。紹興初，僅取刻板於江南諸州，視京師承平監本又相遠甚，與潭、撫、閩、蜀諸本互爲異同。柯山毛居正誼父以其父晃所增注《禮部韻略》乾淳間進之朝，後又校訂增益，申明於嘉定之初。其於經傳，亦既博覽[四]精擇。辛巳春，朝廷命胄監刊正經籍，司成謂無以易。誼父遂取六經三傳諸本，參以子史、字書、選粹、文集，研究異同，凡字義音切，毫釐必校，儒官稱歎，莫有異詞。刊修僅及四經，猶以工人憚煩，詭竄墨本以給有司，而誤字實未嘗改者什二三。繼欲修《禮記》、《春秋》三傳，誼父以病目移告，事遂中輟。自時厥後，無復以爲意矣。余每欲修刊，以世傳本互有得失，難於取正。前輩謂興國于氏、建本及余氏本爲最善，逮詳考之，亦此善於彼爾。又於本音義不列於本文下，率隔數葉，始一聚見，不便尋索；且經之與注遺脱滋多，余本間不免誤舛：要皆不足以言善也。今以家塾所藏唐石刻本、晉天福銅板本、京師大字舊本、紹興初監本、監中見行本、蜀大字舊本、蜀學重刻大字中字本，又中字有句讀附音本、潭州舊本、撫州舊本、建大字俞韶卿家本，又中字凡四本、婺州舊本，併興國于氏、建余仲，凡二十本。又以越中舊本注疏、建本、有音釋蜀注疏，合二十三本，專屬本經名士，反覆參訂，始命良工入梓，固自信以爲盡善。正恐掃塵隨生，亦或有之。

字學不講久矣，今文非古，訛以傳訛。魏晉以來，則又厭樸拙，耆姿媚，隨意遷改，義訓混淆，漫不可考。重以避就名諱，如"操"之爲"摻"，"昭"之爲"佋"，此類不可勝舉。唐人統承西魏，尤爲謬亂。至開元所書五經，往往以俗字易舊文，如以"頗"爲"陂"，以"便"爲"平"之類更多。五季而後，鏤板傳印，經籍之傳雖廣，而點畫義訓訛舛自若。今所校本之《説文》、《五經文字》、《九經字樣》、《干禄書》、《佩觿》、《字林》、《韻略分毫補注字譜》，參以毛晃《增韻》及其子居正《六經正誤》，其有甚駭俗者，則通之以可識者，非若李肩吾所書《古韻》及文公《孝經刊誤》等書純用古體也。

唐石本、晉銅板本、舊新監本、蜀諸本與他善本，止刊古注，若音釋則自爲一書，難檢尋而易差誤。建本、蜀中本則附音於注文之下，甚便繙閱，然龐雜重贅，適增眩瞀。今欲求其便之尤便，則亦附音釋，如建、蜀本，然亦粗有審訂。

監、蜀諸本，皆無句讀，惟建本始仿館閣校書式，從旁加圈點，開卷了然，於學者爲便，然亦但句讀經文而已。惟蜀中字本、興國本并點注文，益爲周盡，然其間亦有於大義未爲的當者。今就其是者，而去其未安，大指皆依注疏，雖儒先章句行於世者，亦不敢雜於其間。若疏義及釋文揆之所見而有未安者，則亦不敢盡從也。如"庸蜀羌髳"注："羌在西。蜀，叟。"疏誤以"西蜀叟"爲句。案"羌在西"，當爲一句，"蜀叟"者，孔傳以"叟"字解"蜀"字也。"呂布有叟兵"。太子賢注曰："叟，蜀兵。"以此證之，"蜀叟"當自爲一句。脱簡諸經惟《禮記》獨多。以上皆岳氏之説，録自本書。

《七經孟子考文補遺》二百卷

山井鼎《考文》，物觀補遺

小琅嬛仙館本。阮氏校刊，每卷後有訂誤。前有阮相國序、物觀序、物茂卿題，次凡例，次校讎經文，次援引書目，次總目。

凡《周易》十卷，《尚書》二十卷，《尚書古文考》一卷，《毛詩》二十卷，《左傳》六十卷，《禮記》六十三卷，《古文孝經》一卷，《論語》十卷，《孟子》十四卷，總計三十二本，一千三百八十七葉。此編所校，以汲古本爲主，參以宋板《五經正義》，正德板《十三經注疏》，此本稀有。嘉靖板注疏，萬曆板注疏，永懷堂板《十三經注本》，古本《周易》、《毛詩》、《尚書》，古本《孝經》，足利本《周易》、《論語》、《孟子》，例云：“足利本者，本學所印行活字板也。”凡八本，以正毛本，蓋以毛本世所尚也。其所引書有《摯虞集》、《崔駰集》、《經籍會通》、胡元瑞《筆叢》載《古篆彙選》，皆未見之書也。

阮氏序曰：“《考文》并《補遺》，元在京師僅見寫本。及奉使浙江，見揚州江氏隨月樓所藏，乃日本元板，落紙印本，携至杭州，校閱羣經，頗多同異。鼎所稱宋本，往往與漢晉古籍及《釋文》別本、岳珂諸本合；所稱古本及足利本，以校諸本，竟爲唐以前別行之本。物序所稱‘唐以前王段、吉備諸氏所齎來古博士之書’，誠非妄語。故經文之存於今者，唐開成石經、陸元朗《釋文》、孔冲遠《正義》三本爲最古。此本經雖不全，實可備唐本之遺。元督學兩浙，偶於清暑之暇，命工寫刊小板，以便舟車，印成卷帙，用校經疏，可供采擇。至於去非從是，仍在吾徒耳。日本序文、凡例，皆依文瀾閣寫本，刊列卷首。書中字句盡依元板，有明知其訛者亦仍之，別爲訂訛數行於卷後，示不誣也。”

盧氏序曰：“書成於康熙五年，其國之享保十一年也。古本祇有經與注，其文增損異同，往往與《釋文》、《正義》合，但屢經傳寫，亦有舛訛。其助語致多，有灼然知其謬者，亦并載入，然斷非後人所能僞作也。其次第，先經，次注，次釋文，而疏居後。其條目有考異，有補闕，有補脫，有正誤，有謹案，有留舊。凡明代所刻之本，彼國具有，間亦引之，而頗議篇第行款之不與古合，其言良是。其《尚書》經文更多古字，別彙置一册。此皆中國舊有之本，遺亡已久，而彼國尚相寶守，今又流入中國，當倍珍惜也。其曰‘補遺’者，補所未備也。唐陸龜蒙詩有《送日本上人挾儒書泊釋典以行》詩，觀此足知其相傳唐本之果可信也。此書於古本、宋本之誤，不能盡加別裁，而各本并誤者雖有‘正誤’、‘謹案’諸條，亦不能詳備。又其先後位置之間頗費尋檢，因欲取其是者別爲一書。又見吾鄉浦荻圃所進《十三經正字》，則凡訛誤之處多所改正，其不可知者亦著其疑。又凡所引經傳脱誤處皆據本文正之，過其書遠甚。然所見舊本反不逮彼國之多，故此書卒不可棄置也。予删訂此書，先自《周易》始，取浦氏《正字》之長，明其所短，成《周易注疏輯正》。《正字》於《周易注疏》未見宋時佳本，語亦不能全是，則今之官本爲近古也。"錄於《抱經堂集》。

文光案：是本刊於嘉慶二年，物觀所補即係於各條之後，其於鼎書又覆校一過矣。紹弓先生校《釋文》，當時不滿其書，倘使正誤補闕，如物觀其人者，豈不甚善？是可厚望也。

《九經誤字》一卷

國朝顧炎武撰

《亭林遺書》本。《亭林遺書》凡十種，今刻有二十種本，宜并藏也。

顧氏自序曰："今天下九經之本，以國子監所刻者爲據，而其中訛脱實多。又《周禮》，《儀禮》，《公羊》、《穀梁》二傳既不列於學官，其學殆廢；而《儀禮》更無他本可讎，其訛脱尤甚於諸經。若士子各專一經，而下邑窮儒不能皆得監本，止習書肆流傳之本，則又往往異於監本，無怪乎經術之不通、人材之日下也已。余至關中，見唐石壁九經，復得舊時摹本讀之，雖不無蹐駁，而有足以正今監本之誤者，列之以告後學，亦庶乎離經之一助云。"

《易》"明辨，晢也"，與《詩》"明星晢晢"之"晢"同，從"析"，非。　《書》"視乃厥祖"，今本作"烈祖"。"厥德匪常"，今本作"靡常"，非。"則惟汝衆"，今本作"爾衆"。"明"作"晢"，晢，從口，非。"無偏無陂"，唐明皇改"頗"爲"陂"，宋宣和六年復爲"頗"，今仍作"陂"。作"頗"爲協古讀，義爲"俄"。劉三吾《書傳會通》，大抵與石經文同，《大全》多同今本。　《詩》"何彼襛矣"，從"衣"，今本從"禾"，非。"羊牛下括"，今本作"牛羊"，非。"不能辰夜"，今本作"晨"，非。"成不以富"，今本作"誠"，非。"家伯維宰"，今本作"冢宰"，非。"祇自疧兮"，本從"民"，病也。唐人避太宗諱，凡從"民"之字省作"氏"。《五經文字》有其例。後人不解，於"氏"字下又添一畫，而讀爲氏，則誤之甚矣。疧，音民。"不皇朝矣"，今本作"遑"。"以篤于周祐"，今本無"于"字。"既又饗之"，今本作"享"。"降予卿士"，今本作"于"，非。《呂氏讀詩記》、《嚴氏詩緝》并與石經文同。"亂離瘼矣，奚其適歸。"古本并作"爰"，朱子依《家禮》改作"奚"。"維此二國，其正不獲。"朱子依《毛傳》作"政"。古本之異不可不知。　《檀弓》"使子貢問之。"監本注疏作"子路"。"而固人之肌膚之會"，監本"人"下脫"之"字。《喪[五]服小記》"麻同"下有'麻同皆兼服之'六字，監本脫。《左傳》"爾用而先人之治命"，監本脫"而"字。"古若無死"，監本作"古者"。　《三禮》、《三傳》，俱當依石經。

　　文光案：國初，羣書未出，寧人多未見之本，然其淹貫羣經，非一知半解者所能望其崖岸也。録此數條，以見其概，學者當取全書而讀之也。

《羣經補義》五卷

國朝江永撰

《敷文閣》本。成都龍萬育校刊。是書又名《讀書隨筆》。前有乾隆二十五年江氏自序，次目録。《易》、《書》、《詩》一卷，《春秋》一卷，《儀禮》、《禮記》一卷，《四書》一卷，《雜説》一卷，附《訂論語序説》。後有從子緒刊書跋，并列書目於後，凡十八種，皆江氏所著。

《周禮·外史》"掌達書名於四方"，鄭注："古曰'名'，今曰'字'，其稱書名爲'字'，蓋始於秦始皇。"考始皇琅邪臺刻石文云："同書文字。"吕不韋著《春秋》，懸之咸陽市，曰："有能增損一字者，予千金。"此皆稱"字"之始，"書"與"字"，猶人有名，而周人冠而字之，但欲以"字"表"名"耳，何嘗有孳生浸多之意乎？《孝經·援神契》，漢人僞撰，亦有"字者，孳乳而生"之説，許氏蓋因之。後之著字書者，無不襲孳生之説矣。

魏校曰："囟，頂門也。子在母胎，諸竅尚閉，唯臍内氣，囟爲之通氣，骨獨未合。既生，則竅開，口鼻内氣，尾閭爲之洩氣，囟乃漸合，陰陽升降之道也。"此説不可不知。

有謂漢武時，趙過始教民牛耕，非也。《國語》："竇犨對趙簡子云：'宗廟之犧爲畎畝之勤。'"謂貴者降而爲賤，如宗廟犧牲忽服勤於田也，豈非牛耕之謂乎？

按《曾子問》篇記孔子言"吾聞諸老聃者"四章，皆當時問禮之遺言，與今《老子》書所謂"禮者忠信之薄而亂之首"殊不類，何也？

《四書典林》三十卷。是書欲學者充積根底，爲制藝化古之需，已刻。

《推步法解》五卷。聖祖仁皇帝《推步法》，細心解釋，極得其妙。秦尚書刻入《五禮通考》。

《羣經補義》五卷。課授生徒，或因講章而闡其蘊奧，或因辯難而訂其舛訛。

《禮經綱目》八十八卷。繼朱子《儀禮通解》未就之志而成書，禮部檄取，備禮館參用。

《近思録集注》十四卷。裒集朱子之言及他説，復以己意爲注釋，内附《朱子世家》。

《春秋地理考實》四卷。沿革同異，惟詳考地志，始知杜當陽之謬，而地理之虚實以證。

《律吕闡微》十一卷。積學既久，得世子遺書，融會鍾律之源，闡其精微。

《歷學全書》八卷。又名《翼梅》，直探躔邏之奥。秦尚書刻入《五禮通考》。

《周禮疑義舉要》七卷。吳編修以此質疑，故條答更詳，并辨《考工》之名物、車制。

《禮記訓義擇言》八卷。附《儀禮釋宮增注》、《深衣考誤》。

《鄉黨圖考》十卷。已刻。

《河洛精蘊》九卷。

《四書古人典林》十二卷。辨援引之疏謬，訂史傳之牴牾，更發前人所未發。

《四聲切韻表》三卷。

《古韻標準》六卷。

《音學辨微》一卷。已刻。以上《音學三書》。

《歷代紀元部表》二卷。已刻。

江緒跋曰："吾伯慎齋先生天性聰敏，潛心嗜古，不徒以時藝見長，上溯漢、唐、宋諸儒粹理，而於《十三經注疏》用力彌專。好學深思，精於比勘，一切星歷、樂律、方輿、象數，古今制度，名物微至，審音辨韻，靡不核究研窮，一一得其本始。而閉户著書，不願馳逐名場。著述如是，蓋積數十年之精力而裁斷之，不知幾易稿而始就也。"

《經咫》一卷

國朝陳祖范撰

日華堂本。乾隆甲申刊。前有沈德潛、嚴有禧序，小像并贊。是書說經之文，凡七十條，附《問議》、《辨論》、《述解》七篇，合刻《掌録》二卷，邵齊燾序。語雜雅俗，義兼小大，總其大要，說經爲多，考同異，核名實，隨時采掇，不分事類。每條先舉二三字或四五字，降一格爲說，蓋雜家類考辨之書也。《文集》四卷，雍正辛亥陳景雲序。《詩集》四卷，見復自序。其詩文以抒寫性情爲主，應酬閑詠之什概棄不録。凡四種，皆先生晚年所手定，編次成帙，其後人刻之，名曰《陳司業集》。

鄭學之紕謬者，六天、郊丘、祖禘之說，以緯亂經，好取漢制以證經，又强改經文以合己意。虞翻謂鄭所注五經違義尤甚者百六十七事，不可不正。王肅不好鄭氏，集《聖證論》以譏短之。虞、王之書惜不傳，然自孔穎達等爲《義疏》，《毛詩》、《三禮》一宗鄭氏，而他家悉廢。

《古經解鈎沉》三十卷

國朝余蕭客撰

京江魯氏補刊本。是書原本未見。據柳記原刻，非善本。坊間修補，脱誤甚多。魯氏購得殘板，由柳賓叔處得其全書，正誤、二百七十五字。補脱，八十字。以成是本。其原引舛錯者，亦不臆改。前有乾隆六十年王鳴盛序、道光二十年魯慶恩序，次重刊姓氏、陳維謙序、序重刊校補。柳榮宗賓叔之弟，字德齋。賓叔名興恩，榜名興宗。校勘記，次提要，次序録。余氏前後二序，凡例十條并姓氏、書目爲第一卷，分上下。《周易》一卷，分上下。《尚書》二卷，《毛詩》二卷，《周禮》二卷，《儀禮》二卷，《禮記》四卷，《左傳》七卷，子卷一。《公羊傳》一卷，

《穀梁傳》一卷，《孝經》一卷，《論語》一卷，《孟子》一卷，《爾雅》三卷，并序錄爲三十卷。是書因讀注疏，摘其所引舊説，益以史傳稗官、百家雜注，及《御覽》、《元龜》諸巨編所載，至《玉海》而止。凡涉經義，具有成書，今所不傳者，罔不畢取，仍注所出。詞條豐蔚，則撮其精華一二；僅存，則隨見輒録；言古，以別於現行刊本；鈎沉，則借晉楊方《五經鈎沉》之名也。昔王伯厚集鄭氏《周易》注，鄭氏《古文尚書》、《古文論語》，賈逵、服虔《古文春秋》三書祕抄僅存，是書所採余氏親見三書於朱文游家，并宋元精槧。得其八九焉。齊氏《寶綸堂集》有是書序，魯本不載。余氏前後二序皆可觀。蕭〔六〕客字仲林，長川人。

余氏例曰："引書著卷，其例自唐李匡義《資暇集》、遼僧行均《龍龕手鑑》已見，故程大昌《考古編》引《通鑑》，《演繁露》引《通典》，兩用其法。王伯厚集鄭氏《易》亦然，蓋非獨創。"文光案：如《太平御覽》、《册府元龜》、《文苑英華》皆千卷，非著卷極不易檢，故此例最善。苟有闕誤，後人按卷增改，實爲至便。或議其非古，未是。"各經本文一以注疏本爲正。文光案：《周易》依《集解》本，《集解》即王弼本。李氏乃深闢王輔嗣者，故即王本去其謬説，增以漢注。余氏以《古經解》名書，宜遵《古易》，不當從王。其先儒舊本，字或異同，分注經文各字之下。至義門學士、紅豆侍讀以唐石經及宋槧本校補校改，塗乙頗多，今摘其切於學者，標以異字、異句、脱文諸目，直書經句，不作旁注，蓋據唐宋刻正有明兩雕本之誤。""《九經注疏》其書〔七〕尚存，於例不當入集，然缺文訛字，非得兩宋精本不可是正。如《禮記疏》，義門先生見南宋刊本已缺落數十處，故就傳是樓校北宋本，經月始出。其後吳門流傳一北宋本，朱太學楷，字孔林，比對精善。今擇疏中訛不可意校，缺不可文句，從朱校本補正百數十條。""校補缺誤，率用宋槧。惟趙岐《孟子章指》，毛斧季宬曾見章邱李氏所藏北宋蜀大字章句，趙氏《篇叙》從此校出，而斧季手校注疏，不言《章指》出自蜀本，惠松崖先生亦僅從盱郡重刊廖氏本校録，非世綵堂元本。然《章指》[八]舊在各章章句之末，今本混入疏中，零落大半。前輩或疑孫宣公疏裏有疏，不知孫疏首述《章指》，末乃覆疏，初非自疏前疏。今若必俟宋[九]本，則孫疏二十八卷之疑，終無可解。故從兩家所校，急爲補入。”“此集粗立規條，易稿再三，不能保無一二牴牾。然亦有明知其誤，如崔寔有《四民月令》，無《禮記月令注》，而《白帖》指爲‘注月令’。《穀梁》有糜信注，無庾信注，而《御覽》兩三處并作‘庾注’。司馬彪有《續漢書·郡國志》，無《禮記注》，而《太平寰宇記》指爲注《禮記》。若此之類，憑臆改定，則恐實有其書；棄而不録，則恐貽譏罣漏。雖非闕疑，亦慎言之體。”

齊氏序曰：“漢承秦火後，太常設立博士，專爲表章五經。而經各有師，遞相授受，分門角立，先後顯晦，各因其時所崇尚，以至同一經，其解判然；且同一師，其解頓異。此注解家參錯并行之始。至石渠論而博士加增，天禄校而六藝成略，白虎對而異義互見，鴻都石經刻而文字整齊。此日久論定，去短取長，或先見者漸微，或後出者大顯，爲經學歸并一途之始。由今觀昔，以二漢之崇尚經學，至唐貞觀詔孔穎達撰《五經正義》，時《書》用孔安國，《詩》用毛萇，《禮記》用鄭康成，僅得其三，而《易》注取魏王弼，《春秋左傳》注取晉杜預矣。他如賈公彥疏《周官》、《儀禮》仍用康成，徐彥疏《公羊》用何休，至楊士勛疏《穀梁》則用晉范寧矣。《前書·儒林傳》所謂施、孟、梁丘、京氏之《易》，歐陽、大小夏侯之《書》，齊、魯、韓之《詩》，慶氏、大戴之《禮》，嚴、顏之《公羊》，尹、胡、申、章、房氏之《穀梁》，皆已有書無師，有録無書，其名空留簡册。魏晉六朝雖世變多故，士耽經解者不絶，義疏、講疏，能名其家，南北各有派別。孔、賈二疏，微有可觀。宋儒啓元明儒學術，專心致志，理解日

闢，實賴漢有廣川爲之前導；典禮根據，有高密爲之考稽。而自
矜才識絕人，儒先罕當其意，則唐中葉有啖、趙直掃三《傳》，實
爲宋儒解經明樹圭臬。嗚呼！此亦古今經學隨世好尚轉移之界限
也。吳中余君仲林，篤志窮經，數十年博搜載籍，凡漢後唐前諸
儒解經之可備舊聞，未入《五經正義》及他經疏與義疏引入他經
者，條分縷析，類以本經，共成三十卷。自作序錄，題曰《古經
解鈎沉》。宋末有王厚齋，好古敏求，獨集二漢解經之見他書者，
君子稱其學冠一代。今仲林氏《鈎沉》，經不止九，解經不止漢，
網羅散失，編次犁然，斯真可謂好學也已。"錄於《寶綸堂集》。是書實
仿厚齋之意，爲我朝輯古書之第一。

程氏曰："今之著書者，採古人說，往往芟節本書，至不成文
理。唐徐堅著《初學記》，其樂部'磬'條中所引《三禮圖》云：
'股廣三寸，長尺三寸半。'近人著《古經解鈎沉》即載其說，文光
案：此說在《考工記》"磬氏"條中，下注："《三禮圖》，《初學記》十六。"以爲
《禮經》古注之逸文。余著《磬氏爲磬考》，見是說，欲採而存之。
已乃反復求其解，不可通，及披閱鄭氏《考工記注》，二句乃其注
中語。案：此余例所云，本非散失。然則《三禮圖》即《隋書》所載鄭
氏撰者。案：今宋本《六經圖》、通志堂《三禮圖》"磬"下不引鄭說。鄭氏自
載其語，必與其注同。其注云：'假令股廣四寸半者，股長九寸，
鼓廣三寸，長尺三寸半。'今《初學記》引之，則逸其上二句之說
股者，而下二句乃說鼓，復又訛'鼓'作'股'，烏足以成文理？
若不按錄原書，則承訛襲謬，將如之何？"錄於《通藝錄・釋蟲小記・鷦
鷯吐雛辨》篇中。

文光案：程氏所考磬式與磬析[一〇]之義合，與今圖不同。
《初學記》世稱善本，誤猶如此，其他可知，予故不敢採取類
書也。余氏多見宋本，《鈎沉》宜與朱氏《考》所載逸經
參看。

《沈氏經學六書》二十卷

國朝沈淑撰

《後知不足齋》本。光緒壬午虞山鮑氏校刊，有木記。雍正己酉沈淑自序，并總目。是書原名《經玩》。自刊本甚佳，世重其書，故録之，實不足存也。

沈氏自序曰："雨中少酬酢，紬《釋文》中文字之異者，録爲六卷。而以經傳中文字互異，及注疏《史》、《漢》、《説文》諸書所引經傳文異者補之，復得六卷。繼又取注疏中新穎字面，可資文字掇拾者，效《左國腴詞》、《文選錦字》例録之，復得四卷，名曰《注疏瑣語》。未仕時，於《春秋》一經頗加搜討，甚恨杜元凱《釋例·土地名》未見其書，案：今有聚珍本。乃據注分國，輯之爲二卷。《土地名》有補。又輯《列國職官》一卷、目録訛作十卷。《器物宮室》一卷，均略取舊注綴之，或亦識小者所不廢也。"案：程氏《春秋識小録》於職官、地名、人名辨之甚詳，遠勝沈書，此則無所考證也。

《味經齋遺書》四十一卷

國朝莊存與撰

寶硯堂本。每卷刻"莊氏學"三字。前有阮相國序、魏源序，次總目。《彖傳論》一卷，《象象論》一卷，《繫辭傳論》二卷，《八卦觀象解》二卷，《卦氣論》一卷，《尚書既見》三卷，《尚書説》一卷，《毛氏詩説》四卷，《周官記》五卷，《周官説》五卷，《春秋正辭》十一卷，《春秋舉例》一卷，《春秋要旨》一卷，刻入《經解》。《樂説》二卷，《四書説》一卷。末有蔣彤跋、道光八年董士錫序。

阮氏序曰："元少時受業於李晴川先生，先生固武進莊方耕宗伯辛卯會試所得士也。常爲元言：宗伯踐履篤實於六經，皆能闡抉奧旨，不專爲漢宋箋注之學，而獨得先聖微言大義於語言文字之外，斯爲昭代大儒。其遺書，《易》則貫串羣經，雖旁涉天官、分野、氣候，而非如漢宋諸儒之專衍術數，比附史事也；《春秋》則主《公羊》、董子，雖略采左氏、穀梁氏及宋元諸儒之説，而非如何劭所譏，倍經任意、反傳違戾也；《尚書》則不分今、古文文字同異，而剖析疑義，深得夫子序《書》、孟子'論世'之意；《詩》則詳於變雅，發揮大義，多可陳之講筵；《周官》則博考載籍有道術之文，爲之補其亡闕，多可取法致用；《樂》則譜其聲，論其理，可補《樂經》之闕；《四書説》敷暢本旨，可作考亭爭友，而非如姚江王氏、蕭山毛氏之自闢門户，輕肆詆詰也。公通籍後，在上書房授成親王經史，垂四十年，所學與當時講論或枘鑿不相入，故祕不示人。文孫授甲次第付梓行世，元復爲之序。"

董氏序曰："乾隆間，《易》則惠棟、張惠言，《書》則孫星衍，《詩》則戴震、江永、金榜，《春秋》則孔廣森，小學則戴震、段玉裁、王念孫，皆粲然成書。莊先生未嘗以經學自鳴，是以無聞。先生深於《春秋》'天官'、'曆律'、'五行'之學，能言諸儒所不能言，不知者以爲乾隆間經學之别流，其知者以爲乾隆間經學之巨匯也。"

《淡墨録》："武進莊方耕閣學，乾隆乙丑榜眼，累司文柄，酷好短篇，所取闈墨不過三百字，間有至四百字者，而元文必短。士子揣摩風氣，率以假成弘規模，應之以皮毛，弋獲者居多，而莫甚於二十一年浙江鄉闈所取解元高毓龍者，烏程監生也，本不讀書。是科閣學偕山東鞠愷典試浙江，人言本科主考好短篇，只消隨筆寫數行，即可望中。高自發蒙成篇後，即出外奔馳，空疏久矣，聞之心喜，亦隨衆觀場。首藝題爲：'顔淵曰：願無伐善，無施勞。子路曰：願聞子之志。'高不知文法，直作兩比，寥寥數語，首尾俱無起結。莊搜落卷，已爲《詩》五房考官朱浚所抹。

莊得之大喜，定以爲元。朱力争此文稚氣未除，浙江文獻之區，若以領解，恐招譏訕。莊素剛愎，堅不肯從。既定元，以爲必名宿也。鞠異其勢，不敢開口。榜發，知係監生，又素無文譽，乃大悔之。高二、三藝尤潦草，皆莊爲之改作發刻。今尚有莊所改高原稿本，人皆見之。”

《十三經注疏正字》八十一卷

國朝浦鏜撰

原本。《簡明目錄》題沈廷芳，蓋誤以進書之人爲撰書之人也。今改正。

盧氏序曰：“是書仁和沈先生廷芳覆加審定，録而藏之。其子世煒上之四庫館，翁覃溪從館中抄出一本。前有序録，稱所見有監本，有監本修板，有陸氏閩本，有毛氏本。今惟監本修板及毛氏本行世，故就此二本之誤正焉。其《釋文》以通志堂本校。又取《六經正誤》之説，訂其得失，此其大指也。視日本《考文》所校爲倍多，同一字而有古今之别，同一義而有繁省之殊，亦備載焉。其書微不足者，不盡知《釋文》之本與義疏之本原不相同，後人欲其畫一，多所竄改，兩失本真，此書亦未能盡正也。又未得見古本、宋本，故《釋文》及義疏有與今之傳注不合者，往往致疑，此則外國本甚了然也。又於題篇分卷，本來舊式，多不措意，或反以不誤爲誤者。余欲取兩本之善，彙成一書，而後無遺憾矣。”

《萬氏經學五書》十八卷

國朝萬斯大撰

辨志堂本。前有嘉慶元年阮相國序、乾隆戊寅盧見曾序。此二序皆序《五書》。《學禮質疑》二卷，黄宗羲序，自序。《禮記偶箋》

三卷，陸嘉淑序。《儀禮商》二卷，附録一卷，應撝謙序。《周官辨非》一卷，李鄴嗣序。《學春秋隨筆》十卷，康熙五十六年男經識。末附志傳、墓誌銘。

阮氏序曰："力學之久，積疑成斷，了然有得於心，以補正前人之闕與誤，此學經者所不可廢也。康成氏出於諸儒傳注之外，折以己説，而經賴以明。熊安生以《三禮》授徒，於先儒所未悟皆發明之。孔氏《禮記正義》半取於是，而經又賴以明。他如劉炫規杜，孫毓評毛，同異并呈，是非互見，鑑以磨礱而愈光，絲以浣漚而愈熟。萬氏之學，以經解經，不苟同於傳注。其説郊祀、宗法諸制度及《春秋》、《周官》二書，立體嚴正，析理精微，十年冥索之功，未易有此。"

盧氏序曰："先生爲黎洲入室弟子，學務實踐。其立説以爲非通諸經，則不能通一經；非悟傳注之失，則不能通經；非以經釋經，則亦無由悟傳注之失。由是由博致精，悉發前人所未發，纂《春秋》二百四十二卷，癸丑秋毀於火，不留隻字。《隨筆》所載，乃辛酉館於海昌陳氏所作者。陳氏力能著書，故先生搜羅更倍，心力耗竭，癸亥七月，至'昭公'而捐館，年五十一。"《五書》爲先生之子經所板行，其後不戒於火，遺書盡佚。先生之孫福重梓以傳，盧氏助其刻貲之半而爲之序。

黄氏序曰："鄭康成不知帝王大意，隨文附會，輒形箋傳。朱子嘗修《儀禮》，不過章句是正，其異同淆亂固未彈駁而使歸於一。其時唐説齋創爲經制之學，繭絲牛毛，舉三代已委之芻狗，以求文、武、周公、成、康之心，而欲推行之於當世。薛士隆、陳君舉和齊斟酌之，爲説不皆與唐氏合，其源[一]流則同也，故雖以朱子之力而不能使其學不傳，此尚論者所當究心者也。"

李氏序曰："萬子取《周禮》一書，極辨其非，凡五十餘節，大略惟官冗賦重，爲害之大，使天下知此書一用之爲劉歆，再用之爲王安石，其效可見已。若此而益知惟五經可以治世。"

《十三經注疏校勘記》二百四十三卷

國朝阮元撰

原刻單行本。《校勘記》以此本爲最佳，附於《十三經》各卷後者較略，刻於《學海堂經解》者，未若此本之工。凡《易》十一卷，《書》二十二卷，《詩》十一卷，《周禮》十四卷，《儀禮》十八卷，《禮記》六十七卷，《左傳》四十二卷，《公羊傳》十二卷，《穀梁傳》十三卷，《論語》十一卷，《孝經》四卷，《爾雅》八卷，《孟子》十六卷。

段氏序曰："孔子既殁，七十子終，而經多歧。或漢初儒者各述所聞，言之詳矣，而書不盡傳。迨鄭康成氏囊括百家，折衷一是，其功最鉅，而其要在發疑正讀。其所變易，其所彌縫，蓋善之善者也。顧鄭氏於六經不盡注，自是而後，南北學者所主不一。唐人就所主爲《正義》焉。陸氏《釋文》自唐以前各家，經本乖異，立説參縒，皆於是焉可考。又有顏師古奉敕考定五經，凡《正義》中所云'今定本'者是也。至宋有《孝經》、《論語》、《孟子》、《爾雅》四疏，於是或合集爲《十三經注疏》，凡疏與經注本各單行也，而北宋之季合之。惟時《釋文》猶未合於經、注疏也，而南宋之季合之。夫合之者，將以便人，而其爲經注之害則未有能知之者也。唐之經本存者尚多，故課士於定本外時用習本。習本流傳至宋，授受不同，合之者以所守之經注冠諸單行之疏，而未必爲孔穎達、賈公彦所守之經注也。其字、其説乃或齟齬不謀，淺者乃或改一就一。陸氏所守之本，又非孔、賈所守之本，其齟齬亦猶是也。自有《十三經注疏》，音釋學者能識其源流同異，抑尟矣。有求宋本以爲正者，時代相距稍遠而較善，此事勢之常。顧自唐以來積誤之甚者，宋本亦多沿舊，無以勝今本。況校經如毛居正、岳珂、張淳之徒，學識未至純，疵錯出胸中，未有真古本、漢本，而徒沾沾於宋本，抑末也。"録於《經韻樓集》，此《十三經注疏・釋文校勘記序》也。

《羣經宮室圖》二卷

國朝焦循撰

半九書埥本。乾隆五十八年阮太傅序，嘉慶五年馮集梧序，阮太傅書二通。上卷三十一篇，附圖七；下卷十九篇，附圖五。自序在後。

阮氏序曰："書凡九類：曰城、曰宮、曰門、曰屋、曰社稷、曰宗廟、曰明堂、曰壇、曰學。爲圖五十篇，皆於衆説紛賾、羣言岨〔一二〕峿之際，尋繹經文而折衷之。圖所不能詳者，復因圖爲説以附於後。其所見似創，而適得夫經之意也；其所解似新，而適符乎古之制也。但求其是而已矣。程易田〔一三〕説《考工》'戈戟'、'鐘磬'等篇，率皆與鄭注相違，而證之於古器之僅存者，無有不合。非心知其意者，未必能言之也。"

馮氏序曰："諸經具在，人自讀之不熟，而又株守訓故，不能貫穿，以致説一經即就一經爲説，而不可通諸他經，曲爲附會，彼此歧出而各成其誤，豈古制錯然不可究歟？"

焦氏自序曰："爲童子師者，必先教以古音韻之學，而後授以《詩》；必先教以爻辰互變之例，而後授以《易》；必先教以土地山川之所在，而後授以《春秋》；必先教以宮室之制度，而後授以《禮經》。人苦《禮經》之難讀者，未明宮室也。《隋史》有《宗廟明堂圖》一卷，其書已無，竊比先進，擬爲一編。"

天子周城，故有臯〔一四〕門。諸侯外朝南無門，即無垣墉，故曰"闕其南方"。天子十二門，諸侯城門之數未聞。

闉謂之曲城，曲城一門，正城一門，故曰"重門"。闍謂之臺，城上之臺均曰闍也。城隅謂角上浮思也。"角"即四隅之謂；

浮思者，四角爲屏以障城，高於城二丈，以防奸宄，合板爲之。疏以城隅爲小樓，非也。"俟我於城隅"，傳云"城隅，以言高而不可逾"，箋云"自防如城隅"，皆明白可證。臺門、城臺俱在正面，謂宮隅即臺門，城隅即城臺者，非。　城上垣曰"睥睨"，言於其孔中睥睨非常也。亦曰"陴"，言裨助城之高也。亦曰"女牆"，言卑小比之於城若女子於之丈夫也。　天子三門，皐門、應門、路門。皐門之内，左九棘，右九棘，面三槐，是爲"外朝"。外朝之左右有宿衛之舍、通達之途、官府之室，可通民庶出入。應門爲正門，應門之外，外朝之北，兩闕在焉。縣政令於此，平訟獄於此。應門不得通出入，閽人守之。應門之内，爲"治朝"，左社稷，右宗廟。路門之内爲"燕朝"。是所謂"三門三朝"。路寢在燕朝之後，《明堂位》云：雉門，天子應門；庫門，天子皐門。是天子無"庫"、"雉"，諸侯無"皐"、"應"也。先儒謂"天子五門"，非是。近皐門之垣者，爲"嘉石"、"肺石"。兩石之北，三槐之南，必有道可通於左右而達於後市，所謂"嗇"也。縣書之地，萬民可至，其嗇則車馬可通行者也。　天子皐、路爲臺門，應門爲兩觀，諸侯則三門皆臺門，大夫、士則門無臺也。兩曰闕門，一曰臺門，故稱兩觀爲"雙闕"。《詩》"在城闕兮"，城闕，即城臺。稱城臺爲"闕"，猶稱夾室爲"个"也。闕以"兩"得名，以積土言之曰"臺"。其上可觀望，曰"觀"。其外縣法象，高魏魏然，曰"象魏"。兩旁高，中央闕，曰"闕"。正門内兩塾間爲"宁"，應門内之兩塾，即路門外之兩塾。天子宁在路門外屏内，諸侯宁在路門内屏外，無可疑者。門屏之間謂之"宁中"，廷之左右謂之"位"。位乃朝中實有之地，爲羣臣立處，不可混於宁也。由治朝、燕朝而升堂，皆行過此位，故曰"過位"。下復其位，即復其所過之位也。以爲虛位，是以宁混位矣。

　路寢門外有廷，無堂，燕朝朝於路寢之廷，車直至燕朝門屏，屏與門閾，皆可設可去也。　路門之左爲東塾，路門之右爲西塾，兩室及門，各居一分，各廣十步，蓋治朝無堂，不可不有以壯觀，故夾門爲堂。路門，車路所出入，不可爲階。兩塾築土高於中間，故謂之“塾”。《說文》作“壿”。郭璞云：“猶隄也。”

凡朝，皆廷也。其堂爲路寢，其廷爲燕朝。　古止一門，必分三處，故以兩臬限之，中爲中門。東爲闑東，西爲闑西，此所以謂之“門臬”也。臬立而梱臥，儼然兩物。賈云二闑，其說至當。孔以爲一闑，而以棖、闑之間爲中門，非是。　《大戴記・明堂篇》可與《考工記》、《月令》相表裏，而附會瑣雜，易於惑人。故說之者不得其精蘊，徒炫於異說。　大學在宮左，小學在郊，一定而不可移者。而《王制》云大學在郊，小學在公宮南之左，何也？

此以辟癰、泮宮言之也。以國學較鄉，則國學爲王子所在，故曰大學。以國學與辟癰較，辟癰者，天子講學之地，非太子所得入，則國學宜稱小學，辟癰宜稱大學也。《大戴禮》“帝入東學”、“帝入南學”、“帝入西學”、“帝入北學”，即東序、成均、瞽宗、上庠也。又云“帝入大學”，則辟癰也。治朝比燕朝，則稱外朝；比外朝，則稱內朝。宮左之學比鄉學，則稱大學；比辟癰，則稱小學。隨文取義，固無紊矣。　宋陸農師云：辟癰最處中，南爲成均，北爲上庠，東爲東序，西爲瞽宗。說四學之方位甚合，惟以辟癰在中爲誤。《王制》明言“在郊”，何得與宮左之學共處？《祭義》明云“四學”，何得有五？成均爲南學之定名，即爲大學之統名，猶青陽、總章、元堂總曰“明堂”也。統言大學，則稱“成均”；詳指其事，則各舉一方之學。含諸家不一之說，以經證經，了然無疑。王子及國子，始皆學於門閭，然後入太學。門閭，即路門之塾。太學在王宮之東。大夫七十而致仕，老於鄉里，名曰“父師”。士曰“少師’。父師、少師，教庶人之子於里門之塾；

師氏、保氏，教王子、國子於虎門之塾：其義一也。王子以門闈爲小學，俊秀以郊庠爲小學。自門闈而入，與由郊庠而入者同一大學，所入之大學，即所云東序、瞽宗、上庠也。大司樂掌成均之法，成均亦即大學。大學有四：東序、成均、瞽宗、上庠，所謂“四學”也。序乃鄉學之名，太學亦稱序。周之東序又曰“東膠”，“膠”與“校”通用。大學稱“序校”，猶鄉學名“庠”，而北學亦稱“上庠”也。

文光案：以經證經，非貫穿羣經者不能。焦氏此書，能解人之所不解，如天子三門、王城四學、公門兩臬，諸説紛如，皆未能若此之明快。因詳錄之，以爲讀書之助。惟解過位之“位”與朱注不同，然確有見解，非如西河毛氏之好立異也。予欲取國朝諸儒解經之文，錄其精確不磨者，以爲一書，此其椎輪之始也。

右五經總義類

《漢志》有“五經雜義”一編，雜置《孝經》之中；《隋志》錄“五經異義”諸家，附著《論語》之末：皆未允當。《舊唐志》別名“經解”，諸家著錄因之，然不見兼括羣經之義。國朝修《四庫書目》，始因《隋志》中語定爲此名，稱爲近古，今敬遵之。凡所錄者約廿家，始以《鄭志》，使知漢學專門授受、反覆研究之意；繼以《釋文》，可考見各家古義，兼知傳述姓名；終以考正文字，校定板本。此皆讀經者所萬不可少之書也。至於莊氏經學能明大意，萬氏經學以經證經，皆各有心得，非若《沈氏六書》之徒事抄撮，等於類典也。若夫諸家經解刻於《通志堂》者，如《七經小傳》、《六經正誤》之類。《四庫提要》已有定評；刻於《學海堂》者，如《羣經識小》、《經義叢抄》之類，一俟知者論定其説，姑不著錄。其他推衍舊説，愈去愈遠，杜撰新聞，益謬益妄者，概爲刪汰；而《經問》、《經説》之合刻於全書者，別著録焉。予家所藏程子《經説》、《二程全書》本。朱子《五經語類》、程川校刊本。惠氏《九經古義》、顧氏《五經同異》、皆省吾堂本。邵氏《簡端録》、《經史全書》本，遠勝王恕《石渠意見》。程氏《通藝録》、原本考證諸經，最號精博。武氏《羣經義證》，皆讀經之資糧也。自古通經之士，不過數人，今之以“五經”名書者，何其多也？如鄧元錫之《五經繹》，陳際泰之《五經讀》，孫承澤之《五經翼》，舉不勝舉，幾於無人不可以説經，無經不可以臆説矣。故予於斯類，尤慎擇焉。試觀許、鄭義駁，一代通儒，大敵相當，引經據古，典型具在，雖散佚之餘，尤足珍貴，蓋能以少少勝多多也。古人左圖右史，則圖爲重。《玉海》所載諸圖，幾於無類不備，而百不存一。坊間所刻《六經圖》多不足據。聶氏《三禮圖》宋時已議其非是。《博古圖》有甚可哂處，前人已言之。《古玉圖》所繪未必皆當時之式。《高麗圖經》有經而無圖，《本草圖經》圖雖傳而恐難盡信也。洪氏所刻《隸圖》、阮氏所刻《古列女傳圖》，其本差可依據。於此可知堯舜垂衣裳而天下治，所謂“垂”者，“長”之故也。羲、農之世皆短衣。

校勘記

〔一〕“洲”，原作“州”，據文意改。

〔二〕“暮”，原作“明”，據《六經圖》改。

〔三〕“志”，原作“記”據宋周煇《清波雜志》改。

〔四〕“覽”，原作“檻”，據《九經三傳沿革例》改。

〔五〕“衷”，原作“衺”，據《禮記》改。

〔六〕“蕭”，原作“簫”，據上文改。

〔七〕“書”，原作“疏”，據《古經解鈎沉》改。

〔八〕“指”後原衍一“指”字，據同上書刪。

〔九〕“宋”，原作“采”，據同上書改。

〔一○〕“析”，似當作“折”，《周禮·考工記·韗人》：“爲臯鼓，長尋有四尺，鼓四尺，倨句，磬折。”

〔一一〕“源”，原作“流”，據《黃宗羲全集》改。

〔一二〕“岨”，原作“峿”，據《羣經宫室圖》改。

〔一三〕“田”，原作“曰”，據同上書改。

〔一四〕“臬”，據下文及《禮記·明堂位》當作“臯”。

經部八

四書類

《孟子注疏》十四卷

漢趙氏注，宋孫奭音義并疏

武英殿本。前有目録，曰《孟子音義序》，曰《孟子題辭解》，曰《孟子注疏》。原目自《梁惠王章句》至《盡心章句》，凡十四卷，各分上下。恭讀《天禄琳琅書目》曰："《孟子》漢趙岐注，附《音義》，岳珂荆溪家塾所刻。按書中字句與監本異者，'古公亶父'，監本訛'父'；'强爲善而已矣'，監本訛'彊'；'井地不鈞'，監本訛'均'；'政不足間也'，監本衍'與'字；'原泉混混'，監本訛'源'；'必志於彀'，監本訛'至'；'孝弟而已矣'，監本訛'悌'；'見且由不得亟'，監本訛'猶'；'足以無飢矣'，監本'足'訛'可'，'飢'訛'饑'；'亦不殞厥問'，監本訛'隕'；'知之於賢者也'，監本訛'智'；'來者不距'，監本訛'拒'；'人能充無穿踰之之心'，監本訛'窬'；'吾黨之士'，監本訛'小子'；'萬子曰'，監本訛'章'。細核宋刻諸本，皆與此合，足徵珂讎校之善。"後有"晉府書畫之印"、"陳定書印"、"崑山徐氏家藏"、"健菴"、"滄葦"、"敬德堂圖書印"。

應劭曰："孟子作書，中外十一篇。"

通考前史，俱以《論語》入經類，《孟子》入儒家類，陳《録》始以《語》、《孟》同入經類。

《中興藝文志》："題'揚雄、韓愈、李翺、熙時子四家注'，旨意淺近，蓋僞託者。"

朱氏《考》："《孟子》，《漢志》十一篇，存七篇。"

館臣識曰："趙注綱舉目張，井然有條，朱子《集注》採録不少。孫疏與趙注相發明，援引經傳，原委畢該。顧監本所刊《注疏》二十八卷，目次多非當時之舊，而字句脱訛，較諸經尤甚。臣等奉敕校刊，究其異同，辨其殘失，訛者正之，闕者補之。惟是孫奭《音義》一卷，有裨後學，而各本、監本俱闕焉未載。今按章逐節，各以類從，用資省覽。"

《孟子正義》十四卷

漢趙岐注，宋孫奭疏

《文選樓》本，阮氏校刊。

《校勘記》："漢人《孟子》注存於今者，惟趙岐一家。趙岐之學，以較馬、鄭、許、服諸儒，稍爲固陋，然屬書離情，指事類情，於詁訓無所戾，七篇之微言大義藉是可推，且章別爲指，令學者可分章尋求，於漢傳注別開一例，功亦勤矣。唐之張鎰、丁公著始爲之音，宋孫奭采二家之善，補其闕遺，成《音義》二卷，本未嘗作《正義》也。未詳何人擬他經爲《正義》十四卷，於注義多所未解，而妄説之處全鈔孫奭《音義》，略加數語，署曰"孫奭疏"，朱子所云'邵武一士人爲之'者是也。又盡删章指矣，文光案：删削章指例見於"恥之於人大矣"章。而疏内又往往詮釋其所削，於十三卷自稱其例曰：'凡於〔一〕趙注有所要者，雖於文段不録，然於事未嘗敢棄之而不明。'其可議有如此者。自明以來，學官所貯《注疏》本而已。疏之悠謬不待言，而經注之訛舛闕逸莫能誤

正。吳中舊有北宋蜀大字本、宋劉氏丹桂堂巾箱本、相州岳氏本、
旴郡重刊廖瑩中世綵堂本，皆經注善本也。賴吳寬、毛扆、何焯、
何煌、朱奐、余蕭客先後傳校，迄戴震、孔繼涵、韓岱雲鋟板，
於是經注訛可正，闕可補。而注疏本有十行者，亦較它注疏本爲
善。今以經注本正注疏本，以注疏十行本正明之閩本、北監本、
汲古閣本。章指及篇叙，既學者所罕見，則備載之，《音義》亦校
定附後。日本《孟子考文》所據僅足利本、古本二種，今則所據
差廣。考《孟子》者殆莫能捨〔二〕是矣。”

何氏曰：“虞山錢氏有建陽本。《孟子音義序》自世綵堂以下
諸刻皆缺，惟李中麓所藏北宋本乃有之。”錄於《義門集》。此集傳本
甚罕。

《經籍跋文》：“北宋蜀大字本《孟子音義》，每半葉十行，每
行大十八字，小二十五字。錢遵王述古堂藏書，此本最佳。”

《孟子正義》十四卷

漢趙岐注，宋孫奭疏

汲古閣本。朱子指疏爲邵武士人撰，蔡元定猶見其人。陸子
教人精看古注，自然明白。又云：“惟趙岐解《孟子》太略。”又
云：“啖、趙亦有好處。”見《象山語錄》。

戴氏《孟子趙注跋》曰：“吾友朱君文遊，出所藏校本二示
余。一有‘虞山毛扆手校’印記，稱引小宋本、元本、抄本，又
有宋本，又或稱廖氏本，而逐卷之末多記從吳文定抄本一校。何
義門云：‘毛斧季從真定梁氏借得宋槧本影抄。’今未見其影抄者，
而此本《盡心下》惟‘梓匠輪輿’章有章指，餘并缺。一爲何仲
子手校之本，末記云：‘文注用旴郡重刊廖氏善本校。’而《盡心
上》‘有事君人者’一章、‘孔子登東山’已下三章、《盡心下》
‘吾今而後知’已下七章并缺章指。二校本各有詳略，得以互訂。

外有章邱李氏所藏北宋蜀大字《章句》本，毛斧季影抄者，并得趙岐《孟子篇叙》，於是臺卿之學，殘失之餘，合之復完，亦一大快也。"録於《東原集》。

吴仁傑曰："《孟子》所稱'王良'，《左傳》所稱'郵良'、'郵無恤'，《國語》所稱'郵無正'，師古謂總一人，是固然矣。伯樂即'郵無正'，而顏謂張晏，失之何哉？顏既誤以王良、伯樂爲兩人，而《人表》又并列郵無恤、王良、伯樂爲三人，豈未嘗考《春秋傳》邪？良爲趙簡子御得名，未嘗事秦，亦與穆公生不并世。"文光案：伯樂之尖[三]甚多，梁氏《人表考》尚有未盡，惟俞氏《癸巳存稿》考之最審，詳見《漢書》目下。吴氏謂未嘗事秦，不知秦別有一伯樂也。

段氏《與黄蕘圃書》曰："玉裁見足下所刻蜀大字本《孟子音義》，跋語識其原委，及述古堂影抄孫宣公此書僅長於邵武士人，而繆漏不少。此蜀本亦未盡善。近有孔繼涵、韓岱雲二刻本可參覈。《告子》'訑訑'，此刻四"訑"字，三訛'詑'。詑，音他；訑，音怡。匹雛，孫氏自定云：'今按《方言》，尖，小也，音節。'此刻注内，'疋'與'火'皆'疋'，不分。"

《論語集解》十卷

魏何晏撰

覆正平本。《古逸叢書》之三。前有《論語序》，首爲"叙曰"，末題"臣何晏等上"。孫邕、鄭沖、曹羲、荀顗并何晏五人，各具銜名，與序相接。序後一行，上題"論語·學而第一"，下題"何晏集解"，旁注"九[四]十六章"。每葉十二行，每行大字十三字，注同。潤行大字，板口無字，每行間一線。每卷末行刻《論語》卷第幾，經若干字，注若干字。注中引馬融曰、苞氏曰、鄭康成曰、孔安國曰、王肅曰、陳羣曰、周生烈曰，或名，或字，或不名，皆無定例。此與皇侃《論語疏》皆爲外藩藏本，但皇疏多不可信。鮑氏所刻又改爲今式，使與叢書小板一體。此刻根源隋唐舊抄，字畫奇古，的是卷子真面目，然其來歷不可究詰矣。黎氏《叙目》曰：“天保中有縮刻本。”案：孔安國《古論語訓》二十一篇，見於《家語》而世不傳，包咸[五]《論語章句》、馬融《論語解》、鄭玄《論語注》、陳羣《論語解》，王肅《論語注》、周生氏烈《論語注》，其書皆佚，幸賴此注以傳。周生子本姓唐，字文逸，魏博士、侍中，今注疏本作“馬曰”、“王曰”。何解爲注有誤，以所引爲注者與原本異處甚多，而原本爲勝。經文有與今本異者，備列於後，使知此本之可貴。今以原本何序校官本，“皆以教之”，今本作“教授”；“善從之”，今本作“善者從之”；“孔安國爲之訓説”，今本作“訓解”；“考之齊古以爲之注”，今本脱“以”字；“合集諸家之善説”，今本脱“説”字。又以朱《考》所采何序校之，與今本悉同，而“至於今”之上脱“中間爲之訓解”一句，“曹羲”上脱“臣”字。朱《考》浩博，偶一檢點，舛誤甚多，安得好事者精校一過也！經文異字異句，錢曾《敏求記》僅舉一端，所遺多矣，注文之異更夥，以俟暇日取注疏本互證之。今本何注所删“也”字甚多，餘亦多非舊文。此本字法如魏晉碑板之體，的是古本無疑也。

不亦悦乎？　其爲人也孝悌。　其仁之本與！　言而不信乎？　導千乘之國。　出則悌。　夫子之求也。　可謂好學也已矣。　未若貧而樂道。　告諸往而知來者也。　患己不知人也。　導之以政。　而志乎學。　七十而縱心所欲。　斯害也已矣。　誨汝知之乎？　則民勸。　是亦爲政也，奚其爲爲政也？　雖百世，亦可知。　見義不爲，無勇。　汝不能救與？　杞不足徵。　汝愛其羊。　人以爲詔。　使民戰慄也。　焉得儉乎？　樂其可知已也。　君子之至於斯者。　天下之無道久矣。　里仁爲善。智者利仁。苟志於仁矣，無惡。　是人之所惡，不以其道得之，

不去。　我未見力不足者也。蓋有之乎。　民之過也。　義之與
比也。　不患莫己知也。　吾道一以貫之哉。　見不賢者。　勞
不怨。　子不遠遊。　古者言之不出也。　賜也如何。　焉用佞
也?　禦人以給，屢憎民，不知其仁也，焉用佞也?　從我者，其
由也與?　吾亦欲無加諸人也。　不可得而聞也已矣。　未能行。
　久而人敬之。　必以告新令，何如也?　至於他邦，則又曰。
至一邦。　再思，斯可矣。　不知所以裁之也。　盍各曰爾志?
不知丘之好學者也。　可使南面也。　哀公問曰：“弟子孰爲好
學?”　子曰：“賜也達。”　子曰：“求也藝。”　非不説子之道
也。　爲君子儒。　女得人焉耳乎哉?　誰能出不由户者?　問
仁，子曰。　井有仁者焉。　如能博於民而能濟衆者。　德之不
脩也，學之不講也，聞義不能從也，不善不能改也。　吾不復夢
見周公也。　遊於藝。　舉一隅而示之。　則吾不復。　子於是
日也哭。　如不可求者。　子在齊聞《韶》樂。　又何怨乎?
不知老之將至也云爾。　敏而求之者也。　我三人行，必得我師
焉。　以我爲隱子乎?　吾無所行。　知次也。　孔子對曰：“知
禮。”　君子不黨。　君娶於吳。　則吾未之有得也。　禱之久
矣。　奢則不遜。　君子所貴道者三。　且恪，其餘不足觀也已
矣。　不易得也已。　不謀其政也。　周德。　泰雖違衆。　天
之未喪斯文。　太宰知我者乎!　雖少者，必作。　我待賈者。
　吾自衛反於魯。　其回與!　後生可畏也。　斯亦不足畏也已
矣。　其由與?　夫何遠之有哉?　左右其手。　如有循也。
縕絺綌，必表而出。　布也。　而立阼階。　再拜送之。　不敢
嘗之。　先嘗。　子見齊衰者。　子路供之。　皆不及門者也。
　子曰德行。　父母兄弟之言。　“好學”章與前同。　請子之
車。　子曰：“才不才。”　鯉死。　吾不可徒行。　吾以不可徒
行也。　子曰：“有慟乎。”　而誰爲慟?　曰：“敢問事死。”

由之鼓瑟。 孰賢乎？ 過猶不及也。 師僻也，由嗲也。 如之何其聞斯行之也？ 攝乎大國間。 可使足民也。 非曰能之也。 得冠者。 子曰：“爲國以禮。” 宗廟之事如會同，非諸侯如之何？ 孰能爲之大相。 尅己。 其言也訒也。 斯可謂之仁已矣乎？ 斯可謂君子已乎。 皆爲兄弟也。 使民信之矣。

民不信不立。 棘子城。 何以文爲矣？ 猶犬羊之鞟也。愛之欲其生也，惡之欲其死也。 是惑。 吾豈得而食諸？ 子帥而正。 苟子不欲。 何如斯可謂之達也？子曰：“何哉，爾所謂達者矣？” 夫達者。 夫聞者。 富哉，是言乎！ 而以善導之，否則止。 奚其正名？ 亦奚以爲哉？ 一言而可喪邦。而樂莫予違也。 小人也。 器也。 兄弟怡怡如也。 卑諟。

行人子羽修飾。 不可以爲藤、薛大夫也。 子路問成人，曰：人不厭其言也。 人不厭其笑也。 人不厭其取也。 子曰衛靈公之無道也。 則其爲之難也。 公曰：“告夫二三子。” 爲人也。 孔子與人坐。 君子恥其言之過其行也。 患己無能也。

於公伯寮也。 修己以敬人。 將命矣。 踞於位也。 君子亦窮乎？ 參然於前也。 夫然後行也。 卷而懷也。 而不與言，失人。 而與言之，失言。 友其士之仁者也。 人而無遠慮。 終身行者乎。 勿施於人也。 如有可譽者。 今則亡矣夫！ 亂大謀。 非道弘人也。 不憂貧也。 小人不可大受也。

何以爲伐也？ 龜玉毀櫝中。 而必更爲之辭。 不在於顓臾。政逮大夫。 其斯謂與？ 無以言也。 無以立也。 聞斯二矣，陳亢退喜曰。 亦曰君夫人也。 則易使。 公山不擾。君子不入。 有是言曰。 邵南。 德之棄。 可與事君哉？其未得之。 苟患失。 “惡紫”無“也”、“者”字。 辭之以疾。 食夫稻也， 衣夫錦也。 曰安之。 賜也亦有惡也？歌而過孔子之門曰。 衰也。 諫也。 追也。 避人之士。

同羣也。　如之何其可廢也？　道之不行也。　不辱其身者。
播鞀。　周公語。　異乎吾所聞也。　我大賢與。　我不賢與。
謗已矣。　自致也者。　紂之不善也。　如日月之蝕也。　宮
牆也。　夫子之牆也。　不得其門而入者。　仲尼如日月也。
欲自絶也。　不可及。　夫子得邦家者。　方方。　寬則得衆，
敏則有功，　公則民說。　子張問政於孔子。　擇其可勞。　以
上異字異句凡二百五十處。

　　堺浦道祐居士重新命工鏤梓，正平甲辰五月吉日謹志。此跋在卷
末。正平甲辰爲日本後村上天皇之十九年，當元順帝至正二十四年也。道祐居士，足利
義氏之四子，幼喪父母，居於堺浦，遂薙[六]染爲僧，改名道祐。據所云重新鏤梓，則
猶有原本可知。

　　右正平刊本《論語集解》十卷，其格式字體實出於古卷軸，
絶不與宋槧相涉。其文字較之《羣書治要》、唐石經頗有異同，間
有與漢石經、《史》、《漢》、《說文》所引合，又多與陸氏《釋文》
所稱一本合。彼邦學者皆指爲六朝之遺，并非唐初諸儒定本，其
語信不爲誣。顧前代市舶罕載，其流傳中土者唯錢曾述古堂一通，
因得自朝鮮，遂誤以爲朝鮮刊本，蓋彼時未知“正平”爲日本年
號也。況其所得亦是影鈔逸人貫重鐫本，并非原槧。爾後輾轉傳
錄，不無奪漏，故陳仲魚、阮文達諸人所校出者十不三四。近世
張金吾、吳兔牀輩始有知此爲出自日本者，然又不知幾經鈔胥，
愈失其真。而此間所存舊本亦復落落如晨星。文化間，江户市野
光彥以此本翻雕餉世，惜梓人未良，失原本古健之致，又印行不
多，板亦旋毀。今星使黎公訪得原刊本上木，一點一畫，模範逼
真，居然六朝舊格，非顯有訛誤，不敢校改。原《集解》單行之
本，宋人皆著於錄。有明一代，唯閩、監、毛之注疏合刊本，別
無重翻《集解》宋本者，故我朝唯惠定宇得見相臺岳氏刊本，至
阮文達校注疏時，并岳本不得見焉。觀邢氏《集解》序，知其所
見唯存姓削名之本，并不悟何氏原本皆全載姓名。逮朱子作注，

亦僅引孟蜀石經及福州寫本，論者頗惜其隘於旁徵，不知其互勘無從也。良由長興板本既行，民間寫本不用，雖有舛誤，無由參校，此晁公武所由致慨者。夫邢氏所見既如彼，朱子所見又如此，讀此本者，當置身于隋唐之間，而與顏師古、孔沖遠[七]一輩論議可也。光緒壬午十月，宜都楊守敬記。元注：“永懷堂所刊《集解》亦從閩本出，非別有所據之經注本也。余得南宋刊本《纂圖互注集解》，頗足訂注疏本之脫誤，然亦不載諸家之名。存姓削名之本不知始於何時，大抵長興刊布之本也。”

《論語集解義疏》十卷

魏何晏集解，梁皇侃疏

《知不足齋》本。前有盧文弨序、何晏序、皇侃序，次列晉十三家衛瓘、繆播、欒肇、郭象、蔡謨、袁宏、江淳、蔡系、李充、孫綽、周瓌、范寧、王瑉，各列官階并字。此十三家爲江熙所集。侃疏先通何解，江集有可採者，亦附而申之。其別儒解釋，於何集無好者，亦并取焉。《論語》之書包於五代二帝三王，自堯至周凡一百四十人，而孔子弟子不在其數。孔子弟子見於《論語》者二十七人，《古史考》則云三十人，謂林放、澹台滅明、陽虎亦弟子之數也。

皇侃序云：“此書遭焚燼，至漢時合壁所得及口以傳授，遂有三本，一曰《古論》，二曰《齊論》，三曰《魯論》。既有三本，而篇章亦異。《古論》爲孔安國所注，無傳學者。康成就《魯論》篇章考《齊》驗《古》，爲之注。何晏因《魯論》集七家，又自下己意。”

盧氏序曰：“吾鄉汪翼滄氏常往來瀛海間，得梁皇侃《論語義疏》十卷於日本足利學中，其正文與高麗本考之未確。大略相同。彼國亦知中夏之失傳矣。皇氏此書固不全美，然十三家之遺說猶有託以傳者，爲純有疵，讀者當自得之。”

皇疏後世無傳。馬《考》云：“此書引事雖時詭異，而援據精博，爲後學所宗。”又云：“皇朝邢昺等亦因皇侃所采之説，刊定而撰《正義》。”《正義》因皇疏則然也，未知馬氏親睹而云歟，抑剿説歟。焦弱侯云公冶長辨鳥語，具《論語疏》，以駁楊用修。其他“匏瓜爲星”一二，若睹皇疏者，然不可以一信百。蓋邢疏出而皇疏廢，以至無聞，亦其勢耳。皇疏雖詭，援證復博，兩立而并行，非過也。寛延庚午春正月，平安服元喬。

《論語正義》二十卷

魏何晏等注，宋邢昺疏

《文選樓》本。阮氏校刊。

《校勘記》：“《春秋》、《易大傳》，聖人自作之文也。《論語》，門弟子所以記載聖言之文也。凡記言之書，未有不宗之者也。魯、齊、古本異同，今不可詳。今所習者則何晏本也。元於《論語注疏》舊有校本，且有箋識。今推而廣之，於經、注疏、《釋文》皆據善本讎其同異，暇輒親訂成書，以貽學者云爾。”

吳仁傑曰：“魯昭二十五年，禘于襄公，萬者二八，纔十六人，其衆舞于季氏則用六十四人。孔子曰：‘是可忍也，孰不可忍也？’蓋言尊家庭而簡宗廟，一至于是，故《劉向傳》終其事曰：‘卒逐昭公。’其得聖人之微意與？杜征南以用六爲三十六人，傅氏非之曰：‘舞所以節八音，故必以八人。或列降殺以兩者，減其二列爾。若一列又減二人，至士止餘四人，豈復成樂？’按鄭以女樂二八貽晉，晉侯以一八賜魏絳，則八人一佾爲是。《左傳正義》曰：‘季氏祭與禘同日，樂人少，季氏先使自足，故於公萬者唯有二人。’《淮南書》亦云：‘禱於襄廟，舞者二人。’按四人尚不成樂，況二人乎？‘人’當作‘八’，傳文誤也。孔子指言‘平子’，今《論語解》作‘成子’，亦非是。”師古曰：“八人佾〔八〕。”范書《祭祀志》：“舞用童男十六人。”服虔曰：“即古二羽也。”

《大學章句》一卷　《中庸章句》一卷　《論語集注》十卷　《孟子集注》十四卷

宋朱子撰

宋本。此本似係國初繙刻，與宋本《易本義》、《詩集傳》相似，繕寫精良，紙墨皆佳。每葉十六行，行十五字。注作大字，降一格。《大學》序後有木記。《四書》最先刻者爲臨漳本，不知視此本何如。此涿澤書院本，刊於淳祐丙午，其經文之異，與唐宋石經及《考文》合，已詳著於《目錄學》。注文之異，如"天命"章末段，似是朱子未定之論，未可據以改今注也。《孟子》十四卷，尚仍趙注之舊，明初刻本猶然，不知坊本何以并爲七卷也。

吳氏跋曰："近得宋淳祐本《四書》於吳中，其注之尤爲切要者。《大學》'此以没世不忘也'，注'詠歎淫泆'，作'淫液'。《論語》'子問公叔文子'，注'公孫枝也'，作'公孫拔'。按《困學紀聞》云：《大學章句》'詠歎淫液'，刊本誤作'滛泆'。又云：《論語》孔注作'公孫拔'，《集注》'公孫枝'蓋傳寫之誤。此在宋時已然。毛大可《四書改錯》妄加指斥，豈知本不誤也？《孟子》'紂之去武丁未久也'，注'凡七世'，作'九世'。閻氏《釋地》嘗言其誤，宋本并未曾誤。'抱關擊柝'，注'柝，行夜所擊木也'，作'行夜'。何義門曰：《集注》'柝，行夜所擊木也'，本用趙注，今皆訛爲'夜行'，雖監本亦然。百詩謂'行夜'、'夜行'，何啻霄壤？假使兩家得見此本，當亦爽然。向藏明内府所刻《四書》大字本，已與時刻不同，然經、注字不相等，且不免舛謬，注語間有刪削，自後坊板漸失其初。此本從未有語及者，一旦得之，不尤足珍重耶？"

文光案：此本得於吾邑曹氏。又於祁邑書市中見一本，與此同，末記云："得燕山嘉氏所刻宣城舊本，補其殘缺，與學者共之。”燕山本、宣城本俱未之見。此本勝於今本者甚多，其助語、音切之增損者尤不可悉數，誠堪寶也！

《雙峰講義》十六卷

宋饒魯撰

饒氏本。王朝榘從羣書中采集而成，乾隆丁未年刊。前有秦恩復序。第一卷爲序例并《易》義二十三條，第二卷至十四卷爲講義，第十五卷附録雜説，第十六卷爲《小學題辭解》。朝榘有《十三經拾遺》。

《吴文正公集·題楊開先講義後》曰：“爲文辭敷演經意，誦之於稠人廣坐之中而使之聽，謂之‘講義’，蓋至宋末始盛，前無有也。余未暇論其有益與否，而不能不於其辭有慨焉。夫子嘗云：‘辭達而已矣。’夫以精深之義理，而託之於辭以暢之，難必其不粗淺也，況遣辭而不足以達昔人精深之意，則昔之昭昭者，而今昏昏矣，可哉？”

戴表元曰：“鄱陽有雙峰饒君者，嘗學於考亭之門人，而於考亭之書鑽研探索，纂述彙叙，其意猶考亭之於濂洛也。久之，是州之儒者凌君堯輔與余遊，余又見其箋詁、疏釋、問答、圖辨，而知其游饒君之門，而於饒君之書，又如饒君之於考亭也。”又曰：“古之爲儒，惟其傳寫之不可已者，乃有簡牘。至於師生講學，必口授耳受，今之《魯論》、載記、問答，漢儒之師説，康成之《鄭志》，皆其物也。後世既無專師，爲師者以故事不能廢，則書成文累幅，時節臨諸生，高坐讀之，謂之講義，彼此漫不知何語，因何能有所感發成就？然陸子静講‘君子小人義利’章，坐中聽者爲之流涕。吾鄉袁廣微使江東，講《孝經》數日，官屬有棄禄歸養親者。是雖故事，而言之輕重，又係乎其人哉！”又曰：“講之爲言，義兼師友，主於反覆辨難，以成其説。余猶及見浙閩諸老先生開講，不用寫本，直是據案口説。後進者質問於前，隨機應答，粲然可述。請退，各以所聞載之方策，而寫本出焉。今之講師，朔望抽方尺之紙，書陳説累百言，忽然臨高朗誦，聽者漫不知何語，以爲故事不可廢，固不望有所激發。徐則高爲長於饒之雙溪，見示此本，皆與諸生月講之作。如天人性命綱目，該涉既廣，而名物、度數、官守、世次、地理之類，考據思索，俱不疏漏，古稱教學相長，詎不信然？"又曰："古之經師與其門人弟子羣居，有辨疑問難，授者無强聒之煩，而聽之者易入。非如今人書盈几之紙，臨容丈席，無疑而游談，不問而寢語者也。然誠知其無益，而歲時朔望庠[九]校之間，有不敢廢以爲之，不爾，則益無所事而已。"録於《宜稼堂叢書・刿源集》。

文光案：元時師法之敝[一〇]，戴氏言之詳矣。其時有講義，尚無講章。今之講章，汗牛充棟，演之愈長，去之愈遠。或標章旨，或標節旨，豈聖人之旨哉？一舉而棄之可也。學者不思不疑，不疑不問。若日有所疑，則日有所益，而寫本出焉，安用講章爲？

全氏曰："祖望謹案：雙峰亦勉齋之一支也，累傳而得草廬。説者[一一]謂雙峰晚年多不同於朱子。以此詆之，予謂是未足以少雙峰也，獨惜其書之不傳。述《雙峰學案》。饒魯字伯輿，一字仲元。餘干人。髫齡有志於學，稍長，從黃勉齋幹、李宏齋燔學。勉齋問《論語》首論'時習'，'習'是如何用功。先生曰：'當兼二義：繹之以思慮，熟之以踐履。'勉齋大器之。嘗以《易》赴棘試，不遇，遂歸。專意聖賢之學，以致知力行爲本。薦召，不起。四方聘講無虛日，作朋來館以居學者。又作石洞書院，前有兩峰，因號雙峰。所著有《五經講義》、《語孟紀聞》、《春秋節傳》、《學庸纂述》、《太極三圖》、《庸學十二圖》、《西銘圖》、《近思録注》。"

文光案：雙峰之書皆佚，講章稱雙峰饒氏，知其名者亦鮮。因録《宋元學案》〔一二〕一則，以廣見聞。雙峰“五行之説”最爲精到，其全篇載於《湛淵〔一三〕静語》，予甚愛之。陳澔《禮記集説》序曰：“先君子《元史》云：澔父大猷。師事雙峰，是經得於師門，講授最多。”《四庫附存書目》載《雙峰年譜》一卷，出自《永樂大典》，不知何人所撰。中多講學之語。《宋志》：《石洞紀聞》十卷，與其門人相問答。按表，程鉅夫、揭傒斯、趙孟頫皆雙峰之支流，此皆考雙峰者所當知也。

王氏曰：“饒雙峰，鄱陽人，自詭爲黄勉齋門人，於朱元晦爲嫡孫行。其門人董敬菴、韓秋巖亦行怪者，俱不娶。雙峰死，二君匍匐往哭，縞素背負木主，每夕旅邸，輒設位哭奠，人患苦之。及道由撫州，黄東發震爲守，津吏報云：‘有二秀才素衣背位牌入界，大哭而去，行止怪異，不知何人。’東發聞之，即往迎之，亦製服，於郡廳設位，三人會哭，俱稱先師之喪。及自石洞回，東發聘董爲臨汝堂長，書幣極厚；留韓郡齋。蓋一時道學之怪，往往至此。董敬菴乃淦之浮薄者，鄉人呼爲董苟菴。韓自詭爲魏公之裔，僻居蔀屋，而榜帖必稱本府。常語朋友云：‘先忠獻王勳德在國史，先師文公精神在《四書》，諸賢不必對老夫説功名、説學問也。’又羅子遠，廬陵巨富子也。少以詩名，高自標置。壯年留意功名，損金結客，馳名江湖。時方重程朱之學，必須有所授，然後名家，因尊雙峰爲師。四方之士從雙峰者數百人，子遠天資本高，竟爲饒氏高第。未幾，以李之格薦登賈似道之門。賈惡其不情，心薄之。遂去賈，往維揚依趙月山。青鞋破褡，蓬頭垢面，儼然一貧儒也。月山得其文甚喜，遂延之教子。未幾，似道鎮維揚，月山仍參閫幕。一日話間，云：‘兒輩近得一師，才甚美，但一貧可念耳。’遂拉子遠出見，似道爲之絶倒，且曰：‘此江西羅半州也。其家富豪，十倍我輩。執事高明，乃爲所欺也。’子遠蹤迹已露，遂去。既而登丙辰進士第，出爲江陵教授。賈似道知其詭詐，故久而不遷也。子遠與新淦董敬菴、韓秋巖極相得，互爲稱道。國破之後，道學掃地，董、韓再及門，則子遠不復納之矣。”錄於《蘇海識餘》。

文光案：朱子之學，不一再傳而已失其緒。今欲考朱子之學，其不明者甚多。姑舉一事言之。如《易》冠九圖，其爲朱子所著，非朱子所著？歷考朱門之說，究不能明。雖《北溪大全》言圖書甚詳，而九圖亦未之及，故王氏《白田雜著》直以九圖非朱子所加。然宋本舊有是圖。或曰邵子之圖，朱子冠於《本義》之首，而於《啓蒙》發其奧，然終未能明其故。使傳朱子之學者，稍留心於朱子之著作，亦何至疑至今耶？吾見朱子於羣書之中，蓋無所不備也。其經義之外，書法一宗匠，詩文一大家，而傳其學者，道學之外無他說，恐朱子不若是也。元儒《四書》之說多宗朱子，諸經亦然。然不敢必其悉合朱子之意也。夫合朱子之意猶難，況聖人乎？弁陽老人周密，似道之客。乃最心折朱子者，而於道學則闢之甚力。其詳見於《齊東野語》與《癸辛雜誌》。蓋當時詭異之流託於朱學，非一二輩也。譏彈之語固足致疑，而僻怪之學豈能徵信？《雙峰講義》散見於坊刻講章，乃八比家所奉爲圭臬者，其義理之當否，吾不能知，而記其知者如此，蓋疑以傳疑之意也。

《孟子集疏》十四卷

宋蔡模撰

《通志堂》本。東海從天一閣抄來，付梓後，得最精宋本。義門勸其校正修板，未能也。

成德序曰："牧堂老人，朱子稱其教子非世所及。其子元定季通，孫淵伯靜、沉仲默、曾孫模仲覺、杭仲節，皆隱居節書。余所見者，止《集疏》。仲節後序稱其參《或問》以見同異，採《集義》以備遺忘，有功於《集注》。"

錢氏曰："趙岐注《孟子》，每章之末括其大指，間作韻語，謂之'章指'。《文選》注所引趙岐《孟子章指》是也。南宋後，僞《正義》出，託名孫奭所撰，文光案：孫氏《孟子音〔一四〕義》二卷，今刻入《通志堂經解》，此本不僞。盡删《章指》正文，仍剽掠其語，散入《正義》。明國子監刊十三經，承用此本，世遂不復見趙岐元本矣。《崇文總目》載陸善經注《孟子》七卷，稱善經删去趙岐《章指》與其注之繁重者，復爲七篇，見《通考》。是删去《章指》始於善經。邵武士人作疏，蓋因善經本也。"又曰："唐石經無《孟子》。今杭州府學有宋高宗御書《孟子》，雖非全本，較之坊刻間有異同，如'文王事混夷'、'有小民之事'，皆勝於今本。"

《四書集編》二十六卷

宋真德秀撰

《通志堂》本。此刻出於李中麓抄本，惜未精善。前有咸寧咸淳，誤刻爲"咸寧"。宋無此年號。朱《考》同誤。九年劉才之序、咸淳辛未宋度宗七年。真志道西山之子。跋、朱子《大學章句序》。序後一行，題"寶慶三年八月丁卯後學真德秀編於學易齋"。末有咸淳壬申謝侯善跋。按寶慶爲宋理宗年號，至咸淳九年已四十二年，始有全書。謝所刻者爲《庸學集編》，劉所序者爲《四書集編》。西山取朱子之說於《或問》、《語類》、《文集》，而折衷其詆異，最爲精當。志道述西山之言曰："須先熟諸書，然後知予用功深，採取精。"是誠然矣。《庸》、《學》爲西山所手訂。《論》、《孟》已經點校，未及成書。劉承採《西山讀書記》、《文集》、《衍義》等書，依例編集，五月而就，又五月而刊畢，此本是也。

《四書辨疑》十五卷

元陳天祥撰

《通志堂》本。范翰林秋濤元本，前後無序跋。《大學》十五條，《論語》一百七十三條，《孟子》一百七十四條，《中庸》十三條。元人著《四書辨疑》者四家：雲峰胡氏，偃師陳氏，黃巖陳成甫氏、孟長文氏。此書爲吳中范檢討藏本，乃元時舊刻，不著撰人名氏。朱氏繹注中語，知爲偃師陳氏所撰。天祥字吉甫，官至集賢大學士、中書右丞，卒謚文靖。

朱氏曰："蘇伯修撰《安熙行狀》，曰國初有傳朱子《四書集注》至北方者。滹南王公雅以辨博自負，爲說非之。趙郡陳氏獨喜其說，增多至若干言。及來爲真定廉訪使，出其書以示人。先生懼焉，爲書以辨之。其後陳公深悔而焚其書。《元史》列傳亦云。然則范氏所藏乃陳氏焚餘本也。"《經義考》案語。

文光案：五經雖有異同，乃各抒所見，未必互相非薄。是書之作，專駁《集注》，意不在於著述。凡書之分門太瑣者，其中必有安頓不妥之處，如《四書通旨》是已；凡書之專主攻駁者，其中必有強詞奪理之處，如此書是已。讀者宜分別觀之。每讀一書，何處爲精要語，何處爲蹐駁語，何處疏漏，何處賅博，宜細心辨別，慎勿爲古人所欺。按朱《考》，是書爲焚餘之本，則不存可也。昔姚廣孝著《道餘錄》二卷，專詆程朱，語無忌憚。其友人張洪謂人曰："少師與我厚，今死矣，無以報之，但見《道餘錄》，輒爲焚棄。"見《姑蘇志》。其書之荒謬更勝於《辨疑》，雖親昵者不能曲諱也。按廣孝本吳中僧，名道衍，字斯道。有道士席應真者，精兵家言，與道衍居近，奇其人而秘授之，人少知者，獨吳人王行異之曰："是未逢時耳，萬户侯何足道哉！"尋以僧宗泐薦選侍燕邸。靖難之謀皆自道衍發之，篡立之後乃使復姓，賜今名。世子爲皇太子，授太子少師，封榮國公，命監修《永樂大典》。上禮之，呼爲少師而不名。賜之第，不居。卒於蕭寺，年八十有五。初，道衍爲高啓北郭十友之一，所著名《獨菴集》。殁後，吴人合刻其詩文曰《逃虚子集》。後又掇拾散佚，名曰《類稿補遺》。其清新婉約，頗存古調，然與嚴介溪《鈐山堂集》同爲儒者所羞稱。是非之公，終古不可掩如此。

《四書通》二十六卷

元胡炳文撰

《通志堂》本。前有泰定三年鄧文原序，《大學》朱子序，泰定甲子炳文自序，凡例八條，朱子《四書》引用姓氏，五十二家，多不可考。《提要》作五十四家，誤。《四書通》引用姓氏、書目，取《纂疏》、《集成》十四家，又增入七十一家。《提要》增入四十五家，誤。泰定三年張存中跋。宋趙順孫著《四書纂疏》，吴真子著《四書集成》，皆闡朱子之緒論。雲峰胡氏取二書之戾於朱子者，删而去之；有所發揮者，則附己説於後；或取朱子用意處，及朱子所謂"其間有極要緊處"，發明一二。名曰"通"者，取《白虎通》、《史通》之義。漢定論經傳於白虎閣。漢末封司馬遷後爲史通。是書於朱子一家之學用功甚至，且多所考訂。張氏跋此跋書於余氏勤有堂，蓋刊書跋也。謂"暮春和煦之時，詠歌也"爲好事者所妄增，則朱注中妄增、妄改之處，恐不止此也。

《四書通證》六卷

元張存中撰

《通志堂》本。此汲古閣元本，前有雲峰老人胡炳文序、凡例、羣書總目。胡書詳義理，是書詳名物，故相附而行。凡《四書通》已釋者，此不復出。人人習讀不察者，具標出處。存中，字德庸，新安人。杜㠓山有《語孟旁通》，薛壽山〔一五〕有《四書引證》，皆失之太繁。張氏刪冗就簡，去非從是，又完其所未備，合而名之曰《四書通證》。㠓山名瑛，金人。壽之名引年，元和〔一六〕人。朱《考》作“延年”。

胡氏曰：“‘爲政以德’，舊本作‘行道而有得於身’，祝本案：祝洙，字宗道，著《四書附録》。作‘有得於心’。後本又改作‘得於心而不失’，祝未之見也。朱子曰：‘德字須用不失，訓如得人，此物可謂得矣。才失之，則非得也。此譬甚切，蓋此句含兩意，一謂得之於有生之初者，不可失之於有生之後；一謂昨日得之者，今日不可失之也。’”

《四書纂箋》二十八卷

元詹道傳撰

《通志堂》本。此李中麓元本，前有至正癸未胡一中序，次凡例。《大學》、《中庸》各二卷，《論語》十卷，《孟子》十四卷，實二十八卷。《經義考》、注曰佚。《彙刻書目》所著卷數多誤。俱作二十六卷，誤。朱子《集注》務從簡明，漢魏諸儒所謂正音讀、通訓詁、考制度、辨名物者，不復致詳。是書各箋證據於下方，所謂不涉其流，無由知其義，學者宜先用力於此矣。按胡序云用魯齋之句讀，例亦云“句讀用王文憲所定及溫州點本參訂爲之”。此本止有音釋，并無句讀，蓋刊書時去之也。

胡氏序曰：“書之旨迨朱子而大明，其廣大精微，未易窺測也。夫苟差於句讀，則章之旨杌隉〔一七〕矣；訛於音釋，則字之義怙懫矣。經傳之援據，名物之本末，或昧焉，則鹵莽而滅裂矣，理何自而明哉？臨川詹君道傳，用魯齋先生所定之句讀，會近代諸儒之箋釋而參訂之，名曰《四書纂箋》，藏於家塾，以授其徒。建陽陳君子善鋟而行之，求爲之序。"

《四書通旨》六卷

元朱公遷撰

《通志堂》本。是書流傳甚罕，徵引者亦少。此本不知所據，前後無序跋，取《四書》之文，條分縷析，以類相從。凡目如"天"字、"命"字之類。大書，占兩行，降一格。"愚謂"降二格。以下自立說，辨別同異。公遷，字克升，番陽人。

"維天之命，於穆不已"，蓋曰天之所以爲天也。《中庸》二十六章。"上天之載，無聲無臭"。《中庸》卒章。"天何言哉？四時行焉，百物生焉，天何言哉？"《陽貨》。以上頂格寫。右以理言在天之天也。另行，降一格。以下"右以理言在人之天"，"右以理言事物所當然之則"，"右以分定言"，"右以主宰言"，"右兼形體與理言"，其體例如此。

朱氏曰："《通旨》一書，以類編之。其目九十又八：曰天，曰天地，曰命，曰性，曰仁，曰義，曰禮，曰知，曰信，曰仁義禮知，曰仁義，曰仁知，曰禮義，曰知仁禮，曰知仁勇，曰德，曰道德，曰中，曰中和，曰中庸，曰敬，曰一，曰誠，曰心，曰身，曰志，曰意，曰思，曰情，曰恥，曰樂，曰好惡，曰剛，曰勇，曰道，曰孝弟，曰忠恕，曰恕，曰忠信，曰聖，曰氣，曰氣質，曰才，曰鬼神，曰禮樂，曰樂，曰禮制，曰權，曰人，曰人品，曰道統，曰堯、舜、禹、湯、文、武、周公，曰孔子，曰孔門弟子，曰子思，曰孟子，曰古今人物，曰大人，曰君子、曰士，曰善人，曰狂狷，曰鄉原，曰君子、小人，曰教，曰學，曰行，曰師道，曰諸經，曰義利，曰祭祀，曰喪祭，曰文質，曰文，曰言行，曰言辭，曰過，曰節操，曰名聞，曰異端，曰人倫，曰父子，曰君臣，曰君位，曰君道，曰臣道，曰朋友，曰名分，曰世俗，曰知人，曰用人，曰交際，曰義命，曰富貴貧賤，曰困窮患難，曰辭受取予，曰出處去就，曰治道。讀者微嫌其繁。"《經義考》案語。

文光案：是編在《四書》解中別爲一體，非學問深純不能融貫。惟門目太多，頗傷繁冗，正如《通鑑總類》，二百七十一門。略似類書。但用功者必須如此剖析，於仁、義、道、德等字方能詳明。且可作《性理字訓》觀，《字訓》多不切，全氏《學案》猶稱之，不足數也。并可合《北溪字義》讀之，大有益處。余集《四書》中說仁義道德者爲一類，意在分別異同，而朱氏已有其書。又欲繪《毛詩》圖，坊間已有其書。今人用功，多收多讀而已，實不必妄有著作。既難比肩古人，徒形識見未廣。然更一番手，另有一番境界，與看成說者不同，用功人當自知之。

《大學中庸集說啓蒙》二卷

元景星撰

《通志堂》本。前有至正壬寅景星自序、凡例、讀《大學》法、《大學章句序》，有批并注，《中庸序》同。後有門人蔣驥跋、《大學》已刊行，手錄《語》、《孟》、《中庸》成編。宣德九年夏時跋。《大學》既板行，得蔣公《中庸》寫本，重校付梓，增魯齋批點、勿軒標題於上方，以便幼習。是書采諸家精要語，或全錄，或約其文，或檃括其意，務使易曉，閱十年而成編。本名《四書集說》，而《論》、《孟》佚矣。坊刻《四書》無一佳本，訓蒙者何不取是書授之？景星，字德輝，餘姚人，洪武中官杭州儒學訓導。其學長於《春秋》。按《姓譜》當爲明人，《簡明目錄》題"元人"，宜改正。

《大學古本旁注》一卷

明王守仁撰

《函海》本。李調元校刊，有跋。

李氏跋曰："《大學古本》一卷，漢獻王、后蒼所傳，在戴聖《禮記》中。宋仁宗取以賜及第王拱辰，即此本也。然傳者絕少，今所行者，朱子訂本。此外諸家所傳改本率多僞雜，無足取。而古本之完善者，惟王文成之《旁注》尚存，朱氏《考》盛稱之。因亟錄之，以爲復古者之勸云。"

余氏曰："某官好刻古本《大學》，自云朝夕尋繹，身體力行。乃所刻於五臺、保德、潁川、開封、濟寧者，皆明萬曆十二年南京戶部員外郎唐伯元所上之豐道生書，當時號爲'魏政和石經'，此又署王羲之書。按宋司馬光注《大學》，當仁宗時，御書《大學》賜進士，即《禮記》本。程、朱改《大學》後，有志道學者多效之。明正德十三年七月，王守仁從《禮記》寫出《大學》本文，其識甚高。時有張夏者輯《閩洛淵源錄》，反極詆守仁倒置經文，蓋張夏言：'道學不暇料檢五經。'又所傳陳澔《禮記》中無《大學》，疑是守仁僞造。然朱子《章句》見在，亦不全覽，致不知有舊本，可云奇怪。今欲宗陽明學，亦不審覽王書，窺尋《禮記》，直以豐道生書誣之。豐道生者，有心疾者也。見世人多以改經名，而守仁古本名較美，則亦自言有《子貢詩傳》及古本《大學》、《中庸》，出魏政和石經。其書初行，毛奇齡云：'止有宋體楷字書五葉。'道生死，忽有篆及分書本。時已誤'正始'爲'政和'，蓋不檢魏時年號，以古刻石者皆當號政和，此本則以政和刻石，當是羲之妙墨，不怪爲陽明學者亦信之而不疑也。嘉慶七年五月，見打本於滋陽，記其與司馬文正、王文成之所以異者，冀有賢者碎其石，以無成循吏之過，亦冀爲朱、王學者，倘宜略覽朱、王之書也。"又曰："宋始有別注《大學》，不比《中庸》，漢、隋《志》均有單行本，可言有古別也。唐伯元表云：'《大學》經之，《中庸》緯之。'"

《論語類考》二十卷

明陳士元撰

《湖海樓》本。前有嘉靖庚申自序。凡分十八類：曰天象，曰時令，曰封國，曰邑名，曰地域，曰田制，曰官職，曰人物，曰禮儀，曰樂制，曰兵法，曰宮室，曰飲食，曰車乘，曰冠服，曰器具，曰鳥獸，曰草木。先引諸說并朱注，後列案語，多所考證。

陳氏自序曰："見社童暨舍子弟，即喜與談字義，越旬季，復訊之，忘矣。乃著此編，貯之右塾。凡二十卷，爲類十有八，目四百九十有四云。《論語》八寸策，較六經之策三居一，傳録者誤爲'八十宗'，徐遵[一八]明曲爲之解，爲王應麟所詆誚。予兹曲解，不但'八十宗'三言耳，其不免覽者詆誚哉！"

《大學翼真》七卷

國朝胡渭撰

小西山房本。德清戴上鏞校刊，前後無序跋。卷一分四目：曰"大學"二字音義，曰先王學校之制，曰子弟入學之年，曰鄉學之教。卷二分三目：曰小學之教，曰大學之教，曰學校選舉之法。卷三分三目：曰《大學》經傳撰人，曰古本《大學》，曰改本《大學》。卷四以下經一章，傳八章，爲胡氏考定之本。

《四書索解》四卷

國朝毛奇齡撰

《西河合集》本。西河所著《大學知本圖說》一卷，《論語稽求篇》七卷，《中庸說》五卷，《四書賸言》四卷、補二卷，《聖門釋非録》五卷，《四書逸講箋》三卷，皆在集內。

王怡序曰："先生每舉疑義，人必不解；間以所解者示人，人率視爲固然事，一似宿解本如是者。故門人王錫就先生之子述齋所輯《疑義[一九]》，而專行以勾解者，謂之《索解》，使閱者先拂於心，而後涣然冰釋，似亦爲學次第一大端也。故首《索解》，而終以門人陸氏所輯《釋非録》。若《逸講》，則先生講甚殷，惜學人鮮記之者，姑附於此。"

《大學證文》四卷

國朝毛奇齡撰

《西河合集》本。《證文》次《索解》之後。元案：《證文》所列凡五本：一石經僞本，一明道改本，一伊川改本，一朱子改本，一王魯齋改本，一高景改本。高本不録全文。高氏講學東林，所授者即陽明刻本。後見崔銑改本，遂重闡其説於書院，然人不知有崔本，第稱曰高氏改本。今其文列《高忠憲集》卷首。

毛氏曰："科舉士子并不知朱本之外别有《大學》舊本，而一二學古者則又更起而改易之，或以此易彼，或以彼易此，爾非我是，競相牴牾。而沿習既久，忽有僞造古文，以爲'政始石經'，而甬東豐氏爲之發藏，海鹽鄭氏爲覈實，户曹進其書，黄門勒其字，揣其意，似亦不慊於程氏，思奪其説而自蹈亂經之惡，其亦愚矣！近姚安陶珽重編《説郛[二〇]》，竟以此僞本刻之卷首，曰'石經古本'。因陶九成原有校刻古本《大學》，而以此補刻列其先，并作兩本。"

王氏曰："朱子補《大學》，明言取程子之意，而程子改本無其文。及作《大學》序，則又云竊附己意，補其闕略，則又非程子之意。"又曰："相傳莊烈帝入小學時，問司禮官何謂'子程子'。答曰：'子者，尊之之詞。'曰：何不曰"子孔子"？'司禮無以應。沈曰：'子冠姓上者爲師。'"録於《白田草堂雜著》。

《四書釋地》一卷 《續》一卷 《又續》二卷 《三續》二卷 附《孟子生卒年月考》一卷

國朝閻若璩撰

歸安丁氏校刊本。前有乾隆丁未大興朱珪跋。識於浙江學使署。各卷有百詩自序，末有閻學林百詩之曾孫。跋。按《釋地》一卷，宋商邱序刊。此本佚宋序。《釋地續》一卷，門人刊，康熙庚辰宋犖序。此二卷刻於生前，《又續》、《三續》刻於歿後。《又續》、《三續》，乾隆癸亥歙州程崟助學林校刊。程序後列姓氏三十七人。此本共四百二十一條，極爲精密。考證家從此入門，自無疏漏之弊。末有曾孫大衍跋、《孟子考》康熙己卯顧嗣立序。此卷丁小疋所附。

宋氏序曰：“吾友閻百詩氏續學耆古，於漢唐諸儒注疏類能貫穿鈎穴，口誦如瀾。翻《釋地》一書，考索詳博，辨據明晳，可補先儒傳注所未及。”此序作於康熙戊寅。

閻氏自序曰：“宋王尚書應麟作《詩地理考》，蓋補紫陽夫子之不備也。然書序而不斷，甚至兩説并存，莫加一辭以折衷其與。每僅云邑名、地名，不詳其所在者，何以遠過？余[二一]故矯之，作《四書地理考》，得若干條以示里中諸子，咸以爲善，遂開雕吳門。憶《爾雅》篇目有《釋地》，杜氏有《春秋釋地》，案：杜氏有《春秋釋例》、《春秋土地名》，無所謂“釋地”，百詩誤記。爰易《地理考》曰《釋地》云。”

《續序》曰：“余既成《釋地》五十七條，中丞公爲作序，開雕吳門。歸而意不能盡，忽忽時有所觸，復成若干條。”案：商邱序云：“刻是編者，故人子邱迴邇求。”

《又續序》曰：“余既成《釋地續》八十條，間釋及人，以地非人不傳也。兹作《釋地又續》一百六十二條，遂因人而及物矣。”

《三續序》曰："余之釋地也，既廣而釋人及物，且廣而釋訓詁、釋典制矣。又續得一百六十二條，合前二編共三百條。或曰：'何不遂及其全？'余曰：'唯唯。'久之，遂得一百二十條，仍曰《釋地》者，意未能忘乎其造端託始也。"

大衍跋曰："先曾祖當年思議所及，隨得隨記，未及編次。前二集業已行世，此刻亦仍其舊，猶先志也。書中間有疑字、疑義、難句讀處，必係傳寫之譌，而真本已燬，無從檢對。"

學林跋曰："《困學紀聞注》，既荷馬嶰谷、半查兩先生之力，鏤板維揚，而是書亦踵而行世。"

閻氏曰："楊泉《物理論》引語云：'能理亂絲，乃可讀《詩》。'竊以地理之書亦然。"又曰："余嘗讀《隋經籍》、《唐藝文志》，見漢以來經解詳於名物度數，而《宋藝文志》則眇有存者。宋儒精言性命，視此等爲粗迹。又《宋史·儒林傳》，求其援經徵實，如《唐儒學傳》中人物者，尤屬寥寥。説者遂譬之圖畫，宋以前畫多尚故事，宋以後畫專取神韻，蓋實體難工，空摹易善。"又曰："楊蟠《金山》詩：'天末樓臺橫北固，夜深燈火見揚州'，王平甫譏之曰：'莊宅牙人語，解量四至。'竊謂談地理者能量得四至確，謂亦足矣。即如隋煬帝《泛龍舟曲》'借問揚州何處是，淮南江北海西頭'，此豈詞人所易幾及？"又曰："張南軒有云：'爲治者多不本於學，而爲道者反不涉於事。'説者謂括盡漢以來俗吏儒生之病。余謂儒生不獨如是，即生平所撰之傳注，一涉援引多誤，朱子猶不能免。"又曰："注爲集注，傳爲集傳，大儒原不敢以一己之説盡經也，故名曰集，善乎！司馬文正曰：'經猶的也，一人射之，不若衆人射之，其中者多也。'余取古今百氏傳注之説，旁午錯綜而究觀之，然後知不能博通於彼而遽以爲得於此者，非愚則妄。"

文光案：文正之言信矣。然經義中有衆人射之不中者，試以《易》言之。爻之難明者甚多，試以姤卦九五言之，竊意此爻當合剝、復、夬三卦反覆觀之，庶得其解。蓋復爲一陽始生之卦，姤爲一陰始生之卦，聖人尤致意焉。杞者，五陽爻也；瓜者，一陰爻也。五爻在上，一爻在下，非包之乎？含其章，美而生陰，正如“碩果不食”而生陽。“有隕自天”者，從夬而下也；陽生曰“復”，復其道也；陰生曰“姤”，柔遇剛也。陽主於生，故生陽之說見於剝之上九；陰不能生陰，賴陽以生，故生陰之說見姤之九五。如此解說，似與爻義相合。又恐師心自用，因遍取古今百家《易》說觀之，有射之方中而未能貫徹者，有射之幾中而左右移者，有吾射之的非此爻之的者。如“辨杞”、“辨瓜”甚詳矣，而不能貫通全爻。有取“天”字立論者，更支離而鮮當。一爻如此，他爻可知。他爻如此，他書可知。此爻疑之多年，近又見前人有疑是爻者，可知古今人有同心也。諸家傳注經說，其精處自不可磨滅，其架橋含糊處，亦不可不知。正如明醫固有得心應手之方，而不敢必其方方皆妙；亦不能因其一方不妙，遂墮其名醫之稱。故讀書宜積宜悟，不敢盡信書，亦不敢無書。又如渙卦，曾聚諸家說觀之，似講萃卦，蓋惟恐其渙也。講至五爻，又似當渙，是一卦有二義，又散又聚。此類不可枚舉。顧寧人曰：“合天下之書，皆可以注《易》。”然則不讀盡天下書，不可以談《易》也。大抵《易》說之能中者鮮矣。因溫公語而發其所未盡者如此。

《校正四書釋地》八卷　附《孟子生卒年月考》一卷

國朝閻若璩撰　顧問重編

桐陰書屋本。嘉慶八年顧氏校刊。前有張欣告序，顧問序，宋序二首，程序、朱序各一首，徵君序四首，總目。凡地理三卷，人物一卷，訓詁四卷。原書隨手札記，并無次第。此三類皆以《大》、《中》、《論》、《孟》爲次，删其冗雜，兩月而成。《釋地》以《爾雅》、《周禮》解華岳二山，最爲明確。鄭注、孔疏俱未言。又如釋“止贏”而證《孟子》“行三年之喪”，釋“墦間”而證墓祭爲古禮，可補傳注所未及，其識卓矣。《孟子考》有顧問序。此本序跋完全，校正精細，刊板亦善，可謂閻氏之功臣矣。百詩三書皆未整比，《釋地》無倫次，《疏證》忽雜入《劄記》，《劄記》亦甚荒蕪。惟其精確，是以可傳，安得顧氏者一一訂正之哉？山陰樊廷枚著《釋地補注》，依原本校刊，先原文，次補注。嘉慶二十一年汪廷珍序曰：“或申之，或裨之，或匡之，類皆精確不易。”愚觀其書，板既不工，注亦蔓延，百詩所謂四至者，證之不確，未免蛇足，吾無取焉。

《茶餘客話》：“《四書釋地》，宋商邱刻於吳；《校正困學紀聞》，馬秋玉刻於揚州；《尚書古文疏證》、《孔廟從祀末議》、《孟子生卒年月考》則里人刻之；孫學林刊《潛邱劄記》。”

《道古堂集》：“若璩學長於考證辨駁，自言有志之士務在盡己所受於天之分，而力學以盡其才，固自有可傳之道與可以比擬之人，而無取乎過高之學。天性好罵，詞科五十人中，獨許吳志伊之博覽、徐勝力之强記，李天生謂其杜撰故事，汪鈍翁謂其私造典禮，堯峰《文鈔》掊擊不遺餘力。生平所服膺者三人，曰錢牧齋，曰黃太沖，曰顧寧人。然於錢曰‘此老《春秋》不足作準’；於黃則曰‘太沖之徒粗’，《待訪錄》指其訛謬者不一而足也；於顧之《日知録》有補有正，猶在未定交時。可謂極學士之精能，非鴻儒之雅度也。”

閻氏百詩讀書，能識其正面、背面，淹貫經史，學博而思精，長於考訂。

全氏曰："徵君所著書，最得意者《尚書古文疏證》，其次《釋地》，稽古甚勤。何義門推之，然未能洗去學究氣，可惜。"

《譜》按："謝山不信潛邱《疏證》之說，故時有微詞，譏爲陋儒，似覺太過。然曰'未能洗去學究氣'，則深中潛邱之病。"

文光案：考證家以潛邱爲第一，而譏刺前輩不遺餘力亦第一，固習氣使然，亦器量狹處。《釋地》乃釋經之書，持語極宜莊重，如"可笑"、"捧腹"等字，語不出於經典，著之《四書》，殊覺不安。既非忠厚待人之道，且乖聖賢立言之體，使讀其書者，學其精博則不足，學其輕薄則有餘，大可戒也。《易》曰："蒙以養正。"子曰："觀過知仁。"學者寧失於厚，毋失於薄，此君子小人之分途也。夫偶爾遺忘，一時疏漏，即顧之大、閻之精，亦所不免，豈可以己之長形人之短？況考證即精即確，亦不過學問思辨之事，固有進於此者，敢云自快自足？吾甚服潛邱之精，而悲其天分之限；甚愛考證之學，終嫌其習氣之薄。憶弁陽老人語，因録於此。周密《齊東野語》曰："著書之難，尚矣！近世諸公多作考異、證誤、糾繆等書，以雌黃前輩，雖該贍可喜，而亦安知無議其後者？程文簡著《演繁露》初成，高文虎炳如嘗假觀，稱其博贍。其子似孫續古，時年尚少，因竊窺之。越日程索回原書，續古因出一帙曰《繁露詁》，其間多文簡所未載，而辨證尤詳。文簡雖盛賞之，而心實不能堪。或議其該洽有餘，而輕薄亦太過也。雖溫公著《通鑑》亦不能免此。若漢景帝四年內日食，皆誤書於秋夏之交，甚至重複書'楊彪，賜之子'於一年之間。至朱文公修《綱目》，亦承其誤而不自覺。而《綱目》之誤尤甚，唐肅宗朝直脱二年之事，又自武德八年以後至天祐之際，甲子并差。蓋紀載編摩，條目浩博，勢所必至，無足怪者。劉義仲，道原之子也。道原以史學自鳴，義仲世其家學，摘歐公《五代史》之訛誤，爲《糾謬》一書以示。

坡公曰：'往歲，歐公著此書初成，荆公謂余曰：歐公修《五代史》而不修《三國志》，非也，子盍爲之？余固辭不敢當。夫爲史者，網羅數千百載之事以成一書，其間豈無小得失邪？余所以不敢當荆公之託，正畏如公之徒掇拾於其後耳。'《揮麈録》云：'蜀人吳縝初登第，請於文忠，願預官屬，公不許，因作《糾謬》。豈别一書邪？'"案：吳所著爲纂，有鮑氏本，劉書未見刊本。

《此木軒四書説》九卷

國朝焦袁熹撰

原本。前有乾隆八年劉於義序，嚴瑞龍序，總目；後有張梁跋，凡例六則，男以敬、以恕識。是書手録者十之六，鈔自他書或在散紙者十之四。所説經傳義，有微與程、朱異者，而大旨惟程、朱是奉，不苟同，不苟異，固當與清獻之《松陽講義》并傳。先生姓焦，諱袁熹，字廣期。舉康熙丙子賢書，奉親不出，居金山縣黄浦之南，故學者稱南浦先生。

嚴氏序曰："先生篤學好古，三十年前負盛名於東南。所著《四書説》，闡發諦當，别擇精審，而一名一物之微，一字一句之理，亦必疏通證明。援引史傳百家，旁及前人緒論，皆可以佐治傳注，開益來學，非體驗功深，績學有得，其孰能與於斯哉！讀是書者，因言以求其所用心，庶知博雅通儒必力矯鹵莽粗疏之失，而立異苟同皆無當於讀書。因序之以志企慕云。"

《四書或問小注》三十六卷

國朝徐方廣輯

觀乎堂本。　是書刻於康熙戊子。首題"朱子四書或問小注"。總目，《大學》一卷，《論語》二十卷，《中庸》一卷，《孟子》十四卷。次朱子《與劉用之書》云："《大學》、《論》、《庸》、

《孟子》，照前《章句集注》，分爲三十六卷。門人問答，未經刊發者十之四，删訂舊刻十之五，參載經義十之一。刻將半，池城火燬。蔡沈復董其事，始得竣成。”次跋云：“《或問小注》成於《集注》之後，以門人問答而作也。據《語録》類讀，彙成一大部。高沙徐竣，今名方廣。”記又云：“集中大字高一格者，出自朱子原本，刻稿從凌義遠先生家借來。内中依[二二]一格細字，係竣所增注。”又陳彝則記云：“亂書中有《或問小注》，徐先生爲之序。甫謀刊，或來同類貽譏，復淹三四月乃得就理。”又淳熙己酉朱子序云：“門人或疑於章句，予不憚言之重複，於添一小注脚，使釐然於胸，亦所願也。”

王氏曰：“予於書坊中見此書，其序爲朱子所作，予一笑置之，謬妄蓋不足辨。壬寅，予爲安慶教授。鄭魚門先生督學江南，遣使以書四百部貽予，命分各學中。予發視之，即《或問小注》，爲之大駭，乃作書力言其謬妄，不可流傳。先生得書，深悔爲湯景范所誤，尚有千百本，閉不復出。其書乃老學究所纂輯，蓋自《朱子文集》、《語類》、《四書》、《大全》及《蒙引》、《存疑》、《淺説》、《達説》、《説統》、《翼注》以及近時諸家之説，皆嘗遍覽，其删并《文集》、《語類》較《輯釋》、《大全》爲稍勝，而於諸家之説頗能辨其得失。特其以删改《文集》、《語類》，心有所不安，遂僞撰序文與門人書，託於朱子自作，其謬誤不待辨也。魚門先生考試之日，力有不暇給，是書盡用景范之説而不及詳考，序與附論皆湯爲之，非先生筆也。予念此書既不可焚棄，比坊刻講章爲少詳備，初學之士或有取焉，因出之而附其説如此。”錄於《白田草堂雜著》。

《四書考異》七十二卷

國朝翟灝撰

無不宜齋本。此原刻也，乾隆三十四年杭世駿序。凡《總考》

三十六卷，《條考》三十六卷。學海堂節本三十六卷，無《總考》。

杭氏序曰：“漢儒各習師傳，音讀既殊，字形亦異。《説文》所引與經所傳迥異。洪氏《隷釋》‘鄉黨恂恂’，《劉修碑》作‘逡逡’，《祝睦碑》又以爲‘逡逡’；‘有恥且格’，《費氏碑》以爲‘且佫’。此等異字，不知何人所傳。晴江氏剌取錯見於他書者數十百條，爲《四書考異》。”

翟氏曰：“吳域撰《論語續辨》，又爲《考異》及《説例》，共十二卷。朱子謂其好處甚多，徐氏嘗刊其書，今惜亡佚。周氏《九經考異》十二卷，陳仁錫《四書備考》取其考四書者置諸卷首，寥寥餘葉，疏謬者十居二三。陳櫟有《四書考異》，安熙有《四書精要考異》，俱未見。唐人總稱四庫書爲‘四書’，經、史、子、集是也。天寶中以四子列於學官，乃《老》，《文》、《莊》、《列》四道家書。《玉海》載《開元詳定傳注四書》，乃《孝經》，《尚書》古文孔、鄭氏注及《子夏易傳》，王弼《老子注》四種。今四書惟朱子配合之。前朱子而各有專義行世者，惟無姤[二三]張氏一家。朱子以張氏所著陽儒陰釋，爲雜學，辨以正之，然於四書之合，實爲造端，不可竟没。”案：張氏書見於《通志》，不標題“四書”二字。

《孟子正義》三十卷

國朝焦循撰

雕菰樓本。《焦氏叢書》之一種，前有自序。今刻入《學海堂經解》。凡學海堂所刻俱不如原本。

趙氏《篇序》曰：“《孟子篇叙》[二四]者，言《孟子》七篇所以相次叙之意也。孟子以爲聖王之盛，惟有堯舜，堯舜之道，仁義爲上，故以梁惠王問‘利國’，對以仁義爲首篇也。仁義根心，然後可以大行其政，故次之以公孫丑問‘管晏之政’，答以‘曾西之所羞也’。政莫美於反古之道，滕文公樂‘反古’，故次以‘文公爲世子’，始有從善思禮之心也。奉禮之謂明，明莫甚於離婁，故次之以‘離婁之明’也。明者，當明其行，行莫大於孝，故次以‘萬章問舜往于田號泣’也。孝道之本在於情性，故次以‘告子’，論性情也。情性在內而主於心，故次之以‘盡心’也。盡己之心與天道通，道之極者，是以終於‘盡心’也。篇所以七者，天以七紀，璿璣運度，七政分離，聖〔二五〕以布曜，故法之也。章所以二百六十又九者，三時之日數也。不敢比《易》當期之數，故取其三時。三時者，成歲之要時，故法之也。三萬四千六百八十五字者，可以行五常之道，施七政之紀，故法五七之數而不敢盈也。文章多少，擬其大數，不必適等，猶《詩》三百五篇，而論曰‘《詩》三百’也。章有大小，分章賦篇，篇趣五千以卒其文，無所取法，猶論四百八十六章，章次大小，各當其事，亦無所法也。蓋所以佐明六藝之文義，崇宣先聖之指務，王制拂邪之隱括，立德立言之程式也。洋洋浩浩，具存乎斯文矣。”

文光案：《孟子》篇次恐未必如此，其言篇數、章數與日格子《學史》相同，未免拘泥，恐難傳信。

焦氏序注曰：“孟子有不可詳者三：其一爲孟子先世，其二爲孟子始生，其三爲孟子出遊。按爲《孟子》作疏，其難有十：《孟子》道性善，稱堯舜，實發明羲、文、周、孔之學，其言通於《易》，而與《論語》、《中庸》、《大學》相表裏，未可以空悟之言臆之，其難一也。《孟子》引《書》辭，多在未焚以前，未辨今、古文，而徒執僞孔以相解說，往往鑿枘不入，其難二也。井田封建，殊於《周禮》，求其畫一，左支右詘，其難三也。齊梁之事，印諸《國策》、《太史公》，往往齟齬，其難四也。水道必通《禹貢》之學，推步必貫《周髀》之精，六律五音，其學亦造於微，未容空疏者約略言之，其難五也。棄猭招豚，折枝蹙頞，一事之微，非博考子史百家，未易虛測，其難六也。古字多，假借、轉注多，‘賴’即‘嬾’，‘姑嘬’即‘咀’，‘呼爾’即‘呼’，‘私淑’即‘叔’，凡此之類，不明六書，則訓故不合，其難七也。趙氏書名《章句》，一章一句俱詳爲分析。陸九淵謂‘古注惟趙岐解《孟子》，文義多略’，真謬説也！其注或倒或順，雅有條理，即或不得本文之義，而趙氏之意焉可誣也？其難八也。趙氏時所據古書，今或不存，而所引舊事，如‘陳不瞻聞金皷而死’、‘陳質娶婦而長拜之’，苟有可稽，不容失引，其難九也。《孟子》本文見於古書，所引者既有異同，而趙氏注各本非一，執誤文訛字，其趣遂舛，其難十也。本朝諸君子參稽罔漏，已十得其八九。今日集腋成裘，事半而功倍也。趙氏《章句》既詳爲分析，則爲之疏者，不必徒事敷衍文義，順述口吻，效《毛詩正義》之例，以成學究講章之習。趙氏訓詁，每疊於句中，故語似蔓衍而詞多佶聱。推發趙氏之意，指明其句中訓詁，自爾文從字順，條皀明顯矣。於趙氏之説或有所疑，不惜駁破以相規正。至諸家或申趙義，或與趙殊，或專翼《孟》，或雜他經，兼存備録，以待參考。凡六十餘家，皆稱某氏以表異之，著其所撰書名以詳述之。先曾祖考諱源，先祖考諱鏡，先考諱蕙，世傳王氏大名先生之學。循傳家學，弱冠即好孟子書，立志爲《正義》以學，他經輒而不爲。兹越三十許年，於丙子冬與子廷琥纂爲《孟子長編》三十卷，越兩歲乃完。戊寅十二月初七日，立定課程次第，爲《正義》三十卷，至己卯秋七月，草稿初畢。間有鄙見，用‘謹案’字別之。廷琥有所見，亦本范氏《穀梁》之例，録而存之。”

《論語古解》十卷

國朝梁廷枏撰。

《藤花亭》本。此梁氏《十種》之一。前有道光庚寅何太青序并自記。

何氏序曰：“吾粵代有作者，如張曲江、邱瓊山尚矣。梁子章冉，髫齡而孤。其尊人好聚圖書，通音律。章冉能讀父書，又多購善本，以一編見示，蓋所著《南漢書》及《考異》也。南漢至今，幾及千載，霸圖灰燼，文獻無徵，後人雖有撰録，類多擇而不精，語而不詳。章冉網羅放失，勒爲成書，復稽同異，堪與放翁《南唐書》抗衡千古，可謂千秋絶業矣。書成，後附《南漢叢録》、《文字録》各若干卷。今并其前著《論語古解》、《金石稱例》、《碑文摘奇》、《書餘》、《曲話》彙刻，名之曰《藤花亭十種》。不獨資考證，且足以翼經史，其可傳無疑也。”

梁氏記曰：“今夏温《論語》畢，取自漢迄唐三十餘家之説，摘與朱注異者，依次排纂，彙得十卷，名曰《古解》。漢魏諸儒，正音讀，通訓詁，考制度，辨名物，博矣！雖非盡大純，爲學者廣見聞之一助，況其中又多可與宋儒互相發明，非若孫氏《示兒編》、鄭氏《意原》等書之務求新別，去旨益遠者比。且江大和所集十三家，如衛瓘、繆播、欒肇、郭象、李充、孫綽，各有專書而不傳，其文止見於皇氏《義疏》。顧其書復佚，在南宋《集注》已無從徵引。竹垞、西河，博極考據，獨未獲一見。皇《疏》湮没之篇，應運復出，自宜合漢唐猶説薈萃成書，以存古義之一綫。”

范氏曰：“‘三讓’有二釋：太伯知文王必有天下，欲令傳國季歷以及文王，因採藥不反，而季歷立，一讓也；季歷薨而文王立，二讓也；文王薨而武王立，於此遂有天下，是三讓也。又一云太王病而託採藥出，生不事之以禮，一讓也；太王薨而不反，使季歷主喪，死不葬之以禮，二讓也；斷髮文身，示不可用，使季歷主祭禮，不祭之以禮，三讓也。”

韓氏曰：“‘嗅’當作‘鳴’，雉之聲也。俗儒妄加異議，不可不辨。”

右"四書"類

古無"四書"之名，《論語》、《孟子》舊各爲帙。其表章《孟子》，在漢爲文帝，在宋爲真宗；訓釋《孟子》，在漢爲趙岐，在宋爲孫奭，固不始於程子。《大學》、《中庸》，舊《禮記》之二篇，而與禮無涉。梁武帝有《中庸義疏》，溫公曾注《大學》，李子方謂自程子始表章之者，亦未深考也。朱子《章句》、《集注》，不標"四書"之名，即《四書或問》亦後人所題。元代始以"四書"標目。《明志》始有"四書"一門。今録十家，多存古説，時下講章，概不及焉。

校勘記

〔一〕"於"，原作"有"，據《孟子注疏》改。

〔二〕"捨"，原作"舍"，據清阮元《孟子注疏校勘記序》改。

〔三〕"尖"字疑有誤，待考。

〔四〕"九"，據《論語集解》當作"凡"。

〔五〕"咸"，原作"成"，據《後漢書》改。

〔六〕"蘿"，據文意似當作"薙"。

〔七〕"遠"，原作"達"，據《新唐書》改。

〔八〕"八人佾"，據《後漢書》顏師古注，似當作"樂人八佾"。

〔九〕"庠"，原作"席"，據元戴表元《剡源文集》改。

〔一〇〕"敞"，據文意似當作"敝"。

〔一一〕"者"，原作"著"，據《宋元學案》改。

〔一二〕"元"後原衍一"儒"字，據該書刪。

〔一三〕"淵"，原作"圍"，據該書改。

〔一四〕"音"，原作"首"，據該書改。

〔一五〕"山"，據《四書全書總目》及下文小注當作"之"。

〔一六〕"和"，據同上書當作"初"。

〔一七〕"陘"，原作"捏"，據清朱彝尊《經義考》改。

〔一八〕"遵"，原作"宗"，據《論語類考》改。

〔一九〕"疑義",《四庫全書總目》作"疑案"。

〔二〇〕"說郛"後原衍一"錄"字,據該書刪。

〔二一〕"余",原作"令",據《四庫釋地》改。

〔二二〕"依",據文意似當作"低"。

〔二三〕"姤",據《宋史·張九成傳》當作"垢"。

〔二四〕 "孟子篇叙"前原有"趙氏"二字,據清嚴可均《全後漢文》刪。

〔二五〕"聖",原作"望",據同上書改。

經部九

樂　類

《律吕新書》二卷

宋蔡元定撰

建陽蔡氏本。是書刻入《性理大全》，其本不足依據。此本爲蔡氏後裔蔡重所刊，多所補正，故著録之。前有淳熙丁未朱子序。

朱子序曰："古樂之亡久矣。然秦、漢之間，去周未遠，其器與聲猶有存者，故其道雖不行於當世，而其爲法猶未有異論也。逮於東漢之末，以及西晉之初，則已浸多説矣。歷魏、周、齊、隋、唐、五季，論者愈多而法愈不定。爰及我朝，功成治定，理宜有作。建隆、皇祐、元豐之間，蓋亦三致意焉。而和、胡、阮、李、范、馬、劉、楊諸賢之議，終不以相一也。吾友建陽蔡君元定季通，心好其説而力求之，旁搜遠取，巨細不損，積之屢年，乃若冥契，著書兩卷，凡若干言。予愛其明白而淵深，縝密而通暢，不爲牽合傅會之談，而横斜曲折，如珠之不出於盤，其言雖多出於近世之所未講，而實無一字不本於古人之成法。用其半生之力，以至於一旦豁然，融會而貫通焉，斯亦可謂勤矣。"

朱子曰："季通律書，法度甚精，近世諸儒皆莫能及。"又曰："季通律書分明是好，卻不是臆説，自有依據。"又曰："季通理會樂律，大段有心力，看得許多書。”

劉文簡曰：“先生天資高，聞道早，於書無所不讀，於事無所不講；明陰陽消長之運，達古今盛衰之理；上稽天時，下考人事。文公嘗曰：‘人讀易書難，季通讀難書易。’又曰：‘造化微妙，惟深於理者識之。吾與季通言而未嘗厭也。’”

黃竹節曰：“《律呂書》蓋朱、蔡師弟子相與成之者。朱子與西山書云：‘但用古書或注疏，而以己意〔一〕附其下方，甚簡約而極周盡，學者一覽可得梗概。其他推説之泛濫，旁正之異同，不盡載也。’”

文光案：《後漢·律志》：“京房曰：‘十二律之變，至於六十，猶八卦之變至於六十四也。宓義作《易》，紀陽氣之初，以爲律法。’劉歆曰：“太初歷法生於律，律法生於《易》，宓義畫卦由數起。此律之始也。”《前志》：“漢太初以律起歷，曰：夫律，陰陽九六爻象所從出也，故黃鍾紀元氣之謂律。律，法也，莫不取法焉。”毛爽《律譜》云：“黃帝遣伶倫氏取竹於嶰谷，始造十二律。”先制黃之宮，竹長三寸九分，次制十二竹箭，爲六律六呂。《呂覽》：“黃鍾之宮，律之本也。”又云：“黃帝作律，以玉爲管。舜時，西王母獻昭華之管，以玉爲之。”詳見《西京雜記》。《拾遺記》：“黃帝吹玉律，正璇衡。”《帝王世紀》：“黃帝吹律，定姓。”《舜典》：“同律度量衡。”《晉志》：“汲郡發冢，得古周時玉律。”《六韜》：“太公曰：‘律管十二，其要有五音，可以知敵。’”三軍消息勝負。階〔二〕盧賁曰：“殷人以上通用五音。周武克殷，其音用七。”《淮南子》：“周有七律，增琴爲七絃。”《左傳》注：“武王伐殷，自午及子，凡七日，因此數合聲，謂之七音。”《通典》：“周加文、武二聲。”《兵書》武王出兵之書。曰：“太師吹律合音。”《隋志》《推七音》二卷并尺法。《唐志》《推七音》一卷。

《周七律記》：“七律，周武王之樂也。”《論衡》：“孔子吹律，自知殷之苗裔。”《史記》：“漢家言律歷者，本張蒼。”著書十八篇，言陰陽律歷事。《宋志》：“蒼始定律歷。”《前志》：“凡律度量衡用銅者，所以同天下，齊風俗也。”《大戴禮》：“太師吹銅。”漢太常銅律。《平紀》：“召天下通知鍾律者。”志云：“白餘人京房好鍾律。”《藝文志》“五行”有《鍾律災應》廿六卷、《鍾律叢辰日苑》二十二卷、《鍾律消息》二十九卷、《黃鐘》七卷。《隋·牛弘傳》引劉歆《鍾律書》。《明紀》：“靈臺，望元氣吹時律。”注：“時律，即《月令》孟春律中太蔟之類。”漢殿中候氣，用玉律十二，靈臺用竹律。竹管飛灰，見漢、晉《志》。《通典》：“晉荀勖[三]造新律笛十二枚，以調律吕，正雅樂。”《隋志》：“宋太史錢樂之用京房之術，得三百六十律，日當一管。”《後魏·樂志》：“安豐王延明監修金石，博採古今樂事，令信都芳考算之。芳撰延明所集樂説并諸器物準圖二十餘事注之。”《唐志》：信都芳《器準》三卷。《隋志》：“梁武帝作《鍾律緯》，論前代得失。”《通鑑》：“上素善音律，自製四通十二笛。”《隋志》：《鍾律緯》六卷，梁武帝《樂論》三卷，《樂義》十一卷。隋得陳氏律管十二枚，作《律譜》，更造樂器。《樂志》：“隋代雅樂，唯奏黃鍾一宫，其餘聲律皆不復通。”《會要》：“唐初文收以蕭吉《樂譜》未甚詳，取歷代沿革，截竹爲十二律吹之，備盡旋宫之義。”《唐志》：“文收既定樂，復鑄銅律三百六十、銅斛一、銅秤二、銅甌十四。”《藝文志》：《十二律譜義》一卷，元憼《樂略》四卷，又《聲律指歸》一卷。劉貺《大樂令壁記》見《玉海》。説樂最詳。宋建隆元年重造十二律黃鍾九寸管。乾德四年造拱宸[四]管。初名叉手笛，樂工執持之，時有拱揖之狀，請改爲拱宸管。大駕鹵簿鼓吹，拱宸管三十六人。《至道十二律圖》三十七卷。《實録》：“咸平四年，用隨月律，樂工二百餘人，無藝者甚衆，差官考詳。景祐二年，李照進《十二律圖》。康定元年，阮逸上《鍾律制議幷圖》三卷。景祐元年，帝御觀文殿，觀律準，周顯德六年，王朴依京房爲律準。御筆篆寫‘律準’字於其底。”律準十三絃。蔡氏曰：“晉氏而下，多求之金石；梁隋以來，又參之秬黍；下至王朴，專恃累黍，而金石亦不復考矣。”朴所作樂，至宋用之不變。元豐二年，楊傑上《大樂十二均圖》一卷。沈括《樂律》一卷。見《夢溪筆談》。《政和黃鍾祉〔五〕角調》，《書目》二卷。元代無論律之書，惟劉瑾《律呂成書》二卷，散見於《永樂大典》。前明《樂律全書》，視蔡氏《新書》爲優。康熙五十三年，聖祖仁皇帝御纂《律呂正義》五卷，爲律歷淵源之第二部，所謂“金聲玉振，集萬古之大成”者也。

《律呂新書》二卷

宋蔡元定撰

抄本。上卷爲《律呂本源》，凡十三篇；下卷《律呂新論》，凡十篇。

《樂律管見》曰：“十二律候氣之法，相傳已誤。候氣之用黃鍾之管，候子月冬至之氣，餘月則否，蓋古法占候恒在歲始，冬至，陽氣之始也。氣在地中，無形可見，故以黃鍾之管候之。冬至之日，氣至灰飛，則氣節相應，是謂和平。若灰飛在冬至之前後，則爲太過、不及，於是乎有占。若丑月，陽氣未出地中，候之猶可；寅月以後，陽出地上，又何候乎？況午月以後，陽氣皆自上降下，又安有飛灰之理？故謂十二月皆以律管候氣者，非也。”文光案：《續漢志》：“殿中候氣用玉律，惟二至乃候。”

《簡明目錄》曰：“候氣之說，萬不可行。”文光案：《隋志》：“毛爽《律譜》云：‘魏杜夔制律呂以候氣，灰悉不飛。’”《通鑑》：“隋開皇十三年，牛弘使祖孝孫等定雅樂，從陳山陽太守毛爽受京房律法，布管飛灰，順月皆驗。”

朱氏曰：“候氣之說，六經不載。《月令》律中某某之文，蓋以按月奏樂言耳。鄒衍吹律生黍，京房吹律知姓，亦無吹灰之說。或謂始於蔡邕，然邕《月令章句》亦惟按月奏樂。《前漢志》言律甚詳，亦無吹灰之說。其說蓋始於後漢。隋唐已後，疏家遞相祖述，遂爲定論矣。按後漢、晉、隋《志》所載候氣之法，其說亦各有異同，總似道聽塗說，未嘗試驗耳。”又曰：“元定言累黍不足取，候氣之法又多無證。聖人制律之準，所謂累黍是也。歐陽修、司馬光之論得之矣，而元定乃反之，不亦謬乎？”又曰：“蔡元定之律失之短，李照之律失之長，皆非中聲。”又曰：“蔡元定之法，備載性理書中，朱子因之，著於《儀禮通解》，其說益詳。儒者所明，惟律之理，至於聽音，或未盡善。夫審音乃樂律之本，豈徒空言已乎？”文光案：《律呂精義》多駁蔡氏之說。蔡氏拘於古法，又不通算術，故不若朱氏之精實。

　　《樂經元義》曰：“氣無微而不入者也。十二管飛則皆飛，不飛則皆不飛。如吹灰之說，是氣爲有知，擇管而入；管爲有知，擇氣而施。天下安有是理乎？其說始於張蒼、京房，劉歆又傅會以五行之說，叛於先王之教矣。”文光案：“冬至候氣”，緯書之文。律以和聲爲要，候氣之法乃其一端，存而不論可也。

　　任氏曰：“氣非管之可候也。爲是說者，必實不知音而託此以自遁。謂審音非難，定律爲難，候氣而氣不應，則律不定，律不定則音不可得而正，猶方士言三神山可望不可及，將至，風輒引而遠之耳。《吕氏春秋》曰：‘斷竹長三寸九分，吹之以爲黄鍾之宫。’是最短者，黄鍾之宫也。《史記》之言曰：‘置一而九三之以爲法，實得九寸，命曰黄鍾之宫。’是最長者，黄鍾之宫也。是後宗《史記》者爲蔡氏，宗《吕覽》者爲王氏，以二說較之，十二律尺寸無一同者。十二律者，十二月之象也。黄鍾子，大吕丑，太簇寅，以爲春；夾鍾卯，姑洗辰，仲吕巳，以爲夏；應乾之六爻。蕤賓午，林鍾未，夷則申，以爲秋；南吕酉，無射戌，應鍾

亥，以爲冬；應坤之六爻。此《周易》，即周正之説也。商正丑，
夏正寅，春秋之月改，而黃鍾之爲子，蕤賓之爲午，一定而不可
易。《史記》以黃鍾爲冬至矣，而其注黃鍾九寸是陽，方始而已極
也。有遞降，無遞升，是天地之氣，十二月皆降，惟冬至一日驟
升也。無怪乎以其法候氣，而無一管之應也。則不如王氏宗《吕
覽》之遞升遞降，衷諸理而可信也。”釣台説，録於《清芬樓集》。

《樂原》曰：“樂本乎律，律始於數，正於度。度盍從而正之？
曰以候氣正之。何以知其然也？古者有累黍之法。黍之爲物也，
大小不齊，就其中者，從累之而然，橫累之而否，是故不可以爲
定法也。必擇土中使善歷者候氣焉。氣應則律正，律正則度正矣。
較之累黍之爲，不亦善乎？律之長短，鄭氏之法不可易也。是其
上下之所以相生也，所以隨時而變易也。夫音之清濁，定於管之
長短，凡其空圍則一而已矣，非有大小之異也。先儒制律，有大
小之異者，非愚之所知也。律不可以徒律，徒律不可以爲樂，必
先之以音而後樂生焉。用之而天地應，鬼神格，人民和，故曰移
風易俗，莫善於樂。世衰道微，流爲賤工之事，爲士者益恥之，
豈特不以爲己任而已哉！然樂之所以動天地，感鬼神，移風易俗
者，不可毫釐差也。《禮運》曰：‘五音六律，十二管還相爲宮。’
謂律之各自爲宮，而商、角、徵、羽從之也。仲冬之月，樂中黃
鍾。夫黃鍾爲宮，則太簇爲商，姑洗爲角，蕤賓爲變徵，林鍾爲
徵，南吕爲羽，應鍾爲變宮，此自然之理也。還之於律，而七音
備矣；被之於器，而八音諧矣。大吕而下亦猶是也。今之樂，以
四清混於七音之中，豈不謬乎？黃鍾爲衆律之祖，宮聲爲衆音之
君，皆尊而無二者也。惟其然也，是以有清聲焉，此聖人作樂之
妙用也。還宮之法，黃鍾之均無清聲，謂黃鍾爲宮，則商、角、
徵、羽以漸而清，自然順序，不待用清聲也。大吕爲宮，則黃鍾
爲變宮。還宮之法，宮爲濁，變宮爲清。若乃大吕均以黃鍾爲變

宫，則是變宫反濁於宫矣。是上陵之漸也，而可乎？於是以黃鍾之清聲代之。夫清聲者，豈於十二律之外，他有所謂清聲者哉？黃鍾之爲四寸二分寸之一，是黃鍾之清聲也。豈惟黃鍾爲然？十有二律皆有之。今也不然，四清之外無有也。必欲復古，則當復八清，八清不復，而欲還宫以作樂，是商、角、徵、羽重於宫而臣民事物上陵於君也。此大亂之道也。"録於趙文敏《松雪集》。

《琴原》曰："琴也者，上古之器者。所以謂上古之器者，非謂其存上古之制也，存上古之聲也。世衰道微，禮壞樂崩，而人不知之耳。琴絲，音也，非絲無以鳴。然而絲有緩急，聲有上下，非竹無以正。竹之爲音，一定而不易，是以用之正緩急而定上下也。是故音有十二均，調琴之法亦有十二，而世俗一之。黃鍾之均，一宫、二商、三角、四徵、五羽，六、七比一、二，大吕、太簇如之。夾鍾之均，二宫、三商、四角、五徵、一羽，六、七比一、二，姑洗如之。中吕之均，三宫、四商、五角、一徵、二羽，六、七比一、二，蕤賓、林鍾如之。夷則之均，四宫、五商、一角、二徵、三羽，六、七比一、二，南吕如之。無射之均，五宫、一商、二角、三徵、四羽，六、七比一、二，應鍾如之。如之者，非同之，如其徵之應而緩急不同也。苟爲不同，則曷從而正？曰以管正之也。黃鍾之均，一絃爲宫，吹黃鍾之管以合一絃，而後絃正。自是以降，以大吕合大吕，以太簇合太簇，無不正矣。夾鍾之均，二[六]絃爲宫，合之無以異也。中吕之均，三絃爲宫，合之無以異也。夷則之均，四絃爲宫；無射之均，五絃爲宫，合之無以異也。此十有二均之大略也。夫一絃爲宫者，至五絃而止。五絃而止者，五音之外不可加也。二絃爲宫者，一絃還而爲羽，羽不可以濁也，故以六絃代之。三絃爲宫者，一、二還而爲徵羽，徵羽不可以濁也，故以六、七代之。其正體不出乎五絃也。其所以七絃者，亦清聲還宫也。至於四絃爲宫者，則羽不足矣，不亦窮乎？曰羽在三絃七徽之上，以按聲求之，亦清聲也。此琴之大略也。」

文光案：《松雪集》之最可傳者，莫如《樂原》、《琴原》二篇。其集流傳甚罕，至明刻而《琴原》已亡。今得元本，恐其終佚，遂錄於此。至子昂之妙解音律，《元史》本傳著之。《剡源集》有《琴原律略》一跋，言之更詳，兹不復贅。

《樂律全書》四十二卷

明朱載堉撰

原本。是書凡十二種。《律呂精義》內篇十卷，外篇十卷，《律學新說》四卷，《鄉飲詩樂譜》六卷，《曆學新說》即《聖壽萬年曆》。三卷，附《曆學融通》二卷，以上五種共三十五卷，《新說》、《融通》與《簡明目錄》所著卷數不合。《樂學新說》，《簡明目錄》有《算學新說》，此本無之。《操縵古樂譜》，《六代小舞譜》，《小舞鄉樂譜》，《四庫書目》無《鄉樂譜》。《八佾綴兆圖》，《靈星小舞譜》，《旋宮合樂譜》，以上七種無卷數，各自爲卷。共四十二卷。予所見俱非足本，惟此本爲完全，因著錄之。《聖壽萬年曆》，《簡明目錄》入天文類，故卷數與此不合。《律呂精義》最精深，勝蔡氏書。

朱氏自序曰：「《律呂精義》乃臣父之遺志，而臣愚所述也。分爲內外二篇。內篇主聲數者爲本，外篇主辨論者爲末。雖則祖述前賢，師法往古，然非宋以來曆家常談也。臣父恭王厚烷及臣外舅祖都御史何塘，此二臣穎悟超卓，論議精當，蓋多前賢所未發者。若論先天八卦，橫圖則乾左坤右，縱圖則乾上坤下，以證前賢方圓之誤。若論黃鍾九寸，縱黍則八十一分，橫黍則百分，以證前賢九十分之誤。與夫援笙[七]證琴，則知琴均當具七音；援琴證律，則知律數惟止[八]十二。蓋有變聲而無變律，陳暘、蔡元定所見皆非是。凡此之類，皆出二臣自悟，而非先儒之所授也。

臣父嘗曰：‘六經有聽律之文，無算律之說。律由聲制，非由度出。黃鍾之聲既定，則何必拘九寸？執守九寸爲說，誤矣。況又執守王莽尺與斛銘，不亦誤甚乎？蓋律家所謂三分損其一者，猶曆家所謂四分度之一也，皆大略之率耳。自漢劉洪已來千有餘載，疑四分度之一者，疑之轉深而轉密；信三分損其一者，信之彌久而彌疏。何律、曆二家，愚智相較，霄壤相縣也？夫數以理爲本，而人心之靈，又理數之本也。彼於冥冥之中，固有昭昭者存。援笙證琴，昭然易曉；援琴證律，顯然甚明。仲呂順生黃鍾，返本還元；黃鐘逆生仲呂，循環無端：實無往而不返之理。笙琴互證，則知三分損益之法非精義也。’臣聞此語，潛思有年，用力既久，豁然遂悟。除係曆法者別著成書外，係律法者，名曰《律呂精義》。其內篇之目曰‘總論造律得失第一’，‘不宗黃鍾九寸第二’，‘不用三分損一第三’，‘不拘隔八相生第四’，‘不取圍經皆同第五’，‘新舊法參校第六’，‘新舊律試驗第七’，‘候氣辨疑第八’，‘旋宮琴譜第九’，‘樂器圖樣第十’，‘審度第十一’，‘嘉量第十二’，‘平衡第十三’。外篇之目有八，其大概皆古今樂律雜說，而爲新論附焉。臣自序爲書之意曰：歷代諸史志，其言駁雜，取舍失當，無足觀者，莫如律曆與樂，蓋由六藝殘缺，聲調、數術知之者鮮故也。班《志》文藻足以動人，識者議其辨而非實，蓋文勝於質也。自是而後，相繼作者，或失之疏略，或失之冗瑣。舍本從末，何益於事？雖有，不如無也。歐陽撰《唐書》，獨志曆而遺律。脫脫撰《宋史》，懲修之弊，載律差詳，然亦摭其末而遺其本。且如蔡元定《律書》，每條所引舊說，乃其經也，本也；其自辨論於各條下，乃其傳也，末也。《宋志》悉刪其本，惟載元定之辨，使不見原文者，不知此論從何而發。律曆之學，以聲數爲至要。聲者，合、四、一、上、勾、尺、工、凡、六、五之類是也。數者，一、二、三、四、五、六、七、八、九、十之類是也。

前賢多不留心於此，故於論數目、尺寸、聲調、腔譜處率刪去之，此則史家之通弊也。夫樂也者，聲音之學也；律也者，數度之學也。欲志樂律，宜詳其本。漢初制氏世在樂官，但能紀其鏗鏘鼓舞，而不能言其義，可謂知其本矣。齊、魯、韓、毛能言《詩》之義，而不知其音，樂律之本亡矣。太史公《律書》，其最要者，末後‘生鐘分’百三十五字耳。餘說嫌多，刪之可也。班固釋五音曰：‘宮，中也，居中央，暢四方，唱始施生，爲四聲綱也。’釋六律曰：‘黃鍾者，陽氣施種於黃泉，孳萌萬物，爲六氣元也。’夫音律之有名，猶人名耳。丘垤之‘丘’，孔子取之；轗軻之‘軻’，孟子取之。孔、孟之德，豈在名乎？聲音有高下而莫能識別，古人强以宮商名之，而又强名爲黃鍾等，正猶此耳。初無別義，以義解律，漢儒之穿鑿也。臣此書論聲調、數術，惟恐忽略，矯史家之弊也。”此序作於萬曆丙申。

鄭世子曰：“律非難造之物，而造之難成，何也？推詳其弊，蓋有三失：王莽僞作，原非至善，而歷代善之，以爲定制，根本不正，其失一也；劉歆僞辭，全無可取，而歷代取之，以爲定說，考據不明，其失二也；三分損一，舊率疏舛，而歷代守之，以爲定法，算術不精，其失三也。制律之初，未有度也，度而未有，何以知黃鍾九寸哉？黃鍾九寸之說，始於漢儒，以前無是說也。虞夏之尺，黃鍾之長爲十寸。夫律呂之理循環無端，而秒忽之數歸除不盡，此自然之理也。歷代算律，秖欲秒忽除之有盡，遂致律呂往而不返，此乃顛倒之見，非自然之理也。新法相生有序，循環無端，十二律呂一以貫之，此蓋二千年所未有也。古人算律，有四種法：其一出太史公《律書》‘生鍾分’。按：‘生鍾分’者，三分損益之舊法也。其二出京房律準及《後漢志》。其三出《淮南子》及《晉書》、《宋書》。其四出《後漢志》注引《禮運》古注。按：此九分爲寸之舊法也。語簡義精，爲律學之切要。今本注疏無此文，不可考也。朱子、蔡元定皆宗九分爲寸之法，而不引此爲證，蓋未之詳考耳。其一，以黄鍾爲十寸，每寸十分。其二，以黄鍾爲九寸，每寸十分。其三，以黄鍾爲八寸一分，不作九寸。其四，以黄鍾爲九寸，每寸九分。出《周禮注疏》者，係鄭氏算法；出《性理大全》者，係蔡氏算法。二家律實同而算法不同。金、元《樂志》所載歷代樂律制度因革損益甚明。宋大晟〔九〕樂即方士魏漢津所造，取徽宗指寸爲律者也。朱子所謂崇宣之季，姦諛之會，黥涅之餘，不足以語天地之和，指漢津〔一〇〕而言也。其樂器等，汴京破，没入金，改名‘太和’。金亡入元，改名‘大成’。元亡，樂歸我國，至今用之。漢津之杜撰，無敢議其失者，理不可曉，故編著是書，以俟知樂君子。歷代論律吕，惟《唐志》知制律本旨，非京、劉、班、馬所及。至於‘緱山跨鶴’、‘秦樓引鳳’、‘寒谷生黍’、‘緹室吹灰’，此類皆邪説也。劉濂指《詩經》即樂經，其論甚精。劉曰：“三百篇者，樂經也。所謂詩者，以辭義寓乎聲音，以聲音附之辭義，讀之則爲言，歌之則爲曲，被之金石絃管則爲樂。三百篇非樂經而何哉？”王廷相辨候氣之謬，誠爲卓見。王曰：“律以候氣，鄒衍、京房謬幽之説耳。”《旋宫琴譜》二卷，凡《大雅》皆宫調曲，《小雅》皆徵調曲，周、魯二《頌》皆羽調曲，‘十五國風’皆角調曲。周詩三百篇皆不用商調，惟《商頌》五篇皆商調。《通考》：‘李照改制大樂。’《玉海》：‘韓琦言照樂不合古法。’”以上録於本書。

　　文光案：凡考律度量衡者，宜視此書，與《六經圖》所繪不同，説亦大異。蓋舊圖照舊本翻出，説多不明；此則出於得，又兼之以考證，固大有益於經義矣。是書流傳甚少，間有臧者，亦束而不觀。昔年讀性理書，律吕之説，究不能明。後獲此書，乃得其解。律吕本簡切，雜以幽渺之説，遂有所難通。凡書有正説，即有旁説，去其支蔓，而後得其本真，無論讀何書，皆宜如此。凡識見高、用力深者，僅僅能

說得明白。其說之幽僻者，似深而實淺。此亦讀書者所當知
也。又案：劉濂以《詩經》爲樂經，其說未允。夫子刪《詩》
正《樂》，原是兩事；興於詩，成於樂，亦是兩說，恐未可合
而爲一也。夫《三禮》猶分爲三經，豈有《詩》與《樂》合
爲一經者乎？如其說，則歷代樂章列之於史，即可當樂志乎？
予故不敢信其說也。《禮記》“春秋教以禮樂，冬夏教以
《詩》、《書》”，樂與《詩》教不同時。且《詩》、《書》、
《禮》皆有書，樂必不能無書。其《樂經》之缺亡，亦如射、
御、書、數之缺亡。今不疑射、御、書、數之皆亡，而獨疑
《樂經》之不亡，孟子所謂“惑之甚者也”。

《苑洛志樂》十三卷

明韓邦奇撰

吳氏刊本。康熙二十年，孟長安精律呂。修補，吳萊重刊，皆
有序。前有嘉靖己酉趙瀛序、韓氏自序、楊繼盛後序。凡《金》
一卷，《律呂直解》。《石》三卷，《起調則例》一卷、《三祭》一卷、《七享》一
卷。《絲》一卷，《樂儀》。竹二卷，《虞樂》一卷、《周樂》一卷。《匏》一
卷，《樂器》。《土》二卷，《革》一卷，《舞象》。《木》二卷，《歷代制
議》。與《簡明目録》所著不同。原本二十卷，其板已毀。原本有
衛序，此本無之。孟序謂“照原板修補”，吳序謂“卷帙如舊”，
而卷數不合，不知何故。或吳刻之後別有修之者，合併卷帙，然
亦無序跋可考。韓氏《志樂》用功甚深，當時亟稱之。原本始刻
之日，九鶴飛舞於庭，識者以爲是書感通所致，然不免神其說矣。
倪元坦有《志樂節略》三卷，見《讀易樓合刻》。雜采諸書而成，非韓
書之節本也。

韓氏曰：“周人忌商，故《周禮》大司樂三祭之樂但言宮、
角、徵、羽，而不言商。”又曰：“忌商之說有二：一說，商，金

音，金尅木，故忌之；一説祭尚柔和，商，堅剛也。"本鄭康成。又曰："周之樂歌又專用宮、徵、商、羽，始終不用角，未詳其義。"

倪氏曰："周以木德王。羽，水律也，故周樂起羽。"又曰："周之樂起調無宮。"

文光案：忌商之説，《律吕精義》中言之甚詳。周代商，故忌商，如屋社之義。《漢書》："文帝時，得魏文侯樂工竇公，年一百八十歲，出其本經一篇，即《周官·大司樂》章。"後遂以此章爲古《樂經》。朱氏《律吕精義》詳爲之注。李文貞公著《古樂經傳》五卷。《樂經》雜取經史之言樂者爲之注，附《樂記》爲《樂教》、《樂用》二篇，多取《禮記》，其書在全集中。

《樂律表微》八卷

國朝胡彦昇撰

《耆學齋》本。乾隆十年校刊。前有沈孟堅、戚振鷺序。是書因朱子禮書鍾律篇，参以史志及諸儒之説，而附己説於後。其總目有四：一、律度，二、審音，三、聲調，四、考器，各分上下卷。

沈氏序曰："夫所謂古樂者，得其中聲而已。中聲者，人聲也。吾邑胡竹軒同年，審人聲高下之中，合於簫色適中之調，以著其中聲，確然有一定之位而不可移易，乃稽諸經傳，旁採衆説，折衷於朱子，作《樂律表微》。是書即現在所用之器，明古聖之法，以正舊説之謬，所以合於古而又通於今也。至以子律之半聲證中聲之前段，發明朱子之意，尤爲精確。其他論辨皆有所據。"

戚氏序曰："辛巳之春，翠華南幸，竹軒跪進此編。上命宣付內館，并賜庫緞二端，一時傳爲榮遇。同年研圃使君慨分清俸，刻梓以傳。"

胡氏曰："温公云：'自漢以來，儒者以其胸臆度古法，牽於文義，拘於名數，較竹管之短長，計黍粒之多寡，競無形之域，訟無證之庭，非后夔復生，莫之能決。'《宋史》謂宋世爲鍾律之學者，大都非心洞玄解，而馳騁於論議，故莫能有定。《明史》論明代之制作，大抵襲唐宋元人之舊，而稍更易其名。安溪云：'近代言樂者，各以其意爲説，絕無所依據。'由是觀之，自漢以來，諸儒之論樂，率不免臆度、蹈襲二者之弊，而終無一定不易之論也。"又曰："八音，金石爲重。樂器形制〔一〕，今見聶氏《禮圖》者，輾轉摹刻，或非其舊本。"

毛氏曰："管子言五音之數，即《史記·律書》所本。然不及十二律，而《律書》并及之。《律書》者，曆書也。遷本太史令，係作曆之官。作曆者，必及律，徒以午〔一二〕通於聲，辰通於律，往往參互言之。然要是歷律與樂律不同，故復作《樂書》。"録於《竟山樂録》。

《律吕古義》六卷

國朝錢塘撰

原本。明吕懷撰《律吕古義》三卷，去此書遠矣。吕非通律者。溉亭精於律吕推步之法，非吕所及。

錢氏自序曰："古之律傳而尺不傳，律法待尺以爲用，尺不傳則律不傳矣。自荀勗以劉歆銅斛尺爲周尺，載於史志，莫有知其非者。予得慮傂尺，知勗所謂周尺之即漢尺。復得周尺，知漢尺之非周尺。因周尺以求律尺，得今車工尺之八寸一分，蓋周本八寸尺，不可以制律。律必用十寸尺，即昔人所云'夏尺'者。然則周不能自用其尺制律，後人顧必曰周尺哉？古律當無異度，周必因乎夏商，夏商必因乎唐虞，十寸尺之爲二帝三王時律尺明矣。周尺傳而律尺傳，律尺傳而古律已無不傳，其愈於用漢尺也不遠乎？然予之爲此書，非徒傳古尺而已，兼以明律法焉。夫累黍尺之千二百，不能實八百十分之管也；考律之不必千二百黍也；徑三分之積，不盈八百十分也；周鬴之非兼用八寸、十寸尺也；後周玉律至隋而失其本數也；雅樂、燕樂之調法不同也；中管調器之非律呂元聲也；校律之用尺積也；今權之用何度也：皆律家所當知者也。不知實管之宜異黍，則容受必不符；不知考律之用方龠，則黃鍾必非八百十分；不知徑三分之積六百四十分，則必以方徑爲員徑；不知周鬴止用十寸尺，則聲不能中黃鍾之宮；不知玉律之積數增多，則《隋志》錯誤之故不明；不知雅樂、燕樂異調，則《郊廟》與《房中》無別；不知中管之非元聲，則八音俱乖本律。不知校律用尺再乘方，則得數必舛；不知今權所用之度，則不能審古物之應律與否：如是而律不可通矣。夫言律必求其實，用律之數寓於度量權衡，而其聲應乎金石絲竹。律本無不通，故以是數物爲其用，通則有法焉，即黃鍾之律是也，故曰爲萬事根本。”

《校度篇》曰：“《晉志》列十五等尺，以晉前尺爲主，謂之周尺。《玉海》列六等尺，以司馬公所摹高若訥漢泉尺爲主，謂之周尺。其時漢尺之外，實未見周尺也。今曲阜孔氏所藏漢廬俿銅尺，建初六年八月造，當今工匠尺七寸四分，與《晉志》云‘晉前尺’即劉歆鍾律尺、建武銅尺者正同，即司馬公家周尺亦無不同也。周尺今藏曲阜顏氏，以今匠尺校之，長六寸四分八釐。昔人以漢尺爲周尺者，非也。周有八寸、十寸尺，以顏氏四分加一，得今匠尺之八寸一分，是爲古十寸尺，昔人謂之夏尺，別於周也。商尺，蔡邕言長九寸，鄭樵言長一尺二寸半。按《考工記》夏后氏世室度以‘步’，殷人重屋度以‘尋’。步長六尺，十寸尺也；尋長八尺，八寸尺也。殷制用尋，明別無殷尺矣，蓋二尺三代同用也。蔡説出自臆撰，鄭樵則據三司尺言之。三司尺，范景仁謂之黃帝時尺，雖未可信，要非宋始有之。以漢尺推算，當長一尺三寸五分，即今匠尺也。三司尺之八寸一分，即古十寸尺。十寸尺制律，三代當同，愈於用漢尺遠矣。沈氏曰：‘古器之最要者，莫如尺。古尺之得中而可考者，莫如周。周之尺不必存於今。荀勗之尺，依《周禮》爲之，與劉歆銅斛尺同，則劉歆、荀勗之尺即周之尺也。劉歆、荀勗之尺亦不必存於今。王莽時所改鑄貨布、貨泉，其存於今者尚多。宋丁度謂校其首足肉好，長廣分寸，皆合正史，則劉歆之尺可知。以今工部尺校泉布，其最完善合正史者，每一寸當今七分四釐，則是今尺之七寸四分，即劉歆、荀勗尺之十寸也。然晉田父所得周玉尺比勗長七釐，姑洗玉律則微強，西京銅望臬則微弱，是古尺亦頗有短長，莫之能齊，故必以泉布度之。’又曰：‘黃鍾已成，度以十寸尺，以起度初制。黃鍾度以九寸尺，黃鍾之數八十一也。’”錄於《果堂集》。朱氏《全書》有尺圖，即依泉布爲之。今工部尺當今裁衣尺之中者，九寸，與匠尺同。

《玉函山房輯樂》十五卷

國朝馬國翰編

《樂經》，《隋志》四卷，不著姓名。《唐志》有李元楚《樂經》三十卷，今并佚。《漢志》云：“魏文侯最爲好古，孝文時得其樂人竇公，葛洪曰：“竇公，庸夫，年幾二百。”獻其書，乃《周官·大宗伯》之《大司樂》章也。”明朱載堉《樂經新說》云：“漢時竇公獻《古樂經》，其文與《周官·大司樂》同。”然則《大司樂》一章即《樂經》可知矣。李相國《古樂經傳》五卷，取《周禮·大司樂》以下二十官爲經，與《漢志》不合，不敢採入。

《樂記正義》云：“劉向校書，得《樂記》二十三篇，著於《別錄》云。鄭氏注《禮》，存其十一篇，序次復先後不同，而《樂記》殘闕，遂非《漢志》之舊矣。案：據《正義》所引《別録》十一篇之次，依舊録之。其缺者十二篇，録存其名。《吕氏春秋》說樂者八篇，疑即《樂記》之佚文，附說於下。”

《樂元語》，漢河間獻王劉德撰。《漢志》：“常山王禹數言其義，獻二十四卷。”《白虎通》引其言。《正義》引《白虎通》，與今本互異，并訂正焉。

《琴清英》，漢揚雄撰。《漢志》載雄所序，三十八篇，有樂四篇，此其一也。清英，猶言菁華。其說《雉朝飛》，爲衛女守貞死，化爲雉，傅母悲之，作此操，與《琴操》、《古今樂録》所云‘牧犢子七十無妻，見雉飛感而作曲’者不同。傳聞異辭，未知孰是。

《樂社大義》，梁武帝撰。《隋志》十卷，今佚。《梁書·樂志》引之。

《鍾律緯》，梁武帝撰。《隋志》六卷。專言鍾律，較驗古尺律最爲明悉。

《古今樂録》，陳沙門智匠《御覽》作“智象”，誤。撰。其書見重於當時，《隋書·律曆志》取之。

《樂書》，後魏信都芳撰。《隋志》七卷，今佚，從《御覽》輯得十節。說古樂器形製甚詳，預及唐事，今并删定。

《樂部》，《隋志》一卷，當是隋季人所作，《御覽》引之，記龜兹、天竺、康國、疏勒、安國、高麗等樂甚詳。

《琴曆》，撰人闕，《隋志》有《琴曆頭簿》一卷，《唐志》作《琴集曆頭拍簿》，即此是也。《初學記》、《御覽》引之，互有同異。凡琴曲三十八，如“中暉清”、“暢志清”、“蟹行清”等六目，他書未見，足資該聞焉。

《樂律義》，後周沈重撰。宋錢樂之衍京房六十律，更增爲三百六十。重爲梁博士時，述其名數。《隋志》四卷，《唐志》作《鍾律》，《隋·律曆志》載其《鍾律議》一篇。

《樂譜集解》，隋蕭吉撰。《隋書·律曆志》引之。

《琴書》，唐趙惟陳撰，《太平御覽》引之。

  文光案：馬氏所輯樂書凡十五種，各爲一卷。劉歆《鍾律書》，無名氏《管絃記》，有目無書，止十三種。朱氏《考》自《樂經》、《樂記》以下，所列凡十二家，存者五家，佚者一家，未見者六家，至明而止，皆取其解《樂經》、《樂記》者，其他樂書不及焉。

莊氏《味經齋遺書·見五經總義類，內有《樂說》二卷。合樂解》“子語魯太師”章。曰：“凡樂始作，太師令奏鼓棘，則鞉、鼓、鎛、鍾[一三]、管、籥、柷，與人聲并作，若一無弗，齊且至焉，是謂‘翕如’。立均、起調在此聲也。於是大琴、大瑟、中琴、小瑟比乎人聲，於是笙鍾、笙磬、竽、笙、簫、篴、塤、篪合以從之。夫鍾以立橫，而不足於從；竹以立會，而不能爲止。石居鍾之間而平之，絲切匏竹之利而幅之以相濟也。夫文繁則必有統也，節疏則必有引也。於是播鞉以導之，鼓棘以引之，徐戛圉以御之，行諸器而爲之小節也。於是奏鼓以會之，擊柷以合之，要諸器而爲之大節也。匏竹聲相續於鞉宜，琴瑟金石聲相離於圉宜。圉有齟齬刻著一節，若五、若七、若九，而柷乃大節之，棘、鞉之節，以赴鼓必如之。夫五聲從而應，不從而不應，間不容髮，故曰細若氣，微若聲，雖有名器，出音有粹駁焉。正其音之主，則其類可班，而其聲可就也。竹之爲正者，爲管籥焉，工師守其均之管，以其調之管而審聽之。金石之爲正者，有鎛、鍾、特磬焉，工師守其均之鎛磬，以其謂之鎛磬而審聽之。竽、笙、簫、篴、塤、篪至其爲調爲均之聲，必正以管與籥焉。鞉與棘實導而引之，俾會於鼓、鍾、磬、琴、瑟，至其爲調爲均之聲，必正以鎛、鍾、特磬焉。圉實止而御之，俾合於柷。金、石、土、革、絲、木、匏、竹八音，咸依於歌。歌以永言，有上有下，有曲有止，有倨有句，端如貫珠，遲速疾徐，依乎搏拊，是謂純如、皦如、繹如。
夫然後大節既立，若六、若八、若九，均乃一變，則磬、管、鞀、
鼓、柷偕歌聲若一而樂闋焉，是曰小成。”

古謂之黃鍾，今謂之合；大呂，四也；太簇，乙也；夾鍾，
上也；姑洗，尺也；仲呂，工也；蕤賓，凡也。七音一終矣。全上。

一曰角爲工，二曰和爲凡，三曰徵爲六，四曰宮爲五，五曰
繆爲乙，六曰商爲上，七曰羽爲尺。全上。

瑟之音若何？曰未聞其詳其略，又不足信也，音之亡久矣。
琴之與瑟，異體而同類者也。知琴則若可以知瑟矣。古之傳琴，
今若存而瑟則亡，將非理盡於琴者乎？《瑟音論》，全上。

右樂類

《隋志》有《樂經》四卷，其書已佚。沈約曰：“秦代滅
樂，《樂經》殘亡。”劉勰曰：“秦燔《樂經》，漢初紹復，制
氏紀其鏗鏘，叔孫定其容與。瞽師務調其器，君子宜正其
文。”《漢志》：“制氏以雅樂聲律世在樂官，頗能紀其鏗鏘鼓
舞，而不能言其義。”章如愚曰：“制氏世爲樂官，所得於竇
公者，惟《周官·大司樂》一章，而河間雅樂之獻，又特采
諸子之言以爲樂。漢學之述古者，止於此而已。”王昭禹曰：
“《周禮》雖出於武帝之世，《大司樂》一章已傳於孝文之
時。”楊繼盛曰：“世之談經學者，必稱六經，然五經各有專
業，而《樂》則滅絕無傳。”葉時曰：“世儒嘗恨六經亡樂書，
然樂不可以書傳也。樂有詩而無書，詩存則古樂傳，詩亡則
古樂廢。今不以樂詩不存爲憾，而徒以樂書不傳爲恨，豈知
先王作樂之本哉？”徐師曾曰：“古有《樂經》，疑多聲音樂舞
之節，而無辭句可讀誦記識，故秦火之後無傳焉。”朱載堉
曰：“古樂使人收斂，俗樂使人放肆。俗樂興則古樂亡，與秦
火不相干也。”朱彝尊曰：“《周官》成均之法，所以教國子樂
德、樂語、樂舞三者而已。樂德則《舜典》‘命夔教冑子’，

數言已括其要。樂語則三百篇可被絃歌者是。樂舞則鏗鏘鼓舞之節，不可以爲經。樂之有經，大約存其綱領，然則《大司樂》一章即《樂經》可知矣。《樂記》從而暢言之，無異《冠禮》之有義、《喪服》之有傳，即謂《樂經》於今具存可也。"文光案：朱氏以《大司樂》一章爲經，以《樂記》一篇爲傳，亦是臆斷。《隋志》所載，乃漢時《樂經》，與古無涉。沈約言《樂經》亡於秦，不知何據。葉氏言詩亡樂亡，亦是一偏之詞。要之古《樂經》之有無不可知，闕疑可也。今所録者凡六家，皆辨律呂明雅樂者，其謳歌末技，弦管繁聲，一概不及。而録諸家《樂經》之説於右，使讀者有考。古云禮樂無全書，其言信矣。

校勘記

〔一〕"意"後原衍一"意"字，據宋朱熹《晦庵文集》刪。

〔二〕"階"，當作"隋"。盧賁，隋人，《隋書》有傳。

〔三〕"勉"，據《晉書・樂志》當作"勗"。

〔四〕"宸"，原作"辰"，據宋沈括《夢溪筆談》改。

〔五〕"祉"，據宋王應麟《玉海》當作"徵"。

〔六〕"二"，原作"一"，據元趙孟頫《松雪齋集》改。

〔七〕"笙"，原作"生"，據《樂律全書》改。

〔八〕"止"，原作"知"，據同上書改。

〔九〕"晟"，原作"成"，據同上書改。

〔一〇〕"津"，原作"律"，據同上書改。

〔一一〕"制"，原作"製"，據文意改。

〔一二〕"午"，原作"干"，據清毛奇齡《競山樂録》改。

〔一三〕"鍾"，原作"鐘"，據該書改。

經部十
小學類一

《爾雅》三卷

晉郭璞注

影宋蜀大字本。《古逸叢書》之一，遵義黎氏覆刊。每葉十六行，每行大字十六，小字二十一。按《古逸叢書》凡二十六種，共二百卷，俱已著録。光緒十年黎庶昌序曰：“予使日本之明年，得古書若干種，囑楊君星吾任校刻。刻隨所獲，概還其真，無復倫次。經始於壬午年，得告成於甲申。以其多古本逸編，遂命之曰《古逸叢書》，而别條叙目如左。”丙戌公車北上，文光得此書於廠中，竹紙初印，墨光射人。其初印白紙者更佳，於老友王文泉處見之。後移板於上海，則連紙刻本也。日本刻工甚精，覆刻影鈔與手書無别。唐絹子本書法勝於石刻，宋板小字若游絲者，中華不能刻也，因以重價得之。其書皆可依據，與鮑氏所刻僞本不同，且悉如舊式，與守山閣所刻改易宋板面目者大異，真堪寶貴矣。星吾名守敬。

黎氏《爾雅》序曰：“此書末有將仕郎、守國子四門博士臣李鶚書一行，爲蜀本真面目，最可貴。宋諱缺‘慎’字，其爲孝宗後繕刻無疑。日本再繙之，今又從再繙本影雕，輾轉撫摹，僅存郛廓而已。按：後唐平蜀，明宗命太學博士李鍔書五經，刊板國子監中。見王明清《揮麈餘録》。《爾雅》在五經外，豈明清舉所見本言與？‘鍔’、‘鶚’不同，據此可以訂誤。”

《經籍訪古志》：“每卷首行題《爾雅》卷幾，郭璞注，次行列書篇目，文字豐肥，楷法端勁。敬、驚、弘、殷、匡、胤、玄、朗、恒、植、真、徵等字欠筆。間有南宋孝宗時補刻，桓、遘、慎三字欠筆。末有‘經凡一萬八百九言，注凡一萬七千六百廿八言’二行。按《揮麈録》：‘明清家有鍔書五經印本，後題長興二年。’是本末題鶚名銜，蓋即後唐蜀本面目之僅存者，豈不最貴重乎？但‘鍔’作‘鶚’，未知孰是耳。”_{文光案：書末鶚所親書名，當以“鶚”字爲是，《揮麈録》不足據。刻《文選》者毋昭裔，清臣誤爲毋丘儉。}

楊氏記曰：“《爾雅》宋刻唯見於邵氏《正義》，阮文達作校勘，第引吳元恭仿宋本及元雪窗書院本。至曾賓谷所刊繪圖本，名曰宋刻，實未定據。馬諒本以下更無譏焉。此間別有松崎復重刊北宋明道小字本，又有明天順胡深等刊注疏本，皆足以互相證驗。而此本尤爲祖禰，因刊之以貽習《蒼》、《雅》者。”又曰：“‘狗四尺爲獒’注，各本有‘《尚書》孔氏曰’云云十五字，此本獨無，與段茂堂説合，洵爲蜀本。”

《爾雅注》三卷

晉郭璞注

順德張氏刊本。此單注附音本。前有郭璞序、嘉慶丁丑張青選刊書跋，次目録。每葉廿四行，每行廿五字。注降一格，中字音義，雙行夾注，内有考證。

張氏跋曰：“嘉慶丙寅重刊福禮堂《周禮》既成，以坊間《爾雅》亦無善本，因集郭璞注、陸德明音義，仿所刻《周禮》，囑海寧朱半塘茂才録成一書，藏之篋笥久矣。今檢出，囑許登三茂才重加校勘，以付剞劂，爲家塾讀本，取其便於初學云。"

《爾雅注疏》十卷

晉郭璞注宋邢昺疏

《文選樓》本。阮氏校刊。

《校勘記》："《爾雅》一書，舊時學者苦其難讀，今則三家邨書塾尠不讀者。文教之盛，可謂至矣。郭注後出，不必精審，而從前古注之散見者，通儒多愛惜擭拾之。若近日寶應劉玉麐、武進臧庸，皆采輯成書，可讀。邢疏在唐以後，不得不綷唐人語爲之。近者，邵晉涵改弦更張，別爲一書，與邢并行，時出其上。顧邢疏列學官已久，士所共習，而經、注、疏三者皆訛舛日多。俗間多用汲古閣本，近年蘇州翻板尤劣。元搜訪舊本，於唐石經外，得明吳元恭仿宋刻《爾雅》經注三卷、元槧雪窗書院《爾雅》經注三卷、宋槧《爾雅》邢疏未附合經注者十卷，皆極可貴，取以正俗本之失。《經典釋文》此經爲最詳，仍別爲校訂。若夫《爾雅》經文之字有不與《經典》合者，轉寫多歧之故也。有不與《說文》合者，《說文》於形得義，皆本字本義；《爾雅》釋經，則假借特多，其用本字本義少也。"

《經籍跋文》："《爾雅疏》，宋刻本十卷，每半葉十五行，行三十字，凡六册。中有文淵閣印，審係明內府舊儲。宋錦作韜，外用香枬製匣，籤題、名目一一精良。經文與唐石經合者居多，注文亦遠勝今本，而疏文完善。後來所刻妄加删改，誤處甚多。'陸機'皆從王元板《詩疏》，多作'機'。俗間《詩疏》盡改玉旁，皆爲《資暇集》所惑。"

《爾雅注》三卷

宋鄭樵撰

汲古閣本。前有鄭樵前後二序，後有毛晉跋。

鄭氏自序曰：“《爾雅》訓釋六經，極有條理，然只是一家之見，又多徇於理而不達乎情狀，故其所釋六經者，六經本意未必皆然。樵酷愛其書得法度。今之所注，只得據《爾雅》意旨所在，因採經以爲證，不可叛之也。其於物之名大有拘礙處，亦略爲之撕正云爾。”此前序也，後序專言昧於言理、不達物之情狀。

毛氏跋曰：“舊有《爾雅注》十餘家，如劉歆、樊光、李巡、孫炎、沈旋、施乾、謝濟諸子爲尤著，先輩病其漏略，湮而不傳。惟郭景純考采二九載，詮成三卷，最爲稱首。第晉代迄今幾千餘年，況本文多江南人語，而郭氏居河東，古今世殊，南北俗異，意義音聲之間，誠有未盡合者。迨宋邢昺、杜鎬九人疏之，非不詳洽。漁仲又懼後人舍經而疑箋注，復舍箋注而泥己意，別出手眼，採經爲證，不畔作者本旨。郭氏所謂‘擁篲清道，企望塵躅者’，其在斯乎？余家向藏抄本，未甚精確。客秋，從錫山購得殘編數籠，獨斯帙完具，實南宋善板。狂喜竟日，亟授梓人。其間淆訛，一一更定。又有脱落數條，未見其注，何似不敢妄補，始信落葉難掃，雖宋刻不無遺憾云。”

《爾雅翼》三十二卷

宋羅願撰

明本。錢唐胡文煥校刊，萬曆乙未秣陵陳邦泰書，有自序。是書融貫諸書，折衷一是，引證甚精確，自詡非過，且多所定正。如“守宮”爲“蝎虎”，“蛇醫”即“蛇師”，吾於是書始得其解。其他可爲《本草》之助者尤多。凡草木蟲魚諸書，類繁易厭，此書觀之不厭，斯其所長也。

羅氏自序曰：“惟宋十一世淳熙改元，羅子次《爾雅翼》，定著五萬餘言。《爾雅》博洽雅馴，起於漢世，學者自爲顓門，欲輔成《詩》道，庶撝旁穿，萬物異名，始著於篇。先師説之，義多不鮮，由古學廢絕，説者無所傍緣；風土不同，各據所偏；江南之產，踰北而遷，至其語音，亦不相沿。羅子疾之，乃探其源，因《爾雅》爲資，略其訓沽，山川星辰，研究動植，不爲因循。觀實於秋，玩華於春，俯瞰淵魚，仰察鳥雲，山川皋壤，遇物而欣。有不解者，謀[一]及芻薪。農圃以爲師，釣弋則親，用相參伍，必得其真。不强所不知，義無不安。可用閲覽，虞悦性情，玩化無窮，以觀我生。率是佐時，人主以裁成。通之於六籍，疑義以明。千世之下，與《雅》并行。後有子雲、君山之疇，乃知其精。雅道復顯，功亦宏矣。”

王氏曰：“《爾雅翼》自序皆四言，間雜五六言，叶韻，文甚奇肆。洪炎祖爲之注，序之變體也。端良以淳安縣社壇、陶令祠堂二記得名，小集五卷，宋景濂、蘇平仲爲序。宋序亦仿《爾雅翼》序體，而不及遠矣。趙忠毅公《閑居擇言》曰：‘宋鄂州知州羅願，以父汝楫爲御史時嘗附秦檜論岳武穆，不敢入武穆廟。一日，自念吾政善，姑往祀之，再拜遂卒。’鄂州凜凜，爲乾道、淳熙間名臣，其卒，朱子尤痛惜之，恨未見其止。鄂人感其德，爲之圖像以祀。歐陽宜諸曰：‘願素行無愧於侯，其卒也未必侯所爲意者。善惡之報，不於其身，則於其子孫。欒盈非爲汰，而受欒黶之惡以殺其身，亦理之或然者。’予謂羅父賢者，以其父之構陷武穆，而又近於其廟，愧恨不敢入，五内切剝久矣，一旦瞻其遺像，大命遂傾。惜哉！小人之子孫，惟宜愚不肖耳。稍賢智，則其苦皆若鄂州，求死不得也。阮亭按，元鄭師山玉序鄂州小集，以爲南渡後文章有先秦、西漢之風者，新安二羅。大羅名頌，嘗知鄞州。小羅名願，即鄂州也，字端良，號存齋，乾道二年進士。”

文光案：羅序爲別體。此種文宜於雄健，愈弱愈俗，不可學也。端良序，漁洋稱爲奇肆，然較周秦用韻之文，已不逮遠矣，識者自知之。

《爾雅正義》二十卷　附《釋文》三卷

國朝邵晉涵撰

餘姚邵氏家塾本。前有自序并目録。

邵氏曰："邢疏爲官修之書，剿襲孔氏《正義》，割裂缺漏，視明人修《大全》不甚相遠。如李巡"九州"注，備載於《公羊傳・莊十年》疏，邢氏祇就《禹貢正義》録其八州而不及營州，蓋并《公羊疏》尚未寓目也。今先正六書，次述古義，多引唐以前諸儒之説。宋人好爲新異，或乖本訓，取證差少。"又曰："《正義》先取陸氏《釋文》是正文字，繼取《九經注疏》，爲邢氏刪其剿襲，補其缺漏。次及於佚書古義，周秦諸子暨許、顧、陸、丁小學諸書，稍爲疏證。郭氏偶未及詳，今悉爲疏明，以袪疑惑。《釋樂》注間有闕文，今取宋書相參定。舍人樊光、李巡、孫炎之注，散見諸書，悉爲徵引，用扶微學，廣異聞。郭氏撰著之書，今多廢缺，若《三蒼解詁》、《毛詩拾遺》、《子虛上林賦注》，遺文散見，義有相通，悉爲附入。字體以陸氏爲正。惟陸氏所定之本尚有未盡，不無遺憾焉。"又曰："孔子贊《易》，公、穀傳《春秋》，凡詁釋字義同《爾雅》。《墨子・經篇》體仿《釋言》而作，義多偏駁。《韓子》間釋字義，亦近附會。"録於《南江文鈔》。

《爾雅義疏》二十卷

國朝郝懿行撰

《郝氏全書》本。同治四年重刊，光緒七年十二月由順天府進呈御覽。前有咸豐六年長川宋翔鳳序，後有仁和胡珽跋、孫男聯蓀、聯薇跋，歷邑中和堂鮑連元手刊。是書有學海堂本、陸制府單刻本，兩本皆有所刪節。河帥楊至堂校刊本，胡心耘續成之，板藏吳門，未幾爲粵賊所毀。此爲公之孫官涿州時所刊，實爲足本，訛誤尚多，重加勘正，蓋第四刻也。全書《春秋説略》十二卷，《春秋比》二卷，《山海經箋疏》十八卷，附《圖讚》一卷，《訂訛》一卷。屢有增刻，不止四種。《爾雅》勝邵注，《山海經》勝吳注、畢注。

宋氏序曰：“學者有志治經，必先明古字、古言。古字者，倉頡古文及籀文也；古言者，三代秦漢所讀之音，與今不同也。自隸書行，而古字漸亡；六朝以後之韻書出，而古言漸亡。就晚近之心思耳目，求往古之制度文教，以致微茫沉晦，殆逾千載。《爾雅》，訓故之淵海，五經之梯航也。至唐代但用郭注，而漢學不傳。至宋邢氏作疏，但取唐人《正義》，綴緝而成，遂滋闕漏。乾隆間，邵二雲作《正義》，翟晴江作《補郭》，然後郭注未詳、未明之説疏通證明，而猶未至於旁皇周浹、窮深極遠也。迨嘉慶間，棲霞郝户部蘭皋先生之《義疏》最後成書。其時南北學者知求於古字、古言，於是通貫融會，諧聲、轉注、假借，引端竟委，觸類旁通，豁然盡見。且薈萃古今，一字之異，一義之偏，罔不搜羅。分別是非，必及根原，鮮逞胸肊。蓋此書之大成，陵唐躒宋，追秦漢而明周孔者也。”

郝氏曰：“《漢志》，《爾雅》二十篇，今十九篇。愚意釋詁文多，舊分二篇。又《詩正義》引《爾雅》序篇，今亡之矣。又古本篇末總題‘六畜’二字，宋本亦然，監本、毛本脱去。六畜有豕，則羊屬之後應有豕屬，不知何時移畜入獸也。”

《小爾雅》一卷

漢孔鮒撰

《漢魏遺書》本。是書從《孔叢子》録出。

戴氏曰：“《小爾雅》大致後人皮傅掇拾而成，非古小學遺書也。如云‘鵠中者，謂之正’，則正、鵠之分未之考矣。‘四尺謂之仞’，則築宮仞有三尺，不爲一丈，而爲及肩之牆矣。‘澮深二仞〔二〕’，無異溝深八尺矣。其解釋字義，不勝枚數，以爲之駁正。故漢世大儒不取以説經，獨王肅、杜預及東晉梅賾奏上之《古文尚書孔傳》多涉乎此。《廣量》曰‘籔二有半謂之缶’，此句無本。用齊量之豆、區、釜，用陳氏新量之鍾，兩法雜施，顯相剌謬。《廣衡》曰‘兩有半曰捷，倍捷曰舉’，皆於古無本。‘倍舉曰鋝〔三〕’，賈景伯所稱‘俗儒以鋝〔四〕重六兩’是也。不稽古訓，故目之曰俗儒云爾。張揖作《廣雅》，其掇拾之病與《小爾雅》同。或曰《小爾雅》者，後人采王肅、杜預之説爲之也。”錄於《東原集》。王肅《大爾雅》見朱氏《經義考》，今佚。

鄭樵曰：“一字本一言，一言本一義。饘自饘，䴵自䴵，不得謂‘䴵’爲‘饘’；訊自訊，言自言，不得謂‘訊’爲‘言’；襦自襦，袍自袍，不得謂‘袍’爲‘襦’；袞自袞，黻自黻，不得謂‘袞’爲‘黻’。大抵動以十數言而總一義，今舉此四條，亦可知其昧於言理。《詩》云‘奉璋峨峨’，謂助祭之士執圭璋峨峨然。《釋言》：‘峨峨，祭也。’‘伐木丁丁’，丁丁者，伐木聲也。‘鳥鳴〔五〕嚶嚶’，嚶嚶者，鳥聲也。奈何曰‘丁丁’、‘嚶嚶’相切直也？舉此三條，亦可知其不達物之情狀。《爾雅》所釋盡本《詩》《書》，見《爾雅》自可見《詩》、《書》，不待言也。《離騷》云：‘令飄風兮先驅，使凍雨兮灑塵。’故釋風雨云：‘暴雨謂之凍。’此句專爲《離騷》釋，知《爾雅》在《離騷》後，不在《離騷》前。‘華’爲‘荂’，謂艸木初生爲‘芽’，謂蘆笋爲‘虇’，謂藕紹緒爲‘茭’，皆江南人語，又知作《爾雅》者江南人。”又曰：“《爾雅》憑《詩》、《書》以作，往往出自漢代箋注未行之前，其孰以爲周公哉？《爾雅》釋六經者也。《爾雅》明，百家箋注皆可廢。”此條論《爾雅》，錄於漁仲注。或云《爾雅》有後人增入語。

魏氏曰："《小爾雅》,《漢志》已佚,今所傳乃從《孔叢子》第十一篇抄出别行者也。晁《志》以爲孔子古文,殆循名而失之。按今所行《孔叢子》已無是篇,未知何時分出。"又曰:"《小爾雅》八卷,鑿翠山莊本,晉李軌略解,國朝王煦疏。"錄於《駢雅訓纂》,李解本未見。

《廣雅》十卷

魏張揖撰

明本。《五雅》合刻。"揖"當作"楫"。

黄氏曰:"余收李明古家書,有皇甫録本《博雅》,詫爲得未曾有,取影宋抄相勘,行款悉同,信乎陳少章云'皇甫本最佳',誠不誣也。"又曰:"校本《博雅》,高郵宋定之借去,助王懷祖校勘之用,閱一二載,《疏證》出。影宋本佳處,《疏證》已掇之,亦一幸事。"錄於《士禮居題跋記》。

《廣雅疏證》十卷 《博雅音》十卷

國朝王念孫撰

原本。《廣雅》即《博雅》,避隋諱。書成於嘉慶元年,前有段玉裁序、王念孫自序、張揖《上廣雅表》。每卷各分上下,第十卷題"引之述音",題"王念孫校"。

段氏序曰:"小學有形,有音,有義,三者互相求,舉一可得其二。有古形,有今形;有古音,有今音;有古義,有今義。六者互相求,舉一可得其五。古今者,不定之名也。三代爲古,則漢爲今;魏晉爲古,則唐宋以下爲今。聖人之制字,有義而後有音,有音而後有形。學者之考字,因形以得其音,因音以得其義。治經莫重於得義,得義莫切於得音。《周官》六書,指事、象形、形聲、會意,四者形也;轉注、叚借,二者取形者也,音與義也。

三代小學之書不傳，今之存者，形書，《說文》爲之首，《玉篇》以下次之；音書，《廣韻》爲之首，《集韻》以下次之；義書，《爾雅》爲之首，《方言》、《釋名》、《廣雅》以下次之。《爾雅》、《方言》、《釋名》、《廣雅》者，轉注、叚借之條目也。義屬於形，是爲轉注。義屬於聲，是爲叚借。魏以前經傳謠俗之形、音、義，彙萃於《廣雅》。不熟於古形、古音、古義，則其說之存者，無由甄綜；其說之已亡者，無由比例推測。形失，則謂《說文》之外字皆可廢。音失，則惑於字母七音，猶治絲棼之。義失，則梏於《說文》所說之本義，而廢其叚借，又或言叚借而昧其古音。是皆無與於小學者也。懷祖氏能以三者互求，以六者互求，尤能以古音得經義，蓋天下一人而已矣。假《廣雅》以證其所得，其注之精粹，再有子雲，必能知之。"此序作於乾隆辛亥。

王氏自序曰："昔者周公制禮作樂，爰著《爾雅》，其後七十子之徒，漢初綴學之士，遞有補益。作者之聖，述者之明，卓乎六藝羣書之鈐鍵矣。至於舊書雅記，詁訓未能悉備，網羅放[六]失，將有待於來者。魏太和中，博士張君稚讓繼兩漢諸儒後，參考往籍，遍記所聞，分別部居，依乎《爾雅》，凡所不載悉著於篇。其自《易》、《書》、《詩》、三《禮[七]》、三《傳》經師之訓，《論語》、《孟子》、《鴻烈》、《法言》之注，《楚詞》、漢賦之解，讖緯之記，《倉頡》、《訓纂》、《滂喜》、《方言》、《說文》之說，靡不兼載。蓋周、秦、兩漢古義之存者，可據以證其得失；其散逸不傳者，可藉以闚其端緒：則其書之爲功於詁訓也大矣。念孫不揆冒昧，爲之疏證，殫精極慮，十年於茲。竊以詁訓之旨，本於聲音，故有聲同字異，聲近義同，雖或類聚羣分，實亦同條共貫。譬如振裘必提其領，舉網必挈其綱，故曰'本立而道生，知天下之至賾[八]而不可亂也'。此之不悟，則有字別爲音，音別爲義，或望文虛造而違古義，或墨守成訓而鮮會通，易簡之理既失，而大道多歧矣。今則就古音以求古義，引伸觸類，不限形體，苟可以發明前訓，斯凌雜之譏，亦所不辭。其或張君誤采，博考以正其失；先儒誤說，參酌而寤其非。以燕石之瑜，補荊璞之瑕，適不知量者之用心云爾。張君進表，《廣雅》分爲上、中、下，是以《隋志》作三卷，而又云梁有四卷，不知所析何篇。隋曹憲《音釋》，《隋志》作四卷，《唐志》作十卷，今所傳十卷之本，音與正文相次。然《館閣書目》云'今逸，但存《音》三卷'，是《音》與《廣雅》別行之證，較然甚明，特後人合之耳。又憲避煬帝諱，始稱《博雅》，今則仍名《廣雅》，而退《音釋》於後，從其朔也。憲所傳本，即有舛誤，故音內多據誤字作音。《集韻》、《類篇》、《御覽》所引其誤，亦或與今本同，蓋是書之訛脫久矣。今據耳目所及，旁考諸書，以校此本。凡字之訛者五百八十，脫者四百九十，衍者三十九，先後錯亂者百二十三，正文誤入音內者十九，音內字誤入正文者五十七，輒復隨條補正，詳舉所由。最後一卷，子引之嘗習其義，亦即存其說，竊效范氏《穀梁傳集解》子弟列名之例。博訪通人，載稽前典，義或易曉，略而不論，於所不知，蓋闕如也。"諸刻以明畢效欽本爲最善，凡諸本皆誤，而畢本未誤者，不在補正之列。

　　張揖進書表曰："昔在周公，制禮以導天下，著《爾雅》一篇，以釋其意義。《禮·三朝記》：'哀公曰："寡人欲學小辨以觀於政，其可乎?"孔子曰："《爾雅》以觀於古，足以辨言矣。"'《春秋元命包》言：'子夏問夫子，作《春秋》不以"初"、"哉"、"首"、"基"爲"始"何？是以知周公所造也。'今俗所傳三篇《爾雅》，或言仲尼所增，或言子夏所益，或言叔孫通所補，或言[九]刱[一〇]本訛作"刺"，今據《說文》訂正。郡梁文所考，邢疏作"箸"，陳《錄》作"考"，則南宋本已誤。皆解家所說，先師口傳，既無證驗，是故疑不能明也。夫《爾雅》之爲書也，文約而義固；其陳道也，精研而無誤。真七經之檢度，學問之階路，儒林之楷素鄭注："形法定爲素。"也。若其包羅天地，綱紀人事，權揆制度，發百家之訓詁，未能悉備也。竊以所識擇撢[一]羣藝，文同義異，轉音失讀，八方殊語，庶物異名不在《爾雅》者，詳錄品核，以著於篇。凡萬八千一百五十文，分爲上、中、下，以須方徠。"今本萬七千三百二十六文。

《埤雅》二十卷

宋陸佃撰

明本。仿宋寫刻。每葉二十行，行二十一字。前有陸宰序，并總目。凡《釋魚》二卷，《釋獸》三卷，《釋鳥》三卷，《釋蟲》二卷，《釋馬》一卷，《釋木》二卷，《釋竹》四卷，《釋天》二卷。畢效欽校刊，字撫歐體。《物性門類》，此本前作"生"，後作"性"；"農父"，此本作"嚴父"：誤。顧本有張存序，此本無之。

陸宰序曰："嘉祐前，經義未作，先公以說《詩》得名，其於鳥獸、草木、蟲魚尤所多識。熙寧後，以經術革詞賦，先公《詩講義》遂盛傳於時。元豐間，預修《說文》，因進書獲對。神考縱言，至於物性，因進《說魚》、《說木》二篇。自是益加筆削，號《物性此本作生。門類》。既注《爾雅》，乃廣此書。《埤雅》比《物性門類》，蓋愈精詳，文亦簡要。先公作此書，歷四十年，不獨博極羣書，農父、牧夫、百工、技藝，下至輿台、皂隸，莫不諏詢。苟有所聞，必加試驗，然後紀錄。惟君子覽之。"顧本宰序較此爲詳，此蓋有所刪節。

張存序曰："元豐間，尚書左丞陸佃撰《埤雅》若干卷。埤，輔也，言爲《爾雅》之輔也。書成，授其子宰，始序以傳之。時宣和七年矣。其後五世孫鼇由祕閣修撰來知贛州，再刻於郡庠。歷世既久，人罕得聞。古閩林公瑜巡按贛上，得是書，乃命太守陳大本鳩工刻之。既告成，俾序於首簡。其中缺簡甚多，公欲求別本補成全書，而徧歷部中，卒無得者。此公復有待於後之博雅君子，共成此書也。"此序録於顧栻校本。

文光案：張存性中序撰於天運〔一二〕時，林子潤訪於耆民黃維而得之。明嘉靖元年，贛州清獻堂刊本最佳。莫氏《經眼録》云："明重刊宋本。每半葉十二行，行二十三字，即張序本也。"《天一閣書目》有成化己亥重刊本。伏讀《天禄琳琅書目》，《埤雅》一函二册，前有宣和七年其子宰序，又張存序，稱僉事林瑜、太守陳大本鳩工刻之，末刻"後學顧栻校本"。有"虞山如月樓刊"、"顧氏校本"二墨印。是書乃明初刻也。又《埤雅廣要》一函，七册，明牛衷撰書，四十二卷，分九門。雖因陸書之名，乃有意爲類書而墮於小語者也。又按：《平津館書記》，《埤雅》二十卷，每卷後有音釋。別本釋文後有"後缺"二字，此本無之。《格致叢書》似翻此本，黑口板，每葉二十行，行廿字。收藏有"張照之印"。又按：《埤雅》有仿宋巾箱本，今所行者唯顧氏校刊本，諸本罕見。

《駢雅》七卷

明朱謀㙔撰

《借月山房》本。前有萬曆丁亥自序、豫章余長祚序，後有萬曆十五年男統、銃、鑉書跋。

朱氏自序曰："聯二爲一，駢異而同，析之則泰海〔一三〕，合之則肝膽，古無其編。暇日檢諸解詁，排纂散幽之文，經史子流，稗官賸説，罔不搜括條貫，依《爾雅》、《廣雅》之義，作《駢雅》七卷。所見異辭，所傳寫異辭，皆不删廢，要使夏五郭公之例存焉耳。"

刊書跋曰："家公天性簡静，以不試故，益潛精于學。攬古駢偶合并之言近於典麗者，作《駢雅》，珠纍璧峙，裒然乎獨異書焉，遂梓以傳。公著有四百餘卷，以貧不能遽刻，尚俟他日云。”

《書影》：“升菴著書至二百餘種，中尉一百十二種，未聞有茂陵[一四]之求。張天如雖一時名流，無多撰著，當時見之章奏，求其遺書。人有幸不幸如此。”

《明詩綜》：“謀㙔有《枳園近稿》。雷元亮云：‘古體出入漢晉，溫厚典則；近體頡頑初盛，高渾雄麗。又宏之以典籍，參之以多聞，是以名家。’”

《江西通志》：“朱謀㙔字明父，一字鬱儀，寧獻王十世孫，封鎮國中尉。天資穎異，目所流覽，終身不忘。以先儒譚《易》尚理而置象，不能獲文、周、孔子立言之旨，作《易象通》八卷。以晦翁《詩》注於比興微詞妙旨多鬱而未章，乃原本《小序》，酌諸家得失，作《詩故》十卷。疾緯候之亂三五典墳也，作《邃古記》八卷，以糾正圖讖之尨謬。疾李斯之變壞頡誦舊文也，作《古文奇字輯解》。追述先聖之製作，以鍼砭漢世訓詁之沉疴。又著《金海》百二十卷，《異林》十六卷，《駢雅》二卷，《水經注箋》四十卷。晚成《古今通曆》，用其法推《左傳》僖五年正月辛亥冬至、昭二十年二月己丑朔冬至，以爲魯史所用皆周正，故經書‘春王正月’，明非夏商之正也。於時諸侯僭竊，天下衰微，鮮行頒朔之禮。晉楚大國，或用夏正，未能齊一。魯秉周禮，獨不敢變，故孟獻子稱正月日至，可祀上帝是已。其論醫，則有取於張子和；論壬遁，則有取於祝泌；論陽九陰六，則有取於王希明。悉見於徵驗，而於堪輿之說尤精。李維禎、曹學佺屈指江右人物，輒首及之。”《冷賞》：“西山天寶洞，道書號爲‘十三洞天’。朱鬱儀嘗曰：‘吾書成，其藏諸此乎？’故後人目其所著曰‘天寶藏書’，凡一百十二種，計目百有六種。《天寶藏書》，目佚其名，已刊布者十五種，餘九十一種未就梓。”

文光案：《冷賞》在《硯雲乙編》中。朱氏全書備載於

《冷賞》，有書名，無卷數。所云"已刻十五種"，今亦不能備知。《四庫》著録者四種，又見於朱氏《考》。明父事蹟，具《明史》本傳，又見於《列朝詩集》。所論"周正"，較他説爲長。

《駢雅訓纂》十六卷

國朝魏茂林撰

《有不爲齋》本。咸豐元年刊。前道光甲辰固始祝慶蕃蘅畦序、目録、凡例、引用書目、校定姓氏。原書七卷，分釋詁、釋訓、釋名稱、釋宫、釋服食、釋器、釋天、釋地、釋草、釋木、釋蟲魚、釋鳥、釋獸，爲十三目。《訓纂》分十三目，爲十三卷，而分釋詁、釋訓、釋器爲上、下卷，共十六卷。各卷皆有補遺，末有潘錫恩序、路慎莊跋。

祝氏序曰："鬱儀著書至多，所校《水經注》尤有功學者，亭林稱爲有明三百年來一部書，不虚也。《駢雅》援據精奥，甄羅廣洽。一齋秘笈，世多未見。曩從館閣抄得此書，囑董生方立箋之，止成《釋詁》一篇。笛生同年於此書討論有年，稿凡三易，乃成《訓纂》十六卷。昔人稱羅泌《路史》無關經術，有益文章。以二書互勘，泌好爲臆説，多乏典據，則孰若鬱儀之博而精，爲足沾潤後學乎？然非箋者之精神與作者相應，不足以發之也，豈特竟方立未竟之緒云乎哉？方立不年，著述多未就，其《輿圖》則李申耆前輩刻之。"

文光案：方立，蘅畦高第。朱箋《水經注》，萬曆乙卯李長庚刻之江右，有朱序、李序、黄序跋。志地者，《禹貢》而下，迄於齊梁，至二百四十四家。《水經》一注，采其菁英居多，故造語命詞，殊爲彪炳。明時吴、歙二刻最多訛謬。朱氏專治此書，而架帙甚富，腹笥更廣，又與博雅之士互相參糾，以成是箋，趙氏甚愛之。一清刊書時未見《大典》本，故道元序不全。《提要》謂自官校宋本外，以趙釋爲首。是朱書創於前，趙書匡於後，二書均足貴也。

潘氏序曰：“方密之自注《通雅》，世多傳之。是書既無箋釋，讀者望洋，以故流傳絕希。予同年友龍巖魏笛生爲之《訓纂》，推原本始，縷析條分，間亦加以補正，美哉備矣！”

朱氏曰：“古人注書有分句注，有分段注，有段後平格或低一格單行注，有正文全録，後別列一格標題一二字雙行注。《駢雅》原刻未見。昭文張氏刊本與抄本錯誤，不勝枚舉。明父所見之書與今互異，帕本、東西廠本、建寧坊刻本，間亦有之。明刻叢書皆不精，子書亦鮮善本。今校其書，往往與坊本合。叢書肇自宋左古鄲，有明踵而增之，然多抄撮，各大部類書未盡原本，謬誤良多。《津逮》多收猥褻，僞書亦爲不檢。《學津討原》於毛氏之書去取頗有斟酌，而校刻粗疏，與《函海》等。《檀几》、《龍威》，所收蕪雜，又其次也。鮑刻叢書，校勘尚精，而不適於用。今取有禆訓纂者，若《抱經》、《平津》、《岱南》、《通志堂》、《學海堂》諸部，有互相發明者，悉著於編。《大廣益會玉篇》，按此書凡三本：一爲張刻，竹垞序稱上元本；一爲曹刻，與張本一字無異，脱誤相同，稱重修本；一爲明内府原刻本，每部之中次序與注文均有不同，亦稱大中祥符重修本，雖小有舛誤，以校《駢雅》，若合符節。《康熙字典》於《駢雅訓義》多所發明，林本之以考原書，蓋自唐宋字書以來，未有精且博於斯者，可奉爲典常而不易者也。《重修廣韻》凡三本：一爲明内府刊本，比重修本頗簡；一爲楝亭本，字多訛舛；一爲澤存堂本，文多於内府本，刻手、校手比曹本爲優，然亦有誤處：須合三本參之。吳任臣《山海經廣注》引《駢雅》最多，無關考證。徐應秋《談薈》所引《駢雅》，多涉訛舛。”

張氏《借月山房叢書》今歸陳氏，更名《澤古齋重鈔》。

《十三經注疏》，江西盧氏宣旬用阮太傅北宋本重刊，附《校勘記》。　《夏小正》注四卷，任氏《心齋十種》本。　澤存重刊《玉篇》，分上、中、下三篇，每篇十卷，《彙刊書目》作三卷，誤也。　《楝亭五種》，尚有揚州詩局《十二種》別行。　《古今韻》，明嘉靖戊戌西京劉氏補刊本。　《廣雅》，武林郎氏《五雅》本，郎奎金輯。　《七緯》，三十八卷。侯官小積石山房刊本，趙在翰撰。　《太平寰宇記》，南昌萬氏廷蘭重刊本，桂林陳氏校補。　《敏求記》，檇李沈氏重刊本。　《鹽鐵論》，山西陽城張氏弘治仿宋本。　《法言》，江都秦氏石研齋仿宋本。　《二十子全書》，《吕子》佚。明吳勉學刊。　《十子全書》，金閶王氏刊。　《太玄》，吳中陶氏五柳居主人。用影宋本重刊。　《元包》五卷，宋紹興南陽張氏刊本。　《開元占經》，《四庫》傳鈔本。

《易林》十六卷，吳郡黃氏仿宋刊本。　《公孫龍子》十三卷，明武林梁傑訂本。　《容齋五筆》，明馬調元刊本。　《通雅》，浮山此藏軒刊本。　《冷賞》八卷，《硯雲甲編》八種，《乙編》八種，金忠淳校刊。　《書影》，金陵食舊菴重刊本。　《北堂書鈔》，海虞陳氏禹謨續補本。　《玉海》，乾隆戊午修補閩南監本，有附刻。　《藝文類聚》，明秣陵王元貞校刊本。　《海錄碎事》，明萬曆戊戌劉鳳校刊本。　《山海經郝注》，阮太傅琅環仙館刊本。　《博物志》，吳都黃氏仿宋本。　《六子全書》六十卷，萬曆癸未金陵胡氏書坊校刊本，明顧春輯。　《中都四子》本，明朱東光輯。　《雲笈七籤》，明張萱刊本。　《一切經音義》二十五卷，武進莊氏昕刊本，唐《志》改爲《眾經音義》。　《楚詞章句》，大小雅堂刊本。　《楚詞集注》八卷，《辯證》二卷，《後語》六卷，明成化吳原明重刊本。　《集千家注杜詩》，元麻沙本。　《集千家注杜工部集》，長川許氏原刊本。　《玉谿生詩》三卷，桐鄉馮氏德聚堂重校本，馮浩箋注。 《東坡全集》，蔡氏士英刊本。 《東坡詩王注》，明梁谿王永積校本。 《文選注》六十卷，附《考異》十卷，鄱陽胡氏仿宋淳熙本。 《文選音義》八卷，余蕭客撰，吳郡敬勝堂刊本。 《選學膠言》二十卷，三影閣刊本，張雲璈撰。 《文選旁證》四十六卷，三山梁氏榕風樓刊本。 《春秋繁露》，蜚雲閣校刊本，江都凌曙增注。

《道古堂文集》，許慶宗覆審本。 席氏《讀説文記》，借月山房本，席世昌撰。 《段氏説文注訂》，青霞齋吳學國局刻，鈕樹玉撰。 《四寸學》六卷，三影閣本，張雲璈撰。 《通雅刊誤補遺》一卷，浮山此藏軒刊本，張裕業補錄。

　　文光案：魏氏引書目多未見之本，或本有不同，或本同而校刊名氏不同者，悉錄之以備採訪。此目書名、卷數之下旁注某本，次行著某代人撰。叢書著若干種，若干卷，“某人輯”三字出格書之，最合體式。前標某部，後題右某類，與今《泰山志》引書目同。

《別雅訂》五卷

國朝吳玉搢撰，許瀚訂

《滂喜齋》本。光緒三年吳縣潘氏刊。吳氏原本五卷未見。此本前有許瀚記、丁艮善跋。先列原書，校訂以“案”字別之。印林邃於經學，所校小學諸書無不折中至當。是書通吳書之窒塞，尤見精覈，故足傳也。

許氏記曰：“讀《四庫書目》，稱許此書甚至，求之多年不得，擬向御書樓傳抄，未能也。歲甲辰入都，張石舟持此相示，云揚州新刻本也。讀之如獲異珍。石舟屬為校勘，因攜歸越。乙巳，石舟復以一本見寄，輒兩本并校，以其一歸石舟。”

　　文光案：吳氏《別雅》，自言少作，不足存。見《茶餘客話》。許氏疑其隨時增益，不盡少作，因爲之批校，允得其平，故題曰《別雅訂》。訂，平議也。

《疊雅》十三卷

國朝史夢蘭撰

《止園》本。同治丁丑年刊。前有自序、凡例。是書仿《爾雅》之例，首爲高也、深也，末爲魚也、蟲也。注爲大字，降一格。引書加長圍。每條中空一格，較《爾雅》郝注、邵注尤爲豁目。末附《雙名録》一卷。宜入類書類。

史氏自序曰："自《爾雅》列於學官，如《小爾雅》、《廣雅》、《埤雅》、《駢雅》、《通雅》、《別雅》，接踵而起。雖其著書之意，各有所主，要皆《爾雅》之支流，學海之津筏也。惟是形容之妙，每用重言；名物之稱，尤多複字。《爾雅》、《廣雅・釋訓》中雖或及之，然止寥寥數則，未克詳備。他若升菴輯複字，不免意造之嫌；密之詁重言，止明通轉之義。索其於經史子集及諸家注疏之用疊字者，廣爲搜羅，詳加疏證，至今未見專書。因輯成《疊雅》十三卷，附於諸《雅》之後。諸《雅》所已載者，旁搜以參其異同；諸《雅》所未載者，博採以考其源委。字異而義同，則彙歸一部；文同而解盡，則別立一條。或音義相通，彼此錯異，則別其字，如《別雅》之別；通其義，如《通雅》之通。挂漏良多，以俟博雅。"

《疊雅》例曰："《爾雅》十九類，《廣雅》因之。《埤雅》、《駢雅》、《通雅》分合增損，各自爲例。《別雅》則暗以韻分，而不標韻目，從其省也。是書仿《爾雅》，不分門類，猶《別雅》之志。""郭注《爾雅》，每有疑義輒云'未詳'，蓋無從徵引，而強作解事者，不免傅會。兹詳列書名，冀有舛訛，便於改補。""所引悉據原書，經子必詳何篇，史乘必詳何傳、何志，詩文必詳何題與作者何代，不少含混，斯可徵信。”“複字之用叶音者，必詳列上下韻，以見通叶之義。”

文光案：方氏《通雅》，謹依《四庫》例入類書類。今以“雅”與“雅”相次，宜合《通雅》觀之，庶爲賅備。且《廣雅》有《疏證》本，《駢雅》有《訓纂》本，較之《五雅全書》所刻，更爲精密。理學家每以考辨名物、訓詁字義爲粗疏，直欲棄之，不知古小學正如是也。有志於小學者，宜先求諸此。

《方言注》十三卷

漢揚雄撰　晉郭璞注

聚珍本。《提要》云：“《永樂大典》所收，從宋本録入。今取近本相較，始知明人妄行改竄，顛倒錯落，全失其初。是書雖存而實亡，不可不亟爲釐正。參互考訂，凡改正二百八十一字，删衍文十七字，補脱文二十七字，并逐條援引諸書，一一疏通證明，具列案語如左。”

李孟傳序曰：“子雲精於小學，且多見先秦古書，故《方言》多識奇字，《太玄》多有奇語，然用之亦各有宜。子雲諸賦多古字，《法言》、《劇秦》所用則無幾。古人文章，蓋莫不然，非以形聲之學，雖在所當講，而文律之妙，則不專在是。若有意用之，或反累正氣也耶？《方言》自閩本外不多見，予來官潯陽，有以大字本李質所得。見示者，因刊置郡齋而附以所聞一二。”

文光案：李孟傳，《宋史》有兩傳。刻《方言》爲慶元庚申，末有朱質跋。各本皆附劉歆書及揚雄答書。

《方言》十三卷

漢揚雄撰，晉郭璞注

《抱經堂》本。前有盧文弨序。次列讎校所據新舊本，凡二十三本；次郭氏序。内題"輶軒使者絕代語釋別國方言"。末附雄書、劉歆書二通，又慶元庚申會稽李孟傳刻《方言》後序，又朱質跋。此本據丁小疋所抄衆家校本而整比之，復加按語。附校正、補遺一卷，較戴氏所校官本尤爲精密，宜合兩本讀之。此本升郭注爲大字，以陰文"注"字隔之，如注疏本之式，勝於戴本。揚雄不附莽論，一見於《漢學師承記》，一見於《崇川咫聞録》，其他著此論者尚多，皆欲出脱"莽大夫"三字，誠恐不足據也。洪氏謂雄所著書無《方言》，《漢志》有《訓纂》，亦不載《方言》，必漢魏之際好事者爲之。詳見《容齋三筆》。盧序作於乾隆四十七年，時在山右三立書院。

　　盧氏序曰："《華陽國志》載雄書凡《太玄》、《法言》、《訓纂》、《州箴》、《反離騷》，皆與傳同，而不及四賦。乃云'典莫正於《爾雅》，故[一五]作《方言》'，最爲明證。舊本有錯簡兩條，有字當在上條之末，而誤置下條之首，及不當連而連者，有過信他書，輒改本文者，注及音義又有遺者、誤改者。余以管見合之丁君校本，復改正百廿餘條，具著其説。余進郭注爲大字，而音則仍爲小字。各家説及文弨説上加圓圍以隔之。戴書已行世，唯録其切要者。舊本有云'一作某'者。按晁《志》云：'予傳《方言》本於蜀中，後用國子監本校之，多所是正，其疑者兩著之。'知爲晁氏所加無疑也。丁君所緝，紛綸參錯，故以餘閒成就之如此。"

　　宋曹毅之本。　明《永樂大典》本。　華珵本。　吳琯本。程榮本。　何允中本。　胡文焕本。　鄭樸編《子雲集》本。虎林郎奎金本。　陳與郊《類聚》本。　曲阜新刊戴震校本，名《疏證》。　孔繼涵校。　邵晉涵校。　余蕭客校。　汪潛校。錢大昭校，據《廣雅》。　劉台拱校，以二正德本校胡本。　丁傑合衆家本校。　盧文弨覆校授梓。　宋李孟傳刻本，梓初竣，始見此本。　孫志祖校，沈景熊校，鮑廷博校，三君皆梓後覆校。

《方言疏證》十三卷

國朝戴震撰

單行本。此本題"方言注"，戴序題"方言疏證"，實一書也。序中小注引《提要》，可知《提要》先成，自序後作，故此本無序。郭注間《方言》之中，戴疏另行，低一格加以"案"字。前有李序、朱跋，末附歆、雄二書。

戴氏序曰："《方言》終屬未成之作，歆求之而不與，故不得入録。班固次雄傳及《藝文志》，不知其有此。至應邵集解《漢書》，始見徵引，稱揚雄《方言》。其《風俗通義序》又取答書中語，具詳本末，而云'《方言》凡九千字'。今計正文實萬一千九百餘字，豈邵所見與郭璞所注傳本微有異同歟？許慎《説文》、張揖《廣雅》，多本《方言》而自成著作，不加所引用書。《魏・江式傳》：'式上表曰："臣六世祖瓊往晉之初，與從父兄應元俱受學於衛覬。古篆之法，《倉雅》、《方言》、《説文》之誼，當時并收善譽，數世傳習，斯業所以不墜。'杜預注《左傳》'授師子焉'，曰：'揚雄《方言》：子者，戴也。'孔《疏》云：'揚雄以《爾雅》釋古今之語，作書擬之，采異方之語，謂之《方言》。'蓋是書漢末晉初乃盛行，故應劭舉以爲言，而杜預以釋經，江瓊世傳其學，以至於式。他如吳薛綜述'二京'解，晉張載、劉逵注《三都賦》，晉灼注《漢書》，張湛注《列[一六]子》，裴松之注《三國志》，其子駰注《史記》。及隋曹憲，唐陸德明、孔穎達、長孫訥言、李善、徐堅、楊倞之倫，《方言》及注，幾備見援摭。其後獨洪邁疑之，不知溢於雄傳及《漢志》外者甚多，未之審考，輕置訾議。歆、雄遺書，附入《方言》卷末已久。宋、元以來，六書故訓不講，故鮮能知其精覈，加以訛舛相承，幾不可通。今從

《永樂大典》中得善本，因廣搜羣籍之引用《方言》及注者，交互參訂，改譌字二百八十一，補脱字二十七，删衍字十七，逐條詳證之，庶幾漢人故訓之學，猶存於是，俾治經讀史博涉古文詞者得以考焉。"此序録於《東原集》。《方言》原本十五卷，合并在郭注以後、隋以前。

《戴譜》："己亥，三十三歲。是年以《方言》寫於李燾許氏《説文五音韻譜》之上方，自題云：'乙亥春，以揚雄《方言》分寫於每字之上，字與訓兩寫，詳略互見。'玉裁按：所謂寫其字者，以字爲主，而以《方言》之字傅《説文》之字也。寫其訓者，以訓爲主，而以《方言》之訓傅《説文》之字也。又或以聲爲主，而以《方言》同聲之字傅《説文》。所謂詳略互見者，兩涉則此彼分見，一詳一略，因其便也。先生知訓詁之學自《爾雅》外，惟《方言》、《説文》切於治經，故傅諸分韻之《説文》，取其易檢。既入四庫館纂修，取平時所校訂，遍稽經史諸子之義訓相合及諸家之引用《方言》者，詳爲疏證，令此書爲小學斷不可少之書。奉命刻聚珍板惠海内，而此分寫本者，乃草創之始也。玉裁假觀，以道遠難寄，藏弄至今。"録於《經韻樓集》。

《釋名》四卷

漢 劉熙 撰

明本。嘉靖甲申臨安陳氏校刊。陳《録》八卷。熙自序云："名之於實，各有義類，百姓日稱而不知其所以然之意，故撰天地、陰陽、四時、邦國、都鄙、車服、喪紀，下及民庶應用之器，即物名以釋義。"諸本多脱此句，馬《考》有之。凡二十七篇。

《釋名》八卷

漢 劉熙 撰

璜川書塾本。吳志熙校定。王引之序云："有畢尚書本所不及者，末有《釋名略例》。"

顧千里曰："《釋名》之例可知也。其例有二焉：曰本字，曰易字是也。雖然，猶有十焉：曰本字，曰疊本字，曰本字而易字，曰易字，曰疊易字，曰再易字，曰轉易字，曰省易字，曰省疊易字，曰易雙字。本字者何也？則'冬曰上天，其氣上騰，與地絕也'，以'上'釋'上'，如此之屬，一也。疊本字者何也？則'春曰蒼天，陽氣始發，色蒼蒼也'，以'蒼蒼'釋'蒼'，如此之屬，二也。本字而易字者何也？則'宿，宿也。星各止宿其處也'，以止宿之'宿'釋星宿之"宿"，如此之屬，三也。易字者何也？則'天，顯也，在上高顯也'，以'顯'釋'天'，如此之屬，四也。疊易字者何也？則'雲猶云云，眾盛意也'，以'云云'釋"雲"，如此之屬，五也。再易字者何也？則'腹，複也，富也'，以'複也'、'富也'再釋"腹"，如此之屬，六也。轉易字者何也？則'兄，荒也。荒，大也'，以'荒'釋'兄'而以'大'釋'荒'，如此之屬，七也。省易字者何也？則'綈，似蜥蟲之色，綠而澤也'，以'蜥'釋'綈'，而省'蜥也'之云，如此之屬，八也。省疊易字者何也？則'夏曰昊天，其氣布散，皓皓也'，以'皓皓'釋'昊'，而省'猶皓皓'之云，如此之屬，九也。易雙字者何也？則'摩娑，猶末殺也'，以'末殺'雙字釋'摩娑'雙字，如此之屬，十也。十者非他也，二例之分焉者也。第二以上，本字例分者二；第四以下，易字例分者七；而有第三之一例，半分於本字，半分於易字者，在其間以相關通。然則易字之所由生，固生於本字而已矣，所謂'易簡而天下之理得'也。讀者循是而一一求焉，凡今本脫誤之當補正者，無不可知也。至於尤脫誤而非復能補正者，亦無不可知也。吳子志忠將治《釋名》，屢咨其所難知者於予，故略舉本書以明其例，書而貽之。"

筆，述也，述事而書之也。　硯，研也，研墨使和濡也。

墨，痗也，似物痗墨也。　　紙，砥也，謂平滑如砥石也。　　版，般也，般般然平廣也。　　札，櫛也，編之如櫛齒相比也。　　簡，閒也，編之篇篇有閒也。　　簿，言可以簿疏物也。　　笏，忽也。君有教命及所啓白，則書其上，備忽忘也。　　槧，版之長三尺者也。槧，漸也，言其漸漸然長也。　　牘，睦也。手執之以進見，所以爲恭睦也。　　籍，藉也，所以籍書人名戶口也。　　印，信也，所以封物爲信驗也。亦言因也，封物相因付也。　　莂，别也。大書中央，中破别之也。以上《釋書契》。此所謂日用而不知者，因録之。

《釋名》八卷

漢劉熙撰

《經訓堂》本。此單行之本，《經訓堂叢書》無此種。諸家皆云“未盡善”。《釋名疏證》，經訓堂篆書、正書二本。江聲《續釋名》一卷，《經訓堂》本。

劉熙序曰：“熙以爲自古造化制器、立象有物以來，迄於近代，或典禮所制，或出自民庶，名號雅俗，各方多殊。聖人於時，就而弗改，以成其器，著於既往。哲夫巧士，以爲之名，故興於其用，而不易其舊，所以崇易簡、省事功也。論叙指歸，謂之《釋名》，事類未能究備，凡所不載，亦欲智者以類求之。”

《廣釋名》二卷

國朝張金吾撰

《知不足齋》本。前有嘉慶戊寅趙懷玉序、金吾自序、黃廷鑑跋。引書目一百六十餘種，例言十二條。

趙氏序曰：“畢尚書與江處士取劉氏《釋名》參校異同，是正謬誤，有《釋名疏證》之刻，於原書義例坤附猶未盡善也。每怪范史無劉熙名，唯《劉珍傳》云：‘珍纂《釋名》三十篇，辨萬物之稱號。'今《釋名》僅二十七篇，而有亡篇，若併之，宜合三十篇之數。珍與熙豈即一人歟？又《吳志・韋昭傳》：'昭所上辭，言見劉熙所作《釋名》，信多佳者，然物類衆多，難得詳究，故時有得失，因作《辨釋名》一卷。'薛綜、程秉等傳，或從熙學，或與熙考論大義，見諸載籍，彰彰如是，寧得以范史無傳而疑之耶？故陳《錄》、馬《考》皆云：'漢徵士北海劉熙，字成國。'成國是書，實與《説文》并爲漢人小學之祖。而羽翼《釋名》者頗少，此昭文張子月霄所以有《廣釋名》之作也。張子家庭濡染，學有本原，少小治經，即以訓詁爲重，於《釋名》用力尤勤。六書并列，獨主諧聲，得制字之義也。採書以漢爲限，疆界之嚴也。依類推之，增所未載，補原書之罥漏也。引逸書至百二十種，既徵援據之博，且有功於亡佚也。不寧唯是，張子方有《金文最》之輯，蓋本《公羊傳》'會猶最'之意，言其薈萃之富也。"

張氏自序曰："《釋名》從音求〔一七〕名，從音求義，多以同聲相諧。其自序云：'凡所不載，亦欲智者以類求之。'金吾讀其書，陳其義，《爾雅》訓辭典奧，方音古義，賴斯僅存。然如釋親屬而不及'夫'，釋樂器而不及'琴舞'，釋周弁、夏收而'昂〔一八〕'則缺，釋秦、晉、吳、越而'蜀'不載，誠有如序所云'未能究備'者。至若'星，散也'、'辰，伸也'，其說孤而無證，不若從《説文》'星'訓'精'、辰訓'震'之爲得也。'姊，積也'、'妹，昧也'，其說鑿而難通，不若從《白虎通義》'姊'訓'咨'、'妹'訓'末'之爲得也。'歲，越也'、'年，進也'，不若訓'遂'、'仍'之聲更相協也。'末，昧也'、'酉，秀也'、不若訓'昧'訓'老'之説更精確也。因輯諸經傳注及諸子緯候等書，凡劉君所及見者，就原分二十七篇之目，依類廣之，未必非小學之一助云。"

張氏例曰："先秦兩漢之書，一字一句，罔非璵寶。苟有與

《釋名》相類者，悉依類採入，注明出處。《尚書》孔傳，《孝經》孔傳、鄭注及《家語》，《孔叢子》，服虔《通俗文》，未敢盡信。《顏氏家訓》云：'虔是漢人，其敘乃引魏人蘇林、張揖。《晉中經簿》及《七志》并無其目，竟不知誰作。'《釋名》多以同聲相諧，第古今音異，清濁輕重往往不合。如《元命包》以'易'訓'地'，《白虎通》以'劉'訓'簫'，似與諧聲不協。蓋古'雉'、'夷'、'地'三字同音，'易'平聲，即'夷'，故'地'可訓'易'。'簫'從'肅'得聲，'簫'、'肅'、'劉'三字古音相近，故'簫'可訓'劉'。鄭康成曰：'"蕭"之爲言"肅"也。'《春秋說題辭》曰：'"禄"之言"消"也。'以'劉'訓'簫'，即以'消'訓'禄'，則古音相近可知。他皆仿此。"

黃氏序曰："《爾雅》義主釋經，《方言》旨在通俗，《釋名》義例蓋在二者之間。及門張子月霄謂古人制字，象形、指事外，諧聲爲多，故字從聲肇，義以聲生。凡字體不根於聲者，僞體也；字義不本於聲者，假義也。漢人具有師傳，故毛、鄭諸儒訓詁多主諧聲。讀《釋名》一書，斯義尤著。因仿其例廣之，俾古音古義之難通者，或悉有所考焉。"

以上小學類訓詁之屬

校勘記

〔一〕"謀"，原作"旁"，據《爾雅翼》改。

〔二〕"洰"，原作"海"，據清戴震《戴東原集》改。

〔三〕"銲"，原作"鏻"，據同上書改。

〔四〕同上。

〔五〕"鳴"，原作"烏"，據《爾雅注》及《詩經》改。

〔六〕"放"，原作"散"，據《廣雅疏證》改。

〔七〕"禮"，原作"經"，據同上書改。

〔八〕"賾"，原作"嘖"，據上同書及《說文解字》改。

〔九〕“言”，原作“好”，據同上書改。

〔一〇〕“刜”，《文獻通考》作“沛”。

〔一一〕“撢”，原作“擋”，據《廣雅疏證》改。

〔一二〕“天運”，明代無“天運”年號，或爲“天順”之誤，待考。

〔一三〕“泰海”，清朱彝尊《經義考》引朱序作“秦越”。

〔一四〕“陵”，原作“林”，據清周亮工《書影》改。

〔一五〕“故”，據《華陽國志》補。

〔一六〕“列”，原作“劉”，據清戴震《戴東原集》改。

〔一七〕“求”，據《廣釋名》補。

〔一八〕“昻”，據《儀禮·士冠禮》當作“昮”。

經部十
小學類二

《説文解字》十五卷

漢許慎撰

鈔本。此以汲古閣校刊北宋本爲底本，而以孫本、鮑本校記於上方，其次序悉依毛本之舊。首標臣"徐鉉等奉敕校定"。每卷各分上、下。第一行上題"《説文解字》第幾"，旁注"上"、"下"字。下題"漢太尉祭酒許慎記"。第二、三行題"徐鉉校定"、銜名。第四行若干部，若干文，重若干。第五行，凡若干字。第六行，文若干，旁注"新附"字。凡言"部"者，部首也。重并部首計之，字爲注"新附"，散見各部之後。每葉十四行，行十四字，首行十五字，小字廿三字。第十五爲許君自序，有徐鍇注本，在十四篇之外，如《太史公自序》在百三十篇之外。許沖進書時合爲十五卷，以稽卷軸，非以自叙爲《説文》也。自"古者庖犧氏"至"理而董之"本是一篇，中間目録亦當連接，不使斷絕。後人分爲三節，於十五篇之上，自"古者"起至"叙目"止，於"此十四篇"上冠以"叙曰"二字，割爲第十五，之下又加"許氏記"字，大非。自"召陵萬歲里"以下爲許沖進書表，與叙文僅隔一字。自"召上書者"以下，爲漢安帝詔，與表接寫，是又不當連而連者也。次徐鉉、句中正、葛湍、王惟恭等校書序，新修字義十九，俗書二十八，篆文筆迹小異十三文。第十五下至此終卷。次雍熙三年徐鉉等進書表，中書省牒，後列辛仲甫、吕蒙正、李昉三人銜名，末行刻「後學毛晉從宋本校刊，男扆再校十三。」次毛扆跋。次毛氏節録諸家之説，凡十條。汲古本完畢。文光復取諸家篆書及蔣氏、桂氏、段氏、鈕氏、錢氏、嚴氏諸家之説，別爲條記，以附於後。凡篆文筆迹之互異者，亦詳列之。凡諸説一説即明者，不采衆説。衆説有互相引伸者，則録之。其愈解愈晦者棄之。篆文之乖異者，標「不可據」。積爲一册，隨時增補。後得王氏《句讀》，即集諸説而折衷之，其於《説文》用功最深，讀《説文》者守王本足矣。然各輯所見，意有不同，即菉友之書容有未盡，所見羣書亦不能過予，後出之書足補王氏所不逮者正復不少，此本固不可廢也。表云：「其書十五卷，以編秩繁重，每卷各分上、下，共三十卷。」據此則上、下爲鉉等所分，然割裂自序，實屬無謂。牒云：「其書宜付史館，仍令國子監雕爲印板，依九經書例，許人納紙墨價錢收贖，兼委徐鉉等點檢書寫雕造，無令差錯，致誤後人。」伏讀《天禄琳琅書目》曰：「宋時監本刻印尤精，此書雖仿其式，而板之長短無定，紙之質理亦粗，以牒所稱何如鄭重，不當有此。其爲元時翻刻無疑。」元柯九思、盛懋明、莫如忠俱經收藏，有印記。書末一行云：「大明正德十二年四月初八日收，徐獻忠記。」又一行云：「大明萬曆六年八月望日收，端龍龔從先記。」謹案《天禄琳琅書目》所收《説文解字》，只此一種，餘皆《韻譜》。諸家書目著《説文》者，亦少翻宋刻，如毛本、鮑本、孫本皆有可議。是書不但非許君原文，即徐校舊本亦難得矣。

許氏序曰：「尉律：學僮十七以上始試，諷籀書九千字乃得爲史。又以八體試之，郡移太史并課，最者以爲尚書史。」

文光案：漢律掌於廷尉，謂之尉律。《禮志》："叔孫通所撰《禮儀》與律令同録，藏于理官。"師古曰："即法官也。"《百官表》："廷尉，秦官，掌刑辟。景帝改爲大理，武帝復爲廷尉，哀帝復爲大理。"《魏志》："漢宣帝時于定國爲廷尉，集諸法律，凡九百六十卷。"然則廷尉所掌條教法令俱備，不獨刑律一事也。董彦遠曰："尉律四十九類，書已亡。"是亦可證，所謂"律"者，非一端也。今《説文》諸注於"尉律"下，或引廷尉治獄，或引廷尉決事，皆與試學僮無涉。王氏《句讀》不加辨正，蓋其疏也。徐鍇以"尉律"爲《漢律》篇名，更爲臆説。闔氏《疏證》從之，非也。諷籀書，使之口誦，如今倍書。以八體試之，是使之作字。此兩試皆在郡。《漢官儀》"歲終郡試"可證。郡所取者，移之太史，而合并諸郡所移者課之，取其最者爲尚書史，蓋先爲吏而後爲尚書史也。可知課不最者，仍歸爲吏。下文云"書或不正，輒舉劾之。"恐舉劾後不得爲吏也。叙"爲吏"，《漢志》作"爲史"，胡氏以爲班《書》之誤。然《杜詩傳》自稱"史吏"，注云："史吏，謂初爲郡功曹也。"則作"史"亦通，然不若"吏"爲明白。至周伯琦《字原序》，直改許叙爲太史試學僮，則顛倒甚矣。蓋太史課吏，不試學僮也。尚書史即《漢志》尚書、御史史書令史之省文。令史主文簿，蓋給事於尚書、御史者，其秩甚微，去吏不遠。而史書令史，則令史之專掌史書者。外郡國，内諸府，皆有史書吏。《志》云："吏民上書，字或不正，輒舉劾。"《萬石君傳》："長子建爲郎中令，奏事下，建讀之驚恐，曰：書'馬'者與尾五，今乃四，不足一，獲譴，死矣！"《文心雕龍》云："馬字缺畫而石建懼死，雖云性慎，亦時重文也。"凡此皆足補王氏所不及，亦足證予之録本不可廢也。王注："太史課試善史籀書者，以補史書令史，而分隸尚書及御史也。”此説亦明白。
《漢志》：“課最者以爲尚書、御史史書令史。”韋昭曰：“若
今尚書蘭臺令史也。”《漢官儀》云：“蘭臺令史六人，秩百
石，掌書劾奏。”又云：“能通《倉頡》、《史籀〔一〕》補蘭臺令
史。滿歲，補尚書令史。滿歲爲尚書郎，出亦與郎同，宰百
里。”凡此皆《百官志》所不載。

　　許沖表曰：“臣父故太尉、南閣祭酒慎，博問通人，考之於
逵，作《説文解字》，六藝羣書之詁皆訓其意，而天地鬼神、山川
草木、鳥獸蚰蟲、雜物奇怪、王制禮儀、世間人事，莫不畢載。
凡十五卷，十三萬三千四百四十一字。”

　　　　文光案：王注所引楚莊王、韓非、司馬相如、淮南王、
董仲舒、京房、劉歆、揚雄、爰禮、尹彤、逮安、王育、張
林、莊都、歐陽喬、黃顥、譚長、周成、官溥、張徹、寧嚴、
桑欽、杜林、衛宏、徐巡、班固、傅毅，凡二十七人之説。
惟賈逵，師也，稱侍中而不名，叙所謂博采通人，即此。又
案：轉注之説，諸家聚訟。戴氏以“考”注曰“老也”、
“老”注曰“考也”爲未發之秘，然《漢隸分韻》已有其説。
或又以此爲許君之注，非造字之本。細玩許序‘考老是也’、
“令長是也”一段，是指保氏之書。則“建類一首，同意相
授”，古小學書已如此，非許氏撰《説文》始有此例也。自序
甚明，特讀者未審耳。王氏《釋例》所論“轉注”最爲允當，
可息紛議。

　　校序曰：“李陽冰篆迹殊絶，獨冠古今。自云‘斯翁之後，直
至小生’，斯言爲不安矣。於是刊定《説文》，修正筆法，然頗排
斥許氏，自爲臆説。學者多從陽冰新義，所謂‘貴耳賤目’也。
篆書堙替，爲日已久。凡傳寫《説文》者，皆非其人，故錯亂遺
脱，不可盡究。今以集書正副本及羣臣家藏者備加詳考，有許慎

注義，序例中所載而諸部不見者，審知漏落，悉從補録。復有經典相承傳寫及時俗要用而《説文》不載者，承詔皆附益之。又慎注詞簡奥，不可周知。陽冰之後，諸儒箋述有可取者，亦從附益。猶有未盡，則臣等粗爲訓釋，以成一家之書。《説文》之時，未有反切，後人附益，互有異同，今以孫愐《音切》爲定。”

毛扆跋曰：“先君購得《説文》真本，係北宋板，嫌其字小，以大字開雕，未竟而先君謝世。扆乃鬻田而刻成之，蓋不忍墮先志也。郭忠恕小字《説文字源》，今不得見。夢英《篆書偏旁》，陝榻流傳甚廣，中有五處，次序不侔。及讀《汗簡》，次序與此悉同，乃知夢英之誤。”

　　文光案：毛氏以鼎臣標目爲據，故云“不侔”。夢英《篆書》有贈郭忠恕者，別自一本，非今之石刻。夢英書部首署“咸平二年”，宋真宗之二年也，毛刻“延平二年”，誤。

《説文解字》十五卷

漢許慎撰

汲古閣本。此即徐鉉等校定之本。前有徐鼎臣所增之目與許氏序目，悉同毛扆所集諸説。有林罕《字源偏旁小説序》、徐鉉《説文韻譜序》。晁《志》三十卷。李陽冰刊定，徐鉉再是正之，又增加其缺字。

《説文解字》十五卷

漢許慎撰

五松書屋重刊宋本。此《平津館叢書》之一種。前有嘉慶十四年孫星衍序。每葉二十行，每行大十八九字，小二十八九字不等。板心上刻字數，中刻説幾上、下，下刻刻工姓名，大略似汲古本而行款字樣不同。毛刻諸書多非舊式。孫本篆法特佳，遠勝諸本。按許君自序云："經傳所引，別爲條記。"諸本不附條記。

孫氏序曰："唐虞三代，五經文字燬於暴秦，而存於《説文》。《説文》不作，幾於不知六義；六義不通，唐虞三代古文不可復識，五經不得其本解。《説文》未作已前，西漢諸儒得壁中古文書，不能讀，謂之逸十六篇。《禮記》，七十子之徒所作，其釋孔悝鼎銘'興舊耆欲'及'對揚以辟之勤大命'，或多不詞，此其證也。許叔重不妄作，其九千三百五十三字，即史籀大篆九千字，故云："叙篆文合以古籀。"既并《倉頡》、《爰歷》、《博學》、《凡將》、《急就》以成書，又以壁經、鼎彝古文爲之左證，得重文一千一百六十三字。其云古文、籀文者，明本字篆文；其云篆文者，本字即籀古文。如古文爲'弌'爲'弍'，必先有'一'字、'二'字，知本字即古文。而世人以《説文》爲大小篆，非也。倉之始作，先有文而後有字。六書，象形、指事多爲文，會意、諧聲多爲字，轉注、假借，文、字兼之。象形，如'人'爲'大'，'鳥'爲'於'，'龜'爲'黽'之屬，有側視形、正視形。牛羊、犬豕、黿兒之屬，有面視形，後視、旁視形。如龍之類，從肉，指事，以童省，諧聲，有形兼事又兼聲，不一而足。諧聲有省聲、轉聲。'社'土聲，'杏'從'可'省聲之屬，皆轉聲也。指事，別於會意者。會，合也，二字相合爲會。故反'正'爲'乏'，爲指事；'止戈'爲'武'，'皿蟲'爲'蠱'，爲會意也。轉注最廣，'建類一首'，如'禎'、'祥'、'祉'、'福'，同在示部也。'同意相受'，如禎，祥也；祥，祉，福也；福，祐也：同義轉注以明之。推廣之，如《爾雅・釋詁》'肇、祖、元、胎，始也'，'始'爲建類一首，'肇、祖、元、胎'爲同意相受。後人泥'考'、'老'二字，有左回右注之説，是不求之注義，而求其字形，謬矣。《説文》作後，同時鄭康成注經，晉灼注史，已多引據其文。三國時嚴峻、六朝江式諸人，又多爲其學。呂忱《字林》、顧野王《玉篇》，亦本此書增廣文字。至唐李陽冰習篆書，手爲寫定，然不能墨守，或改其筆蹟。今戴侗《六書故》引唐本是也。南唐徐鉉及弟鍇增修其文，各執一見。鍇有《繫傳》，世無善本。而鍇'聲讀若'之字多於鉉本，鉉不知轉聲，即加刪落，又增新附及新修十九文及用俗字作篆。然唐人引《説文》有在新附者，豈鉉有所本歟？鍇又有《五音韻譜》，依李丹《切韻》改亂次第，不復分別新附，僅有明刻舊本。漢人之書多散佚，獨《説文》有完帙，蓋以歷代刻印得存，而傳寫脱誤，亦所不免。'大氏一曰'以下義多假借，後人去之，或節省其文，或失其要義，或引字移易，或妄改其文，俱由增修者不通古義。賴有唐人、北宋書傳引據，可以是正文字。宋本亦有訛舛，然長於今世所刊毛本者甚多。毛晉初印本亦依宋大字本翻刊，後以《繫傳》刓補，反多紕繆。朱學士筠視學安徽，憫文人之不能識字，因刊舊本《説文》，廣布江左右，其學由是大行。按其本亦同毛氏。近有刻小字宋本者，改大其字，又依毛本校定，無復舊觀。吾友錢明經坫、姚脩撰文田、嚴孝廉可均、鈕居士樹玉及予手校本，皆檢録書傳所引《説文》異字異義，參考本文。至嚴孝廉爲《説文校議》，引證最備。今刊宋本依其舊式，即有訛字，不敢妄改，庶有闕疑之意。古人云：'誤書思之，更是一適。'思其致誤之由，有足正古本者。舊本既附以孫愐音切，雖不合漢人聲讀，傳之既久，亦姑仍之。以傳注所引文字異同，別爲條記，附書而行。又屬顧文學廣圻手摹篆文，辨白然否，校勘付梓。其有遺漏舛錯，俟海内知音正定之。今世多深於《説文》之學者，蒙以爲漢人完帙，僅存此書，次第尚可循求。倘加校訂，不合亂其舊次，增加俗字。唐人引據，多誤以《字林》爲《説文》。張參、唐玄度不通六書，所引不爲典要，并不宜取以更改正文。後有同志或鑑於斯。"

《説文解字》十五卷

漢許慎撰

藤花樹仿宋小字本。嘉慶丁卯年刊，陶士立臨字。此即孫氏所謂"改大其字，依毛本校定"者。板刻亦工，書林重之。約齋額勒布序曰："新安鮑君惜分家藏宋板《説文》，悉心點檢，亥豕無訛，洵堪珍秘。緣重爲雕鐫，用廣流傳。"

《孫氏書目》："一，星衍仿北宋小字刊本；一，寫宋本；一，大興朱氏刊本。又《説文》補考二卷，戚學標撰。"

孫氏曰："宋本長於毛本，注如'中，而也'，'而'爲誤字，然知'而'爲'内'之訛。今改作'和也'，便失其意。'矯揉，箭箝也'，今本'箝'作'箱'。'仳，憿裂也'，今本作"祭"。'息，喘也'，今本作'端'。'菊以秋華'，今本作'似秋華'。'揖，攘也'，'扶，左也'，今本作'讓'，作'佐'。'瘨，腹張'，今本作'脹'。或違《説文》本義，或無其字。"

《説文繫傳》四十卷　附校勘記三卷

宋徐鍇撰

壽陽祁氏本。道光十九年，從景宋抄本重雕。每葉十四行，每行大字十四字，小字二十二字。前無徐氏叙目，後有子容題。子容，蘇魏公也。凡《通釋》三十卷，《部叙》二卷，《通論》三卷，《袪妄》一卷，《類聚》一卷，《錯綜》一卷，《疑義》一卷，《系述》一卷，共四十卷。前三十卷題"徐鍇傳釋，朱翱反切"。《部叙》以下題"徐鍇撰"。重刊有陳鑾序、祁相國序、李兆洛跋。校勘記有承培元跋。

熙寧己酉冬，傳監察王聖美本，翰林祇候劉允恭等篆，子容題。

“司農南齊”再看，舊闕二十五、三十，共二卷，俟別求補寫。

嘉祐中，予編定集賢書，暇日因往見樞相宋鄭公。謂予曰：“知君校中祕書，皆以文字訂正，此正校讎之事也。”又曰：“文字之學，今世罕傳。《說文》之外，復得何書？”予以徐公《繫傳》爲對。公曰：“某少時觀此，未以爲奇。其後兄弟留心字學，當世所有之書，訪求殆遍，其間論議，曾不得徐公之彷彿。其所據以今所得校之，十不及其五六，誠該洽無比也。”又問予曰：“小徐學問、文章、才敏，皆優於其兄，而後人稱美出其兄下，何耶？”予曰：“信如公言。所以然者，楚金仕江左，少年早卒；鼎臣歸朝，公卿皆與之遊，士大夫從其學者亦衆，宜乎名高一時也。”公再三見賞，相謂曰：“君之評論，精詣如此，當書録以遺。異日修史者，不能出此説也。”因校此書畢，追思公言，聊志諸卷末。己酉十二月十五日子容題。

　　文光案：此條又見於《石林燕語》，互有異同，當以此爲正。己酉，宋神宗二年，行“青苗法”之歲也。

余暇日整比三館亂書，得南唐徐楚金《說文繫傳》，愛其博洽有根據，而一半斷爛不可讀。會江西漕劉文潛以書來，言李仁甫前託訪此書，乃從葉石林氏借得之。方傳録未竟，而予有補外之命，遂令〔二〕小子槩於舟中補足。此本得於蘇魏公家，而訛舛尚多，當是未經校勘〔三〕也。乾道癸巳十月廿四日尤袤題。

　　文光案：此跋在子容題後，合此二跋，而是本之來歷可考而知。

陳氏序曰：“鉉本頗簡當，間失穿鑿，又附俗字。鍇加明瞻而多巧説説文。又一本繁略有無不同，或部居移易，或説解闕佚。二徐本亦非其舊矣。鍇本尤多殘闕，雖黄公紹《韻會》多引鍇説，復爲熊忠增補以校鍇書，亦多參錯。壽陽祁純甫侍郎，往歲督學江蘇，求得顧千里影宋鈔本及汪士鐘所藏宋槧殘本，既又得鍇所作《篆韻譜》，詳爲考覈，刻於江陰。惟二徐本既有異同，又訓釋交有得失，又有二家皆失者，共爲校勘一書，囑余綜定。”

祁氏序曰：“《繫傳》唯汪氏刻有大字本，馬氏刻有袖珍本，訛脱錯亂，厥失維均。以顧千里舊鈔本校馬本，則正文、注文顧本字數增多，而木部、心部竟增多篆文數十。汪氏士鐘所藏宋刻本校抄本，大略相符，知顧本爲影宋足本。寓藻既欣得此書，即請申耆先生董紀其事，依寫開雕。《繫傳》原闕二十五卷，顧抄據大徐本補入，復請先生蒐採《韻會》等書所引《繫傳》輯補編附，以存崖略。先生又命弟子承培元、夏灝、吳汝庚作校勘記，苗君益加訂證。其小徐《篆韻譜》，訪録附刊書後。此書在宋時已多殘缺，元、明兩代竟未刊行。兹據顧氏影抄本，而汪氏宋刻本未睹其全，恐遺漏舛錯仍所不免，尚冀好古之士詳加考訂。”_{顧本爲第四函，三十二至四十。}

李氏跋曰：“道光辛酉之歲，淳父先生祁公奉命視學江蘇，其駐節在江陰縣，而兆洛適爲其邑書院主講，以同館故得奉謁先生。見即問小徐《説文》，對以通行者歙汪氏啓淑本不足憑，蘇州汪氏有宋槧不全本，顧氏有影宋鈔足本，皆佳。立往借之。至，即命工梓之，一年刻成。宋人重《繫傳》，以所附《通論》諸篇原本《説文》，旁推交通，致爲妍美。而《通釋》視大徐，雖時出新意，而不及大徐之純確。又其引書似都不檢本文，略以意屬，亦不若大徐之通敏。惟兄弟祖述鄌氏，毋敢逾越，實足發明叔重遺業，不能偏廢也。”

李氏又跋曰：“汪氏字閬原，候補道^[四]。顧氏字澗薲，諸生，其孫瑞清，世其業。汪本‘眘’字缺筆，亦南宋本。今刻款式依之，無者以宋抄本足之。千里尚有《通釋》數卷，堅不宜出。寫楷字者，蘇州蔣芝生。篆文則江陰承培元、吳江吳汝庚也。”

文光案：黄氏士禮居有影抄宋本，未及借校，想亦是祕之不出。千里好妄改，人難盡信。蕘圃於宋板不易一字，則其本可貴。序言之而《士禮居藏書記》不著，黄記後人所收拾，書不能備。未知與顧本何如，使之泯滅，深可惜也。想黄本尚在人間，猶冀好古者得之，詳爲互證焉。

校勘記："按此爲楚金未脱稿之書，後人抄寫，致多訛文錯簡；又經次立依鉉本增删，頗失其舊。汪氏、馬氏所刻俱非足本，且多改易。兹悉依顧抄付梓，而校勘其訛錯。至俗體省畫之字，相沿已久，未易悉正。是書貴其能通辨經字，故記中於説經處校勘尤詳。其他所引諸書，鍇每恃臆記，多有與原書違背及書名參錯者，今記中皆條辨之。書中遺脱甚多，唐人疏注及《玉篇》等字書所引《説文》多與鉉、鍇本異。"

承氏跋曰："文字之義，以訓詁而明；訓詁之學，以形聲而定。《説文》，形聲之書也，而訓詁備焉。于一字定一義，水之原，木之本也。而引證經傳，博采通人，如水出一原，而四瀆、百川、溝渠、く巜廓析焉。如木生一本，而側萌旁蘖，直幹樛枝畢達焉。爲許學者，亦由形聲而得訓詁，由訓詁以證經義，浚原通流，循本究末，于古今疑義可以派别條分矣。乃自唐宋以降，學許書者紛紛以形聲相聚訟，不啻浚其原而反灘之，循其本而故歧之。甚且疑許氏之學無與于經義，而憪耳僁目，是流而非原，信末而疑本。于是非之者妄加穿鑿，疑之者縱尋斧斤，許氏之書日益喪其真，即形聲之學日益昧，無怪訓詁乖戾，經義割裂矣。許書之存于今者，唐以前無完本，僅散見于經史百家疏注音義之中。唐以後所傳惟二徐本。楚金多仍舊書，其失也，不免承訛蹈訛。鼎臣多所是正，其失也，在雜采陽冰、楚金之説，屢亂許書。然則非楚金無以正鼎臣之失，非唐人疏注所引無以正楚金之失也。無如楚金之書，訛蹖參錯，展卷皆是，且意主先入，轉取鼎臣以增删楚金，而許君剥鍥殆盡矣。今校勘記紏其紕繆，且即《通釋》所引經史百家以通貫訓詁文字，圭臬不於是在哉？」

錢氏曰：「徐氏增入會意之訓，大半穿鑿。王荆公《字説》濫觴於此。」又曰：「大徐本用孫愐《反切》。《繫傳》用朱翱《反切》，音與孫愐同而切字多異。第一字下注云：『當許慎時，未有反切，故音讀若此。反切皆後人所加，甚爲疏樸，又多脱誤，今皆新爲之。』此數語當出於翱，今繫於『臣鍇注』之下，似失之矣。」錄於《潛研堂集》。

盧氏曰：「楚金所解，微傷於冗，且隨文變易，初無一定之説，牽強證引，甚或改竄經典舊文以從之。如『搙』與『檎』不同也，而兩引《周禮》『搙材』，一則從手，一則改從木。『釋』與『釋』亦有別也，釋本訓漬米，而此復贅云『猶散也』，引『釋旅』爲『釋旅』，以爲從『米』之證。『旨』字下改《内則》『調以滑甘』爲『滑旨』。『袳』字下引《詩》『好人袳袳』，王氏《詩考》異文止有作『媞媞』、『姼姼』者，今之從『衣』，何本乎？『麿』字下引《晉書》郭麿。案，《晉書》止有郭廞，見《藝術傳》，非『麿』也。『胕』字引《子虛賦》『麿割輪焠』，則云『胕』借爲『臠脯』。此下又引此，復云『胕』當『脯』，是其説無一定也。《説文》無『幗』字，『簂』即『幗』也，乃指『楓』爲巾幗之『幗』。《説文》有『蓁』字兼有『榛』字，乃云《説文》無，而指『榗』爲榛栗之『榛』：皆失於不審。『徐』字下張大其詞，侈陳家乘，失著書之體。又其引書多不契勘。如引《甘泉賦》『日月纔經於梜桭』，《西京賦》『突荆藩』，《吳都賦》『畛畦無數』，此三賦皆以爲《西都》；以《檀弓》『仲尼之守狗』，及『其言呵呵然，如不出諸其口』，皆以爲《論語》；《尚書》『鯀陻洪水』，則以爲《詩》；《左傳》『敢不承受君之明德』，則以爲《書》；《左傳》齊侯『余姑揃搣』，則以爲楚王。又稱『巫馬期行不由徑，陳仲子捆屨而食’，皆憑臆空造，毫無左證，深足以疑誤後生。其分疏音義，亦有可疑者。‘賑’字本訓‘殷富’，乃惑於後人‘振瞻’、‘振濟’之‘賑’〔五〕亦作‘賬’〔六〕，遂以‘振起’解之。‘玃’，秋田也，本見犬部，乃於示部增一‘禰’字，亦訓‘秋畋’。考鼎臣本，‘禰’與‘祧’、‘祆’、‘祚’皆爲新附之字，今皆收入許氏本部中。而又增一‘裖’字，訓爲‘祝’也，不知言部中自有‘詛’字，許氏訓爲‘詶’，‘詶’即‘祝’耳，何必贅一‘裖’字？至其所引經史，亦多失本意。如‘貲’字下引《史記》張釋之‘以貲爲郎’，説云‘即今州縣吏以身應役是也。貲錢，即今庸直也’，此説謬甚。夫漢時之以貲爲郎，猶近世職財貨者之舉身家殷實耳。楚金殊憒憒也。又‘袞’字下許氏云：‘天子享先王，卷龍繡於下幅，一龍蟠阿上鄉。’楚金‘上鄉’作‘上卿’，其説云：‘《春秋傳》諸侯死于王事，加二等，於是有以袞斂，謂以上公禮也。然則慎所謂上卿，即用公禮也。’據此云云，則非轉寫之誤矣。此於文理若何可通？《部叙》一卷，如《易·序卦》之體，亦多有難通而強爲之説者。鼎臣本采用鍇説，俱極純粹，或彼有而此反遺之，其中脱漏之字甚多，并部首亦有脱去者，間以鼎臣本攙補一二，而不明著其所補。其第二十五卷則全用鼎臣本矣。至若兩部而并爲一部，有重文而反無正字。‘亦’與‘夾’，‘冊’與‘困’，注皆互易；脱去‘黕’字注，而以‘黔’字注注其下：若此者頗多。許氏一部中字，亦皆以類相從，此則或前或後，參錯不齊，并慎元注亦有漏略不全者。則此書之紛亂難理，世無善本久矣，容有爲後人所竄易淆亂者，不可全歸咎於楚金也。後聞通人之語云：‘鼎臣於許氏本文有難曉者，往往私自改易，而楚金本獨否，故是書終不可得而廢也。’此言良是，善讀者必能別擇之。”此紹弓氏《與翁覃溪論繫傳書》，録於《抱經堂集》。‘通人’以下云云，書後所記。

文光案：盧氏所見爲汪氏新刻本，觀此可知其未盡善。'龍蟠阿鄉上〔七〕'，'鄉'，去聲，言龍首向上也，如今言'君衣升龍，臣衣降龍'，不知楚金何以誤解爲'上卿'也。予欲取盧氏之説以校祁相國本，又欲取鼎臣之注以校楚金之注，於此中應獲益不少。惜書不在前，以俟歸去。予所録者，非盧書之全文，即盧氏所摘，亦未必能盡《繫傳》之誤，故書末云'不可勝摘'。若校勘記所摘，其無遺憾與？尚未親理之也。丙戌三月十八日試畢，書於京寓。

胡氏曰："《玉海》：'《説文繫傳》四十卷。'《紀聞》云：'吕太史謂元本斷爛，每行減去數字，故尤難讀。'是鍇之書，在南宋已無完帙矣。趙凡夫《長箋序》云'《通釋》已亡，惟存其目'，則趙氏未見《通釋》矣。阮亭云：'《繫傳》未見，則鍇書由宋以來不絶如綫，自吴山夫玉搢抄得之，好古者遞相傳録。乾隆壬寅歲，吾鄉汪氏啓淑始合舊抄數本校録付梓，久乏傳刻，訛脱盈紙，無從訂補。然而首尾完具，卷帙分明，儼然全書。惜汪氏校梓時，過於仍因，《類聚》篇脱謬尤多。《祛妄》篇第三十六卷共五十六條内，唯'槀'字一條闕《顔氏家訓》，其餘皆闢李陽冰之妄。每條下或先舉《説文》，或不舉《説文》，皆載陽冰之語，而繼以'臣鍇云云'以闢之。獨'興'字下無陽冰語，而云'陽冰所見爲淺近焉'，疑有脱句。陽冰善二篆，而不通六書，好出新意，詆許氏。如以'才'爲木去其枝，但有槎枿；以'未'爲從'上小'，尊行居上而已小也；以'弔'爲二人往反相弔問；以'午'爲五月筍成竹，半枝出地；以'州'爲三丿；以'仌'爲冰裂；合士、土爲一；分'斷'、'析'爲二。使非徐氏，則邪説流行，貽誤不少。《繫傳》之功，於兹爲大。《長箋》謂《類聚》、《錯綜》、《疑義》三篇可毋閲也。愚觀《類聚》、《錯綜》二篇，皆《通釋》之餘論，多足以發明許氏之旨。而《疑義》篇首述六書制作之原，申《説文》叙中之義，次擧‘劉’、‘志’、‘駬’、‘希’、‘崔’、‘免’、‘由’七字，以爲偏旁有之，而諸部不見，蓋相承脱誤，非著書時本無，亦確論也。《通論》三篇，上下古今貫串經傳，實天下之奇觀，一書之總匯也。《部叙》篇始一終亥之義，秩然不紊，使後世知許氏之書非苟作，不敢輕移其次第。趙氏謂其中多强説，蓋不足以知《繫傳》也。《袪妄》篇凡所譏貶，多中其失。”録於《説文管見》。

　　王氏曰：“大徐有毛氏本，異於現行本，似是刊改一二次者。鮑氏本誤字多，然無妄改。孫氏本誤字少，然序言顧千里改其篆文，則不可據。馬氏袖珍本，即據汪氏，注中偶正一二字，似亦出臆斷。朱文藻考異本雖所出僅千二百餘字，然其異文前後一律，故知可據。祁刻顧氏影宋抄本廿五卷，汪刻多異文，此張次立所據之大徐本也。顧本則與今大徐本同，又是千里妄作，其餘篆注多可依翁氏鈔《説文韻譜》及李氏刻本。朱竹君抄本與汪刻大同，但篆文多異《五音韻》及大字本。其小字本則坊刻，不足道也。”又曰：“《説解》中字體，毛刻古體、俗體俱少；鮑刻古體多，誤字亦多；孫刻誤字少，而俗體多；朱竹君抄本、汪刻本古體、俗體皆多；顧抄本古體、俗體皆少。”又曰：“許君《説解》多漢時恒言，今人不聞，遂不得其解耳。”又曰：“五百四十部，本據字義爲綱領，其字義所窮，乃變而通之以字形，本兩例也。楚金作《部叙》兩篇，概説以義；近人又但説以形：胥失之矣。”録於《説文句讀》。

《説文篆韻譜》 五卷

南唐徐鍇撰

　　《函海》本。前於[八]徐鉉序、李調元跋。蔣氏曰：“徐鉉《五音韻譜》依李氏《切韻》改亂次第，不分别新附，孫淵如誤以爲徐鍇之書。”

徐氏序曰："舍弟楚金特善小學，因命取叔重所記，以《切韻》次之，聲韻區分，開卷可睹。楚金又集《通釋》四十篇，考先賢之微言，暢許氏之元旨，正陽冰之新義，折流俗之異端，文字之學善矣！盡矣！今此書止欲便於檢討，無恤其他，故聊存詁訓，以爲別識，其餘敷演，有《通釋》焉。五音凡五卷，論諸同志者也。"

李氏跋曰："雍熙四年正月徐鉉後序云：'《韻譜》既成，廣求餘本，頗有刊正。今復承詔校定《說文》，更與諸儒精加研覈，又得李舟所著《切韻》，殊有補益。其間疑者，以李氏《切韻》爲正。'所言承詔校定者，即雍熙三年十一月與句中正等校《說文》事也。巽巖李氏《五音韻譜序》云：'唐天寶末，陳州司法孫愐刊正隋陸法言《切韻》爲《唐韻》。本朝大中祥符元年，改賜新名曰《廣韻》。鍇修《韻譜》因之。'而鉉序亦云：'《說文》之時，未有翻切。今以孫愐音切爲定。'然則是書初亦如鉉依愐音切。鍇以開寶八年卒，在雍熙校定之前十年。兄弟并以文學近侍，鍇特精小學，於許氏書闡發尤多。其《部叙》雖法《易》，然特見義之端，非遂以蔽許氏全書之旨，故鉉苦許氏偏旁奧密不可意知，令鍇以《切韻》譜其四聲，爲之篆，名曰《說文韻譜》也。唐人韻書，孫愐、李丹皆見於著錄，而行世者孫愐爲多，故鉉至雍熙時始得見李丹之書。此內反切，蓋即依丹本爲之。是二書者，一以存愐韻，一以存丹韻，不特爲許氏功臣已也。巽巖李氏之爲《五音譜》也，引是書之序，以爲置偏旁而以聲相近，不若存偏旁於聲類之中，益便披閱。豈知是書之善，正在不著偏旁，則觀者因得復檢其故處而詳知焉。此於《說文》全書有若總目然，相需而不可相紊也。若巽巖之書，意欲兼有二書之捷，則勢必使人於《說文》舊本不觀而觀此止矣。說者遂謂四聲譜而《說文》亡，豈篤論哉？是書序曰'《五音》凡五卷'，毛氏引此序曰十卷。此本上聲分上下二卷，餘則否。《崇文目》、《宋志》皆十卷，蓋刻者并爲五卷，而上聲尚仍其舊耳。"

文光案：《函海》所刻録自《大典》，多人間未見之本。當時雇胥抄寫，故多脱誤缺簡。李鼎元重校序曰："吾兄《函海》之刻，流傳已久。向讀初刻，校其訛脱，彙爲一册。既讀其歸田後所著及續刻諸書復二十函，亦頗有前刻之病。因合四十函，重加校正"云云。今所收重校本亦未見精審，又有重訂本，見《彙刻書目》。近有重刊小字本，未知何如。校本惟《華陽國志》勝於盧校，餘多舛誤。升菴諸書多隨手所録，未足成書，故《函海》不甚貴重。

《説文解字五音韻譜》十二卷

宋李燾撰

明本。嘉靖壬辰孫甫校刊。甫字西浦，蜀犍爲人，官南京大理寺右寺正。是本前有甫序，後有甫子見易跋，都無所發明。書内不題名氏，篇首冠以許序、徐表。巽巖割裂《説文》，依韻重編，起東終甲，以平、上、去、入爲次，有前、後二序，原委頗詳載。馬《考》中今本删去，不知何故。其注較徐《譜》爲詳，有新附字。其部中字俱非許氏舊第，止便檢尋，無恤其他。孫刊後有汲古閣本，今有重刊汲古閣本，人多不辨，故詳著之。

李從周曰："字書始一終亥，其形也；始東終甲[九]，灋其聲也。許叔重原無反切，後人漸加附益，至徐鼎臣始以孫愐《唐韻》音切爲定。自音切行，人以爲便於檢閲，而不知字之本乎偏旁。故李巽巖初作《五音譜》，以許氏部叙爲之。後以示虞仲房，乃支用徐楚金《韻譜》。巽巖謂若偏旁一切都置，則字之有形無聲者，豈不愈難檢閲？雖從仲房，而巽巖實不以《韻譜》爲然，故後序
案：後序又見於魏了翁《經外雜抄》。要自别行。其《五音韻譜》乃賈端

修所定。蜀前輩如巽巖留意字學，不苟如此。”此虞㧑述李氏之言，見《字通序》。

　　文光案：李巽巖、虞仲房、張謙仲三人同時，皆深於六書之學，而謙仲尤爲虞、李所稱許。伏讀《四庫全書提要》曰：“《龍龕手鏡》部首之字，以平、上、去、入爲序，各部之字後，用四聲列之。李燾作《説文韻譜》，實用其例而小變之。”

《説文字原》一卷　　《六書正譌》五卷

元周伯琦撰

　　明本。崇禎甲戌孔貞運序，次《字原》目録。至正九年伯琦自序云：“六經本皆古文。唐天寶三年詔集賢學士衛包改古文作楷書。今世所傳，反雜俗體。”嘉靖元年黃芳序《正譌》曰：“《字原》序制作之因，《正譌》刊傳寫之謬。滁陽于公購善本，募工翻刻是書，初刻於平江郡。”胡氏曰：“《正譌》自叙云：‘參稽古法，推本造端，定其始音，訓以六義，辨析今古，訂別是非，凡二千餘字。’又云‘《説文字原》以叙制作之全，而《六書正譌》以刊傳寫之謬’，自負不淺。然欲正人之譌，而一叙之中其譌已不一而足。首述六書次第，從《藝文志》，而不知從《説文》。叙釋會意，改‘武信’爲‘信義’，‘義’從‘芊’，‘我’聲，諧聲字也。又謂聲有不可窮，則因形體而轉注焉，‘帀’、‘乏’是也。倒‘屮’爲‘帀’，反‘正’爲‘乏’。不知‘考’、‘老’相訓之義，以轉注混入象形。又謂《漢書》尉律‘太史試學僮，能諷籀書九千字，課以八體，乃得爲吏’。按《説文叙》：‘試以籀書爲吏，郡移太史，試以八體，課最者爲史。’周氏取其文而略易之，不知已大非事實。又誤從班氏以‘試學僮’爲太史事。又謂：‘張有《復古編》、鄭樵《六書略》、戴侗《六書故》，莫不原於許氏。

然張失之拘，鄭過於奇，戴病於雜。鄭樵言許氏之書，詳於象形、諧聲，而昧於會意、假借，其論至矣。數家之書，互有得失，綱領之正，鄭氏爲優。'此段尤爲乖舛。三家之中，惟張氏差善，鄭氏最紕繆，而反以其書爲優，以其論爲至，考古無識如此！"又曰："《正訛》云：'家，居牙切，與"牢"同意。豕居，故從宀，後人借用爲室家之"家"。牢，牛屋，後人借用爲牢獄之"牢"。舊說從豭省者，非。'又云：'假，何加切，遠也；叚，古雅切，借也：通用。'案：叚，古音'豭'。古'豭'從'叚'得聲，古音古胡切。《左傳》'既定爾婁豬，盍歸我艾豭。''豬'、'豭'爲韻。家，古音亦古胡切。《詩》中《桃夭》以'家'韻'華'；《行露》以'家'韻'角'、'屋'、'獄'、'牙'；《鴟鴞》以'家'韻'拮'、'荼'、'租'、'瘏'：不一而足。則'叚'非古雅切，周氏自誤，《說文》固不訛[一〇]也。"又曰："自唐以後，《說文》殘缺，即二徐之本已互有不同，或本無其字而後人增入，或本有其字而傳寫脫去。諸書稱引，或誤以他書爲說者有之，然實係原本所有而今本脫遺者。"

李日華曰："元周伯琦書《相鶴經》，自稱谷陽生跋云：'右經一卷，題浮丘公授，王子晉之書也。崔文子學道於子晉，得其文，藏嵩山石室中。淮南王采藥得之，遂傳於世。'"又曰："《說文》許氏原注皆隸字。"

徐官曰："《說文》刊板不一，少有佳者。僅見宋板，其字形不滿寸，篆刻俱精，乃徐鼎臣所書，其弟楚金校正者。外有包氏《說文》，仍許氏之舊，而間補臆說於下，未見過人處。然其中采用鐘鼎諸文，亦有可取者。"

錢氏曰："《六書正訛》多采戴侗說以訾議許氏，又妄增《說文》所無之字，如'穚'爲稼穡字，'噐'爲器皿字之類。'堂'本從'止'，而改從'牙'；'妾'本從'辛'，而改從'立'；甚至以‘戊’爲戈矛之‘戈’，‘庚’爲鍾虡之‘虡’。誕謾亘信，視同戲劇。此六書之異端，而自稱《正譌》，果誰正而誰譌乎？"録於《養新録》。

　　武氏曰："《説文目録偏旁》，爲南岳卧雲叟宣義大師賜紫夢英篆書。英序過自矜詡，以爲‘惟郭忠恕共余繼李監之美’。又附忠恕答書云：‘見寄偏旁五百三十九字。按《説文字原》唯有五百四十部，子字合收在子部，今《目録》妄有更改之字。又《集解》中誤"去"部在注中。今點檢偏旁，少晶、惢、至、龜、弦五字，故知林氏虛誕，誤於後進。’是則采初之本譌脱，見摘於郭氏如此。考林氏，謂林罕也。江少虞《皇朝事實類苑》與《宋景文筆記》并載鍇爲《説文繫傳》，恕先作《汗簡》、《佩觿》。時蜀有林氏作《小説》，然狹於徐、郭者，當即其人。"録於《授堂金石》跋。

校勘記

〔一〕"籀"，原作"篇"，據《漢官儀》改。

〔二〕"令"，原作"合"，據《説文繫傳》改。

〔三〕"勘"，原作"理"，據同上書改。

〔四〕"道"，原作"遺"，據同上書改。

〔五〕"賑"，據上文似當作"振"。

〔六〕"賬"，據上文似當作"賑"。

〔七〕"鄉上"，據同上書當作"上鄉"。

〔八〕"於"，據文意似當作"有"。

〔九〕"甲"，據宋李從周《字通》補。

〔一〇〕"譌"，原作"説"，據該書改。

經部十
小學類三

《説文字原集注》十六卷　附録二卷

國朝蔣和撰

寓齋本。前有自叙、凡例、目録。每部第一字正書，第二字《説文》，第三字《汗簡》，第四字隸書，皆大字居中，各加注解。以下先正義，次別義，次辨正，凡三條，降一格書之，各標所引之書，加以案語。後附《字原表》、《字原表説》，有序。是書寫刻俱佳，傳本甚少，洵可寶也。

蔣氏自序曰：“漢許慎集篆、籀、古文諸書，作《説文解字》十四篇。其叙目以母統子，次第相生。蓋叙目者，又篆體之原也。唐李騰集陽冰篆書，賈耽乃名之曰《字原》，用爲世法。宋僧夢英《字原》石刻，求其注解，散見卷帙，未有成編。欣逢熙朝盛舉，千載一時，甲乙既分，全書告竣。又發帑繕寫三分，存貯江浙，嘉惠士林。臣以菲材，忝列篆隸校對，於是得窺天府之秘奧，極藝苑之大觀，抑何幸歟！謹於急公餘暇，復加采掇，迄今三載，輯《説文字原集注》十六卷，爰敬謹繕寫，校讐成書，冒瀆聖聰，仰邀訓示，無任悚惶。謹序。乾隆二十二年春二月二十五日，欽賜舉人充三分四庫書篆隸校對臣蔣和恭擬進呈本。”

蔣氏例曰："六書不逾子母，《説文》字母爲綱領。《玉篇》錯綜其叙，後人因之，又爲增减，皆非《説文》之舊。今採取諸説，而部叙仍依《説文》。漢簡從古文而出，附以隸書，於今古遞變之由求其脗合。《説文》傳本不一，字體間有不同，今以精晰者爲主。臣和少時聞臣父蔣驥口授字義，或傳於臣祖蔣振生者，謹附書内。《字原》以天地人及干支爲小綱領，今編次爲表。"

《説文解字斠詮》十四卷

國朝錢坫撰

原本。前有許序。凡例八條，一校毛本之誤；一校宋本徐鉉官本之誤；一校徐鍇《繫傳》本之誤；一校唐以前本之誤；一校許君之字只應作此解，不應以傍解仍用而使正義反晦；一校許君之讀如此，而後人誤讀，遂使誤讀通行，而本音反晦；一校經傳只一字，而許君有數字；一校經傳則數字，而許君只一字。近有淮南書局本，光緒九年重刊，前有許君序，板口下有校書姓名，篆文一字一行，最便省覽。

　　文光案：錢氏以毛本"閑"字，宋本所無，斥戻妄增，不知何據。予得唐本《説文》，木部有"閑"字，小徐本亦有，大徐偶脱，毛氏補之，不爲無據。"恂"字應作"愢"，祁相國本未及校出。校勘記"謐"字未若錢説之詳。

《説文解字舊音》一卷

不著撰人名氏

《經訓堂》本。乾隆癸卯年畢沅校刊，有序。

畢氏序曰："唐以前傳注家多稱《説文解字音》，《隋志》有《説文音隱》，疑即是也，因擿録之。《説文》大略皆以文定字，以字定聲。其立一爲耑者，皆文也；形聲相益者，皆字也。故文爲物象之本，字言孳乳而生。其例有云'從某，某聲；從某，某省聲；從某，從某，某亦聲'；又云'讀若某'。其時如鄭衆、鄭興、杜子春及康成之徒注諸經、《禮》，高誘注吕不韋、淮南王等書皆然。自反音興[一]，而'讀若'之例遂變。反音昉自孫炎，李登作《聲類》亦用之。晉吕忱依許書又作《字林》，其弟静因《聲類》則作《韻集》，韻書實始焉。是編《隋志》次在忱書之下，但云'有四卷'，而不詳撰人，考之當是忱以前人所作。唐世言文字聲音者，每兼采許及忱。顏籀則文字用許，聲音用《聲類》。許書有徐鉉等校定音，并《唐韻》也；有徐鍇《繫傳》音，朱翱所加也；有《五音韻譜[二]》音，則鍇所加也。"

《經典文字辨正書》五卷　附《音同義異辨》一卷

國朝畢沅撰

《經訓堂》本。自序有五例：一曰正《説文》所有；二曰有筆迹稍省於《説文》，"香"之爲"香"是也；三曰通變，易其方而不戾于《説文》，"烁"之爲"秋"是也；四曰別經典之字，《説文》所無；五曰流俗所用，不本前聞或乖聲義，鄉壁虛造，不可知者是也。

《説文解字注》三十卷

國朝段玉裁撰

《學海堂》本。段氏原本最佳，近有翻刻大字本，又小字本。此本開首爲《説文》十四篇，分上、下二十八卷。第十五卷上爲許序并目。十五卷下，首盧序；次《説文部目分韻》一篇，陳焕編，有記；末爲許慎自序并許沖進書表。慎子沖合十四篇及序爲十五卷。自成書至獻書，凡歷二十二年。叔重前叙叙《説文》；後叙叙篇部字數，并著書年月及其家世。自"召陵"以下爲沖所上之表。舊本"召"字上空一格，與許序相混。此本"召陵"提行，以下皆降一格，最爲明快。序皆有注，第一卷末有道光九年錢塘嚴傑跋。

盧氏序曰："孔子曰：'今天下書同文。'知當時尚無有亂名改作者。自隸書行，而篆之意寖失。今所賴以見制字之本源者，惟《説文》而已。後世若邯鄲淳、江式、呂忱、顧野王輩，咸宗尚其書。唐宋以來，如李陽冰、郭忠恕、林罕、張有之流，雖未嘗不遵用，而或以私意增損其間，則亦未可爲篤信而能發明之者。逮於勝國，益猖狂滅裂，許氏之學寖微。我朝文明大啓，前輩往往以是書提倡後學，於是二徐《説文》本學者多知珍重。然其書多古言古義，不易得解。吾友段若膺積數十年之精力，專説《説文》，以鼎臣之本頗有更易，不若楚金爲不失許氏之舊，顧其中尚有爲後人竄改者、漏落者、失其次者，一一考而復之，悉有左證，不同臆説，詳瞻博辨，自有《説文》以來，未有善於此書者。得道德之指歸，政治之綱紀，明彰禮樂，幽通鬼神，可以砭諸家之失，可以解後學之疑，斯真能推廣聖人正名之旨，而其有益於經訓者，功尤大也。乾隆五十有一年書於鍾山講舍之須友堂，時年七十。"

嚴氏跋曰："先生同時注《説文》者，有桂君馥、錢君大昭，皆已成書。先生未作是注以前，先撰長編數十巨册。書成，擇其精華而爲之。後之人必有取先生所棄，以駁是注爲未純者，識者定能辨之。"

陳氏記曰："《説文》五百四十部，猝難檢尋。宋李仁甫《五音韻譜》本改依陸法言二百六韻編次，較原書易得其部首。今先生依'始一終亥'成注，復命焕用仁甫法，'始東終乏'爲目，所以便學者也。其或與《廣韻》小異者。徐鼎臣《音切》用《唐韻》，或不與《廣韻》同，仁甫仍之耳。"

一曰指事。劉歆、班固首象形，次象事。指事即象事。鄭衆作“處事”，非也。指事之別於象形者，形謂一物，事晐衆物，故一舉“日”、“月”，一舉“上”、“下”。“上”、“下”所晐之物多，“日”、“月”祇一物。學者知此，可以得指事、象形之分矣。

二曰象形。象當作“像”。象者，南越大獸，自《易大傳》已假借矣。有獨體之象形，有合體之象形。獨體如“日”、“月”、“水”、“火”是矣。合體者，從某而又象其形。如“眉”從“目”，而又以“广”象其形。“箕”從“竹”，而又以“甘”象其形。獨體之象形，則成字可讀；輠於“從某”者，不成字，不可讀。説解中往往經淺人删之。此等字，半會意，半象形，一字中兼有二者。會意則兩體皆成字，故與此別。

三曰形聲。劉歆、班固謂之象聲。形聲，即象聲也。其字半主義，半主聲，不言義者不待言也。得其聲之近似，故曰象聲。形聲，鄭衆作“諧聲”。諧，詥也，非其義。“江”、“河”之字，以水爲名，譬其聲如“工”、“可”，取“工”、“可”成其名。其別於指事、象形者，指事、象形獨體，形聲合體。其別於會意者，會意合體主義，形聲合體主聲。聲或在上，或在下，或在左，或在右，或在中，或在外。亦有一字二聲者；有亦聲者，會意而兼形聲也；有省聲者，既非會意，又不得其聲，則知其省某字爲之聲也。

四曰會意。會者，合也。一體不足以見其義，故必合二體之意以成字。比合“人”、“言”之誼，可以見必是“信”字。比合“戈”、“止”之誼，可以見必是“武”字。誼者，人所宜也。今人用“義”，古書用“誼”。“誼”者，本字；“義”者，假借字。會意者，合誼之謂也。凡會意之字，“人”、“言”，“止”、“戈”皆二字聯屬成文，不得曰從人、從言、從戈、從止。而全書內往往爲淺人增一“從”字，大徐本尤甚，絕非許意。然亦有本用兩

"從"字者，固當分別觀之。有似形聲而實會意者，如"拘"、"鉤"、"苟"皆在句部，不在手、金、艸部，"莽"、"莫"、"葬"不入犬、日、死部之類是也。

五曰轉注。轉注，猶言互訓也。注者，灌也。數字輾轉互相為訓，如諸水相為灌注，交輸互受也。轉注者，所以用指事、象形、形聲、會意四種文字者也。數字同義，則用此字可，用彼字亦可。漢以後釋經謂之注出於此，謂引其義使有所歸，如水之有所注也。里俗作"註"字，自明至今，刊本盡改舊文，其可歎矣。轉注之說，晉衛恒、唐賈公彥、宋毛晃皆未誤，宋後乃異說紛然。戴先生《答江慎修書》，正之如日月出矣，而爝火猶有思復然者，由未知六書轉注、假借二者，所以包羅自《爾雅》而下一切訓詁音義，而非謂字形也。玉裁按，衛恒《四體書勢》曰："轉注者，以'老'注'考'也。"此申明許說也。而今《晉書》訛為"老，壽考也"，則不可通。毛晃曰："六書轉注，謂一字數義，輾轉注釋，而後可通，後世不得其說。"

文光案：戴書見《聲韻考》。段氏師東原，故稱先生。其言轉注，遵東原。其以《爾雅·釋詁》解"建類一首，同意相受"，前人亦有言及者，但其說未允，故鈕氏駁之曰："《爾雅》乃訓詁，并無一首，非六書轉注也。"江徵君艮庭云："'建類一首'者，謂同在一部之字，如'考'在老部，而同部中'耆'、'耄'等字皆可訓'老'，故曰'同意相受'"。自來言轉注者，無此通暢，鈕氏所引似是。然六書者保氏所以教國子，叔重所云"建類一首，同意相受"，乃所以明六書之轉注，非自言其說解之轉注也。許敘自"今敘篆文"以下乃自述其作書之例，可知前半所言皆明古書。江氏所云老部乃許氏所分之部居，豈六書原有之部居？吾故於戴氏、江氏之說皆不能無疑也。

六曰假借。劉歆、班固一象形，二象事，三象意，四象聲，五轉注，六假借，與許大同小異。要以劉、班、許所説爲得其傳，蓋有指事、象形，而後有會意、形聲，有是四者爲體，而後有轉注、假借二者爲用。戴先生曰：六者之次第，出於自然是也。學者不知轉注，則亦不知假借爲何用矣。“假”當作“叚”，“叚借”者，古文初作而文不備，乃以同聲爲同義。轉注，專主義，猶會意也。假借兼主聲，猶形聲也。許曰：“假借者，本無其字，依聲託事，‘令’、‘長’是也。”託者，寄也，謂依傍同聲而寄於此，則凡事物之無字者，皆得有所寄而有字。如漢人謂縣令曰‘令長’，縣萬户以上爲令，減萬户爲長。“令”之本義，發號也；“長”之本義，久遠也。縣令、縣長本無字，而由發號、久遠之義，引伸展轉而爲之，是謂假借。許獨舉“令”、“長”二字者，以“令”通古，謂如今漢之“縣令”、“縣長”字即是也。許書假借有言“以爲”者，如“來”，麰也，而以爲“行來”之“來”；“烏”，孝鳥也，而以爲“烏呼”字。是“本無其字，依聲託事”之明證。本無“來往”字，取“來麥”字爲之，及其久也，乃謂“來”爲“來往”正字，而不知其本訓。此許説假借之明本也。有言“古文以爲”者。“洒”下云：“古文以爲灑掃字。”“疋”下云：“古文以爲《詩·大雅》字。”此亦依聲託事也，而與“來”、“烏”二字不同者，本有字而代之，與本無字有異。前二字則假借之後，終古未嘗製正字；後二字則假借之後遂有正字，爲不同耳。許書又有引經説假借者。如“敗”，人姓也，而引《商書》“無有作敗”，謂《鴻範》假“敗”作“好”也。“莫”，火不明也，而引《周書》“布重莫席”，釋云“薄席也”，謂《顧命》“叚莫”爲“蔑”也。此與“古文以爲”者正是一例。大抵假借之始，始於本無其字；及其後也，既有其字矣，而多爲假借；又其後也，且至後代，訛字亦得自冒於假借。博綜古今，有此三變。全書多訛字，必一一諟正，而後許免於誣。許之爲是書也，以漢人通借繁多，不可究詰，學者不識何字爲本字，何義爲本義，雖有《倉頡》諸篇、杜林諸説，而其篆文既亂雜無章，其説亦零星間見，不能使學者推見本始，觀其會通，故爲之依形以説音義，而制字之本義，昭然可知。本義既明，則用此字之聲而不用此字之義者，乃可定爲假借，本義明而假借亦無不明矣。

文光案：段注《説文》，於每字之下徵引浩博，不免有失許氏之意者。凡此所録，皆許氏之意也。學者於六書僅能舉象形、會意之名，而於其所以然者，不能知也。讀此六條可知其義。蓋必先明六書之義，而後可以讀《説文》也。又案：古序在後，不獨《史記》、《漢書》、《法言》、《太玄》爲然，蓋即成書而後序之，或分序篇目，或兼序家世。古例如此，叔重因之。其古言古義中多韻語，非博采羣書，詳爲訓釋，如“曾曾小子”之類，不能明也。

《六書音韻表》五卷

國朝段玉裁撰

《學海堂》本。前有自序。段氏先成《六書音韻表》，又注《説文解字》，以十七部繩九千餘文，此其作表之意也。然所謂“十七部”者，乃本之宋時之《韻略》；其九千餘字，則漢代之説解。古無韻書，其於許氏之解必不能合，是其大體有可議者，故書方出而糾者已至。序謂繼鄭、顧、江三家而作，然三家之書，止言音韻，不及六書。六書之名起於倉頡造字之始，音韻之學講於梁、陳相嬗之際。“音韻”而冠以“六書”，其立名亦未允也。然其書於古音不爲無補，學者當分別觀之。按《皇清經解淵源録》謂段懋堂師東原、慎修，然段書於戴氏稱先生，於江氏直稱名，恐慎修非師，蛾術考之未詳也。

江^[三]氏自序曰：“今世所存韻書，《廣韻》最古。《廣韻》二百六部，蓋仿於隋陸法言。自唐初有“同用”、“獨用”之功令，以便屬文之士。至南宋劉淵新刊《禮部韻略》，遂併同用之。韻爲一韻，而爲部百有七。今取百有七部之書，考求古音、今音，混淆未明，無由討古音之源也。宋鄭庠分古韻爲六部；近顧炎武據依《廣韻》部分，分古韻爲十部；而江永又分爲十三部。鄭庠之説合於漢魏，及唐之杜甫、韓愈所用，而於周秦未能合也。顧氏考三百篇作《詩本音》，二百六部分爲十，較鄭氏爲密矣。江氏訂其於三百篇所用有未合者，作《古韻標準》，二百六部分爲十三，較諸顧氏益密，而仍於三百篇有未合者。今既泛濫《毛詩》，理順節解，因其自然，補三家部分之未備，釐平、入相配之未確，定二百六部爲十七部，表於左。”

孔子贊《易》，老子言道德，用韻不必同《詩》。　《字林》所載多《説文》所無。　商、周之際，當有韻書，而亡佚久矣。

考周、秦、漢初之文，有平、上、入而無去。洎乎魏、晉，上、入聲多轉而爲去聲，平聲多轉而爲入聲，於是乎四聲大備，而與古不侔。有古平而今仄者，有古上、入而今去者。細意搜尋，隨在可得。<small>以上録於本書。</small>

《段氏説文注訂》八卷

國朝鈕樹玉撰

碧螺山館本。同治五年，金蘭購得殘板，復假初印本影抄補刊。跋云：“先生與段大令并以六書之學稱於時。相傳段書先成，風行海内，先生嫉其盛名，著此以排斥之，毋乃附會。阮儀徵序，有‘入室操戈’之語，恐非作者本意也。段氏《説文》舊藏吾族芳草園，亦多戔朽。今宮保合肥李公補刊成集，此書正可相輔而行，俾學者參考互證，亦訓詁家之一助云。道光癸未。”自序云：

“段注多更張，迥非許書本來面目。”

阮氏序曰：“段注可謂文字之指歸，肆經之津筏。然智者千慮，必有一失，況書成之時，年已七十，精力就衰，不能改正，而校讎之事又囑之門下，往往不參檢本書，未免有誤。吳門鈕君匪石，錢宮詹之高足也，著《段氏說文注訂》，書中舉正，皆有依據，當與劉炫《規杜》并傳於世。”

文光案：六書論音則可，論韻則不可。段氏以六書合韻部，如以《漢書》入《明史》，時代既差之太遠，字句皆形其累贅。又如以宋尺量禹鼎，分寸不合，則必別生一說以滋蔓之，此其勢之所必至，而人亦不能爲之諱者。篆書與韻書本爲二類，今合爲一名，正如制義之截搭，於無情中求其有情，通篇所做者，牽連鉤串而已，於本文之正義，必不暇顧矣。所以段氏之意在繼鄭、顧、江三家，而所論古韻，反不如顧氏、江氏之明快，則以其牽引六書故也。表言周秦時必有韻書，亡佚已久，此實無根之言，何所見而云然？不但古無韻書，《說文》并無“韻”字，此乃徵引家所恒言，而段氏匿而不言，此其別生一說之明證也。凡人著書，必立其大體。大體既壞，雖小小補綴，無救於弊。此表罅漏孔多，可取至少。至所注之《說文》，徵引既博，解釋益明，由是讀書門徑可得，謂之絕學，實爲無愧。惟注簡不明，注繁必失。經鈕氏定正、王氏駁正，相輔而行，其美斯備。非鈕氏、王氏之學果勝於段氏也，大抵創始者難爲功，糾繆者易立辦，其中甘苦，歷之者自知。段氏之注究竟功深。向秀注《南華》，又是《南華》一部。段氏注《說文》，別爲《說文》一部，與許氏《說解》并峙可也。若其表則不敢贊一詞矣。

《説文新附考》六卷　《續考》一卷

國朝鈕樹玉撰

碧螺山館本。同治七年金蘭補刊非石居原板。跋云："是書以《玉篇》爲綱，凡有異《説文》者，悉爲采摭而折衷之。板更殘缺，復爲補完，用廣行世。先生有《説文考異》手寫本，無力刊行，深爲惋惜。"前有錢大昕序。

錢氏序曰："新附四百餘文，大半淺俗，雖形聲相從，實乖《倉》、《雅》之正。《復古編》不能別白"直刌"爲許君正文，鈕子非石一一疏通而證明之，而其字之不必附、不當附者瞭如視掌，豈非騎省之諍友乎？"

《説文義證》五十卷

國朝桂馥撰

湖北崇文書局本。前有同治九年湖北學政張之洞序。目録後有丁艮善跋。此桂氏脱稿未校之書。

張氏序曰："國朝經師皆精小學，其校證《説文》之書最顯者十餘家，而以段注本爲甲。諸老師言段書外，惟曲阜桂氏《義證》可與抗行。其書嘗爲靈石楊氏連雲籍校刻，刻後未大印行，其家書板皆入質庫，以故世少傳本。之洞奉使來湖北，布政使香山何君以此本付書局翻刻，而使之洞爲之叙。竊謂段氏之書聲義兼明，而尤邃于聲；桂氏之書聲亦并及，而尤博於義。段氏鉤索比傅，自以爲能冥合許君之恉，勇于自信，欲以自成一家之言，故破字創義爲多。桂氏敷佐許説，發揮旁通，令學者引申貫注，自得其義之所歸。故段書約而猝難通闚，桂書繁而尋省易了。夫語其得於心則段勝矣，語其便於人則段或未之先也。其專臚古籍，不下己意，則以意在博證求通，輾轉孳乳，觸長無方，亦如王氏《廣雅疏證》、阮氏《經籍纂詁》之類，非可以己意爲獨斷者也。桂氏之言曰：‘近日學者風尚六書，動成習氣。偶涉名物，自負《倉》、《雅》；略講點畫，妄議斯、冰。叩以經典大義，茫乎未之聞也。’此尤爲近今小學家所不能言，洵足以箴肓起廢矣。”

　　文光案：吾邑楊氏本最佳，余僅收得散葉，其板流落南方，所謂“入於質庫”者，非實事也。原本第四十卷缺一葉，今補足。第五十卷爲附錄，除去新附搜補遺文百二十二字，頗未盡宷諦。近人苗夔、鄭珍所搜，轉溢於此。原稿第三十七“臺”下引《高唐賦》，有“查《高唐賦》原文”六字，據此真桂氏未成本也。道光、咸豐間，楊墨林在清江浦讎校數年乃成，分校者皆一時名士。桂氏徵引雖富，脈絡貫通，前說未盡，則以後說補苴之，前說有誤，則以後說辨正之。凡所稱引，皆有次第，取達許說而止，故不下己意也。

《説文釋例》二十卷

國朝王筠撰

原本。道光丁酉年刊。前有自序、目錄，後有自記。凡五十四目。存疑六卷。筠字菉友，安邱人。

王氏自序曰：“今天下之治《説文》者多矣。桂氏《義證》、段氏《注》，其最盛也。桂氏徵引雖富，脈洛貫通，前說未盡，則以後說補苴之；前說有誤，則以後說辨正之。凡所稱引，皆有次第，取足達許說而止，故專臚古籍，不下己意也。讀者乃視爲類書，不已昧乎？惟是引據之典，時代失於限斷，且泛及藻繢之詞，而又未盡加校改，不皆如其初恉，則其蔽也。段書體大思精，所謂‘通例’又前人所未知，惟是武斷支離，時或不免，則其蔽也。大徐之識遜於小徐，小徐之識又遜二家。治《説文》者以二書爲津梁，其亦可矣。然聞人食肉而飽，究爲飽人之飽，不如自食之之誠飽也；聞衣人裘而煖，亦爲煖人之煖，不如自衣之之誠煖也。夫飽、煖者，喻之以意，而不可宣之以言。苟不自飽、煖，亦安知人之飽爲何若、煖爲何若，且安知人之飽者或不免於饑，煖者猶不免於寒乎？筠少喜篆籀，不辨正俗，年近三十，讀《説文》而樂之。每見一本，必讀一過，即俗刻《五音韻譜》，亦必讀也。羊棗膾炙，積二十年，然後於古人制作之意，許君著書之體，千餘年傳寫變亂之故，鼎臣以私意竄改之謬，犂然辨晳，具於胸中，爰始條分縷析，爲之疏通。其意體例所拘，無由沿襲前人，爲吾一家之言而已。夫文字之奧，無過形、音、義三端；而古人之造字也，正名百物，以義爲本，而音從之，於是乎有形。後人之識字也，由形以求其音，由音以考其義，而文字之説備。乃往往不能識者，何也？則以其即字求字，且牽連它字以求此字，於古人制作之意隔，而字遂不可識。六書以指事、象形爲首，而文字之樞機即在乎此。其字之爲事而作者，即據事以審字，勿由字以生事。其字之爲物而作者，即據物以察事，勿泥字以造物。且勿假它事以成此事之意，勿假它物以爲此物之形，而後可與倉頡、籀、斯相質於一堂也。今《説文》之詞，足從口，木從屮，鳥鹿足相似，從上，斷鶴續鳧，既悲且苦，苟非後人所竄亂，則許君之志荒矣。夫讀古人之書不能爲之發明，即勿塗附以豐其部，而《説文》又屢經竄易，不知原文之存者尚有幾何。大徐校定，猶有集書正副本、羣臣家藏本，苟能審慎而別白之，或猶存什一於千百也。乃復以私意燖亂之，不能不謂爲功之首、罪之魁矣。今據二徐本拘文牽義以求之，未必合許君意，即未必合倉頡、籀、斯意也。”

《漢志》：“六書謂象形、象事、象意、象聲、轉注、假借。”顏注：“象事即指事，象意即會意，象聲即形聲。”按六書次第，似班《書》首象形爲是。許君首指事，似不可解。《周官·保氏》

鄭注："六書：象形，會意，轉注，處事，假借，諧聲。"鄭注次第不可曉。《五經文字序》曰："六書謂象形、指事、會意、形聲、轉注、假借。"按張氏既引《保氏》，則所列名目當出鄭注，而次序與今本不同。賈疏尤謬。

《説文解字》者，説其文，解其字也。《通志》"獨體爲文，合體爲字"是也。觀乎天文，觀乎人文，而文生焉。天文者，自然而成，有形可象者也。人文者，人之所爲，有事可指者也。故文統象形、指事二體。字者，孳乳而寖多也。合數字以成一字者皆是，即會意、形聲二體也。四者爲經，造字之本也。轉注、假借爲緯，用字之法也。或疑既分經緯，即不得名曰"六書"。不知"六書"之名，後賢所定，非皇頡先定此例而後造字也，猶之《春秋例》皆以意逆志，比類而得其情，非孔子作《春秋》先有此例也。

《説文叙》解釋六書，乃全部之條例也。言象形矣[四]，云"從某，從某"，即是言會意矣；云"從某，某聲"，即是言形聲矣；而指事惟於上下二字言之，仍不出叙所言之外。二徐皆不知指事，故《繫傳》多誤以會意爲指事。大徐不引，則勝小徐之一端也。若夫轉注、假借，則全書未嘗言及。凡其或言或不言者，皆屬詞之體當然。《説文》每出一字，必先説其義，後説其形，此定例也。如"中"下云"艸木初生也"，此字義也；"象丨出形，有枝莖也"，此字形也。苟不出"象形"二字，將何以爲詞乎？至於轉注、假借，即在形、事、意、聲四者之中，乃用字之例，非造字之本。故"老"下云"考也"，"考"下云"老也"。仍以叙文所出之兩字見其例，則欠部"歈，欥也"、"欥，歈也"，言部"諷，誦也"、"誦，諷也"，同在一部，是謂"建類一首"；其訓互通，是謂"同意相受"：至明白矣。設於"歈"下云與"欥"轉注，"諷"下云與"誦"轉注，不成詞矣。然"考"、"老"之

例至狹，更推廣之。《爾雅·釋詁》浩博無涯矣，獨是叙於假借取
“令”、“長”爲例，而本字下并其假借之義不見，較“考”、“老”
似尤疏，則以全書半皆假借也，觸目即是，啓口皆然。惟指事最
少，而又難辨。以“上”、“下”二字推之，知其例至嚴。所謂
“視而可識”，則近於象形；“察而見意”，則近於會意。然物有形
也，而事無形，會兩字之義以爲一字之義，而後可會。而“⊥”、
“т”之兩體，固非古本，切之“丨”，“於悉切”之一也。二⊥、
三т，以兩畫成爲一字。“上”、“下”本非物也，然視之而已識
上、下之形；兩畫既皆非字，幾無以爲義，然察之而已見上、下
之義。總之，以大物覆小物，以大物載小物，於是以長一况大物，
以短一或丨况小物，了然於心目間，而無形之事，竟成爲有形之
字矣。然而短一縱横惟意，長一可横而不可縱者，此小大之辨[五]
也。試觀天之下，地之上，山岳則巍然峙也，是“⊥”、“т”之
形也；丘陵則逶迤相屬也，是二、三之形也。明乎此，而指事不
得混於象形，更不得混於會意矣。段茂堂、嚴鐵橋皆知指事而不
盡言，蓋將待我開山也。

　　六書次第，自唐以來易其先後者凡數十家，要以班《書》爲
是。象形、指事，皆獨體也，而有物然後有事，故宜以象形居首。
會意、形聲、皆合體也，而會意兩體皆義，形聲則聲中太半無義，
且俗書多形聲，其會意者千百之一二耳，即此足知其先後矣。轉
注、假借亦不可淆者。轉注合數字爲一義，假借分一字爲數義也。
故以六書分爲三耦論之。象形實，指事虛，物有形，事無形也。
會意實，形聲虛。合二字三字以爲意，而其義已備。形聲則不能
賅備。如“煉”、“鍊”一字，所煉者金，鍊之以火；“鏝”、“槾”
一字，其器兼用金、木：而皆分爲兩體，此尤不能賅備之明驗也。
轉注實，假借虛。“考”自“考”，“老”自“老”，其訓互通，而
各有專義，不可改也。若夫“令”爲“號令”，而借爲“令善”；

"長"爲久長，而借爲"君長"：須於上下文法求之，不能據字而直説之，故爲虛也。凡變亂班《書》之次者，皆不察其虛實者也。

一字之蘊，形、聲、義盡之。即六書之名，亦可以形、聲、義統之。即如"天"字，一、大，其形也；顛，其義也；他前切，其聲也。兼明之，而"一"字之蘊盡矣。象形，形也；指事、會意，義也；形聲、轉注、假借，皆聲也。夫假借固無不以聲借也，有去形存聲者。《石鼓文》"其魚佳可"，即"維何"也，是謂省借。有字外加形者，《商頌》"百禄是何"，《左傳》引作"荷"是也，是謂增借。增之省之，其聲無不同者，故亦借及偏旁不同而聲同之字。如《禮》云"射之爲言繹也"，知"射"古音"繹"。《振鷺》"在此無斁"，《中庸》引之作"射"也。至於轉注，則同一物也，而命之者不同，則字不同；同一事也，而謂之者不同，則字不同。古人用字，貴時不貴古，取其地之方言而制以爲字，取足達其意而已。而聖人所生之地不同也，唐虞三代遞處於山西、河南、陝西之境，孔子又生於山東，各用其地之方言，不得少轉注一門矣。《爾雅・釋詁》一名而累數十字未已，是又兼假借而爲轉注者矣。蓋意有輕重，則語之所施亦有輕重。是以假借者，一字而數義。何爲其數義也？口中之聲同也。轉注者，數字而一義。何爲其數字也？口中之聲不同也。故其始也呼爲"天地"，即造"天地"字以寄其聲；呼爲"人物"，即造"人物"字以寄其聲。是聲者，造字之本也。及其後也，有是聲即以聲配形而爲字，形聲一門之所以廣也。綜四方之異，極古今之變，則轉注之所以分著其聲也。無其字而取同聲之字以表之，即有其字而亦取同聲之字以通之，則假借之所以薈萃其聲也。是聲者，用字之極也。聲之時用大矣哉！

凡云"古字通用"者，乃注疏家體例。雖然，實係此聲借用，非其字本通也。"首"、"手"、"尺"、"赤"皆通，則亦無不可通。

此類以不效古人爲是。《尚書》用"兹"，《論語》用"斯"，《孟子》用"此"，時不同也；"聿"、"筆"、"弗"、"不律"，地不同也，皆取其入耳即通也。今人好用古字，乃不足之證，非有餘之證。文之雅俗，在乎意義，不在字體也。

許君之立説也，推古人造字之由，先有字義，繼有字聲，乃造字形。故其説義也，必與形相比附。其直以經典説之，而無"《書》曰"、"《詩》曰"之等者，皆本義也。經典不見本義者，遂及漢賦，漢賦又不見者，博訪通人，故有恒見之字，而《説解》反爲罕見者，爲恒見之解與字形不合也。古義失傳之字，形體傳訛之字，必欲求其確切，遂致周章其蔽也。

凡依傍一書而成一書者，其心思必苟，其目光必短，雖幸而傳，亦必不久。無論它書，即經亦不可依傍也。許君之精神與倉頡、籀、斯相貫通，故能作《説文》，所引經典聊爲印證而已。今人之精神，必出許君之前，乃能與許君相貫通，而可以讀《説文》，所讀經亦聊爲印證而已。神禹之鑄鼎也，渾然大物也。雖百物皆備，義具神姦，然使玩其一物，自謂識鼎，則必爲螭魅魍魎所侮矣。《史記》似此鼎，《説文》亦似此鼎，皆洪鑪所鑄，渾然大物也。故觀其會通，則《説文》通矣；枝枝葉葉而雕之，則《説文》塞矣。宋元人好訾《説文》，今人好尊《説文》，乃訾尊雖異，病根則同，皆謂其爲零星破碎之篇也。文字在先，只如計帳；經典在後，焕乎文章：故引伸假借，其用不窮。中古有此語，而上古無之者，即別造一字；上古有是語，而中古無之者，即其字雖存而古義遂湮，只傳其通假之義。故許君説字有支詘者，如"種類相似，唯犬爲甚"之類，要當以意逆志，不可援爲話柄也。許君自叙曰"同條牽屬，共理相貫"，此謂部首之大綱，以義爲次也。又曰"雜而不越，據形系聯"，此爲部首之細目，不能據義者，以形相系，而濟其窮也。自唐李騰以其叔父陽冰書某爲部首，謂之《說文字原》，此篤信許君而失其意者也。《說文》重別，故立部首以統之。若謂之字源，則惟象形、指事乃可謂之源耳。是知尊《說文》者尚不知所尊，則毀文者愈不足置辯矣。陽冰《字源》，見《崇文目》及《金石錄》，林罕因之，後遂以部首爲字源矣。

《文選》薛綜注引「許氏記」，非《說解》別有此名也。緣各卷首題「許氏記」，故薛氏云然。蓋尊之不書其名，猶《毛詩》題「鄭氏箋」也。孫、鮑二本題「許氏記」，毛本皆作「許慎記」。以上九條錄於本書，讀《說文》之綱領。

《說文句讀》三十卷

國朝王筠撰

原本。同治四年校刊，博山蔣其崙書篆。前有潘祖蔭序、王氏自序、凡例、目錄，後有補正并跋。内題「漢太尉南閣祭酒許氏記」。二十八卷爲《說文》上、下十四篇。二十九卷爲許君自序、許沖表、漢安帝敕。三十卷附錄《說文部首表》、《許君事蹟考》、《說文校議》、毛氏節錄、桂氏附錄并《附說》、小徐《系述》、大徐《校定說文序》并表中書牒。

潘氏序曰：「安邱王君貫山治《說文》學垂三十年，先成《釋例》，既復薈萃羣言，折衷至是，爲《句讀》。同治四年，君之子彦侗，依公乘沖故事齎遺書詣闕。有旨下南書房諸臣覆閱，蔭幸與焉，始得竟讀其書。君之學，積精全在《釋例》，標舉分別，疏通證明，能啟沒長未傳奧旨。《句讀》則博采慎擇，持平心，求實義，絕去支離破碎之說，庶幾達者矣。古經義理，不外訓詁，訓詁之原，惟此文字。漢以來言小學家必祖《說文》。唐制九經外，讀《說文》爲生者，以《說文》、《字林》爲專業。自宋元士大夫狃於近易，好爲空虛微眇之論，爭訾《說文》，相習荒棄，明世六書訓詁幾成絕學。逮我聖朝，敦尚經術，不務空言，乾嘉以後，經師耆儒如段氏玉裁、桂氏馥、鈕氏樹玉、錢氏坫、嚴氏可均、王氏玉樹、吳氏淩雲、王氏煦，篤信許書，咸有纂述。君書晚出，乃集厥成，補弊救偏，爲功尤鉅。彥侗將歸，介蔣椒林水部來乞文，爲之序，爰書於後。”

王氏自序曰：“自永元以至今日，凡千七百餘年。顧黃門一家，數世皆精此業，而未有傳書。二徐書雖傳，多涉草略，加以李燾亂其次第，故亭林祇見《韻譜》，以其雜亂無章也，時時訾謷之。茂堂力闢榛蕪，創爲通例，而體裁所拘，未能詳備。余故輯爲專書，與之分道揚鑣。道光辛丑，余又以《説文》傳寫多非其人，羣書所引有可補苴，遂取茂堂及鈃橋、未谷三君子所輯，加之手集者，或增、或删、或改，以便初學誦習，故名之曰《句讀》，不加疏解，猶初志也。三篇業將畢矣，而雪堂、頌南兩陳君曰：‘君所增改者，既援所出之書以證明之，又引經典以發揮之；而無所增改者，但如其舊：則或詳或略，體既不倫。且茂堂之學力心思，固能遠達神恉，而性涉偏執，瑕纇不免。又如桂氏之博洽，嚴氏之精確，以及非石鈕氏，汾泉、松亭兩王氏，其書皆有可爲羽翼者。君盍薈萃之，以省我輩目力，以爲後學南鍼乎？’余於是本志變化，博觀約取，閱月二十而畢，仍名《句讀》，從其朔也。顧余輯此書，別有注意之端，與段氏不盡同者凡五事：一曰删篆。每部各署文數、重數，自序又有十四篇之都數，誠以表別裁，而杜屚雜也。而核今本之實，則正文、重文皆已溢額。嚴氏議删重文，未議正文，不知是《説文》續添中字、《字林》中字也。無據者固未可專輒，有據者可聽其竊據非分乎？至於一字兩見者，當審其形義，以定所屬之部。‘吁’爲‘于’所孳育，‘否’爲‘不’所孳育，此審其形也；‘得’與‘得’各有所施，此審其義也。不可如大徐以在後者爲重出也。二曰一貫。許君於字必先説其義，繼説其形，末説其音，而非分離乖隔也。即如説‘蒐’，曰人血所生，以字從‘鬼’，故云。然引者訛爲‘地血’，校者即欲據改，則從‘鬼’之說何所附麗哉？三曰反經。《說文》所引經典字多不同，句限亦異，固有訛誤增加，而其爲古本者甚多，豈可習非勝是，以屢經竄易之今本，訾漢儒授受之舊文乎？四曰正《雅》。《爾雅》者，小學專書，以此爲最古，所收之字亦視羣經爲最多。彼以義爲主，而形從之；《說文》以形爲主，而義從之：正相爲錯綜而互爲笵攝者也。乃陸、孔在中原，時代雖後，而猶見善本；景純居東晉，傳注薈萃，而適據訛文；加以學者傳習，多求便俗，羽族安鳥，水蟲著魚。故徐鼎臣曰：‘《爾雅》所載艸木魚鳥之名，肆意增益，不足復觀。’以羣經之鈐鍵，而訛誤顛倒重出，比比皆是，不有《說文》，何所據以正之乎？五曰特識。‘后’、‘身’、‘悶’、‘愃’等字，許君之說，前無古人，是乃歷考經文，并非偏執己見，不可不以經正傳，破從來之誤者也。五者以外，小有違異，亦必稱心而出，明白洞達，不宜首施兩端，使人不得其命意之所在，以爲藏身之固，此則與段氏同者也。時閱十年，稿凡三易，鏡不自照，留待後人。而吾所望於來哲，猶有六焉：許君說五行五色，四蠻四夷，或相鉤連，或相匹配，是知鎔冶於心，藉書於手，非泛泛雜湊之字書，故雖至小之字，而亦有異部相映帶者。如木部‘柢’、‘株’直屬轉注可矣，而說曰‘木根’者，所以別於艸部‘荄’、‘茇’之爲草根也；禾部說‘移’曰‘禾相倚移’者，所以別於㫃部旗之‘旎[六]施’也。一也。有當轉注而不然者，如‘昏’下云‘日冥’也，則‘冥’下當云‘月昏’矣，而別爲說者爲‘從六，地也’。二也。有不欲駁難古人，但加一字見意者。說‘夔’云‘即魖也’，說‘貈’曰‘即豹文鼠也’是也。其不加字，想尚多有之。三也。許君說字多主通義，而言其專主一經者，如‘避’、‘偕’等字是也。四也。羣經所有之字而許君不收者，‘璗’、‘玁’、‘姒’、‘犒’之類，既有明徵，其他想亦必有說也。五也。況乎九千文中，於今爲無用，於古亦無徵者，至於數百。夫何經典所有，沙汰之以矜別裁；經典所無，網羅之以炫淹博。五經無雙之人，豈宜出此？然鄭司農引《上林賦》'紛容蕔參，倚移從風'，以較《文選》，八字而易其五。計漢武至梁武纔六百餘年，而漢賦之改易，已如是之甚，況三代、先秦之書乎？苟有博通古籍者，能使無徵者有徵，即無用者有用矣。縱使單文孤證，亦稱一字千金，尤所企望也。六也。若此者，我雖少發其端，能不望來哲之竟其緒乎？能使許君之書發露無餘，我即不及見之，而亦爲後之學者豫幸之矣。篆文次第，小徐似據已經倒亂之本，大徐尚有倫脊，然似以己意爲之整比，故不免差跌。""篆文業已溢額，而桂氏、段氏復據羣書所引爲之增補，似乎多事。然今本所存，必有許君所未收之字；即今本所無，亦必有許君所曾收之字。傳寫既久，勢所不免也。是以擇其可信者，各附本部都數之下。所增之字，或爲《說文》本有而今佚者；或出《說文》續添者；或出《字林》者；或出《字林新附》者；或絕無所本，後人以意增之者：蓋皆有之，余不能辨也。""《經典釋文》通志堂本，朱文游以宋本校之，余又以影宋本校之。""《玉篇》張士俊本大不可信。其本得自汲古閣，毛氏勤於校讎，疏於決擇。唐人引《說文》皆作'從某'，此獨作'從'。又所引《說文》概同大徐本，足徵大加變亂矣。""《集韻》已補曹氏本。""《韻會》元槧本最佳。""所據衆本外，以《校議》爲本，桂氏所引有出《校議》外者。余所輯有出二家外者，蓋二家忽之也。惟嚴氏無欺，故以爲據。""《文選注》例最爲庬雜。本文所有則增之，本文所無則刪之，本文如是而《說文》不如是者，則改《說文》以就之。李氏引書每如此，不僅《說文》有刪節不可通者，幾令人無從尋覓也。又有以時行字易之者，意主使人易曉，不可謂之誤。""元應於《說文》、《字林》無所偏主，陸氏則主《字林》。以陸氏所不引而疑《說文》無此字，誣也。""元應所引原文居多，間亦删就本文，僅十之二三。"　"郭注《爾雅》，即主《字林》，蓋東晉時《說文》未行於南方。"　"陸《釋文》、兩《漢書》注，例同李氏，皆有增損，必慎別擇。"　"'之'、'也'等字，引見羣書，而無害於義者，盡增之。"　"許君漢人也，而今本《說文》局促無文采，或直而不成語，豈其本然乎？苟有所據，不敢置也。"　"諸書所引反切，蓋《音隱》舊文。李氏引《說文》義，即繼以切者，定是舊音。段氏多漏引，兹備錄之。"　"《唐韻》之音與許君不相中者，此鼎臣之過。"　"釋典自漢入中國，則譯者必是漢語，故《衆經音義》不獨所引《說文》可用，即所標佛經字亦多可用。"　"叙、目相連，乃足見意與史公自叙同法。今既分之，橫加'叙曰'二字，不可讀矣。"　"取桂氏《義證》、段氏注，删繁舉要，以成此書。二家說同，則多用桂說，以其書未行，冀少存其梗槩，且分肌擘理，未谷尤長也。惟兩家未合者，乃自考以說之，亦不過一千一百餘事。惟是二家所引，檢視原書，或不符此，改舊文以就己說也。然所引浩如煙海，統他日覆覈之。"　"蔣仲和所爲表，諸家說部首者皆不及也。其說多不本許君，余亦間用之。有未愜者，更易之。"　"桂氏《附錄》：'《寰宇記》：左州晉城縣蠻渠，歲時於右溪口通商，有馬會。《說文》曰：馬會，今之獠市。'按今《說文》無此語。"　"《魏書》吕忱表上《字林》六卷。筠案：林罕、李燾皆曰五卷。"　"桂曰：《說文》非許氏創作，蓋總集《倉頡》、《訓纂》、班氏十三章而成。《倉頡》篇五十五篇，《訓纂》篇八十九章，班固十三章，凡一百五十七章，以每章六十字計之，凡九千四百二十字。《說文》九千三百五十三文，然則《說文》集羣書之大成，兩漢訓詁萃於一書，顧不重哉！筠案：《唐志》班固《在昔篇》一卷，《太甲篇》一卷，此即十三章。《說文》下引班說，而許序舉《倉頡》、《訓纂》，未及班書，故讀者不了。班固死於永元四年，《說文》成於十二年，是許氏猶及親聞固説。又按：此《訓纂》別是一書，與揚雄所作《倉頡》、《訓纂》不同。”“古文簡，籀文繁，故小篆於籀文則多減，於古文則多增。如‘云’字，古文也，小篆加‘雨’爲‘雲’。‘刪’字古文也，小篆加‘水’爲‘淵’。徐鍇曰籀文‘臣’從‘晉’，然則‘臣’爲古文，‘𦣞’爲籀文，‘頤’爲小篆，三者皎然明白。”“唐本《説文》各有異同，故《汗簡》所引與今互異。”

《文字蒙求》四卷

國朝王筠撰

原本。道光十八年刊。益都陳山嵋跋云：“此菉友同年爲余所輯録也。《釋例》將以問世，余以其書非初學所能讀也，强使條分縷析，彙爲此書，亟梓之，以公同好。”王曰：“是書不日成之，雪堂未加診視，遽付之梓。丙午夏，略加改易，再刻之。閏月十二日丙申，記於鄉寧署齋。雪堂謂筠曰：‘人之不識字也，病於不能分，苟能分一字爲數字，則點畫必不可以增減，且易記而難忘矣。苟於童蒙時，先令知某爲象形，某爲指事，而會意字即合此二者以成之，形聲字即合此三者以成之，豈非執簡御繁之法乎？惟是象形則有純形，有兼意之形，有兼聲之形，有聲意皆兼之形；指事則有純事，有兼意之事，有兼聲之事，有聲音皆兼之事：不可不辨也。至於會意，雖即合形事以爲意，然有會兩形者，有會兩事者，有會一形一事者，亦有會形聲字者。且或以順遞爲意，或以并峙爲意，或於字之部位見其意，或從是字而小變其字之形以見意，或以意而兼形，或以意而兼事，或所會不足見意而意在無字之處，或所會無此意而轉由所從與從之者以得意。而且本字爲象形、指事，而到之即可成意，反之即可成意者。省之增之，又可以成意。疊二疊三，無不可以成意。且有終不可會，而兩體、三體各自爲意者。此其變化，又不可不詳辨也。至於形聲，則由篆變隸，大異本形者，必采之；爲它字之統率者，必采之；不過三百字而盡。總四者而約計之，亦不過二千字而盡。當小兒四五歲時，識此二千字非難事也。而於全部《説文》之九千餘字，固已提綱挈領，一以貫之矣。予久欲勒爲一書，而夙夜在公，未之能成，然終以爲訓蒙之捷徑也。於隶友何如？'筠曰：'善！'爰如雪堂意，篆之於象形、指事、會意字。雖無用者，亦皆搜輯。形聲字[七]。所收者四類，總二千餘字而已。説解取其簡，或直不加注，兼以誘之讀《説文》也。篆文間依鐘鼎，以《説文》傳寫有訛也。恒見字不加音切，不欲其繁也。"

《易》曰："百官以治，萬民以察。"知文字爲記事而作，如今之帳簿而已，有實字，無虛字。後世之虛字，皆借實字爲之也。字因事造，而事由物起。鐘鼎象形字皆畫其物，隨體詰屈。李斯變爲小篆，欲其大小齊同，不能無所伸縮，遂有不象者矣。　凡疊三成文，未有不與本字異音、異義者矣。其疊二成文，則音義異者固多，而同者亦有之。似徐氏未留心，而《唐韻》亦未留心也。

亞部云"醜"也。宋獲玉印，文曰"周惡夫印"，劉原甫以爲條侯印，是"亞"即"醜惡"之古字也。　"一曰"、"又曰"、"或曰"字爲許君本文者蓋寡，其爲後人附益者，一種也。合《字林》於《説文》而以"一曰"區別之者，又一種也。其或兩本不同，校者彙集爲一，則所謂"一曰"者，猶今人校書云"一本作某"也，是又一種也。讀者勿爲所愚。　漢碑雅俗雜陳，半不合於六書。　《五經文字》、《九經字樣》兩書所引《説文》，近人以其爲唐本也，往往信之以改今本；然不可信者居多。　大抵唐、宋人所引《説文》，或彼此不同，或一書而屢引不同，可知其時別本甚多，不歸一律。直由魏、晉以後，傳《説文》者不知爲説經之鈐鍵，而視爲雜湊之字書，故有許君不收之字而以意增之者；

不解許君之説而以意改之，或以《字林》改之者。是以《爾雅疏》
所引"秣"字説，陋謬不通，亦謂出自《説文》。然則張氏、唐氏
所引，猶之此也。　鼎臣所增目録，其篆與夢英似者多，與許君
本文及書中正文或不同。　大徐不必糾也，依茂堂可矣。　段氏
改誤字，是者極多。　《説文》部若譜系。　《初學記》引"祭
豕先爲禱，月祭爲祽"，今示部并篆文無之。又引淒[八]雨，雲起
也；濝雨，雲皃也"，今并倒作"雲雨"，則不可解。又引"宗廟
之木主名曰祐"，今本且曰"以石爲主"也。《文選》及班《書》
注，足補今本者。鈕樹《校議》至精確矣。《爾雅疏》所引，有鈕
樹所漏者。《説文》傳寫既久，能無闕佚？其爲人增删竄亂，殆甚
《玉篇》。　凡竄易古書者，其見皆井蛙，其删出於有意，其增則
出於無意。輾轉迻寫，隨筆增之，初不加審視。再有細心者出，
奉爲典要，不敢復删，此其所以長存也。即如段氏"驢"下增之
曰"驢，畜也"，"兔"下增之曰"兔，獸也"，較之所增它字，
尤爲可笑。設有不幸，諸本盡泯，而獨存段注，智者讀之，亦謂
許君昏耄而已，敢以爲後增而删之乎？　段氏之意，蓋以今存
《説解》少於原額者萬餘字。苟每字下加一"複舉"字，則足額
矣。然又恐人嗤之，故不肯直言也。　《字原偏旁小説》序云：
"李陽冰就許氏《説文》重加刊正，展作三十卷，復於《説文》
篆字下便以隸書照之，名曰《字説》。"然則今之"複舉"字，蓋
校者以《字説》闌入。以上皆王氏語，《釋例》内有《轉注》一篇，勝東原説。

《説文答問疏證》六卷

國朝薛傳均撰

《咫進齋》本。前有道光十年阮文達、陳用光序，薛氏自序，
李璋煜跋。後有《文學薛君墓誌銘》、劉文淇撰。《薛君傳》。包世臣
撰。子韵治小學，攻許氏，於錢、段二家究其得失，而右錢氏。子

韻有十三經校本，未之刊行。《疏證》，陳石士鋟板閩中，校勘未精。揚州再刻之本勝於初本。

薛氏自序曰："近代通人，無逾錢竹汀先生，適因汪君從全集中抄出《説文答問》一篇，郵寄來詢，用加箋釋，罄所知而條答之。標字之有無，辨體之正俗，明迹之疑似，審誼之虛實。音亦訂乎傳訛，韻兼及乎通轉。旁求六朝別本，并徵子史舊文。凡欲以得其會通，抉其指要也。其中有一二牽合太甚者，人所共睹，未敢阿附焉。"

校勘記

〔一〕"興"，原作"起"，據《説文解字舊音》改。

〔二〕"譜"，原作"補"，據同上書改。

〔三〕"江"，按文意當作"段"。

〔四〕"言象形矣"，據《説文釋例》此前脱"然考之《説解》"五字。

〔五〕"辨"，原作"殊"，據同上書改。

〔六〕"旖"，原作"旂"，據《説文解字》改。

〔七〕"形聲字"之前，據《文字蒙求》尚有"至於"二字；之後，尚有"則由篆變隸大異本形者必采之，爲它字之統率者必采之"二十三字。

〔八〕"淒"，原作"棲"，據唐徐堅《初學記》改。

經部十

小學類四

《説文校議》十五卷

國朝嚴可均撰

歸安姚氏本。同治十三年重刊。

嚴氏自序曰："嘉慶初，姚氏文田與予同治《説文》而勤於予。己未後，予勤於姚氏，合兩人所得益，遍索異同，爲《説文長編》，亦謂之《類考》，有天文算術類、地理類、草木鳥獸蟲魚類、聲類、《説文》引羣書類、羣書引《説文》類，總四十五册。又輯鐘鼎拓本爲《説文翼》十五篇，將校定《説文》，譔爲《疏議》。至乙丑秋，屬稿未半，孫氏星衍欲先睹爲快，乃撮舉大略，就汲古初印本別爲《校議》卅篇，專正徐鉉之失，其諸訓故、形聲、名物、象數，旁稽互説，詳於《疏義》中，不徧及也。夫《説文》爲六藝之淵海，古學之總龜，視《爾雅》相敵，而賅備過之，《説文》未明，無以治經。由宋迄今，僅存二徐本，而鉉本尤盛行，謬訛百出，學者何所依準？予肆力十年，始爲此《校議》，姚氏之説亦在其中。凡所舉正三千四百四十條，皆援據古書，注明出處，疑者闕之，不敢謂盡復許君之舊，以視鉉本，則居然改觀矣。同時錢氏坫、桂氏馥、段氏玉裁亦爲此學，予僅得段氏

《説文訂》一卷，他皆未見。各自成書，不相因襲，海內同志倘如予議，固所願也。”

嚴氏後序曰：“嘉慶丙寅冬，予爲《説文校議》成，質之孫氏。孫氏擇其要者，加以商訂。其商訂之精善者，予皆補入《校議》中。孫氏之族弟星海，其人通小學，促予付梓，復資其商訂焉。”

許君之壽當以八十餘爲斷，隋、唐《志》《孝經古文説》一篇，本傳失載，蓋久亡。又有許君注《淮南子》二十一卷，羣書引見可數百條。　大徐於“弟一上”之前，新加標目。

趙氏撝謙《六書論》曰：“昔者聖人之造書也，其肇於象形乎？故象形爲文字之本，而指事、會意、諧聲皆由是而出焉。象形者，象其物形，隨體詰詘而畫其迹者也。其別有正生十種。俗用“種”。十種者，數位之形，則‘一’、‘口’“圍”同。之類是也；天文之形，則‘云’、‘回’之類是也；地理之形，則‘水’、‘厂’“岸”同。之類是也；人物之形，則‘子’、‘呂’之類是也；屮木之形，則‘禾’、‘末’之類是也；蟲獸之形，則‘蟲’、‘牛’之類是也；飲食之形，則‘酉’、‘肉’之類是也；服飾之形，則‘衣’、‘巾’之類是也；宮室之形，則‘嵩’、作“壺”非。“亯”、“郭”通。之類是也；器用之形，則‘弓’、‘矢’之類是也。此十種直象其形，故謂之‘正生’。推之，則又有所謂‘兼生’者二焉，其一曰形兼意，‘日’、‘月’之類是也；其一曰形兼聲，‘暈’、‘箕’之類是也。以其兼乎它類，故謂之‘兼生’。以是推之，則象形之義可觸類而通矣。夾漈所謂十形，猶‘子’、‘姓’；兼聲兼意，猶‘因’、‘亞’者是也。雖然，若‘鼠’之首似臼，‘巢’屮腹似臼，‘嵩’之足似而，‘毛’類反手，‘月’形近肉，苟泥去。而不通，則於象形之義庆矣。烏乎！古篆廢而分隸興，分隸興而字學昧，是故分隸有‘匕’音比。無‘七’音化，有‘𠂇’

無‘又’，有‘冂’ “冪”非。無‘爿’，“牁”同。有‘未’無‘末’。“稽”同。循而至於‘支’、‘攴’普木切。同書，‘殳’、‘乁’音殊。并作，‘槊’、秦。‘泰’、‘㩽’、奉。‘䓊’之首無異，‘己’、‘巳’似。‘弓’、胡感切。‘巴’“節”通。之體莫別。好古君子論至乎此，豈直三嘆而已哉？以上《象形論》。

“事猶物也。指事者，加物於象形之文，直著其事，指而可識者也。聖人造書，形不可象則屬諸事，是以其文繼象形而出。象形，文也；指事，亦文也。象形文之純，指事文之加也，故曰正正附本，蓋造指事之本附於象形，如‘本’、‘末’、‘朱’、‘禾’、‘未’、‘束’之類是也。夫‘木’本象形文也，加‘一’於下則指爲‘本’，加‘一’於上則指爲‘末’，加‘一’於中則指爲‘朱’，以其首曲而加則指爲‘禾’，以其支葉之繁而加則指爲‘未’，以其條幹有物而加則指爲‘束’。其字既不可謂之象形，又不可謂之會意，故謂之指事。指事之別有十類，如象形之所陳者，茲不復述。此外又有兼諧聲而生之一類，曰事兼聲，‘齒’、‘金’之類是也。夾漈謂指事類乎象形，斯言既得之矣。然又以‘史’、‘外’之類入乎指事之篇，抑亦何爲而然耶？以上《指事論》。

“會意者，或合其體而兼乎義，或反其文而取乎意，擬之而後言，議之而後動者也。其書出於象形、指事。象形、指事，文也；諧聲，字也；會意，文字之間也。但其文則反諸象形、指事之文耳，故曰正生歸本。其別有五，曰反體會意，曰省體會意，曰同體會意，曰二體會意，曰三、四、五體會意。反體者，如‘永’乃水之長也，象其形焉，“辰”則水之衺流別者，故反‘永’則爲‘辰’之類是也。省體者，如‘月’，形兼意字也，夕則月見，故‘月’省則爲‘夕’之類是也。同體者，如二‘口’爲‘吅’，三‘犬’爲‘猋’之類是也。二體者，如‘艸’生‘出’上則爲‘苗’，‘鼠’居‘穴’下則爲‘竄’之類是也。三、四、五體者，

從‘臼’匊水臨‘皿’，則爲‘盥’；‘土’上有‘廣’，從‘八’
以分其‘里’，則爲‘廛’；從‘臼’持‘缶’，置於‘几’，上有
‘㐭酉’，而飾之以‘彡’，則爲‘鬱’其類是也。曰并生者，言
并乎象形、指事之文而生也。夾漈以文有子母，一子一母爲諧聲
是也；其以二母合爲會意，則未也。今觀其所著《六書略》，以
‘羹’、‘便’等字入於會意之篇，其人文固謂之母。‘羹’本作
‘䰧’，其母在‘鬲’，然則‘美’、‘羔’、‘更’三字胡可謂之母
哉？夾漈尚爾，而况於佗乎？以上《會意論》。

“六書之要，在乎諧聲，聲原於虛妙，於物而無不諧故也。洋
洋乎諧聲之道，不疾而速，不行而至，何其神哉！然其爲字，則
主母以定形，因母以主意，而附他字爲子，以調合其聲者也。原
夫造諧聲之法，或取聲以成字，或取音以成字。聲者，平、上、
去、入四聲也；音者，角、徵、羽、商、宮、半徵、半商七音也。
有同聲者，則取同聲而諧，如‘倥’、‘銅’而諧‘空’、‘同’聲
之類是也。無同聲者，則取轉聲而諧，如‘控’、‘洞’而諧
‘空’、‘同’聲之類是也。無轉聲者，則取旁聲而諧，如‘叨’、
‘江’而諧‘刀’、‘工’聲之類是也。無旁聲者，則取正音而諧，
如‘簫’、‘昵’而諧‘肅’、‘尼’音之類是也。無正音者，則取
旁音而諧，如‘知’、‘威’而諧‘矢’、‘戌’之類是也。有惟取
同音而諧者，如‘風’、‘開’而諧‘凡’、‘幵’是也。此其大略
也。若其別，則有聲兼意，如‘禮’、‘貫’之類；三體、四體，
如‘歸’、‘微’之類。歸，從婦省，從止，自聲。微，從彳，從攴，從人，豈
省聲。陳而觀之，究而言之，又有既定意而又諧聲者，‘松’、‘柏’
之類也。又定意而少諧聲者，‘雞’、‘都’之類也。其或定意於上
而諧聲於下者，‘蓮’、‘雪’之類也。定意於下而諧聲於上者，
‘帬’、‘常’之類也。其有形定於外而聲諧於內者，‘園’、‘圃’
之類也。意定於內而聲諧於外者，‘徽’、‘輿’之類也。有從聲之

文散居而卒難認者，‘靲’、‘黄’之類也。其‘言’之於‘語’、‘論’，‘寸’之於‘寺’、‘尃’之類，則謂之因母以主意；其‘囗’之於‘園’、‘國’，‘晶’之於‘曑’、‘曟’之類，則謂之主母以定形。班孟堅、衛巨山謂諧聲爲形聲，失其意也。又有所謂從聲而省者，蓋省文有聲關於義者，有義關於聲者。如‘甜’之從‘舌’以爲義，舌之所嗜者甘故也。謂‘恬’之從‘舌’則非矣，蓋從‘甜’省爲聲而關於義故也。如‘營’之從‘熒’，省聲也，以‘呂’爲義，以‘熒’爲聲故也。謂‘勞’從‘熒’則非矣，蓋從營省爲義而關於聲故也。諧聲之道，既有無不諧之妙，又有纍加之要。如讀誦之‘讀’，主‘言’以爲意，從衒賣古“價”。之“賣”者，諧其聲也。‘賣’則從‘貝’爲意，又從順齎古睦。之‘齎’而諧‘齎’，又從菌囗音囗。之‘囗’而諧纍。相加而不厭煩者，此諧聲之道所以無窮也。余謂主母以定形，因母以主意，而附他字爲子，以調合其聲者，庶幾近之矣。學者儻即是觸類而推之，則於諧聲乎何有？以上《諧聲論》。

“夾漈曰：‘學者之患，在於識有義之義，而不識無義之義。假借者，無義之義也。假借本非已有，因它所授，故於己爲無義。’又曰：‘六書之難明，爲假借之難明也。六書明則六經如指諸掌。”故夾漈之《六書略》，於假借一門爲甚詳。雖然，猶憾其惑於轉注之旨，遂有叶音、借義、不借義之誤。今因其誤而定之，則假借、轉注之旨其庶幾矣。夫假借之所以別者五，而生有三：曰因義之借，曰無義之借，曰因借之借，是爲託生；曰同音并義，不爲假借，是爲反生；曰轉注而假借，是爲兼生。此五者，假借之所以別也。因義之借者，‘初’本裁衣之始，而借爲凡物之始；‘狀’本犬之形象，而借爲萬物之狀也。無義之借者，‘易’本蜥易之‘易’，而借爲變易之‘易’；‘財’本貨財，而借爲‘財成’之‘財’也。因借而借者，‘商’本商度之‘商’，既借爲宫商之

'商'矣，而又借爲商賈之'商'也；"屮"本屮草之"屮"，既借爲出往之"之"矣，而又借爲語詞之'之'也。同音并義，不爲假借者，台説之'台'，即台我之'台'，皆得從'口'而爲意，從'目'而爲聲也；壬儋之'壬'既象治壬之形，壬娠之'壬'亦象懷壬之形。轉注而假借者，如'頃'本頃大之'頃'，既轉而爲頃刻之'頃'矣，因頃刻之聲而借爲頃畝之'頃'；'過'本過踰之'過'，既轉而爲'既踰曰過'之'過'矣，因'既踰曰過'之聲而借爲過失之'過'也。夾漈又有語詞之借、五音之借、三《詩》之借、十日十二辰方言之借之類，此即所謂'無義之借'，故不復出。烏乎！假借之旨不明於世，以至書'然煮'之'然'更加火，州渚之'州'復加水，'果'字有'艸'，'須'字有'彡'，如此之類，何可枚舉？尚奚論'丁寧'之類不用'口'，'車渠'、'馬瑙'之類不須'石'哉！以上《假借論》。

　　"轉注者，輾轉其聲而注釋爲它字之用者也。有因其意義而轉者，有但轉其聲而無意義者，有再轉爲三聲用者，有三轉爲四聲用者，至於八、九轉者亦有之。其轉之之法，則與造諧聲相類，有轉同聲者，有轉旁聲者，有轉正聲者，有轉旁音者，有唯取其書而轉者。轉注之別有五：曰因義轉注者。'惡'本善惡之'惡'，以有惡也，則'可惡'，去聲，下同。故轉爲憎惡之'惡'。'齊'本齊一之'齊'，以其齊也，則如齊，與"齋"通，下同。故轉爲齊莊之'齊'。此其類也。曰無義轉注者。如'荷'乃蓮荷之'荷'，而轉寫負荷上聲，下同。之'荷'。'雅'作'鴉'非。本烏雅之'雅'，而轉爲風雅上聲，下同。之'雅'。此其類也。曰因轉而轉者。如'長'本長短之'長'，則物莫先焉，故轉爲長上聲。幼之'長'；上聲。長上聲則有餘，故又轉爲長去聲，下同。物之'長'。'行'本行止之'行'，則有蹤迹，故轉爲惠行去聲。之'行'；去聲。行去聲。則有次序，故又轉爲行杭。列之'行'；杭；又謂之行衡。行幸。之

‘行’、幸。行去聲，下同。行之‘行’。此其類也。此三者謂之‘乇生’。又有二用，曰雙音并義不爲轉注者。如朋“鳳”同。皇“凰”非。之‘朋’，即鷗朋之‘朋’，文皆象其飛形。杷枋之‘杷’補詡切，收麥之器白加切，又爲木名、樂器之‘枇杷’，讀作“琵琶”。皆得從‘木’以定意，從‘巴’皆得諧其聲。此其類也，是謂‘反生’。又有兼用，曰假借而轉注者。‘來’乃來牟之‘來’，既借爲來往之‘來’矣，而又轉爲勞來去聲。之‘來’也。‘風’乃風蟲之‘風’，既借爲吹嘘之‘風’矣，因轉爲風刺之‘風’。去聲。此其類也。又有方音、叶音者，不在轉注例也。如聯叕之‘叕’，陟衛切，南方之人則有‘株列切’音。兄弟之‘兄’，呼庸切，東吳之人則以‘呼榮’切之。上下之‘下’，讀如‘華夏’，押於語韻，則音如‘户’。明亮之‘明’，讀如‘姓名’，押於陽韻，則音如‘芒’。“忙”、“茫”并非。凡此之類，不能悉載。吴棫《韻補》，協音庶矣。方音之類，迄今無書，然亦不必書也。若夫‘衰’有四音，‘齊’有五音，‘不’有六音，‘趙’有七音，‘差’有八音，‘數’有九音，‘辟’有十一音之類，或主意義，或無意義。然轉聲而無意義者多矣，學者引伸觸類而通其餘可也。然自許叔重以來，以‘同意相受’‘考’、‘老’字爲轉注，‘依聲託事’‘令’、‘長’字爲假借之説既興，鄭玄以之而解經，夾漈以之而成略，遂失假借、轉注之本旨。蕭楚謂一字轉其聲而讀之，是爲轉注。及近世程端禮編《讀書分年日程》，雖有轉注爲轉聲、假借爲借聲之説，惜其不能立例，确“確”非。論亦無攸定，余故不得不爲之詳辯也。今夫‘老’字從人、從毛、從匕者，人之毛匕而白則爲老，會意字也。‘考’者，老也，故從老省定意；從丂者，諧聲字也，初非以‘老’字轉而爲‘考’也。又若‘耆’、渠伊切。‘耈’、古厚切。‘耇’、常句切。〔一〕‘耆’丁念切。‘孝’、‘耊’批結切。六字，皆從老省‘耇’字，常句切同。以爲意，從‘旨’、‘句’、

‘勿’、‘占’、‘至’以爲聲。‘孝’則從子承父道而爲會意，今夾漈以之入轉注之篇，可乎哉？又若以‘日’、‘月’成‘易’而轉爲‘明’，以‘目’、‘少’作‘眇’而轉爲‘省’，此又不達其旨之尤也。烏乎！轉注之旨一失，遂至詭更妄改，是以葛稚川加彡於形景之‘景’而作‘影’，王逸少從車於軍陳之陳本作“敶”。而爲‘陣’。至若日莫之‘莫’更加‘日’，烏雅之雅復作‘鴉’，獻亯、饗。亯俗作“烹”。餁、亯許庚切。通之體皆異，匕箸、作“筯”非。箸俗作“著”。見、依箸俗作“著”。之類并殊。要之，‘沾’、作“添”非。‘囚’、‘屮’之從艸，若此者甚衆，皆昧於轉注之指者也。”以上《轉注論》。録於《圖書集成》。原按：“此篇古字甚多，未悉其詳，止照原本載入。”

　　文光案：轉注之説，迄無定論，惟趙氏獨得其旨，叙述亦詳，因録之。夾漈謂“六書通則六經明”，此語誠爲有見。然罕有由其説者，經學所以不明也。又案：《圖書集成・字學典》所收有宋惜、王文《字志》三卷，上卷，古書有三十六種，象形篆、尚方篆、蛇書、雲書、仙人書、十二時書、金錯書之類。古今小學，三十七家，一百四十七人。書勢五家；中卷，秦吳六十人；最知名如相如、張敞、史游、劉向、孔光、揚雄、班固、賈逵、許慎、梁鵠、魏武帝、皇甫規妻，其書難得。下卷，六十人，此志有目無書。韋續《五十六種書法》并序，張彦遠《法書要録》百種書，虞淳熙《德園集》，《三十二體金剛經》，僧宵芒書七十二種，《華書》七十一種，《貝書》十一種，王應電《同文備考》、《書法指要》、《六義圖解》，王安石《進字説表》，二十四卷。《道家字書》六十四種。詳見《偃曝談餘》。

《説文雙聲疊韻譜》一卷

國朝鄧廷楨撰

《後知不足齋》本。前有道光己亥桐城方東樹序、番禺林伯桐序、嶰筦自序。據林序，先生創《詩》雙聲疊韻，因爲此書，其視《詩譜》如驂之靳也。

　　鄧氏自序曰：“許氏《説文》，小學家形聲之書也。書爲形聲作，而顧汲汲於訓詁者，蓋因聲求義，義明而聲亦愈以無疑。嘗考其例，以疊韻訓者十之五，以雙聲訓者十之一二。如‘天’、‘顛’之爲疊韻，‘旁’、‘溥’之爲雙聲，明顯易知。惟於注語積字長贏中，必有雙聲、疊韻字以爲之主。如‘神’下云‘天神引出萬物’，‘引’與‘神’韻也。‘祇’下云‘地祇提出萬物’，‘提’與‘祇’韻也。取諸同部，以供指撝。後來引申，罕發其秘。惟段氏作注，始明爲指出而意非專主，遺義尚多。於是按部求索，一一標舉，積久成袟，輯爲專書。知許書之雙聲、疊韻鑿鑿如此，而羣經之雙聲、疊韻無俟舉似已。”

《説文聲系》十四卷

國朝姚文田撰

　　原本。嘉慶甲子春日刻於粤東督學使者署中，前後無序跋。卷分上下。首目，凡爲母一千一百十二，子目一千三十二文。凡字皆載《説文》篇第，仍用鉉本分卷，以便檢閲。其所補之字，各注今本脱某字，據某書補之。徐鉉新附，挂漏龐雜，《説文》傳本闕脱者甚多，故據鉉本增補。凡鉉本脱聲字者，亦以他本參補。

　　袁，作“禹”省者，李陽冰改。　弽，古弓，今本脱古文，據《汗簡》補。　鳶，《玉篇》鳶同鳶，此宋人用徐鉉説增，非是。　譜，今本誤從‘斥’，乃隷變，鉉校亦誤。　“箇”或“个”，按：或體，鉉謂是俗書，據《六書引》唐本補。　“拯”或“抍”、“撜”，今本脱正篆，據“明夷”釋文補。按：陸引《説文》“拯，舉也”，又引《字林》“抍，上舉也”。《一切經音義》、《文選》注并引“拯，上舉也”。又《選》注引“出溺爲拯"。許書時引《方言》，今無此文。《淮南子》"子路撜溺"，高誘注："撜、拯同。"《五經文字》"拯"作"拯"，訛。然則"拯"非俗字，疑"扔"是《字林》後人羼入。鉉説非是。　"槀"，按《周書》"伯冏"，《史記》作"伯槀"，"冏"讀若"獷"，與"亞"同類。鉉説非是。　五下或體"摯"，十二上重出作"秋"，亦涉隸變。按，凡此皆校者旁注，後人訛入正文，非許氏之舊。
　　《玉篇》"莩"同"萍"，是一字，後人誤分，今仍移併。"瀨"，蓋"冽"字之訛，《玉篇》、《廣韻》皆無此字。　"甹"，古"由"，今本脱古文。《盤庚》釋文引馬融本"蘗"作"枎"，不言"由"異文，與此正合，是馬本爲古文也。　今未脱"丬"字，亦不能知部居字義。《五經文字》音牆，附片部。　菰，蓋"菢"字之訛。《玉篇》、《廣韻》皆無此字。　"絺"，古"希"，今本脱古文。《周禮》鄭注引書曰"希繡"，又云："希，或作'絺'字之誤也。"然則"希"爲古文"絺"，乃當世所行，故鄭以爲誤字。許書傳寫脱去異文，今據偏旁補。　"黌"，鉉謂是俗書，與"橫"同。今本脱。

<h2 style="text-align:center">《説文古籀疏證目》一卷</h2>

國朝莊述祖撰

　　《珍藝宧遺書》本。是編有目無書。先叙古文，次籀文，次篆文，然後解説其義。先許義，次采諸家説，次附所見，以"謹案"別之。原名《古文甲乙篇》。凡首條例二十四字，以下甲至癸十部，子至亥十二部。每字上一字爲古籀，下一字爲《説文》部，其部不依許氏之次。有《説文》闕者，有《説文》從某部者。目後附例四條：曰正字，曰闕文，曰演篆，曰辨誤。例後有説十六則。其所據者，彝器文、《説文》古籀、魏三字石經、石鼓、《汗簡》、《古文四聲韻》。所辨者小篆相沿之訛與斯、高輩附會刑名之説，及甄豐之妄改怪文。大旨用古、籀，篆三體，如《大學》石鼓之例，而以古籀爲主。古籀所無，則以《玉篇》彌縫其闕。《説文》有脱，證以古文，令皆可説，非墨守許學也。

莊氏曰：“古文久失其傳，《説文》所載，據云‘壁中書’，然或傳寫失真，較小篆誠難辨識。”“鐘鼎之確然可信者，足正秦篆之失。”“《説文》所載古文，如奇字最不可解，此漢人不識古文之陋，非《倉》、《籀》有所謂‘奇字’也。如水部‘叱’，許氏以爲奇字‘涿’，不知此古文‘啄’字。甄豐爲王莽造刀布，以爲涿郡之‘涿’，誤從日，謂之奇字。”“泉布有郡、國、縣名，皆是小篆，大抵出於新莽之世。古人不足應用，豐等遂改篆文，小變其筆法，或顛倒上下，省去偏旁，實無所謂古文者。唯即墨之‘墨’，‘黑’字從大，從水，與‘赤’字從大從火合，諒非甄豐、揚雄等所能造也”。“古籀會意字多，諧聲字少，以諧聲字可假借也。小篆諧聲字多，會意字少”。“古文象形字皆有偏旁，無虚造者。”

文光案：此未成之書也。鐘鼎碑板既多剥落，所存者亦未能備收。且鐘鼎有僞造，板碑有俗字，拓本與撫本互有不同，拓手又有高下之殊。其《汗簡》、《六書故》等書出自後人，未可悉據。古文、籀文求其信而有徵者，更無幾矣。是編雖以鐘鼎校《説文》，然皆取其確然可信者，疑者仍闕之，非若李陽冰諸人之好臆改也。

《説文古籀疏證》六卷

國朝莊述祖撰

《功順堂》本。潘氏校刊。前有莊氏自序、目録、原目一篇。予先得莊氏本，越十年又得此本，因并録之。

莊氏曰：“六經遭秦之厄，無缺誤者蓋少。《毛詩》最古，《儀禮》、《周禮》次之，《禮記》次之，《公羊春秋》次之。其餘若《周易》、《尚書》、《左氏》、《穀梁》則多晉以後之俗字矣。《論語》尚多古字，《孝經》、《孟子》、《爾雅》大底爲後人妄改，而《爾雅》亦非完書，其屬人者更復不少。《左傳》劉歆私改者，如‘壹戎殷’改‘壹’爲‘殪’；經杜預誤寫者，如“不飧”讀爲“不夕食”：此皆不明古義。劉之逞臆虛造，杜之襲陋傳訛，其失一也。”

文光案：《功順堂叢書》：《左傳補注》十二卷，沈欽韓撰。道光元年自序云：“發明婉約之旨，臚陳典章之要，象緯堪輿之細碎亦附見焉。注疏之謬，逐條糾駁，各見於卷。”咸豐己未潘錫爵跋曰：“《左傳》有崑山顧氏、吳江朱氏、元和惠氏、桐城姚氏、馬氏、陽湖洪氏諸家補注，而此注訓解名物，剖析字句，尤詳於諸家。”《左傳地名補注》十二卷，沈欽韓撰，無序跋，《周人經說》八卷，王紹蘭撰，原佚四卷。《王氏經說》六卷，王紹蘭撰，附《音略》。《論語孔注辨僞》二卷，沈濤撰，道光辛巳自序。孔傳散見《集解》中，古今無異議之僞書也。《史》、《漢》不言安國著書。《爾雅補注》殘本一卷，劉玉麐撰，劉岳雲跋，原書不知存否。《急救章考證》一卷，鈕樹玉自序，松雪楷書本，與皇象合，王鐸跋。《古籀疏證》六卷，潘祖蔭跋曰：“副本凡四册，不分卷，不標目，顛倒陵雜，約存十之四，屬元和管明經禮耕理董之，分爲六卷。”《國史考異》六卷，潘檉章撰，無序跋。洪武、永樂兩朝。《平定羅刹方略》四卷，不著撰人名氏。《西清筆記》二卷，沈初撰，乾隆乙卯自序，阮相國序。《涇林續記》一卷，明周元暉撰，光緒甲申潘祖蔭跋。韓小亭玉雨堂藏書甚富，得殘宋本《金石録》及此書。先有《涇林祖記》，今佚不傳。卷端有季振宜印。《廣陽雜記》五卷，劉獻廷撰。其人不凡，王源撰表，全祖望爲立傳，皆盛稱之。《無事爲福齋隨筆》二卷，韓泰華撰。字小亭，藏書甚富。《范石湖詩集注》三卷，沈欽韓撰，無序跋。《半氈齋題跋》二卷，江藩撰，書籍一卷，書目一卷，無序跋。《南澗文集》二卷，李文藻撰，無序跋。《冬青館宮詞》三卷，張鑑撰，自序少作。共十八種，七十四卷，與《滂喜齋叢書》并行。予於光緒二十年購得之。

《説文引經考》二卷

國朝吳玉搢撰

《咫進齋》本。歸安姚氏校刊。前有乾隆元年吳氏自序，後有補遺二十四條、道光元年程贊詠跋。《説文》所引經，每與經文互異，一則所傳異辭，因文各見；一則約舉其辭，本非成句。又三寫成烏，輾轉相失。吳山夫專精六書，取《説文》所引之經，校其同異，正其是非，洵考古之苑囿也。姪應枚記云："《金石存》已爲同邑李宫詹所刻，刻入《函海》。《説文引經考》待有力者校梓。"

《説文測議》七卷

國朝董詔撰

原本。道光四年門人謝玉珩校刊，有跋。前有嘉慶元年董氏自序、道光二年葉世倬序。《訂經》二卷，一、參經考異，一、據經審誤，一、繹經存疑，一、檢經補遺。《存古》二卷，一、古逸，一、古通，一、古繁，一、古省。《通變》二卷，一、篆同義異，一、篆分義通，一、篆異義同，一、例入重文。《惜逸》一卷，一、逸字，有見於注而逸者，有見於形聲而逸者；一、逸注；一、疑字；一、疑注。附《二徐同異》。凡三易稿，祕不示人。殁後，謝爲蜀令，始刻之。葉中丞序曰："測其精微，議其缺略，皆歸於以經注經，就史補史，原原本本，得其典要。"

《説文外編》十六卷

國朝雷浚撰

原本。光緒二年刊。經字十一卷，俗字四卷，補遺一卷，皆《説文》不載之字。凡經典字《説文》不載也，讀鈕氏《説文新附考》可知其概，此則補其所未及。附劉氏《碎金》。

《説文管見》三卷

國朝胡秉虔撰

望益山房本。光緒辛巳林植梅序云：“胡氏論列諸條，具由實學，凡先儒之説，誤者正之，遺者述之，不欲苟同。雖爲卷無多，其有裨學者，正非淺也。”張壽榮跋云：“林君癯仙，重刊胡氏《説文管見》，囑予校讎，并爲跋語。按是書獨抒己見，論議恢廓，於今世言《説文》者，若段、嚴、孫、姚諸家，多不爲苟同，并能發其所未發，故近時尚之。然亦有不盡與《説文》印合者，因爲辨之。餘則具關考訂。末論二徐書，尤有灼見。”

胡氏曰：“《説文》、《爾雅》相表裏。《説文》所詳者，字之體；《爾雅》所詳者，字之用。如‘初’、‘基’皆始也，據《説文》則‘初’爲裁衣之始，‘基’爲築牆之始。《説文》出《爾雅》後，其述製作之原，實有功於《爾雅》。”

《説文辨疑》一卷

國朝顧廣圻撰

湖北崇文書局本。是書前後無序跋。凡二十條，附九條。其體先列《説文》，次列舊説，次按云“此説非也”，以下辨其疑。

顧氏曰：“禧，禮吉也。舊説云‘吉’當爲‘告’。《爾雅·釋詁》：‘禧，告也。’按，此説非也。《爾雅》‘禧，告也’者，與‘嘻’同字。《詩》‘意嘻成王’，疑《詩》本作‘喜’，《爾雅》時《詩》有作‘禧’者，後乃作‘嘻’。‘嘻’非古字，故《説文》不載。《説文》‘禧，禮吉也’者，與‘釐’同字。《史記》、《漢書》之‘受釐’，揚雄賦之‘逆釐三神’，即禮吉之義。然在他書無妨以‘釐’爲‘禧’，而在《説文》則別‘禧’於‘釐’者，以‘釐’字從‘里’，故云家福也；‘禧’從‘示’，故云禮吉也，所謂説其文、解其字者也。然則《爾雅》之'禧'與《説文》之'禧'雖共此一字，而迥不相涉，一主於形，一不主於形也。凡羣經假借之於《説文》本字，皆不可偏執其一，以相竄改，大例如此矣，且不獨此也。《説文》凡字皆以類相從，若果'禧'下'吉'本爲'告'，必將次'禧'於'祜'字前後，而不次於此。然則不當改明甚。文光案：《詁經精舍文集》有《"禧"字説》，此詳彼略。

"窐、窐瓊，玉也。舊説云《晉書·輿服志》'九嬪佩采瓊玉'，疑'瓊'爲'瓊'之誤。按，此説非也。《玉篇》、《廣韻》諸書悉載'瓊'字，從未見'瓊'誤成'瓊'之證。今本《御覽》多誤，難可依據。此條開頭書名《尚書舊傳》，即有舛駮，'傳'當作'事'，必魏晉尚書之官載其舊事之書，豈《尚書》之經有此'舊傳'哉？'采瓊'二字顯系'來瓊'二字形相近之訛。'來'、'琜'、'窐'同字，來者，假借也。《晉書》'采瓊'，'采'亦'來'之訛，而'瓊'字非訛，正可藉以訂正《御覽》。若因《御覽》之'瓊'誤成'瓊'者，反謂《説文》爲'瓊'誤成'瓊'，失之遠矣。

"凡《説文》之外，一切字書，如《五經文字》、《九經字樣》、《玉篇》、《廣韻》之類，皆就隸體言之，其於篆文離合出入，皆有條理脈絡可尋。無奈世人見引有'《説文》'二字，便認爲篆文，不復尋其條理脈絡。如《廣韻》十七準，思尹切紐内，'雛，《説文》曰："祝鳩也。"隼[二]，鷙鳥也。《説文》同上'，其言極明白。'隼[三]，鷙鳥也'者，在《廣韻》與'雛'別爲字之訓也。'《説文》同上'，言於《説文》則'雛'、'隼'爲一字也。舊校亦誤讀，而云《廣韻》引《説文》'隼，鷙鳥也'，皆大失其實，附此正之。

"喁，魚口上見。舊説云：《一切經音義》引作'衆口上見'

也。今此作[四]‘魚’，疑校者輒改。按，此説非也。惟其此是‘魚’字，故次叙在禽獸諸從口之下，絲毫無誤，有何疑哉？《淮南子》曰‘水濁則魚喁’，言魚在濁水不得安潛而上見其口。許叔重《淮南》有注，必同斯義，其體物也精矣，喁之屬魚何疑？至司馬相如《諭巴蜀檄》有‘喁喁然’之語，則不屬魚而屬人，故顔師古以‘衆口向上’注之。相如不曰‘喁’，不曰‘喁喁’，而曰‘喁喁然’，可以知其爲譬況之詞也。顔注所以明相如譬況之意也。凡字有本義，而後有從本義中生出之義，古來訓詁大例如此。‘喁’之爲‘魚口上見’，本義也。‘喁喁然’之爲‘衆口向上’，從‘喁’之爲‘魚口上見’中生出之義也。今乃謂‘喁’即‘衆口上見’，獨不計《説文》何故遺其本義乎？且‘魚口上見’者，言魚體蔽於水而上見其口，若衆之向上，有何物蔽之，而亦言‘口上見’邪？又按，吕忱《字林》多本《説文》，必亦云‘魚口上見’，而今本《晉書音義》引之云‘喁喁，根口上見’，訛舛不可讀矣。”

《説文聲訂》二卷　《聲讀表》七卷　《建首字讀》一卷

國朝苗夔撰

漢磚亭本。道光辛丑年刊。前有祁相國序。《聲訂》初印本篆文極精，紙墨皆佳。接序刻助資姓名并所出數，末行下刻價值，俚詞四句，實爲創見。後刻苗氏四種，去之，不知當日誰氏所爲。是書初出時，聲價甚重，後稍有所抑，非無因也。凡書之借重於人者，正恐傳之不久，愚深以爲戒。

祁氏序曰：“河間苗君仙麓，篤守亭林十部之學，而於十部之疏踌丩葛者，析疑解滯，首首入貫。蓋亭林當椎輪之始，猶旁資衆説，不無雜越；苗君則一以洨長爲宗，惟專故精也。二徐兄弟，不達古音，然楚金第存案語，鼎臣則輒刊聲字，許書爲大徐所點竄者，指不[五]勝僂，猶幸小徐書存，間足相證耳。予得《繫傳》宋本，囑苗君校勘異同，別纂《聲訂》若干條，綴諸小徐書後。"

苗氏《聲讀表》自序曰："宋大小徐音學極疏，不能藉《説文》以存經韻。至鄭庠《古音辨》、吴棫《韻補》，皆苦經韻難讀，始費鉤稽。明陳第力辯叶韻之非，顧炎武本之爲《詩本音》，復作《古音表》爲十部。其後江永十三部，戴震十六部，段玉裁十七部，孔廣森十八部，王念孫、江有誥各二十一部，皆費盡畢生精力，力復周孔經韻，始稍得其梗概。就中而定一尊，則顧氏猶近之。祁春圃尚書刻予《説文聲訂》，此書字以聲從，韻以部分，若網在綱，有條不紊。顔之推所謂'使不得誤，誤則覺之'者，此也。此以聲定韻，韻準之以三百篇，尊周孔也。經約之以九千字，溯倉、籀也。文非許不録，瓣香祭酒也。韻定七部，宗嚞銘，而樂則《韶》舞也。唐以《説文》、《字林》試士，李陽冰外，涉此學者蓋鮮。宋大徐從事《説文》，不知許君以音學冠古今也。"

苗氏曰："《説文》聲訛者八百字，宋景濂謂五百四十部爲《倉頡篇》。"文光案：不知何據。

《説文通訓定聲》十八卷　《柬韻》一卷　附 《説雅》十九卷　《古今韻準》一卷

國朝朱駿聲撰

臨嘯閣本。前有咸豐元年祈代奏進書表、順德羅惇衍序、道光十三年自序。又《述説文》、《述通訓》、《述定聲》凡三篇，《轉注》、《叚借》各一篇，凡例二十一條，聲母千文，六書爻例，鏡蓉後叙，受業儀徵謝增跋。總目：豐一、升二、頤三、謙四、頤五、孚六、小七、需八、豫九、隨十、解十一、履十二、泰十三、乾十四、屯十五、坤十六、鼎十七、壯十八。末附《説文》

不録之字。"柬韻"者，分部檢韻也。前有韻目，後有分畫檢部。《説雅》十九篇，前有引。《韻準》有自序。全書末有男孔彰跋，并行述。全帙四函，二十四冊。每字本訓外，列轉注、假借二事，以方圍標之，補許書所未備。

羅氏序曰："予以視學至新安，學博朱君出所撰《説文通訓》示予。蓋取《説文》九千余文，類而區之，以聲爲經，以形爲緯，而訓詁則加詳焉。分爲十八部，大抵從段懋堂爲多，又參酌於王懷祖之説，薈萃衆説而得其精。且舉轉注之法，獨創義例，發前人所未發，其生平之心得在是矣。"

朱氏自序曰："專輯此書，以苴《説文》轉注、假借之隱略，以稽羣經子史用字之通融。題曰'説文'，表所宗也；曰'通訓'，發明轉注、假借之例也；曰'定聲'，證《廣韻》今韻之非古而導其源也。先之以'柬'字，遵《康熙字典》之例，使學者便於檢閲也。終之以《韻準》，就今一百六韻區分之，俾不繆於古，亦不悖於今也。附之以《説雅》，明《説文》之上繼《爾雅》，可資以參互考訂也。"

朱氏又序曰："天地間有形而後有聲，有形聲而後有意與事，四者，文字之體也。意之所通，轉注起焉；聲之所比，假借生焉：二者文字之用也。竊謂轉注肇於黄、倉，形體寡而衍義；假借濫於秦火，傳寫雜而失真。而'幻'、'丸'之屬，反正推移，造字之轉注，不離乎指事也；'咸'、'需'之倫，悉須通變，造字之假借，不離乎諧聲也。至於'叢脞'參差連綿，而始有其義；'弟兄'爾汝依託，而本無其文。取類多端，拘虚少悟。不知假借者，不可以讀古書；不明古音者，不足以識假借：此《通訓》所爲記也。以字之體定一聲，以經之韻定衆聲，以通轉之理定正聲、變聲，三者皆從其朔而已。"

朱氏例曰："轉注者，體不改造，引意相受，'令'、'長'是也。假借者，本無其意，依聲託字，‘朋’、‘來’是也。就本字本訓而因以展轉引申爲他訓者，曰轉注。無展轉引申而別有本字本訓可指名者，曰假借。假借不易聲而役異形之字，可以悟古人之音語。轉注不易字而有無形之字，可以省後世之俗書。”

　　文光案：朱氏謂轉注肇於黄、倉，何所據而云然？許君謂造字之始，祇有象形。叙至《周官·保氏》，始言六書，可知六書之名非倉頡所定。轉注、假借，皆後人因倉頡所造之字而轉注之、假借之。其轉注、假借必有其書，故保氏以之教國子。如轉注肇自黄、倉，許君傳述文字，豈無一語及之，以待後人之發伏乎？許君歷考載籍，博訪通人，當時所見古本甚多，苟有所傳，必有所授，其所不知，蓋闕如也。若謂許君不知而我獨知之，即使其才其智駕於許君，而無徵不信，不如不言。是書組織甚工，文理亦順。就許書舍形取聲，貫穿聯綴，以著文字聲音之原，以正六朝四聲之失。其論轉注較諸家爲長，惟欲於許解之外別創一義，則必遠溯於造字之始，不知倉頡原文，即許君亦未之見也。今欲合倉頡之意，而大違叔重之解，不但黄帝時無此許多繁文賾義，且未嘗造假借字、轉注字也。六書中最易知者象形、會意、指事，而最難明者諧聲、假借、轉注。予遇轉注之説，悉備録之，覺戴氏“考”、“老”互訓，差爲近是。王氏《釋例》推廣其意，終亦不出許書之外。或以互訓爲《説文》之注，非造字之本，此“通訓”之説所由來也。然細玩“建類一首，同意相受”，許君之語必有所承。今以許君爲誤解而別創一義，毫無根據。以爲不苟同，誠不同矣；以爲駕許君而上之，誠上之矣。然終不能釋吾之疑，因志之以質深通六書者。

　　金哀宗正大六年，平水王文郁撰《新刊韻略》五卷。黄蕘圃有其書。淳祐十二年，平水劉淵取王本重刊，名《壬子新刊禮部韻略》，相傳誤爲劉撰。　晁《志》《唐韻》加至四萬二千三百八十三字，蓋誤讀孫序，并注字入算也。今云《唐韻》二萬六千一百九十四字，又誤爲宋韻爲《唐韻》元本也。《唐韻》於《切韻》略有附益，必無字數增倍之理。　《廣韻》非《唐韻》，疑是廣天寶末之韻，英若廣《唐韻》，字數不異，何廣之有？王氏説韻書較他家爲分明。

《説文偏旁考》二卷

國朝吳照撰

聽雨齋本。前有金谿楊㙟序、乾隆丙午吳氏自序。是書先《説文》，次古籀，次隸。六書法衰於隸。凡原流之故，變失訛舛之由，縷析條分，粲然具見。又皆手自摹寫，板甚精工。蓋偏旁不明，則《説文》不通，故照南於此三致意云。

吳氏自序曰：“偏旁之文，凡五百四十部，本於《倉頡》，許氏據之爲《説文》。會意、象形謂之文，形聲相益謂之字，其中八千八百一十又三，皆從此出，則偏旁者，字之原也。《集古錄目》有郭忠恕小字《説文字原》，《崇文目》有《説文字原》一卷，唐李騰集李陽冰《字書》，又陝搨有《夢英篆書偏旁》，五代蜀林罕有《字原偏旁小説》，皆取五百四十部，分刊爲一書，惜照未見。顧南原《隸辨》，其四聲之後列偏旁爲一卷，依説排篆，指其正變訛謬，精且詳矣。予因手寫之，而其辨字體之乖離舛錯者，則删節而栝録之。”

《吳文正公集・字體正訛》序曰：“自隸興於秦而轉廢於漢，其初不過圖簡便以適己而已。漢隸之流爲晉隸，則又專務姿媚以悦人，妍巧千狀，見者無不愛。夫字者，所以傳經載道，述史記事，治百官，察萬民，貫通三才，其爲用大矣。縮之以簡便，華之以姿媚，偏旁點畫浸浸失真，弗省弗顧，惟以悦目爲姝，何其小用之哉？若唐若宋，頗有肯尋斯、籀之緒，上追科斗、鳥迹之遺者，視漢晉爲優，然亦不易得也。唐之能者，越於宋；宋之能者，多於唐，餘風猶未泯。鄱陽吳正道承家世文獻，工篆書，不惟筆法之工，并究字體之原，以所訂偏旁一帙示予。忽值斯人，如之何而不喜？"録自本集。

《説文字原考略》六卷

國朝吳照撰

原本。"乾隆五十七年，歲在壬子冬十一月，南城吳氏鋟板南昌寓館。"刊書木記二行在目録後。前有段玉裁、王鳴盛、沈初序，吳照自序。次總目，次《説文》偏旁五百四十部，《玉篇》偏旁五百四十二部，夢英偏旁五百四十部，附《筆迹小異》。以上第一卷。《汗簡》古文偏旁五百四十部，周伯琦偏旁五百四十部，《隸辨》偏旁五百四十部，附聯綿字并《六書略》五則。以上第二卷。《説文》五百四十字解，《説文》原序。以上第三卷。《説文》部叙，第四卷。附《説文引經字異》并《説文引漢制》。第五卷。附史游《急就篇》并洪适《擬急救篇》。第六卷。是書專明部首，最便初學。於諸家分部升降損益，細加考訂，綴詞篇末。許氏所引漢制，王氏《漢制考》似尚遺漏，鶴山《古今考》，漢制最詳。故標舉釋之。夢英與郭忠恕同時習篆，皆宗李陽冰，所書《偏旁字原》勒石於長安文廟，卷中所摹者是也。照南《偏旁考》先成，此其傲居南昌時復取《偏旁考》重加排纂，益加詳矣。而篆隸之工，刊刻之精，在字書中尤其難得，故兩本并存之。

王氏序曰："《倉頡篇》四字爲句，《凡將篇》七字爲句，不過編成文義以存其字，可教童子而已，不足以發明六書之義蘊。惟許氏特創分部之法，功莫大焉。自兹以後，歷代各家皆祖其意，惜鮮能守家法。自照南從而論次之，而六書之指趣益明備。夫人即未能徧識九千三百五十三文，但略通部首之字，而天下之字不外乎此矣。”

《説文重文本部考》一卷

國朝曾紀澤撰

《半畝園》本。前有同治七年南匯張文虎跋。

張氏跋曰：“湘鄉曾劼剛公子嘗依《韻府》編次《説文》之字，其許氏所無而見於《篇韻》諸書者别出之，蓋以補阮氏《經籍纂詁》之闕，而兩便於今學、古學者也。兹復刺取許書重文古籀或作之字，依其偏旁，分别部居，其無部可歸者附列於後。蓋此類字散寄各部，每若無從檢尋，今得是帙，展卷了然，宜與前書并行也。”

小徐本校勘記曰：“《説解》如‘某，某也，從某，某聲’，此正義也；‘一曰某’、‘或曰某’，則引申旁通也；‘古文以爲某字’、‘某説以爲某字’、‘某書以爲某字’，則聲義通借也。許書通例如此，後人或妄爲移易，又曰唐李陽冰，宋戴侗、郭忠恕，明趙宧光紛紛以形聲聚訟，不必信此疑彼也。”錄於祁本《説文》。

胡氏曰：“《説文》每部下新附之字，小徐本皆無，蓋徐鉉校定時，承詔附益者也。鉉校《説文》在鍇亡後，而新修十九文，《繫傳》中亦多有之，其爲竄入痕迹宛然。其他音切同鉉本者甚多。新附之字，多俗儒不知而妄作者。其正文許氏已收，然新附字似不起於徐鉉，豈六朝人遞有收錄，如陸善經《新字林》？亦抑傳寫訛謬，間以許氏《説文》混入新附？若果出徐鉉，則鉉於新附諸文每有糾正，豈明知其鄙俗而尚列入乎？”又曰：“隋文帝惡‘隨’字爲走，乃改爲‘隋’，殊不知‘隋’，裂肉也，其不祥莫大焉。‘隨’從‘辵’。辵，定步也，而妄去之，豈非不學之故？”又曰：“文字之用，惟假借不窮。經典之中亦假借最夥。《説文叙》

云：'本無其事，依聲託事，"令"、"長"是也。'然亦有本有其字，臨文取用，或借他字者。《釋文叙》引鄭康成云：'其始書之也，倉卒無其字，或以音類比方，假借爲之，趣於近之而已。受之者非一邦之人，人用其鄉同言異字，同字異言於兹遂生矣。'先儒概以古通用釋之，而字之源委不分。"_{錄於《說文管見》。}

《仿唐寫本說文解字木部箋異》一卷

國朝莫友芝撰

原本。同治二年校刊。前十葉爲唐本《說文》，每半葉五行，每行六格，篆文一格，_{大字書。}音一格，注一格。_{音、注皆小字。}一行二篆，自"柤"字起至"楬"字止。末有行書二行云"右唐人書篆法《說文》六紙，臣米友仁鑑定恭跋"。又行書一行云"寶慶初年四月三日，妝池松題記"。記左有"俞松心畫"及"壽翁"二印。_{壽翁，著《蘭亭續考》者，嘉禾人。}《箋異》前有莫子偲自序，後有劉毓崧、張文虎、曾文正三跋，男彝孫、繩孫識。《說文》"柤"、"梾"、"椎"、"橄"、"槽"五字，唐本作"杞"、"楸"、"榉"、"檠"、"曩"。段注多與唐本暗合，可知段學精審。丙戌三月試畢，得此册於京廠。按方氏宗城跋，相國刊於廣行營，寫刻俱工，校定尤審，因詳錄之。

曾相國序曰："黟縣宰張廉臣有唐人寫《說文》木部之半，篆體似美原神泉詩碑，楷書似唐寫佛經小銘志，'栝'、'桓'諱闕，而'柳'、'卬'不省，例以開成石經不避當王之'昂'，蓋在穆宗後人書矣。紙堅潔，逾宋藏經，蓋所謂'硬黃'者。在皖見前代名蹟近百，直無以右之。廉臣慨然歸我，檢對一二，劇詫精奇。乃取大小徐本通校異同，其足補正多至數十事。此千歲秘笈，絕無副迻，徑須冠海內經籍傳本，何僅僅壓皖中名迹也？廉臣名仁法，陝西山陽進士，貧瘁卒官。珍貽僅在，其授受久，近未從質詰校成，亟思流傳，庶以不孤循吏之惠。”

　　莫氏記曰：“唐本與兩徐本篆體不同者五。已見前。《説解》增損殊別百三十有奇，衍誤漏落所不能無，而取資存逸訂訛十常六七。古書恒有‘杞’、‘柤’、‘樺’、‘椎’，截然兩體，聲義各足，豈是互漏？‘杶’、‘柯’，‘屎’、‘桋’，蓋其比矣，其《説解》殊別之。‘善梐柜門’，與李善引合，今本‘柜’作‘限’。‘柵，編豎木’，與《玉篇》合，今本‘豎’作‘樹’。‘楲，關西謂之楲’，與《方言》合，今本‘楲’作‘樸’。‘梲，大杖’，與李賢、元應引合。‘梲，樂木柷’，與《詩毛傳》合。‘柿，削木朴’，與元應引合。‘㷭，積木燎之’，與《玉篇》、《五經文字》合。今本大誤，‘木柷’誤‘空’，‘朴’誤‘札’，‘樸木’誤‘火’。段注、嚴校博徵精訂，上舉諸端多與暗合。其於今本‘楅，大杬’、‘楫，舟櫂’，并謂‘杬’當作‘軶’，‘櫂’當作‘擢’；於‘櫪，棒指’改‘棒’爲‘柙’，於‘楬，楬桀’改‘桀’爲‘櫱’。唐本又正作‘軶’，作‘擢’，作‘柙’，作‘櫱’。於‘棊，簿棊’，唐本作‘簿棋’。於‘槽，畜獸之食器’，段改‘獸之食器’，唐本作‘獸食器’。偏旁小舛，因以鈎稽，其違易見，猶勝今本，泯去誤形，轉忘旁核也。其增字之善：‘樂，象鼓鞻之形，木其虡也’，校二徐多‘之’、‘形’、‘其’三字。‘閑從木，柜門’，校小徐多‘柜’字。其減字之善：‘橺，刻木爲雲雷，象施不窮’，校二徐省‘象’字也。‘杠，床前横也’，校二徐省‘木’字。其次字之善：‘柃’，訓木也。唐本不載，知次前木名中不用，柃、桗別義，而二徐迻次‘桗’下。‘榰’，訓‘距’也。唐本與‘閑’爲類，次‘櫪’、‘榭’下。《玉篇》亦在‘榭’下，必因許舊。二徐乃迻‘柤’、‘楗’間。‘棐’，訓‘輔’也。二徐在部尾，蓋由寫落補收。段氏謂是弓檠之類，而不敢迻，唐本即在‘榜’、‘檄’、‘㯳’、‘栝’下。數事略舉，可見大凡。又

‘樫’下引《春秋》、《國語》曰‘山不樫梓’，‘楬’下引《周
禮》曰‘楬而書之’。二徐‘國語’誤‘傳’，衍‘木’遺
‘梓’，‘周禮’誤‘春秋傳’。段君不敢輒改，使見此卷，復何依
違？更有二徐遺落，他引不及者。‘杞，讀若駭’、‘枑，讀若丑’、
‘杼，一曰柧，削木’、‘柮，一曰絡’，凡四條。比諸‘梏，所以
告天’，‘桎，所以質地’，雖二徐不備，尚有《周禮》、《釋文》、
《太平御覽》引證者，尤希世之珍，千金一字者也。凡斯精祕，昔
人鈎稽暗合，略載條下，所未及言，或鄙見偶異，亦摭拾憑據，
補綴證明，不免詞費，俟通學裁之。而其每字音紐一再或三，《隋
志》有《說文音隱》，或即其書。今二徐之音皆出唐後，不若此音
之古。‘杝’云‘力支’，與大徐‘池爾’異，正得杝籬古今字正
讀。若斯之流，隨手皆實。唐科目有明字，有書學生，隸國子監，
又隸蘭臺。其課《說文》限二歲。先口試，通，乃墨試二十條，
通十八爲第。當時官私善本宜衆，故此偶存斷篇，若宋校定時能
廣求會萃，綜覈以成精完，良甚易事，乃使雍熙官書譌漏百出，
不能不究鼎臣之疏也。”

莫氏又記曰：“紙高建初尺尺有八分。第一紙右斷爛，存
‘相’至‘桓’八文。上端廣四寸，下端廣四寸六分，可因見唐經
紙尺度。卷末附米友仁跋，合縫有紹興小璽，跋後有俞松題記。
知南宋初猶在內府，後乃歸嘉禾莽弄家。”

劉氏跋曰：“就唐人避諱之例參互推求，知此本寫於元和十五
年。穆宗以是年閏五月丙午即位，己未，改恒州爲鎮州，以避御
名。此本‘恒’字既缺筆，則書於是月以後矣。憲宗以元和十五
年五月庚申葬景陵，既葬，即祔廟；既祔，則祧廟不諱。此本
‘旦’字仍缺筆，則必書於是月以前矣。縱使去京甚遠，聞詔較
遲，亦不出是歲秋間，必不遲至來春長慶紀元之後。定爲元和寫
本，復何疑哉？元和庚子至今，閱庚子十八，歷年千四十五，而

此本巋然獨存，就中字句異同足補各本之脫謬，證諸家之考訂者，斷非後人所能依託。若夫《箋異》之疏通證明，留心小學者，自能識之。”又曰：“古人避諱之法令，由疏而漸密。在前漢惟時君之名避改最嚴，此外則無畫一之例，故《易林》作於昭帝之時，書中止避‘弗’字，而先朝廟諱不避。至後漢則嚴近而略遠，故《說文》於東京諸帝但稱上諱，而‘邦’字、‘恒’字諸字不避。唐時功令較漢爲密，較宋猶疏，嫌名不盡諱，舊名不必諱。宋時諱嫌名，即舊名單字亦必避矣。”

《説文通檢》十六卷

國朝黎永椿撰

崇文書局本。光緒二年校刊。

黎氏自序曰：“少讀《説文》，每苦難於尋檢。仿《字典》檢字之例，以《説文》篆書寫爲真書，依其畫數次第編録，卷首檢部目，卷末檢疑字，卷一訖卷十四檢本部之文，名之曰《通檢》，凡數易稿而成。”

黎氏例曰：“部首之字，每字注明《説文》卷數上、下及部數，以此檢《説文》，即得其部。”“十四卷各分上、下，每部之前依《説文叙》標明部數。”“每部之字除偏旁之外，以畫數爲次第；每字注明本部第幾字，以此檢《説文》，即得其字。”“凡疑難之字不得其部者，列於卷末，以全字畫數爲次第，每字注明某部第幾字，如前法檢之即得。”“凡古文、籀文或體皆注明某字重文，既以重文畫數檢之，再其正體畫數檢之即得。如重文偏旁與正體不同者，則入卷末。”“凡大徐新附字，仍入本部，注明‘新附’；檢《説文》本部末即得。”“凡二徐所云‘今俗別作某字’者，多爲《説文》所無，皆入卷末。”

嚴氏曰：“説解‘上’、‘下’字，大徐所加。許君原本十四篇，叙目一篇。李陽冰分卅卷。小徐亦卅卷，大徐仍爲十五篇，而每篇析爲二，加‘上’、‘下’字以别之。大徐於‘第一上’之前，新加《標目》一篇。按許序有目，何煩重出？宋本於新加《標目》篇誤題‘漢太尉祭酒許慎記’，毛本初印亦如此，後刷去之。其《標目》部次，宋本與原目同。毛本‘卧’、‘身’、‘月’、‘衣’四目，跳在‘尺’、‘尾’目下，依小徐部叙之，其音釋與宋本小異。”又曰：“《音隱》不傳，六朝、唐人所引者，尚千許事。二徐本易之，以反切讀《説文》，十失三四。許君既言某聲‘讀若某’，不煩反切。”又曰：“《説文》字義，次第相生，説見小徐部叙。其中有顛倒闕略之處，蔣氏爲表五則，至理循環，獨有所悟，遠近順逆俱得通會。”

《説文檢字》二卷　《補遺》一卷

國朝毛謨撰

《咫進齋》本。前有嘉慶二十一年自序并目録，後有光緒紀元歸安姚覲元補遺跋。姚氏刻《咫進齋叢書》，此其中之一種。

姚氏序曰：“同里毛侍郎諤亭先生，嘉慶四年先文僖公榜進士，博學能文章。此書專爲治許學者導其門徑，依《字典》分十二集，冠以十二辰；又變《説文》部首，以今隸書筆劃之多寡别爲部居。凡形似者，悉入其類，不復見六書之舊，即求之《字典》，亦多不合。覲元以其便於初學，重付開雕，别爲補遺一册，置之卷末。”

文光案：《咫進齋叢書》：《孝經疑問》一卷，姚舜牧撰，疑有漢儒之説，引《詩》、《書》爲結，類《韓詩外傳》、《天禄外史》。《公羊問答》二卷，凌曙撰，道光元年劉文淇序，導揚古義，遵守舊聞。《説文答問疏證》六卷，薛傳均撰。《説文引經考》二卷，吴玉搢撰。《説文檢字》二卷，毛謨撰，姚補。《藥言》一卷，姚舜牧撰，萬曆丙午自序，十世孫覲元跋。《前徽録》一卷，姚世錫撰，嘉言懿行。《中州金石録》四卷，姚晏撰，覲元補遺。《瘞鶴銘考》一卷，汪士鋐撰，康熙甲午自序。《蘇齋唐碑選》一卷，《夫子廟堂》真本不見，陝本圓膩，城武本清勁，二本參酌，庶幾近之。姚曰："今已得唐石真本《醴泉銘》，北宋拓者極肥厚，《化度碑》宋本近千字者已失真。此三種右軍嫡乳，晉法之存於今者。《郎官石記》非見真不可。董刻一本失真，吳翻亦未到。"方鵠曰："真本在山左，葉雲谷刻於友石齋。帖中率更小字《千文》，可配《化度碑》、《虞恭公碑》，每行過二十二字者，是舊本皇甫碑，學歐必從此入手。"《三十五舉》一卷，吾丘衍撰，姚附校勘記。《續三十五舉》一卷，桂馥撰，更定本。《再續三十五舉》一卷，姚晏撰。《大雲山房十二章圖説》二卷，惲敬撰。前圖後説，采篆注史志，上自有虞，下迄於明，其制始於軒轅。前有自序。《大雲山房雜記》二卷，惲敬撰，姚跋。《雜記》不見於文集。《全燬書目》一卷，《抽燬書目》一卷，乾隆四十七年。《務民義齋算學》，徐有壬撰，共十四種，二十一卷；未刻者七種，除十卷。《咽喉脈證通論》一卷，相傳出宋時杭千佛寺僧囊中，共十八篇，精要無比。許子璉梓之，生人不可計。共十六種，四十二卷。按，《郎官石》戲鴻堂所刻不失真，吳本不佳。蘇齋又云。

以上小學類《説文》之屬。

校勘記

〔一〕"㒷、常句切"，據清倪濤《六藝之一録》引趙撝謙《轉注論》補。

〔二〕"隼"，原作"準"，據《説文辨疑》改。

〔三〕同上。

〔四〕"作"，原作"今"，據同上書改。

〔五〕"不"，原作"大"，據《説文聲訂》改。

經部十
小學類五

《汗簡》七卷

宋郭忠恕撰

汪氏一隅草堂本。此秀水朱氏潛采堂寫本。錢唐汪立名因其謄寫工善，遂用原本鏤板。汪本甚精工。其後安邑葛氏刻《復古編》，亦用所得原寫本鏤板，蓋仿此例也。《汗簡》舊闕撰人名氏，徐鉉云郭忠恕製書，内又有"臣忠恕製"，知其爲郭氏書也。其書與婁機《漢隸字源》相似，每篆文一字，下注"出某書"、"見某碑"，間有反切，别無他説，與他字書有解説者不同，故婁書有《碑目》而此書有《事蹟》。其《事蹟》前題"郭忠恕《汗簡》所得，凡七十一家事蹟"十四字，此必後人所增，非郭氏原本也。是本首汪氏序；次李建中跋；次郭序，序前題"郭忠恕，仕周朝爲朝散大夫、宗正丞、兼國子書學博士"；次《事蹟》；次天禧二年李直方後序；次《圖畫見聞記》一則，唐潘遠《紀聞談》一則，周越《法書後苑》一則，劉向《别録》一則。自汪序至此皆雙行小字。次目録，始"一"終"亥"。書内題"上之一"、"上之二"、"中之一"、"中之二"、"下之一"、"下之二"，蓋書本三卷，而分爲六卷。其第七卷雜取諸家之説爲《叙目》，每條隔以圓圈，後有

"臣按"一則，終以鄭跋。每葉十六行，每行大字十字，前後小字二十餘字不等。《宋藝文志》與《佩觿》并列，而晁《志》、陳《録》及《崇文目》有《佩觿》而無《汗簡》。在當世其書已缺《叙目》一篇。編次古雅，不改叔重之序。書中所載《説文》，可與今本互證。近今所行《説文》緯以四聲，無復舊本面目，是猶引唐法讞漢獄，其不可必有辨者矣。鄭所南跋又見於朱氏《珊瑚木難》第四卷。《別録》云："殺青者，以火炙簡令汗，取其青，易書不蠹，謂之煞青，亦謂汗簡。"

《古文尚書》　《古周易》　《古周禮》　《古春秋》《古月令》　《古孝經》　《古論語》　《古樂章》　《古毛詩》　石經　《古爾雅》　《説文》　《史書》　《古老子》　《史記》　《莊子》　《義雲章》　林罕《集字》　郭顯卿《字指》　裴光運《集綴》　王存乂《切韻》　趙琬璋《字略》　李尚隱《集略》　《義雲切韻》　衛宏《字説》　張楫《集古文》　王維《畫記》　《古禮記》　朱育《集奇字》　張强《集字》　徐邈《集古文》　蘇文章《集字章》　《顔黄門説字》　《證俗古文》　李彤《集字》　庾儼《字説》　周才《字録》　《開天文字》　《淮南王上升記》　《牧子文》　《楊氏阡銘》　《楊大夫碑》　張廷珪《劍銘》　《樊先生碑》　《碧落碑》　《天台碑》　孔子題吳季札墓字　《華岳碑》　《淡貝邱長碑》　《豫讓文》　《王庶子碑》　《苟邕集》　《王先生誄》　《滑州趙氏石額》　《古虞卿碑》　《鬱林序文》　《煙蘿頌》　《茅君別傳文》　《陳逸人碑》　郭知元《字略》　《濟南碑文》《無錫縣銘》　《馬日磾集》　《羣書古文》　《彌勒像碑》《山海經》　《陵歊臺銘》　《演説文》　《銀狀頌》　《鳳棲記》　《元德觀碑》以上七十一家，今所存者無幾。

郭氏自序曰："《汗簡》者，古之遺像，後代之宗師也。倉頡而下，史籀以還，爰從漁獵，得其一二，傳寫多誤，不能盡通。臣頃以小學蒞官，校勘正經石字，由是諮詢鴻寶，假借字書，時或采掇，俄成卷軸。乃以《尚書》爲始，石經、《説文》次之，後人綴緝者殿末焉。遂依許氏，各分部類，不相間雜，易於檢討，遂題出處，用以甄別。仍於本字下直作字樣之釋，不爲隸古，取其便識。與今文正同者，惟目録之外，不復廣收。《切韻》、《玉篇》，相承紕繆，體既煩冗，難繕牋毫，有所不知，盡闕如也。"

鄭思肖爲山碉葉君題《汗簡》後曰："《汗簡》之作，追古法於既泯，流新傳於無窮，郭公之功多矣。"

李氏序曰："《汗簡》集成之後，罕有得者，予訪之久矣。近聞祕閣新本乃集賢李公衎脩，公居外任，稿草秘於巾箱。大中祥符四年，以此書示予。予謂公曰：'倉頡、史籀製作已來，三皇與霸國文字或有異同，而遭秦之所劫者，盡在此矣。'予得之，模寫三月方畢。"文光案：據此則宋本已轉三手，決非郭氏之舊。

錢氏曰："灼然可信者，多出於《説文》。其偏旁詭異，不合《説文》者，未敢深信。學古文者，當先求許氏書，鐘鼎真贗雜出，可采者僅十之一。至如《岣嶁文》、《滕公室文》、崔彥裕《纂古》之類，似古實俗，當置不道。"録於《潛研堂集》。

《汗簡箋正》八卷

國朝鄭珍撰

廣雅堂本。前有鄭知同《箋正序》，其餘序跋與汪氏本同。

鄭氏序曰："先君子爲古篆籀之學，奉《説文》爲圭臬，恒苦後來淆亂許學而僞託古文者二，在本書中有徐氏新附，在本書外郭氏《汗簡》，世不深考，漫爲所揜。自宋已遠，咸稱新附爲《説文》，與許君正文比并，已自誣惑；而《汗簡》尤若真古册書之遺，而反命許書爲小篆，何其倒也！先君子有慨於斯，先成《説文考附》，隨修《汗簡箋正》，以謂新附之蔽，不過舉漢後字加諸先秦，無佗誶也。《汗簡》之不經則異是。其歷采諸家，自《說文》、石經而外，大抵好奇之輩，影附詭託，如《碧落文》、《王庶子碑》十數種，往往如出一轍。郭氏乃專信不疑，裒輯不遺餘力，前後差互，觸目榛蕪。其間偶有真書，出許祭酒網羅之外，賴其著錄以存。編中寥寥，初無補於全文之蹉駮也。甲子季秋，先君子棄養，遲至光緒己卯客遊滬上，乃重得薛季宣所訓《僞古文尚書》、孫淵如《魏石經遺字考》及金石各編，畢力推勘，十九就緒。又閱八年，孝達張公總粵中，開廣雅書局，知同幸與纂修，公亟屬先成是編，付諸厥民。」

文光案：《廣雅叢書》經部，《尚書伸孔編》一卷，江都焦廷琥撰，嘉慶乙亥自序，舉孔傳之長於馬、鄭者，不辨其真僞也。《禹貢班義說》三卷，寶應成蓉鏡撰，道光庚戌自序，采《禹貢》古義存於《漢志》者。《毛詩傳箋通釋》三十二卷，歷城馬瑞辰撰，道光十五年自序，辨三家異同，經說勝漢儒者亦皆采取，無門戶見。《毛詩天文考》一卷，陽湖洪亮吉撰，咸豐元年張凱跋。《禮記天算釋》一卷，曲阜孔廣牧撰，光緒七年劉恭冕序，吳昆田跋。《爾雅補注》殘本一卷，寶應劉玉廷撰，劉岳雲跋。邵疏校本有玉案者，錄之。《釋穀》四卷，寶應劉寶楠撰，道光二十年自序。程氏《通藝錄・九穀考》最精。是書推廣程說，邵疏多誤。丁壽昌後序。《漢碑徵經》一卷，寶應朱百度撰，咸豐十年自序。并《汗簡箋正》，共九種，刻於廣東書局，皆漢學家言可入《續經解》者也。

《佩觿》三卷 附錄一卷

宋郭忠恕撰

單行大字本。此重翻宋本，不知爲何人所刊。板甚精工，每葉十六行，每行大字十七字，小字二十五字。板口刻一「佩」字，內題「朝請大夫、國子周易博士、柱國臣郭忠恕記」。前後無序跋。三卷末附十五字，記云："以上諸字與篇韻音義或不同，故載之卷末，以俟來者考之。"又一百十九字，各字下注"辨證曰"，蓋辨此書之誤，不知何人所加。附錄《郭忠恕傳》，并諸家評論。《圖畫見聞志》云："宋文憲嘗手校《佩觿》三篇，珍玩之。"此條本書不載。《嘉祐雜誌》云："中朝書人惟郭忠恕可對二徐、宋相云。"

《集古錄》："小字《説文字原》，郭忠恕書。忠恕者，五代漢周之際爲湘陰公從事，及事皇朝，其事見《實錄》，頗奇怪。世人但知其小篆，而不知其楷法尤精。然其楷字不見刻石，惟有此爾，故尤可惜也。"

《玉壺清話》："郭忠恕畫樓閣重複之狀，梓人校之，毫釐無差。聶崇義，河洛之師儒也。郭使酒，詠其姓云："近貴全爲聵，攀龍即是聾。雖然三個耳，其奈不成聰。"崇義反之曰："勿笑有三耳，全勝畜二心。"忠恕大慙，終以此敗。李留臺建中以書學名家，手寫忠恕《汗〔一〕簡集》以進，皆蝌蚪文字。太宗深悼惜之，詔付祕閣。"

《五代史補》："常有人於龍門得鳥迹篆，示之忠恕，一見輒誦，有如宿習。晚年尤好輕忽，坐除名配流，會赦歸，卒於武興。"案：《史補》所記與本傳異。

傳曰："忠恕幼能誦書屬文，七歲童子及第，兼通小學，最工篆籀。縱酒疏弛，有佳山水即淹留不去。或逾月不食。盛暑暴露日中，體不沾汗。窮冬即鑿河冰而浴，其旁凌澌消釋。人皆異之。尤善畫，得之者藏以爲寶。太宗初即位，召赴闕，授國子監主簿，令刊定歷代字書。忠恕性無檢局，放縱敗度。上憐其才，每優容之。益使酒肆言，謗讟時政，擅鬻官物取其直。詔減死決杖，流登州。時太平興國二年也。至齊州臨邑，謂部送吏曰："我逝矣。"因掊地爲穴，度可容其面，俯窺焉而卒，藁葬於道側。後數月，故人取其屍將改葬之，若蟬蛻焉。所定《古文尚書》并《釋文》行於世。又有《佩觿》三卷，論字所由，校定分毫，有補後人，亦奇書也。"

《佩觿》三卷

宋郭忠恕撰

《續知不足齋》本。此高承勳校定之小字本，内題"宋洛陽郭忠恕恕先記"。上卷總論六書訛謬之由，極爲精密。中、下二卷辨析字畫，曰平聲自相對，如"鍾"、"鐘"之類；曰平聲、上聲相對，如"瓜"、"爪"之類；曰平聲、去聲相對，如"傳"、"傅"之類；曰平聲、入聲相對，如"戈"、"弋"之類；曰上聲自相對；曰上聲、去聲相對；曰上聲、入聲相對；曰去聲自相對；曰去聲、入聲相對；曰入聲自相對。《簡明目録》所謂"以循環輪配，分爲十段者"是也。其體正文二字或三字、四字，以下爲注。高氏所據不知何本。

高氏跋曰："《佩觿》謬戾不少，如椎髻之'椎'訓作'棧車'；秉藺之'藺'訓作地名；尤姓之'尤'本無一點，郭則以有點者爲"尤"，無點者爲乙皇翻。其爲一家言則可，非通人之論也。至若'兔'字從刀從'兒'，今誤從'兒'；'映'，掩映也，誤作'掩目'；'浴'，小雨也，誤作'洗'；'柳'，力尤翻，誤作'囬容翻：如此之類甚夥。此係傳寫錯誤，各本皆然。予細心考訂，悉爲改正，其脫落者補助一二。吁！小學不明久矣。賢如恕先，尚有謬戾，況其不逮者乎？濱州張氏云：'格物窮理，莫先乎字書，此正學人之嚆矢也。'亟付開雕，就正時賢，是予之素願也夫。"

《吴文正公集・題郭友仁佩觿集》曰："郭氏《佩觿》，豈其家之傳器耶？然前之觿有其名無其器，而猶有所解也；後之觿有其名無其器，而亦無所解焉。二郭之書孰優？曰後出者巧。"

《復古編》二卷　《考異》一卷　附録一卷

宋張有撰

安邑葛氏本。乾隆辛丑葛鳴陽借新安程氏舊寫本登板刻，既成，又見元明間刻本，互有所長，因作《考異》一卷，并附録諸家論説一卷，開雕於琉璃廠。而張維之《曾樂軒稿》、張先之《安陸集》并爲鋟木，合爲一部。《復古編》前有大觀四年陳瓘序。上卷爲上平、下平、上、去四聲，下卷爲入聲。附辨證六篇：曰《聯綿字》，曰《形聲相類》，曰《形相類》，曰《聲相類》，曰《筆迹小異》，曰《上正下譌》，極爲精密。末有政和三年信安程俱序、紹興十三年王佐才序、嘉定三年樓鑰序。後有記，闕其半。以下爲校正，即所謂"考異"也。附録所採最詳，并加案語。乾隆四十六年丁傑書後，又葛氏自序，而《復古編》之首尾具矣。其附刻之張氏二集，別著於集部，兹不復贅。

程氏序曰："吳興張有，弱冠以小篆名，自古文奇字與許氏書了然如燭照，它書餘藝一不入於胸中，其專如此。故四十而學成，六十而其書成，《復古編》是已。"

王氏序曰："鄉人徐滋元象與先生爲鄰，親炙先生，得其法。平昔所著如《復古編》、《千字文》之類，盡以遺之。今將鏤板勒碑，以廣其傳，命予作序以志之。"

樓氏序曰："鄉人文字之書，世謂之小學。及人之幼，真淳未散，記識性全，使習六藝，則終身可以爲用，此爲小年之學，非曰學者之小事。張有篤志古道，傷俗學混淆，爲書一編，曰《復古》。書成於大觀、政和之間，陳了齋、程北山爲之序，稱美甚至，足以不朽矣。聞其落筆作篆，如真行然，略無艱辛之態，惟體脩而末重，與人小異，不入俗目。漢宣帝時，器械工巧，元、成間鮮及之。有谷口、銅筩傳於世，款識字其體正爾。始知謙中之作，蓋有自來，非以意爲之也。"

晁公武《三榮郡齋讀書志》曰："有此書三千言，據古《說文》以爲正其點畫之微，轉側縱橫，高下曲直，毫釐有差，則形聲頓異。自陽冰前後，名人格以古文，往往而失，其精且博如此。"

陳氏《書録》曰："《復古編》二卷，吳興道士張有撰，專本《說文》，一點畫不妄錯。林中書攄母魏國夫人墓道碑，有書之，'魏'字從山，攄以爲非。有曰：'世俗以從山者爲巍，不從山者爲魏，非也。其實二字皆當從山，蓋一字而二音耳。《說文》所無，手可斷，字不可易也。'攄不能彊。晚著此書，專辨俗體之訛，手自書之。"葛按：《三國志》注："魏代漢，讖曰：'鬼在山，木女連，王天下。'"則"魏"字從山，漢季猶然，固非無據也。

　　文光案：魏伯陽著《參同契》，自隱其姓曰："委時去害，依託丘山，循遊寥廓，與鬼爲鄰。"此尤魏姓從山之確證也。
莊綽《雞肋編》云："大觀中林攄爲同知樞密院，唱進士名，讀'甄'爲'堅'，以不識字見黜。綽謂'甄'有'堅'音，以黜爲枉。"錢大昭曰："魏之爲'巍'，攄不能知，攄非真識字者。然《說文》中新附之字，皆後人闌入，非許氏所有，而有皆用之，何耶？"

《春渚紀聞》："有用筆簡古，得石鼓遺法，出文勳張友直之右。嘗言'心'字於篆文，只是一倒'火'字耳，蓋心火也，不欲炎上，非從勹也。畢少董，文簡之孫，妙於鼎篆，多見周秦盤盂之銘。其論'水'字云：'中間一豎更不須曲，只是畫一坎卦耳，蓋坎爲水。'見於鼎銘，多如此者，并記之。"

　　文光案：古文水作"☵"，閣帖中有此字，或謂天一生水，象二人相交，於今字則合，恐非古義。又案：《字通》

云：“〻，水，準也，象衆水流，中有微陽氣。‘益’字從此。”又“〻〻”縱書、橫書楷書[二]并如坎卦。今書相承作‘氵’，未知下筆。”

虞似良曰：“有作《復古編》，其筆法實繼斯、冰。其辨形聲，分點畫，剖判真僞，計較毫釐，視楚金兄弟及郭忠恕尤精密，其有功於許氏甚大。”

　　文光案：《書史會要》：“似良字仲房，號横溪，自稱寶蓮山人。”此説見於李燾《五音韻譜後序》。李氏又序重刊《復古編》，其本未見。仲房有《篆隸韻書》，亦未見。

宋濂《篆韻集鈔序》曰：“許氏采史籀、李斯、揚雄之書，博訪通人，兼考之於賈、陸，然後集爲《説文》，故其説最有據。依部端五百餘字，蓋《倉頡篇》云。李正冰號宗其書，而輕肆臆説，妄加排斥。内史作《繫傳》而反正之，謂之‘傳’者，欲尊之如經也。張有尊之之意略同，而許氏之學遂如金科玉律，爲世之法程。”葛按：“以《説文》部首爲《倉頡篇》，承吾子行之誤。考張懷瓘《書斷》、吳秘《法言注》，其誤又在子行之前。”

楊慎《六書索隱序》曰：“李正冰戾古詫俗，陸德明從俗訛音，吾無取焉。宋則郭忠恕之雅，楊桓之博，張有之精，吳才老通其音讀，黃公紹泝其源委。若鄭樵則師心妄駁，戴侗則肆手影撰，又字學之不幸也。”葛按：“楊桓非宋人，疑是楊南仲。”

　　文光案：黃公紹非宋人，升菴覽記極博，而考證多疏。《丹鉛》諸録，誤時代、誤姓名者不可枚舉，蓋隨手所記，不檢原書之故。其引書有語意未完者，不知爲原削、爲傳脱，引升菴書者宜覆校也。

《瓊臺會稿》：“訓釋經傳，須看《説文》一過，庶知古人制字之原。文公訂正經書，輒以此爲據，故習篆必當以《説文》爲根本，能通《説文》則寫不差。次及徐鍇《通釋》、張有《復古編》。”

程俱《北山小集》：“鍾監，蓋響板也，形製如鐘，背作雲雷紋，面可鑑。銘曰：‘癸巳作鐘監，子子孫孫永寶用’。張有篆甚奇古。”

曹[三]坊《書訣》曰：“大凡童子十三歲至廿三歲當學篆，先大而後小，先今而後古，當以李陽冰書《琅琊山新鑿泉題》、李斯書《繹山碑》及泰山碑、張有書《伯夷頌》、元周伯琦臨張有書《嚴先生祠堂記》、蔣冕書小字《千文》爲法。”

《書史會要補遺》：“徐滋，字無象，從張有習篆，得其法。宋杞，字子和，張有高第弟子，於篆極精。”

丁氏序曰：“張有別出新意，發前人所未發，或謂此書爲王氏《字説》而作。東漢之初，孔氏古文漸遠，‘馬頭人’爲‘長’，‘人持十’爲‘斗’，‘虫’爲屈中，小學一壞。《説文》作而六書明。北宋之季，王氏《字説》盛行，‘同田’爲‘富’，‘分貝’爲‘貧’，‘大坐’爲‘奎’，小學又一壞。《復古編》作而《説文》尊。有之言曰：‘專取會意者，不可以了六書；離析偏旁者，不可以見全字。’兩言爲介甫發也。《字説》不傳，散見於《埤雅》、《博古圖録》等書，而鄭宗顔《周禮新講義》載之尤多。其自叙力詆《説文》。有書名《復古》者，復古《説文》而已。了齋著《四明尊堯録》，辨《日録》也。龜山有《三經義辨》，辨新經也。真静乞叙於兩先生，兩先生樂爲之序，千載下如見其心。”

<small>案：《龜山集》有此書序。</small>

文光案：《研北雜誌》：“喻子才云：‘張謙仲深於字學，王介甫聞而致之，所論不契。張以“心”爲倒“火”，王以“心”從倒“勹”。’”丁氏之説蓋本諸此。

葛氏序曰：“是書徐元象初刻於紹興十三年，後虞仲房刻於遂寧，元初重刻於吳興，今皆不可見。予借得寫本及元槧本、吳均增修本，又乞得《六書正訛[四]》初雕本及烏絲欄，建立韻紐，字體瘦勁可喜，對勘一過，囑宋君葆淳董其成焉。"

文光案：此刻爲桂氏馥之寫本，字畫清楷，板亦精工。明有黎民表刊本，《四庫》所收者是，未知視此本何如。葛氏所見有翁學士方綱本、錢孝廉大昭本，惟未見黎本，伍氏跋云。

葛氏曰："《復古編》宗派：吴均增修《復古編》二卷，《書史會要續》云：'均字平仲。'戚崇僧《後復古編》一卷，《黄文獻公集》有《戚君墓誌》。陳恕可《復古篆韻》，見《浙江通志》。泰不華《重類復古編》十卷，見《元史》本傳。劉致《復古糾謬編》見《書史會要》。曹本《續復古編》四卷，汪仲鈖《桐石草堂集》曰：'予家藏有元本。'焦竑《志》獨不及曹。"本書附錄。

文光案：張有篆《金剛經》，見《攻媿集》。又著《五聲韻譜》五卷，見《學古編》，比常韻無差。

錢氏曰："謙中雖篤信《説文》，然所據者乃徐氏校定本。如'樗'、'琰'、'襧'、'韻'、'塾'、'劇'、'坳'、'辦'、'毬'，皆徐新附字。'笑'爲李陽冰所加，而誤'刎'爲正文。'琵琶'乃'挋把'之訛，而以爲'枇杷'。'凹凸'乃'窅突'之俗，而以爲'坳垤'。'認'，古書作'刃'，而以爲'訒'。'妙'，古書作'眇'，而以爲'紗'。'粜'與'突'，'須'與'湏'，'畐'與'答'，形聲俱別，而併爲一文。此則誤之甚者。"錄於《潛研堂集》。

《漢隸字源》六卷

宋婁機撰

汲古閣本。毛氏重刊宋本，板甚精善，字法可爲模範，有資考證。前有洪氏序；次附諸碑偏旁及常用字韻所不載者，凡十四字；次綱目，考碑四條，分韻二條，辨字五條；次碑目一卷，凡碑三百有九通，各著年月、地理、書人，以隨得隨録爲次。每字先真書，其上循《禮部韻》之叙。《禮韻》無者，以《廣韻》、《集韻》附見其下，并《説文》之義。凡金石著録者，三百四十。中郎諸人筆力之妙，皆聚此編。慶元三年，洪邁爲之序，惜其原本不能得也。季滄葦所藏爲陸師道抄本，在此本前，其編次與所撰《班馬字類》同，而無總目。《字類》前有目録。

洪氏序曰：“《漢隸字源》六帙，檇李婁君彦發所輯也。其書甚清，其抒意甚勇，其考覈甚精，其立説甚當，其沾丐後學甚篤。凡見諸石刻，若壺、鼎、刀、鏡、盆、槃、洗、甔，著録者三百有九。起東京建武，訖鴻都建安，殆二百年。濫觴於魏者僅三十而一。光和骨立，開元贔屭，點畫之爐錘，法度之宎奥，假借之同而異，發縱之簡而古，合蔡中郎諸人筆力通神之妙，皆聚此編。憶吾兄文惠公自壯至老，耽癖弗懈，嘗區別爲五種書：曰釋，曰纘，曰韻，曰圖，曰續。四者備矣，唯韻書不成，以爲蠹竭目力，於〔五〕摹寫至難臚，旦旦而求之，字字而仿之，雖衆史堵牆、孫甥魚貫，不堪替一筆也。功之弗就，使獲睹是書，且悉循其《隸釋》次第，志之所底，不謁而同，正應懼然起立，興不得并時之歎。彦發曩歲有《班馬字類》，突過諸家漢史之學，予嘗序之矣。今此帙刊於高明，臺方通守吾州，朱墨鮮暇趣，了官事竟，輒蕭然一室中。廟輿側睨，但見其放策欠伸，搔頭揩眼，而用心獨苦之狀，固所不克知。彦發學有原委，工詞章，身端行治，名最三吳。而諸公貴人不解收拾，使周鼎斡弃與康瓠等。予頃備侍從，承清問於燕間，宣昭聲光，宜不辭費，顧亦不能一出諸口，心焉負愧，聊復再暢叙以自釋云。”景廬序作於慶元三年，今本無洪序。

十，《説文》“數之具也”，寔入切。廿，《説文》“二十并也”，音入。卅，《説文》“三十并也”，與“颯”同音。卌，四十也，息入切。婁氏注曰：“四字諸碑通用。《史記》載秦始皇刻石頌德之辭，皆四字一句。今本‘二十又六年’、‘維二十九年’，稱年者輒五字，非也。《史記》舊善本皆用上四字，《容齋隨筆》固嘗辨之。"案：《字源》所附十四字，原本在卷末，今移於卷首，非是。

《提要》曰："凡漢碑三百有九，文光案：例云漢而下不載，然有魏晉碑，因所存無幾，故以漢碑統之。內有石經殘碑。魏晉碑三十有一，文光案：三十一通，即在三百九通之內。各紀其年月、地里、書人姓名，文光案：無年月者十五六，可考者各著碑下。其地名以《水經》、《集古錄》、《金石錄》、《諸道舊錄》、《墨寶圖經》、《隸釋》、《王氏碑》及諸書校定，所出不同者并著之。以次編歷。文光案：是書以隨得隨錄爲次，如《集古錄》、《金石錄》、《隸釋》之例，皆以續得者附於後。即以其所編之數，注卷中‘碑’字之下。"此本在‘碑’字前一行。

武氏曰："昔洪景伯爲《隸韻》不成，婁氏以韻目類之者獨存。予按其書無他證明，唯即漢碑字與古通借者綜列，便於尋討而已。然其中尤踳駁者十五，如"滿"收於"緩"，取《陳球碑》，‘汭’字下又引此碑，‘嬀滿’誤指爲‘嬀汭’。前後自違其例，蓋非吾之所知也。"錄於《授堂文鈔》。

《隸韻》十卷　附《碑目》一卷　《考證》一卷

宋劉球撰

江都秦氏重刊宋石本。秣陵陶士立慎齋摹《隸韻》，依韻編次，與《字源》同，每字下注某碑，無所考證。末有"御前應奉沈亨刊"七字、董華亭定爲德壽殿本，援據恐未確。董其昌跋、嘉慶十四年秦恩復後序。次劉球奏進表原缺半篇。殘本。《碑目》秦序云："得於范氏天一閣。"漢碑有年號者，一百七十七種爲一類；以年爲次。殘碑無年代者，一百六十種爲一類。秦恩復加以考證，附諸卷末。

秦氏序曰："頃得宋拓《隸韻》墨刻十卷，爲明餘清齋吳廷所藏，紙墨精好，爲南宋初搨無疑。晦而復顯，爰墨諸板。"

宋洪文惠公《隸書五種》、《纂圖韻三書》未見。婁忠簡公《字源》，補文惠之缺。《盤州集》有《隸韻序》，又有《書劉氏隸韻後》一篇，驚其廣博，哂其疏略。鄱陽所讖今本，一一具在。

文光案：是書闡洪氏之緒餘，導《字源》之先路，可與婁書參互證明，當時人不知重，故傳本絕少。然其采獲之勤，編次之多，不可遂泯。南宋迄今六百餘年，古刻之存於世者，較劉球所見，已不及四分之一。此本與《字源》皆摹隸文，增點減畫，不失古人遺意，可爲查隸之本，隸學之式，刻法亦佳。是可珍也。

《漢隸分韻》七卷

不著撰人名氏

元本。前有洪丞相《隸釋序》、洪侍講跋語、洪丞相《水經説跋》。卷一題"天下碑目"，其實爲《隸釋》十九卷之目，并《隸續》四卷之目，與洪書之《天下碑目》不同，蓋妄題也。次"漢隸精華"十三條。次題"集漢隸分韻卷之二"。凡三例：一爲隸字、假字、假借通用例，如"倉"作"昊蒼"，"旌"借作"精"之類是也。分平、上、去、入。一爲四聲隨文互見例，謂一字而兩音、三音者，《隸韻》隨文互收，如"中"字平一音、去兩音之類是也。一爲漢隸雙字類例，謂字畫相類而音義有不同者，如"光"、"光"，上"兕"下"光"之類是也。末附疑字五文。以下五卷，爲《漢隸分韻》。是書改《字源》，爲今韻，定爲元人所著，或以此充宋本。著碑目於各字之下，以便省覽。與劉球《隸韻》同，《隸韻》則宋韻也。其次序悉依《字源》，而删汰甚多，互勘之，其迹顯然。取其易於卒業也。冠以洪序、洪目，使人不知爲《字源》。題其目曰"天下碑目"，使人不知爲洪氏之目。至所題之名或曰"集漢隸"，或去"集"字，又綴緝數條爲"漢隸精華"，無非淺人所爲，惜無人發其覆者。《簡明目録》曰："《漢隸分韻》大致不出婁書，而辨別字畫詳於婁書。"謹案：所謂"詳於婁書"者，指第二卷之例也。是書自首至尾無非取諸人者，其三例不知録自何本，惜無書以證之也。

漢隸省文，如"爵"爲"邿"，"鶴"爲"雈"，經傳"蟻"作"蛾"亦是。 "儀"、"義"二字，古皆音"俄"。《詩》以"儀"叶"在彼中阿"。漢碑"蓼莪"皆作"蓼儀"，《魯峻碑》又作"蓼義"。 范蔚宗避其父諱，《後漢書》無"泰"字。郭林宗、鄭公業之名皆易之。 漢人書太尉、太常、太原、太行，"太"字不用點，獨《高頤》及《劉寬》二碑有之。泰山亦作"大"。魏君之母卻作"泰夫人"。 古器銘"眉壽"皆爲"麋壽"。 漢火行，忌水，光武後改洛陽爲"雒"。 西京隸書未有法度。 任昉謂墓碑自晉始，予考《水經注》，漢刻不少，今漢碑猶存數十百，云'始於晉宋'，非也。以上録於本書。

文光案：是書"東"凡十三字，與《隸韻》"東"凡十七字。同者五字。所注碑目皆同，而字形不一。又《漢隸字源》之《東海廟碑》、《張君神碑》，其"東"字之筆迹與劉《韻》亦小異。漢碑不可見，刻書者任其橫掃，舉一例，餘未敢深信也。惟《隸篇》爲翟氏所雙鈎，筆劃不走，考證亦多，而字數則少，"東"僅三字。《字源》注數不注碑，按數查碑目，翻檢不便。汲古閣所刻字形古雅，勝於劉《韻》。至《漢隸分韻》，字畫之醜惡，前人論者甚多。然必以醜惡爲元刻本，今之翻本更不足評矣。

蔣氏《游藝祕録》：此書在藝術類。"隸書體少，知其所通，庶免造字之誚。有留爲後人傳信者，則不可通用他字。如'典'、'謨'、'訓'、'誥'，所以尊經也；如今之地名、人名、官名，所以從時也。漢隸字體多有俯仰向背，結字亦有方正、嚴密、遒緊種種不同。至《曹全碑》少背而多向，結字亦以欹側取媚，入纖巧一門。然如書家之有董、趙，畫家之有倪、黃，并有逸趣，不可揮斥也。漢碑筆法無一相似，學者摹仿，可各從其性之所近。至結體惟求正當，不可杜撰。文待詔作隸，任意屈曲，但求平滿，宜今人以篆體、楷書雜作隸字筆法稱能事也。學者當先識篆、隸，但真書近篆者少，近隸者多，而行草俗體猶或出焉，於是有尊崇篆體、淺薄隸書者。豈知顏魯公得《孔和碑》之雄勁古拙，褚河南得《韓敕碑》之縱橫跌宕，隸體筆法實開真書之祕鑰乎！" 蔣氏有《漢碑隸體舉要》，在《祕錄》中。其本最為難得，因錄之以為學隸之助。

《續古篆韻》六卷

元吾衍撰

鈔本。是書集石鼓、《詛楚》、比干盤、泰山、繹山諸刻，分韻編之，末卷所載皆疑字。是書無刻本，錢曾《敏求記》曰："衍，字子行，其生平見潛溪《傳》中。"此則趙靈均手抄本，小宛堂中藏書也。

孫氏曰："薛本石鼓第七'言敆合孫'，衍既據真本以訂薛本增入'孫'字之誤，而所摹'言'、'合'二字，又與今世拓本迥然不同，疑傳寫訛闕，非其考定之疏。" 錄於舊稿中，當是淵如《孫氏書目》之說。

文光案：《篆韻》非韻書也，故次於篆字之類。《隸韻》亦然。政和中，王楚作《鐘鼎篆韻》，其書難見，薛尚功重廣之。所謂法帖者，今不易得，而刊本尚多，惟刪節不完。臨江楊鉤信文，博採金石奇古之迹，益以奉符黨氏《韻補》所未備，係篆文於《唐韻》下，而以象形奇字等篇終焉，名曰《增廣鐘鼎篆韻書》，凡七卷，傳本更少。私印之作，極盛於元，吾子行獨精其藝，能變宋末鐘鼎圖書之謬。

《摭古遺文》二卷　《補遺》一卷

明李登撰　姚允吉補遺

吐玉堂本。是書本夏竦《篆韻》之體，取鐘鼎古文以韻分編，大抵以意杜撰，所列古文亦皆不著所出，未可依據。李登又有《六書指南》，用《千字文》體，以四字爲句，辨俗傳訛體之字，以誨童蒙，亦《干禄字書》之類。然俗字頗多，又不剖析其義，於初學仍無所啓發也。

《隸辨》八卷

國朝顧藹吉撰

康熙戊戌年寫刻，板甚精工。前有自序、目録，後有項絪跋。《隸辨》自"平"至"入"分五卷，附碑刻不解之字爲疑字。第六卷爲《説文》偏旁五百四十部，每部大書隸字，下注《説文》作某形并考證，由此可識隸與篆之分。第七、八卷爲碑考，自五鳳二年魯孝王刻石至中平五年《陳寔殘碑》，約近二百通，各爲之考，多取歐、趙、洪三家之説，以及於顧氏《金石文字記》。末附《隸八分考》一篇，歷引諸家之説，繁而無當，究不解隸之爲隸也。愚謂八分不難知，《隸辨》所收者皆是。隸不易知，僅見《鼉崖碑》及古器銘數十字。其古質近於篆，其減省近於楷，無波尾者是也。又附筆法四條，各爲之詳注。書末有"奇文共欣賞"篆書小印。是書采漢碑字，每字下注碑名并録碑語，加以考證。以爲解經之助，有不備者，求之《漢隸字源》，準以《説文》。漢人傳經，多用隸寫，變隸爲楷，益失其真。《虞書》"大鹿"，舊本無"林"。泰卦"包巟"，後人加"草"。《鄭風》"摻執"即爲"操執"。《穀梁》"壬臣"當作"王臣"。若斯之類，取益頗多。魯齋説顧南原《隸辨》所輯之字多破體，而覈以六書，無一可説，此等尚是甄豐繆篆之餘習也。《隸辨》皆採於漢碑，由書丹者不知繆篆僅可於印璽，不當施於碑刻也。

是書以四聲爲類。 《字原》多錯謬。 "隸古"二字，或云"隸自爲隸，古爲蝌蚪"，或云"蝌蚪字以隸書釋之，曰隸古"，或云"以隸筆作古體，非漢世通行之隸"。 八分者，字體本方而八分之，謂其皆似"八"字，勢有偃波。《金壺記》云："王次仲以隸法局促，引而伸之，爲'八'字之分，故號'八分'是也。"

古"坤"作"〓"，隸"坤"作"〓"，同"川"字。

吾衍《字源七辨》云："秦隸者，程邈以文牘繁多，難於用篆，因減小篆爲便用之法，故不爲體勢，若漢款識篆字相近，非有挑法之隸也。便於佐隸，故曰隸書，即是秦權、漢量上刻字。人多不知，亦謂之篆，誤矣。漢隸者，蔡邕《石經》及漢人諸碑上字是也。此體最爲後出，皆有挑法，與秦隸同名，其實則異，又謂之'八分'。"

文光案：吾子行秦隸、漢隸之說，最爲精確，因錄之以證予言之不謬。隸、八分之辨，得此一條足矣。翁覃溪《兩漢金石記》，隸、八分之辨，較諸家爲明快，然亦不出子行之說也。其秦權、漢量刻字，見於諸家金石書，取而觀之，隸非八分，當豁然矣。

《隸篇》十五卷 續十五卷 再續十五卷

國朝翟雲升撰

原本。道光十七年同人捐貲校刊，越年餘而工竣。前有陳官俊、楊以增序，翟氏自序；次金石目；次部目；次字目。每卷後各有綴說。其第十五卷爲偏旁，爲變隸通例。正篇凡八冊，續、再續僅二冊，體例悉同。

陳氏序曰："此書之體例，以部領字，易於對觀；以摹代臨，期於曲肖。或因委以溯原，或假賓以定主。偶有忽遺，猶申緒論；非所篤信，聊復闕疑。”

楊氏序曰：“予同年友翟君文泉，性耽六書，寢食於中者四十餘年。近取所得金石，選字雙鈎，區分部類，彙爲一書。編字概準《類篇》，凡與《類篇》依違離合皆由精識，靡不適宜。”

翟氏自序曰：“自南宋以來，集隸字爲書者，皆以韻分。愚以爲六書肇於偏旁，由篆變隸，去繁趨約，非偏旁無以觀其變。洪文惠曰：‘《類篇》之編字也，頗異《説文》，而不竄亂偏旁之舊。’是以篇内部居，式遵乎此。至於所據遺文，爲拓本，爲可信之撫本，手自雙鈎，豪芒必謹，以劉氏《隸韻》、婁氏《字源》以下諸書，皆經傳寫重刊，漸失本真，沿訛襲繆，心所未安爾。金石隸古流傳至今者，視宋裁三之一耳，間有後出，不敵所亡。數十年得溢百種，連綴成篇，尚多罣漏，因此廣益，乃爲厚幸耳。”

君子館甎，道光初苗仙露得之郊野。河間獻王置客舍二十餘區，以待學士，此其一也。 《祀三公山碑》，元初四年。與《隸釋·三公碑》不同。 《裴岑碑》，永和二年八月。《金石圖》云“碑在西塞巴爾庫爾”，諸家皆以作“除西域之庆，立德祠以表萬世”者爲真，而以“庆”作“疢”、“德”作“海”者爲偽。此本正作“疢”作“海”，而其字蒼勁古茂，剥泐處皆出自然。玩其文義，“疢”字爲優；“海”又祠之故趾，較“德”爲切。然則此本爲真，而諸家所錄者反偽也。此碑在城西五十里，地名石人子。_文光案：“庆”即“災”字，予所藏者亦“海”字本。《兩漢金石記》云：“顧文鋗重刻於濟寧者，作‘立海祠’。” 《夏承碑》，建寧三年六月。世所傳者，皆明唐曜摹本。此張復純依宋本重刻者，首題“臧修堂摹本”，視唐本遠甚。 《西狹頌》，自“丞右扶風”以下，小字題名十二行，與頌毘連一石，與他碑題名不同，故篇内仍標“西狹頌”。 《婁壽碑》，錢梅溪雙鈎，華氏《真賞齋》本，桂未谷刻。 熹平石經殘碑，《尚書》、《魯詩》、《儀禮》、《公羊》、《論語》，凡五種，翁覃溪刻於南昌學宮，又梅溪刻本。　《劉熊碑》，翁覃溪據江秋史雙鈎舊本、汪容甫宋拓殘本、巴僬堂雙鈎本合校而成者，葉東卿刻。　凡重文作小"二"字，昉自古款識及石鼓文，然惟兩字相連爲宜。其兩字分屬兩句者，不得依此例矣。如唐《文宣王廟新門記》"歸天下之往曰王，二者應歷[六]以宰物"之類，殊與古法未合。若《石門頌》中"遭元二"，《隸釋》謂元年二年，兼正《後漢書・鄧騭傳》注之誤，其説甚確，非重文也。　《廣韻》"万，十千"，考諸碑及古款識經典，皆無用"万"字者。《玉篇》云"万，俗萬字"是也。　"行理"，行人之官也。"理"，吏也，通李。　"玨"，玉工也，亦姓也。今諸碑之"玨"多是"玉"。《史記》有云"玉帶"，《後漢書》有"玉況"，亦音異而字同。"玉"音"肅"，或以姓作"王"，非兩字也。《類篇》強爲區分，過矣。　桂馥曰："《説文》：'蓺，草木不生也。''蓺'當爲'蓺'，'不生'當爲'才生'。《説文》'才'多誤爲'不'。'菑，才耕田也'，誤爲'不耕'。'暘，才生也'，誤爲'不生'。'蓺'從'埶'，穜也，故訓'才生'。既穜矣，何爲不生乎？"按此説甚確。《説文新修字義》："藝，本只作'埶'，後人加'草'、'云'，義無所取。"謂不應加"云"則是，謂不應加"草"則非。《孔龢碑》作"蓺"，正"埶"之加"艸"者也。　"余"與"餘"通，又借作"斜"。　《張遷碑》"張是"，即張氏，古文"是"爲"氏"。　《婁壽碑》"偟徲"，棲遲也。諸碑"棲遲"字惟此碑得之，諸書及字書多舛誤。　《景北海碑》"陰午"，即"干"字，"干"即"幹"字。諸碑"刊"字，左旁皆作"午"，此"午"即"干"字之證也。《鄭季宣碑》"有直事干四人"，即"直事幹"也，古蓋省"幹"爲"干"。　"卄"即"廿"字，"丰"者，"廿"之變文，作兩"十"字解者，非。　《廣韻》

“冊，《説文》數名”，今《説文》無此字。　《説文》“諡，行之迹也”，今本作“諡”，而“諡”爲笑貌，乃後人專主《字林》笑聲之義而別出之，因改《説文》之“諡”爲“諡”。《玉篇》、《類篇》皆承其誤也。　諸碑“隷”皆作“緣”，無從“隷”者。經典相承作“隷”已久，不可改正，其説與《説文》不同。　古無“仿”字，止作“放”。　《北海相景君銘》“辨秩東衍”，“辨秩”，即《堯典》之“平秩”。“平章”、“平平”亦“辨”之訛。“王道平平”，《史記》作“便便”。徐廣曰：“亦作‘辨’。”　漢碑“脩行”，史訛作“循行”，當以碑爲正。　“巫”，古文“巫”字，碑從“巫”，經典相承用之。又《説文》：“噬，從口，筮聲。”是古自有“筮”字，當爲“巫”之重文，而《説文》佚之耳。　《説文》無“答”字，未詳所始，諸碑作“答”。　《佩觿》云：“蔡中郎以‘豐’同‘豐’。”李陽冰曰：“後人讀《佩觿》者，乃以《劉熊》、《華山》、《夏承》三碑有‘豐’字，皆目爲蔡中郎書，不知蔡書石經而外惟《劉熊》一碑，有《圖經》及王建詩證之，爲可信，餘則無徵。”漢末諸碑有“豐”字者多矣，豈盡出中郎手乎？中郎隷法冠絶當時，一字開先，轉相效仿耳。

　　兄弟之“弟”，即次弟之“弟”，後人別作“第”爲次第，二字區分，至於不可改。　“璿機”，《書》本作“機”。馬注：“以璿爲機，以玉爲衡，蓋貴天象也。”唐石經始因“璿”字從玉，并改“機”爲“璣”，其義難通。諸書凡作“璣”者，皆承其謬也。“橅”即“模”字。　“隨山栞木”，今書皆作“刊”。　“梟”，鳥在木上，俗省作“梟”。“鳧”字作“鳧”，“島”字作“島”，與此同。《北海相景君銘》“鴟梟不鳴”，中間四點分明，與《説文》説合。　“柤”即“查”字。《類篇》分爲二，從木從且，碑變“且”爲“旦”，後人復移木於上而爲“查”。　漢之稱雄氏族者，“楊”與“揚”兩用，《地節買山石刻》“巴州民揚量”，其字從手。 宋本《爾雅》“江南曰楊州”、宋本《史記・夏本紀》“淮海惟楊州”，并從木。《藝文類聚》、《初學記》、《御覽》三引《尚書》、《周官》、《爾雅》，“楊州”字皆從木。《五經文字》以從木者爲非，唐石經遂定從手旁，唯漢碑從木，人不能改，故至今尚存耳。 “櫋而不輟”，漢時作“櫋”，梁以來始有“櫋”字。

犍爲郡，其字從牛，諸碑皆書爲“楗”，自是借用，猶潁川之作“穎川”也。 “財”與“纔”同，“才”爲正字，通用“財”。

“鄉邮”字今作“黨”。 “白石晧晧”，今《詩》作“皓”，據《白石神君碑》“晧晧素質”，足證其訛。《類篇》別出“皓”字，云白皃，非是。 《夏承碑》以“晧天”爲“昊天”，“大晧”即“大皥”。史傳“大昊”，“晧”本亦作“昊”。 諸書從“日”之字多訛從“白”。 《石門頌》“君德明𠃑”，碑內重文五，皆作“𠃑”。 諸碑皆以“種”爲“稑”，以“稱”爲“秤”，以臼爲“臽”。 “公伯寮”，今本作“寮”，羣寮之“寮”。《譙敏碑》作“寮”，它碑作“僚”，是“僚”爲正，“寮”爲通。而《説文》“僚，好皃”，無官僚之義，則“寮”轉爲正，俟考。“不可營以禄”，漢時讀本如此。洪氏見今本作“榮”，并改碑文，誤矣。應邵曰：“爵禄不能營其志。”《易》曰：“不可榮以禄”。應注中“營”、“榮”不宜歧出，蓋傳寫者以今本易作“榮”，遂專於《易》文改爲“榮”也。 《説文》“冣，積也”，音義同“聚”。碑訛以爲“最”。《史記・周本紀》：“齊重，則固有周冣以收齊。”徐廣曰：“一作‘最’。最，亦古之‘聚’字。”《馮唐列傳》“令顔[七]聚代之”，《索隱》曰：“《漢書》作‘最’。”三“最”字本作“冣”，傳寫者妄改爲“最”。《廣韻》“最，俗作‘冣’”，非也。 石經“置其杖而耘耡”，本作“植”，二字古無別。 “䭵”即“飭”字，《類篇》誤以爲“飾”之或文。“昏”爲“昬”之正字，世俗謂避唐太宗諱，始改“昏”爲

"昏"，非是。《野客叢書》辨之詳矣。惟以"昏"爲俗書，則未考《説文》耳。　《孔彪碑》"家"不成字，從之無説。《方言》："家，安静也。"蓋江湖九嶷間有此俗字，揚雄采之以著異書者，因相沿以代"宋"，寂也。　石經多異字，蓋所受不同。　徐本《説文》無"亮"字，唐本曰："明也，從儿，從高省。"是古有"亮"字。　《漢隸拾遺·三公山碑跋》云："'乃来道要'，碑文本作"来"，其首筆作曲形，自右而左，與'来'不同。'来'即'求'字，謂求道之要。《吕刑》'惟貨惟來'，馬融本'來'作'求'。注云：'漢律有受賕之條，即經所云"惟貨"也。又有聽請之條，即經所云"惟求"也。'二者相因，故馬注云云，以兼釋'惟貨'、'惟求'之義。'求'字傳寫作'來'，某氏傳遂訓爲往來之來，失之矣。《隸釋》所載《靈台碑》云：'厥後堯來祖統'，《河龍碑陰》云'来索忠良'，皆本是'求'字，而洪氏不言與'求'同。自宋以降，不復知'來'爲'求'之異文。"按"来"、"求"二字多互訛。《管子·任法篇》"富人用金玉事主而求焉"、《小稱篇》、"以求美名"，今本"求"字皆訛作"來"。《孟子》"然後來見長者乎"、《史記》"來丕豹公孫支於晉"，今本"來"字又訛作"求"。　古以"崇"爲"嵩"，碑又以"嵩"爲"崇"。

　　"角"、"禄"、"緑"、"鹿"四字，古并同音。角里先生，《漢紀》作"禄里"。文光案：今讀角里爲"禄"，骨角爲"甲"，不知古音同也。又以"角"爲"禄"，恐亦是臆改。　"博狼沙"，"狼"與"浪"通。諸碑皆以"竭"爲"渴"。渴，盡也。經典相承用之，而以"渴"爲"澥"字。　《説文》："澥，欲飲也。"　明監本、汲古閣本、今坊本皆作"終焉允臧"，而唐石經、小字本、相臺本、閩本、今國子監石經皆作"終然允臧"。據《白石神君碑》，知漢本同矣。又考《檀弓》"穆公召縣子而問然"，注："然之言焉也。""焉"與"然"，其義同也。　《淮源廟碑》有"准"字，顧氏《金石記》、王氏《野客叢書》皆不引此碑，未爲探本袪疑之論。"准"
字雖漢隸所有，亦止爲俗字，《說文》且有俗字，無論漢隸。二說
但言"準"去十，不言有水，豈不爲"淮"字乎？　《漢書》
"丕"多作"不"，"不"又與"丕"互通，如《書》之"丕顯丕
承"，在《詩》爲"不顯不承"。　《列女傳》"十五而至於學
矣"，用《論語》之文，"志"通用"至"。或曰"志"爲《說
文》新修字，古止作"至"，非是。古自有"志"字，見《汗
簡》。　《楊君碑》，"助官振貧"，今流俗從貝，非也。《說文》
"賑[八]，富也"，與振救、振贍之義無涉。經典無作"賑"者。
"㩻"，係也，後人改爲"戀"。古無"戀"字。　"摻，"即
"操"字。魏了翁曰："魏晉間避曹操諱，改'操'爲'摻'。'摻
執子之袪'，本作'操'，箋注音所覽、所斬二切，謬也。"此說是
矣。但以碑證之，漢時"操"已作"摻"，不自避曹諱始。"攕攕
女手"，今《詩》作"摻"者，以"操"變從"摻"，音與"鐵"
近，遂有讀"摻"如"攕"者，因而致誤。"摻執"之"摻"，音
所覽、所斬二切，其誤亦由是也。　《說文》有"校"字，無
"按"字。　碑以"如"爲"而"，古通用。　"疇"，類也，《說
文》："儔，翳也。""儔"之訓類，於古無所據。　碑以"皇"爲
"黃"，或以"黃"爲"皇"。包犧一號"皇雄氏"，《月令疏》作
"黃熊氏"，是"皇"通用"黃"之證。　《說文》："錢，銚也，
古田器。"《詩》曰："庤乃錢鎛"。後人以爲泉布字，《國語》"景
王將鑄大錢"注"錢，古曰'泉'，後轉曰'錢'"是也。今所見
諸碑，以《地節買山石刻》爲最先，時已有"錢"字。蓋自秦廢
貝而行錢，即書"泉"爲"錢"。古書作"泉"者，多經改易，
惟泉布之文不改，如"貨泉"、"大泉五十"云。《周禮・地官》
"序官[九]泉府"注："故書'泉'或作'錢'。"是《周禮》亦有
經改易者。　《婁壽碑》以"且溺"爲"沮溺"。　"羋"同

"輿"。《類篇》別出"轝"字，專訓昇車，非也。 《衛方碑》以"禕隋"爲"委蛇"。"禕隋在公"，猶《劉熊碑》之"卷舒委隨"、《隸釋·唐扶頌》之"在朝逶隨"也。 《食堂畫象題字》，建康元年八月十九日，前畫象二人，上有飛鳥。道光十三年，魚台馬銕橋星垣得此石於魚台之鳧陽山，移置其家。牟農星云："十九日當是癸未，作'丁未'者，誤也。" 《楊著碑》與《楊震碑》，其石久佚，拓本世不多見。 《樊敏碑》，翁覃谿鈎江秋史重刻本。 《説文》無"齔"字，而"繼"字云從齔，復以《魏元丕碑》及《隸釋·帝堯碑》證之，蓋古有而今佚也。 《三公山神碑》與《祀三公山碑》、《三公山碑》，皆在元氏縣，從來著錄家所未收，吳子苾始訪得之。其字漫漶已甚，隱隱有碑額三行。

　　"孫二娘等題名：'黄初元年三月十九日，孫二娘、李三娘、李十三娘、陳大娘、衛十五娘、衛十娘、吳□娘爲□□造。'王五娘等題名：'黄初元年三月廿六日，王五娘、張十三娘、馮九娘、馮六娘、李十三娘、朱五娘、馬十二娘爲父造。'至正十八年十月二十四日，劉一先、劉和光、劉天文到此同觀。"右二種，張不羣寄雙鈎本，自跋云："魏黄初造象題名二段，不知刻於何處。翁覃谿得前段，刻於《兩漢金石記》。予并得後段，且前段比翁本多數字，是翁所見本，尚在予本後也。"按此本前段視翁本多"李十三"三字及半"母"字，故并錄前段全文。考東晉始有造象，曹魏時無聞，疑此爲造冢記，故不題曰造象也。 "角"古音"禄"，崔倔佺謂"刀下用"音榷，"兩點下用"音鹿，此大謬也。石本作"角"。"角"、"角"爲一字，俗書爲"角"。《佩觿》辨之甚詳。"四老神坐神衸机"，《説文》："机，木也"，"几，踞几也"。此以"機"爲"几"。文光案：四老神坐爲角里先生神坐、綺里季神坐、園公神坐、夏黄公神坐。錢氏《養新錄》記四皓甚詳。 《玉篇》："孃，母也"，"娘，少女之號"。《廣韻》同。世或二字同用，且以"娘"爲"孃"之俗，非是。

　　文光案：《隸篇》一長印篆書“道光十七年五月開雕，十八年六月成”，續、再續前集既成，有詒以金石拓本、鈎本者，因集爲續。又有所得，是爲再續。一長印篆書“五經歲徧齋藏”，俱印於面之左。其右“隸篇”等字，爲許楗所題。余嘗以《字源》、《隸韻》、《分韻》《漢隸分韻》，撰人姓名見於《山帶閣楚詞》附錄。三書對勘，其隸字筆劃殊異，不知何本爲是。此書從拓本之佳者肖形鈎出，喜其足據而又博采諸書，訂其訛謬，視《字源》、《隸韻》詳審多矣。且字數無多，更堪寶重，因録其考證諸説確然不疑者，以爲學古之助，可與金石類互參也。

《繆篆分韻》五卷　補一卷

國朝桂馥撰

　　《詶進齋》本。歸安姚氏重刊。元本刊於乾隆甲辰，板存王葑町太僕處。前有袁枚、盛百二、陳鱣序并自序。未谷篤嗜古銅印，所見日多，因采集秦漢而下官私符印，及宋元諸家之譜，仿《漢隸字源》作《繆篆分韻》，同人助刊，陳仲魚繕寫。登板後，又多得印文，復成補遺五篇。此本卷末一行題云：“二品頂帶、四川分巡川東兵備道、加布政銜姚覲元重校刊。”

　　盛氏序曰：“六書之學失傳，幸有摹印一家尚存饋羊，然漸遠而漸失其真。西漢末，大司空甄豐等定爲六書，其五曰：‘繆篆’，所以摹印也。至光武時，據馬伏波之論，一邑令丞之印文已不勝其舛。後人或更以古文、蝌蚪、大小二篆雜而施之，更無論矣。吾友未谷取漢銅印編成，以補繆篆之缺字，字典確，與《金石韻府》之類雜而不倫者，相去遠矣。”

　　陳氏序曰：“漢人摹印雜參隸法，其尤異者，若‘泉’旁加‘水’，‘國’内從‘王’，不獨‘皋’爲‘四下之羊’，‘伏’作

'外向之犬'也。未谷廣文創爲是書，收羅極博，考據極精。今開雕京師，余爲補摹篆文而校正之，因書其略。"

桂氏曰："刻印宜循印體，變圓而方，分朱布白，屈曲密填，有綢繆之象焉。"又曰："繆篆無專本。丁傳曰：'繆篆如兵符之暗合，非外人所得知。'蓋其慮患也深，絕弊也巧，令天下有不可窺測之意，非綢繆屈曲如九疊文之類。"

《漢印分韻》二卷　《續漢印分韻》二卷

國朝袁日省撰。續集，謝景卿撰

漱藝堂本。前有嘉慶二年謝景卿序、嘉慶八年續集自序。其續集復得五千字，視前集已溢千餘，有一字多至數十，愈見古人變化無方，不拘《說文》矩矱也。未見原印者不錄，剝蝕者亦不錄。

謝氏序曰："繆篆別爲一體，屈曲填密，取糾繆之義，與隸相通，不盡與《說文》合。其損益變化，具有精意；章法配合，渾穆天成，不可思議。宋宣和始作印譜，元明諸家搜羅益富，而按其所譜，未及逐字類聚，排纂成書，間摹形似，或不悉依原印。會安邑宋君并山游粵，出所携袁予山選集《漢印分韻》手稿，歎未曾有。而原本編韻尚多訛舛，官私印參錯互署，暇日悉爲釐訂，命大兒雲生摹錄成帙。香山劉子南隅力任剞劂，而是書之役以竣。"

《說文分韻易知錄》十卷

國朝許巽行撰

葆素堂本。書成於乾隆壬子。光緒丙子元孫許嘉德校刊，有跋；蔡賡沅篆文，有序。是書仿徐氏《說文篆韻譜》、李氏《五音均譜》而作，爲初學設，便於檢字。其所據李譜，爲明天啓七年世裕堂本。是譜一再翻刻，訛誤甚多。徐譜刻於《函海》者，更爲簡略。因取諸本互正之，纂上、下平二卷，上、去、入三卷。重文悉檢出，別爲五卷，系以部首，曰“部首重文”、“部首解義”。巽行，字六葵，號密齋，華亭人，乾隆癸酉拔貢，終知縣。精於《文選》、《説文》、《爾雅》，著述甚富。宗稷臣爲之傳。

《楷法溯原》十四卷　目録一卷

國朝潘存原輯，楊守敬編

原本。光緒三年校刊。前有畢保釐序、凡例二十條、目録。所採古碑六百六十八通，集帖八十二種，依《説文》部目始一終亥，每字下各標碑名，字之大小俱摹原來。初名《今隸篇》，後改今名。

楊氏序曰：“同治乙丑，敬於都門謁潘孺初先生，始爲金石之學。先生故精筆法，敬亦力助搜討。每得一碑，先生爲點其精要，以墨本付敬。因以點出者，仿《隸篇》之例，成爲此書。《晉書・衛恒傳》有‘楷法’之稱，因以爲名。”

楊氏例曰：《字源》、《隸韻》、《隸辨》皆依韻爲次，然偏旁錯雜，不足見八法之變。《隸篇》遵《説文》，今從之。《説文》所無之字，悉附於後。”“隸書起於程邈，此謂分書耳。隸書以從隸得名，故楷亦稱隸書，晉以後始稱楷書。楷法之興，其在魏晉之間。兩晉磚文，二體不分，蓋楷法之權輿矣。”“集帖所載鍾、王楷書，皆唐以後撫拓，無分隸遺意，不足爲據。”“真書非以篆文照之，象形、指事、會意三端皆不易見。鄉鄙俗書，魏齊之間此弊尤甚。”“結構最難之字，尤不厭繁。觀其各出新意，足見書法之變。”“南北朝碑，神情蕭散，至隋乃漸整齊。唐初爲楷法之極軌，開、寶以下日趨圓美，蘇武功、王士則柔媚尤甚。宋元以下，格意愈卑，不能出唐人範圍，故所採至五代而止。”“南北朝造像不可紀數，俗書亦風神超逸，良由去古未遠，故有篆隸意。

惜《訪碑録》所載，近多不傳。”“文泉官京師最久，收録家多供其采擇；又家山東，爲碑碣萃聚之鄉：故《隸篇》所收最博。此書十年艱辛，所得不備，然有名之碑大抵俱在。”“已佚之碑，如《舊館壇》、《啓法寺》、<small>此碑有宋拓本、顧千里鈎本。</small>《化度寺》、《郎官石柱記》、日本題名《麻姑仙壇記》，皆從舊本橅入。”“今之鍾、王書皆轉經橅刻，豈復當日手筆？故集帖之字皆附於後。”“《雁塔聖教序》與《同州聖教序》雖神韻不同，而體格無異。同州的係翻刻，特唐人手高，能自立風骨耳。”“小字《麻姑壇記》的係宋人臨本。”“《玉版十三行》纖弱，不及元宴齋本遠甚。海字本《樂毅論》與緑絹本《樂毅論》，絹本《十三行》與元晏齋《十三行》，結構異趣。”“《宣府尉李君妻賈氏墓誌》，從子文則書於建中二年三月廿三日。碑末一行云：‘後一千三百年，爲劉黄頭所發。’石以道光三年出土，實一千百三年。”

《季直表》，元代始出。王虚舟以《魏志》校之，多不合，頗疑其贗，然書法古雅。鬱岡齋所刻不精，兹從《三希堂》本摹入。

淳化閣本，天籟閣本，快雪堂本，寶晉齋本，餘清齋本，真賞齋本，羣玉堂本，光賢堂本，館本十七帖，澄清堂本，王元美二王帖本，孫慎行元宴齋本，戲鴻堂絹本，契蘭堂本，停雲館本，寶墨軒本，忠義堂本，經訓堂本，滋蕙堂本，餐霞閣本，墨緣堂本，秀餐軒本，渤海藏真本，秋碧堂本，安素軒本，職思堂本。碑目，自漢迄吳越，凡磚文<small>漢君子館磚文，大興劉氏藏十枚，字無同者。</small>四十，造象一百八十四。北朝、唐碑各有體格，一碑又有一碑之體格。有可合用者，有必不容出入者。神而明之，可以兼擅諸家之長。此書之作，欲使學者通書法之變，及其成功，其胸中各自有書，方稱作手。筆筆求肖，字字求合，終門外漢也。

以上小學類篆隸之屬。

倉頡爲古文之祖，史籀爲大篆之祖，李斯爲小篆之祖，程邈爲隸書之祖，劉德昇爲行書之祖，蔡邕爲飛白之祖，張伯英爲草書之祖。以上見張懷瓘《書斷》。庖犧氏獲景龍之瑞，始作龍書。神農氏因上黨羊頭山始生嘉禾八穗，作八穗書，用頒行時令。黃帝史倉頡寫鳥迹爲文作篆書，因卿雲作雲書。少昊金天氏作鸞鳳書，以鳥紀官，文章衣服，取象古文。蝌蚪書不知年代，或云顓頊作。帝高辛氏以人紀事，作仙人形書，車器衣服皆爲之。帝堯因軒轅靈龜負圖作龜書。夏后氏作鐘鼎書。殷湯時仙人務光作倒薤書。周文王時史佚作虎書。有虎不害人，名騶虞，因茲始也。文王赤雀銜書，武王丹烏入室，以二祥瑞，故作鳥書。周法魚書者，因素鱗躍舟所作。填書者，亦周之媒氏作，魏韋誕用題宮闕，王廙、王隱皆好之。大篆，史籀所作，複篆亦史籀所作，漢武帝用題建章闕。殳書者，伯氏所職，文記笏，武記殳，因而制之。小篆周時所作，漢武帝得汾陰鼎，即其文也。仙人篆，古昔所有，李斯善辨古文字，改爲篆形也。麒麟書者，魯西狩獲麟，弟子申爲素王紀瑞所製書。轉宿篆者，宋司馬以熒惑退舍所作，象蓮花未開形也。蟲書者，魯秋胡妻浣蠶所作。傳信鳥迹者，六國時書節爲信，象鳥形也。細篆者，李斯摹寫始皇碑序，皆用此體。小篆者，李斯删古文，始皇以祈禱名山，皆此書。刻符書者，鳥頭雲脚，李斯、趙高并善之，用題印璽。古隸書者，秦程邈獄中變大篆所作，始皇嘉焉，拜侍御史。徒隸之書，因程邈幽囚爲徒隸書也。署書者，漢蕭何所作，用題蒼龍、白虎二闕。藁書者，行草之文也，晉衛瓘、索靖善之。氣候書者，漢文帝時，令司馬長卿採晨禽屈伸之體、升伏之狀，象四時爲書。芝英篆者，六國時各以異體爲符信所製也。芝英書者，漢代有靈芝三種植殿前，遂歌芝房之曲。金錯書者，古之錢銘、周之泉府、漢之銖兩刀布所製也。尚方大篆者，程邈所述。鶴頭書者，與偃波皆詔版所用，漢尺一之簡是也。偃波書，即版書，狀如連文。蚊脚書者，尚詔版也，其字又纖垂下，有似蚊脚。垂露篆者，漢章帝時曹喜作也。懸鍼篆，亦曹喜所作，有似鍼鋒，用題五經篇目。章草書者，漢齊相杜伯度援藁所作，因章帝好焉，韋誕謂之草聖。飛白書者，蔡邕待詔，見門下吏堊帚成字所作。一筆書者，張芝所制，其狀崎嶇有迴圈之狀。八分書者，王次仲所作，魏鍾繇謂之章程書。蛇書者，魯人唐終夢蛇繞身，寤而作之。行書者，正之小僞也，鍾繇謂之行押書。散隷者，衛恒所作，迹同飛白。散爪[一○]書，右軍所作。及行隷者，鍾繇變之，羲、獻好之。體[一一]書，二王重變行隷及藁體所作也。艸書者，王羲之飾古，亦甚善。虎爪書者，王僧虔擬龍爪所作也。鬼書者，宋元嘉中京口有人震死，臂上有篆，似八分書。外國胡書者，何馬鬼魅王之所授，其形似小篆。天竺書者，梵王所作《涅槃經》，所謂“四十二章經”也。花書者，河東山胤[一二]所作。以上韋續五十六種書法。百體中有秦王破冢書、金鵲書、信幡書、飛帛書、籍書、繆篆書、制書、列書、日書、月書、風書、署書、蟲食葉書、胡書、蓬書、楷書、橫書、鐘隷、鼓隷、龍虎篆、鼠篆、牛書、兔書、龍草書、狼書、犬書、雞書、震書、反左書、行押書、槭書、景書、半草書、西域書，有驢脣書、蓮葉書、節分書、大秦書、駃乘書、牸牛書、樹葉書、起屍書、石旋書、覆書、天書、龍書、鳥音書等六十四種。以上見段成式《酉陽雜爼》。回鸞篆，史佚所作。瓔珞篆，後漢劉德昇所作。因夜觀星宿而爲此法，當時儒士并致學。柳葉篆，衛瓘所作。衛氏三世攻書，善隷體，溫故求新，又爲此法，筆勢明勁，莫能得學。芝英篆，漢陳遵所作。昔六國各以異體書潛爲符信，則芝英興焉。秦焚古典，其文煨滅。漢武帝朝有靈芝三本，既歌芝房之曲，又述芝英之書。填篆者，周之媒氏判會男女，則以此書表信往來。及魏明帝使京兆，韋仲將點芳林苑中樓，王廙、王隱皆云字間滿密，故云“填篆”，亦云“芳填書”。至今圖書印記，并用此書。剪刀篆，亦曰金錯書，史游造其極。垂露篆，曹喜所作，以書表章奏事。八分玄妙，一字千金。以上見朱長文《墨池編》。案：夢英篆書十八體、趙文敏三十二體篆尚有傳本，餘多未見。又按《法書要論》：“草聖始自屈原。”《墨藪》：“刻符書，鳥頭雲脚，李斯、趙高并善之，用題印璽。”《金壺記》：“王次仲以楷字法局促，引而伸之，爲八字之分，故號‘八分’。”又云：“蕭何善‘篆籀’，時人謂之蕭籀。”《書斷》：“嚴延年雅工史書，規模趙高，時稱其妙。後以罪棄市。”《書史會要》：“劉向極羣書，尤工字畫。”又云：“孔光經行著修，書法古雅。”《書斷》：“陳遵善篆隸，每書，一坐皆驚，時人謂爲‘陳驚坐’。”又云：“班固大、小篆入能。”《法書要錄》：“許慎尤善小篆。”又云：“魏武帝尤工章草，雄逸絕倫。”《金石錄》：“《大饗碑》，武帝作。”《丹鉛錄》：“操書傳世絕少，惟《賀捷表》元時尚有本。”《賀捷表》爲鍾繇書，《朱子文集》誤作曹操書，升菴未考。《刀劍錄》：“蜀主採金牛山鐵鑄八劍，并是亮書法。”《書苑》：“先主常作三鼎，皆孔明篆隸八分，書極工妙。”《宣和書譜》：“諸葛亮善畫，亦喜作草字。今御府所藏草書一：《遠涉帖》。”《丹鉛總錄》：“涪陵有張飛刁斗銘，其文字甚工，飛所書也。”今傳“立馬書”數十字。班書《列女傳》：“皇甫規妻，不知何氏女。”《書斷》：“扶風馬夫人，大司農皇甫規之妻也，有才學，工隸書。夫人寡，董卓聘以爲妻。夫人不屈，卓殺之。”《法書要錄》：“邕女琰甚賢明，亦工書。”《黃山谷集》：“文姬《胡笳引》，自書十八章，極可觀。”又《古今傳授筆法》：“蔡邕得筆法於神人，傳女文姬。”《能書録》：“鍾繇書有三體：一曰銘石之書，最妙者也；二曰章程書，傳祕書教小學者也；三曰行押書，相聞者也。”袁昂《書評》：“鍾書字十二種，意外殊妙，實亦多奇。”《書斷》：“繇師曹喜、蔡邕、劉德昇，真書絶世，秦漢以來一人而已。”羊欣《筆陣圖》：“繇精思學書，每見萬類皆書象之，善三色書，最妙者八分。”“鍾會善書，有父風，隸、行、草、章草併入妙。”《書史會要》：“孫皓善小篆、飛白。”《書斷》：“皇象章草入神，八分入妙，小篆入能。”此皆學人所當知也。因録古之善篆隸者附於篆隸書之後，自漢以下不及焉。隸有秦隸、漢隸，惟吾丘衍所論最爲簡明切當，見《學古編》。其他異説，不必置辨。

校勘記

〔一〕“汗”，原作“翰”，據宋文瑩《玉壺野史》改。

〔二〕“楷書”，據宋李從周《字通》，此二字當衍。

〔三〕“曹”，當作“豐”。明豐坊著有《書訣》。

〔四〕“訛”，原作“僞”，據《復古編》改。

〔五〕“於”，原作“有”，據《漢隸字源》改。

〔六〕“歷”後原有一“數”字，據《全唐文·文宣王廟新門記》删。

〔七〕“令顔”，原作“令類”，據《史記·馮唐列傳》改。

〔八〕“賬”，原作“賬”，據《説文解字》改。

〔九〕據《周禮》，“序官”二字似衍。

〔一〇〕“散瓜”，據宋朱長文《墨池編》當作“龍爪”。

〔一一〕據上書，“體”字前當有一“八”字。

〔一二〕“胤”，原避清世宗胤禛名諱作“引”。

經部十
小學類六

《凡將篇》一卷

《凡將》久亡，此後人所採輯，寥寥無幾

鈔本。不知何人所録。任大椿輯《小學鈎沉》，光緒十年李氏半畝園重刊本，《倉頡篇》二卷，《三倉》二卷，《凡將篇》一卷，《通俗文》二卷，《埤倉》二卷，《古今字詁》一卷，《聲類》一卷，《雜字解詁》一卷，附《字指》并《音譜》、《纂文》一卷，《纂要》、《文字集略》、《字略》、《廣倉》一卷，《字統》、《韻略》、《證俗音》、《文字指歸》、《切韻》一卷，《字書》二卷，《字體》、《異字苑》、《字類》、《字諟》一卷，《古今字音》、《聲譜》、《證俗文》、《異字音》一卷，共二十二種。前有嘉慶二十二年汪廷珍序，後有《任幼植別傳》。《凡將》如《急就》，皆成韻語，其有似訓詁者，當是注文。記秦皇坑儒，三書不同。記伏生不能正言，則其書在漢後矣。

《急就篇》一卷

漢史游撰

精華樓鈔本。此宋太宗定本。前録《太宗實錄》，間注某本作某，別無音義。所據凡五本：曰碑本，皇象書；曰顏本，顏師古注；曰黃本，黃魯直；曰李本，李仁甫；曰越本，朱文公刊於浙東。書凡三十四章。史游，元帝時爲黃門令，屬少府。是書宋本無聞，顏注原本亦不傳，今行者皆王氏補注之本。前列三十四章，與此本同。

《太宗實錄》："端拱二年七月丙戌，以御書《急就章》藏於祕閣。帝留心字學，先是，下詔求先賢墨蹟，有以鍾繇書《急就章》爲獻，字多蹖駮。上親草書一本，仍刻石分賜近臣。宋惟幹獻《御書急就章賦》，以一軸賜之。"

《急就篇》一卷

漢史游撰

《古逸叢書》本。第二十二，道光十七年日本人所書。

黎氏《叙目》曰："凡三十四章，日本天保八年小島知足所書，字體摹唐石經，工楷雅致，作初學讀本最善。"

《經籍訪古志》："此篇有數本：一、《玉烟堂法帖》所收，僅存三之一，影摹石本極善。一、顏師古注本，凡三十二章，無'齊國'、'山陽'二章。王氏補注附《玉海》後。一、宋太宗定本，凡三十四章。見《玉海》，王氏以爲'齊國'、'山陽'二章蓋後漢人所續也。一、高野大師真蹟本，爲讚州善通寺所藏，凡三十三章，有'齊國'一章，與顏本合。太宗所據亦唐本也。一、皇本，凡三十三章，無'焦滅胡'一章，即吳皇象所書。宋時石刻尤完，《玉海》引以校同異者。學者在今日可觀古史書之善者，僅存此篇。澀江全善刊定本，以傳於世。正文從顏本，又從太宗本錄二章，而以諸本校正之。"

《急就篇注》四卷

唐顏師古注

汲古閣本。前有顏師古序；次列正文，即宋太宗御書之本；

次顏注，分句加注，大書降一格。又采王氏之音，小字雙行書之，而刪其補注。末二章因無顏注，增以王注，題曰"宋王應麟音釋"。末有淳熙十年羅願記、王應麟後序。此本非顏注原本，亦非王氏補注本。明人刻古書，任意變亂，最爲無識。毛子晉以藏書名世，謬陋亦所不免，不可震其名而遂重其本也。是書多古語、古字、古韻，非博採廣注，猝不易明。顏注無音訓，亦多疑義。戴表元因朱子校本重加音注，名曰《急就篇注釋補遺》，蓋補師古之遺也。自序見《剡源集》。其書未見，不知與王注何如也。

顏氏序曰："《急就篇》者，其源出於小學家。師古家傳《蒼雅》，尤精訓故，事非稽考不妄談，説必則古昔，信而有徵。先君_{師古父師魯。}常欲注釋《急就》，雅志未申。舊得皇象、鍾繇、衛夫人、王羲之等所書篇本，備加詳覈，足以審定，凡三十二章，究其真實。又見崔浩及劉芳所注，人心不同，未云善也。遂因暇日爲之解訓，皆據經籍遺文、先遠舊旨，非率愚管斐然妄作。字有難識，隨而音之；別理兼通，亦即并載。可以祛發未寤，矯正前失，庶將來君子裁其衷焉。"

每標章首以字數爲斷者，蓋取其程課學僮、簡牘爲便也，是以前之卒章或與後句相蹋。此篇首顏注兩行，毛氏《津逮》本刪去，不解何故。

《急就篇補注》四卷

宋王應麟撰

《玉海》附刻本。篇首第一行下題"顏氏注"；第二行題"浚儀王應麟伯厚補注"；第三、四行爲顏注，即每標章首一條；五、六、七、八行爲補注；第九行題行書"漢黄門令史游撰"七字，毛本移此行於太宗定本之前，與此不合。此本顏注大書，補注冠以"補曰"，雙行小字書之，所引各冠以"某云"，其餘與毛本同。

予初教童子以毛本，後知其妄刻，且注亦簡略，遂棄之，而取此本。急就者，取其急於成就之義。首言姓氏，凡七章，自“田[一]延年”至“遺失餘”，不必有其人也；次言雜物，自“錦繡”至“醫藥”；終以五官、列侯、地理：皆學童所當知也。

羅氏記曰：“近時，豫章黃太史手校本，時小小箋釋，而顏解本亦自有詳略不同。天水趙公汝誼録至道御書於卷首，且用李公燾所藏顏解本校劉子澄家本寫之，次於御書正文之後，考驗同異，附以黃箋，升注爲大字，以便觀者。自東漢杜度、張芝善藁[二]法，始用以寫此章，號章草。説者因謂草書起於游，蓋不察游作書之意。今篇中所摭《蒼頡》正字，體雖不存，其讀具在，因定著之，以爲前世小書其偶存者如此，學者亦因有啓焉。”文光案：章草議者紛紛，得此可明《急就》與《凡將》、《元尚》、《訓纂》諸篇皆小學家言。《千字文》擬此。

王氏序曰：“《漢志》小學十家，僅存者，《急就篇》耳。隋、唐《志》始謂《急就章》。崔浩寫以百數；劉蘭入小學書之；李鉉九歲入學，書之月餘，即通；李繪六歲即通此章：是以其學至唐猶傳。顏師古祖之推，嘗爲之注，淵源有自來矣。迺因顏注補其遺闕，實事求是，不敢以臆説參焉。疑者闕之，以俟後之君子。”

《急就篇注》一卷

國朝陳本禮撰

冰壺秋月山房本。前有嘉慶壬申自序，後有《姓氏考源》。凡姓名八章；諸物十八章；五官六章；續二章，即“齊國”、“山陽”也：共三十四章。注中凡書“御”者，宋太宗御書本也；碑者，皇象本也；顏者，師古本也；黃者，魯直本也；李者，仁甫本也；越者，朱子本也。各本皆有訛誤，取其義長者録之。

陳氏自叙曰：“史稱元帝多疾，政委宦豎，故弘[三]恭、石顯等得以擅寵作威。時游同仕黃門，目睹其姦，從諫不能，故憤著

斯篇，亦猶‘家父作誦，以究王詔’之義。傳稱游勤心納忠，蓋
指此也。是篇不但諷帝法祖求賢，而先秦遺老亦賴以傳。中述民
間疾苦，至疾病、醫藥諸章，尤爲剴切。篇末大書皋陶法律等語，
皆明刺當時。惜從來以爲教小學書，瞽人入武庫，烏知法物哉！”

文光案：此序前人所未發，箋注亦多明此意。

《原本玉篇》四卷

隋[四]顧野王撰

影鈔卷子本。《古逸叢書》之十一。此真顧黃門之原帙，未經
唐人增加、宋代廣益，已佚千三百年而幸存者。其字之序多依
《説文》，《説文》所無者附之於後。其注多於今本者十倍，與自序
所云“總會校讎，足備訓詁”者合。所載義訓皆博引經傳，自下
己意則加“野王按”三字，與重修之本迥然不同。謹案：《天祿琳
琅書目》所著《大廣益會玉篇》，即曹氏棟亭、張氏澤存堂繙刻之
宋本。朱竹垞云“釋慧力撰《象文》，道士趙利正撰《解疑》，至
宋陳彭年、吳鋭、邱雍輩又重修之，於是廣益者衆，而《玉篇》
又非顧氏之舊者”是也。然宋本所謂廣益，於正文大有所增，於
注文大有所刪，故今本注文甚簡，而正文之次第亦亂，使人迷盲
臆度非一日矣。此本雖爲殘帙，而依部尋檢，得以考正文之先後，
詳注文之引證，豈非千載快事哉！其他詳於諸跋。

黎氏《叙目》曰：“放部卷末有‘馬道’二字，馬道在大和
國奈良興福寺旁，古有學校，當是出於此學所藏也。”

《經籍訪古志》：“此本遠在唐孫强增字已前，野王按語與慧琳
《經音》、《弘决外典鈔》等所引合，非宋本所可比肩也。”

右《玉篇》卷子本四卷，其第十八之後，分從柏木所藏原本，
用西法影照刻之，毫髮不爽，餘俱以傳寫入本。木刻成後，日本
印刷局長借得西京高山寺系部前半卷，以影照法刻之，乃又據以

重鐫，而系部方爲完璧。柏木本最爲奇古，餘三卷不相先後，然皆千年以上物也。按《玉篇》經蕭愷等删改行世，唐有孫强增加之本，又有《玉篇抄》十三卷，是增損顧書，唐代已有數家。然就此四卷校之，其爲原本無疑。楊守敬記。

此本僅存十之一，然今本所增之字皆可因此校出。卷末有梵字及訓釋數行，朱氏所云《象文》、《解疑》二書，當别自爲本，不與顧書相混。

《玉篇》三十卷

梁顧野王撰

澤存堂本。張士俊重刊宋本。每葉二十行，每行大字二十字，小字二十七字，題曰“大廣益會玉篇”。前有朱彝尊序，次顧野王序并目録，與書相連。篇分上、中、下，每十卷一總目，又有各卷分目，凡五百四十二部。舊十五萬八千六百四十一言，唐孫强增加五萬一千一百二十九言，新舊總二十萬九千七百七十言，注四十萬七千五百又三十字。卷末附沙門神珙《五音聲論》及《四聲五音九弄反紐圖》，爲言等韻者所祖。戴東原《聲韻考》力辨反切始魏孫炎，不始神珙，其説良是。神珙在唐元和以後。《玉篇》字多於《説文》，《類篇》又多於《玉篇》，三書皆始“一”終“亥”。梅氏《字彙》、張氏《正字通》所立部屬，分其所不當分，合其所必不可合，而小學放絶焉。張本、曹本、明内府本皆重修之本，張刻誤稱上元本，而拙於作僞。

張氏跋曰：“毛丈扆所購宋本，精核無缺畫，因延王君爲玉繕録。授梓始於康熙癸未，越一年而竣。吴郡查山六浮閣主人識。”

朱氏序曰：“自《凡將》、《元尚》、《謗喜》諸篇均失其傳，而《爰歷》、《博學》爲閭里書師所合，入之《倉頡篇》中。許慎據以撰《説文解字》。顧氏《玉篇》本諸《説文》，稍有升降損益。迨唐上元之末，處士孫强稍增多其字。既而釋慧力撰《象文》，道士趙利正撰《解疑》，至宋又重修之，於是廣益者衆，非顧氏之舊矣。予借宋刊上元本於毛氏汲古閣，張子請開雕焉。旁稽曲證，逾年而成。"

陸友《研北雜誌》云："《玉篇》惟越本最善，末題'會稽吳氏三一孃寫'，楷法殊精。"

《俗書證誤》一卷

隋顏愍楚撰

味腴山館本。同治甲戌年刊《字學三書》之一。

傅雲龍跋曰："坊本沿《説郛》作'宋顏愍楚'，誤。隋、唐兩《志》載愍楚《證俗音略》一卷，即其通小學之一證。《家廟碑》："愍楚，之推子，直隋内史省。"又見《唐書·朱粲傳》，其爲隋人無疑。

《存古正字序》曰："正書之變三，俗書之變二。正書者何？倉頡所造也。後世謂之古文別出者，謂之古文奇字。周宣王時變爲大篆，秦始皇時變爲小篆。古文，大、小篆，三體略有改更，實不相遠也，故於六書之義無差殊。俗書者何？隸書也。秦時取便官府吏文，自後公私通行，而古初造字之義浸泯。隸變而楷，則惟姿媚悦目是尚，豈復知有六書之義哉？六書之義不明，則五經之文亦晦。何也？五經之文，古人之言，古言而書以今字，字既非古，則其訓詁名義何從而通？苟欲廢俗書復古篆，勢固不可，惟於世俗通行之字，正其點畫之訛謬、偏旁之淆亂，則雖今字而不失古義。金陵李君仲和父精究字學，所輯《稽古韻》深契余心。其孫桓存《古正字》一編，又因《稽古韻》而約之者也，其有功於字學大矣。仲和諱旬金，宋淳祐庚戌進士出身，官至承直郎、淮西節制司屬官。"録於《吳文正公集》。此序可證俗書之誤，故連類及之。

《干禄字書》一卷

　　唐顔元孫撰

　　《字學三書》之一。同治十三年傅雲龍校刊，有跋。前有提要、顏元孫序，末錄《說郛》一則，紹興重刊定本句詠記一則，《金石萃編》一則，劉喜海《金石苑》一則。劉壎《水雲村泯稿》有跋，此本未錄。是書石刻凡三本：一爲顏真卿真卿爲元孫之從子，詳《家廟碑》。《說文繫傳》誤以爲從孫。所書，在魯公祠。一爲楊漢公所摹，在墨妙亭。此二刻皆潮州本。《提要》以楊漢公所摹者在蜀中，誤。一爲宇文時中知潼川時所刻，所謂蜀本也。鄭元慶《湖録》以宇文所摹者在湖州，亦誤。王氏《萃編》記之最詳。句詠記之，光所藏石本，前半缺，後有句詠記，而句詠之名亦誤。南宋初有刻本。今所傳者，寶祐丁巳陳蘭孫刊本。今又有馬曰璐重刊宋本，謬誤不一。宋婁機《廣干禄字書》五卷，見《文淵閣書目》。

　　段氏書後曰：“湖本久亡，予得潼川本讀之，殘缺不完。得胡侍郎高望所鐫板本，急以相校，補石本之缺。又知石本、板本各有得失，板本內有脫去者，有倒植者，皆由後人不考《說文》字體及經典所用，妄以通且俗者爲正，任意顛倒，殊失顏氏之意也。其訛字、衍字，石本可證，然石本訛字、衍字、脫字、倒植字亦非一。據《集古録》，歐陽已未見善本，宇文據轉摹訛亂之本，誤以爲善，刻之潼川，宜其刺謬多端，非撰者之咎，亦非書者之咎也。朝議之撰此書，辨別俗、通、正三體，則《五經文字》、《九經字樣》之先聲也。字有相亂，因而附焉，則《佩觿》之始基也。其正字既皆合古，則其通字、俗字，學者流覽，亦可以知古今遷移之故、今時俗字與唐時俗字之有不同，而爲校定古書之一助。‘聲’，唐俗從‘殸’，相沿至宋。楊用修論《史記》必有‘嘯歌’

等字者，乃爲古文，而不知其唐之俗字也。今世‘蠶’之俗作‘蚕’，考之此書，則唐俗作‘蝅’，而後又省也。舉此可以觀遷移之故矣。顧其言字形、字義時，分別不雅馴。如‘羇、羈’云‘上羇勒，下羈旅’，而不知‘羇’之義演之爲羇旅，古無‘羈’字也。‘屯、乇’云‘上屯厄，下乇聚’，而不知‘屯’，難也，與‘聚’義相近，古無異字，‘屯’、‘乇’又皆非正體，《佩觿》實沿其誤。‘弦、絃’，‘上弓弦，下琴絃’，而古無‘絃’字也。‘否、否’云‘可否字，與否泰字不同’，而六書絶無是説。‘否’字不見古籍，不知何據也。‘仚、企’云‘上高舉皃，下企望’，不知‘仚’字本無高舉之義。鮑氏《書勢》摘用《景福殿賦》‘島企山峙’句，隸體或寫‘止’作‘山’，淺者讀爲許延反，而《廣韻》‘仚’字下輕舉一義踵其誤也。其他不協者尚多。然學者誠志乎治經，由此書拾級而上，搜張氏、唐氏之書，進而求諸《説文》，庶由文以得其辭，由辭以得其義，而經可漸治矣。校畢爲定本，將刻諸石，繼魯公之墨妙云。”録於《經韻樓集》。

　　文光案：段氏所校最爲精細，而傳本不録此序，或未之見耶？今以石本校傳本，其訛脱有出於段校之外者，不但注文有脱，正文亦脱。傳本爲翰苑分書之本，當時亦無有議其失者。暇日將取《説文解字》、《五經文字》、《九經字樣》、《佩觿》與段氏所校之字互證之，因録段序之大略如右。讀書當字字讀之，尤當分析其點畫讀之，非此則《説文》之門無自而入，將終身無識字之日矣。今且求一字之知，即其已知之字而益窮之，以求至乎其極，用力之久，忽然貫通，而經可治矣。此亦格物之一道也。格物之説，議者紛紛，似無一定之説。其説備見於胡氏《大學翼真》。然無論何事何物，皆有貫通之一途，如以一字貫串十三經，以至字字貫串十三經，王氏《經義述聞》是其明證。亦可謂善讀書者矣。然非真積力久，不能臻斯境也。若夫始終本末，一以貫之，則惟聖人爲能，豈可責之下學乎？

武氏曰："魯公臨書亦有訛舛，證之《說文繫傳》云：'此書'釐'字改'末'爲'牙'，'冕'字轉'冂'爲'向'。'鄰'，正體也，而謂之訛；'隣'，俗謬也，反謂之正：益爲病矣。'"錄於《授堂金石三跋》。

文光案：王氏《金石萃編》、劉氏《金石苑》皆錄《干禄字書》全文，可與傳本互相證也。

《五經文字》三卷

唐張參撰

《正誼齋》本。嘉慶癸未高郵孫氏重編，汪氏刻入叢書。前有序例。是書先書於壁，次板於牆，後勒於石。諸家皆云是書有拓本，無刻本。朱竹垞云："《五經文字》獨無雕本，是一闕事。"余所見舊刻大字本，末題："乾符三年孫《毛詩》博士自牧以家本重校勘定，七月十八日書。"又一行云："刻字人魚宗會，金石文字記，孫自牧所刻。"其字別體，與朱梁所刻相類，而本文不然，當是開成中所刻。其中有磨改數字者，意自牧所爲也。據顧氏之說，則自牧所刻非原本矣。《冊府元龜》載，周顯德二年，田敏獻印板書《五經文字》、《九經字樣》各二部，一百三十策。此本雖不知何如，但自宋以來實有印板，惟傳本絕少，故學者罕言。予所藏拓本，前有張參序例，每卷目前有"國子學"三字，此西安府學刻，隨石壁九經而行者。又見舊板本，從自牧石本翻出者，末有自牧題，亦不知何人所刻。是書成於大曆十一年，以《說文》、《字林》兼採漢石經著爲定體，凡一百六十部，三千二百三十五字。今本皆與《九經字樣》并行。

張氏自序曰："《說文》不備者，求之《字林》。古體難明者，以石經爲助。石經所存者寡，通以經典及《釋文》，相承隸省，引而伸之，不敢專也。非經典文義不録，以明爲經不爲字也。猶慮歲月滋久，失其本真，乃命孝廉生顔傳經[五]收集疑文互體、受法師儒，以爲定例，分爲三卷。”

劉氏記曰：“大曆中，張參始詳定五經，書於論堂東西廂之壁。辨齊魯之音，取其宜；考古今之文，取其正。由是諸生之師心曲學、偏聽臆説，咸束而歸於大同。積六十載，崩剥汙巇，涗[六]然不鮮。今天子尚文章，尊典籍，國學上言，遽賜千萬。時祭酒皥、博士公肅，遂以羨贏再新壁書。懲前土塗，不克以壽，乃折堅木負堛而比之。其製如板牘而高廣，其平如粉澤而絜滑，背施陰關，使衆如一，附離之際，無迹可尋。堂皇靚深，兩廡[七]相照，申命國子能通法書者，分章揆日，懸其業而繕寫焉。”文光案：劉禹錫所記爲木板，非參所自書。齊皥，新、舊史無傳。韋公肅，新書有傳。

《鶴林玉露》：“唐張參爲國子司業，手寫九經，每言讀書不如寫書。高宗以萬乘之尊，萬幾之繁，乃亦親洒宸翰，遍寫九經，雲章爛然，終始如一日，古帝王所未有也。”

李肇曰：“張參爲國子司業，年老，常手寫九經，以爲讀書不如寫書。文光案：參所書石，其本不傳。禹錫所記木板，乃國子生所書，今本不知誰書。《通鑑》注：“大曆中，張參爲司業，定五經，書於論堂東西廂之壁。”朱《考》：“論堂爲廈屋，非講堂也。參大曆年爲司業，自序有‘十年’句，後人於‘十年’上妄增‘貞觀’二字，遂疑不能決。陳思《藝苑菁華》載參序，無此二字。後有‘大曆十一年六月七日國子司業張參序’一十六字，讀之，積疑始釋，可知碑洞石本非唐人之著矣。”

文光案：《五經文字》有馬曰璐本，從宋拓石經中寫出，雕板於家塾，有改易，有脱字。萬氏《羣書辨疑》不知壁書三易，歲月定差，遂謂大曆之刻直齋無據，予故不取其説。因辨疑而又生疑，其書大抵如是。

《九經字樣》一卷

唐唐玄度撰

曲阜本。前有戴震序。

戴氏序曰：“唐開成二年，國子監九經石壁成，翰林勒字官唐玄度復拾補參所略，爲《九經字樣》。二書即刻石經之後。今石刻具存，字多損缺，末有庸妄人補字。乾隆戊子冬，曲阜孔君體生謂拓本不能家有，其書遂雕印成帙，詳加考正，別自爲卷附焉。自宋以來，小學不講，田敏所獻之本，在印板書甫創之初，而絕不傳聞，蓋此學廢棄久矣。孔君是本，覈訂精審，不徒有功小學而已。治經之儒先欲識字，其必以此書始。”

文光案：是書屢經翻刻，舛譌甚多。孔氏本校正最精，亦未必盡復原書。予所藏有汪氏本。汪君紹成，揚州人，績學士也。鮑氏所刻《六經》及《太平御覽》等書，皆汪氏所校。抄胥刻工日集於庭，刻《小學三書》，此其一種，近亦稱善，然不如孔本之精也。

洪邁曰：“唐貞觀中，魏徵、虞世南、顏師古繼爲祕書監，請募天下書，選五品以上子孫工書者爲書手繕寫。予家有舊監本《周禮》，其末云：‘大周廣順三年癸丑五月，雕造九經書畢，前鄉貢三禮郭嶸書。’列宰相李穀、范質，判監田敏等於後。《經典釋文》末云：‘顯德六年己未三月，太廟室長朱延熙書。’宰相范質、王溥如前，而田敏以工部尚書爲詳勘官。此書字畫端嚴有楷法，更無舛誤。《舊五代史》：‘漢隱帝時，國子監奏《周禮》、《儀禮》、《公羊》、《穀梁》四經未有印板，欲集學官考校雕造。從之。’正尚武之時，而能如是，蓋至此年而成也。成都石本諸經，《毛詩》、《儀禮》、《禮記》皆祕書省祕書郎張紹文書；《周禮》者，祕書省校書郎孫朋古書；《周易》者，國子博士孫逢吉書；

《尚書》者，校書郎周德政書；《爾雅》者，簡州平泉令張德昭書。題云‘廣政十四年’，蓋孟昶時所鐫，其字體亦皆精謹。兩者并用士人筆札，猶有貞觀遺風，故不庸俗，可以傳遠。唯三《傳》至皇祐元年方畢工，殊不逮前。紹興中，分命兩淮、江東轉運司刻三史板。其兩《漢書》內欽宗諱，并小書四字，曰‘淵聖御名’，或徑〔八〕易爲‘威’字，而他廟諱皆只缺畫，愚而自用，爲可笑也。蜀三《傳》後，列知益州、樞密直學士、右諫議大夫田況銜，大書爲三行，而轉運使、直史館曹穎叔，提點刑獄、屯田員外郎孫長卿，各細字一行，又差低於況。今雖執政作牧、監司，亦與之雁行也。”

文光案：此條當與金石類《石經考》參看。萬氏《石經考》所記蜀石經大略相同，惟無《儀禮》，孫朋古作“朋吉”，周德政作“德真”，疑洪氏本有誤。又《左氏傳》不題書人，《論語》張德鈞書，皆洪氏所未及。萬氏所據者爲晁公武《讀書志》。晁氏不及《儀禮》、《爾雅》，不知何故。洪氏題“蜀九經”，以數計之，只得七經，若合三《傳》計之，又爲十經。晁氏所記凡七經，云‘皆刻於廣政’。洪氏以爲未畢工。晁、洪兩家皆宋人，而所記不同如此，豈各據所見者言歟？

《五經文字》三卷

唐張參撰

石本。前有大曆十一年六月七日司業張參自序。序內有注。此本內有剝落缺字，後附《九經字樣》。

序曰：“十年夏六月，有司以職事之病上言其狀，詔國子儒官勘校經本送尚書省。參幸承詔旨，得與二三儒者分經鈎考，互發字義。經典之文六十餘萬，字帶或體，若“鼏”、“冪”同物，《禮經》相舛；“蔦”、“蓬”同姓，《春秋》互出；“詁”、“故”同義，《詩》題交錯之類。音非一讀，歲月滋久，失其本真。乃命孝廉生顏傳經收集疑文互體、受法師儒，以爲定例。凡一百六十部，三千二百三十五字，分爲三卷。《説文》體包古今，先得六書之要。若古文作“明”，篆文作“朙”；古文作“坐”，篆文作“坙”之類：古體經典通行，不必改而從篆。有不備者求之《字林》。若“桃褋”、“逍遥”之類，《説文》漏略，今得之於《字林》。其或古體難明，則以石經爲助。若“宜”變爲“宜”，“晉”變爲“晉”之類。《説文》“宜”、“晉”人所難識，則以石經遺文“宜”與“晉”代之。石經湮没，所存者寡，通以經典及《釋文》相承隸省，引而伸之，不敢專也。若“壽”變爲“壽”，“桌”爲“栗”之類，石經湮没，經典及《釋文》相承作耳。近代字樣多依四聲，傳寫之後，偏傍漸失。今採《説文》、《字林》諸部，以類相從，務於易了，不必舊次。非經典文義，所在不録，以明爲經，不爲字也。”案：目録，卷上自木至鹵，凡三十六部，一百九十二字，重文六。卷中自廿至夭，凡五十八部，二百二十一字，重文三。卷下自水至爨，凡六十六部，一百五十字，重文十。統共五百六十三字。

文光案：此本末有“乾符三年孫《毛詩》博士自牧以家本[九]重校勘定，七月十八日書”，凡三行。又一行題“刻字人魚宗會”六字。

《新加九經字樣》一卷

唐唐玄度撰

石本。前有國子監王友等奏狀：“大和七年十二月五日勅，覆定九經字體。今所詳覆，悉依《五經文字》爲準，刊削有成，請附於《九經字樣》之末，用證紕誤者。”次開成二年八月十二日，中書門下牒一通，末列陳夷行等六人銜名。次玄度序：“撰成《新加九經字樣》一卷，凡七十六部，四百二十一字，重文一百三十五。”

《類篇》四十五卷

宋司馬光撰

《棟亭五種》本。曹氏校刊，前有序，後有跋。《類篇》凡五百四十三部，補《集韻》所遺，然不適於用。

序曰："今夫字書之於天下，可以爲多矣。然而從其有聲也，而待之以《集韻》，天下之字以聲相從者，無不得也；從其有形也，而待之以《類篇》，天下之字以形相從者，無不得也。既已盡之，以其聲矣，而又究之以其形，而字書之變曲盡。蓋景祐中，諸儒始受詔爲《集韻》之書。既而以爲有形存而聲亡者，不可得於《集韻》，於是又詔爲《類篇》。凡受詔累年而後成。《類篇》以《説文》爲本，而例有九，凡十四篇。目錄一篇，每篇分上、中、下，總四十九卷。文三萬一千三百一十九，重音二萬一千八百四十六。具於後云。"宋官本序。

寶祐二年，丁度等奏，以《集韻》添字既多，與《玉篇》不協，乞將新韻添入，別爲《類篇》，與《集韻》相副施行。於是王洙奉詔修纂。洙卒，胡宿代之，與掌禹錫、張次立同校。宿遷，范鎮代之。鎮出，司馬光代之。時已成書，繕寫未畢，至治平四年十二月上之。宋官本書後。

> 文光案：書後所説《類篇》，不出一人之手，溫公特繕寫奏進，非撰書人也。舊題溫公撰，未是。《山西通志》備列溫公所著書，而不及《類篇》，誠有見矣。

《字通》一卷

宋李從周撰

《知不足齋》本。此汲古閣影宋本。乾隆辛丑黃氏錄自四庫館，鮑氏刻入叢書。前有嘉定癸酉魏了翁序，後有寶祐甲寅離國虞兟刊書跋，又黃戊跋。此書之例最爲猥雜，其可指摘者不一而足，吾未暇悉數也。《道園類稿》有《字通跋》，惜鮑氏未刻入。

序曰：“字而有隸，蓋已降矣。每降而輒下，不可不推本之也。此編依世俗筆勢，質之以《説文解字》作楷隸者，於此而推之，思過半矣。名之曰《字通》。彭山李從周。”

總八十九部，六百又一文，蓋字書之大略也。其他則張謙中《復古編》最詳矣。或有字本如此而轉借他用，乃別爲新字，以行於世，《復古編》及《字通》尚未及，略具如左文。

> 文光案：此不知爲何人所記。後附八十二字，《簡明目録》所謂“後人竄入，僻不可行”者是也。

鶴山序略曰：“古之教必由小學，將以參稽象類，涵養本初，爲格物求仁之本。此如兵法，遠交近攻，具有次第，其在學者，孰非當知？而後世師友道缺，高者騖於上達，卑者安於小成，於是禮、樂、射、御、書、數咸失其傳焉。乃有以書學名者，則僅出於一伎一能之士，而他無所進也。予病此已久。一日，李肩吾以一編示予，大較取俗之所易諭而不察焉者，以點畫偏旁粹類爲目，而質以古文，名曰《字通》。凡予所病於俗者，皆已開卷了然。肩吾，蓋博觀歷覽而能返諸義理之歸者也。往滯於偏旁訓故而不知進於大學之歸，故非徇末以流於藝，則必曲學以誤其身。且近世博通古文，宜莫如夏文莊，以會意一體貫通六書；王文公亦自謂有得於今文矣：迨其所行，俱不若未知書者，遂使世以書爲不足學。此豈書之罪耶？范忠文、司馬文正《類篇》之作，比音釋字，其明於五音之輕重、八體之後先，視夏若王，殆若過之，而學術行誼爲世標表，蓋二老由下學而充之者也。夏若王則翫文字、滯佔畢以終其身焉耳。肩吾其必有擇於斯矣。”

> 文光案：肩吾從游於了翁之門，故爲之作序。虞耪，道園之從祖父也，爲魏公婿，與肩吾友善。

黃氏跋曰：“《字通》所引《説文》注有與今本小異者，如

'兹從艸，兹省聲'，今《説文》乃作'絲省聲'。"

《六書故》三十三卷　《通釋》一卷

宋戴侗撰

錦州李氏本。乾隆四十九年李鼎元手抄宋本重刊。前有延祐庚申古汴趙鳳儀序、戴侗序、李鼎元序、目録。凡分九部：一曰數，一二之類，一卷；二曰天文，日月之類，二卷；三曰地理，山水之類，四卷；四曰人，手口之類，九卷；五曰動物，鳥蟲之類，四卷；六曰植物，禾竹之類，四卷；七曰工事，瓦刀之類，七卷；八曰雜，中丗之類，一卷；九曰疑，王后之類，一卷。書之細目凡四百七十有九，其百八十八爲文，四十五爲疑文。文，母也，皆大書。其二百四十五爲字。字，子也，皆細書。目録後有《通釋》一卷，不在卷内。

趙氏序曰："戴公因許氏遺文釐其舛忒，第其部居，使以羣訓羣，經、子、史、百家之書莫不爰據，示有徵也。父以聯子，子以聯孫，若網在綱，瞭然如示諸掌。噫！亦勤矣。公之父蒙從學於武夷，兄仔舉郡孝廉，父子昆弟，自爲師友。是書之成，淵源有自。延祐戊午，予來領郡，命其孫奎出諸家藏。予既錄四書與郡志，明年捐俸廩以倡刻而庋諸閣。"

戴氏自序曰："侗也聞諸先人曰：學莫大於格物，格物之方，取數多者，書也。書雖多，總其實，六書而已。六書既通，參伍以變，觸類而長，極文字之變，不能逃焉。爰據舊聞，輯成三十三卷，《通釋》一卷。"

李氏序曰："《姓氏譜》：'戴侗，字仲達，永嘉人。淳祐登進士第，由國子監簿守台州。德祐初，由祕書郎遷軍器少監。辭疾不起。'是書大旨以六書明字義，謂字義明則貫通羣籍，理[一〇]無不明。其部盡變《説文》之部分。其論假借之義，謂昔人以

‘令’、‘長’爲假借，不知二字皆從本義而生，非由外假。若‘韋’本爲韋背，借爲韋革之‘韋’；‘豆’本爲俎豆，借爲豆麥之‘豆’。凡義無所因，特借其聲者，然後謂之假借。説最詳辯。明嶺南張萱曾刻於滸墅，後板歸嶺南，流傳甚少。予在翰林職司校理，見宋刻原本，手自抄録，選工重刻。”

論諧聲曰：“木之形可象也，而其別若松、若柏者，不可悉象，故借‘公’以諧‘松’之聲，借‘白’以諧‘柏’之聲；水之形可象也，而其別若江、若河者，不可象，故借‘工’以諧‘江’之聲，借‘可’以諧‘河’之聲：所謂諧聲也。文字之用，莫博於諧聲。”“凡六書皆以形人聲而已矣。有聲而有形者象其形，有聲而有事者指其事，有聲而有意者會其意。形不可象，事不可指，意不可會，則各因其類而諧之，故諧聲多而義可知；并與其類而莫之從，則直假借以足之，故假借多而義難求。”

許氏之書，不以衆辨異，故其部居骰；不以宗統同，故其本末離。 《説文》有遺逸重複，徐氏兄弟不能補正。 《説文》所載籕文，率多增益點畫，失文字之本，殆後人傅會託於史籕之爲也。予無取焉。

凡字有從多而省者，趨於巧便；從省而多者，趨於巧繆也。鍾鼎之文多巧，符璽之文多繆。鍾鼎之文，予所取證者不少，然不盡信者，以其人自爲巧也。 凡文有自省而繁者，一之生二、三、三，口之生叩、品、𠻖是也。有自繁而省者，水之爲川、爲《、爲〈，蟲之爲蚰、爲虫，骨之爲冑、爲呂、爲卢是也。 六書推類而用之，其義最精。“昏”本爲日之昏。心目之昏，猶日之昏也，或加“心”與“目”焉。嫁取者，必以昏，故謂之昏，或加“女”焉。 注疏益繁，經義益晦，不知六書故也。

　　文光案：是書論轉注曰：“側山爲㠯，反人爲匕，反欠爲旡，反子爲𠬛。”猶是反轉之説，與《説文》“考，老也，老，考也，互相爲注”之義異。又《通釋》中言：“馬、楊皆好奇字，不適於用，吾不取也。”而是書注文多用小篆，雖非奇字，然亦不適於用。又云：“籀文多傅會，鍾鼎之文多巧繆，吾不盡信。”然所取籀文、鍾鼎文亦甚不少，實不解其何故。吾衍譏其字多杜撰，良有以也。總之不適於用。

《龍龕手鑑》四卷

遼釋行均撰

《正誼齋》本。汪紹成校刊。前有統和十年沙門智光序，後附《五音圖式》。此本爲影抄遼刻，與晁《志》合。沈括《夢溪筆談》云：“熙寧中，有人自契丹得此本，入傅欽之家，蒲傳正取以刻板。契丹書禁最嚴，傳入別國者，法皆死。”是書雖採佛書，頗多俗字，然遼之遺編僅得此書，則亦未可廢也。

《潛研堂集》：“六書之學，莫善於《説文》。始‘一’終‘亥’之部，自《字林》、《玉篇》以至《類篇》，莫之改也。自沙門行均以意分部，依四聲爲次，平聲九十七部，上聲六十部，去聲二十六部，入聲五十九部，始‘金’終‘不’，以雜部殿焉。每部又以四聲次之，計二萬六千四百三十餘字。其中‘文’、‘攴’不分，‘曰’、‘曰’莫辨；‘㞢’、‘㞢’入於山部，‘鬭’、‘鬧’入於門部，‘糞’、‘𥝩’入於米部，‘瓢’、‘𤓰’入於爪部。以‘几’爲部首，而讀武平反；以‘二’爲部首，而讀徒兮反；以‘㐄’爲部首，而讀居凌反。‘滴’音商，而又音都歷反，則混‘商’於‘商’；‘鑴’音子泉反，而又音户圭反，則混‘寯’於‘雋’。‘䇂’則多、辛複出，‘弔’則弓、雜兩收。‘㐅’、‘歪’、‘甭’、‘孬’，本[一]里俗之妄談；‘䎶’、‘恖’、‘㞢’、‘𣥒’，悉魚豕之訛字。而皆繁徵博引，汙我簡編，指事[一二]形聲之法，掃地盡矣。”

《養新録》：“予所見者影宋抄本，統和十五年，即宋太宗至道三年也。書中‘完’字缺末筆，知是南宋所抄。晁氏、馬氏俱云《龍龕手鏡》，今改‘鏡’爲‘鑑’，蓋宋人避諱嫌名，如石鏡縣改曰石照矣。注中所引有《舊藏》、《新藏》、《隨文》、《隨函》、《江西隨函》、《西川隨函》諸名，又引《應法師音》、《郭迻音》、《琳法師説》。予考《宋志》，有可洪《藏經音義隨函》三十卷，未知其《江西》與《西川》也。”

　　文光案：是書本不足録，特以其爲遼代之書，姑存之以廣見聞，實亦好奇之過也。

《字孿》四卷　附《篆體辨誤》一卷

明葉秉敬撰

　　明本。天啓丁卯錢塘潘之淇、之淙校刊。前有方應祥序、凡例、目録。《辨誤》有寇天序。是書皆四言韻語，便於初學誦讀。字旁有音，大意以篆釋楷，不背時尚，蓋即本知末、因流溯源之意也。若夫形雖近似，義實懸殊，如雙生之子，眉目膚髮，了無差別，非其母，誰與識之？命名“字孿”，意義深矣。六書不逾子母相生，能察子母相生之微，字莫遁形矣。合刻《字鑑》。

　　方氏序曰：“字學訛誤，由於偏旁之不講；偏旁溷淆，由於子母不辨。由子母通六書之奧，則五百四十字已不勝重複，何古文之不可求哉？”

《十經文字通正書》十四卷

國朝錢坫撰

　　文章大吉樓本。嘉慶丁巳年刊。乾隆四十一年錢坫記。

　　錢氏記曰：“十經者何？一《周易》，二《尚書》，三《詩》，四《周禮》，五《儀禮》，六《禮記》，七《春秋左氏傳》，八《公羊傳》，九《穀梁傳》，十《論語》也。考十經中文字之通假，故曰‘通正書’也。六書以假借救其窮。假借者，通正之義也。字少用繁，旁通牽屬，依古然矣。至於諸經，經夫子删定，弟子授受，同途異趨，一端百緒，沿習既久，聽遠傳疑。漢世經異師，師異教，學者專家，分門不一。康成注經，所以有‘讀如’、‘讀若’、‘當作’、‘當爲’、‘或作’、‘或爲’、‘聲相近’、‘聲之誤’諸説。通正之緣因聲、因字兩例總之。何謂聲，則語言是。何謂字，則偏旁是。語言則‘臣’爲‘辰’，‘鼻’爲‘畀’，是曰聲同；‘禪’爲‘道’，‘宗’爲‘臧’，是曰聲轉。偏旁則‘工’爲‘功’，‘功’亦爲‘工’；‘正’爲‘征’，‘征’亦爲‘正’，是曰互通。‘父’爲‘甫’，又爲‘專’；‘方’爲‘旁’，又爲‘謗’，是曰類通。又，‘掤’見《詩・風》，《左傳》謂之‘冰’；‘揫’見《左傳》，《周禮》謂之‘鐜’；‘窆’見《周禮》，《檀弓》謂之‘封’，《左傳》謂之‘堋’。倘不同條共貫，曲推旁穿，何以理羣類、究萬原哉？故此書務推衆説，以究斯義。又秦隸盛行，篆法漸廢，改易殊體，下筆無常。或刀削謬施，斷爛致變，凡經所承用，則云‘經作’，以示匡救。讀書必先識字，識字要在辨言。先觀《爾雅》雅言，首及《詩》、《書》先聖之教，不當景行歟？因以鄙見纂成書一十四卷，其部分一依《説文解字》，崇所本也。”

　　“別”，經作“別”。《周禮・小宰傳》“別”注：“故書‘別’爲‘辨’。”是“別”與“辨”通也。“朝士判書”注：“故書‘判’爲‘辨’，鄭司農云：‘辨’讀爲‘別’。”是又與“判”通也。“士師荒辯”注：“鄭云：‘辯’讀風別之‘別’。”康成謂“辯”當爲“貶”，是又與“辯”、“貶”二字通也。又《孝經説》“上下有別”，《説文》作“父”，是又與“父”通。

　　右録咼部一條，以見其概。凡相通之字，有形相近者，有義相近者，有音相近者。

《經韻集字》二卷

國朝彭良敞撰

河南撫署本。道光癸巳年重刊。是書謹遵《字典》排列，每字下注某韻、某切，訓義以經爲斷。前有凡例二十四條，并全韻字數，後有拾遺、補注，并經有韻無字。其字數除重見不計外，共六千五百餘字。《韻府》四聲一百六部，共一萬二百五十七字。除重見不計外，共八千八百九十四字。子史諸書音義多與經韻不同，經字坊本間有作古文從俗體者，集中一一著明。

以上小學類字書之屬。

校勘記

〔一〕“田”，據《急就篇》當作“宋”。

〔二〕“薰”，原作“稿”，據宋羅願《羅鄂州小集》改。

〔三〕“弘”，原避諱作“宏”。

〔四〕顧野王卒於公元581年，“隋”當作“陳”。

〔五〕“經”，據《五經文字》補。

〔六〕“湣”，原作“泯”，據唐劉禹錫《國學新修五經壁記》改。

〔七〕“廡”，原作“屋”，據上文改。

〔八〕“徑”，原作“竟”，據宋洪邁《容齋隨筆》改。

〔九〕“本”，據清顧炎武《金石文字記》補。

〔一〇〕“理”，據《六書故》補。

〔一一〕“本”，據清錢大昕《潛研堂集》補。

〔一二〕“事”，原作“示”，據同上書改。

經部十

小學類七

《廣韻》五卷

不著撰人名氏

宋本。此爲原本《廣韻》，每葉十八行，每行小字三十二字。紙墨皆佳。前有孫愐《唐韻序》。自"侯榮之曾孫"起，蓋失去一葉，至"天寶十載也"終。案：張本序後有"論曰"五行半，此本無之。元刻《廣韻》即翻此本。

《雲谷雜記》曰："唐天寶中，孫愐因隋陸法言《切韻》作《唐韻》五卷。後又有《廣唐韻》五卷，不知撰人名氏。《崇文總目》但云'後人博採附見，故多叢宂'。本朝太平興國中，嘗詔句中正等詳定，書成，號《雍熙廣韻》。景德，又詔陳彭年以《廣唐韻》等重行校定，大中祥符元年改爲《大宋重修唐韻》。蓋今所存者，淳熙中道山諸公作。《館閣書目》云：'《廣韻》五卷，不知作者。《崇文目》云"多叢宂"。'夫《崇文目》云'叢宂'者，蓋指《廣唐韻》耳。當時既不知爲陳彭年所定，誤認《廣唐韻》爲今之《廣韻》，其疏甚矣。《館閣目》大抵舛妄，蓋不特此也。"又曰："孫愐集《唐韻》，諸書遂廢。本朝真宗時，陳彭年與晁迥、戚綸條貢舉事，取《字林》、《韻集》、《韻〔一〕略》、《字統》及《三蒼》、《爾雅》爲《禮部韻》，凡科場儀範，悉著爲格。及景祐四年，詔國子監以翰林學士丁度修《禮部韻略》頒行。初，崇政殿說書賈昌朝言舊《韻略》多無訓解，又疑渾聲與重疊字不顯義理，致舉人詩賦或誤用之，遂詔度等以唐諸家韻本刊定。其韻窄者凡十三處，許令附近通用[二]。疑渾聲及疊出字，皆於字下注解之。此蓋今所行《禮部韻略》也。”

顧氏《書廣韻後》曰：“予既表《廣韻》而重刊之，以見自宋以前所傳之韻如此，然惜其書之不完也。《路史》曰‘周有井伯，《廣韻》曰子牙後’，今‘井’下無此文。又曰‘《廣韻》云漢有䣜城’，今‘䣜’字，灰、等二韻兩收而亦無此文。又引‘䣜’下云‘鄉名，在右扶風’，而今灰韻注但‘鄉名’二字。《困學紀聞》曰：‘《廣韻》以賁爲姓，古有勇士賁育。’今‘賁’下但‘亦姓’二字。又曰：‘《廣韻》云，《後蜀録》有法部尚書屯度。’又曰：‘《廣韻》引何氏《姓苑》，有“況”姓，廬江人。’今‘屯’下、‘況’下但‘又姓’二字。《禮部韻略》引《廣韻》‘彼’字注云‘《論語》子西彼哉’，‘軻’字注云‘孟子居貧轗軻，故名軻，字子居’，今并無此文。又注‘鼮’字云‘漢光武得此鼠，竇攸識之。《廣韻》以爲終軍，誤’，今亦無‘終軍’之文也。太原傅山曰：‘宋姚寬《戰國策後序》引《廣韻》七事，晉有大夫芬質、羋干者，著書顯名；安陵丑；雍門；中大夫藍諸；晉有亥唐；趙有大夫庫賈；齊威王時有左執法公旗蕃。’蓋注中凡言‘又姓’者，必以其人實之，而今書皆無其文。又史炤《通鑑釋文》所引《廣韻》，其不載於今書者亦多也。十干皆引《爾雅》歲陽，而戊下不引著雍。又考之《玉海》，言《廣韻》凡二萬六千一百九十四言，注一十九萬一千六百九十二字，今僅二萬五千九百二言，注一十五萬三千四百二十一字，則注之刪去者三萬八千二百七十一，而正文亦少二百九十二言矣。又《通考》曰‘有陸法言、長孫訥言、孫愐三序’，今止愐序。又言首載祥符勅牒，今亦無之，則亦後人刪去之矣。其幸而存者，天之未喪斯文也。嗚呼！惜哉。”

邵氏長蘅曰：“宋槧《廣韻》五卷，注簡而有古意，後來諸家往往引用爲據依。今存韻書，惟《廣韻》猶近古世，亦稱《唐韻》。”錄於《子湘集》。

余氏曰：“陸法言《切韻》，隋時未採，《唐志》始有陸慈《切韻》五卷，疑法言亦名慈。《提要》引《唐藝文志》云：‘陸法言《廣韻》五卷。’《唐志》實無此文。”又曰：“《廣韻》者，廣《切韻》也。前有隋仁壽元年歲次辛酉陸法言《切韻序》，言：‘開皇初，儀同劉臻等八人同詣法言，謂我輩數人定即定矣。今返初服，定爲《切韻》五卷。’唐天寶十載孫愐《唐韻序》，亦稱陸生《切韻》盛行於世，前列劉臻、顏之推、魏淵、盧思道、李若、蕭該、辛德源、薛道衡同修檢。《隋書·陸爽傳》云‘魏郡臨漳人，子法言，釋褐承奉郎，以爽事太子勇，子孫屏黜除名’，即序所謂‘反初服’者也。其書不見。爽及劉臻等傳亦不見。《經籍志》：‘《切韻》實用吳音，或孫愐等依沈約改之。’《北夢瑣言》云：‘李尚書浩全刊吳音，欲上之，會黃巢亂而止。’孫光憲又見有《韻銓》一書，亦糾正吳音，甚覈當。今其書未知存否也。唐陸氏六相皆出吳郡，人疑法言亦吳郡陸。李涪《刊誤》云：‘陸法言《切韻》，吳言乖舛，上聲爲去，去聲爲上。’趙璘《因話錄》云：‘人檢陸法言《切韻》，謂吳兒翻字太僻，乃不悉名賢事實。法言是河南陸，非吳郡人也。’”

《廣韻》五卷

不著撰人名氏

元本。黎氏覆刊《古逸叢書》之十三，前有孫序。泰定乙丑菊節圓沙書院刊行。長木印，兩行十二字，行書。每葉二十四行。每卷後有新添類隔，今更音和切。余所藏原本《廣韻》爲大字本，此中字本也。

黎氏《叙目》曰："此即《四庫提要》所謂'原本《廣韻》，注文簡當'者也。予以重修本比勘，其視此書加詳者，實祇姓氏、地理兩門。《提要》譏其冗漫，亦良有以。自重修盛行，此本傳世日希，亭林僅見明内府中渭本，況泰定時槧也？卷中'匡'、'朗'等字時有缺筆，其爲出自宋板無疑。惟俗體頗多，訛舛亦衆。今擇其顯然太甚者正之，餘悉仍舊。明永樂甲辰廣成書堂、宣德年間清江書堂兩次繙刻，即此泰定本，注文遞有刊落。別有元至順庚午刻本，删節尤多，然則此本益重可貴矣。"

《重修廣韻》五卷

宋陳彭年等撰

宋本。《古逸叢書》之十二。每葉二十行。大中祥符元年六月五日勑，改爲"大宋重修廣韻"。凡二萬六千一百九十四言，注一十九萬一千六百九十二字。

黎氏《叙目》曰："此即張氏澤存堂所出之本。宋諱缺至'桓'字，則徽宗時槧也。日本町田久成所藏，亦假用西法影照付刻。張氏雖名影宋，而據《玉篇》、《集韻》改字頗多。顧千里曾以無札記爲憾，又行款部位間有移易，字畫俱一一排匀，故明秀異常，而遜其一種樸拙之氣。今用張刻校其異同，别爲札記附後。"

此札專以張本互勘異同，不别引他書。凡仍宋舊者，注曰"張改某"；依張改者文訛，則曰"原誤某"；存疑則曰"原作某"。從張本十之八，從原本十之二云。黎庶昌記。

《重修廣韻》五卷

宋陳彭年等奉敕撰

《澤存堂》本。前有潘耒序、重修《廣韻》牒一通，後列陸法言撰本并箋注乃[三]增加字者十九人。附以唐郭知元序、孫愐序，後有“論曰”一段。五卷末有雙聲疊韻法、六書八體、辨字五音法、辨十四聲例法、辨四聲輕清重濁法，共三葉。吳郡查山六浮閣主人張士俊識刻書本末於後。張氏所據凡三本：一毛扆本，一徐相國本，一秀水朱氏本。張大受、顧嗣立同襄其事。

潘氏序曰：“古人精於審音，條分縷析。如‘冬’、‘鍾’必分爲二，‘支’、‘脂’、‘之’必分爲三，‘删’、‘山’、‘先’、‘仙’必分爲四，亦本其自然之音，使各得其所而已。後世不曉分韻之故，使古音混而爲一。賴有此書，而最初立韻之部分犁然具在。雖《切韻》、《唐韻》、《廣韻》異名，而部分無改，唐宋用以取士，謂之‘官韻’，與九經同頒，無敢出入。宋末元初始加改併，其所通用實則非通，且闌入他韻者多矣。此書之作，不專爲韻也，取《説文》、《字林》、《玉篇》所有字而悉載之，且增益其未備，釐正其字體，欲學者一覽而聲音文字包舉無遺。若夫一字而具數音，或有異義，或無異義，此即轉注、假借之法。屈宋以降，迄唐，名人率多用之。自後世删去複字，而古人有韻之文多不可讀。一披《廣韻》，其字具在，非出韻也，非叶韻也。其人既博極羣書，凡僻書隱籍無不摭採。如《世本》、《姓苑》、《百家譜》、《英賢傳》、《續漢書》、《魏略》、《三輔決録》，古書數十種不存於今者，賴其徵引，班班可考。而近代刻《廣韻》者，盡删去之，此古本尤可貴也。先師顧亭林表章此書，刻之淮上，然所見乃内府刊本已經删削者，久而覺其不完，作後序以志遺憾。予始見宋鋟本於崑山徐相國家，借録以歸。張子得舊刻於毛氏，而缺其一帙。予乃界以寫本，精細讎校，梓之行世。"

　　朱氏序曰："周捨以"天、子、聖、哲"分四聲，學者言韻悉本沈約，而其書不傳。今之《廣韻》源於陸法言《切韻》，而長孫訥言爲之箋注者也。其後諸家各有增加，已非《廣韻》之舊，然分韻二百六部，未之紊焉。自平水劉淵淳祐中始併爲一百七韻，盡乖唐人之官韻。好異者又惑於婆羅門書，取華嚴字母三十六，顛倒倫次，審其音而紊其序。迨《洪武正韻》出，脣齒不分，清濁莫辨，雖以天子之尊，行之不遠。"錄於《曝書亭集》。

　　朱氏曰："是本不著撰人姓氏。按《集韻》知爲陳彭年、邱雍等所定。《集[四]韻》、《廣韻》多收姓系，有類譜牒，潘氏或未之見歟？"又曰："韻之失不在分而在合。然古人分韻雖嚴，通用甚廣，蓋嚴則於韻之本位毫釐不爽，通則臨文不至牽率而乖其性情。亂之自劉淵始也。且韻書之作，自李登以下南人蓋寡。黃公紹失考，謂韻書始自江左，本是吳音者，妄也。江慎修曰：'此論深中今韻妄合之病。臨文或用古韻，當通其所可通，毋學響於後人，復亂鄙俚之韻，斯爲善用古韻矣。'今人動訾韻書爲吳音，觀此亦可以闕其口。"

　　錢氏曰："古姓氏書今多失傳，《廣韻》所採乃孫愐《唐韻》之舊，徵引最爲賅洽。後人删去十之八九，惟張刻尚是元本，然亦有紕繆處。"錄於《潛研堂集》。

《集韻》十卷

宋丁度等撰

　　《楝亭五種》本。前有嘉慶十九年顧廣圻補刊序，次韻例，即所謂"十二凡"也。相聯成篇，與分條之例不同。例前題"丁度等奉勑修定"。凡五萬三千五百二十五字，因隋陸法言而新增者，二萬七千三百三十一字。自宋以前羣書之字，略見於此。宋人諱

"殷"字，改二十一殷爲"欣"。此韻"殷"字不缺筆。《廣韻》在前，《集韻》在後。自《集韻》出，而刻《廣韻》者多依《集韻》。

景祐元年三月，太常博士、直史館宋祁，三司户部判官、太常丞、直史館鄭戩等奏："昨奉差考校御試進士，竊見舉人詩賦多誤使音韻，如'叙'、'序'，'坐'、'坐'，'氏'、'氏'之字，或借文用意，或因釋轉音，重疊不分，去留莫定，有司論難，互執異同。上煩。"此奏在卷末，"上煩"已下缺。"氏"、"氏"二字無分別。

先帝時，令陳彭年、邱雍因法言韻就爲刊益。景祐四年，太常博士、直史館宋祁，太常丞、直史館鄭戩建言：彭年、雍所定多用舊文，繁略失當。因詔祁、戩與國子監直講賈昌朝、王洙同加修定，刑部郎中、知制誥丁度，禮部員外郎、知制誥李淑爲之典領。今所撰集務從該廣，經史諸子及小學書更相參定。此本書之例。

顧氏序曰："朱竹垞於毛扆家得其傳鈔本，康熙丙戌囑曹通政寅刊之，與所刊《廣韻》并行。《集韻》無他刻，世尤重之。板存江寧權使署，百餘年來，漸已捐泐。方葆巖尚書謀之權使雙公，屬顧廣圻與同志校勘重雕，少半遂還舊觀。朱氏傳鈔本筆劃小訛，仍而不改，恐失其真。其北宋槧本尚在揚州某家，又吳門有影鈔宋槧本，附記於此。"

邵氏曰："《集韻》十卷，鈔本有韻例無序，所收或作之字最備，而注釋頗略，頗訾彭年、雍。予閱是書，尚出《廣韻》下也。"録於《南江札記》。

《韻補》五卷

宋吳棫撰

明本。前有嘉靖改元陳鳳梧《重刊韻補序》、乾道四年武夷徐藏序。是書傳本甚少。

徐氏序曰：“才老以壬申歲出閩，别時謂藏：‘吾書後復增損，行遽[五]，不暇出獨藏舊書。’才老死，訪諸其家，不獲，僅得《論語續解》於延陵胡穎氏云。”

邵氏曰：“吳氏古韻有二，曰通，曰叶。通者，如‘東’、‘冬’、‘江’相通，‘支’、‘微’、‘齊’、‘佳’、‘灰’相通之類是也。叶則音韻俱非，而切響通之。《毛詩》、《離騷》謂之叶，楊氏謂之轉注，義則一耳。”又曰：“吳氏‘古叶’所收頗廣，有本韻已收而仍叶者，有本韻可通而仍叶者，不可枚舉。吳氏意主諧聲，故切響不可偏廢。若以供詩家採用，似不必爾。”又曰：“古韻通轉亦吳氏發之，詩家多不曉其義。按才老《韻補》於‘微’、‘齊’韻下注‘古通“支”’，於‘佳’、‘皆’韻下注‘古轉聲通“支”’，於‘灰’、‘咍’韻下注‘“灰”通“咍”轉’，蓋謂‘微’、‘齊’、‘灰’與‘支’音可以徑通，‘佳’、‘皆’、‘咍’與‘支’音必聲轉而後通。今韻書中多有云‘某音轉某音’者，正與此‘轉’字同，始悟通轉之分不指用韻，原主音聲而言。後人妄注爲‘通用’、‘轉用’，妄增一‘用’字，遂失吳氏之旨。明何洛文作《古音序》，謂轉韻亦轆轤之類，不知律詩原無轉韻，轆轤進退自是南宋陋格。”又曰：“《韻補》有功詩學，爲不可廢之書。”又曰：“《易》、《詩》、《楚辭》、《太玄》、《易林》無不韻，漢儒皆能通曉。自沈約束以四聲，古韻失傳。唐人通古韻者惟子美、退之、香山、柳州數君而已，然散見於篇什，考據爲難。至《韻補》出，而古韻始有成書。朱子釋《詩》注《騷》，盡從其説，又引沙隨程可久之言曰：‘吳説雖多，其例不過四聲互用、切響同用二條。如通其説，則古書雖不盡見，可以類推。’蓋《韻補》爲朱子所推服如此。”錄於《古今韻略》。邵韻凡冠以“吳”字者，即《韻補》也。

《韻補》五卷　　《韻補正》一卷　附錄一卷

宋吳棫撰

《連筠簃》本。前有道光二十八年張穆校書序，次徐蕆序，次《韻補》引用書目五十種。目下有注，目後有吳記。《韻補正》爲亭林所撰。序曰：“《韻補》合者半，否者半，予一一取而注之。”附錄謝啓昆《小學韻補考》，末有何秋濤跋。伏讀《天祿琳琅書目》曰：“吳棫，《宋史》無傳。”凌迪知《萬姓統譜》：“棫，字才老，建安人，時號通儒。朱子評近代考訂訓釋之學，亦亟稱之。”《姑蘇志》：“徐蕆，字子禮，工漢隸，由進士知饒州，復改浙東提舉常平，知秀州。”此本系明時坊刻，其板式猶規宋槧，而字畫紙墨迥乎不侔矣。吳岫收藏印記見前。何曰：“先生里建安，徐蕆則里甌寧，本同城，故徐序自稱同里。以才老爲舒州人者，《揮麈三錄》之誤也。徐氏著作不多見，然其論述非凡近所及。皆吾閩人也，爰附著之。”

何氏跋曰：“是書刻本多荒謬，汲古影宋本亦不足據。何子貞太史借得各家藏本，石州先生精加讎校，刻入楊氏叢書，於才老所引之誤者多所是正。國朝音韻之學，愈密愈精，然諸家所述，如戴氏之《聲類表》、孔氏之《詩聲類》、江氏之《四聲切韻表》，無不導源於此。蓋其書體大思精，隨舉一端，皆可成書。何氏謂字例闡自叔重，音例開自才老，信不誣也。”

徐氏序曰：“自《補音》之書成，然後三百篇始得爲詩，從而考古銘箴，誦歌謠諺之類，莫不字順音叶。《補音》引證初甚博，才老懼其繁重不能行遠，於是稍删去，獨於最古者、中古者、近古者各存三二條，其間或略遠而舉近，非有所不知也。”

文光案：徐序似《補音》之序，不知誰氏冠於《韻補》之前，各本皆然。謝氏輯入《毛詩補音》下，誠是。石州以爲誤，甚不可解。又《韻補》書目後有小序五行，乃《補音》之自序。謝氏輯入《補音》目下，其文略長，蓋《補音》已亡，《補音》之自序見於他書者亦殘缺不完，遂誤編也。朱《考》亦誤合兩書爲一書，又以明人所作《韻補序》一概編入《毛詩補音》目下，世遂以朱子《詩集傳》本於《韻補》，不知朱子所用乃《詩補音》，非《韻補》也。

《老子》多韻語，今往往失其讀。《三略》文既簡古，多用古韻。《淮南子》前數篇多韻語。《蔡邕集》多古韻。《白虎通》依聲寓義，多用古韻。《釋名》與《白虎通》同。漢魏文章數十篇，多他書所闕。陳琳字學甚深，《大荒賦》幾三千言，用韻奇古，尤爲難知。古韻至晉尚多知者，自宋齊而下浸以湮滅。《陶潛集》多用古韻。陸機字學不在郭璞之下。晉之字學，璞最深。陸雲文章不及兄機超詣〔六〕，而字學或過之。文集八卷，多世所未見者。《類文》，此書本十卷，或云梁時太子作《文選》時所集。今存止三十卷，陶穀所編。唐之字學，韓愈爲獨冠，不在揚雄下。白居易字學可次韓愈。錄於本書。

　　文光案：吳氏所引有與今本不同者，漢魏文章及《類文》今皆不傳。《類文》本十卷，不應今存三十卷，或“十卷”上有脱字，不可考也。

　　陳氏《書録》：“《詩補音》十卷，吳棫撰，援據精博，信而有證。朱晦翁注《楚辭》亦用棫例，皆叶其韻。”

　　《提要》曰：“此書泛取旁搜，無所持擇，所引書五十種，下逮歐陽修、蘇軾、蘇轍諸作，與張商英之僞《三墳》，旁及《黃庭經》、《道藏》諸歌，故參錯冗雜，漫無體例。”

　　文光謹案：所引書目有《三略》，無古《三墳》，恐誤以《三略》爲《三墳》，或所見之本不同。目五十種，今數之止四十九種，其言五十者，舉成數也。其目或人名，或書名，参差不一。

錢氏曰："世謂叶音出於才老，非也。才老博考古音，以補今韻之闕，雖未能盡得六書諧聲之原本，而後儒因是知援《詩》、《易》、《楚辭》以求古音之正，其功不細。朱子《詩集傳》，間取才老之《補音》，而加以'叶'字，才老書初不云'叶'也。"_錄於《潛研堂集》。

謝氏曰："《書》疑古文，自才老始；《詩》考古音，亦自才老始。"

　　文光案：《補音》與《韻補》，按陳《錄》，二書大略相同。所補之音，皆陸氏未叶者，已叶者悉從陸氏。《韻補》採書五十種，其用韻有與時不同者皆載之，故下及於歐、蘇。凡字有一義或二義三義，必有所證。是書是者非者各居其半，然言古音者實自才老始，其創始之功，實百倍於後人。

《禮部韻略》五卷

宋丁度等撰

《棟亭五種》本。曹寅重刊宋本於揚州詩局。每葉十八行，每行小字二十四字。前有紹定庚寅冷官袁文焴序、郭守正跋，次校正條例十則、淳熙重修文書式一通。各卷有目，與《廣韻》同。此宋時官本，不著撰人名氏。曹本題"禮部韻略"，附《釋文互注》五卷，非原本矣。

袁氏序曰："韻之有釋，尚矣。惟舉子獨拘焉，差之毫釐，謬以千里。故李文定《南宮》一賦，不免有落韻之失；范蜀公'彩霓'二字，亦誤爲主司所黜。甚矣！字釋不可不正也。盧陵歐陽德隆研精聲律，卓爲儒宗，與其友易君有開輯爲一書，名曰《押韻釋疑》。字有其釋，釋有其義，本之經史子集，參以省監程文，字同義異，義同字異，莫不印之古訓，斷以己見。書成，屬予序之。"

郭氏跋曰："歐陽先生《押韻釋疑》一書，惠後學至矣。書肆板行，漫者凡幾，一漫則一新，增注釋，易標題，以快先睹。是非可否，不暇計焉，遂使先生是書爲有瑕之玉。因取先生元本與書肆本三復參校。先推字畫之本原，次明監注之無有，至於釋文之詳略、援引之是非，則又加考訂焉。筆者千餘條，則削者亦如之。雖未盡善，視舊本稍精密焉。"此序作於景定甲子，自題"紫雲山民"。

字下之注：一、亦作，二、音切，三、監注，四、釋文，五、互注，六、經史異同，七、時文用押。監本字畫，以有篆文者爲正。《補韻》之進，當時新制，明曰"當於某字下，亦作某"。今遵此制，散於各字下，書曰"某補"，仍於逐韻之末，總載某補若干字，庶存其舊。張貴謨所補，雖不及黃啓宗之精切，然莫有議其非是，而歐本頗不以爲然，亦以《禮韻》未載。今省韻載三十六桓，乃紹興中本，刊於張補未進之先可知矣。歐本有拾遺，書肆本附入各字下。歐本無注者，肆本增入，以故冗長，今逐一訂正。

文光案：郭守正所修者，爲《紫雲韻》，觀所撰序例，可知用功之深。此本不知何人所刊，冠以袁序、郭序并例。袁所序爲《押韻釋疑》，非序《禮韻》也。郭自序其《紫雲韻》，非序歐陽之《押韻》也。是書既非《禮韻》之舊，亦非歐、郭兩家之書，恐亦是宋時書肆重刊之本。其字取之《禮韻》，其注或取諸歐，或取諸郭，遂使書與例不符。曹秋谷祇據其所得宋本刻之，未暇辨其真僞。今世甚重其本，因詳著之。大抵字書、韻書屢有增改，混而爲一，而本書之面目遂失。如《玉篇》、如《禮韻》皆是也。誠如郭例字下注某補，逐韻後載某補若干字，則盡善矣。

邵氏曰："《禮部韻略》五卷，景祐四年詔國子監頒行。《藝文志》載景祐《禮部韻略》五卷，又淳熙監本《禮部韻略》五卷。吾意當時雖有《廣韻》、《集韻》二書，不甚通行，蓋《廣韻》多奇字，《集韻》苦浩繁也。《禮韻》雖尚爲科舉設，而去取實亦不苟，每出入一字，必經兩省看詳，禮部頒下，故又有‘申明’、‘續降’諸字。字既簡約，義多雅馴，學士翕然宗之。中間奇字僻韻，多遭刊落，頗爲嗜古者所少。其實沿用至今，諸家雖互異，要之仍《禮韻》而增損之者也。”又曰：“毛晃《增修韻略》，亦宋槧本，前有晃進表，無序。自謂精力盡在此書，其箋注繁略適中，引用六經子史訛誤亦少，故《洪武正韻》悉依其舊，最稱善本。”録於《子湘集》，又見於《古今韻略》。

　　文光案：郭氏所謂監本，即監本《禮韻》也。監本韻字及注間有誤處，未可悉據。毛《韻》，明刻多脱訛。宋有秀巖山堂本，蓋蜀本也，排比《押韻釋疑》，《簡明目録》著之。是書宋本以外無別本，曾於同里藏書家見一本，字盡拙朴，古香逼人，真宋本也。江南監本、毛晃增修本、江北平水劉淵本，互有增字，本各不同，今所行者惟曹本，其諸本皆如晨星。曹本雖非《禮韻》之舊，而歐陽《韻》、《紫雲韻》傳本甚罕，藉此可知其大概，亦不可廢也。《禮部韻略》近有姚氏翻刻本，亦曹本也。《壬子新刊禮部韻略》，平水書籍王文郁定。錢竹汀曰：“平水即平陽，史言有書籍者，蓋置局設官於此。元太宗八年，用耶律楚材言，立經籍所，平陽當是因金之舊。平水書籍者，文郁之官稱。劉淵亦題平水，而黃公紹《韻會》又稱爲江北劉淵，是又可疑。豈淵竊見文郁書而翻刻之耶？”愚按，恐是文郁刻淵之書。又按，《容齋五筆》有《禮韻説》，未及録。

《九經補韻》一卷

宋楊伯嵒撰

《後知不足齋》本。此嘉定錢侗考證之本。嘉慶四年秦鑑序刊，今鮑氏刻入叢書。《禮部韻》於九經之字多所漏失，故名曰

"略"。伯嵒補七十九字，故曰《補韻〔七〕》。每條先標一字，降一格爲音切，次行字出某經，再次合於某聲、某字下添入，再次爲錢氏考證。宋制拘泥過甚，凡有增加之字，必奏請詳定而後入，其音義弗順、喪制所出者，仍不得奏請入韻。故楊氏此書，又附載喪制所出八十一字。前有嘉定十七年伯嵒字彦瞻。自序，後有淳祐四年門生俞任禮跋。錢同人得影宋鈔本，復取《百川學海》中姚應仁校本，《古今逸史》中吳琯刊本，偕秦照若校正訛漏凡數十處、吳本妄增五十字，附辨於後。其見聞所及，足與本書相發明者，分綴各條之下。楊書韻無目次，補綴於前，其照若所考者以"秦鑑云"別之。是書傳本甚少，至此更無遺憾矣。

《韻鏡》一卷

宋張麟之撰

宋本。《古逸叢書》第二十六種。末有刊書記云："頃間求得宋慶元丁巳張氏所刊之的本而重校正焉。永禄第七歲舍甲子王春壬子。"

黎氏《叙目》曰："前有紹興辛巳嘉泰三年兩自序，其説本之鄭樵，以爲反切之要，莫妙於此，不出四十三轉，而天下無遺音矣。末有慶元丁巳重刊圖記，亦宋板也。日本享禄戊子清原朝臣宣賢繙刻之。至永禄七年又以張氏的本重校。"享禄戊子，明嘉靖七年。永禄七年，嘉靖四十三年。

張氏序曰："予嘗有志韻學，恨無師承。既而得《指微韻鏡》一編，其製以韻書，自一東以下，各集四聲列爲定位，實以《廣韻》、《玉篇》之字配以五音清濁之屬，其端又在於橫呼。若按字求音，如鏡映物，隨在現形，久久精熟，自然有得。於是夙夜留心，未嘗去手。一夕頓悟，遂知每翻一字，用切母及助紐歸納，凡三折，總歸一律，即是以推千聲萬音，不離乎是。欲與衆共，因撰《字母括要圖》，復解數例，以爲沿流求源者之端。聊用鋟木，以廣其傳。"案：前序《韻鏡》非麟之所撰，特加圖例付梓。

張氏後序曰："《韻鏡》之作其妙矣夫！予年廿始得此學。字音往昔相傳，類曰'洪韻'，釋子之所撰也。有沙門神珙，號知音韻，嘗著《切韻圖》，載《玉篇》末。世俗訛'珙'爲'洪'爾，然又無所據。自是研究，今五十載，竟莫知原於誰。近得故樞密楊侯倓淳熙間所撰《韻譜》，其自序云：'竭來當塗，得歷陽所刊《切韻心鑑》，因以舊書手加校定，刊之郡齋，徐而諦之，即所謂洪韻，特小有不同。既又得莆陽夫子鄭公樵進卷，先朝中有《七音序略》，萬物之情備於此矣。'又云：'臣初得《七音韻鑑》，一唱三歎。胡僧有此妙義，而儒者未之聞，是知此書其用也博，其來也遠。不可指名其人，故鄭先生但言梵僧傳之，華僧續之而已。'"案序，鄭樵《七音序略》本於《韻鑑》。黎序謂其說本之鄭樵者，誤也。《韻鑑》當即《韻鏡》，如《龍龕手鏡》即《手鑑》也。張序明云《韻鏡》其來也遠，豈能取鄭說哉？

《五音類聚四聲篇海》十五卷

金韓孝彥撰

明本。正德十五年金臺僧覺恒重刊寫刻本。板甚寬大，每葉二十行。前有建安滕霄序，校勘僧五人，書真國子生二人，嘉靖己未修補跋一則，泰和八年韓道昇重編改併序，增添明頭號樣，重編校正人名，目錄并圖，新集背篇列部之字，補添印行目錄。首行題"大明正德乙亥重刊改併五音類聚四聲篇卷第幾"，無"海"字；次行題"溧陽松水昌黎郡韓孝彥"；三行題"男韓道昭改併重編"。

滕氏序曰："字之大曰形與聲。形，母也；聲，子也。自《說文》作於許慎，而下至於《玉篇》諸書，而形以類；自四聲作於沈約，而至《唐韻》、《廣韻》、《韻會》諸書，而聲有類；自元魏用翻母，至司馬公爲《指掌圖》，而字有攝；然未有子母區別，如今《篇》、《韻》者也。《五音篇海》者，金王與祕推廣《玉篇》，區其畫段者也，主類形而形各係之諸母。《五音集韻》者，荆璞取溫公之法，添入《集韻》，隨母取切者也，主類聲而聲各隸之諸母。迨韓彦昭改《玉篇》歸於五音，逐三十六母，取切大備矣。而重加删補，詳校彙萃二編，則國朝沙門戒璿也。厥後釋真空又考諸家《篇》、《韻》，凡經史所不載，重譯貝經，玄言梵語，絶域荒徼之文，搜羅纂入，而部分訓釋亡遺焉。又作《篇韻貫珠集》、《玉鑰匙門法》，提綱撮要，指示捷簡矣。《篇海》、《集韻》刻於成化之初，歲久字滅，今僧囑其徒募緣重梓，并以《貫珠集》諸門法及劉士明《切韻指南》一卷刻焉。”

　　文光案：此金臺《音韻五書》合刊序，據序所云，則此本又有所增，非道昭改併之原書，猶《玉篇》、《廣韻》之屢有所增，且有所删也。“彦昭”當是“道昭”。

　　序曰：“王公與祕詳等《篇海》，疏駁頗多。韓公取字最妙，而義有未詳。先生次男增加一萬二千三百四十五言，目之曰《五音增改併類聚四聲篇》。”

　　文光案：此不知爲何人之序。據序則今之書名亦非其舊。又按，此書四百四十四部，取《易》爻并六十甲子二數，甚無謂也，且亦不合。

　　莫氏曰：“韓孝彦以《玉篇》五百四十二部，依三十六母次之。更取《類篇》及《手鏡》等書，增雜部三十有七，共五百七十九部。凡同母之字，各辦其四聲爲先後；每部之内，又計其字畫之多少爲先後：以便檢尋。其書成於明昌、承安間。迨泰和戊辰，孝彦之子道昭改併爲四百四十四部，殊體僻字，靡不悉載。道昭又因《廣韻》改其編次爲《五音集韻》十五卷，以三十六母各分四等，排比諸字之先後，爲《韻會》所本。其增入之字則以

《集韻》爲本，改二百六部爲百六十。而併‘泰’於‘琰’，併‘檻’於‘豏’，併‘儼’於‘范’，併‘㮇’於‘豔’，併‘鑑’於‘陷’，併‘𨠯’於‘梵’，足證《廣韻》上、去聲末六韻之通爲二，與平聲、入聲不殊。又‘廢’不與‘代’通，‘殷’、‘隱’、‘焮’、‘迄’不與‘文’、‘吻’、‘問’、‘勿’通，尚仍《唐韻》之舊，非如《集韻》用賈昌朝請改併十三處，猶犁然可考。其等韻亦深究要渺，故《四庫》收其《韻》，而其《篇》則入《存目》中。二書唯成化十年官刊本，成化丁亥僧文儒有合刻本，稱《篇韻類聚》，較之他本多《五音類聚徑指目録》，餘無所增損也。向收一本，以卷帙大，棄之。偶檢文儒本，蓋全録《大廣益會玉篇》及宋重修《廣韻》而增之。明內府所刻《玉篇》、《廣韻》刪落甚多，竹垞謂《廣韻》爲中涓所刪，紀文達不以爲然。今觀明刻《玉篇》，直是刪取字韻，且非舊次。竹垞殆言《篇》而誤指《韻》也。韓氏二書，雖《篇》不稱《韻》，而併依爲《篇》、《韻》校讎之一本，則亦不可廢也。其篇中所載俗書頗有魏齊石刻，而他書不收者。"録於《宋元舊本〔八〕書經眼録》。

夏英公《古文四聲韻》五卷，紹興乙丑僧寶達刻於齊安郡學。全謝山曾借抄於天一閣。有許端夫序。每葉十六行，行大字九，約可容小字十八。黃伯思嘗廣是書，見《東觀餘論》。《宋志》及《玉海》謂宗室趙善繼興汴京石經之役，嘗進《古文篆韻》，是宋人《古文篆韻》有三本，而趙、黃二本今亦無傳。吾衍云："夏竦《古文四聲韻》五卷，前有序并全銜者好，僧翻本不可用。此書好板不易得。"録於莫友芝《經眼録》，以待訪尋。

《五音集韻》十二卷

金韓道昭撰

明大字本。此本似翻金刻，板尤寬大，每葉二十六行，每行

大字十八字，小字三十六字。内題"改併五音集韻"，又一行題
"昌黎郡韓道昭改併重編"。前有崇慶元年韓道昇序，次目録，上
平十三韻，中平十六韻，下平十四韻，共六卷。上聲，第七卷十
二韻，第八卷十七韻，第九卷十二韻。去聲，第十卷十五韻，第
十一卷十七韻，第十二卷十四韻。

韓氏序曰："古者陸詞觚本，劉臻等八人隋朝進韻，抱賞歸
家，人皆稱歎，流通於世，豈不重歟？又至皇統年間，有洨川荆
璞字彦寶，善達聲韻幽微，博覽羣書奧旨，特將三十六母添入韻
中，隨母取切，致使學流取之易也。詳而有的，檢而無謬，美即
美矣，未盡其善也。復至泰和戊辰，有吾弟韓道昭字伯暉，迺先
叔之次子也。先叔者，諱孝彦，字允中。況於《篇》、《韻》之中
最爲得意，注疏《指玄》之論，撰集《澄鑑》之圖，述門法《滿
庭芳》詞，作《切韻指迷》之頌，鏤板通行，其名遠矣。今即重
編，改併五音之篇，暨諸門友，精加衆字，得其旨趣，標名於世
也。又見韻中古法繁雜，取之體，計同聲同韻，兩處安排，一母
一音，方知敢併。卻想舊時'先'、'宣'一類，'移'、'齊'同
音，'薛'、'雪'相親，舉斯爲例。只如'山'、'删'，'獮'，
'銑'、'豏'、'檻'，'庚'、'耕'，'支〔九〕'、'脂'之本是一家，
'怪'、'卦'、'夬'何分三類，開合無異，等第俱同，姓例非差，
故云可併。今將'幽'隨'尤'隊，'添'入'鹽'叢；'臻'歸
'真'内沉埋，'嚴'向'凡'中隱匿；'覃'、'談'共住，
'笑'、'嘯'同居。如弟兄，啓户皆逢；若姪叔，開門總見。增添
俗字，廣改正違，門多依開合等第之聲音，棄一母復張之切脚，
使初學檢閲無移，令後進披尋有准。"

文光案：道昭精於韻學，《五音集韻》始以七音四等三十
六母韻，顚倒唐宋之字紐，而韻書一變。南宋劉淵新刊《禮
部韻略》，始合併通用之部分，而韻書又一變。熊忠《韻會》

字紐遵韓，部分從劉，而韻書舊第至是盡變無遺。

沈大成《華嚴字母跋》曰："自晉安帝義熙十四年，北天竺三藏佛度跋陀羅，以于闐梵夾《華嚴經》三萬六千頌於南揚州謝司空寺譯成晉經六十卷。至唐證聖元年，于闐三藏實又難陀於東都佛授記寺再譯舊文，計益九千頌，總四萬五千頌，合成唐本八十卷。其末《普賢行願品》一卷，乃貞元十二年罽賓三藏般若與沙門澄觀詳譯於東都崇福寺，即今流傳《華嚴經》八十一卷是也。每卷繫以字母，迺善則受之衆藝者，《隋志》所謂'以十四字貫一切音'，即此'阿多'以下四十二字母是也。至唐舍利，別作字母三十以切字，後梁山溫首座又益以'孃'、'幫'、'滂'、'奉'、'微'、'床'六母，即今'見'、'溪'以下三十六母是也。觀音因之作等字三千八百六十二聲，上衍諸母，下攝諸字，爲翻切之準的，即今《等韻》是也。名爲各立一說，其實皆權輿《華嚴》，互相發明者也。夫翻切之法，創於漢末孫炎。《爾雅》音義，六書諧聲，原本五音，以歷律推之，亦當有譜，或因秦火失傳。《說文》祇有'讀若'，叔然繼起，因作反語，皆天地自然之音。《公羊》之'長言之'、'短言之'，《國策》之'急言之'、'緩言之'，皆是物也。又如'奈何'爲'那'，'何不'爲'盍'，散見經傳，皆合音之明著者，第在彼時未有成法爾。自《華嚴》字母出，而徑捷該括，以簡御繁。華言梵云，本同一理。觀晉譯五音，前後不均，至唐沙門大廣智不空譯《金剛頂》，字母以喉、牙、齒、舌、脣爲序，而指授益明。予嘗推原字母阿始阿終之意，蓋由舌、脣、齒音參差不定，統以齶、喉，庶歸齊一。又四十二字中，'柂'、'伽'復出，於前'柂'、'伽'下注'上聲，輕呼'，是同音之字，前輕後重，以此分別，初不看涊。又所謂以'十四字貫一切音'者，第聽大師奏樂，伶人按譜，凡曲字之餘聲，無不收此十四字中者，便曉然《華嚴》字母爲一切音之橐籥，實有禪於小學，豈可以其出於佛氏而忽之也哉？吳人唐君講求翻切，予爲撮舉本末以告之。”錄於底稿，不記出自何書。

《五音集韻》十五卷

金韓道昭撰

金臺隆福寺本。此成化庚寅年重刊至元本。每葉二十行，每行小字三十二，亦寫刻之本，不如明大字本。前有道昇序、道昭自序、《唐韻序》、孫愐序，次目録，次《五音類聚篇徑指目録》，末有雙聲疊韻法。按道昭原書，趙州荊璞同編，單州張用開板印行，寧昌李昺書。此本不可得見。

韓氏自序曰：“字母次第，先覺之士論辨至詳。愚不揆度，欲修飾萬分之一。是故引諸經訓，正諸訛舛，陳其字母，序其次第。以見母牙音爲首，終於‘來’、‘日’字，廣大悉備，靡有或遺。始終有倫，先後有別，如指諸掌已。前印行《音韻》既增加三千餘字，兹韻也方之於此，又以《龍龕》訓字，增加五千餘字焉。是以再命良工，謹鏤佳板。學者觀之，目擊而道存。”大字本無道昭序，因録之。

《五音篇海》十五卷

金王與祕撰

金臺本。前有成化七年眉山萬安序，次校書人名，次韓道昇序并目，次《成化丁亥重刊改併五音類聚四聲篇海》總目録。此韓道昭改併之《篇韻》。成化辛卯雷祥所書，與《五音集韻》、《切韻指南》、《篇韻貫珠集》合刊爲一部。《篇韻》後有拾遺并《藏經音義》，又附《等韻指掌圖》，皆不題何人所增。萬序所云《論圖詞頌》，今亦悉在卷首。惟面題“五音篇海”，內題“篇韻”，無“海”字，蓋非《篇海》原本也。

萬氏序曰："金王與祕推廣《玉篇》，區其畫段爲《篇海》。荆樸取司馬之法，添入《集韻》，隨母取切。韓孝彥改《玉篇》歸於五音，逐三十六母，取切最妙。復述《論圖詞頌》，置諸篇首，以便檢閱。及仲子道昭，學出家庭，獨得尤精，見篇中部目太繁，即形相推[一〇]。雜在他部者，悉加改併。如'吅'、'品'隨'口'入'溪'，'雔'、'矗'隨'佳'入'照'，'麤'隨'鹿'，'羴'隨'羊'之類是已。又見韻中門法多雜，即聲相協，散在別音者，亦加改併。如以'幽'隨'尤'，以'添'隨'鹽'，'臻'隨'真'，'譚'隨'談'，'嘯'隨'笑'之類是已。仍增減俗字於《篇韻》各母下，凡若干，讀者一覽，而艱聲奇字，趣了目前，道昭父子可謂有益於學者矣。今大隆福寺住持戒璇令本山文儒、思遠、文通董間取《篇韻》，協心考訂，重加删補，又詳校之，凡三繕稿，方克就緒。適太監賈安、房懋來禮寺，欣然捐貲繡梓，而屬予叙諸端。《篇韻》母部卷目仍舊，訂正之例悉依《洪武正韻》。"

《經史正音切韻指南》一卷

元劉鑑撰

金臺本。明弘治九年金臺釋子思宜重刊，前有至元丙子熊澤民序。

熊氏序曰："古有《四聲等子》，爲傳流之正宗，然而中間分析尚有未明，不能曲盡其旨；又且溺於經堅仁然之法，而失其真者多矣。新安劉君士明，通儒也，出其所編，實千載不傳之秘，遂鋟諸梓。"

劉氏自序曰："僕因舊制次成十六通攝，作檢韻之法，析繁補隙，詳分門類，并私述玄關六段，總括諸門，盡其蘊奧，與韓氏《五音集韻》互爲體用。諸韻字音皆由此韻而出也。末附《字音動静》，願[一]與朋友共之，庶爲斯文之一助云爾。"

《古今韻會舉要》三十卷

元熊忠撰

元本。陳寃原刻。每葉十六行，黑口板。前有劉辰翁序、熊忠自序、陳寃木記，方格十行，行十五字。次凡例，韻例七條，音例六條，字例十四條，義例五條。次《禮部韻略三十六母通考》。次行題"蒙古字韻音同"，陰文。末有收藏墨跋，不著名氏。按黃公紹《韻會》不傳，所傳者熊中[一二]《舉要》本。書内題"昭武黃公紹直翁編輯，昭武熊忠子中舉要"。按陳寃記云"承先師黃公委刊《古今韻會舉要》"，恐以《舉要》爲佳，遂不刊原書也。又按熊忠序，似《舉要》較黃書加詳，非舉其大略也。

劉氏序曰："其書有律呂次第，有幹枝損益，而又會萬里歸一，拾經史各傳以至字誤筆誤，遠之爲天地變化，近之爲人物情性，又近之爲文章樂府，得其一韻，已不勝舉。惜江閩相絕，望全書如不得見，不知刻成寄之何日。"

熊氏序曰："同郡在軒先生欲正韻書之失，始秤字書，作《古今韻會》。大較[一三]本之《説文》，參以籀古、隸俗，《凡將》、《急就》旁行落專[一四]之文，下至律書、方伎、樂府、方言，靡所不究，而又檢以七音六書。凡經史子集之正音、次音、叶音，異辭、異義，與夫事物倫類制度，纖悉莫不詳説而備載之。僕辱館公門，獨先快睹，旦日竊承緒論，因取《禮部韻略》，增以毛、劉二韻，及經傳當收未載之字，别爲《韻會舉要》一編，其諸[一五]條貫具如凡例。"

陳寃刻書記云："寃昨承先師架閣黃公在軒先生委刻《古今韻會舉要》，凡三十卷，古今字畫音義，瞭然在目，誠千百年間未睹之祕也。今繡諸梓，三復讎校，并無訛誤，願與天下士大夫共之。

但是編係私著之文，與書肆所刊見成文籍不同，竊恐嗜利之徒改換名目，節略翻刻，纖毫[一六]爭差，致誤學者。已經所屬陳告，乞行禁約外收書，君子伏幸藻鑑。後學陳棨謹白。"

　　文光案：是書有元刻官本，分甲、乙至壬癸十册。前有元統乙亥字术魯翀序。又余謙跋云："時至順二年二月二日乙未，臣欽奉帝命，文宗御奎章閣，得此書。點校葛元鼎所書《韻會舉要》以進。越明年四月丁卯訖工。"據此則是書元時有官本，有家本，有書肆本，而黃氏《韻會》則未有言及者，豈未之刻耶？陳刻有明代補板，此本尚是初印，紙墨皆佳，近稱難得。

　　《禮部韻略》元收九千五百九十字，有因申明、續降六十三字。及諸家所遺續添之字，六十一字。逐韻附入。今以《韻會》補收闕遺，增添注釋，凡一萬二千六百五十二字。《說文》籀古"或作"之字不係數。凡不係數字皆陰文。江南監本毛晃《增修禮部韻略》、江北平水劉淵《壬子新刊禮部韻略》，互有增字，毛增一千七百十字，劉增四百三十五字。隨音附入。凡附入之字，以陰文別之。經、史、子、選中有可備引用而未經收載者，逐韻附入，注云"今增"。凡六百七十六字。音學久失，韻書訛舛。今以《集韻》[一七]參考諸家聲音之書，定著角、徵、宮、商、羽、半徵商、半商徵之序，注云"某清音"、"某濁音"。俗音誤者，注云"俗作某音，非"。依《說文》先定六書之義，凡象形、指事、會意并存篆體。《說文》未盡者，引鄭氏《六書略》以足之。丁度修定《集韻》，凡"或作"之字最爲詳備。《韻略》所載十不一二，今并收入。《說文》所引古文六經與今文經傳小異，今據《說文》所引，次注"今文某書作某"。舊有鄞本《監韻》，并從《說文》篆體，施用頗駁，今并考正。《禮韻》初注甚少，亦有無注者，諸家增注，惟毛韻頗詳，猶未該備，兼不明本義，觀者眩瞀。今以《說文》定初義，其一字數義者，《廣韻》、《玉篇》、《爾雅》、《釋名》，以次增入。其經史訓釋義異者，皆援引出處，本文仍加"又"字以發其端。凡經、史、子、選、文集、譜志、諸家雜説、道梵之書，有關義訓，靡有不録。凡天文、地理、人物、草木、鳥獸、郡國、姓氏，與夫器物、制度、名數，并詳載之。凡諸儒考論異同、正訛辨惑之説，亦全文備述於本字音義之後。雜例不一，詳見逐字下注。

文光案：此例最爲龐雜，以毛韻、平水韻補《禮韻》所未備，又引經、史、子、選補諸韻所未備，以《集韻》定切音，而辨其切異音同，字異音同，二音、三音至數音之可通不可通，以及獨音之援引，俗音之謬誤，協音之不盡録，莫不有例。依《説文》定字義，并存篆體，兼引鄭《略》。而《説文》引經之異，《史》、《漢》借用之字，皆注於各字之下，其爲繁雜而眉目分明，不似《玉篇》所增不知出於誰手也。且其中多存古書，析疑辨誤，有資考證者，正復不少。若加廓清之功，未能如此詳贍矣。

《七音韻鏡》云："舊韻上平聲'東'字爲頭，'山'字爲末者，謂日出東方甲乙木，西山之没也。下平聲'先'字爲頭，'凡'字爲末者，謂先輩傳與後輩之精也。"今詳《七音韻》，平聲本無上、下之分，舊韻但以平聲字繁，故釐爲二卷。《集韻》始以平聲上、平聲下爲卷目。今因之舊韻，上平聲二十八韻，今十五韻，依平水韻并通用之類，以省重複。下平聲二十九韻，今十五韻。上聲五十五韻，今三十韻。去聲六十韻，今三十韻。入聲三十四韻。今十七韻。舊韻之字，本無次第，吴氏《韻補》依《七音韻》用三十六母排列，每韻起於'見'字母、角清音，止於'日'字母、半商徵音，三十六母周徧爲一韻。如'公'、'空'、'囗'、'囗'、'東'、'通'、'同'、'濃'，清濁先後，各有定序。其有音無字則闕。今以此爲次。《唐韻》、《禮部韻》、《説文》、《釋文》所注之字，反

切互異，其音則同。惟《集韻》重定音切，最爲簡明。《切韻》依
《七音韻》，以牙、舌、脣、齒、喉、半舌、半齒定七音之聲，以
《禮記・月令》四時定角、徵、宮、商、羽、半商徵、半徵商之
次。又以三十六字母定每音清濁之等，然後天下知聲音之正。

　　文光案：此書既有總例，又有雜例。其雜例見於韻字下
者，更爲瑣屑，且與總例相複，未爲允當。然爲初學設法，
使易通解，則甚便也。又案：劉序所云《古今韻會》乃黃公
紹所撰，未經發刻者。今本《古今韻會舉要》其發凡起例并
各字下案語，皆熊忠所撰，例前仍題"黃公紹編輯"，究不知
原書何如。熊序云"《韻會》編帙浩大，四方學士不能徧覽"，
則原書當不止三十卷。又云"取《禮韻》增以毛、劉二
《韻》及經傳當收未載之字，別爲《韻會舉要》一編"，是此
書大體與《韻會》迥異，黃《韻》當別爲一書。而陳㮚記云
"承先師黃公委刻《古今韻會舉要》，凡三十卷"，不知已刻黃
書，復刻熊書，抑專刻熊書，未刻黃書也？俟再考之。此本
卷尾有墨題二行，云"此書爲先侍御鶴皋公所傳，侍御又得
之石田山人，流傳已久，宜加珍惜。丙辰元旦□瑚識"。此不知
何人所題，"瑚"上一字半爲"凡"字，其半墨汙，不能識。

　邵氏曰："《古今韻會舉要》三十卷，前有劉辰翁、熊忠二序。
劉序題壬辰十月，蓋元世祖廿九年也。至順二年，又敕應奉翰林
文字余謙校正，有翰林侍講學士、前江浙等處行中書省參知政事
孛术魯翀序。是書分併依劉氏壬子韻，字僅增六百餘，而箋注攟
摭頗博，卷帙比舊增十五。雖復病其太繁，訛誤時或有之，要之
於韻學不爲無補。獨其字次先後，尼七音三十六母之説，考之舊
韻，顛倒錯糅。予嘗謂唐宋韻分亡於劉，音紐亂於黃，蓋紀實
也。"《古今韻略例言》。

　　文光案：邵氏所見之本，在陳㮚刊本之後，未知與陳本

何如。按《韻會》例云："毛氏增一千七百一十字，與毛晃進書表互異。"《韻略》云："毛晃增入二千六百五十五字，見進書表。"又按，天一閣所藏《韻會》爲明本，嘉靖戊戌劉儲秀跋云："崧少山人張鯤藏有善本，付江西提學李愚谷重刊。"鯤序云："統記萬有二千六百五十二字，與邵氏所記字數合。"

王山史曰："後蜀孟昶嘗立石經於成都，又作《書林韻會》，黃公紹《韻會舉要》實本之，然博雅不及也，故以《韻會舉要》爲名。五代僭僞諸君，吳蜀獨有文學，然李昇不過能作小詞，不及昶遠矣。昶又嘗纂集《本草》。"錄於《山志》。山史不知《舉要》爲熊忠所著。

錢氏曰："公紹，閩人，囿於土音，讀疑母不真，妄生分別。然較《中原音韻》之無知妄作，有天淵之隔。"又曰："方日升《韻會小補》，因黃本而增注倍之，可稱博洽之士。王元美稱其能詩，似淺之乎視子謙。"錄於《潛研堂集》。

《篇韻貫珠集》八卷

明釋清泉撰

金臺本。前有弘治戊午劉聰序。

劉氏序曰："是書懼《篇韻》有遺錯，乃稽諸家《篇》、《韻》，究其詳略同異，得失分合。字尋其巢穴，類提其綱領，求聲音以歸母，考偏旁以入韻，經史子集之外，凡荒檄重譯，華人學士或未經目者，悉搜剔纂釋，族分類合，凡若干卷。而《篇》、《韻》各殊，檢閱未快，又爲歌訣詞法以樂諸首，而以雜法終之。始弘治己酉上元，迄弘治戊午中元脫稿，遂繡諸梓。"

《毛詩古音考》五卷

明陳第撰

崇本山堂本。乾隆二十七年灉川徐時作校刊，有序，第一篇即是。板本甚佳。其後張海鵬刻入《學津討源》，板式行款尺寸與此悉同，惟面有張氏校刊木印。此本面題"陳季立先生著"，猶沿坊本之式。張本題面特雅，以此辨之。前有萬曆丙午焦竑序、陳第自序、古音總目。凡四百九十八字。卷中先提古音一字爲綱，下加以注，次降一格列本證、旁證二條。本證者，以《詩》證《詩》；旁證者，採及他書。二者俱無，則宛轉以審其音，參錯以諧其韻，取便於歌詠而已。書止四卷，第五卷附《讀詩拙言》，皆其心得之學，較之《屈宋古音義》所附評騭語，則切實多矣。彼猶是明人氣習，此則獨出手眼也。焦弱侯以叶音爲謬，見於《筆乘》。馮山公論古音，因《筆乘》中下皆音庚之類，又推出十餘字，不知皆在陳書，是未見此本也。是書明板久毀，筠亭以所得抄本刻之。其合刻之《屈宋古音考》已入楚詞類，兹不再及，讀者宜互考之。顧氏、江氏考古音益審，段若膺因顧、江二家之說證違補闕，撰《詩經韻譜》。學者合數家之書觀之，而古音可知其概矣。

徐氏序曰："先生少稟異質，博極羣書，喜談兵。嘉靖壬午，戚繼光征倭至連，即與定《平倭策》。應俞大猷聘，以邊事上書，大司馬譚綸奇而薦之。起家京營，守古北口，歷遊擊將軍，屢立戰功。以忤巡撫，拂衣歸，時年五十，絕意仕進。焦太史稱其異人者三。著作甚富，《古音考》特其一也。"

陳氏跋曰："甲辰訪焦太史，談及古音，欣然相契。假以諸韻書故本，昔所考證，復加編輯。太史又爲補其未備，正其音切，書可繕寫。此道久湮，知之者寡。即吳才老、楊用脩博採精稽，猶未敢斷其非叶也。太史與愚乃篤於自信，真千載一遘矣。"此跋在書末。

旁證採《易》獨詳，以時世近而聲音同也。 《周頌》有從古不叶者數章，不可強解。 通《詩》之音以讀《易》，得十之六，讀《易林》、《急就》、《參同》、《太玄》諸書，皆得其概。錄於本書。

《詩音辨略》二卷

明楊貞一撰

《函海》本。前有自序，俱就原本《集傳》反叶詳明者辨駁。

楊氏自序曰：“今世所行《詩經集傳》，其叶音之隸於《韻補》者十之八，而其顯然當遵無容思議者十之七；其溢於《韻補》者十或二三，而其卓然可從不煩推敲者百無二三。予課兒時，從正文口授，而朋儕中輒有摘注以難者，乃爲徵印前聞，詮釋蒙惑，凡若干則，存正大方。才老增損定本，當時已亡，今殆未可盡泥。而一切古音載在《韻補》，亦已大備，學者舍是將奚之焉？其‘東’韻内固未嘗收‘虞’字也，‘麻’韻且轉聲通‘歌’，又何得有牙音？朱子自謂‘協韻乃吴才老所作，某續添之’。‘烘’、‘牙’二音是續添與否，未敢置喙也。正恐後人復有因是添入《韻補》者耳。”

陳氏《書録》：“古今世殊，南北俗異，語言音聲誠有不得盡合者。古之爲《詩》學者多以諷誦，不專在竹帛。竹帛所傳，不過文字，而聲音不可得而傳也。又漢以前未有反切之學，許氏《說文》、鄭氏箋注但曰‘讀某’而已，其於後世四聲、七音又豈能盡合哉？反切之學，自西域入中國，至齊梁間盛行，然後聲病之説詳焉。韻書肇於陸法言，於是有音同韻異，若‘東’、‘冬’、‘鍾’，‘魚’、‘虞’、‘模’，‘庚’、‘耕’、‘清’，‘青’、‘登’、‘蒸’之類，斷斷乎不可以相雜。若此者，豈惟古書未之有，漢魏以前亦未之有也。陸德明於《燕燕》詩以‘南’韻‘心’，有讀‘南’作尼心切者。陸以爲古人韻緩，不煩改字，此誠名言。今之讀古書古韻者，但當隨其聲之叶而讀之。若‘來’之爲‘釐’，‘慶’之爲‘羌’，‘馬’之爲‘姥’，聲韻全別，不容不改。其聲韻苟相近，可以叶讀，則何必改字？如‘燔’字必欲作汾沿反，

'官'字必欲作俱員反，'天'字必欲作鐵因反之類，則贅矣。"

　　　文光案：陸氏"古人韻緩，不必改字"之説，最爲確論。陳氏謂竹帛所傳不過文字，而聲音不傳，亦確論也。

《詩韻輯略》 五卷

明潘恩撰

明本。前有隆慶己巳自序。是書爲事類之書，依韻排纂，非韻書也。但劉淵所併之韻，今已不傳。今世通行之韻，即從此書抄出，録此以著今韻之始。明崇禎間有梁應圻者，取是書翻板行世，不增損一字，更名《詩韻釋略》，每卷首列"關中梁某訂"。入國朝，其子又翻板行世，前有吳偉業序。知是書出潘氏者漸少，因詳著之。《天一閣書目》有《詩韻輯略》五卷，注曰"上海潘恩著"，缺自序。又一本二卷。

　　邵氏曰："是韻依陰氏，注多採之黃氏，惜其愛博不精，訛誤冗俗，往往而有。又刊去引用書名，第就今行本，尤爲未善。予《古今韻略》託始於此，後再易稿而成。"又曰： "是書於《禮韻》，毛、劉《韻》刊落三千餘字，有字極古雅而遭刊者，有訛字、俗字闌入者，即今行韻也。明初至今遵之，或葆之爲沈韻，或指爲平水韻，不知爲陰氏一家之書，三百年來，自序發覆。"録於《古今韻略》。

　　《韻府羣玉》二十卷，元陰時夫編輯，其弟中夫注。明五岳山人沔陽陳文燭序，滕賓序，至大庚戌江村姚雲序，趙子昂題，凡二十字。大德丁未陰竹埜序，延祐甲寅時夫、中夫自序，凡例，目録。余所藏者，爲王孟起名元貞，秣陵人。校刊之本，於陰氏原本外，增以《音切》，《禮部韻》缺者亦多所增入。此即潘《韻》之所自出。《韻府》入類書類。

　　《韻學要指》曰："陸《韻》分二百六部，《廣韻》併作一百十四部，《禮韻》併作一百八部，《平水韻》又併作一百七部，韓道昭併作一百十八部，《正韻》併作七十六部，瑞王《重編廣韻》併作六十五部，此皆不足道者。明郭正域《韻經》謬增數韻於平水韻中，較平水韻多九部，併作一百一十六部，而韻學掃地矣。近代論韻諸家各有增損，皆庸妄無理，總不足錄。”又曰：“併韻固有不同，若分韻皆是二百六部，并無參差。”

《古音叢目》五卷　《獵要》五卷　附錄一卷

明楊慎撰

《函海》本。前有自序。升菴所著古音皆依今韻。此本有脫簡，有闕文，原裝時已佚。附錄不分韻。

楊氏《叢目》序曰：“吳才老嘗著《詩補音》、《楚詞釋音》、《韻補》三書，皆古音之遺也。‘虞’之爲‘牙’，見於賈誼《新書》。‘騶虞’之‘騶’，考[一八]之古典則無，求之《方言》則背，況二章之内遽分兩韻，是非古音也，其爲臆説無疑。暇日取才老三書，去其可去，存其可存，附以予所輯《轉注略》十之六，合爲一編。”

楊氏《古音獵要》自序曰：“予輯《古音叢目》，凡四千五百餘字，亦既省矣，猶病其寡要也。又手錄其可叶之賦頌韻文者，凡千餘字，若臨文古韻，則此卷足矣。”

《古音略例》一卷

明楊慎撰

《函海》本。李調元校刊，有序。

李氏序曰：“六經多韻語，不獨《詩》爲然也。後人改古韻以就沈韻，如《詩》與《楚辭》，韻之祖也，反以沈韻改《詩》與《楚辭》，謬妄孰甚？升菴力排衆論，而恐其説之無徵，因摘取經子諸書韻語，名之曰《古音韻略》，循是以求，可以探古人聲韻之元矣。”

楊升菴曰：“程可久云：‘才老之說雖多，不過四聲互用，切響通用而已。’愚謂古人轉注之法，義可互則互，理可通則通，未必皆互皆通也。如‘天’之字爲‘天’、‘添’、‘舔’、‘鐵’，是其四聲也；他年切之外有鐵因切，是其切響也。其音‘忝、舔，鐵’，三音皆無義而不可轉；鐵因之切，則與《方言》叶，故止有切響可通，而四聲不互也。宋人之學失於主張太過，音韻之間亦不屑蹈古人成迹。如其說而推之，則當呼‘天’爲‘鐵’，名‘日’爲‘忍’矣。”

《古音駢字》五卷

明楊慎撰

《函海》本。錦州李調元刊。升菴所著，《古音餘》五卷，如《古音略》之例。楊士雲序曰：“餘者例外，示無窮也。”《古音複字》五卷，《奇字韻》五卷，并《叢目》、《獵要》、《略列》、《駢字》、《轉注》、《附錄》，共九種，皆刻入《函海》。凡分五卷者，上平、下平、上、去、入各一卷也。又合刻《希姓錄》五卷，亦以韻次。

李氏序曰：“升菴博極羣書，旁及鐘鼎銘識。其於字之相同而互用者，作爲《古音駢字》四卷，以補《說文》、《玉篇》之闕。昔先生補注《山海經》，於‘雎山’條下注云：‘雎，古字，後人改刻作鵲。’此等古字，宜存之。甚矣！今人之多妄也。”此跋錄於《童山集》，本書不載。

楊升菴曰：“歐陽、二蘇、王介甫皆深於音韻，而賢者過於自信，謂四聲皆可轉，切響皆可通，所謂‘博而寡要，勞而無功’。故予作《古音略》，宋人之叶音咸無取焉。”

《轉注古音略》五卷

明楊慎撰

《函海》本。前有嘉靖壬辰顧應祥序。

顧氏序曰："是書上自經史，下及諸子百家之書，靡不究極。而所取以爲證據者，五經之外，惟漢以前文字是録，晉以下則略焉。蓋本於復古，而不欲以後世之音雜之也。"

升菴《與李仁夫書》曰："凡見於經傳子集與今韻殊者，悉謂之古音。轉注也，古音也，一也，非有二也。才老書尚多遺逸，因其謬音誤解，改而正之；單聞孤證，補而廣之。"錄於《升菴集》。

《古音後語》："升菴子曰：'六書當分六體，班固云"象形、象事、象意、象聲、假借、轉注"是也。六書以十爲分，象形居其一，象事居其二，象意居其三，象聲居其四。假借，借此四者也；轉注，注此四者也。四象以爲經，假借、轉注以爲緯。四象之書有限，假借、轉注無窮也。鄭漁仲論假借則有發明，説轉注則謬以千里，原轉注之義最爲難明。《周禮》注云："一字數義，輾轉注釋，而後可通。"後人不得其説，遂以"反此作彼"爲轉注，謬矣。又《易》疏云，"賁"有七音，義各不同，觸類而長之。"衰"有四音，"齊"有五音，"從"有七音，"差"有八音，"敦"有九音，"辟"有十一音，皆轉注之極也。班固之意，謂六書四者有象可見，故以象名；假借、轉注則隱於四象之中而非別有字也。恐後人失傳，故特著之。假借，借義不借音，如"兵甲"之"甲"爲天干之"甲"，義雖借而音不變，故曰假借。轉注，轉音而注義。如"敦"本敦大之義，既轉音"頓"，而爲《爾雅》"敦邱"之"敦"，又轉音"對"而爲《周禮》"玉敦"之"敦"，所謂"一字數音"也。假借如借物於鄰，或宋、或吳，名從主人。轉注如注水行地，爲浦、爲澉，各有名字矣。'"

文光案：程端禮、趙古則、楊慎皆以轉聲爲轉注。程曰："假借借聲，轉注轉聲。"趙曰："轉注者，輾轉其聲而注釋爲他字之用者也。自許慎以來，同意相受，'考'、'老'爲轉注，鄭玄以之而解經，夾漈以之而成略，遂失其本旨。"楊

曰：“古則所論深爲有見。雙音并義，傍音叶音，皆轉注之極
也。”愚謂升菴之説皆瞽説也。謂假借借義不變聲，然如
“令”、“長”二字，“長”字有平、上二音，“令”字不變，
是假借有變有不變也。謂假借、轉注皆隱於四象之中，假借
固無專門之字，轉注如“考”字、“老”字，皆有其字，不可
謂隱也。又以轉聲爲轉注，前人已議其非，不必辨矣。

戴氏曰：“楊恒謂三體以上輾轉附注，是曰轉注，其謬易見，
而莫謬於蕭楚、張有諸人。‘轉聲爲轉注’之説，雖好古如寧人，
亦不復深究，古今音讀莫考。宋魏文靖論觀卦云：‘今轉注之説，
則象象爲觀示之觀，六爻爲觀瞻之觀，竊意未有四聲，反切已有，
安知不爲一音乎？’案：此與“好好惡惡，安知不爲一音”同。據此言之，
轉聲已不易定，轉注、假借何以辨？”又曰：“轉注‘考’、‘老’
字，後人不解。裴務齊《切韻》猥云：‘考字左回，老字右轉。’
戴仲達、周伯琦之書仍承其説，二徐、鄭樵之書亦屬傅會，而莫
謬於蕭楚、張有諸人。後世求轉注之説不得，并破壞諧聲、假借，
二千年間紛紛立説。震謂‘考’、‘老’二字屬諧聲。會意者，字
之體。引之言轉注者，字之用。轉注，猶曰互訓。《説文》於
‘考’字訓之曰‘老也’，於‘老’字訓之曰‘考也’。是以叙中
論轉注舉。《爾雅・釋詁》有多至數十字共一義，其六書轉注之
法與！別俗異言、古雅殊語，轉注而可知，故曰‘建類一首，同
意相受’。”錄於《東原集》。

  文光案：戴東原與江慎修論轉注，反覆數百言，仍不出
  毛氏之説，而無一語及之，豈未見毛説歟？然其引伸、觸類，
  較毛説加詳。戴氏著《聲考》一卷，半爲轉注之説，其於音
  韻甚精，非邵子湘可比。

  邵氏曰：“六書始於象形，終於轉注。《説文》以‘考’、
‘老’爲轉注，後世因之。宋毛氏乃斥‘考’、‘老’爲非，其説

謂‘老’從‘匕’，‘考’從‘丂’，各自成文，非反‘匕’爲
‘丂’。《周禮》六書轉注，謂一字數義，展轉注[一九]釋而後可通
耳。趙氏《六書本義》又備論轉注流別有五，而足以方音、叶音，
其説愈備。明楊升菴取其説，著《轉注古音略》，其博采經典注
疏、子史雜家及論旁音、叶音，雖不無好奇之過，而亦實有補才
老所未備者。二書蓋古韻之權輿也。”

　　曹仁虎《轉注古義考》一卷，吳氏刻入《藝海珠塵》。其論轉
注曰：“六書中惟轉注之義，古來説者判不相合。以轉注爲訓詁
者，其説起於近世，謂《説文》於‘考’字下訓‘老也’，於
‘老’字下訓‘考也’。以二字同義者，轉相爲注，即名轉注。然
轉注者本流注之‘注’，而誤以爲注釋之‘注’。六書各有本位，
必先有六書而後訓詁隨之。是六書者，母也；訓詁者，子也。凡
六書皆當有訓詁，豈獨轉注一種爲然？今乃以後起之訓詁，配六
書之本位，於義既屬未安；況‘考’之訓‘老’，‘老’之訓
‘考’，爲許氏之文，故謂之‘説文解字’；而六書在周初已有定
名，亦未可以漢儒之箋釋爲造書之本旨也。且考《説文》之言曰
‘建類一首，同意相受’，本從字首之相同者而言，今[二〇]即以
‘考’、‘老’互訓之例推之。如‘福’字訓‘祜’，‘祜’字訓
‘福’，而凡‘禄’、[二一]‘祉’之與‘福’同意者，即以‘福’訓
之。‘咽’字訓‘嗌’，‘嗌’字訓‘咽’，而凡‘喉’、‘嚨’之
與‘咽’同意者，即以‘咽’訓之。‘遇’字訓‘逢’，‘逢’字
訓‘遇’，而凡‘遭’、‘遘’之與‘遇’同意者，即以‘遇’訓
之。‘憂’字訓‘愁’，‘愁’字訓‘憂’，而凡‘恛’、‘悵’之
與‘憂’同意者，即以‘憂’訓之。凡若此類，似有合於‘同意
相受’之説。若‘逾’、‘越’之互相訓，‘待’、‘竢’之互相訓，
‘問’、‘訊’之互相訓，‘謹’、‘慎’之互相訓，‘明’、‘照’，
‘始’、‘初’之互相訓，又獨非同意乎？然部首各别，字類各殊，

顯與《説文》‘建類一首’之語相背矣。蓋轉相爲注者，乃造字之義，而非解字之文。若專以互相訓爲轉注，施之‘考’、‘老’二字説似可通，施之他字而已窒。即以‘老’字之部而論，‘耆’亦訓‘老’，勢不能於‘老’之下再訓爲‘耆’。是可謂之注，而不可謂之轉也。欲定轉注之義，仍當以《説文》‘建類一首，同意相受’二語求之。既曰‘建類一首’，則必其字部之相同，而字部異者非轉注也；既曰‘同意相受’，則必其字義之相合，而字義殊者非轉注也。《説文》於轉注特舉‘考’、‘老’以起例，而‘考’字從‘丂’得聲，則必其字音之相近，而字音別者非轉注也。故轉注近於會意，而與會意不同。轉注者，以此合彼，而不離其原義。如以‘考’合‘丂’爲‘考’，‘考’字仍與‘老’字同義。推之以‘老’合‘毛’爲‘毫’，而‘毫’字亦即‘老’字之義。會意者，以此合彼，而各自爲義。如‘止戈’爲‘武’，而‘武’字已非‘止’字之義。‘人言’爲‘信’，而‘信’字已非‘人’字之義。此轉注與會意之分也。轉注又近於諧聲，而與諧聲不同。轉注者，彼與此本屬同意。如‘丂’字本有氣礙之象，老人之哽嗌似之，故以‘老’合‘丂’爲‘考’，從‘丂’得聲，而仍與‘老’同義。推之‘毛’爲眉髮之義，與老人之頭白有合，故以‘老’合‘毛’爲‘毫’，從‘毛’得聲，而即從‘老’得義。諧聲者，彼與此一主義而一主聲。如以‘水’合‘工’爲‘江’，‘工’字本無水義，而但取其聲。此轉注與諧聲之分也。至於以轉注爲轉音，尤易惑人。蓋轉注又近於假借，而與假借不同。轉注者，一義而有數文，故‘毫’、‘耆’皆有‘老’義，而‘老’亦可稱‘毫’、‘耆’。假借者，一文而有數義，故‘令’爲號令之‘令’，亦爲令善之‘令’，又爲使令之‘令’。‘長’爲長短之‘長’，亦爲久長之‘長’，又爲長幼之‘長’。此轉注與假借之分也。辨其所易混者，而轉注之本義自出。‘老’字原兼‘人’、

'毛'、'匕'三義，從人、從毛而未合匕，則猶未成乎其爲'老'字也。'老'字既爲建首，凡由'老'義轉注者，原不妨從'老'省文而爲'耂'。今就《説文》'考'、'老'論之，'考'字與'老'同義，則論轉注者自不能離乎意；'考'字從'丂'得聲，則論轉注者自不能離乎聲。惟其不能離乎意與聲，故後儒之論轉注者，或竟與會意、諧聲相混，則毫釐千里之失也。若轉注之與假借，判然不同，混入尤無義理。果能體玩於許氏原文而字字求其相合，則轉注之義自明。轉注明而六書之全義俱明，凡諸家臆説，可不辨而自息矣。"

文光案：轉注自古無定論。予初得俗本，以左回右轉爲轉注。既得東原"考注老，老注考"之説，以爲得未曾有，然已疑其爲《説文》之注，非六書之本也。東原之爲是説也，甚鳴得意，使見曹氏之考，當亦啞然自失矣。自曹氏之論轉注，較諸家爲細密，且未見前人有是説。其於"建類一首，同意相受"之義，甚有所發明，然不敢必其字字皆合。如以"老"合"毛"而爲"毟"，"老"爲義，"毛"爲聲，其説當矣。若以"老"合"日"爲"耆"，以"老"合"至"爲"耋"，"老"爲義而"日"與"至"皆非聲也，此又當如何解之？凡説之可以窮者，皆非説之至者也。蓋小學久已失傳，人各創一肊説，合於此字則通，合於彼字則不通，往往然矣。愚嘗謂《説文》既無師傳，讀者不可以強解。既無佐證，徒亂心意，不如其已也。

校勘記

〔一〕"韻"，據《廣韻》補。

〔二〕"用"，原作"行"，據宋張淏《雲谷雜記》改。

〔三〕"乃"，據《重修廣韻》當作"及"。

〔四〕"集"後原衍一"駁"字，據該書刪。

〔五〕“遽”，原作“遠”，據清朱彝尊《經義考》改。

〔六〕“詣”，據《韻補》補。

〔七〕“補韻”，原作“韻補”，據上文乙正。

〔八〕“本”，原作“板”，據清莫友芝《宋元舊本書經眼錄》改。

〔九〕“支”前原有一“之”字，據《五音集韻》刪。

〔一〇〕“推”，原作“類”，據清劉獻亭《廣陽雜記》改。

〔一一〕“願”，原作“類”，據《經史正音切韻指南》改。

〔一二〕“中”，據上文當作“忠”。

〔一三〕“大較”，原作“較大”，據《古今韻會舉要》乙正。

〔一四〕“落專”，《四庫全書》本《古今韻會舉要》作“專落”，當是“專濩”之誤。《史記·司馬相如列傳》：“非唯濡之，氾專濩之。”

〔一五〕“諸”，原作“緒”，據《古今韻會舉要》改。

〔一六〕“纖毫”，據同上書補。

〔一七〕“集韻”，《四庫全書》本《古今韻會舉要》作“切韻”。

〔一八〕“考”前原有一“烘”字，據文意刪。

〔一九〕“注”，據《續通志·六書略》補。

〔二〇〕“今”，原作“令”，據同上書改。

〔二一〕“禄”，原作“錄”，據同上書改。

經部十
小學類八

《同文韻統》六卷

乾隆十五年敕撰

《武英殿》本。首御製序，次職名，次目録。卷一，《天竺字母譜》，《國書爲華梵字母權衡説》。卷二，《天竺音韻翻切配合字譜》。卷三，《西番字母配合字譜》。卷四，《天竺西番陰陽字二譜》。卷五，《大藏經典字母同異考》，《譯經高僧傳略》。卷六，《華梵字母合璧譜》。《提要》曰："華語梵音，互相貫通。"《簡明目録》曰："以天竺西番字母參考異同，音以漢字。"

古有六書，諧聲居一。天竺西番，字母義例，各有不同，而其配合成字，則皆諧聲之法也。夫語言文字，隨地不同，欲譯而通之，一曰譯義，二曰譯音。譯義者，以此地之語譯彼地之語，其語則異，其義則同，此之謂譯義者也。譯音者，以此地之字譯彼地之字，其字則異，其音則同，此之謂譯音者也。譯義之用，通乎經文；譯音之用，宜於呪語。

天竺字母五十字：音韻十六字，阿、阿、伊、伊、烏、烏、唎、嚧、利、利、厄、厓、鄂、噁、昂、噁；翻切三十四字，嘎、喀、噶、嘎、咽、哑、擦、雜、囉、翀、查、叉、楂、噆、那、

答、塔、達、鑵、納、巴、葩、拔、鈹、嘛、鴉、喇、拉、幹、
沙、卡、薩、哈、囂。

《文殊問經》、《金剛頂經》、《師利問經》，三部内俱有此天竺
字母五十字，而所用漢字各有不同。中華音韻，以陰陽分清濁。
夫陽清陰濁，自然之理也。而樂律以陽律爲濁均，陰吕爲清均；
字書以陰平爲清平，陽平爲濁平：是又皆以陰爲清而陽爲濁矣。
然究其義，則無不可以相通者。吕坤《交泰韻》辨陰陽説云：“陰
體下而上行，陽體上而下行。”此語極得音韻之理。蓋陽本清也，
而其音則自清而之濁；陰本濁也，而其音則自濁而之清：此陰陽
交互之義也。神珙所傳華音三十六字母，是原從天竺西番字母演
譯而出。

《音論》三卷　《詩本音》十卷　《易音》三卷
《唐韻正》二十卷　《古音表》二卷

國朝顧炎武撰

《音學五書》本。五書歷三十餘年，五易稿而成。其大要已著
於《目録學》，此録其散碎。

寧人《與潘次耕書》曰：“力臣札來，五書改正約有一二百
處。《祈父》‘靡所底止’，《小旻》‘伊于胡底’，誤作‘底’。注
云十一‘薺’，而不知其五‘旨’也。五經無‘底’字，惟《左
傳》‘處而不底’、‘勿使有所壅閉湫底，以露其體’，乃音丁禮
反。今《説文》本‘底’下有一畫，誤也，字當從‘氏’。《商
頌》‘以假以享’，下云‘來假來饗’。石經上作‘享’，下作
‘饗’。歐陽氏曰：‘上云以享者，謂諸侯皆來助享於神也。下云來
饗者，謂神來至而歆饗也。’‘享’、‘饗’二義不同。享者，下享
上也。《書》曰‘享多儀’是也。饗者，上饗下也。傳曰‘王饗

醴’是也。《魯頌》‘享以騂犧’作‘享’，‘是饗是宜’作‘饗’，今本周、商二《頌》上下皆作‘享’，非矣。舉此二端。此書雖刻成，未可刷印，恐有舛漏，以貽後人之議。《詩》、《易》二書今夏可印，其全書再待一年，《日知錄》再待十年。如不及年，以臨終絕筆爲定。昔伊川先生不出《易傳》，謂是身後之書。今人速於成書，躁於求名，斯道也將亡矣。”録於《亭林集》。

《茶餘客話》：“張性符爲邑中名諸生，收藏金石極富，所著有《學志草》、《學山草》、《理學屛守》、《經濟源流》諸書。三子弨、弧、毅皆知名士。弨即力臣，博學精詣，嘗摹硯山石幢，刻《昭陵六馬圖贊》，釋《瘞鶴銘》，手拓石鼓文，所著今無傳本。”録自《藝海珠塵》。

《唐韻正》：“凡韻中之字，今音與古音同者，不注；其不同者，乃韻譜相傳之誤，則注云‘古音某’，并引經傳之文以正之。”“‘江’，古音工；‘紅’，古亦音‘工’。漢碑‘曲江’作‘曲紅’，《漢書》‘大功’、‘小功’作‘大紅’、‘小紅’，‘女工’作‘女紅’，‘工女’作‘紅女’，是‘江’、‘紅’同一音也。自《宋書·符瑞志·嘉禾頌》，始與‘攘’、‘彰’、‘廂’、‘陽’爲韻。李因篤曰：‘考二銘及《李華集》，唐開元、大曆時，“江”字尚讀爲“工”也。’楊慎曰：‘今漁人語“江”爲“工”。’”“‘厖’，古音莫工反。《長發》章與‘龍’、‘總’爲韻。俗讀‘龐’，形亦訛溷。”　“‘窗’，楚江切。‘楚江’、‘初江’同音，‘初江’即‘初工’。今人不識‘江’之音‘工’，反欲改‘蔥’爲初罔反，誤也。又按，《説文》‘農’從‘晨’，囪聲，囪音‘蔥’，故與‘農’相近。徐鍇不達，乃曰當從‘凶’乃得聲，其失甚矣。張弨曰：‘古文“窗”皆作“囪”，象形，與“蔥”同音。’”　“‘邦’，古音博工反。按，《吳越春秋》越軍人作《河梁歌》，‘降’、‘邦’二字併入‘陽’韻。此書爲趙曄作，曄，後漢人也；且春秋之末，秦未稱王，即此可知其妄。” “‘降’，古音戶工反。‘降’字入‘陽’韻，陳第以爲始東方朔，不知《楚辭·九歌》已先之矣。降下之‘降’，自漢以前無讀去聲者。”

“‘逢’，古音簿工反。《廣韻》‘三鍾’部從‘夆’，迎也；‘四江’部從‘夆’，姓也。自《龜策傳》始入‘陽’韻。《説文》‘逢’字無正文，止作‘逢’。《玉篇》無‘逢’字。” “‘江’韻與‘東’、‘冬’、‘鍾’同用，南北朝猶然，唐以下始雜入陽韻。吳棫因之，有‘通陽’之説。《中原音韻》乃以‘江’、‘陽’合韻，《洪武正韻》遂併‘江’入‘陽’。柴紹炳曰：‘考古《易》、《詩》、《書》及《楚辭》、漢魏詩歌，凡‘江’韻中字無闌入‘陽’韻者。即有一二，不得以間出爲通例也。’按，漢人用韻已雜，‘東’、‘冬’、‘陽’、‘唐’往往并見，‘工’、‘功’、‘攻’三字亦入‘陽’韻。” “‘移’，古音戈多反。《説文》‘移’從‘禾’，‘多’聲。徐鉉曰‘多與移聲不相近’，蓋不知古音也。”

“古‘蛇’字皆徒何反，惟《九歌》用入‘微’、‘皆’、‘灰’韻。今人以‘委蛇’入‘五支’，‘虵蛇’入‘九麻’，不知何據。詳其字義，亦非有二。《詩》‘委蛇委蛇’，正謂人之委曲而行如蛇耳。《廣韻》‘蛇’字下注云：‘蝾蛇，蓋古人謂蛇爲‘委蛇’也，其無二音可知。’按，委蛇字亦作‘陀’，又作‘它’。《後漢書·任李萬邳傳贊》：‘委陀還旅。’章懷太子不知‘蛇’之音‘陀’，而反讀‘陀’爲‘移’，誤。” “‘隨’，古音旬禾反。楊慎曰：‘大理董難曾見宋人小説，周有八士，八人而四韻。‘隨’，旬禾反；‘騧’，烏戈反：一韻也。周人尚文，於命子之名，亦緻密不苟如此。’按，‘隨’亦與‘隋’通。隋文帝改‘隨’爲‘隋’，非無據而爲之也。又按，‘隨’字自《素問·天元紀大論》始入‘之’韻。” “‘犧’，古音許何反，鄭康成讀爲‘莎’。《閟宮》與‘宜’、‘多’爲韻。犧尊，當讀本音許宜反，即許何反，與

‘莎’音亦同一部耳。”　　“‘宜’，古音魚何反。《六書正譌》曰：‘宎，上從宀，深屋也；下從一，地也；上屋下地爲宎，會意，中從多聲。’按，《詩》中‘宎’字皆此音，則從‘多’爲諧聲明矣。今讀疑羈切，後人之音也。傳記中‘多’字亦有作章移切者。二字本皆‘哥’韻，後世叶入‘支’韻，迷其初矣。世俗篆字省作‘宐’，注云‘多，省聲’，已非古。而俗又作‘宜’，從‘且’，大謬矣。惟秦泰山石刻可考，李斯所書也，今以爲正。”

“‘皮’，古音‘婆’韻，補皮、蔽波切。《説文》‘波’、‘皴’、‘坡’、‘跛’、‘破’、‘簸’皆以皮得聲。《史記·太史公自序》：‘厄困鄱薛、彭城。’徐廣曰‘鄱音皮’。漢人讀‘鄱’爲‘婆’。後人不知‘皮’之音‘婆’，遂讀‘藩’爲‘毗’矣。胡三省以爲‘皮’乃傳寫‘反’字之誤，亦非。按，‘鄱’、‘番’、‘藩’、‘繁’四字，皆得與‘皮’通，以‘皮’字音‘婆’故也。‘蟠’字亦音‘婆’。”　　“‘煇’，古音‘熏’，去聲，音‘運’。張弨曰：‘煇，從火，其用皆熏燎之屬，俗改從“光”，遂與古意遠矣。’凡從光者，俱俗訛也。”　　“‘枹’，枹鼓之‘枹’，諸韻多音‘浮’，云‘鼓槌也’。《爾雅》音逋茅反，又音‘浮’。後人既讀‘桴’爲‘夫’，又并‘枹’字亦改‘夫’音，誤之誤矣。‘枹’亦作‘桴’。”“捄，舉朱切，古音‘求’。按，‘舉朱’當爲‘舉求’之誤。趙宧光曰：‘《詩》‘有捄棘匕’、‘有捄天畢’、‘有捄其角’，并是此字。’”　　“‘西’，古音‘先’。《宋書·樂志》載《明月篇》，陳思王詞，其末句蓋後人所加，《七哀》本辭無末二句。”“鮮’，古音‘犀’。按，‘先’、‘仙’部中之字，其偏旁多從‘真’部中字，古人本爲一韻，不必一一而注之也。如‘天’、‘田’二字見於經者，必與‘人’爲韻。師古曰：‘古者，“田”、“陳”聲相近，故陳公子完以田爲氏。’李因篤曰：‘此韻之通用，即唐人亦然。杜甫《彭衙行》猶古人之遺。後人分

“真”、“先”爲二部者，非也。’”“‘車’，古音‘居’。陳第曰：‘車之韻“歌”，自魏程曉詩再轉而韻“麻”。’按，始於《西京賦》，不始於程曉詩也。”　“‘奢’，古音‘都’。唐人有朱子奢，亦當讀爲‘都’。”　“‘華’，古音‘敷’。陳第曰：‘至魏晉轉爲和音，見嵇康詩。’毛先舒曰：‘“華”之入“歌”，不始嵇康，後漢酈炎詩已先之矣。’按，‘華’之入‘歌’，不始酈炎，《上林賦》又先之矣。”文光案：凡諸家之考原始者，皆未敢深信，始之前又有所始者，不一而足，“華”字其一端也。顧按：“‘花’字自南北朝以上不見於書，晉以下書中間用‘花’字，或是後人改易。惟《後魏書》李諧《述身賦》‘華’、‘花’并用，而五經、兩漢之書皆古本相傳，未有改‘華’爲‘花’者。考太武帝造新字千餘，頒之遠近，以爲楷式，‘花’字得非新造之字乎？碑表之見於世者，惟北齊龍興寺碑始以‘華’作‘花’字。”　“‘挐’，古音女居反。《五經文字》以‘挐’爲女居切，‘拏’爲女加切，恐未然。董彥遠云：‘“挐”從“如”，今人從“奴”。《唐韻》以“拏”爲或體，非也。’考《子虛賦》只作‘挐’，今《廣韻》先列‘拏’字，亦非。”　“《玉篇》：‘“家”，本音“姑”，今音“加”，誤。’按，今山東青州以東猶存此音。如張家莊、李家莊之類，皆呼爲‘姑’。至幽、薊之間，則又轉而爲‘各’矣。陳第曰：‘後轉而音‘歌’。”　“鴉，古音‘烏’。古但有‘烏’字，無‘鴉’字，漢以下始以‘魚’、‘虞’、‘模’韻轉入於‘麻’，而‘烏’字亦別爲‘鴉’，遂混於大小《雅》之‘雅’，後人因之以‘鴉’訓‘雅’，愈不通矣。”　“‘牙’，古音‘吾’、‘互’。‘郎主互市’，唐人書‘互’爲‘𠄠’，似‘牙’字，因訛爲‘牙’耳。《史思明傳》‘互市牙郎’，‘互’即‘牙’也，蓋爲後人不通者添一‘牙’字。《通鑑》亦因之。”　“《漢書・王子侯表》‘荼陵’，師古曰：‘荼，音塗。’《地理志》‘荼陵’，師古曰：‘荼，音弋奢反，又音丈加反。’一人注書，前後不同。‘荼’，又音‘舒’。《山海經》：‘神荼，神舒也。’”　　“今人讀塗朱傅粉之‘塗’爲宅加切，元稹《石榴》詩‘花’字韻押一‘塗’字是也。後人又改爲‘搽’字，益趨於鄙俗矣。”　　“楊慎曰：‘“佘”之音“蛇”，本“余”字轉音，而俗從“人”下“示”，乃未見《説文》而强名字學者也。’按，《吳興志》：‘佘山上有東漢佘將軍廟。’不知漢時無此音，唐時無此字也。今松江府有佘山，云其土宜茶，而土人亦呼爲丈加反矣。《宋書·符瑞志》有吳興烏程佘山，其時字尚未變。”“‘九麻’一韻，大抵本西音，故漢時有《聖人制禮樂篇》，全以‘邪’字爲韻。正如梵書所謂真言，而天竺之書曰南無，曰曩謨，并讀如‘麻’音，其書中所用無非‘闍’、‘迦’、‘伽’、‘邪’、‘沙’、‘叉’、‘吒’等字。又《唐書》所載吐蕃、突厥、西域人名、地名亦多此類，豈非其出於西音邪？至元時而‘麻’部之中又分‘遮’部。《遼史·樂志》謂雅樂之存於今者，其字經而音則西矣。此世變升降之由，不可以不論。”文光案：“歌”韻“波”、“羅”、“訶”、“摩”等字，佛書多用之，亦西音也，而顧氏未及。余幼讀《切韻圖》，嘗疑“歌”、“麻”韻是梵音，得此可證。“東京以後，‘魚’、‘虞’、‘模’、‘歌’、‘戈’、‘麻’六韻全無分別。晉宋以下，始稍正之，而其雜入於‘麻’者，遂不可反矣。”　　“庚，古音古郎反。按，《説文》‘唐’、‘穅’皆以‘庚’得聲。”　　“‘羹’音同上，近世以來，獨以‘城陳蔡不羹’爲‘郎’耳。《蕩》六章與‘螗’爲韻，《閟宮》四章與‘房’爲韻。”　　“‘祊’，古音甫郎反。《詩》曰：“祝祭于祊”。從示，彭聲，一作‘礻方’。按，‘祊’字自魏王粲《思親》詩始與‘征’、‘嬰’爲韻。”“‘觵’，古音‘光’，從角，黄聲，俗從‘光’。”　　“‘亨’，《説文》作‘𩫞’。《玉篇》注：‘俗作亨。’按，‘亨’字自漢王延壽《魯靈光殿賦》始與‘精’、‘寧’爲韻。”“太行山古名五行之山，其無異音可知。”　　“‘榮’

當與‘營’同音，楊慎乃以土音讀爲‘庸’，引《越絶書》、《淮南子》二證。不知二書出於漢人，每多踳駁，且《淮南》亦有不韻者。”　“‘萌’，古音‘芒’，即句芒也。古人讀‘句’爲‘拘’。”　“《柏梁臺詩》‘逐兔張罝罘’，後人不通音者，謬改爲‘罘罝’，近人又或改爲‘罘罳’。考秦簡王《詩體》所載，正作‘罝罘’。”“張弨曰：‘《説文》無‘由’，‘由’即‘甹’，古文省也，今作兩字矣。”“‘游’因古文‘逰’，訛作‘遊’。”“漢人用此韻最誤，至晉宋以下，‘尤’、‘牛’等字始合於‘憂’、‘流’、‘州’、‘鳩’，與‘支’、‘脂’、‘之’判然爲二矣。”　“‘禽’入‘東’韻，如《屯》傳‘禽’與‘窮’，《比》傳‘禽’與‘中’，《恒》傳‘禽’與‘終’。或古有此音，不可强解。”“‘靡’字《廣韻》不收。”　“自周以前無‘也’字。《江有氾》、《野有死麕》始有此字，然但爲轉語之助。《東山》詩始用爲語盡之助。衛、鄭詩則連章疊句，數四不止，其古之所謂曼聲者歟？自是而《爾雅》、《孝經》、《論語》之書無篇不用。《尚書》及《周南》無‘也’，然則斯字之興，其在殷之末世，鼻祖於江漢之間，蕃衍於鄭衛，似續於齊魯，而傳之萬世，不可改矣。今之學者，習而不察，故附論之。又按，‘也’與‘邪’通。‘子張問：十世可知也’、‘井有人焉？其從之也’，當作‘邪’字讀。古有以‘兮’字爲‘也’字者，《緇衣》引‘淑人君子，其儀一也’，《淮南子·詮言訓》引《詩》同此，皆方音之不正，非所論於經文矣。”“朱彝尊曰：‘古書自六朝以前無用“打”字者。’李因篤曰：‘“打”者，擊物之名，若乃官府之鞭笞，師儒之楚撲，皆“撻”字也，作“打”，借用。’”　“‘等’從‘竹’者，古人等威之辨書之於策也。許慎不得其解，而曰‘寺者，官曹之等’，謬矣。春秋以前，未有名官府爲‘寺’者，其言‘寺’，皆閽寺也，以此見《説文》亦有不可盡信者也。‘等’，古音多改反，或疑'寺'聲，與'多改'稍遠，不知'待'字亦寺聲也。古人讀'宰'爲'滓'，'改'爲'己'，'等'亦當如底耳。" "楊慎曰：'孔子以前，"久"皆音"几"，至《易傳》方有"韭"音。唐人數目字皆以同音而多畫者代之，"九"當借"韭"，而用"玖"字，蓋不知"玖"之志"几"也。'" "韓退之最爲學古，知後人分析之韻可通爲一，而不知古人之音有絶不可混者。其所作《元和聖德詩》，同用'語'、'麌'、'姥'、'厚'是矣，而并及'有'、'黝'則非，又并及'哿'、'果'則更非，蓋知古人之合而不知古人之分也。它文類此甚多。自此以後，學爲古文者，多以臆揣爲韻，至宋大濫矣，而退之實爲之祖。" "'鳳'字從鳥，凡聲，不當讀符貢切，當入'梵'韻。" "古人讀'絳'爲'洪'，讀'紅'爲'工'。後人讀'紅'爲'洪'，改'絳'爲古巷反，其去古音遠矣。" "'巷'，古音胡貢反，《説文》以爲邑中所共，是取其義而忘其聲矣。'衖'同'巷'。今京師謂巷爲'衚衕'，乃二合之音，或作'胡洞'。南方曰弄，北曰衖衕。弄，巷也，今江南人猶謂之弄。" "'胖'，古音普逢反。今人謂體肥爲'胖'，即古之'豐'字。《方言》：'大人謂之豐人。'《廣韻》：'訛書，同"胖"。'""諸子及《漢書》，'義'多作'誼'。" "'近'，古音'記'，古人'近'、'幾'二字通用。'言不可以若是其幾也'，注曰：'幾，近也。'" "'讀'，去聲，音'渡'。唐人多作'句度'。" "'臼'注曰：'兩手捧物。'《詩》'不盈一匊'本此字。後人以其形近井臼之'臼'，改而爲'匊'。'匊'去聲，音'究'。" "今人謂馬上鞍曰'犕'，古人只用'服'字，'鞴'同'犕'。" "'谷'音'欲'，漢苦縣書《老子銘》'谷神不死'作'浴神'是也。轉去聲則音'裕'。今人讀'谷'爲'穀'，而加'山'作'峪'，乃音'裕'，非矣。" "'質'、'術'、'櫛'三韻，自古迄齊梁皆與去聲通用。自四聲之譜作，而此三韻遂與去聲相隔。然‘質’、‘率’、‘術’、‘出’等字，猶兩見於去、入二聲，可以知其通矣。” “《玉篇廣韻指南》曰：‘“做”字，《篇韻》無此字，俗自撰。’” “‘鶴’，去聲，下告反。毛晉曰：‘鵠，即是“鶴”之轉音，鶴之外別無所謂鵠也。’” “周伯琦曰：‘霸，從月，䨣聲，今俗以爲“王霸”字，而月霸乃用“魄”字，非本義。王霸只當借用“伯”字，而月魄當用“霸”字，其義始正。’” “《論語》‘棘子成’，《古今人表》作‘革子成’。陳《志》《秦宓傳》亦作‘革子成’。《漢書·功臣表》‘羹頡侯革朱’，《索隱》曰：‘革，音棘。棘，姓，蓋子成之後。’” “‘的’、‘勺’同爲一字，後人誤音爲‘滴’，轉上聲爲‘底’。宋人書中凡語助之辭皆作‘底’，并無‘的’字，是近代之誤。今人‘小的’字亦當作‘小底’。《宋史》有内殿直小底、入内小底、内班小底，《遼史》有近侍小底、承應小底、筆硯小底。”文光案。明戚繼光與張江陵柬自稱“沐恩小的”，見《野獲編》。 “四聲轉用，無若‘厭’字之最明者。‘厭厭夜飲’，平聲也；‘見君子而後厭然’，上聲也；‘學而不厭’，去聲也；‘厭浥行露’，入聲也。張弨曰：‘猒，飽也，猒爲足意。厭，笮也，即厭服意。俗書廢“猒”，以“厭”通借四聲。’”

李文貞公曰：“前人於脣、喉、齒、舌或不差，而字之偏傍不講。寧人講偏傍獨有著落。杜、韓用韻皆精當，惟入聲不能如寧人。寧人講入聲，千古未有。”錄於《榕村集》。

羅氏有高曰：“《音學五書》一廓從來通叶之蔽，使學者復聞三代古音，其功鉅，其用力勤。近休寧江先生慎修，更彌縫之，古音完矣。”錄於《尊聞居士集》。

王氏昶曰：“聞顧亭林先生少時，每年以春夏溫經。請文學中聲音宏敞者四人，設左右坐，置注疏本於前。先生居中，其前亦置經本，使一人誦而己聽之，遇其中字句不同或偶忘者，詳問而辨論之。凡讀二十紙，再易一人，四人周而復始，計一日溫書二百紙。十三經畢，接溫三史或南北史。故亭林先生之學如此習熟，而纖悉不遺也。”録自《亭林年譜》。

程氏晉芳曰：“亭林生於明末，目擊寬弛之弊，因以嚴厲矯之，説近申韓，幾不自覺，幸而不試，故人寶其書。”録自《亭林年譜》。《亭林全書》前爲十種本，今有二十種本。

《古今通韻》十二卷

國朝毛奇齡撰

學聚堂本。前有康熙廿四年進書疏一通、進書表一通、諸公序文六。首緣起、論例、韻表、韻圖、韻目，已極繁雜，而卷一之前半猶似略例。疏、表皆云《通韻》十卷，而書實十二卷，不知何故。表末云：“表文、緣起、論例、表目合一卷，共四册。”今本此一卷在十二卷之外，板式與《西河合集》本同，而書則別行。凡分四門：一聲通爲部，謂平與平通，上與上通，去與去通也；三聲通爲聲，謂平、上、去合通也；三聲、四聲各通爲界，謂止有三聲者自爲一通，并有四聲者自爲一通也；二聲通爲合，謂去、入合通也。一曰部，二曰聲，三曰界，四曰合，此其書之四門。五部即五音也。三聲謂平、上、去也。平、上、去相通，而入聲不通，謂之三聲。五部爲正通之經，三聲爲正通之緯，其韻悉依今韻，如“東”、“冬”、“江”、“支”是也。每字下有音有義，每韻後有説，附載古音。

《簡明目録》曰：“奇齡爲排斥顧炎武《音學五書》而作，創爲五部三聲、兩合兩界之説，欲以‘通’之一字，破炎武之門目，而紛紜糾結，自亂其例，亦由‘通’之一字而生。今與炎武之書并存，以備參考。”

文光案：西河事事好與人立異，不獨此書也。其自叙緣起并論例未曾言及顧氏五書，其排斥五書惟徐序中言之。

徐氏序曰：“先舅亭林先生所著五書，大要以四聲一貫，與三聲兩合之說尤相齟齬，未及見檢討之書，而墓木已拱矣。檢討嘗與予往復數千百言，守其說而不能易。乾學無似，不能爲說以通兩家之郵。惟是二書各有歸趣，要皆積數十年精力爲之，其必傳於後無疑者。”

古有雙聲，即反切也。六朝多有反音，後人以“反”字不祥，易作“翻”字。而昧者謂始於番音，故名“翻”，如華嚴字母，誤矣。上平、下平原無取義，祇因卷繁分上下耳。俗以上平爲陽，下平爲陰，誤矣。

《易韻》四卷

國朝毛奇齡撰

《西河合集》本。《易韻》門部，即《通韻》中四門。并叶韻例引證有韻之文極博。

毛氏自序曰：“古行文多用韻，自《尚書》古經并各傳外，凡諸子百氏及周秦間文以暨《史》、《漢》、《淮南》、《參同》諸書，往往間及韻語，而《周易》尤甚。彖、象原辭偶然及之，惟夫子上、下《象傳》并《雜卦傳》則無一不韻。贊必盡韻，舊所謂“贊《周易》”是也。古散文有有意合韻者，謂之‘用韻’；無意合韻而韻偶值者，謂之‘驀韻’，玩詞自明。”

《切韻指歸》二卷

國朝吳逵齡撰

集古堂本。康熙己丑毛奇齡序。

毛氏序曰：“古有雙聲，無切韻。齊中書郎周顒始創爲四聲切韻，而隋之陸詞即以《切韻》名其書。其所云‘切’，雖曰韻本煩多，約使簡切，實則反切之意寓於其中。舉漢魏書注，以字釋字，如云‘某讀作某’者，亦皆以反切代之。然而法尚未備，至宋造反切之法，取七音三十六母作《通考》一卷，冠之禮部官韻之首，名爲‘韻法’，而且以音和、窠切、撮口、齊齒雜注其旁，而指歸亂矣。心遠精於韻學，據新安李氏，宣城梅氏諸韻法合作一卷，取三十六母而卻其四，取喉、舌、脣、齒而實音和、窠切於不用，以李登《聲類》，呂靜、段宏之《韻集》合同類而彙編之，有綱有紐，得所指歸。”

等韻有字母，起於北魏神珙。錢曰：“漢末孫叔然已造反切，反切不因於字母。翻切之學以雙聲、疊韻紐弄而成音，有疊韻，而後人因有二百六部；有雙聲，而後人因有三十六母。雙聲、疊韻華學，非梵學，《華嚴》之母四十二與三十六母多寡迥異，謂見、溪、羣、疑之譜本於《華嚴》者，妄矣。此譜實依孫愐《唐韻》而作。《唐韻》本於《切韻》，則猶齊梁以來之舊法也。特以其母爲唐末沙門所傳，夾漈不加深考，遂誤仞爲天竺之學耳。竊謂唐末作字母譜者，頗亦采取涅槃，而有取有棄，實以華音爲本。若《華嚴》之字母，與今譜不相涉。《涅槃》在《華嚴》之前，其部分頗有條理，不似《華嚴》之雜糅。今人但知《華嚴》，不知《涅槃》，是逐末而遺本也。”此竹汀之說，錄自底稿。

姚氏曰：“僧守溫定三十六字母，蓋盡用中國之字音爲母，無西域二合、三合、無字有音之母，尤便於中國之書，故至今學者皆遵用之。戴東原謂字母始於唐季，且謂儒者但當言切音本於孫炎，不當言字母。吾謂孫炎所以悟切音之法，正原本婆羅門之字母。炎固可貴，而字母之法不可忘，守溫之功不可沒。不然，掩彼之長，意在尊儒，而儒者之量小矣。”錄於《惜抱軒集》。

《隋志》：“自後漢佛法行於中國，又得西域胡書，能以十四字一貫切音，文省而義廣，謂之‘婆羅門書’。”

吳氏曰：“古無平、上、去入之名。三百篇每章別韻，大率輕重相間，則平側之理已具。緩而輕者，平與上也；重而急者，去與入也。古人一音異讀，多由南北方言清濁訛變，非真義隨音異，若涇渭之懸殊。自葛洪、徐邈等創立凡例，強生分別，而沈休文據以定四聲，習俗相沿，牢不可破，而漢魏以前之正音，益不可考矣。”又曰：“四聲之祕，啓於三百篇，或謂近似，祇是偶合，殊不其然。”又曰：“昔倉頡制字，黃帝正名，各指所之，有條不紊。許氏《説文》分別部居，以形定聲，不聞於聲之中更有輕重異讀。《易》觀卦，魏晉後經師強立兩名，千餘年來遵守不易，唯魏華父著論非之，謂未有四聲反切之前，安知不皆爲平聲？可謂先覺者矣。”錄自底稿。

《古韻標準》四卷

國朝江永撰

原本。益都李文藻校刊，前有乾隆辛卯羅有高序、例言十四條。首卷爲詩韻舉例。是書以三百篇爲主，謂之‘《詩》韻’；而以周秦以下音之近古者附之，謂之‘補韻’。平、上、去聲各十三部，入聲八部。每部首列韻目，末爲總論。每字下各爲之注。

羅氏序曰：“六朝諸子精究今韻，具有倫次，而惜其不兼存古讀，是以秦漢以前有韻之文顛沛割裂，不復成章，故顧氏《音學五書》爲功甚大。江氏因之撰《古韻標準》，宣決顧氏之蔽，匡正闕失，易氣平心，求其是當，厥事尤偉。間有一二未允，而爲有高耿耿之明所及知者，附論各韻之委，哲人覽之。”

江氏例曰：“里諺童謠，矢口成韻，古豈有韻書哉？蓋即其時之方音，是以婦孺猶能知之協之也。三百篇者，古韻之叢，亦百世用韻之準。稽其入韻之字，凡千九[一]百有奇，同今音者十之七。試用治絲之法分析其緒，比合其類，綜以部居，緯以今韻，古音犁然。"

《四聲切韻表》一卷

國朝江永撰

原本。此表與《標準》合刊。《四庫》未及著録。前有凡例一卷，例後有羅有高序。顧氏五書傳本尚多，江書頗不易得，宜珍重之。

江氏跋曰："此表爲音學設，凡有音之字悉備於此。審音定位，分類辨等，幾番易稿，乃成定本。學者熟玩音學，可造精微，切字猶其粗淺也。"

《字彙》載横、直二圖，師心苟作，音韻龤訛。直圖删易母位，變紊七音，尤爲紕繆。此表依古二百六韻，條分縷析，四聲相從，各統以母，别其音呼等列。本字之切，即注本字之下，開卷了然。昔人傳三十六母，總括一切有字之音，不可增減，不可移易。凡欲增減移易者，皆妄作也。列於表上，如網在綱。

《駢字古音》五卷

國朝莊澧撰

紅絲欄鈔本。此四庫館校正底本，未見刊行。前有進書表、凡例、目録。楊慎有《古音駢字》，此補其所末備，而不題"續編"，因分别著之，已見楊書者不載。駢字下但注書名，不詳事實，悉如楊本之舊，然較慎所輯幾三倍焉。澧爲江南常州府武進生員，按例，此書爲其祖鼎鉉、其父絳、其兄楷三世所纂，將古文奇字依韻分摘，彙爲一書，其所依之韻悉爲今韻，非古韻也。然此體近於類書，雖用功甚至，見書甚多，終不免罜一漏萬。例所云"讀書未遍，訛謬尚多"，蓋紀實也。是書無成書歲月，《簡明目録》楊慎《古音駢字》目下題"續編五卷"，即此書也。然未有合刊爲一部者，予則有志焉，而未逮也。

莊氏例曰：“三衢徐應秋刻有《駢字馮霄》一書，字義膚淺，又雜載方言、稗乘及釋道家語，頗不雅馴。是編以十三經、廿一史爲主，旁及《五雅》。《廣韻》諸險僻無考者，概未入録。”

文光案：莊氏所收，“頗棃”即“玻璃”，出於梵書，亦甚僻矣。又“蘇塗”注曰《演繁露》，“浮圖”注曰《後漢書》，“浮塗”、“浮屠”、“佛陀”注曰《隋書》，‘佛圖’注曰《北魏書》，六同，皆釋家語也。按，《廣韻》、《集韻》、《韻會》中所注“或作”、“亦作”之字，即此類也。所異者，爲駢字耳。備此一種，有益初學。古人寸有所長，不可不録。況此學近於徵實，非朝夕依書不能作也。

《沈氏四聲考》二卷

國朝紀昀撰

《鏡煙堂》本。前有乾隆己卯自序。

紀氏自序曰：“韻書迄今，蓋數變矣。陋者類稱沈約，好古之士則據陸法言《切韻》以爭之。夫《切韻》變爲《唐韻》，《唐韻》變爲《廣韻》，《廣韻》變爲《集韻》，《集韻》變爲《禮部韻》，《禮部韻》別爲毛氏、劉氏韻，劉氏韻別爲黄氏、陰氏韻。陰氏韻一百六部，是爲今韻，指以沈約，其謬固也。而以二百六部尊陸法言爲鼻祖，毋乃亦未究其源乎？法言之書，實竊據沈約而作者也。約書雖唐代已亡，今不可見，然約既執聲病繩人，則約之文章必不自亂其例，所用四聲即其譜也。今取其有韻之文，州分部居而考之，平聲得四十一部，不合《切韻》者才一二；仄聲得七十五部，不合《切韻》者無一焉。陸氏所作，豈非竊據沈譜而稍爲筆削者乎？其叙歷述吕静、夏侯談、陽休之、周思言、李季節、杜臺卿等，獨不及約。約書隋時未亡，不應不見，知法言諱所自來，不欲著之也。迨約書既亡，無從考證，法言書孤行唐代，遂掩其名。中間屢有改修，又頗爲諸家所亂，彌失其真。幸而增删改併，皆有蹤迹可尋。約詩文傳世亦多，尚可排比，因略爲考訂，編成二卷，一以明音學之所自，一以俾指陰氏《韻府》爲沈韻者，得識其真焉。"

宋人所說八病，微有不同，然皆不詳何所本，大抵以意造之也。考休文所作，亦復不合。且梅氏所說平頭、上尾、蜂腰、鶴膝四病，太闊而易犯；蔡氏所說蜂腰、鶴膝，雖似近似，亦太嚴而難遵：疑皆未允。

文光案：諸家詩話、詩格，論四聲八病者多矣，各執一是，究無定評，當以紀氏《考》正之。坊間詩法俗本，尤不足據，切不可爲其所誤。

神珙《紐字圖》，即休文舊法。休文四聲之説，唐人近體自此發源，千百年來，其法不變。同時詆之者鍾嶸，宗之者劉勰。嶸以名譽相軋，故肆譏彈；勰以宗旨相同，故蒙賞識。紀氏之言，録於本書。

《聲韻考》四卷

國朝戴震撰

《微波榭》本。曲阜孔氏校刊。前後無序跋，有目録。卷第一，凡五篇：一、《反切之始》，二、《韻書之始》，三、《四聲之始》，四、《隋陸法言切韻》，五、《宋祥符廣韻》。卷第二，凡四篇：一、《考定廣韻獨用同用四聲表》，二、《宋景德韻略》，三、《宋景祐禮部韻略》，四、《宋寶元集韻》。卷第三，《古音》一篇。卷第四，凡六篇：一、《書玉篇卷末聲論反紐圖後》，二、《書劉鑑切韻指南後》，三、《顧氏音論跋》附《舉正十下事》，四、《書盧侍講所藏舊本廣韻後》，五、《答江慎修先生論小學書》，六、《論韻書中字義答蔡尚書》。共十六篇。戴書後出，較顧氏《音論》爲詳備。

《聲韻考》四卷

國朝戴震撰

《經韻樓》本。段氏叢書之一種，與《微波榭》本略有不同，蓋傳寫之異也。孔本寫刻皆工，中多古字。段本句中有點，無古字，便於初學。

段氏序曰：“己丑之春，先生成《聲韻考》，都下傳寫，玉裁錄之，置篋中。學者得是書讀之，證諸宋時所存韻書，參考陳季立、顧亭林、江慎修以及予所著古音之說，可與讀古經傳知聖人六書之法矣。玉裁繙繹有年，弗敢失墜，引而伸之，補所未備，成《六書音韻表》五卷，以見予學之有師承，非苟而已也。”

《戴譜》：“《聲韻考》已成，同志傳寫。凡韻書之源流得失，古音之由漸明備，皆括於此。玉裁刻諸蜀中，李大令文藻刻諸廣東，孔戶部繼涵又刻諸曲阜。二本與前刻詳略不同，當與顧氏《音論》互觀。”

文光案：東原謂“考”、“老”二字以《說文》證《說文》，可不復疑。段氏謂東原論轉注得自漢後不傳之恉，一洗諸說之蹖駁矣。予偶閱《漢隸分韻》，例中已有‘考注爲老，老注爲考’之說。《分韻》所採多宋人語，是其說不始於東原也，豈可謂得漢後不傳之恉乎？《廣韻》注轉注，仍襲左回右轉之謬。東原論轉注，幾數百言，未免於冗。自曹氏之論出，而戴說不可宗矣。《東原年譜》，段玉裁撰，刻入《經韻樓叢書》。

《古今韻略》五卷

國朝邵長蘅撰

原本。前有康熙丙子宋犖序、凡例、目錄。是書先列今韻，次列古韻、叶韻。標"吳"字者，爲《韻補》；標"楊"字者，楊慎之《古音考》也；標"增"字者，邵氏所增，不著采於何書。如"虞"字注曰："五紅切，《毛詩》'吁嗟乎騶虞'。"按，此乃尾句，與"吁嗟麟兮"一例，前人論之詳矣，并此不知而言韻乎？《韻略》"麻"字韻無"虞"字，"虞"之叶"牙"，又不知爲何人之説，姑俟考焉。宋牧仲序甚推此書，以爲援據精確，增刊不苟，然所依者爲坊刻俗韻，大體已壞，其他又何觀焉？其詳論《韻府羣玉》、《韻學集成》，尤屬無謂。予之録是書也，蓋爲宋氏舊本皆在其中，是可取也。

　　宋氏序曰："子湘之言曰：'叶音當主才老，朱子宗之，吾從而詆排之，俱也。通轉之類，考之杜、韓詩而合，則舍吳而宗杜、韓。杜、韓曰可通，後之人曰不可通，愚也。'予聞而躍之，乃悉發所藏舊板韻書，俾卒業焉。今韻仍陰氏之舊，第删正其訛複六十餘字，增收七百八十餘字，以存毛、劉諸家之大凡。古韻依才老，省其複字，益以楊氏古音及今，增三百四十餘字，若曰是略焉云爾。"

　　邵氏例曰："元時陰氏兄弟著《韻府羣玉》，其部分依劉氏，删併上聲之'拯'部，存一百六部，字數較劉氏删減三千一百字，存八千八百餘字，此即今時通行韻本也。明初詔修《洪武正韻》，删併部分，省爲七十六韻。宋濂等又奉敕校刻《廣韻》，遵《正韻》分合例，注則仍舊書，竟不行。惟平水韻相承用之，經陰氏删併，已失其舊。邇來俗刻紛員，就坊本校之，明潘恩《詩韻輯略》差强，予因取爲草稿，詳加訂正云。《中原音韻》元無入聲，以入聲十七部分配諸韻，多所未安。"

　　邵氏論古韻曰："今韻僅俗律用，古韻之用頗廣，不專在詩。邇來漸講古韻，或主陳第古無叶音之説者，引陸德明語，以爲古人韻緩，不煩改字。於是'野'當讀'户'，'行'當讀'杭'。

推其説，使人鈎鈲析亂而難從。創爲五部三聲兩界之説者，每韻三聲通押，而又通及所通之三聲，音義氾瀾，循其説，使人滉漾而靡所畔岸。”

《官韻考異》一卷

國朝吳省欽撰

《珠塵》本。吳氏刻《藝海珠塵》，其書録自《大典》，中多未見之書，雖板不甚工，較李氏《函海》爲勝，今時人甚重之。《官韻考異》成於乾隆丙申，乃其官四川學使時所撰。前有自序。省欽，字沖之，號白華，江蘇南匯人，官至都察院左都御史。

吳氏自序曰：“今《佩文詩韻》猶唐《廣韻》，宋《集韻》、《禮部韻略》，明《正韻》，頒在學官，爲集試所用。雖《音韻闡微》、《述微》未能埒焉。二百六部中，惟一字一讀者，不患誤押。若二三讀或數讀，異同紛遝，擯黜易干，蜀之士殆其甚矣。予向以《匡謬》一編辨其形，兹復以是編辨其聲。凡字無異讀與夫有異讀，而《佩詩韻》不載者，俱不之及。又如中興之‘中’，_{當讀去聲}。韓馮、馮夷之‘馮’，俱可收入‘東’韻，而槩以‘蒸’、‘送’爲斷，寧嚴毋泛也。又如‘風’有平、去二讀，而‘送’韻與‘諷’通用，則‘東’韻爲‘風’，‘送’韻爲‘諷’，徑可區別。諺曰：‘中流失船，一壺千金。’在颺錦帆、起鐵鹿者，固唾棄而不之屑爾。”

文光案：《廣韻》，廣《唐韻》也，而以爲唐《廣韻》，恐誤。今韻始於齊梁，齊周顒作《四聲切韻》，梁沈約繼之，有《四聲》一卷。隋陸法言撰《切韻》，唐孫愐以爲謬略，增字至四萬二千三百八十三，名曰《唐韻》。宋祥符間重修《廣韻》，別爲一本，與原本不同。其原本《廣韻》不著名氏，而冠以孫愐《唐韻》舊序，世遂稱爲《唐韻》。沖之所謂唐

《廣韻》者，此也。今周、沈之四聲已亡，陸、孫之韻書亦逸，惟《廣韻》有原本。顧炎武、李因篤重刊以行，而傳本亦少。宋之重修《廣韻》、《集韻》、《禮部韻》，合《玉篇》、《類篇》爲五書。曹氏揚州詩局、張氏澤存堂皆有合刊之本，今世重之，而張本尤珍。五書中惟《玉篇》、《廣韻》爲最要；《集韻》、《類篇》當時已不流通；《禮韻》屢有增改，亦非其舊，而世以爲祕寶，蓋由講古韻者少也。自齊至今，韻書屢變。雖部分之改併不同，字數之多寡各別，然其爲四聲則一也。凡數聲相通之字，平時記熟，自不誤押。但此等字甚有限，其餘不用者居多。且詩家多不押生字，因生字押出，難於出色也。音韻之學，其精微原不在善押官韻，更不在不倒平仄。愚以爲不但有韻處要韻，無韻處亦要韻。試觀古作家，其詩文之音節鏗鏘，聲調宏亮者，其於音韻可知也。古無韻書，六經者，天地自然之音也。自然之音，聖人能合之，古之婦孺亦能知之。三百篇之歌謠是也。降至屈、宋，不失其音。故古書多有韻之文，而秦漢文之稱爲高古者，其音節異也。但有韻之韻，可因韻而知；無韻之韻，非多讀古書，千回百轉，未易與之相洽也。相洽則淪於肌膚，浸入骨髓，吾之音節、古之音節亦不期而相合，使人聽之有餘音，而非仿秦摹漢之僞文可比也。

《詩音表》一卷

國朝錢坫撰

擁萬堂本。《錢氏四種》之一，刊於嘉慶壬戌。其三種爲《車制考》、《爾雅釋地》、《論語後錄》，各著於本類。此表雙聲第一，出聲第二，送聲第三，收聲第四，"影"、"喻"通出聲第五，"曉"、"喻"通送聲第六，"曉"、"影"通收聲第七，"影"、

"喻"同聲第八，本類通聲第九，"來"首聲第十，"來"歸聲第
十一。

錢氏自序曰："《詩》即樂也，故言《詩》者必考律，而言律
者必正音。正音何先？先雙聲。雙聲者何？兒聲也。凡古人以意
相續者，非有所本，古人皆以意造，或以其形，或以其事，或以
其聲，皆肖之耳。故兒者，意也，取其意之近。"又曰："然，然
之言如也，亦近似之辭也。凡古人言'然'、'如'、'若'，皆兒
聲。雙聲既著，究出、送、收聲之始。發爲出，從爲送，終爲收。
五聲各有出，各有從，各有收，則有三類，是爲三聲。又，古人
'溪'、'羣'同，'透'、'定'同，'穿'、'牀'同，'牀'、
'審'亦同。古人因其同而送聲以之重焉，純如、皦如之道通矣。
三聲既著，究通聲。通聲者何？侯音也。侯何以爲通聲？侯者生
聲之母，諸聲爲子，母以統子也。故火爲侯音，火之言化，聲從
此而化也。故金爲牙音，木爲唇音，土爲舌音，水爲齒音，四音
必主宰於侯者，猶人有五藏，皆主宰於心，心居中央，屬火也。
何以通之？與出、送、收皆協，故通之。侯無出、送、收者，凡
天下之舉相似者，侯而已矣。音有南北，至人辨舌、齒、唇，物
或無之，侯則物與人亦無異焉。通音既著，究本類聲。宮、商、
角、徵、羽，各自爲其類也。本類聲既著，究來音。'來'者，聲
之歸宿。凡人生而有聲，侯音即具，而歸宿必於來，來又聲之所
自生也。此褓褓之子能行之，而學士大夫白首不覺。莊子曰：有
天籟，有地籟，有人籟。天籟者，侯音也；地籟者，來音也；人
籟者，通四音言之也。天生之，地成之，故發於侯而歸宿於來。
人通之，故四音變以化之。來，舌音也。'端'、'透'、'定'、
'泥'，音在舌巔，來用半〔二〕舌，爲之全舌，涉乎牙、齒、唇。若
不涉乎牙、齒、唇，則來亦不能宿衆音，以全爲半失之。五例五
著，《詩》音正矣。《詩》音正，凡音之道皆正矣。我以爲求三代

之雅樂者，必始於此。”

月光居士作《詩音表》，徐子書受爲之跋曰：“書受少時讀司馬長卿《大人賦》，怪其言之支離。質之居士，居士曰：‘是即《詩音表》之所由作。’古人於聲音之道微矣。不知其義，徒爲之尋章摘句，無益也。夫古人所稱小學者有三：文字也，聲音也，訓詁也。舍文字而言聲音，是謂數典而忘祖；離聲音而言訓詁，是謂伐支而失原。居士之作是書，乃其所創，然由其說可以讀經，可以讀秦漢騷賦，否則必至於謬悠紊錯，求其說而不得，又將亂文字之偏旁、訓詁之次第。居士精研六書，於假借、轉注尤探窔奥，其論古音正變、方語異同，殆非子雲、叔重以下人所可及。嘗欲取《漢書・長卿傳》詮釋孤行，以明古人聲音離合之故。余亦將放此爲《離騷經表異》，儻就正之。乾隆四十二年六月廿五日記。”

“矢死靡慝”，“慝”猶它也。　“蔽芾”，《張遷碑》作“蔽沛”。　“唐棣”之聲，猶“唐逮”。《説文》：“唐逮，及也。”“黽勉同心”，《韓詩》作“密勿同心”。案，“勿”讀如“殁”。《爾雅》：“蠠殁，勉也。”蠠殁，即“密勿”。“蠠”即“密”字。“恭”從“共”，古“恭”有共音。　古“戚”從“未”爲聲，未，即“菽”字，今人失讀久矣。　“直”讀如“陟”，古人“精”、“照”與“從”、“床”聲相通故也。　古“肆”與“變”通，故“變伐大商”即“肆伐大商”，“變”、“肆”亦聲之轉也。“凝”，即“仌”字，“膚如凝脂”，與《莊子》“肌膚若冰雪”正同。其始因“仌”借“冰”，後遂因“冰”爲“凝”耳。凝，“冰”之俗字，冰，“仌”之借字。《鹽鐵論》“畫脂鏤冰”，畫脂，亦即畫雪。脂，不作“脂”、“膠”字解。　“享”，俗省作“亨”，非。古“亨”、“享”同字。　“早”即“早”字。　辰夜，今本作“晨”，非。　古“矣”從“八”，從“天”爲聲。

　　文光案：此表於《詩》之雙聲始於“高岡”、“頃筐”，終於"函活"、"吴揚"，凡百餘字，《詩》之雙聲於斯爲備。

《詩聲類》十二卷　《分例》一卷

國朝孔廣森撰

原本。巽軒所著書第三種。

孔氏序曰："書有六，諧聲居其一焉。偏旁謂之形，所以讀之謂之聲。聲者，從其偏旁而類之者也。小學文字之書，以形爲經者，莫善於《説文》；以聲爲經者，莫備於《唐韻》。今據《唐韻》以求漢魏人詩歌銘頌，據漢魏之文以求三百篇，雖半合半否，固皆有蹤迹理絡可尋。《唐韻》二百六部，本於陸法言所定，其意大率斟酌消息，通乎今，不硋乎古。即《唐韻》以爲柢，指《毛詩》以爲正，旁引博驗，疏通證明，取李登《聲類》之名以名是編。文字雖多，類其偏旁不過數百，而偏旁之見於《詩》者因已十舉八九，故左方載所見字而止，信斯説者求其會通。"

孔氏《分例序》曰："讀'十五國'、二《雅》、三《頌》，而律以唐宋官韻，未有不窮者也。或從而叶之，昧其所有韻而强韻其所無韻，又甚不通者也。今之詩主乎文，古之詩主乎歌。歌有疾徐之節、清濁之和，或長言之，詠歎之，累數句而無以韻爲；或繁音促奏，至於句有韻，字有韻，而莫厭其多。奇者不可偶，偶者不可奇；虧者不可綴，綴者不可虧；離者不可合，合者不可離；錯之則變化而無方，約之則同條而有常。是以發其例，引其綱，明其要，斯誦詩者之所依蹈。吴才老作《韻補》，大暢叶音之説，其謬有三：一者，若'慶'之讀'羌'，'皮'之讀'婆'，此今音詁古音，正不得謂之叶；二者，古人未有平聲、仄聲之名，'一東'、'三鍾'之目，苟聲相近，皆可同用，而不必謂之叶；三者，凡字必有一定之部類，豈容望文改讀，漫無紀理？以至《行露》'家'字音谷，三章音公；《騶虞》首章五加反，次章五紅反：重可嘅已。" "入聲創自江左，非中原舊讀。《詩》'左右芼之'、'鐘鼓樂之'，初不知哀樂之'樂'爲入聲也。《離騷》曰：'理弱而媒拙兮，恐導言之不固。時溷濁而嫉賢兮，好蔽美而稱惡。'初不知美惡之'惡'當入聲也。昔周舍舉"天子聖哲"以曉梁武帝，帝雅不信用，是江左文人不知入聲。"

《詩》三百篇，即古人之韻譜，經與韻無二也。學者執韻而論經，其不能通，則改經而就韻，安用此多歧乎？ 《周頌》最難讀，《般》之一篇，以"陟其高山"與"允猶翕河"爲韻，此"寒山"之轉協"歌麻"者。"時周之命"與"哀時之對"爲韻，此"震"命古音在"震"韻。溷"之轉協"至隊"者，今人未之或知也。《周頌》用韻最疏，故"噫嘻"八句止有兩韻，"穀"音彀，與"耦"爲韻。 "池之竭矣，不云自頻"，與上章"職兄斯引"爲韻。"

《詩》之有章也，析之則節解句斷，通之原自一篇，每有意盡於此，而聲絕於彼者。分章則從乎其意，盡韻則從乎其聲，故後章之首，可以合前章之尾，非强鑿也。

章十句之詩，未見有五韻者；章十二句之詩，未見有六韻者。章句既長，必通體兩兩換韻，嫌失之拘。故《洪範》韻語十四句，"陂"、"義"也，"好"、"道"也，"惡"、"路"也，"黨"、"蕩"也，"偏"、"平"也，皆二句一韻。至"側"、"直"獨與兩"有極"合用一韻，則化七節而爲六矣。

先聖删《詩》，匪特研乎辭義而已，雖文字、音韻，必取其粹者焉。 《左傳》國子賦"彎之柔矣"，今《逸周書》有其詞，"之"、"宵"、"幽"三部，竟雜然并用，而删定所存，則未見有是。以上皆巽軒之言，録於本書。

閻氏曰："字有古音，以今音繩之，祇覺其扦格不合，猶語有北音，以南音繩之，故扦格也。人知南北之音繫乎地，不知古今之音繫乎時。地隔數千里，音即變易，而謂時歷數千載，音猶一律，尚得謂之通人乎？廣森謂此論善矣。況古詩本皆北人所作，而又以今之南音繩之，是宜有兩重扞格也。"本書引《潛邱劄記》。

杭氏曰："《詩》有上二句爲韻而下單句不必趁韻者，謂之'媵句'。如'吁嗟麟兮'三句、《權輿》二章末句、'狂童'之'狂且'、《椒聊》二章末二句、《采苓》三章末四句，即此例也。《黃鳥》章凡三韻，'彼蒼者天'，不必叶。《有女同車》首二句爲一韻，下四句爲一韻，蓋一章二韻也。'騶虞'爲媵句，毛馳黃已言之，一字不當兩叶。"本書引《道古堂集》。

錢氏曰："陸氏於今韻不收者，謂之'協韻'。'協'與'叶'同。顏師古注《漢書》，又謂之'合韻'，'合'猶'協'也。是吳才老叶韻之所自出矣。叶韻實由古今異音而作。吾謂言叶韻不如言古音，蓋叶韻者以今韻爲宗而強古人以合之，不知古人自有正音也。古人因文字而定聲音，因聲音而得詁訓，其理一以貫之。漢魏以降，方俗遞變，而聲音與文字漸不相應。賴有三百篇及羣經傳記、諸子騷賦具在，學者讀其文，可以得其最初之音。此顧氏講求古音，其識高出於毛奇齡萬倍，而大有功於藝林者也。"又曰："沈重《毛詩音》'遠送于野'協句宜時予反，'遠送于南'協句宜乃林反，協句即古音也。陸德明創爲韻緩之説，於沈所謂'協句'者皆如字讀，自謂通達無礙，而不知三百篇用韻諧暢明白，未嘗緩也。使沈重《音》尚傳，較之才老叶韻，豈不簡易可信？協句亦謂之'協韻'。陸元朗之時已有韻書，故於今韻不收者，則謂之'協韻'。"本書引《十駕齋養新錄》。

文光案：錢氏之説又見於《潛研堂集》。集本詳。段若膺撰《詩經韻譜》，因顧、江兩家之説證其違，而補其未逮，定古音爲十七部。錢大昕爲之序。江氏《古韻標準》以三百篇爲主，專論《詩》韻。甄氏士林未見此書，復著《詩經音韻譜》五卷，足補江書之闕。

《詩經音韻譜》五卷　附《章句觸解》一卷

國朝甄士林撰

種松書屋本。道光五年自刊。前有桐城馬端辰序、凡例、圖論。全刊三百篇，章章析其平仄，便於初學。

馬氏序曰：“《詩》三百篇，矢口自合天籟，實爲後世音韻之祖。毛、韓諸家皆不言《詩》音，以去古未遠，心知其意，無待於言。自古音失而統目爲叶，不知古韻之本通也。段氏《音韻表》以古音之同者爲本音，不盡同而相近者爲合韻，然不專爲《詩經》作也。同年毅菴揭其讀《詩》之法爲三例，曰通韻、互韻、叶韻，言簡義明。其論通韻、叶韻，與段説相近，而互韻尤能窮聲音通轉之源，發前人所未發。而古人用韻參錯之妙始見，其爲功於《詩》豈淺鮮哉！”

《毛詩均訂》十卷

國朝苗夔撰

漢磚亭本。咸豐元年刊，祁相國序。

祁氏序曰：“《詩》自《毛詩》、鄭《箋》而後，主義理者多，主聲韻者少。陸氏《音義》亦不能專主古音，然古音時有未盡改者。惜唐陸詞等定韻時，不能旁徵廣引，僅就數子之見聞定則定矣，使後世無才老輩補《唐韻》之缺，陳季立、顧亭林就《韻補》而探討之以明古音，則《詩》其尚可讀乎？善乎！徐子《禮韻補叙》曰：‘音韻之正，本諸字之諧聲，有不可易者。’一言道盡，惜世人盡以才老之説爲叶，可怪也！河間苗先路明經，治《毛詩》，尤精於諧聲之學，嘗以齊、魯、韓三家證毛，而又以許浟長之聲讀參錯其間，可想見周人聲教之遺。陳與顧於韻學極有功，然皆不及才老之精，皆本《韻補》而推闡加密。亭林作《韻補正序》，謂近日甚行方子謙之書，而不知其出於才老，可歎也！近來戚鶴泉著《漢學諧聲》，又成《毛詩證讀》，不讓《毛詩古音考》及《詩本音》。錫山安古琴又有《韻徵》，全明古音，視《詩本音》之轉音，尤覺直捷。明經採之成書，自丁卯至今，不知幾易稿而手書屢矣。因叙而行之。"

《韻徵》十六卷

國朝安吉撰

原本。華湛恩校刊，李兆洛、秦瀛序。韻字録《説文》全部，又增《説文》所無、經傳所有三百八十四字。《説文》新附字不見經傳者不録，《爾雅》、《博雅》別創字不録，奇字不録，俗字不録，老、佛字不録。《説文》無"韻"字，祁相國以王復齋《鐘鼎款識》字中韻章鎔字補之。

李氏序曰："是編補顧氏《音學五書》之缺，其《説文》之訛且缺者，據《書》、《易》、《爾雅》以正之、補之。十三經至《楚騷》，韻皆可讀，無不通者，古人之真音亦存矣。"

《古韻溯原》八卷

國朝安念祖、華湛恩同撰

親仁堂本。道光己亥年刊，前有安氏、華氏序二首，凡例十條。韻六卷，法表辨二卷，遵《韻徵》七音而輯。每字依《説文》注解，以七音辨其古音，以六書正其古畫，考正今韻，不違背今韻也。

文光案：音韻之書，至今大備，其要在於通經，而用韻其末也。今所録者凡四十三家，而坊梓俗刻一概棄置。《詩》音如《詩經》叶音，《韻譜》亦不之及，蓋慎擇也。學者從事於此，亦庶幾乎知音矣夫。

《音鑑》六卷

國朝李汝珍撰

寶善堂本。嘉慶十五年刊。前有余集、石文煌、李汝璜序，凡例十四條，目録。首卷，釋字聲、音韻、五聲、五音之類。二卷釋字母、反切、陰陽、粗細之類。三卷，《初學入門》。四卷，《南北方音》。五卷，《空谷傳聲》。六卷，《字母五聲圖》。是書爲初學設，故入門一卷最爲切要，其文雖淺，其義甚明。求切音者，以此爲階可也。吳錫麒後序。

吳氏序曰："大興李君松石刻其所著《音鑑》，督序於予。其書分字母三十三，以同母二十四字爲訣，凡陰陽清濁之別、古今南北之殊，以及自切、雙翻、雙聲、疊韻諸法，皆設爲問答以明之。嚴謹細密，令爲音韻之學者一望曉然，誠小學之初桄、後人之津逮也。"

《夢溪筆談》："切韻之法，先類其字，各歸其母。唇音、舌音各八，牙音、喉音各四，齒音十，半齒、半舌音二，凡三十六，分爲五音，天下之聲總於是矣。每聲復有四等，謂清、次清、濁、平也，如'顛'、'天'、'田'、'年'，'邦'、'脩'、'龐'、'庞'之類是也。皆得之自然，非人爲之。如'幫'字横調之爲五音，'幫'、'當'、'剛'、'臧'、'央'是也；幫，宮之清；當，商之清；剛，角之清；臧，徵之清；央，羽之清。縱調之爲四等，'幫'、'滂'、'傍'、'茫'是也。幫，宮之清；滂，宮之次清；傍，宮之濁；茫，宮之不清不濁。就本音本等調之爲四聲，'幫'、'髈'、'傍'、'博'是也。幫，宮清之平；髈[三]，宮清之上；傍，宮清之去；博，宮清之入。所謂切韻者，上字爲切，下字爲韻。切須歸本母，謂之音和。如'德紅'爲'東'之類，'德'與'東'同一母也。字有重、中重、輕、中輕。本等聲盡，泛入別等，謂之類隔。雖隔等，須以其類，謂唇與唇類，齒與齒類。如‘武延’爲‘綿’、‘符兵’爲‘平’之類是也。類例頗多，然梵學則有華、竺之異。南渡之後，又雜以吳音，故音韻厖駁，師法多門。至於所分五音，法亦不一。如樂家所用，則隨律配之，本無定音。五行家則以韻類清濁參配五姓。梵學則喉、牙、齒、舌、脣之外，又有折、攝二聲。折聲自臍輪起，至脣上發，如‘竍’浮金反。字之類是也。攝聲鼻音，如‘㰥’字鼻中發之類是也。爲法不同，各有理致，學自當造微耳。”

以上小學類韻書之屬。

古無“韻”字。“韻”者，通俗文也。《唐書・楊攸傳》曰：“夫旋宮以七聲爲均。”《樂叶圖徵》曰：“聖人往承天以立五均。均者，六律調五聲之均也。”《鶡冠子》曰：“五聲不同均。”晉灼注《子虛賦》曰：“文章假借可以叶均。”先鄭注《周禮》“成均”云：“調也。”《尚書疏》：“堂上之樂，皆受笙均；堂下之樂，皆受磬均。”《國語》：“冷〔四〕州鳩曰：‘律所以立均出度也。古之神瞽度律均鍾。’”韋昭云：“均者，均鍾木，長七尺。有弦繫之以均鍾者，度鍾大小清濁也。漢大予樂官有之。”後鄭注《大師樂》云：“以中聲定律，以律立鍾之均。”《後漢書》：“天子常以日冬夏至聽樂均。”章懷注：“作十二月均，各應其月氣。”《隋志》：“漢樂官縣有黃鍾均，食舉大簇均。”又引荀勖論三調爲均首者，得正聲之名；雅樂以宮爲本，歷十二均而作。凡此言“均”者，即今俗“韻”字。後人謂均爲“調”，故“七均”後爲“七調”。“韻”之爲言，猶調之云也。“均”之爲“韻”，非俗師妄造，則傳寫承訛也。古無韻書，矢口成韻，韻即其時之方音，是以婦孺猶能知之、協之也。時有古今，地有南北，音不能無流變，文人學士騁才任意，又從而汩之，古音於是益淆。三百篇者，古音之叢，亦百世用韻之準。稽其入韻之字，凡千九百有奇，同今音者十七，異今音者十三。以《詩》爲主，而屈宋辭賦、漢魏六朝唐宋諸家有韻之文，可以審其流變矣。唐人釋經不具古音，且云“古人韻緩，不煩改字”。宋吳才老始作《韻補》，搜羣書之韻異乎今音者，別之爲古音。明楊用修又增益之，爲《轉注古音》。言韻學者謂二家爲古韻權輿，而《韻補》尤《毛詩》功臣。然二家惟事徵引，殊少決擇；古韻亦茫無界畔，似諸韻皆可混通。或韻在上而求諸下，韻在下而求諸上，韻在彼而誤叶此；或本分而合之，本合而分之；或間句散文而以爲韻；或是韻而反不韻；甚則讀破句，據誤本，雜鄉音：此皆二家之誤也。陳季立著《毛詩古音考》、《屈宋古音義》，其最有功於《詩》者，謂古無叶音，《詩》之韻即是當時本音。此説始於焦弱侯，陳氏闡明之。其書所列五百字，有不必考者，亦有當考而漏落者。蓋陳氏長於言古音，今韻概未究心，故其書皆用直音。直音之謬，不可勝數。近世音學數家，毛稚黃、毛大可、柴虎臣各有論著，而顧寧人爲特出。細考《音學五書》，亦多滲漏，蓋過信“古人韻緩，不煩改字”之説，於“天”、“田”等字皆無音。《古音表》分十部，離合處尚有未精，其分配入聲多未當，此亦考古之功多，審音之功淺也。古韻既無書，不得不借今韻離合以求。古音韻之失不在分而在合，然古人分韻雖嚴，通韻甚廣。韻書之作自李登以下，南人蓋寡。黃公紹失考，謂韻書始自江左，本是吳音者，妄也。顧曰：“三百五篇，古人之音書。魏晉以下，去古日遠，辭賦日繁，而後名之曰韻，至宋周顒〔五〕、梁沈約而四聲之譜作。”江曰：“其源自先儒經傳、子史音切諸書。六朝人音學，非後人所能及。”

附　錄

《六藝綱目》二卷　附録一卷

元舒天民撰，其子恭注，同郡趙宜中補注

嘉蔭簃仿元大字本。道光二十八年東武劉氏校刊。每葉十八行，行十九字。寫刻甚佳。前有至正甲辰張壽序、天台胡世佐序、豫章揭汯序、丙午男恭序、天台劉仁本序。是書先綱領，後條目，皆四言韻語，以便初學熟讀，最爲詳明。注亦精核。附録《字原》，自蝌蚪、籀、篆、八分、行草、飛白至於四聲，亦四言韻語，以其論字學，故附於《六藝》之後。又附《周禮·保氏》以下論六藝者，凡十條，名曰"六藝發原"。末有四言題詞一首，恭所撰也。又從子廣莫山人舒睿彦明序、劉喜海刊書跋、趙彦夫附注。諸序不言論轉注，有倒，有仄，有反，有北，而以"考"、"老"爲非，雖未盡當，可備一說。

張氏序曰："古者教人之法，六藝而已，周官大宗伯掌之。六藝通習，故士皆可用。公卿大夫居則冠冕佩玉，以理朝政，一有戎事，則出爲將帥，介冑行陣，文武兼舉，而無不得其任者，由教之有方而學之有其素也。六藝今惟書、算是用，人亦罕習。四明舒君，隱儒也，纂爲《綱目》，子恭注之。鄞令陳止善橐此乞序，刊行以惠學者。舒君諱天民，號藝風。子恭字自謙，號說齋。"

舒恭序曰："先君生甫十歲而宋社亡，及長，以隱儒名其堂，旌厥志也。一日讀《漢書》至'君子舒六藝之風'之句，撫卷笑曰：'班孟堅其先得我心之所欲乎？'因號'藝風'。博採六藝，集爲章句，以昭家塾。恭乃討論而注之。復有《字原》，亦學者所好，附於卷後。"

舒睿後序曰："吾伯父纂《六藝綱目》，惜未刊行。戊申春，予假館於良學錢氏，以此編示之，慨然玉成此書。良學，武肅裔也。"

劉氏跋曰："予於大興朱氏見笥河先生手校本，借歸鈔定成帙。徐君青都改正數學中脱誤若干字，朱述之大令云有盧抱經校本，未獲索觀。今夏敬就文瀾閣本檢校一過，付諸梓民。"

右小學類

古之六藝皆小學也。自《漢志》以下，小學一類，專收聲音訓詁之文，而歷代因之。《舊唐志》又分訓詁、小學爲二家，然訓詁即小學也。今分小學類爲五目：一曰訓詁，二曰《說文》，三曰篆隸，四曰字書，五曰音韻。所録凡一百有十家，編爲八卷。訓詁之屬一卷，《說文》之屬三卷，篆隸之屬一卷，字書之屬一卷，音韻之屬二卷。《爾雅》本十三經之一種，以之冠小學，則經類爲十二經，然其解釋名物，考證古義，實訓詁之正宗也。《方言》、《釋名》相沿而作，大體無殊。《埤雅》、《爾雅翼》稍泛濫矣，《疊雅》尤甚，然亦訓詁之支流餘裔。今以"雅"與"雅"相次，即彙刻"五雅"之意也。《通雅》雖入類書類，亦宜參看，其爲雅則一。至《駢雅訓纂》、《廣雅疏證》二書，尤極盡心力，非一朝一夕之功，讀者宜勿輕視矣。《說文》亦字書也，然此學於今爲盛，研究既精，著述亦當，不得不别標一目。其中或校或注，或明部首，或釋全例，數家相輔則益精密，如蔣、如錢、如段、如王，其最著者也。惟《長箋》訪之未得。其他隨己所見，各明一義，未包全體者，今本尤多，未暇備載。桂氏《說文》，吾邑楊氏梨本最佳，而流傳未廣，板已遠去，翻本相去遠矣。篆、隸亦字書也，然如《隸篇》與《楷法溯源》，别開生面，實前代所未有。今冠以《續古篆韻》，殿以《繆篆》爲一類，而《隸釋》、《隸續》，薛氏《款識》、阮氏《款識》之在史部者，皆宜與此類相參。至《汗簡》、《六書故》亦此類也。因《六書故》字法不佳，遂別出之。若趙文敏所書三十二體蟲書鳥篆，無法不備，然其來歷不可知。又所書爲《金剛經》，未許混入，知有此書而已。字書以《凡將篇》爲首，此與《急就章》皆四言韻語，蓋古訓蒙之書也。雖義兼訓詁，而與《方言》、《釋名》其體不類，故爲字書。凡《字通》、《字鑑》之屬，皆統諸此。音韻以《廣韻》爲首，而《易音》、《詩音》皆入此類。韻有今韻、古韻、等韻三家，今則無所分別。惟源流改併，開卷了然。論古音者，顧氏、江氏最爲精當，而才老實有創始之功，季立繼之，明代一人，餘多踳駁，宜分別觀之。然其推闡盡致者，亦云小補，不可廢置。附以《六藝綱目》，洵古所稱小學書也。

《藏書記》成於丁亥冬日戊子，寓津門，覆校一過。癸巳春，易爲大字，別爲一本。至甲午夏六月，經部録畢，視舊稿有增有刪，而所補尤多。其例之不合者，使歸一律；説之重複者，去其繁重。新得之書，按部添入，或往日所遺，亦因類及之。《目録學》已刻九卷，餘十一卷之未刻者，重加整理，統併於此。凡二十餘年，四易稿矣。時居汾陽，記於寓所，十七日也。

校勘記

〔一〕“千九”，原作“九千”，據《古韻標準》乙正。

〔二〕“用半”，原作“則全”，據《詩音表》改。

〔三〕“牓”，原作“牓”，據宋沈括《夢溪筆談》改。

〔四〕“冷”，據《國語》當作“伶”。

〔五〕“顒”，原避清仁宗顒琰名諱作“容”。

史部一

正史類一

《史記集解》一百三十卷

漢司馬遷撰，宋裴駰注

汲古閣本。此毛刻十七史之第一部也，前有《重鐫十三經十七史緣起》。《史記》刊於崇禎十四年。《集解》原本八十卷，毛氏刊板時依《史記》篇數析之。凡十二本紀十二卷，十表十卷，八書八卷，三十世家三十卷，七十列傳七十卷。前有目録、校書序。凡是徐義，稱徐姓名以别之，餘者悉是裴注。并集衆家義。

孫氏曰："司馬遷躋項羽於紀，與帝王并，則失史體。遷、固列吕后於紀，不没其實，則合《春秋》法。《史記》始制八'書'，《前漢》改爲十'志'，東觀《漢書》曰'記'，華嶠《後漢》曰'典'，張勃曰'録'，何法盛曰'説'，《五代史》曰'考'，其實一也。如遷曰'平準'，固曰'食貨'；前曰'地理'，後曰'郡國'；書曰'河渠'，志曰'溝洫'；書曰'封禪'，志曰'郊祀'。班易'天官'爲'天文'，范易'禮樂'爲'禮儀'。案：司馬彪易"禮樂"爲"禮[一]儀"，孫并誤以爲范。律與歷，禮與樂，兵與刑，或分或合。百官、輿服，班所無，范增之。五行、藝文，馬所闕，班補之。隋獨著'經籍'，唐特出'選舉'，沿革紛如也。

自太史公效周，‘譜’以爲‘表’，何法盛改‘表’爲‘注’，以至諸侯稍卑，當別於天子，故稱‘世家’。然陳勝、吳廣起自羣盜，遷不應特舉而列之。唯《三國》以吳、蜀儕之列國爲當。傳之爲體，大抵記公卿之行事。遷始傳‘循吏’，晉曰‘良吏’，《三國》則闕。范始傳‘文苑’，隋曰‘文學’，唐曰‘藝文’。後漢爲‘獨行’，唐爲‘卓行’，五代‘一行’焉。後漢爲‘方術’，魏爲‘方伎’，晉爲‘藝術’焉。自晉至唐，改東都‘逸民’爲‘隱逸’。自唐以來，改南北‘孝義’爲‘孝友’。‘列女’不見於西漢，‘義兒’獨見於五代。遷、固皆作‘佞幸’，南北曰“恩幸”。魏晉俱作‘后妃’，五季曰‘家人’。稱號雖異，體制不殊也。”錄於《示兒編》。

楊氏曰：“太史公《年表》，於帝王則敘其子孫，於公侯則紀其年月，列行索以相屬，編字戢而相排，雖燕、越萬里，而於徑寸之內犬牙可接；雖昭、穆九代，而於方寸之中雁行有序。使讀者簡便，舉目可詳，此其所以爲快也。”又曰：“《律書》不言律而言兵，不言兵之用而言兵之偃，言兵之偃於文帝尤詳，可謂知制律之時，達制律之意也。”錄於《升菴集》。

閻氏曰：“《始皇本紀》‘生於邯鄲，姓趙氏’、‘或曰“嬴”，或曰“姜”’，皆非。”錄於《潛邱劄記》。此說甚是。

徐氏曰：“表者，理治興亡之大略。《史記·諸侯年表》以下，以時爲主，故國經而年緯，以觀一時之得失。《漢興以來將相名臣年表》以下，以事爲主，以觀君臣之職分。班書皆變其例，而表猶譜牒。”此健菴之說，錄於本集。

趙氏曰：“班彪謂司馬遷序帝王則曰本紀，公侯傳國則曰世家，卿士特起則曰列傳，是蓋以本紀、世家、列傳爲史遷創例。然《文心雕龍》云，遷取式《呂覽》，著‘本紀’，以述皇王，則遷之作紀，固有所本矣。今按《呂覽》十二月紀，非專述帝王之事。而《史記·大宛傳贊》則云：'《禹本紀》言，河出崑崙，高五百里。'又云：'《禹本紀》及《山海經》所有怪物，予不敢言之也。'是遷之作紀，非本於《吕覽》，而漢以前别有《禹本紀》一書，正遷所本耳。又《衛世家贊》云'予讀《世家》言'云云，則遷之作'世家'亦有所本，非特創也。惟'列傳'叙事，則古人所無。凡發明義理，記載故事，皆謂之傳。孟子曰'於傳有之'，謂古書也。左、公、穀作《春秋傳》，所以傳《春秋》之旨也。伏生弟子作《尚書大傳》，孔安國作《尚書傳》，文光案：安國無作傳事，趙氏未考。所以傳《尚書》之義也。《大學》分經、傳，《韓非子》亦分經、傳，皆所以傳經之意也。故孔穎達云：'大率秦漢之際，解書者多名爲傳。'又漢世稱《論語》、《孝經》，并謂之'傳'。漢武謂東方朔云：'傳曰："時然後言，人不厭其言。"'東平王與其太師策書云：'傳曰："陳力就列，不能者止。"'成帝賜翟方進書云：'傳曰："高而不危，所以長守貴也。"'是漢時所謂'傳'，凡古書及説經皆名之，非專以叙一人之事也。其專以之叙事而人各一傳，則自史遷始，而班史以後皆因之。然則'本紀'、'世家'非遷所創，而'列傳'則創自遷耳。叔皮乃以爲皆遷創例，何耶？又遷書名《史記》，亦有所本。古者左史記言，右史記事，《孔子世家》所謂'因史記作《春秋》'是也。"又曰："《史記·高祖本紀》先總叙高祖一段，及述其初起事，則稱'劉季'，得沛後稱'沛公'，王漢後稱'漢王'，即帝位後則稱'上'。後代諸史皆因之。其實此法本於《舜典》，未即位以前稱'舜'，即位之後分命九官即稱'帝曰'。古時雖樸略，而史筆謹嚴如此。分命九官之前，初咨四岳，尚有一'舜曰'者，正以起下文'帝曰'之例，謂此帝乃舜也。又《顧命》，康王未即位以前稱'子釗'，即位後即稱'王'，亦是此例。"又曰："《史記·淮陰侯列傳》全載蒯通語，正以見淮陰之心乎爲漢，雖以通之説喻百端，終確然不變，而他日之誣以反而族之者之冤，痛不可言也。班書則《韓信傳》盡刪通語，而另爲作傳，不知通非必應立傳之人。史遷不更立傳，正以明淮陰之心，兼省卻無限筆墨。班掾因此語爲通立傳，反略其語於《韓信傳》中，舍所重而重所輕，開後世史家一事一傳之例，宜後世史日繁也。又如冒題遺呂后書至穢褻，《史記》不載，爲本朝諱也。班書則覼縷述之，并報書之醜惡亦詳録不遺，其無識更甚。遷之優於固，豈特在文字間也？惟《史記》不立楚懷王孫心傳，殊爲缺筆，律以史法，究未協也。班史亦遺之，終屬疏漏。《後漢書》列更始諸傳，《明史》列韓林兒、郭子興，較爲周密矣。"録於《陔餘叢考》。

伯益、栢翳爲一人，《路史》以爲二人，非是。燕噲以國與子之，國中大亂。齊王乃起兵攻燕，因令章子即匡章。將五都兵伐之。《孟子》有宣王之問，是破燕者爲宣王。燕昭王以樂毅爲將，破齊七十餘城，湣王走死，是爲燕所破者爲湣王。宣王破燕之後，不久即卒。湣王嗣位二十九年，乃爲燕所破。樂毅之伐齊，實因齊破燕而爲燕昭王報怨。《史記》以齊伐燕爲湣王事，誤甚。《國策》不誤，諸多紛紛。《通鑑》以《史記》所載與《孟子》不合，乃以威王、宣王之卒各移下十年。顧寧人又謂當以宣王之卒再移下十二三年，更屬武斷。古國君在位之年，豈後人可憑空增損？總由於不曾留意燕昭即位二十八年始報怨一語，遂有此紛紛也。同上《陔餘叢考》。

《史記》成書二十餘年，《漢書》經四人手班彪、班固、班昭，又詔馬融之兄馬續繼昭成之。閱三四十年，南、北《史》十七年，《新唐書》亦十七年，《通鑑》十九年，可知編訂史事，未可聊爾命筆矣。元末修宋、遼、金三史，不過三年。明初修《元史》，兩次設局不過一年。毋怪乎草率荒謬，爲史家最劣也。　《史記》十表，昉於周之譜牒，與紀傳相出入。　八書，史公所創，以紀朝章國典。

列傳成一篇即編入一篇，未曾排比。故《李廣傳》後忽列《匈奴》，《西南夷》等傳下又列《司馬相如》，《循吏》後忽列《汲黯》，《酷吏》後又忽入《大宛》，其次第皆無意義，可知其隨得隨編也。　褚少孫補《史記》，不止十篇。　《史記》有後人竄入處。　《史》、《漢》有不同處，互有得失。録於《二十二史劄記》。

《始皇本紀》後有低行數語，所謂"秦記"也。其事雖略而文最古，太史公録之以互證而備遺，如《酈生傳》後又附酈生之例。今本皆作平頭刻之，魏了翁拈出。陳云。

文光案：此條不記採於何書，舊稿中有之，所謂"碎錦"是也。末繫以"陳云"，恐是陳氏祖范之説，然亦未及檢原書也。記中如此類者甚多，亦不敢據爲己説，故分別言之。是編開首言書之次第者，俱是己説。其餘加"案"字以別之。

《史記》不易讀也。不聚古書，不知出處；不識史法，不知去取；不解古音，并字亦不識矣。梁氏《志疑》，實讀《史記》之津梁也，宜家一編。其書原本已少，現刻入《廣雅叢書》。今學人讀《史記》者甚鮮，間有閲者，如觀小説紀傳，略記其事，表、志則茫然矣。且其所見之本，非正文不全，即注多删削，或盡去其注而加以評語，或全削其表、志而爲讀本。嗚呼！豈有不識其面目而深通其文義者乎？予於諸家説多録其論表、志者，則史體宜知也。至於文，則諸評本在，吾不暇及，且以明史部非集部也。

《史記索隱》三十卷

宋司馬貞撰

汲古閣本。此《索隱》單行之本，摘句加注，不録全文。謹案：殿本、秦藩本、監本，皆三注合刻。三注者：裴駰《集解》、張守節《正義》、司馬貞《索隱》也。今惟《正義》無單行本。

趙氏曰："《史記》：'高祖每酤留飲，酒讎數倍。'《索隱》曰：'高祖大度，既貰飲，則讎其數倍價也。'按：'讎'與'售'同，賣物受值也。武負、王媼皆酒家，每值高祖酤飲，則人競買之，其獲利較倍於常也。宣帝少時，從民間買餅，所從買家輒大讎，正與此相類。蓋《高祖本紀》自澤陂遇神，至芒碭雲氣，皆記高祖微時符瑞，而此特其一端耳。《索隱》乃謂貰酒而償厚價，則下文'折券'句又何說也？又，'沛公略南陽郡，南陽守齮走，保城守宛。沛公夜引兵從他道還，更旗幟，黎明，圍宛城三匝'。《索隱》曰：'黎猶比也，謂比至天明也。'此蓋本徐廣《音義》。《史記》：'如意死，黎明，孝惠帝出獵還。'《音義》云：'黎，比也，將明之時也。'按：黎，黑也。黎明，猶《書》所云'昧爽'，《詩》所云'昧旦'耳。《楚漢春秋》：'上攻宛，匿旌旗，人銜枚，馬束舌，雞未鳴，圍宛城三匝。'夫曰雞未鳴，正將明而尚晦之候也。《索隱》必援徐廣說，訓爲'比'字，亦固矣。又，《惠景間侯者年表序》：'諸侯子弟若肺腑。'《索隱》曰：'柿，木札也。柎，木皮也。喻人主疏末之親，如札出於木，皮附於樹也。'據此，則'肺腑'之義，如中山王所云'葭莩'，及蔡邕《獨斷》所云'瓜葛'也。然《魏其武安侯傳》'得爲肺腑'，《索隱》曰'如肝肺之相附也'，則又與前注自相矛盾矣。按：史本文作'肺腑'，而轉'肺'爲'柿'，轉'腑'爲'柎'，釋之以木札、樹皮，反失之穿鑿矣。"

王氏曰："漢校書郎楊終，字小山，受詔刪太史公書爲十餘萬言。是《史記》曾經刪定，非元書矣。然今之《史記》，又非小山元本也。劉子著《漢書》一百卷，傳之劉歆，歆撰《漢書》未及而亡，班固所作全用劉書，則今之《漢書》非但襲司馬也。"又曰："太史公著書，未嘗以《史記》自名。《漢志》：《太史公》百卅篇，馮商《續太史公》七篇。"此山史之言，錄於《山志》。周青《味雋齋史義》二卷，專明《史記》之義，附刻《介存集》後。

杭氏曰："《史》有南、北監本，有廣東本，有常熟毛氏本。《史記》有秦藩本，有震澤王氏本，有余有丁刊誤、徐孚遠測議。《史記集解》無全文，兩《漢》無師古、章懷注足本。甚至毛氏刻《北齊書》，《文宣紀》脱去一頁，封隆之子名子繪，牽連《劉繪傳》爲一。"録於《道古堂集》。

文光案：司馬貞受《史記》於張嘉會，著《索隱》二十八卷，前有《集解》，標字加注，間採《集解》廿九、三十爲《述贊》二卷。後人分列紀傳之末，北監本散注於紀傳之前。《贊》後爲《三皇本紀序》，附紀傳説十七條。終以《三皇本紀》，此小司馬原本也。毛本末有刻書二跋。

毛氏跋曰："讀《史》多尚索隱，宋諸儒尤推小司馬《史記》，與小顏氏《漢書》如日月并炤，故淳熙、咸淳間官本頗多。廣漢張介仲削去褚少孫續補諸篇，以《索隱》爲附庸，尊正史也。趙山甫病非全書，取所削者，別刊一帙。澄江耿直之又病其未便流覽，以少孫所續循其卷第而入之。雖桐川郡有三刻，惟耿本最精。余藏桐川本有二，又遇一《索隱》單行本，《自序》綴於二十八卷之尾，後二卷爲《贊述》，爲《三皇本紀》，迺北宋祕書省大字刊本。晉亟正其訛謬重脱，案：板心有刻"毛氏正本"者，乃晉所補。附於裴駰《集解》之後，真讀《史》第一快事也。倘有問張守節《正義》者，有王震澤先生行本在。"

毛氏又跋曰："按汴本釋文演注，與桐川郡諸刻微有不同。如'鄭德'作'鄭玄'[二]，'劉氏'作'劉兆'，姓氏易曉。其訛如《詩含神霧》，援引書目豈得作'時含神霧'？但'樂彦'通本作'樂産'，未知何據。《高祖本紀》中'人乃以嫗爲不誠，欲笞之'，諸本皆然，《漢書》作"欲苦之"，兹本獨作"欲告之"。此類頗多，不敢妄改。至如'世家'本俱作'系'，避李唐諱也，後人輒爲改易，小司馬能無遺憾耶？"

　　文光案：汲古閣原刻十七史，近日傳本已少。其初印白宣紙本，天地極長，篆文封面。莫子思尚有全函，見《曾文正公日記》。予止得《史記》、《後漢書》、《晉書》三種，皆宣紙初印。所藏毛刻全函十七史爲竹紙本，墨色亦佳，而紙本微短。席氏掃葉山房翻刻汲古本十七史，初印連紙者，封面爲正書，較原本差遠。席氏收得汲古閣板，重爲印行。席氏書林至今猶盛，近又刻《槐廬叢書》，中多古本。前有順治丁酉督漕使者、關中侯于唐序，又西山張能麟序，二序皆浮詞。今所通行者，即此本。席氏又刻別史四種，《東觀漢記》、《東都事略》、《契丹國志》、《大金國志》。及《元史類編》、《續編》、《弘簡錄》，邵氏著《弘簡錄》、《弘道錄》、《弘藝錄》，自謂"三弘集成，瞶見聾鳴"，然其三書皆不善。合十七史爲一部，余尚藏之。自局本廿四史出，而席本遂微。毛本《史記》前有《重鐫十三經十七史緣起》，順治丙申年丙申月丙申日丙申時題於七星橋西之汲古閣中。又《編年重鐫經史目錄》，隨遇宋板精本考校，略無詮次。自崇禎戊辰，誓願每歲訂正經史各一部。案：汲古所藏，惟抄本最精，全史不免訛脱，他刻亦未精審，不能如黄氏士禮居之不改宋板舊式，錢氏守山閣之考校宋本至密也。惟板式工雅，紙墨精良，故人皆寶之。且儲藏之富，刊刻之多，亦非黄、錢二家所可及，至今稱之，有由來已。義門《讀書記》校正《史記》二卷，所據爲毛本，採鈍吟説最多，可互勘也。

《史記》一百三十卷

漢司馬遷撰，宋裴駰集解，唐司馬貞索隱，唐張守節正義

　　北監本。萬曆二十六年國子監祭酒劉應秋、司業楊道賓等奉勅重校刊。首爲《索隱序》、《索隱後序》、《補史記序》，此本《三皇紀》在前，故首小司馬序。殿本移在後。《補史記序》，貞自序其補《三皇本紀》、作

《述贊》、改定篇目等事也。次《集解序》，裴書自注。次《正義論史例》、《論注例》、《論字例》、《論音例》、《音字例》、《發字例》、《謚法解》七篇。殿本悉移於後，監本脱《正義序》。次《史記》目録。諸本目録多不合，詳《史記志疑》。

裴駰《集解序》曰："徐廣《音義》殊恨省略，聊以愚管增演徐氏，採經傳百家并先儒之説，删其游詞，取其要實[三]。《漢書音義》稱臣瓚者，莫知氏姓，今直云'瓚曰'。又都無姓名者，但云《漢書音義》。以徐爲本，號曰'集解'。未詳則闕，弗敢臆説。"

司馬貞《索隱序》曰："此書殘缺雖多，實爲古文。忽加穿鑿，難允物情。今止探求異聞，採摭典故，解其所未解，申其所未申者。釋文演注，又重爲述贊，凡三十卷，號曰'史記索隱'。"

張守節《正義序》曰："郡國城邑，委曲申明，古典幽微，竊探其美，索理允愜。次舊書之旨，兼音解注，引致旁通，凡成三十卷，名曰'史記正義'。"

文光案：《正義》原本當是摘句加注，不録全文，與《索隱》同，否則何以三十卷也？其傳之不久，亦是無全文之故。

顧氏曰："嘉靖初，南京國子監祭酒張邦奇等請校刻史書，欲差官購求民間古本，部議恐滋煩擾。上命將監中十七史舊板，考對修補，仍取廣東《宋史》板付監，遼、金二史無板者，購求善本翻刻。十一年七月成，祭酒林文俊等表進。至萬曆中，北監又刻十三經、二十一史，其板視南稍工，而士大夫遂家有其書。然校勘不精，訛舛彌甚，且有不知而妄改者，適足彰太學之無人也。至於歷官任滿，必刻一書以充餽遺，此亦雅甚，而鹵莽就工，殊不堪讀。原注："昔時入覲之官，其餽遺一書一帕而已，謂之'書帕'。自萬曆以後，改用白金。"文光案：書帕本在坊本下，最不足貴。聞之宋、元刻書，皆在書院。山長主[四]之，通儒訂之，學者則互相易而傳布之，故書院之刻有三善焉：山長無事，而勤於校讎，一也；不惜費而工精，二也；板不貯[五]官而易印行，三也。"又曰："古人作史，有不待論斷，而於序事之中即見其指者，惟太史公能之。《平準書》末載卜式語，《王翦傳》末載客語，《荆軻傳》末載魯句踐語，《鼂錯傳》末載鄧公與景帝語，《武安侯田蚡傳》末載武帝語，皆史家於序事中寓論斷法也。後人知此法者甚鮮，惟班孟堅間一有之。如《霍光傳》載任宣與霍禹語，見光多作威福；《黃霸傳》載張敞奏見祥瑞，多不以實。通傳皆褒，獨此寓貶，可謂得太史公之法者矣。"
錄於《日知錄》。

　　文光案：南監本内有宋板，其白紙寬大者，全函亦不易得。往年間收五六種，近亦罕見。其屢次補板者不佳。北監本印初白紙者亦佳。予所藏爲竹紙本，字尚清朗，惟訛脱妄改，校勘不精，誠如寧人所云，不如讀局本之爲愈也。

高似孫曰："譙周以《史記》書周秦以上或採俗語百家之言，不專據正經，於是作《古史考》十五篇，皆憑舊典以糾遷之謬。晉司馬彪復以周爲未盡善也，條《古史考》中九百二十二事爲不當，多據《汲冢紀年》之義，亦行於世。古書有《周考》七十六篇，師古曰：'考周事也。'譙之名書，蓋取此。後爲晉義陽亭侯。"錄於《史略》。

　　文光案：北監本《五帝紀》："黃帝者，少典之子。"注引《古史考》文，削去半段，又不標"譙周曰"，閲者不知爲誰人語。後又突出"譙周，字允南，蜀人"等語，使人迷眊。監本之謬多類此。其注混雜不清，非以數本校之不能辨也。予嘗以秦藩本對勘注文，所删者多矣。又按：陸賈《楚漢春秋》起項氏、漢高，訖漢文帝，中間諸吕用事，見劉伯莊《漢書音義》。此亦繼史公而作者也，而《書》則無傳。

高氏又曰："江南《史記》爲唐舊本，但存列傳而已。有一字之間，義致大不同者，是爲天下奇書。初，上蔡謝氏有録本，今略掇數字，於以見古本之精妙也。《伯夷傳》江南本曰‘得孔子而名益章’，今本無‘名’字；《管晏傳》‘管仲得用，任政於齊’，今本無‘政’字；《老韓傳》‘君子得其時則駕，不得其時則蓬’，今本‘時’并作‘人’；《莊子傳》‘申不害，荆人也’，今本作‘京人’；《司馬穰苴傳》‘期而後至’，今本‘軍法，期而後者云何’。右江南本同異凡四千三百五十條，今略舉四五端，一字之間，意味固自不同。最精如《刺客傳》云‘劍堅故不可拔’，而江南本作‘劍豎’，尤爲有旨。劍堅，安得不可拔耶？”同上《史略》。

劉伯莊曰：“徐中散音訓，自是別記異文，了非釋史義，而裴氏并引爲注，稍似繁雜。”

文光案：《隋志》：《史記》八十卷，裴駰松之子。注。《史記音義》十二卷，宋徐野民。《史記音》三卷，宋[六]鄒誕生。《史略》：徐廣《音義》十二卷，宋中散大夫，字野民，東莞人。劉次莊《史記考》二十卷。

《天禄琳琅書目》：“宋板《史記》三注合刊本，前有駰、貞、守節序。目録後印‘校對宣德郎秘書省正字張末’八分書條記。原按：集解、索隱、正義本各單行，至宋始合刻。據校書官乃張文潛，知爲元祐時槧。”文光案：元祐爲哲宗年號，三注合刻在神宗時。又，《史記》同上，四序外，有《正義論例》、《謚法解》、《集解序》，後刻管工官王緄、梓匠張魯等十五人。每卷末載“史計若干字，注計若干字”，後有《索隱後序》，印記“紹興三年四月十二日，右修職郎充提茶鹽司幹辦公事石公憲發刊，至四年十月二十日畢工”。是書真南宋本，多鈐元及明初人印章。又，《史記》同上，目録後刻“嘉定六年歲在癸酉季夏萬卷樓刊”。又，元板《史記》三家注翻刻宋槧本，未爲工整。《三皇本紀》居卷一之首，尤失其舊。又，《史記》同前，目録後有“大宋紹興五年王氏梅溪精舍鐫”。又，明板《史記》，仿宋刻，略得形似，明趙宦光藏本。又，明陳繼儒藏本，槧法極精，目錄後有“淳祐丁未月正元日古贊盛如杞謹書”墨印。然於宋諱俱不缺筆，坊賈作僞，未能以一葉定爲宋本，在明板則最上乘矣。後歸泰興季氏。

《讀書敏求記》：“唐尊老子爲玄元皇帝，升於《史記》列傳之首。予藏宋刻《史記》有四，而開元本亦其一。此本乃集諸宋板共成一書，小大長短，各種咸備，予戲名‘百衲本《史記》’。”

《孫氏書目》：“《史記》百三十卷，小題在上，大題在下，三家注。列傳依《正義》，以老子爲第一。每葉二十行，行十八字。卷後記字數。宋諱俱缺筆。明人仿宋重刊本，序目、序俱有補痕，當有木印記刻書年月姓名，爲坊賈剗去。收藏有‘欽訓堂書畫記’白文長印。”

《拜經樓藏書記》：“《索隱》每葉二十八行，行二十五字。蒙古中統二年刊。每篇首題第幾，不稱卷。小題在上，大題在下，注較毛本尤備。山陰祁氏淡生堂藏書。”

錢氏《日記抄》云：“蕘圃所藏南宋大字本，與中統本同，有《集解》、《索隱》，無《正義》。‘相如乃與馳歸成都’，今本無‘成都’二字。《子虛賦》‘赤玉玫瑰’，注‘赤玉，赤瑾也’，今本注無‘赤玉’二字。”

《愛日精廬藏書志》：“《史記》一百三十卷，宋乾道葉夢弼三注合刊本。《懷古堂藏書目錄》後，有‘三峰[七]樵隱夢弼傅卿校正’一行。《三皇本紀》後，有‘建谿葉夢弼傅卿親校，刻梓於東塾，時歲乾道七月當是“年”字。春王正上日書’兩行。《五帝本紀》後，有‘建谿三峰蔡夢弼傅卿親校，謹刻梓於望道亭’兩行。每葉二十四行，行二十二字，注二十八字，字畫精朗，古香可愛，蓋宋板中之絶佳者。案：此南宋孝宗時本。卷末有題識云：‘共計三十本，辛丑年孟春重裝，懷古堂識。’又有題識云：‘泰興縣季振宜滄葦氏珍藏。'蓋錢求赤藏本，後歸季滄葦者。又，《史記》殘本十四卷，裴駰注，北宋刊本。'禎'字不缺，當在仁宗前。每葉二十八行，行二十七字，注三十一字至三十五字不等。又，《史記》殘本三十卷，裴注，宋蜀大字本。'慎'字不缺，當在孝宗前。每葉十八行，行十六字，注二十字。又，《史記》殘本七十四卷，駰、貞注，元刊本。又，《史記》殘本七十六卷，三家合注，《十二諸侯年表》後，有木印云：'安成郡彭寅翁鼎新刊行。'不著年月，驗其板式，蓋元刻也。舊本《史記》載《正義》者絕少，此本有《正義》，差可貴也。"

《皕宋樓藏書志》："《史記》殘本九十九卷，三家合注。宋淳熙耿秉刊，黃蕘圃舊藏。每葉二十四行，行二十五字。耿秉，字直之，江陰人。仕至煥章閣待制，律己清儉，兩爲浙漕，所至以利民爲事。著有《春秋傳》二十卷、《五代會史》二十卷。又，《史記》殘本九十二卷，駰、貞注。元中統二年刊本，即宋理宗景定二年也。每葉二十八行，行二十二字，小字雙行。每葉格闌外標題篇名。明游明本即從此出。前有中統二年校理董浦序。又，《史記》一百三十卷，三家注。明嘉靖丁酉王延喆刊本，有跋。目後有'震澤王氏刻梓'木記。《集解序》後有'震澤王氏刻於思褒四世之堂'木記。又，《史記》一百三十卷，三家注。明本。嘉靖四年費懋中序，嘉靖六年柯維熊跋。目後有'明嘉靖四年乙酉金臺汪諒刊行'兩行。每卷標題下有'莆田柯維熊校正'七字。"

文光案：余所藏《文選》前有汪諒刊書目錄，所標《史記》即此本，蓋仿宋刻者。陸《志》以爲柯維熊校刊本，非是。蓋汪諒所刻，柯維熊爲之校正者。此本今亦難得。又案：三家注多脫誤，震澤本較爲完善。

莫氏《宋元舊板經眼錄》："宋蜀刻大字本《史記集解》，上海郁氏藏。宋諱'慎'字不缺。每葉十八行，行十六字，注二十一二字不等。初印，紙墨精潔，共存二十九卷。每卷有'小重山館胡氏遼江珍藏記'，又有'吳寬'、'芙初女史'諸印。又，《史記集解》附索隱一百三十一卷，元中統本。海寧查氏藏。半葉十四行，行二十五字。案：陸《志》中統本"二十二字"，"二"當是"五"。注同前。有中統二年尚稱"蒙古"，未有"元"號。董浦序，謂平陽道參幕段君子成求到《索隱》善本，募工刊行，則刊者段氏也。"

葛洪曰："遷發憤作《史記》，其以伯夷居列傳之首，以其善而無報也；為《項羽本紀》，以據高位者非關有德也。"錄於舊稿。葛洪，宋人。見《宋略》。非稚川也。

邵學士《提要》稿本曰："《史記》敘事多本《左氏春秋》，所謂'古文'也。其義則取之《公羊春秋》，辨文質家之同異，論定人物，多寓'文與而實不與'之意，皆《公羊》之法也。遷嘗問《春秋》於董仲舒，仲舒固善《公羊》之學者。遷能伸明其義例，雖未必盡得聖經之傳，要可見漢人經學各有師承矣。其十表、八書本諸《呂氏春秋》之十二紀、八覽，而稍為變通，指歸則一而已。"錄於《南江文鈔》。

文光案：《四庫》史書提要，多出邵氏之手。司遷學出《公羊》，此條不採，豈以班書《儒林傳》《春秋》傳授無遷名歟？章氏貽選曰："司馬氏受《公羊春秋》於董子，觀自敘答壺遂語意可見。而《藝文志》列太史公於春秋家，仍《七略》之文，劉向固受《公羊春秋》者也。觀此，則史公為公羊學無疑。"

王氏曰："《宋書·徐廣傳》敘述頗詳，并不言廣注《史記》，《晉書》本傳、《南史》本傳并同。蓋偶然脫漏，相沿不補。"又曰："《秦始皇本紀》太史公贊，採賈生之言，自'秦兼諸侯'起至'是二世之過也'，凡二千四五百字。今考此文，見賈誼《新書》卷一《過秦》上、中、下三篇，予所藏系宋淳祐八年刻本，最爲可據。自‘秦孝公’至‘攻守之勢異也’爲上篇；自‘秦并海内，兼諸侯，南面稱帝’至‘是二世之過也’爲中篇；自‘秦兼諸侯山東三十餘郡’至‘而社稷安矣’爲下篇。如今本《史記》，乃倒其次，以下篇爲上篇，上篇爲中篇，中篇爲下篇矣。又《陳涉世家》末有‘褚先生曰：吾聞賈生之稱曰’云云，即用‘秦孝公’至‘攻守之勢異也’一段。若果本紀内已有此一段，則兩處重出，不但遷必不如此，即庸陋如褚先生，亦不應至是。”又曰：“《索隱》凡三十卷，前二十八卷，貞採徐廣、裴駰、鄒誕生、劉伯莊舊注，兼下己意，按文申義。自序一篇，附於末。其二十九卷及三十卷之上半卷，則貞嫌元本述贊未善，而重爲一百三十篇之贊；下半卷則補序一篇，自述其補之之由。又逐段論其改删升降之意，後乃自悔其穿鑿，俱仍舊貫，而聊附其説於此。惟《三皇本紀》一篇贅於卷末。”又曰：“裴注所採今皆亡，籍存千百之一二，亦爲有功。下半部則簡略，多用心於經傳。”錄於《十七史商榷》。

　　文光案：《過秦論》三篇，據西莊所見，古文不亂，後人妄爲移易，不知何故。或以爲史公之意，蓋未見古本而傅會其説也。又，王氏《索隱》之説，視諸家爲詳，因錄之以備參考。

　　錢氏曰：“予所見《史記》宋槧本，澄江耿秉刊於廣德郡齋者，紙墨最精善。此淳熙辛丑官本也。三山蔡夢弼刊本，亦在淳熙間。蒙古中統刊本，計其時亦在南宋之季。此三本皆有《索隱》而無《正義》。明嘉靖四年柯維熊校本，汪諒刻，始合《索隱》、《正義》爲一書。前有費懋中序，稱陝西翻宋本無《正義》，江西白鹿本有正義。是柯本出於白鹿本矣。同時震澤王氏本大約與柯本不異。《索隱》、《正義》本單行，南渡後始有合《索隱》於《史記》者，創自蜀本。維有桐川、三山兩本，皆在淳熙以前，其時《正義》猶單行也。白鹿本未審刻於何年，以意揆之，必在淳熙以後。蓋以《索隱》爲主，而《正義》輔之。凡《正義》之文與《索隱》同者悉從刪汰，自是《正義》無單行本，而守節之元文不可考矣。”又曰：“《堯本紀》‘暘谷’，《索隱》云‘舊本作“湯谷”’，即此一條推之，太史公多識古文，所引諸經與今本多異者，皆出先秦古書。後人校改，漸失其真，知爲小司馬輩改竄不少矣。”又曰：“《史記》之文襲左氏者，必不如左氏。《漢書》之文襲《史記》者，必不如《史記》。古人所以詞必己出。”錄於《養新錄》。

梁氏曰：“堯之放四罪，共、驩、苗、鯀也，事出《尚書》。舜之流四凶族，不才子也，事出《左傳》太史克語。事既各出，時亦相懸。史公分載堯、舜兩紀，未嘗謂四罪即四凶族。後儒罔察，見人數之同，遂并八愷爲一案，豈非賈、服、杜、孔之謬哉！自強合爲一事，於是紛紜乖戾，或謂治水事畢乃流四凶，致舜失‘五典克從’之義，禹陷‘三千莫大’之辜；或謂舜〔八〕禹成功，此徒多罪，勳業既謝，怨讟自生；甚且謂堯養育凶人，歷世無誅，竟若唐堯之世，善惡莫別，賢愚共貫者，何其誕耶！”錄於《史記志疑》。案：“十六相”、“四凶族”究竟無考。

文光案：《史記》以多古字者爲佳本。明季妄人僞撰《訂正史記真本凡例》一卷，載曹溶《學海類編》中，題曰“洪遵撰”，自序稱“手錄司馬遷《史》一帙，盡汰去楊惲、褚少孫所補十篇，并去其各篇中增益之語”云云。明季刪汰之本多取諸此。鄧以讚刻《史記輯評》二十四卷，余所藏爲萬曆本。韓敬序云：“鄧文潔公在館時，與同籍名家分卷品隲〔九〕，各標獨見，裒而採之，以成是書。”然其評語，不脫劉須溪、孫月峰、陳明卿之習氣，以評時文之法評史，豈有當哉！余別立一讀本類，附書目之尾，專收此種刪節不全之本，庶爲允當，發凡於此。

《史記》一百三十卷

漢司馬遷撰，宋裴駰集解，唐司馬貞索隱，唐張守節正義

武英殿本。乾隆四年校刊，行款板式與北監本同。首《集解序》，題曰"宋中郎、外兵曹參軍裴駰"。按《隋志》爲"宋南中郎"。此序監本列於第四，殿本依時代定爲第一。司馬貞注。次《索隱序》，題曰"朝散大夫、國子博士、弘文館學士司馬貞"。按監本"弘文"下脱"館"字。次《索隱後序》，次《正義序》，"諸王侍讀、宣議郎、守右清道率府長史張守節上。"按監本題"龍門司馬遷"、"河東裴駰"、"河内司馬貞"，至張守節獨不著地，體例不能一律。殿本於姓名上悉去其地，最爲允當。次《考證》，次《史記》目録、《考證》〔一〇〕。補《三皇紀》不宜列於正書之前，監本倒置，今附於末。本紀一十二，監本作"本紀卷一十二"，非是。監本之謬，開卷已難悉數。年表十一，《考證》作"表一十"，《目録》作"年表十一"，宜從《考證》。監本作"年表卷一十"，尤非。八書八，《目録》作"八書八"，《考證》作"書八"，宜從《考證》。監本作"八書卷八"。世家三十，監本作"世家卷三十"。列傳七十，監本作"列傳卷七十"，更不可通。此坊肆書買之所爲，而傳謬至今者。共一百三十卷。原按："司馬遷《報任安書》云：'爲十表，本紀十二，書八章，世家三十，列傳七十。'"文光案："殿本目録亦與古本不盡合，詳見《志疑》。各卷末有考證，書末有考證跋語、校刊銜名。褚少孫所補仍依原次降一格。《索隱述贊》小字連書，亦降一格。

《考證》："監本於《索隱》、《正義》則稱'《索隱》曰'、'《正義》曰'，於《集解》則不載書名，直稱'徐廣曰'、'如淳曰'之類，遂使'曰'字相混，而且《集解》之文混入《索隱》，《索隱》之文混入《正義》。又《正義》之文十缺四五，顛倒雜亂，不可枚舉。今《集解》、《索隱》、《正義》并刻陰文字，而删去'曰'字，補刻闕文不下千百條。"此條在《正義序》後，目録前。

尚書臣張照謹言："司馬遷紹《春秋》作《史記》，後世史家奉爲鼻祖焉。顧其書前後重複互異甚多，讀者舉矛刺盾，往往而

是。原其所以，蓋有三焉：一曰《春秋》之義，信以傳信，疑以傳疑。子曰：『吾猶及史之闕文。』夫與其過而棄之，無寧過而存之。一事而傳聞異辭，則并舉而互見，不敢以己之臆橫斷往古之人，遷之慎也。一曰遷，武帝之臣也，則如所稱『今上本紀』者，固宜有録無書。其他文字，敘至遷作《史記》時而止者，其文字似未了而義已了。後人不知，妄爲增益，於是金鍮莫辨。所爲『褚先生』者，固不足以述遷之緒，況又未必皆褚先生爲之，所以益雜亂而無章也。一曰遷之爲史，祖述《春秋》，顧《春秋》之義微矣，遷豈能仿佛萬一哉！其體例實遷草創，其爲言述古諷今，不專爲一代之史，與後代史家專叙一代者不同。且非異代而爲之，其所筆削，即本朝之事也，固不得不以微辭見指。而後世或懵焉，以爲有闕遺而轉增之，或失其指趣而妄加非議。有是三者，是以讀《史記》之[一]難異於他史。我皇上稽古右文，命臣考訂前史而重刊之以嘉惠後學。臣等學殖荒落，何足仰副明詔？謹就所聞諸師友、見諸傳記者，爲之考證以附卷末。其間都有侍從燕閑，得聞天語講論，臣輒剽竊入書，以幸士林。其注有三，曰集解，曰索隱，曰正義，世固皆無全本。就世所傳本博考而詳校，蓋比明監本增十之六，然猶未全也。其於已刊之後復搜得之者，則又見於考證中，以補其遺。顧三注文字益多舛訛，雖據所見聞稍加駁正入考證，然不能無罣漏也。要之，較明監本則不可同年語矣。臣照謹識。識語在《正義論例》後。原任詹事臣陳浩、侍讀臣齊召南、編修臣孫人龍、原任編修臣杭世駿奉敕校刊。"校刊職名在識語後。

　　文光謹案：《目録考證》以"八書八"爲不通，而刊本仍沿其誤，未及改正。卷中有脱字：如《黄帝紀》"蓺五種"，《集解》："蓺，樹也。"刊本脱"集解"二字。《高祖紀》"猾賊"，《漢書》作"禍賊"也，刊本脱"猾賊"二字。有誤字：如《孝武紀》"泰一佐曰五帝"，《正義》"《春秋緯》

云", 刊本"春秋緯"作"國語注"。又，"神君最貴者太乙", 刊本"太乙"訛"大夫"。有衍文：如《建元以來侯者年表》"龍頟侯"，《索隱》："崔浩音洛。"刊本"洛"下衍"屬齊"二字。又，"今河間有龍頟村"，刊本"間"訛"關"，"頟"下衍"雀"字。如此類者，不可枚舉。《四庫全書考證》二十三、四兩卷爲《史記》，皆正官本刊板之誤。《史記》考證[一二]地理最詳。余因録於成都本《史記》之上方。翻刻殿本，額最寬闊。又採黃氏《日抄》、王氏《紀聞》、顧氏《日知録》、何氏《讀書記》、趙氏《劄記》、錢氏《考異》、王氏《商榷》，并所見諸家之説，分録於各卷，而《史記》可讀矣。其評文之語，概不及焉。

楊氏曰："《史記》近無善本，苦爲不知者妄改。如《韓信傳》'此特匹夫之勇耳也'，'耳'下元有'也'字。須溪云此'耳也'字異。《司馬相如傳》'文君已失身於司馬長卿，故倦遊。'須溪云'已失身於司馬'爲一句，'長卿故倦遊'爲一句。今俗士不得其讀，'長卿'下又添'長卿'二字，失古人之意矣。"録於《升菴集》。

邵氏曰："裴駰引徐廣《音義》，多識古文奇字，復取經傳訓釋以爲《集解》。貞、守節推廣集解所未備，而申以辨論，互引衆説，以折衷其是非，視顏師古之注《漢書》專宗班氏者，爲一變焉。"又曰："歸評《史記》，胡元方言紅筆不可據，黃筆則原本也。予閲之，紅筆多泛濫，黃筆每篇僅一兩圈。今從張疊來借閲紅筆，與胡本略似而黃筆大異，且多謬誤。張本又有青筆、墨筆，亦例意所有，而漫無統紀，疑非原本。太僕文集爲其後人删改，至見夢於坊人翁某，今雖更刻，亦未盡得其真。況此點次本子，豈無改易？汪武曹本乃諸本之所自出，往借未獲。又得《震川集》舊刻本，泓跋云：'震川翁好言《史記》，生平所讀至數十本，往往不同，各有指意，似點次原有不同。'泓又云：'《史記》藏於邑人，今已失，似無二本。跋者乃傳聞語耳。聞鈍翁有藏本，未見。'"録於《南江札記》。

梅氏毅成曰："予讀《史記·歷書》《天官書》，竊怪《歷書》過於略，《天官》過於詳。世皆謂司馬氏世爲天官，又與聞修歷，乃《歷書》不過檃括詔書數語，於積年日法以及推步之術漫無一言。至《天官》之書，則述不經之談，娓娓不倦，爲後世妄言禍福者所藉口，何其悖也！及讀《自序》暨《漢書·律歷志》，方知史公原不知歷，而《天官書》則皆唐都、王朔、魏鮮三家説。《自序》云：'重黎氏世序天地，至周宣時，失其守而爲司馬氏。世典周史，至談爲太史公，學天官於唐都。'《律歷志》云：'詔卿遂遷與典星射姓等議造漢歷，姓等奏不能爲算，願募治歷者。乃選二十餘人，方士唐都、巴郡洛下閎與焉。都分天部，閎運算轉歷。'由是觀之，'太初'乃閎所造，都不知歷，故獨分天部。都尚不知歷，而况學於都者乎？其所謂'世掌天官'者，不過推本其先世乃重黎氏，非司馬氏也。後人不察，因謂彼世爲天官，言當不妄，其實非也。歷與天文，各爲一家。治天文者不知七政有一定之行度，往往憑臆而談。而治歷者則有理可推，有數可紀，而影射疑似之見不可參入，故不道天文災祥之説。《天官書》曰：'心宿不欲直，直則天王失計'、'老人見，治安；不見，兵起。'以歷法按之，多不合。諸如此者，不可枚舉。使史公知歷，必不爲此支離之説。其書分三段，前段占星，中段占氣，末段占歲。而後總論，曰漢之爲天數者，星則唐都，氣則王朔，占歲則魏鮮，於以見其書爲三家之説。其序列星位座雖不備，然句中有圖，言五星無出而不反，逆行，必盛大而變色；言雲氣各象其山川，并驗之闉闍枯潤，人民、草木、禽獸、服食繁實去就，候歲始之，雲氣人聲，驗歲美惡，爲千里内占，則均於理可信。使史公當日取三家之説，去其紕繆，存其菁華，而證以古人名言，足以資儆戒，修人事，彌天災，則爲有物之言矣。"此論見於《歷算叢書·天官書》，非知天文者不能道，因録之。

錢氏曰："《宋書》、《南史》裴駰本傳俱云'南中郎參軍'，蓋龍駒爲南中郎府之外兵參軍。宋、齊之世，四中將皆以皇子爲之，得開符置官屬，外兵其一曹也。南中郎者，所仕府之名。外兵者，所仕曹之名。參軍則其職也。《索隱後序》稱外兵郎，誤甚。"

《史記志疑》三十六卷

國朝梁玉繩撰

原本。乾隆四十年自刊。前有錢大昕序、梁玉繩自序、目録一篇。悉依古本，後有案語。本紀十二，表十，書八，世家三十，列傳七十，凡百三十篇。分條加注，降一格，皆大字。五易稿而成，後有自跋。凡引注疏，正史與漢以前書皆不出姓名，本朝先哲稱里及氏，師友稱爵里。《史記》刻本甚多，因世重湖本，故據以爲説。

《五帝本紀》第一，元案："此古本篇題例也，以下仿此。各本惟明震澤王鏊所刻《史記》與古合，其餘皆分行倒書，而湖本明吳興凌稚隆《評林》，世所盛行，即湖本也。首行書'《史記評林》卷之一'，尤非。"

古書目録多置於末，《太史公自序傳》，即《史記》之目録也。此篇目必後人所條列，非作者自定。然傳刻各有不同，或於篇目之間加删字句，或於篇目之下增設姓名，甚且變元目而別爲標題，并續編而混相參廁。尋義驗文，固當以《自序傳》爲主，但《序傳》亦不免後人損益。《漢書·司馬遷傳》所載，復多殊異。予詳悉校讎，俾還其舊。間有不合者，仍於《叙傳》中辨之，弗敢妄易。又《尚書·堯典》疏，謂篇即卷，是也。但史公本書不以卷數，《漢藝文志》稱"太史公百三十篇"可證。《隋志》始以一篇爲一卷，今并削焉。目録後案語。

總目在篇目之後，舊本如是，與《自序傳》及《司馬遷傳》合。各本多謬刻總目於前，而踳駁雜出。有作"帝紀"、"年表"者，秦紀、項紀，未嘗爲"帝"；世表、月表，不盡以"年"也。有作"卷十二"、"卷十"之類者，則是第十二卷、第十卷也。《史記》無卷數，安得犁一篇爲一卷耶？"凡百三十篇"案語。

錢氏序曰："太史公修《史記》以繼《春秋》，其述作依乎經，其議論兼乎子。班氏父子因其例而損益之，遂爲史家之宗。後人因踵事之密，而議草創之疏，此固不足以爲史公病。或又以謗書短之，不知史公著述，意主尊漢，近黜暴秦，遠承三代，於諸表微見其指。秦雖并天下，無德以延其祚，不過與楚項等。表不稱'秦漢之際'，而稱'秦楚之際'，不以漢承秦也。史家以不虛美、不隱惡爲良，美惡不掩，各從其實，何名爲謗？且使遷而誠謗，則光武賢主，賈、鄭名儒，何不聞議廢其書？故知王允褊心，元非通論。但去聖浸遠，百家雜出，博採兼收，未免雜而不醇。又一人之身，更涉仕宦，整齊畫一，力有未暇，此又不必曲爲之諱也。自少孫補綴，正文漸淆。厥後元后之詔，揚雄、班固之語，代有竄入，或又易'今上'爲'孝武'，彌失本真。今所傳裴、張、司馬三家文字，不無互異，轉寫鋟刻，訛踳滋多，校讎之家，迄無善本，私心病之久矣。仁和梁君曜北，生於名門，濡染家學，下帷鍵户，默而湛思，尤於是書專精畢力。據經傳以駁乖違，參班、荀以究同異，凡文字之傳訛、注解之傅會，一一析而辯之。從事幾二十年，爲書三十六卷，名曰'志疑'，謙也。河間之實事求是，北海之釋廢箴盲，兼而有之，其在斯乎！至於斟酌羣言，不没人善。臣瓚注史，廣搜李、應、如、蘇；范寧解經，兼取江、徐、泰、邵。分之未足爲珍，合之乃成其美。詢足爲龍門之功臣，襲集解、索隱、正義而四之者矣。”

梁氏自序曰：“余自少好太史公書，綴學之暇，常所鑽仰。然百三十篇中，愆違疏略，觸處滋疑，加以非才刪續，使金鍮罔別，鏡璞不完，良可憫歎。解家匡謬甄疵，豈無裨益？第文繁事博，舛漏尚多，因思策勵駑蹇，澄廓波源，採裴、張、司馬之舊言，搜今昔名儒之高論，兼下愚管，聊比取剗，作《史記志疑》三十六卷，凡五易稿乃成。在宋，劉氏撰《兩漢刊誤》，翼贊顏注；吳斗南復注《刊誤補遺》。深慚鄙淺，何敢繼組前修，祇以勤苦研席，星歷一終，享帛徒矜，惜肋莫棄，則剗其瑕而縫其闕，實有望於後之爲斗南者。”

文光案：梁氏《志疑》，宜家置一編，以爲讀《史記》之助。余所藏爲《清白士全集》本，後又得廣雅書局本，兩本皆佳。余所藏《史記》，明刻本最多，惟秦藩本、震澤王氏本、金臺汪諒本三本最佳。其餘有選爲讀本者，正文不全，注皆刪去，其正文全者，注皆不全，不可讀也。《史記評林》、《漢書評林》，余所藏有通行本，實不足重。歸評《史記》，近有刻本，雖間一觀之，恐非真本，不甚珍愛也。

校勘記

〔一〕“禮”，原作“儀”，據上文改。

〔二〕“玄”，原作“圍”，據《史記索隱》改。

〔三〕“實”，原作“義”，據《史記集解》改。

〔四〕“主”，原作“家”，據清顧炎武《日知錄》改。

〔五〕“貯”，原作“歸”，據同上書改。

〔六〕“宋”，《隋書》作“梁”。

〔七〕“峰”，原作“條”，據《愛日精廬藏書志》改。

〔八〕“舜”，原作“舞”，據清梁玉繩《史記志疑》改。

〔九〕"隙"，據文意似當為"驚"。

〔一〇〕"考證"二字原為小字注，據武英殿本《史記》改同正文大字。

〔一一〕"《史記》之"，原作"史之記"，據上書改正。

〔一二〕"《史記》考證"，原作"史考記證"，據文意乙正。

史部一

正史類二

《漢書》一百二十卷

漢班固撰，唐顏師古注

北監本。萬曆二十五年依建安書坊劉之問或作"同"。本校刊。首叙例，次景祐刊誤本跋，慶元嗣歲劉之問撰。次目錄。帝紀十二，自高祖至平帝，《史記》無《惠帝紀》，班《書》先惠帝，次高后。表八，志十，列傳七十。列傳、《儒林》、《循吏》、《酷吏》、《貨殖》、《游俠》、《佞幸》、《外國》、《外戚》、《元后》、《王莽》。末一卷爲叙傳。紀十三卷，表十卷，志十八卷，傳七十九卷，《書》本百卷，并子卷計之爲百二十卷。西漢十二帝，起高祖元年乙未，盡王莽地皇四年癸未，合二百二十九年。顏籒，字師古，雍州萬年人。唐中書侍郎，兼通直散騎常侍、祕書監、弘文館學士，封琅邪縣子。初，服虔、應邵等各注音義，晉灼集爲一部，號曰《漢書集注》。有臣瓚者，總集諸家音義，凡稱"集解"、"音義"，即臣瓚書也。蔡謨全取此書，散入各篇。師古删繁補略，遂成一家，可見者三十五人。人但稱顏注精博，而不知其採衆説而爲之也。

葉氏曰："温庭筠《乾䐺子》云：'張由古無學，對衆歎班固文章不入選。衆對以《兩都賦》、《燕然銘》。由古曰："此是班孟堅，案：《文選》例書字，間有書名者。非固也。'"吁！由古無學，其以班固、孟堅爲二人，亦何足怪！大慶嘗因是而泛觀之，伯益、柏翳，一人也，《史記》於《陳杞世家》則以爲二人。闞止、子我，一人也，《史記》於《田敬仲世家》則以爲二人。士會、范武子，一人也；王良、郵無卹，亦一人也：漢史於《古今人表》皆以爲二人。公輸、魯班，一人也，顏師古疑爲二人。原注："賓戲注。"豈非皆失之不考歟？由是而觀，則於張由古何責？雖然，是固以一人爲二人也，而其間又或以二人爲一焉。《左傳》'少昊有子曰重，顓帝有子曰黎'，二人各出一帝。司馬遷併以重黎爲國祖，又以重黎爲官號，而吳回爲之後，故束晳譏遷併兩人而爲一，謂此也。至於虞仲、夷逸，二人也，班固以爲仲雍竄於蠻夷而遁逸。以遷、固之博洽，其失猶爾，況他人哉！"又曰："司馬遷作《史記》，班固作《漢書》，然《漢書》季布、蕭何、張耳、袁盎，及張騫、李廣、衛、霍等贊，大略多與《史記》同。原注："《漢書·張騫贊》，即《史記·大宛傳》後。"或全取本文，或改易數字。此無他，馬作於前，班述於後，觀史固無可疑。然竊怪《司馬相如傳贊》，乃固所作，而《史記》乃謂'太史公曰'，全與《漢書》同。夫遷之所作，在固容或承襲之；如固之所作，遷安得預同之哉！且遷在武帝時，揚雄生於漢末，今《相如傳》後且引揚雄以爲'靡麗之賦，勸百諷一'，此班固作贊，曉然矣，何爲《史記》乃以爲太史公之語，而雜於其間耶？諸家注釋并不及此。《困學紀聞》亦有此説，梁氏《史記志疑》更詳。大慶讀至於此，竊嘗惑之，徧假諸本校之，又皆一同，因反覆而究之。《公孫弘傳》乃載平帝元始中，王元后詔賜弘子孫爵，徐廣注云：'後人寫此，及班固所稱，以續卷後。'乃知相如之贊，亦後人寫入而託之太史公也。案：宋人考據之學，大半文浮於實。《相如贊》乃後人增入，遷時妄得有揚雄語，即此足矣。而敷衍至三百餘字，録之欲倦。洪容齋《隨筆》亦然。於是喟然歎曰：古人著書，多爲後人所加，以啓學者之疑，何可勝紀！《九州箴》，揚子雲所作也，唐徐堅《初學記》所載《潤州箴》乃有‘六代都興’之語。《潤州〔一〕箴》：“江寧之邑，楚曰金陵。吳、晉、梁、宋，六代都興。”雄生西漢之末，安得預有吳、晉、梁、宋？《藝文類聚》，唐太宗時歐陽詢所編也，而有蘇、李、沈、宋之詩。原注：“正月十五日，有蘇味道夜遊詩。洛水門，有李嶠《拜洛》詩。寒食門，有沈佺期、宋之問詩。四子皆後人，歐陽安得預編之也？”是皆後人所加，使人不能無疑，類如此。”以上録於《考古質疑》。

　　趙氏曰：“《漢書》尚有古本，今所傳非其舊也。《南史·劉之遴傳》：‘梁鄱陽王範得班固《漢書》真本，獻昭明太子。太子使之遴及張纘、到溉、陸襄等參校，與今本異者數十處。其大略云：“古本《漢書》稱永平十六年五月二十一日己酉，郎班固上，而今本無上書之年月日。又按古本《叙傳》號爲‘中篇’，今本稱爲《叙傳》。又，今本《叙傳》載班彪事行，而古本云‘彪自有傳’。又，今本紀及表、志、列傳不相合爲次，而古本相合爲次，總成三十八卷。又，今本《外戚》在《西域》後，古本《外戚》次帝紀後。又，今本《高五子》、《文三王》、《景十三王》、《孝武六子》、《宣元六王》雜在諸傳中，古本諸王悉次《外戚》下，在《陳項傳》上。又，今本《韓英彭盧吳述》云：‘信惟餓隸，布實黥徒，越亦狗盜，芮尹江湖，雲起龍驤，化爲侯王。’古本述云：‘淮陰毅毅，伏劍周章。邦之傑子，寔惟彭英。化爲侯王，雲起龍驤。’又古本第三十七卷，解音釋義以助雅詁，今本無此卷云。”’按《蕭琛傳》，此古本《漢書》，乃琛在宣城，有北僧南渡，惟齎一葫蘆，中有《漢書·叙傳》。僧曰：‘三輔耆老相傳，以爲班固真本。’琛固求得之。其書多有異今者，文字非隸非篆。琛甚秘之，乃以餉鄱陽王。則此古本《漢書》，本琛得之於北僧，以餉鄱陽王，王又轉獻昭明太子者。所云‘今本’，蓋即梁代所行，與今刻不異。至其改古本爲今本，不知起於何時，蓋即其妹續成時所重爲編次耳。宋景文校刻時，其所校舊本内尚有曹大家本，卷帙、文字皆與今同，則今本即曹大家所定無疑也。"錄於《陔餘叢考》。

《史記》通記古今人物，與專記一代之史不同，故立《陳涉世家》、《項羽本紀》，究屬非體。班《書》俱改爲列傳，誠萬世不易之例。　　漢高祖有後母，爲質於楚軍者是也。　　《韓信傳》："杖劍從之。"《説文》："杖，持也。"與"杖節牧羊"同一執持之義。師古曰："直帶一劍。"非是。同上《叢考》。

師古勦襲舊注，不著其名者，時時有之。師古之叔顏游秦撰《漢書決疑》十二卷，時稱"大顏"，師古盡取其義。　　許慎嘗注《漢書》，今不傳。

高祖母夢與神遇而生高祖，高祖自知非其父所生，故不以太公爲父。　　盡殺諸呂，禍本乃去。唐誅諸武，僅斬二張，故及於禍。

《哀帝紀贊》稱其不好聲色。又云帝即位，説董賢貌，有斷袖[二]之愛，何其矛盾？　　漢無禮樂可志，只可以空論了之。《補漢兵志》，《宋史‧藝文志》編入類書。錄於《十七史商榷》。

　　文光案：葛洪云："家有劉子駿《漢書》百餘卷。歆欲撰《漢書》，編録漢事，未得成而亡，故書無宗本，但雜記而已。試以考校班固所作，殆是全取劉《書》，其所不取者，二萬餘言而已。"王鏊因推論之，謂班《書》實史才，然其他文，如《文選》中所載，多不稱，何其長於史而短於文？及觀葛洪所云，乃知《漢書》全取於歆也。據此，則班《書》爲劉《書》。據《新唐書》，則師古注實游秦[三]注也。《新唐書‧姚班傳》："班祖察撰《漢書訓纂》，後之注《漢書》者往往竊其文[四]爲己説，班乃著《紹訓》以發明之。"是唐以前注《漢》者已多，師古同時又有劉伯莊、劉訥言及秦景通兄弟名暐。皆精《漢書》。又，房玄齡以師古注太繁，令敬播撮其要爲四十篇。後王勃以師古注多誤，又作《指瑕》以摘其失。今諸注皆亡，而顏注獨存，豈非有幸有不幸與？案：《隋志》

有應劭集解，晉灼集注，服虔、韋昭、劉顯等音訓、音義，今皆亡佚。北宋本《漢書》亦亡。今所傳宋板，皆三劉校定之本。班史舊祇稱《漢書》，宋麻沙書坊小字本兩《漢》合刻標題“《前漢書》”。荀悦《漢紀》三十卷，其事皆見於《漢書》。

《漢書》一百二十卷

漢班固撰，唐顏師古注

宋刻元修本。前有序例，板心有注大德、至大、延祐、元統補刊者。每葉二十行，行十九字，注二十五字至二十八字不等。《地理志》、《藝文志》有班氏自注。

《野客叢書》：“前輩論作史，諸王合自叙一處，如《陳書》、《唐書》之類，正得其例；然往往多混於諸傳之中，其體蓋祖班固西漢之作。不知班史以諸王雜於諸傳之間者，蓋今本爾，古本班史正自別作一處。按《劉之遴傳》，鄱陽嗣王範得班固所上《漢書》真本，謂今本《高五王》、《文三王》、《景十三王》、《武五王》、《宣元六王》雜在諸傳後，古本悉類《外戚傳》下、《陳項傳》前。則知古本班史蓋如此，分於諸傳之中者乃後本爾。不特此也，又謂古本《漢書》稱‘永平十六年五月二十一日己酉，郎班固上’，而今本無上書年月日字。古本《叙傳》號‘中篇’，今本稱爲《叙傳》。今本《叙傳》載班彪行事，而古本云‘稚生彪，自有傳’。今本紀及表、志、列傳不相合爲次，而古本相合爲次，總成三十八卷。今本《外戚傳》在《西域傳》後，而古本《外戚傳》在帝紀下。今本《韓彭英盧吳述》云‘信惟餓隸，布實黥徒。越亦狗盜，芮尹江湖。雲起龍驤，化爲侯王’，而古本述云‘淮陰毅毅，仗劍周章。邦之傑兮，實惟彭英。化爲侯王，雲起龍騰’。古本第三十七卷，解音釋義，以助雅談[五]，而今本無此卷。似此

十九條，今本與古本不同如此。所謂古本《漢書》，乃蕭琛在
[六]
宣城，有北僧南度，惟齎一葫蘆，中有《漢書·叙傳》。僧曰：
'三輔耆老相傳，以爲班固真本。'琛固求得之。其書有異今者，
紙墨亦古，文字多如龍舉之例，非隷非篆。琛甚秘之，乃以餉鄱
陽王。見《蕭琛傳》。"

《容齋續筆》："顏師古注《漢書》，評較諸家之是非，最爲精
盡，然有失之贅冗及不煩音釋者。其始，遇字之假借，從而釋之。
既云'他皆類此'，則自是以降，固不煩申言。然於'循行'字
下，必云'行，音下更反'；於'給復'字下，必云'復，音方
目反'。至如'説，讀曰悦'；'繇，讀曰徭'；'鄉，讀曰嚮'；
'解，讀曰懈'；'與，讀曰豫'，又'讀曰歟'；'雍，讀曰壅'；
'道，讀曰導'；'畜，讀曰蓄'；'視，讀曰示'；'艾，讀曰乂'；
'竟，讀曰境'；'飭，與敕同'；'繇，與由同'；'毆，與驅同'；
'晻，與暗同'；'婁，古屢字'；'墬，古地字'；'饟，古餉字'；
'犇，古奔字'之類，各以百數。解三代，曰'夏、商、周'；中
都官，曰'京師諸官府'；失職者，'失其常業'：其重複亦然。
貸，曰'假也'。休，曰'美也'。烈，曰'業也'。稱，曰'副
也'。靡，曰'無也'。滋，曰'益也'。蕃，曰'多也'。圖，曰
'謀也'。耗，曰'減也'。卒，曰'終也'。悉，曰'盡也'。給，
曰'足也'。寖，曰'漸也'。則，曰'法也'。風，曰'化也'。
永，曰'長也'。省，曰'視也'。仍，曰'頻也'。疾，曰'速
也'。比，曰'頻也'。諸字義不深秘，既爲之辭，而又數出，至
同在一板內再見者。此類繁多，不可勝載。其'豁'、'仇'、
'恢'、'坐'、'邾'、'陝'、'治'、'脱'、'攘'、'蕲'、'垣'、
'縮'、'顥'、'擅'、'酤'、'伴'、'重'、'禺'、'俞'、'選'
等字，亦用切脚，皆爲可省。志中所注，尤爲煩蕪。《項羽》一
傳，'伯讀曰霸'，至於四言之。若相國何、相國參、太尉勃、太

萬卷精華樓藏書記·卷二十二

六六五

尉亞夫、丞相平、丞相吉，亦注爲'蕭何'、'曹參'；桓、文、顏、閔，必注爲'齊桓'、'晉文'、'顏淵'、'閔子騫'之類。讀是書者，要非童蒙小兒，夫豈不曉，何煩於屢注哉？顏自著《叙例》云'至如常用可知，不涉疑昧者，衆所共曉，無煩翰墨'，殆是與今書相矛盾也。"此修〔七〕與高氏《史略》所載顏注重複字略同，而《史略》加詳。

《南江札記》："自魏王肅始撰僞經。至梁，《漢書》復有僞古本。好言宋本者，祇求紙板之古，不顧文義之安，皆此類也。此書序次縝密，經師多引以注經，實可補經而行。顏師古注祇聚注家傳注而定其折衷，不能旁徵載籍以推廣其義。然考證《漢書》者，不能出顏氏之範圍，唐人稱爲班固忠臣，信然。"

《養新録》："孟堅《書》義蘊宏深，自漢訖隋，名其學者數十家。小顏集其成而諸家盡廢，學者因有'孟堅忠臣'之目。以予平心讀之，亦有未盡然者。班氏《書》援引經傳諸子，文字或與今本異。小顏既勒成一書，乃不取馬、鄭、服、何之訓詁，校其異同，則採證有未備也。《水經注》引應劭、如淳、臣瓚等説，有甚精覈者，而顏未之引。又如'告'爲'嚤'，'姬'爲'怡'，皆秦漢古音，乃狃於近習，輒有駁難，則決擇有未精也。裴注《史記》，所引《漢書音義》，蓋出於蔡謨本，而小顏多襲爲己説。且其叔父游秦撰《漢書決疑》，史稱師古多資取其義，而不齒及一字，則攘善之失更難掩也。宋三劉氏、吳氏有刊誤之作，然劉書既無全本，吳雖博洽，往往馳騁而不要其歸。艮齋先生《正誤》多引何義門、陳少章二家之説，此書當駕三劉與吳而上之。"

《書影》："弇州舊藏《漢書》，得之吳中陸太宰家。宋板宋楮，字畫端重，是趙文敏故物。卷首畫文敏像，標簽字出文敏手。弇州亦圖一像於後。弇州歿，某以千金得之，後復鬻於四明謝象三，自云：'此書去我之日，殊難爲懷。李後主去國，聽教坊雜曲

"揮淚對宮娥"一段，淒涼景色，約略相似。'又云：'京山李組柱字本石，嘗語予曰："若得趙文敏家《漢書》，每日焚香禮拜，死則當以殉葬。"予深愧其言。'"文光案："自云"上缺二字，蓋塗其名。

《金石文字記》："漢時諸侯王得自稱元年，《淮南子・天文訓》曰'淮南元年冬'者，淮南王安始立之年也。注者不解，乃曰淮南王作書之元年，又曰淮南王僭號。此殆未讀《史記》、《漢書》者矣。《漢書・諸侯王表》紀元者不一，考列侯於其國中，亦得自稱元年。《史記・高祖功臣侯年表》'高祖六年，平陽懿侯曹參元年'之類是也。又魯孝王刻石，其文曰：'五鳳二年，魯卅四年六月四日成。'金高德裔記曰：'五鳳二年，知漢宣帝有天下之年也。魯卅四年者，魯孝王有國之年也。'上書天子大一統之年，下書諸侯王有其國之年，此漢人之例也。三代但書本國之年。《春秋》'隱公元年'，自魯人書之也。《泰誓》'十有三年'，自周人書之也。"

魏《范式碑》"是輯訓典"，《隸篇》云："《說文》'輯，車和輯也'，'集，羣鳥在木上也'。碑義當作'集'，而以'輯'爲'集'也。《漢書》'集'多作'輯'，然亦借用。師古注云'輯，與"集"同'，非是。其中'輯睦'字，正當'輯'，師古亦云'與"集"同'，尤非。又《左傳・成公十六年》'我若羣臣輯睦以事君'，《釋文》出'集睦'，云'又作輯'；《襄公十九年》'其天下輯睦'，《釋文》本作'集'：是'輯'亦通用'集'也。"

《潛研堂集》："宋刻兩《漢書》，板縮而行密，字畫〔八〕活脫，注有遺漏，可以補入，此真所謂宋字也。汪文盛猶得其遺意。元大德板幅廣而行疏，鍾人傑、陳明卿輩稍縮小之，今人錯呼爲宋字，神氣薄矣。"又曰："野王二老，漢濱、陳留二老父，此'子虛'、'亡是公'之流，而列諸《逸民》。向翊蹤迹詭異，無善可稱，而列諸《獨行》。《方術》一篇，如徐登、劉根、費長房以下，皆妄誕難信，不特王喬、左慈已也。計子勳與薊子訓，本爲一人。"

莫氏《經眼錄》："宋景祐本《漢書》，原刊合得七十餘卷，餘以元人覆本補入，其修補之葉，黃蕘圃悉記其目於卷端。又自曹倦圃本抄補數卷。蕘圃有'此爲倪雲林凝香閣舊藏'者，見《百宋一廛賦》注，後歸汪閬源，此其次也。卷中有'眉公繼儒'、'曹溶鑒藏'、'虞山張蓉鏡鑒定'、'宋刻善本'、'姚氏婉貞'、'芙〔九〕初女史'諸印。首有李申耆識云：'《漢書》宋景祐刊本，烜赫於絳雲樓，六丁取之矣。向時張月霄藏有元統、大德補修本，欲借未果。此本亦有補刊，未知與月霄本何似。然原刻存者尚十七八，以校別本，甚有差殊。道光十七年徂暑之月，揮汗識此。'""宋湖北提舉茶鹽司小字本，半葉十四行，行二十七八字不等。板高今七寸弱。避諱至'慎'字止，蓋孝宗時刊。遂初堂有此本，以校明汪文盛本，時有互勝互脫字，而足正汪誤者多。汪本自八表下，每出劉氏説，而此本皆不附。同治己巳，吳門出汪士鍾舊藏，有陳道復印，則僞作也。""宋鷺州書院大字殘本，半葉八行。監本、杭本、越本及三劉、宋祁諸本參校最爽目。"

文光案：王艮齋《漢書正誤》，正小顏之誤。何義門、陳少章考證最有功。《道古堂集》志兩漢鹽鐵。《經韻樓集》有《校漢書·地理志注》一篇。江沅云："俟備録後別成一書"。凡此皆可爲讀《漢書》之資糧。

《漢書》一百二十卷

漢班固撰，唐顏師古注

乾隆四年校刊本。前有顏師古序例，次目録。帝紀十二，表八，志十，列傳七十，末有叙傳。

《考證》曰："顏師古因太子承乾之命，注釋《漢書》，故序首言‘儲君’。其書成於貞觀十五年，歲在辛丑，故曰‘歲在重光’也。監本於顏注本文十刪四五，全非古人之舊。今并從宋本添補。謹案，官本有互倒處：《文帝紀》《除盜鑄錢令》注‘聽民放鑄也’，‘民放’二字互倒。《王莽傳》‘僮奴衣布’，‘衣布’二字互倒。《揚雄傳》‘前番禺，後淘塗’，顏注：‘駒驗，馬，出北海上。’‘駒驗’二字互倒。有衍文：《古今人表》‘人’下衍‘物’字。《劉輔傳》‘河間宗室也’，‘室’下衍‘人’字。有脫文：《尹公歸傳》‘後去吏家居’，脫‘吏’字。《匈奴傳》‘漢軍殺左大將’，脫‘左’字。”

《天禄琳琅書目·宋板》：“《漢書》，五函，四十四册。帝紀十二卷，年表八卷，志十卷，列傳七十卷，共一百卷。前有宋景德二年中書門下牒。‘慎’字缺筆，系避宋孝宗諱；凡遇‘完’字皆缺筆，系欽宗嫌名：則爲南宋時重刊之書。宋代摹刻《漢書》，始於淳化，此照熙寧本重付剖劂。當孝宗時，詔勿惜費，故書手、刻工皆屬上選，摹印紙墨亦皆加意。官刻之書，無出其右者矣。牒文前葉有趙孟頫像，陸師道題。王世貞跋云：‘余所購《易》、《詩》、《史記》、《唐書》之類，過三千餘卷，皆宋本精絶。最後班、范二史，尤爲諸本之冠。桑皮紙白潔如玉，四旁寬廣，字大者如錢，絶有歐柳筆法，細書絲髮膚緻，墨色精純，當是吳興家物。入吾郡陸太宰，又轉入顧光禄。余失一莊而得之。’跋次頁繪像，小楷書‘王弇州先生像’六字。王士騏跋：‘此先尚書九友齋中第一寶也。近歸質庫，書此志愧。’《明史》：‘士騏，世[一〇]貞子，亦能文。’錢謙益跋云：‘趙吳興家藏宋槧兩《漢書》，王弇州鬻一莊得之，後歸於新安富人。余以千二百金購之。崇禎癸未，損二百金售諸四明謝氏。’又，元板《漢書》，前師古序例，目録後元孔文聲跋。大德乙巳年刊於太平路儒學。又，麻沙小字本，前有景祐刊誤本例。此本兩漢合刻。又，《漢書》一百卷，前序例一卷，字畫頗具顔體，似明初之本。"

《史略》："宋景文公祁參校《漢書》，凡用諸本：一、古本，師古未注。一、唐本，張唐公家所得。一、江南本。《東坡遺事》〔一〕云：'太祖平江南，賜本院書二千卷，皆紙札精妙。'東原榮氏私記云：'江南本，宣和間出在御府，故流落人間。初外氏先君丁常韓通籍睿思殿，因見江南本，愛賞之。無緣借出參校，遂以薄紙分手抄録，及歸，各寫於家，幾年而後畢。'一、舍人院本。江南本在舍人院，故名。一、淳化本。《國朝會要》曰：'淳化五年七月，詔選官分校《史記》，前、後《漢》。校畢，遣内侍裴愈賫本就杭州鏤板。一、景德監本。《國朝會要》曰：'咸平中，真宗命刁衎、晁迥、丁遜覆校兩《漢書》板本。迥知制誥，以陳彭年同其事。景德二年七月，衎等上言：'《漢書》歷代名賢注釋，至有章句不聞，名氏交錯，除無考據外，博訪羣書，遍觀諸本，校定凡三百四十九卷，簽正二千餘字，録爲六卷以進。'一景祐刊誤本。景祐元年祕書丞余靖上言：'國子監所印兩《漢書》，文字舛訛，恐誤後學。臣參括衆本，旁據他書，列而辨之，望行刊正。'詔送翰林學士張觀等詳定聞奏，又命國子監直講王洙與靖偕赴崇文院讎對。二年九月，校書畢，凡增七百四十一字，損二百一十二字，改正一千三百三十九字。一、我公本，不詳何人。一、燕國本。一、曹大家本。一、陽夏公本。一、晏本。一、郭本。一、姚本。一、浙本。一、閩本。一、熙寧本。熙寧二年，參知政事趙汴進新校《漢書》五十册，及陳繹所著，是正文字七卷。一、宣和本，宣和六年國子監刊。一、張集賢本，張瓌得唐世本校。高似孫曰：'顔注評覈諸家最爲詳的，然有無俟音詁，失之冗贅者。志中尤爲叢脞，修整一番乃佳。'又曰：'《漢書》注，晉灼、敬播、陸澄三家，師古所引者，晉灼而已；音義十六家，師古所引者五家：遺落者蓋不止此。'師古《漢書》注例六條：一、晉灼集服虔、應劭等音義，凡十四卷，號曰《漢書集注》。臣瓚又總集諸家音義，參以己見，凡二十四卷，分爲兩帙。今之《集解音義》則是其書。後人不知，謂之應劭等集解。王氏《七志》、阮氏《七略》并題云然，斯不審耳。一、《漢書》舊多古字，後人以意刊改，傳寫彌俗，今歸真正。一、諸表列位前後失次，今則尋文究例，普更刊正。一、禮樂歌詩，解者支離，今隨其曲折，剖判義理，歷然易曉，更無疑滯。一、字或難識，隨即翻音。一、近代注史，多引雜説。今注翼贊舊書，閉絶歧路。」

《容齋五筆》：「谷永善言災異，班《書》多録谷永。」文光案：《續筆》有《漢郡國諸官》一條，《漢獄名》一條，《張釋之傳誤》一條，《巫蠱之禍》一條，《漢代文書式》一條，《遷固用疑字》一條，《漢表所記事》一條，《史漢書法》一條，《漢官名》一條，《董仲舒災異對》一條。其餘有關《漢書》者尚多，不及備録。

《拜經樓藏書記》：「《前漢書》列傳十四卷，每葉十六行，行十六字。首行大名在下，小名在上；次行題‘漢護軍班固撰’；三行署‘唐正議大夫、行秘書少監、瑯琊縣開國子顏師古集注’，并與監本不同。卷末書：‘右將監本、杭本、越本及三劉、宋祁諸本參校，其有異同，并附於古注之下。’後記正文、注文字數。筆劃工整，紙墨古雅，洵宋刻之最佳者。朱朗齋跋云：‘予所見宋槧元抄不下數百十種，其中關係經史之大者無多。惟孫氏欣託山房有魏鶴山《儀禮要義》，爲經學失傳之本。吳氏壽松堂有温公《通鑑》，較明本多增所未備。此本《漢書》與今本迥異，兔牀以重價購得之。’」

《抱經堂集》：「汲古所梓《漢書》，當是據北宋本。兔牀所得，疑是南宋本。汪文盛本殆亦從此本出。今本顏注有脱落，而此獨全，可寶也。」

《士禮居題跋記》：「顏注班《書》行世，諸刻大約源於南宋槧本。文句用三劉、宋子京之説，或校刊者用意添改，往往致譌，而剩字尤多，此以後人文理讀前人書之病也。惟是刻乃景祐二年監本，獨存北宋時面目，惜補板及剜損處無從取正，然據是可以求其添改之迹，誠希世秘笈也。用校時本一過。顧廣圻。"

《平津館書籍記》："《漢書》百卷，明福建按察使周采提舉，副使周琉、巡海副使柯喬校刊。前有師古序例一卷、目錄一卷，後有嘉靖己酉侯官縣學教諭廖言監修。注中載原父、貢父、仲馮、三劉之說，俱以黑蓋子別之。錢少詹云：'《趙廣漢傳》"長老傳以爲自漢興以來治京兆者莫能及"，北宋乾興本無"以來"二字。'此本雖有之，其增添痕迹分明，故知此本原出於北宋。每葉二十四行，行二十二字。收藏有厲鶚小連珠印。" "此本亦題汪文盛、高瀔、傅汝舟三人姓名。"

《孫氏祠堂書目》："《漢書》百卷，明歐陽鐸刊，田汝成重校。歐本無三劉說，田補入。當條之下不能容者，附刻於每卷之後。"

《十七史商榷》："明嘉靖初，南監修補十七史舊板，并添入宋、遼、金、元。其《漢書》所據，建安書坊劉之同板也。師古注後傳本不一，宋仁宗景祐二年余靖爲刊誤，於師古所列二十三家之外，添師古及張佖。佖，江南人，歸宋，官校對。'臣佖'校語皆附卷末，其插入顏注者，傳寫之誤。余靖之後，又有宋祁校本，凡用十六本參對而成。建安板即用景文本爲正，又採入十四家辨論，刻於寧宗慶元中。之同所採三劉《刊誤》，出劉敞與其弟攽、其子奉世，今書已亡，賴之同採之得存。毛本於顏注外，僅存'臣佖'等五條。其餘悉去之，并所冠序例亦削去不存，不如南監板爲該備。"又曰："師古抄襲舊注，不注其名者，往往有之。"又曰："《唐書·師古傳》：'太宗謂曰："卿學識可觀，但事親居官，未爲清論所許。"'師古之爲人如此。"《商榷》有《地理雜辨》六卷。

《天祿識餘》："《西京雜記》云：'楊王孫字貴。'張崇大《歷代小志》云：‘文翁[一二]姓，名黨，字仲翁。’荀悦《漢紀》云：‘壺關三老令狐茂。’此三人名足以補班史之闕。又按《羊祜傳》，蔡邕子名襲，女亦不止文姬一人。此可補傳缺。祜，蔡邕外孫，景獻皇后同母弟。祜討逆有功，將進爵土，乞以賜舅子蔡襲。詔封襲關內侯。"文光案：文翁學堂，即石室講堂。

《皕宋樓藏書志》："《漢書》殘本八卷，宋蜀大字本。每葉十八行，行十六字。注雙行，二十一二字不等。板心有字數及刻工姓名。缺筆至‘構’字。卷六十四下‘烏桓之疊’，‘烏’字下注‘淵聖御名’，蓋高宗時刊本也。紙背皆元時公牘，間有官印。又，湖北提舉茶鹽司新刊《前漢書》一百二十卷，宋淳熙刊本。有紹熙癸丑歷陽張孝曾題，淳熙之二載憲幙三山黃杲升卿、宜興沈綸季言叙，校正銜名五人，慶元戊午括蒼梁季珌題，正訛舛二千五百五十八字。孫氏手跋曰：‘余見宋板漢史不下五六部，未有若此之全妙者，子孫其永保之。正德二年三月丹陽孫道靜重裝兩套，題係舊人，筆不敢易也。’案：每半頁十四行，每行二十七字。小字雙行，每行三十五字不等。全書完善無缺，紙色如玉，墨色如新，史部中第一精品。"

《古逸叢書》第二十一：唐寫本《漢書‧食貨志》一卷。黎氏《叙目》曰："此《食貨志》之上卷。‘民’、‘世’、‘治’三字皆缺筆。字體秀勁，當爲李唐人無疑。往歲，獨山莫子偲友芝徵君得唐寫本《説文》木部六紙，驚爲奇賞，予爲手摹以行。與此可稱兩絕。《經籍訪古志》：‘《漢書》零本，現存《食貨志》一卷，唐人真蹟卷子本。卷首題"《食貨志》第四，各本作"第四上"，此本首尾均無"上"字，知非偶脱，未詳其例。《漢書》廿四"，次行署"祕書監、上護軍、各本題"正議大夫、行祕書監"，無"上護軍"三字。琅邪縣開國子顏師古注"，界長六寸九分，幅七寸，每行十三四字，注十六七字，文字遒勁。史注文句，校之宋元諸本極有異，真李唐原卷也。

末有“式部之印”朱印，背書《阿彌陀經疏》一卷，有嘉保二年宋哲宗之紹聖二年乙亥也。九月書寫釋慧海記。’又，現存《鄧通傳》，六行九十三字，舊鈔卷子本，不忍文庫藏。楊氏跋曰：‘右日本醫官小嶋春沂所影摹者，今據以入木。結體用筆，望而知爲唐人手書，不第缺文皇、高宗兩諱也。卷中如“揉木爲末”，各本作“煣”。宋子京云“煣”當爲“揉”，是未見作“揉”之本。又引《詩》“興雨祈祈”，今本皆作“興雲”。按《顏氏家訓》，疑“雲”當爲“雨”。陸氏《釋文》有作“雨”之本。師古作注，或遵其祖説，又據《釋文》“一作”之本改班《書》，亦情事所有。而後之鈔録者，仍依舊本作“雲”，遂致此參差耶！凡此二義，均難裁定。其他異同奪誤，互有是非，別爲校勘記附其後。光緒壬午，宜都楊守敬記於日本東京使館。’《札記》曰：‘據何義門所校各本，又以宋劉之同本、元劉文聲本、朝鮮活字本、日本寬永活字本互相比勘。凡此卷與諸本有一合者皆不出，正俗通用字習知者亦不出。’”文光案：《札記》所校凡一百二十條，皆與今本不同。

《漢藝文志考證》十卷

宋王應麟撰

合河康氏本。附刻《玉海》後。前無序，後爲《決疑》。《隋志》：“光武篤好文雅，明、章尤重經術。校書郎班固、傅毅等依《七略》劉向《七略別録》二十卷，劉歆《七略》七卷。爲書部，固編爲《藝文志》。”晁氏曰：“劉歆始著《七略》，總録羣書。至荀勖更著《新簿》，分爲四部，蓋合兵書、術數、方技於諸子，自《春秋》類《春秋》、《史記》別爲一，六藝、諸子、詩賦皆仍歆舊。其後歷代所編書目，如王儉、阮孝緒之徒，咸從歆例；謝靈運、任昉之徒，皆從勖例。唐分經、史、子、集，藏於四庫，是亦祖述勖而加詳焉。歐陽公謂始於開元矣。”

《決疑》曰："自六經以至陰陽之家，其數或多或少。《春秋》九百四十八篇，而其數之不及者七十有一。道家九百十三篇，而其數之衍者四十有四。自此以後，著龜一家而卷之溢於目者八十，醫經一家而卷之不登其總者四十有一。或者其傳於後世，有以私意增損者耶？夾漈鄭氏曰：'蕭何入咸陽，收秦律令圖書，則秦亦未嘗無書籍也。其所焚者，一時間事耳。秦人之典，蕭何能收於草昧之初；蕭何之典，歆何不能紀於承平之後？是所見有異也。'范氏曰：'漢時以竹簡寫書，在天下者至少，非祕府不能備，非如後世以紙傳寫，流布天下，所在皆有也。'"

《大事記》："始皇三十四年，焚書。非博士官所職，天下敢有藏《詩》、《書》百家語者，悉詣守尉雜燒之。"東萊呂氏曰："所燒者天下之書，博士官所職固自若也。蕭何獨收圖籍而遺此，惜哉！"《韓非·五蠹篇》云："明主之國無書簡之文，以法爲教；無先王之語，以吏爲師。"即李斯之說也。

《惠帝紀》："四年三月，除挾書律。"《爾雅》："挾，藏也。"劉歆曰："漢興，天下唯有《易》卜，未有他書。至孝惠，除挾書之律。至孝文，《書》、《詩》始萌芽。至孝武，然後鄒、魯、梁、趙頗有《詩》、《禮》、《春秋》。先師皆起於建元之間。"

《通典》："漢氏圖籍所在，有石渠、延閣、廣內貯之於外府。又御史中丞居殿中，掌蘭台祕書及麒麟、天禄二閣，藏之於內禁。"《百官表》："御史中丞在殿中蘭臺，掌圖籍祕書。"

霍山坐寫秘書。蘇昌爲太常，坐藉霍山書泄祕書，免。班斿賜以祕書之副，時書不布。自東平思王以叔父求太史公、諸子書，大將軍白，不許。

司馬遷爲太史令，紬史記、石室、金鑽之書。《七略》曰："孝武敕丞相公孫弘廣開獻書之路，百年之間，書積如丘山。"河平三年，謁者陳農使使求遺書於天下。

《風俗通》云："劉向典校書籍，皆先書竹，爲易刊定。可繕寫者以上素。"《成帝紀》："河平二年，光禄大夫劉向校中祕書。"言中以別外。歆嗣父業，乃徙温室中書於天禄閣上，著爲《七略》，大凡三萬三千九十卷。

《新斠注地理志》十六卷

國朝錢坫撰

岑陽官舍本。嘉慶二年校刊。

錢氏自叙曰："班氏之《書》，洵能發揮六經，垂示百代，而折衷之家絶少，辨析之士無聞。坫思於二年前探賾索隱，惟班氏之《書》於郡國縣道而外，凡山川奇異、都邑鄉聚、祠堂雜記、三代别國、土地來往、世系本末、户口官市、風俗因革，罔不畢具。論注之體，要在先覈故實，并發新義。輪廣之術，尤爲最宜。約舉大綱，蓋有八焉：一曰考故城。杜預注《春秋》，酈元注《水經》，每詳遺蹟。而注《水經》，按引京相璠《列國地名》、闞駰《十三州志》，采擇尤精。又《通典》、《括地志》、《史記正義》、《後漢書注》、《元和郡縣志》、《太平寰宇記》等書所載故縣，當備録也。二曰考水道。凡志云'某水出某山入某水'，當以注《水經》條證之，或有互異改流，必據辨也。三曰考山經。郡縣每多改易，水道歷有遷移，惟山則確乎不拔。然古者水無定形，山無定名。水無定形，而有定名；山無定名，而有定形。當以無定者證有定，有定者證無定，彼此各證，庶得其實。凡志云'在某縣南'、'在某縣北'，必以本朝見在府聽州縣核表也。四曰尊時制。縣道地址，亦以見在府聽州縣核表也。五曰正字音。凡服虔、應邵、韋昭、蘇林、如淳、孟康、晉灼、鄭德、包愷、伏儼、蔡謨諸人音讀，皆相傳舊説，當具載也。六曰改誤刊。凡傳刻訛謬、相沿脱落，必校正補足也。七曰破謬悠。凡顏籀所妄注、妄改、妄音之處，必盡削，使勿存，庶後人不疑惑也。八曰闕疑閟。凡所不知，難求他助，則闕之也。究此八義，乃無悖班氏之旨。班書惟郡縣名大書，他皆以細字分注。今則俱進爲大字，其分析語釋，以次降格書之，便於閱也。班《書》本爲弟八卷，次上、下，今畫一至十六爲卷。創始於乾隆四十三年戊戌之歲，以五十七年壬子之歲汗青始竟。”

《寶綸堂集》：“師古注‘黑水出張掖雞山，南流至敦煌。過三危山，又南流而入於南海也’。按，張掖即今甘州，甘州諸水皆西北流，逕酒泉而北入居延海，何嘗有一水西流逕酒泉，能越弱水、羌谷二河，而西至敦煌者耶？云‘南流至敦煌’，尤誤之誤者也。三危之山即可過，雪山連峰不斷，凡水泉出其北者，無不北流，又何以越而南也？故謂敦煌有三危山可也，謂敦煌三危，即《禹貢》黑水所導之三危，則不可也。”此齋氏之語，餘詳《水地記》目下。

《人表考》九卷

國朝梁玉繩撰

《清白士集》本。前有乾隆丙午自序，并目録。一卷，上上聖人；二卷，上中仁人；三卷，上下智人；四卷，中上；五卷，中中；六卷，中下；七卷，下上；八卷，下中；九卷，下下愚人：大凡二千人。班書此表，創例也。其差別九等，確當爲難，故前哲多議其妄作。傳刻失次，諸本互異。鼓妄、象商均，監本第八格，宋本第九格。石户之農，監本誤分爲二人。杞東樓公，監本誤列第六格，宋本第七格。宋正考父，監本、別本俱脱，宋本在第三格。此刊板之誤也。其論原書之違失者，張晏所列凡八人。謂老子不當在第四格，今注本在第一格，是宋本所改；毛本在第四格，則班氏原本也。又譏寺人孟子不當在第三，今乃在第四。南監與汲古同。又譏田單、魯連、藺相如不當在第五，今田單乃在第四，魯連、藺相如皆在第二。又譏嫪毐不當在第七，今脱。

張晏所譏，不過八人。今不同者四人，脱者一人，則全書之脱誤不知凡幾矣。予初閲《天禄識餘》，有"人表考"一條，譏士會、范武子一人而列於兩等，後見《乾臊子》已有此説，《路史》、《繹史》皆有此説，蓋江邨於考證多疏也。後讀王氏《商榷》，考人表微詳，亦只數條。最後得梁氏此考，則勒爲一書，詳之又詳。既分九等爲九卷，又於每人之名博採諸書，同異并列，或及其行事，或書其葬地，或辨其是非，缺者不補，誤者不改，凡所考皆有證據，非泛論也。"士會"一條，以爲"士富"之誤，詳見此條，兹不備録。予讀梁氏此考，以爲無復遺憾矣。而"伯樂"一條，誤以十數名爲一人，未若俞理初分析之清，因録《癸巳存稿》於後，以正此考之誤。可知學問無窮，慎不可自是自足，而讀書者宜求多聞也。

《癸巳存稿》："《古今人表》以郵無恤、王良、柏樂爲三人。今案古有兩伯樂，趙之伯樂曰王良，曰郵無恤，亦曰郵良，又曰郵無政，曰王子期，曰王子於期。'良'、'樂'、'無恤'是一義，名字相發也。'政'、'期'是一義，亦名字相發。蓋简子時名無恤，字良，亦字樂。後避襄子名，則改名，止字期矣。伯樂蓋王族，故曰王，曰王子其。曰郵者，以官氏也。秦之伯樂曰孫陽，曰孫明。《莊子·馬蹄篇》，《釋文》云：'伯樂姓孫名陽。'《吕氏春秋》'趙之王良，秦之伯樂'，《漢書·叙傳》云'良樂軼能於相遇'，皆二人名字錯舉。今以《左傳》有郵無恤，《國語》有郵無正、伯樂，《國語注》有郵良，《孟子》有王良、《韓非·外儲説》有王良，王子於期，《喻老》有王子期，皆言趙之伯樂。以孫陽秦人，證孫陽、孫明爲秦伯樂。《司馬相如傳》云'陽子驂乘'，秦孫陽也。《吕氏春秋》以《國語》郵無正爲孫明，疑因伯樂而誤。"文光案：吳仁傑《刊誤》亦以伯樂爲一人。

梁氏自序曰："班《漢·人表》，創例也。按《叙傳》曰：

'篇章博舉，通於上下，略差名號，九品之序，一卷一等。述《古今人表》第八。'科段并出固手，昭特覆更綴輯。前哲每議此表爲妄作，如《史通·表歷》《品藻》諸篇，宋鄭樵《通志序》，呂祖謙《大事記解題十》，羅泌《路史·後紀十四》，王觀國《學林三》，明楊愼《升菴集·人表論》，皆競相彈射，少所推嘉，故欽玩者鮮。其實褒貶進退，史官之職，始三皇，以迄嬴秦，聖仁智愚，不勝指數焉。馬遷既未能盡録，班氏廣徵典籍，蒐列將及二千人，存其大都，彰善戒愚，準古鑒今，非苟作者。錢宮詹嘗謂余云：'此用章儒學，有功名教。孟堅具此特識，故卓然爲史家之宗。'余甚服斯語。惟別以九品，確當爲難；屢經傳寫，紊脱尤多。余勘校各本，摭採羣編，爲考九卷，附載別稱，以俟學博之君子。"

張晏曰："老子玄默，仲尼所師，雖不在聖，要爲大賢。繩案："列老子於中上，抑異端也，即太史公老、韓同傳之意。唐僧道宣《廣宏明集》八，有晉釋道安《二教論》，問：'老子乃無爲之大聖，《漢書》品爲中上，詮度險失。'答曰：'孔子號素王，未聞載籍稱老爲聖。言不關典，君子所慼。'"文伯之母達於禮典，動爲聖人所歎，言爲後世所則，而在第四。田單以即墨孤城復强齊之大；魯連之博通，忽於榮利；藺子申威秦王，退讓廉頗：乃在第五。大姬巫怪，好祭鬼神，陳人化之，國多淫祀；寺人孟子，違於大雅，以保其身，既被宮刑，怨刺而作：殿本《漢書考證》："大台齊氏召南曰：'寺人孟子，張晏不諒其忠直遭讒，而責以保身；不諒其正性嫉惡，而責其譏刺。'此則師古所云，又自差錯者也。"乃在第三。嫪毒上蒸，《繹史》曰："繆毒，今本無。"《正義》曰："嫪，躬蚪反。毒，皓改反。"昏亂禮度，惡不忍聞，乃在第七。錢氏《漢書考異》曰："今本魯仲連、藺相如第二，寺人孟子、田單第四，嫪毒不列，蓋後人妄以己意升降，不皆班氏之舊。"王氏《十七史商榷》曰："晏所譏不過八人，今本全者四人，脱者一人，則全傳中傳刻脱誤不知凡幾。"其餘差違紛錯不少，略舉揚較以起失謬。"

王氏曰："《古今人表》，張晏譏其差違失謬，凡八條。第一條老子不當在第四格。王侍御峻云：'《評林》及汪本，老子在第一格，趙希弁《讀書附志》云：‘徽宗詔《史記·老子》升於列傳之首，自爲一帙。’《前漢·古今人表》列於上聖，汪本其據北宋本乎？按汲古閣板，老子在第四，如張晏説，則汲古似班氏元本也。南監與汲古同。而《評林》及汪本所據之宋本，則是後人所改。予從青浦邵圮借侍御評本，往往稱汪本係明汪文盛刻，《評林》則萬曆間吳興凌稚隆輯也。又一條譏寺人孟子不當在第三，今乃在第四。南監與汲古同。又譏田單、魯連、藺相如不當在第五，今田單乃在第四，魯連、藺相如皆在第二。南監與汲古同。又譏嫪毐不當在第七，今脱。南監與汲古同。夫此表所載，奚啻數千百人，張晏所譏不過八人，今不同者四人，脱者一人，則全卷中傳刻脱誤不知凡幾矣。異哉！豈此四人者？亦如老子之例，後人因張説而升之乎？但所據乃汲古本，如老子，汲古是原本，何得此四人又依改本，且嫪毐之脱又何説耶？至張晏又譏大姬巫怪、陳人化之，不當在第三。按表，大姬在武王之下，與邑姜并列，注云：‘武王妃。若好巫怪之大姬，乃武王之女，陳胡公之夫人。’今陳胡公亦在第三格，而別列大姬之後，相格甚遠，則非一人，張晏誤也。”又曰：“魯悼公在第六格，注云：‘出公子。’按，悼公，哀子也，疑出公即哀公。哀公卒於越，故以號之。”錄於《十七史商榷》。

趙氏曰：“《史記》不專記漢事，故古今人物臚列不遺。班氏既作《漢書》，則所記皆漢事也。乃班昭續之，又作《古今人表》，何也？又《貨殖傳》范蠡、子貢、白圭，皆非漢人，亦仍《史記》之舊，一并列之，安所謂《漢書》耶？”錄於《陔餘叢考》。

錢氏曰：“此表用章儒學，有功名教，觀其尊仲尼於上聖，顏、閔、思、孟於大賢，弟子居上等者三十餘人，而老、莊、列諸家咸置中等。首述夫子之言，《論語》中人物，悉見於表，而他書則有去取。詳錄孔氏譜系，儼以統緒屬之。孟堅具此特識，故卓然爲史家宗，不獨文章雄跨百代而已。”錄於《廿二史考異》。

諫菴曰："元序有崇侯，張晏謂有嫪毐，宋重修《廣韻》注有齊大夫公幹，'士'字注有士思癸，《通志·氏族略四》有司褐拘，而今無之，斯疏脱之也。元序桀爲下愚，《學林》引表亦在九等。張晏謂田單、魯仲連、藺相如第五，寺人孟子第三，《史通》謂陽處父第四，士會、高漸離第五，鄧三甥、荆軻第六，鄧祁侯、秦舞陽第七，俱與今異，斯紊次之驗也。"錄於舊稿。凡錄於底稿者，多不記何書。

《班馬字類》 五卷

宋婁機撰

苕溪經鉏堂本。此仿刻宋大字本，每葉十二行，每行小字十八字。前有淳熙壬寅樓鑰序、淳熙辛丑婁機自序并後序、目録。是書依平、上、去、入爲次。

婁氏自序曰："世率以班固史多假借古字，又時用偏旁，音釋各異。然得善注易曉，遂爲據依。機謂固作《西漢書》，多述司馬遷之舊，論古字當自遷史始。因取《史記》、《正義》、《索隱》、《西漢音義》、《集韻》諸書訂正，作《班馬字類》，互見各出，不没其舊，而音義較然，違舛尚多，更竢增易。"又序云："二史之字，第識首出，餘不復載。或已見於經子者，則疏於下，庶幾觀者知用字之意也。"

《兩漢金石記》："《秦本紀》'天子賜孝公黼黻'，按《史記》是獻公，今本作'黼黻'，是後人所改。婁氏猶見宋以前舊本。《漢書·趙后傳》'黄金釭'，服虔音'工'。按《説文》古本，是古紅切。今本古雙切，乃徐氏所芟。"徐氏芟古紅切，不知音江爲俗音。

衝，從童。《玉篇》、《廣韻》皆然。婁云"與'衝'同"，是宋時已改從重。 癯，《漢書》板本皆作"癯"。婁氏所見加二畫，漢隸亦有之。 《孔子世家》"雛離"，音離。按此《集解》語，非正文。今汲古本訛作"鴿離"。　《史記·歷書》"秭鵑"，上音子，下音規，鳥也。今本《史記》皆作"鳩"。《玉篇》："鵑，鳩也。"當從"夬"，子規。又作"雉"。　《漢書·昌邑哀王傳》"女羅紞"，音敷。按板本訛作"紞"。　《史記·王翦傳》"秦王怚而不信人"，通作"粗"。按此條誤也。《説文》："怚，驕也。子去切"，"粗，疏也，徂古切"。二字音義不同，此文一本作"粗"，故徐氏音麁。婁氏誤讀徐注，其失甚矣。　"雲靁"字從回，象回轉形，非傳寫之誤。　琱，古鐘鼎文作"喬"。《説文》："琱，治玉也"，"雕，琢文也"。二字可通。婁氏謂"琱"與"凋"同，"凋"乃蘦落之義，豈可通乎？《廣韻》："雕，刻字。亦作'彫'。"則後人又以鳥名之字通之，皆失其義矣。婁氏所引"琱"字二條，皆顔注也。　"疵"，今本作"庀"。此顔注文也。"俚"，《説文》曰："賴也。"《季布贊》言"爲其計畫，無所聊賴"。按今《説文》曰"聊也"。此條可備考證。　"毫"乃俗字。婁云"'豪'與'毫'同"，非是。　"襄"當爲"穰"，而無"禾"字，省耳。此韋昭未定之説，故云"疑當爲'攘'"。婁氏遽信之，援以入類，豈不誤哉！　"騪"，音搜，索也。按漢印文間有或體"騪粟都尉"，此必當日印文如此。班《書》取用古字，大都本其來處，非自爲異也。　"朩"，今本作"否"，宜存以備考。　"仐"，古"禹"字，今本《班馬字類》作"傘"，非是。　"皋"，是"罪"之本字，秦以此字形與"皇"近，改爲"罪"耳，豈得云"與'罪'同"乎？　"傗"，《説文》："音渠隕反。"按今《説文》無此字，且云"切"而不云"反"。"刅"，古"掌"字。按《説文》"叴"，今漢書作"爪"。《字類》今本作"刅"，亦誤。　次第，本作"弟"，不當云"同第"。"攣"，今板本作"攣"，宜考。　古無"妙"字，"眇"即"妙"字，不當云"音妙"。《易》"妙萬物爲言"，不知起於何時。

《五行志》 "殺生之秉"，蓋借用爲"柄"字。 以"睪"爲
"皋"，非謂"澤"旁"睪"變爲"皋"也。《天官書》"黃潦，
音澤"，必《史記》原本如此。以上翁氏所校《班馬字類》，凡二十五條，悉
録之，以爲讀《史》、《漢》之助，且可正婁氏之誤。每條降一格，依王氏《玉海》
之例。

《班馬字類》五卷　附補遺

宋婁機撰，李曾伯補遺

鈔本。此本前有樓鑰序、洪邁序、婁機自序、景定甲子李曾
伯自序。以原書列前，補遺即附每字之下，洵可與婁書相輔而行。
仿宋大字本，及一字一行本，皆無補遺。惟抄本有之，而流傳甚
少，因著録之。

《天禄琳琅書目》云："是書取《史記》、《漢書》中字，標注
音義，以二百四韻分部，每部各有補遺，凡千二百三十九字，補
注五百六十三。前有洪邁序、機自序二首。又李曾伯序云：'今從
而廣之，名以補遺，附於韻後，併勒諸梓。'然則補遺出於曾，并
曾伯所刊也。末署'門生三山潘介校正'。影宋抄本，極工緻。卷
首有'璜川吳氏收藏圖書'朱文方印。吳泰來，江蘇吳縣人，内
閣中書。其家藏書處曰璜川書屋。考此書別有連行宋本，樓序、
機序在書後，無補遺。又《班馬字類》，一函二册，後多淳熙甲辰
舒光跋，稱'分教池陽，丐郡鋟木'，且列校刊提點職事八人姓
名，乃宋槧最初本。影鈔極精，不讓毛、錢兩家也。有'趙宋本'
圓印、'墨精筆妙'方印、'虞山席鑑玉照氏收藏'方印。"

文光案：《史記》、《漢書》皆以有古字者爲好本。婁氏所
見，勝今本多矣。《字類》向入經部小學類，今以讀《史》、
《漢》者多不識字，因依《漢書音義》之例，附《漢書》後，
以爲讀《史》、《漢》之門徑，似亦允當。是書一字一行者，
爲叢書樓本，予亦藏之，凡二卷，與陳氏《書録》所著合。

有洪氏序，而無目録。大字本有目録，無洪氏序，非一板故也。補注有顧千里校本。

《班馬異同》三十五卷，宋倪思撰。參合兩書，證其同異，以求史家筆削之意，甚有益也。其書原本難得，今所傳者皆劉辰翁評點之本。余所藏者，亦劉本。趙氏《劄記》“《史》、《漢》不同處”條下卷一第十六頁。引劉仁“辰”訛作“仁”。翁《班馬異同》，蓋誤以評點者爲撰書人也。又趙氏以《史》、《漢》比對，摘其不同者凡三十二條。

校勘記

〔一〕“潤州”，原作“州潤”，據上文乙正。

〔二〕“袖”，原作“史”，據清王鳴盛《十七史商榷》改。

〔三〕“秦”，原作“春”，據《舊唐書》改。

〔四〕“文”，據《新唐書》當作“義”。

〔五〕“談”，據《梁書·劉之遴傳》當作“詁”。

〔六〕“在”，據宋王楙《野客叢書》補。

〔七〕“修”，據上下文意似衍。

〔八〕“畫”，據清錢大昕《潛研堂文集》補。

〔九〕“芙”，原作“英”，據清莫友芝《宋元舊本書經眼録》改。

〔一〇〕“世”，據《天禄琳琅書目》補。

〔一一〕“東坡遺事”，原作“金坡遺字”，據宋高似孫《史略》改。

〔一二〕“文翁”後原衍一“姓”字，據宋姚寬《西溪叢語》刪。

史部一

正史類三

《後漢書》一百二十卷

本紀十卷，列傳八十卷，宋范蔚宗撰，唐章懷太子賢注。志三十卷，晉司馬彪《續漢書》之文，梁劉昭注。宋余靖建議校刊，乃取以補范書之亡。

明本。前有景祐二年祕書丞余靖上言，劉昭補注序。上言後有"嘉靖丁酉冬月廣東崇正書院重修"木記。

何氏手跋曰："初讀此書，嫌其訛謬爲多。及觀劉氏刊誤諸條，乃知在北宋即罕善本，緣前人重之不如班《書》故也。嘉靖中南京國子監開者，注經删削，此猶完書，故是一長。其舊本不差，此復滋謬之字，略爲隨文改定云。康[一]熙辛巳中秋後題於保定行臺西序。焯。"

沈氏曰："《後漢書》無志，晉司馬彪《續漢書》文光案：紀、志、傳八十篇。有志三十卷，梁劉昭注，文光案：《梁書》本傳："集《後漢》同異注彪書，世稱博洽。" 唐以前本各爲書，宋乾興中判國子監余靖始建議合刻。原注："《潛研堂集》則云'准判國子監孫奭奏添入'。" 今汲古本以志三十卷攙入列傳前，殊亂體裁。又《後漢書》無表，宋熊方作《同姓王侯表》二卷，《異姓諸侯表》六卷，《百官表》上、下二

卷，其書採入《四庫全書》，外間未易得見。」_{文光案：盧抱經抄本熊序一篇，進表二篇。}

　　錢氏曰：「范史志已失傳，其名目之可考者，有《百官志》，見皇后紀；有《禮樂》、《輿服》志，見《東平王蒼傳》；有《五行》、《天文》志，見《蔡邕傳》。後人見范《書》無志，取《續漢書》八志以補之。」

　　趙雲松曰：「漢人諺語，多七字成句，大率以第四字與第七字叶韻。賈逵博學，諸儒爲之語曰：『問事不休賈長頭。』楊政善説經，京師爲之語曰：『説經鏗鏗楊子行。』魯丕爲趙相，就學者常數百人，關東號之曰：『五經復興魯叔陵。』井丹通五經，善談論，京師爲之語曰：『五經紛綸井大春。』許慎博學，時人語曰：『五經無雙許叔重。』_{「重」平聲，與「雙」叶。}丁鴻高才，論辯最明，京中語曰：『殿中無雙丁孝公。』楊震爲人所仰，時人語曰：『關西夫子楊伯起。』召馴以志義自勵，鄉人號之曰：『德行恂恂召伯春。』胡廣練達朝事，京師語曰：『萬事不理問伯始，天下中庸有胡公。』馮豹以《春秋》教人，鄉里稱之曰：『道德彬彬馮仲文。』董宣爲洛陽令，百姓歌之曰：『枹鼓不鳴董少平。』范丹爲萊蕪令，居官清苦，人歌之曰：『甑中生塵范史雲，釜中生魚范萊蕪。』郭賀爲荆州刺史，百姓歌之曰：『厥德仁明郭憲卿。』郭憲以俠聞，時人謔曰：『關東觥觥郭子橫。』戴良初尚俠，時人爲之語曰：『關東大豪戴子高。』《黨錮傳》：『桓帝嘗受學於周福，及即位，擢爲尚書而福同郡河南尹房植有名，鄉人爲之語曰："天下規矩房伯武，因師獲印周仲進。"』《逸民傳》：『王君公遭亂隱居，時人稱曰："避世牆東王君公。"』『楊阿若任俠，好爲人報讎，時人語曰："東市相斫楊阿若。"』俱就其人姓氏之韻，而以品題語協之，亦一時風氣然也。」《三國志》「仕宦不止執虎子」，《晉書》「江東獨步王文度」，皆沿此體。諸史中如此類者甚多，不及備錄。

　　文光案：《後漢書》帝紀十卷，自光武建武元年乙酉至獻帝建安二十五年庚申，凡一百九十五年。后紀二卷，列傳八十卷，《循吏》、《酷吏》、《宦者》、《儒林》、《文苑》、《獨行》、《方術》、《逸民》、《列女》、《外國》。合子目爲一百三十卷。十志未成，范被誅。司馬彪《志》，曰《律曆》、曰《禮儀》、曰《祭祀》、曰《天文》、各三卷。曰《五行》、六卷。曰《郡國》、五卷。曰《百官》、五卷。曰《輿服》。二卷。俱分子目，而無子卷。凡八志，共三十卷。錢大昭《補續漢書藝文志》一卷，自本史以外，復旁搜博採以成，可與竹汀《元史·藝文志》并傳不朽。東國刻《八史經籍志》，惜未收入，亦缺典也。

案《八史經籍志》，一、《漢書·藝文志》，班氏本《七略》而修，亦識所未盡。一、《隋書·經籍志》，通括梁、陳、齊、周、隋五代。一、《舊唐書·經籍志》、《新唐書·藝文志》，舊志簡略，新志略有增損。一、《宋史·藝文志》，斷自嘉定以後，有著錄不著錄之分，不甚精。一、《宋史藝文志補》，《遼金元三史藝文志補》，《宋志》咸、淳以來多缺，遼、金、元本無志，盧文弨得上元倪燦稿，及海寧張錦雲《元史藝文志補》，輯爲此志。一、《三史藝文志補》，《元史藝文志補》，一爲金門詔作，一爲錢大昕作，皆以三史無志掇拾爲之，惟元爲詳。一、《明史·藝文志》。焦志博洽而率爾濫載，不足依據。尤志挂漏舛駁。此志最精。前無序言，末署“文政八年刊”。

《後漢書》一百三十卷

宋范蔚宗撰，唐章懷太子賢注

北監本。萬曆二十四年李廷機、方從哲奉旨校刊。帝后紀十二卷，志三十卷，列傳八十八卷。范書論贊，唐代已綴卷末。

景祐元年九月，祕書丞余靖上言：“明帝詔班固、陳宗、尹敏、孟冀作《世祖本紀》及《建武時功臣列傳》，後有劉珍，李充雜作建武已後至永初間紀傳。又命伏無忌、黃景作《諸王王子恩澤侯》并《單于西羌地理志》。又邊韶、崔寔、朱穆、曹壽作《皇后外戚傳》、《百官表》及《順帝功臣傳》，成一百十四篇，號曰《漢紀》。嘉平中，馬日磾、蔡邕、楊劇、盧植續爲《東觀漢紀》。吳武陵太守謝承作《漢書》一百三十卷。晉散騎常侍薛瑩作《後漢記》一百卷。泰始中，祕書丞司馬彪始取衆説，首光武至孝獻，作《續漢書》。又散騎常侍華嶠删定《東觀記》爲《後漢書》九十七篇。祠部郎謝沈作《後漢書》一百二十二卷，秘書監袁山松作一百卷。至宋宣城太守范曄[二]，集諸家作十紀、十志、八十列傳，凡百篇。十志未成，范被誅。至梁世，有剡令劉昭者補成之。唐章懷太子賢招集當時學者右庶子張太安，洗馬劉訥言，洛川司户參軍革希元，學士許叔牙、成元一、史藏諸、周寶寧等同注范蔚宗《後漢書》。儀鳳初上之，詔付祕書省。”

趙氏曰：“列傳如《循吏》、《酷吏》等傳，既各以類相從，其他列傳自應以時代爲次。乃范書不拘先後，各就其人之生平以類相從，此亦本之《史記》，如屈原、賈誼同傳是也。又詳簡得宜，而無複出疊見之弊，如《吳漢傳》叙其破公孫述之功，則《述傳》不復詳載之類是也。”

兩漢詔命，皆由尚書出，亦有拙於爲文，輾轉倩人者。又漢帝多自作詔。　漢以來無讖書，起於哀、平之際，光武信之尤篤，等於聖經賢傳。至用人行政，亦以讖書行事。范曰：“世主以此論學，悲哉！”然讖之真者，實有占驗；其僞者，穿鑿附會，惑世誤民，光武亦知其不足信矣。　光武多免奴婢爲庶人。　西漢開國功臣多出亡命亡賴，東漢諸將皆有儒者氣象。　東漢諸帝多不永年。　外藩入繼者四帝，安、質、桓、靈。母后臨朝者六后，竇、鄧、閻、梁、竇、何。皇統累絶，權歸女主。　隋唐以後太子被廢，未有善終者，惟東漢則皆保全。　孔聖歷傳至兩漢，無代不以經義爲業。伏氏歷四百年，儒學最久。桓榮一家三代，皆以明經爲帝王師。　楊震四世三公，袁安四世五公，可謂僅事。　東漢尚名節。

叔先雄與曹娥事同，莫有知其姓名者。　召用不論資格。　擅去官者無禁。　黨禁二次，禍愈烈，名愈高，皆國家激成之。然諸人亦非中道亂世用晦保身之法也。　宦官爲民害最烈，亦有賢者。以上錄於《廿二史劄記》。

《後漢書》撰述家最多，易於藉手。梁王規輯《後漢》衆家異同，注《續後漢書》二百卷。又劉昉注《後漢書》一百八十卷，吳均注九十卷。章懷注又本諸書也。　班贊即遷論，范《書》論後又有贊，將論詞排比作韻語，豈不辭費乎？錄於《陔餘叢考》。

《後漢書公卿表》一卷，齊召南撰。自序曰：“後書初無表、志，志則劉昭補之，表終闕如。諸王、功臣等闕，於書無所損益；公卿表闕，則讀者有餘憾焉：此余之所爲補也。自光武迄獻帝，凡爲太傅若而人，太尉、司徒、司空若而人，外戚爲大將軍、諸將軍若而人，太常光禄勲以下九卿若而人，年經月緯，綜紀傳以著其略。吁！觀是表者，於後漢一代主之明暗、國之盛衰、人之賢否忠佞、事之得失成敗，可以鑒矣。”錄於《寶綸堂文鈔》。

邵氏曰：“司馬志附見《漢書》，始於唐人，陳《録》未考。此書創《獨行》、《黨錮》、《逸民》三傳，表彰幽隱，史家多分門類，濫觴於此。所增《文苑》、《列女》諸傳，諸史相沿；《儒林》詳傳經源流。”錄於《南江劄記》。

武氏億《范書儒林傳後記》曰：“以予所徵，東漢以來《易》名家者，有杜暉，字慈明，治《易梁丘》。見《綏民校尉熊君碑》。《書》名家者，《郎中王政碑》，治歐陽《尚書》；《剡令景君闕銘》，治《歐陽尚書》傳，祖父河南尹、父步兵校尉業，門徒上録三千餘人；《成陽令唐扶頌》，次子襲叔謙治《尚書歐陽》，次廉仲絜[三]治‘小夏侯’。《詩》名家者，《從事武梁碑》，治《韓詩經》；《郎中馬江碑》，通《韓詩》；《祝睦碑》，修《韓詩》；《廣漢屬國都尉丁魴碑》，治《韓詩》；《執金吾丞武君榮碑》，治《魯詩》。《春秋》名家者，《孔廟置守廟百石孔和碑》，和修《春秋嚴氏經》；《成陽令唐扶頌》，處士閆葵斑，字宣高，修《春秋嚴氏》；《巴郡太守樊敏碑》，治《春秋嚴氏經》；《嚴訴碑》，治《嚴氏春秋》、馮君章句；《泰山都尉孔廟碑》，治《嚴氏春秋》；《山陽太守祝睦碑》，修《嚴氏春秋》；《魯峻碑》，兼通《顏氏春秋》。然則東都《春秋公羊》博士惟有嚴、顏，今見於碑者，諸儒所傳習亦二氏而已。而嚴氏之有馮君章句，則并不見録。嗚呼！網羅之疏，豈小過也歟？"録於《授堂集》。

文光案：授堂所考，皆專門傳經師授之所係，足補范傳之缺，因詳著之。熟讀《范書·儒林傳》，可以窺漢學之門户，進而讀《藝文志》，進而讀《授經圖》，經師專門之業，大略可知。凡事先引其端，而後求其精進，庶有入處。今有讀《漢書》者，或不知有漢學；間有觀注疏者，亦不解爲何學。蓋其讀史也，只記故事；其解經，又專依俗本。漢人重師承，此則失其師承故也。余欲取金石書有裨於經史者，纂爲一書，以便尋覽。如顧氏之《記》、錢氏之《跋尾》、武氏之三《跋》、王氏之《萃編》，尤資考證。但其功繁浩，成書甚難。今擇其至要者，録於各目之下，雖未免罣漏遺譏，然不妨再續三續。

杭氏曰："《李固傳》夏門亭長趙之清，云即《杜喬傳》之楊匡。"又曰："《儒林傳》杜撫作《詩題約義通》。《刊誤》云'案文"題"下當有脱字'，蓋合云'文約義通'也。此貢父妄解也。《詩題約義通》，撫書名如此。陸璣疏末附《四詩源流》，亦稱撫作《詩題約義通》，蓋已在范書前百餘年矣。"又曰："東漢尚緯讖，儒者多非聖無法，動引孔子以實其説。桓譚所謂'矯稱孔某爲讖記以誤人主'也。甄鸞謂孔子作'三不能比'、'兩臨'，孝恭著《孔子馬頭易卜書》，至《宅經》亦託孔子作，其離經畔道也至矣。”録於《諸史然疑》。

　　錢氏曰：“淳化刊本止有蔚宗紀傳百卷，其志三十卷，則乾興元年准判國子監孫奭奏添入。但宣公誤以爲劉昭所補，故云范作之於前，劉續之於後，不知志出於司馬彪。彪，西晉人，在范前，不在范後。劉昭本爲范漢史作注，又兼取司馬志注之以補范之闕。題云‘注補者’，注司馬書以補范書也。自章懷改注范史，而昭注遂失其傳。此志已非蔚宗書，故章懷不注，而司馬、劉二家之學流傳到今，宣公實有力焉。此本雖多元大德九年補刊之葉，而志第一至第三尚是舊刊，於‘朓’、‘敬’、‘恒’、‘貞’、‘宗’、‘徵’字皆缺末筆，而‘讓’、‘㬎’不避，知實係嘉祐以前刊本。惜屢經修改，古意漸失，然較之明刊本，則有天壤之隔矣。”跋宋刻元修本，録於《潛研堂集》。

　　文光案：蜀刻大字本行款、避諱與《前漢書》同，板心注“大德九年”、“元統二年補刊”者，是宋刻元修之本。

《後漢書》一百三十卷

宋范蔚宗撰，唐章懷太子賢注

　　汲古閣本。此毛氏白紙初印本，面題“後漢書”三字，爲篆文。席本易以楷書。右上題“毛氏據古本考較”七字，左下題“汲古閣藏板”五字。以翻刻汲古本校之，原板大五分，其餘板式皆同。本紀第一葉第十二行注“許子威資用乏”，原板“用”字空缺，翻本有“用”字。又毛本《趙岐傳》“《孟子章句》”，“孟”誤作“要”。目録、本紀，如各帝之諱；志如天文、郡國，傳如文苑、逸民之類，皆旁注之。目後題“十二帝后紀十二卷，后紀上、下二卷。志三十卷，八十列傳，八十八卷”，凡三行。開首第一行上題“光武帝紀帝一上”，此紀分上、下。最下題“後漢書一上”，此古式之大題在下者也。每葉二十四行，每行大字二十五，小字三十六。每卷末有"琴川毛鳳苞氏重定宋本"十字篆書長印。《律歷志》上卷，曰律準，曰候氣；中卷，曰論歷，曰論月食；下卷曰歷法。《天文志》自"王莽三"至"獻九"，紀星辰之變，并表其應，蓋紹前書而作也。自古天文主占，歷法主算，原分爲二。目錄"禮儀"，"儀"訛作"義"。

何氏曰："毛氏《後漢書》所據之本，遠不逮班《書》。康熙癸未六月，侍八貝勒於南薰殿，架上有汪文盛刊本，因取以校《郡國志》。汪氏亦仍訛襲舛，如《前書・地理》，亦憚於互勘。書無善本，豈非苟簡之過哉！又自《律歷志》至《禮儀志》第六卷，康熙癸巳，偶得北宋小字殘本，止興平四年春三月下。手校一過。板至精好，尤明小學。有'孝友之家風來齋藏書'印，不知出於誰氏也。又康熙甲午，心友弟得包山葉氏所藏殘本，第三卷本紀至第九卷之半，以所校寄正，因改正數十處。又自十九卷至二十二卷，康熙丁酉值役武英殿，偶見不全宋嘉定戊辰建安蔡琪純父一經堂開雕大字本，心以爲佳，因從典守者乞以校讎，則舛誤可爲憤歎。又《律歷志》之前直删去劉宣卿本序，每卷平列大字二行，云'宋宣城太守范曄撰，唐章懷太子賢注'，竟不知蔚宗未作志，章懷但注紀傳，淳化所刻止於九十卷，其憒憒之貽誤後人，真市賈之下劣者。識之以見宋本之不足據如此。"跋汲古閣《後漢書》并所據校本。

文光案：義門所見古本甚多，所校汲古本前、後《漢書》，今亦未見，而校語尚存於《讀書記》。其他題跋之存者，僅十之一二。右跋見於《義門集》，因亟録之。

吳仁傑曰："《禮樂志》：'商紂云云，樂官師瞽抱其器而犇散，或適諸侯，或入河海。'師古曰：'《論語》云"太師摯適齊"云云'。按《商本紀》，紂世固嘗有太師、少師抱樂器而犇，然非摯與陽，蓋太師庇、少師疆也。《人表》亦列此二人於師摯八人之後，誤合兩事爲一。”錄於《兩漢刊誤》。

洪氏曰：“范蔚宗《在獄中與諸甥姪書》曰：‘吾既造《後漢》，詳觀古今著述及評論，殆少可意者。班氏最有高名，既任情無例，不可甲乙，唯志可推耳。博贍不可[四]及之，整理未必愧也。吾雜傳論，皆有精意深旨。至於《循吏》以下，及《六夷》諸序論，筆勢縱放，實天下之奇作。其中合者，往往不減《過秦》篇。嘗共比方班氏所作，非但不愧之而已。贊自是吾文之傑思，殆無一字空[五]設，奇變不窮，同含[六]異體，乃自不知所以稱之。此書行，故應有賞音者。自古體大而思精，未有此也。’蔚宗之高自夸詡如此，至以爲過班固，固豈可過哉！曄所著序論，了無可取；列傳如鄧禹、竇融、馬援、班超、郭泰諸篇者，蓋亦有數也。人苦不自知，可發千載一笑。”又曰：“沈約作《宋書·謝儼傳》，曰：‘范曄所撰十志，一皆託儼搜撰，垂畢，遇曄敗，悉蠟以覆車。宋文帝令丹陽尹徐湛之就儼尋求，已不復得，一代以爲恨。其志今闕。’曄本傳載，曄《在獄中與諸甥姪書》曰：‘既造《後漢》，欲徧作諸志，《前漢》所有者悉令備。雖事不必多，且使見文得盡。又欲因事就卷內發論，以正一代得失，意復不果。’此説與《儼傳》不同。然《儼傳》所云，乃范紀第十卷公主注中引之，今《宋書》卻無，殊不可曉。淳化五年，監中所刊《後漢書》，惟帝后紀十卷，今分十二卷。列傳八十卷，今分八十八卷。而無志云。《新唐志》：‘劉昭補注《後漢書》五十八卷。’不知昭爲何代人。所謂‘志三十卷’，當在其中也。”又曰：“班固著《漢書》，製作之工，如《英》、《莖》、《咸》、《韶》，音節超詣，後之爲史者，莫能及其髣髴，可謂盡善矣。然至《後漢》中所載固之文章，斷然如出兩手。觀《謝夷吾傳》云，第五倫爲司徒，使固作奏薦之，其辭至有‘才兼四科，行包九德’之語。其他比喻，引稷、契、咎繇、傅説、伊、呂、周、召、管、晏，以爲一人之身而唐、虞、商、周聖賢之盛者皆無以過。而夷吾乃在《方術傳》中，所學者風角占候而已。固之言，亦何太過歟？"以上容齋三説，録於《隨筆》、《三筆》、《四筆》。

《滿洲源流考》曰："《後漢書·三韓傳》，'韓'當爲'汙'。汙，君也。范蔚宗有'生兒以石押頭'之説，誕妄不經。國俗，生兒仰寢卧具，見理之至常，無足怪。御製《夫餘國傳訂訛》曰：'"馬加"、"牛加"之説，始於范史，歷代承訛，未知其妄，以爲"家"字之誤。近例之蒙古"典羊"、"典馬"之官，遠徵諸《周禮》 "羊人"、"犬人"之掌。設官分職，至理所存，古今一揆也。'"

《五經算術·漢書終於南事算之法篇》曰："上生不得過黄鍾之濁，下生不得不及黄鍾之清。"戴案："後復引此二語，下云'是則上生不得過九寸，下生不得減四寸五分'。蓋九寸者，黄鍾全律；四寸五分者，黄鍾半律。《後漢書》今本作'上生不得過黄鍾之清濁，下生不得及黄鍾之數'，實訛謬不可通，當是傳寫致舛，校書者因有所竄改。此所引猶善本未訛者也。"又，"於律爲分，於準爲寸"，范書今本脱此二句，此所引乃全文。又，"南授實十三萬九千六百七十四"，今本脱"四"字。又，"律六寸三分不生"，今本"生"訛作"下"。又，"解形實十萬"，今本作"十一萬"，誤。其餘數目之訛，不可枚舉。當以甄書所引古本《漢書》爲正。此條録於舊稿，不記出於何書。

《補後漢書年表》十卷

宋熊方撰

《知不足齋》本。前有乾隆四十七年盧文弨序。

盧氏序曰："范書獨有紀、傳，表則亡矣。南宋澧州參軍豐城熊方以所爲《後漢書年表》十卷進於朝，未聞可否之者，史家亦不著録。吾友鮑君以文得宋梓本，欲復開雕。既手自讎校，又益以錢辛楣弟兄之覆審，而復以示予。予爲之位置高下，排比疏密。宮詹之意，重戒更張，然熊氏牴牾之失，亦不能爲之諱。於是更定其尤甚者數條，與夫未是而猶仍其舊者，皆著説於下，且令其體例略仿孟堅。熊書惟據范史，然亦尚有漏者。至章懷注所引，若《東觀記》、《續漢書》，皆正史也。又，《水經注》詢訪遺封，年代不甚遼，斯爲可信，故亦間增一二。其出於子孫譜諜，若《新唐書・宰相世系表》之類，咸不濫收。斯則予損益之大指也。熊氏字廣居，靖康中舉於鄉，嘗名所居堂曰‘補史’。進此書不得命，又進狀於朝，乞命儒臣續《古今人表》，此則過矣。”

《後漢書補表》八卷

國朝錢大昭撰

《汗筠齋》本。錢東垣、錢繹、錢侗校。三人皆可廬子。秦鏡、秦鑑覆校。前有乾隆五十六年盧文弨序、大昭自序、條例二十五則、嘉靖三年秦鑑跋。錢氏所著書凡十種，見此跋。熊書合功臣、外戚、恩澤、宦者爲異姓侯，謬極。異姓謂外戚。

錢氏序曰：“古者五等之封，或以功，或以德，或以先世之德，見於史傳尚矣。漢興，高帝約非劉氏不王，非有功不侯。迄於中葉，外戚五侯，天爲晝霧。自平津、富民而後以丞相侯者，指不勝屈，封已濫矣。中興，大縣侯視三公，小縣視上卿，鄉亭視中二千石。都亭者，城內亭也。其城外者爲離亭，但謂之亭。建武之鄧、賈、吳、竇，兼數縣。降及後世，紹封者食故國半，祖有功者食鄉亭，得縣益寡。和帝始封鄭衆而奄尹日恣。厥後貂璫之徒，口含天憲，分茅列土，駢肩接踵，至有同日十九侯之盛。順帝又聽養子襲爵，小人道長，作福作威，固寵乘權，由來者漸。魏武因之，遂遷九鼎。故於諸侯特立宦者一門，以著履霜之不可不慎也。范氏本無年表，《東觀記》，謝承、華嶠諸書，今并不得見。至宋熊方始作補表，以弭蔚宗之闕。其時古籍散佚尚少，乃所據者祇《後漢書》、《三國志》二書，取材既隘，體例亦疏。例云：“熊表脱漏甚多。”盧序云：“熊書之舛漏不可枚舉。”因別撰斯編，正史而外，兼取山經地志、金石子集，得諸侯王六十一人、王子侯三百四十四人、功臣侯三百七十九人、外戚恩澤侯八十九人、宦者侯七十九人。偶有異同，加辨證焉。盧序：“體例一依班氏之舊，諸侯王、王子侯分爲二表，功臣侯與外戚、恩澤侯亦分二表，觀熊氏之但以同、異姓爲別者，較然明矣。凡熊氏所漏脱者，悉考而補之。於是此書完善，無所遺憾。”班書《百官公卿表》，前叙百官沿革，後列公卿姓名，最爲詳善。司馬續志惟載百官，於公卿姓氏則仍闕如。今則三公拜罷，各依本紀臚列；其列卿之可考者，亦以次補入：謂之公卿表。不言百官者，表所不及也。盧序云：“班書《百官公卿表》前叙百官沿革，若後漢則有司馬彪之續志，百官已詳，無庸複出，故但云‘公卿表’。此又變通之得其宜者也。”彙爲八卷，以踵班氏，後之讀史者，或有取云。盧序云：“凡政治之汙隆，職官之賢否，一開卷瞭若指掌。”乾隆四十二年冬至日錢大昭晦之氏書。”晦之字可盧。

盧氏序曰：“鮑以文重刊宋本，予爲之校訂，而熊書之舛漏，殆不可枚舉。當時因其書而略正之，綴一二校語於下，不相雜廁，使人知爲熊書而已，欲別爲一書，未能也。嘉定錢君晦之撰《補表》，非若熊氏之僅取材於范《書》、陳《志》也。凡山經、地志、子集之有會於是書者，罔不綴輯。凡熊氏所漏脱者，悉考而補之，此書乃始完善無遺憾矣。”

盧氏記曰：“錢莘楣之從子溉亭，出所著《補注續漢書律歷志》，布算益密，辨證益詳。若蔡中郎其論‘開闢’至‘獲麟’之歲，與馮光、陳晃所言俱誤，亦駁正之，其書遂無遺憾。”

《兩漢刊誤補遺》十卷

宋吴仁傑撰

《知不足齋》本。是本以葉石君本與盧本參校付梓。前有淳熙己酉古汴曾絳序。附録《吳中舊事》一條、《崑山縣志》一條。末有吳氏門人林瀛跋，又乾隆丙申朱彝尊、盧文弨、鮑廷博三跋。

曾氏序曰："《兩漢刊誤補遺》者，蠹隱居士河南吳南英之所作也。居士博學嗜古，識見精詣，天資絶人。其於書也不苟讀，必參覈是正，窮極根柢，不極不止也。嘗曰：'先秦古書世禩綿邈，又多得於散軼，故難知而難讀。兩漢特近古儒先，耳目相接，未遠二史，何多疑也？班《書》由服、應而下，音解注釋，無慮數十家。世獨以師古去取爲正，而公是公非，先生與其子西樞公所著《刊誤》盡摘其失。漢事至三劉，若無遺恨矣。今熟復之，亦容有可議，或者用意之過，與夫偶忘之也。'迺據古引誼，旁搜曲取，凡邑里之差殊，姓族之同異，字畫之乖訛，音訓之舛逆，句讀之分析，指意之穿鑿，及他書援據之謬陋，畢釐而正之，的當精確，如親見孟堅、蔚宗執筆，身歷其山川城郭，目擊東西都事者。一時宗工文師翕然稱，以爲多前聞人所未到。書成，索序於余，故爲道其略如此。居士又嘗爲《漢通鑑》，輯編年、紀傳之長而去其短，非遷、固本語，一辭弗贅，與是書實相表裏，後當録續見於世。斗南，其舊字云。"

朱氏序曰："劉氏書凡四卷，趙志云：'止二卷，西漢、東漢各一卷。'吳氏是編，本以補劉書之遺，而文多於劉，足以徵其博洽已。絳序所稱《漢通鑑》，多不傳。"

盧氏序曰："曩余讀《漢書》，見監本所載宋人校勘語，大率淺陋爲多，甚有鹵莽滅裂，不考原委，不究體勢，於本無可疑者而亦疑之，刪改憑臆，傳布至今。館閣有《考證》之作，余又私作《續考證》，於其誤者駁而正之。既又思前人豈無見及此者，今得吳氏書，不勝躍然喜也。其曰'補遺'，不曰'糾繆'，此其用意良厚。其所徵引，又可通於他書，蓋不僅《史》、《漢》之功臣，三劉之争友也。惜重校經籍刊刻時，未見是書，故所載一仍監本之舊，未嘗稱引及之。世之知此書者絕鮮，借本多訛字，予稍爲正之，而後錄之。"

鮑氏跋曰："宋時刊班、范二史之誤者，吳氏之前凡有四家，余靖、張泌及無名氏三書，不可得見；劉氏原本久無專刻，殿本始據慶元舊本《漢書》注中增入一家之言，幸垂不朽。是書陳《錄》作十七卷，今本十卷，與《宋志》合。考《延令宋板書目》亦云十七卷，似當日原有二刻也。"又曰："竹垞先生稱仁傑所著有《離騷草木蟲魚疏》，博近從宋本錄出。吳氏當日只疏草木，而不及蟲魚。竹垞所見，蓋勝國時屠本畯增删本爾。"又曰："吳氏所著三百餘卷，竹垞所見者，《古周易論》、《易圖説》、《離騷疏》及此書。"又曰："晁《志》於劉攽書題曰'東漢刊誤'。三劉書，晁、陳俱題曰'漢書標注'。不曰'兩漢'者，祇及班史耳。"

姓與氏相近而不同，古者賜姓命氏，如賜姓曰董氏，曰豢龍。析姓氏而二之，則固有別矣。歐公《唐書·世系表》言某氏必曰出某姓，是爲得之。 虞仲、仲雍、非一人。虞仲終於逸民，仲雍則嗣有吳國。虞仲爲太伯之弟，則仲雍蓋太伯之子也。孟堅既承誤於太史公，顏注又從而和之，過矣。師古曰："虞仲即仲雍也。" 古者屋亡國之社謂之"戒社"，刻亡國之爵謂之"罰爵"，又以亡國之日爲"忌日"。 卷八末條闕三十七字。 《風土記》"端午"注云："端，始也。"蓋以五月始遇午日爲端午，如三月始遇巳日爲上巳耳。近世角黍不用午日，但用五月五日，然猶謂之端午，如魏晉以來祓禊不用巳日，而但用三月三日，謂之上巳也。二事正相類。 於《千姓編》有從木之楊，無從扌之揚。《集韻》："楊，木也。又姓。"至"揚"，則云："飛舉也。又州名。" 夷齊餓於首陽，謂不食其禄，非不食周粟也。莊周、司馬遷、韓愈皆以空言成實。

《三國志》六十五卷

晉陳壽撰，宋裴松之注

明本。萬曆丙申，馮夢禎爲司業，依宋本《魏志》、南雍本吳、蜀《志》重刊。注作大字，降一格。陳壽史例，最號精嚴。從前諸地志上論沿革，每自漢越晉，中間三國不書。陳《志》原書無本紀之稱，亦無列傳之目。

表曰：“壽書銓叙可觀，事多審正，誠近世之嘉史，然失在於略，時有脱漏。臣奉旨尋詳，務在周悉。事宜存録者，畢取以補其闕。或同説一事而詞有乖離，或出事本異，疑不能判，并皆抄内，以備異聞。若紕謬顯然，則隨違矯正。其時事當否及壽之小失，愚意頗有所論辨。期月寫校始訖。臣裴松之上。”

《愛日精廬藏書志》：“《三國志》六十五卷，元大德刊本。朱天錫跋云：‘江左憲臺命諸路學校分校十七史鋟梓，池庠所刊者《三國志》。池郡歲入寡贏，是舉幾至中輟。總管王公亢宗表倡之，用能鳩工竣事。郡博士孔淳孫奉命董提，以底於成。’又，北宋殘本《魏志》，每葉二十六行，行二十五字。”

《皕宋樓藏書志》：“《三國志》六十五卷，宋衢州刊本。前有元嘉六年裴松之進書表，卷後有‘蔡宙校正兼監鏤板，陸俊民校正’兩行。又，《吳志》三十卷，宋咸平三年奉敕校定雕印，後列校勘官銜名。此專刻本也。”

趙氏曰：“《後漢書》與《三國志》，論時代則後漢在前，而作史則《三國志》先成，且百餘年也。自《三國志・魏紀》創爲迴護之法。如“天子以公領冀州牧”、“天子進公爵爲王”之類。歷代本紀奉以爲式，莫能更正。至歐公作史，始改從《春秋》書法，以寓褒貶。而范蔚宗不從陳《志》之例，觀《獻帝紀》猶有《春秋》遺法焉。如曹操自立爲魏公，加九錫；曹操殺皇后伏氏，滅其族及其二子。此史家正法也。惟荀或一傳，陳壽以其爲操謀主，列之於魏臣，而傳末云‘或死之明年，曹公遂加九錫’。可見或不死，操尚不得僭竊也，則蔚宗以其乃心王室，編入漢臣，自是公論也。”“《三國志》亦係私史，壽殁後始入於官。雖多迴護，而翦裁斟酌，下筆不苟。”“松之採三國異同以注壽《志》，所引書凡五十餘種，皆注出書名，可謂博矣。”録於《二十二史劄記》。

杭氏曰：“裴注有闕，因更廣異聞，以意妄解，略得一二。”録於《道古堂集》。案：當時裴注所不取者，亦必有意。范書間補其闕，以意妄解，恐未允當。

錢氏跋曰：“陳承祚，蜀人也，其書雖帝魏，而未嘗不尊蜀。於蜀書先主、後主而不名，吳則直斥其名。蜀后皆稱后，吳稱夫人。其書法區別如此。而推重者惟武侯，故於傳末載其文集目録篇第，并書所進表於後，其稱頌蓋不遺餘力矣。論者謂承祚有憾於諸葛，豈其然乎？”又曰：“楊戲[七]《季漢輔臣贊》，承祚既采之，又從而注之。”又曰：“注中引《益部[八]耆舊記》王嗣、常播、衛繼，此裴氏注，今刊本亦升作大字矣。”録於《潛研堂集》。

文光案：馮刻《三國志》，天啓間雲林翻刻，有陳仁錫序，評語不善。元大德本有朱天錫跋。又明本，陸俊校刊。

王氏曰：“南北兩雍，皆有《十三經注疏》、二十一史刻板。南監板不可知，國學所藏原板庋置御書樓。此板一修於萬曆二十三年，再修於崇禎十二年。”録於《池北偶談》。

《補三國疆域志》二卷

國朝洪亮吉撰

原本。乾隆辛丑歲，孫星衍刊於西安官署。

洪氏自序曰：“陳壽《三國志》有紀傳而無志。然如天文、五行之類，略備沈約《宋書》，皆可不補。其尤要而不可闕者，惟地理一志。元郝經所補，全録《晉書·地理志》，本文即見於沈志中者，亦近而不采，他可知矣。予自戊戌歲校四史畢，即有志於此，留心蒐輯者二載，用力既久，終不可輒作，而證左俱絕者，則闕疑以待焉。蓋地理之難也，班生錄本朝之書，猶存俟考；沈氏徵近世之壤，每著存疑。從事於此者，當若是矣。今大類仿《宋書・州郡志》之例，而於阨要之地、爭鬥之區，可考者附見諸郡縣下，參用《郡國志》例焉。其縣之未經分割者，置縣次第，準《郡國志》爲多；或已分割及廢而復置者，則先後類從《晉志》。要在有補原書，而不汨其實，此蒐輯之意也。”

《晉書》一百三十卷

唐房喬等。以陸機、王羲之二傳太宗製贊，故卷首題“太宗御撰”。

汲古閣本。白宣紙初印，甚佳。篆書封面，與掃葉山房本不同。

費氏曰：“《晉史》書事鄙陋可笑者，非一端。許敬宗之徒，汙下無識，東坡以爲人奴，不爲過也。”錄於《梁谿漫志》。

錢氏曰：“唐太宗貞觀十八年，以前、後《晉史》十有八家未能盡善，乃敕史官更加纂錄，而晉宣、武二紀，陸機、王羲之二傳論出太宗自撰，故卷首題‘御撰’，而不列史臣之名。然當時王隱、何法盛、臧榮緒諸家之書具在，故劉知幾《史通》有‘新晉書’之稱。《尚書正義》所引《晉書》，今本無之。李善注《文選》，備引諸家《晉書》而不及御撰之本。迨安、史陷兩京，故籍散亡，惟存貞觀新撰書，後世遂不知有‘新晉’之名矣。”又曰：“新、舊《晉書》不同。”又曰：“《晉書》有目錄一卷，敘例一卷。今目錄猶存，而敬播所撰敘例久不傳矣。”錄於《養新錄》。

錢氏《考異》曰：“本紀例當書而遺漏者，如諸州分置皆書，而泰始三年分益州爲梁州，太安二年復分益州爲寧州，并失書；

諸王初封皆書，而泰始中封隨王邁，_{原注}："《職官志》作'萬'。"惠帝
時封新野王歆、南平王祥、淮陵王濯，懷帝時封豫章王端，元帝
時封譙王承，并失書；諸帝廟號皆書，而孝武廟號烈宗，失書；
三公薨皆書，而義熙三年司徒、揚州刺史王謐薨，失書；南渡以
後，荆州都督刺史皆書，而太元九年桓石民除荆州，失書；河西
張氏子弟立嗣皆書，而太寧九年張茂卒，兄子駿嗣，失書。"

"史不爲梁后立傳，不知其本末。按《御覽》引臧榮緒《晉書》
云：'梁皇后諱蘭璧，安定人。初爲豫章王妃，懷帝即位爲皇后。
永嘉中没於賊。'此條可補《晉書》之闕。"　"《束皙傳》：'疏
廣之後也。廣曾孫孟達，避難，自東海徙居沙鹿山南，因去"疏"
之足，遂改姓焉。'考曰：'《説文》"疏"從㐬，從疋，以疋得
聲。隸變"疏"爲"疏"，與束縛之"束"本不相涉。"疋"古
"胥"字，古人"胥、疏"同聲，故從"疋"聲也。"疏"之改
"束"，自取聲相轉，如"耿"之爲"簡"、"奚"之爲"嵇"耳。
唐人不通六書，乃有"去足"之説。'"　"今世所傳《竹書紀
年》，起黄帝，而此云'夏以來'。然則黄帝至唐虞，事出於後人
附益，非《汲冢》之舊矣。《紀年》附注相傳出於沈約，然《梁
書》、《南史》約傳，備載所撰述，初不及此書。隋、唐《志》載
《紀年》，或云十二卷，或云十四卷，俱不言約。有附注，則附注
亦非休文所作也。"　"郤詵字廣基。按'郤'從'谷'，'谷'與
'臄'同。漢隸從'谷'旁者，或變爲'夆'，故'郤'或作
'郄'，與從希之'郗'音義全别。今《晉書》刊本'郤'字亦訛
爲'郄'，而'郤'、'郗'二姓遂溷而無别。今考定望出河南濟
陰者，讀如'隙'，郤正、郤詵是也；望出山陽高平者，讀如
'絺'，'郗'慮、'郗'鑑是也。陸魯望詩'一段清光染郤郎'，此
用郤詵事，當爲厹音。黄伯思譏其誤讀，又不然矣。""孫盛傳著
《晉陽秋》，寫兩定本，寄於慕容儁。按盛以書枋頭事忤桓温，諸

子私改之，故與定本多不合。枋頭之役，在慕容暐，時雋已先死久矣。”“《列女傳》考曰：‘僭僞諸國非晉聲教所及，其夫既殊而異之，其妻妾又引而近之，於義未安。’”“孟嘉不預溫逆謀，非沈充於王敦可比，何故附溫傳之末？當改入《文苑》。”“禿髮即拓跋之轉。赫連佛佛，即勃勃。”

趙氏曰：“唐初修《晉書》，以臧榮緒本爲主，而兼考諸家成之。今據晉、宋等書列傳所載，諸家之爲《晉書》者，無慮數十種。其作於晉時者，武帝議立《晉書》限斷，荀勖謂宜以魏正始起年。自後華嶠草魏晉紀傳。永嘉之亂，《晉書》存者五十餘卷。干寶著《晉紀》二十卷，稱良史。謝沈著《晉書》三十餘卷。傅暢作《晉諸公叙贊》二十二卷，又爲《公卿故事》九卷。荀綽作《晉後書》十五篇。束晳作《晉書》帝紀、十志。孫盛作《晉陽秋》。王銓私錄晉事，其子隱撰《晉史》。時虞預亦私撰《晉書》，借隱書竊寫之，乃成書。隱文鄙拙，可觀者，乃父所撰；不可解者，隱之詞也。習鑿齒作《漢晉春秋》，以蜀爲正統。其晉以後所作者，宋徐廣撰《晉紀》十六卷。沈約撰述二十年，成一百十卷。謝靈運奉敕撰《晉書》，粗立條流，書竟不就。王韶之私撰《晉安帝春秋》。荀伯子亦助撰《晉史》。張緬著《晉鈔》三十卷。臧榮緒括東、西晉爲一書，紀錄志傳共一百十卷。劉彤集衆家《晉書》，注干寶《紀》爲四十卷。蕭子雲著《晉書》一百十卷。此皆見於各傳者。志所載晉朝史事，尚有陸機《晉帝紀》，劉協注《晉紀》，劉謙《晉紀》，曹嘉《晉紀》，鄧粲《晉紀》及《晉陽秋》，檀道鸞《晉春秋》，蕭景暢《晉史草》，郭季産《晉續記》、《晉錄》之類，當唐初修史時尚俱在，必皆兼綜互訂，不專據榮緒一書也。”又曰：“論《晉書》者，謂當時修史諸人皆文詠之士，好採詭謬碎事以廣異聞，又史論競爲豔體，此其所短也。然當時史官如令狐德棻等，皆老於文學，其紀傳叙事皆爽潔老勁，迥非魏、宋二書可比。而諸僭僞載記，尤簡而不漏，詳而不蕪，視《十六國春秋》，不可同日語也。其列傳編訂亦有斟酌，位置得當。所載表疏、賦頌之類，亦皆有關係。惟劉頌封事七八千字，殊覺太冗；張華《鷦鷯賦》，殊覺無謂。《元帝紀》叙其父恭王之妃夏侯氏通小吏牛金生帝，而妃傳不載，諱其醜於傳，而轉著其惡於紀，亦屬兩失。《苻堅載記》後附王猛、苻融二人，以其爲堅功臣也。苻朗不過一達士，亦附一傳。《苻登載記》後又附一索泮，泮未嘗仕於堅、登也。此二傳殊贅。《姚興載記》忽叙西胡梁國兒作壽冢，每將妻妾入冢，醮飲，升靈床而歌。此於興有何關係，而拉雜及之？毛德祖，《宋書》已立傳，《毛寶傳》後又詳叙德祖，蓋鈔毛氏家傳未及删也。《隱逸》中夏統一傳，乃時人所作別傳，如五柳之類，非史正體，《晉書》全録之，不復增損。閱史者静觀，自別之也。"録於《廿二史劄記》。

　　惠帝時八王之亂，《晉書》叙在一卷，袁《紀事》亦如之。然頭緒繁多，覽者不易了。今撮叙於此。　採異聞入史，惟《晉書》及南、北《史》最多。　東晉多幼主。　晉帝多兄終弟及。　僭僞諸君有文學。　六朝清談起於魏正始中，何晏、王弼祖述老莊，阮籍口談浮虛，不遵禮法。其後天下言風流者，以王衍、樂廣稱首，後進莫不競爲浮誕，遂成風俗。當時雖有斥其非者，而習尚已成，莫能變也。師友所講，專究老莊，以爲口舌之助。五經中惟崇《易》理，其他盡閣束也。梁武帝崇尚經學，五經之外，不廢老莊，且又增佛義。晉人虛僞之習依然未改，且又甚焉。漢時本有講經之例，因各家師説，互有異同，故聚羣言以折衷之，非以此角勝也。至梁時之升座説經，則但以炫博鬥辯而已。　晉制最重騶虞幡，每至危險時，或用以傳旨，或用以止兵，見之者輒懾伏而不敢動，亦一朝之令甲也。　六朝時，建業之地有三城，中爲臺城，則帝居也，宮殿臺省皆在焉。其西則石頭城，嘗宿兵以衛京師。臺城之東則有東府，凡宰相録尚書事兼揚州刺史者居之。此三城最居要害。其時尚有冶城，在臺城之南。　魏正始、晉永熙以來，皆大臣當國。自後非幼君即屠主，悉聽命於柄臣，八九十年已成故事。至宋、齊、梁、陳諸君，皆威福自己，故南朝多以寒人掌機要，人主不信大臣，而轉以羣小爲心膂。此亦江左之流弊也。"同上。

杭氏曰："魏明帝時，河西柳谷出石，有牛繼馬後之象。《宋符瑞志》稱：'宣帝以毒酒與牛金，金飲之立斃。景帝曰："金名將，何害之？"宣帝曰："汝忘石瑞馬後有牛乎？"元帝母侯妃與琅邪國小吏姓牛通而生元帝，本紀因之。按《魏書》稱'司馬睿爲晉將牛金子'，與約所言固殊。《史通》云：'沈約《晉書》喜造奇説，稱元帝牛金之子，以應牛繼馬後之徵。而魏收深嫉南國，幸書其短。'據劉知幾云云，則牛繼馬後，在唐時已有傳疑之論。原注："《史通》所云約説，與宋書異。宋孝王云：'收以睿爲金子，計其年全不相干。'"又曰："《宋書》言晉元帝小字銅環，《魏書》言夏侯氏字銅環，亦異。"録於《諸史然疑》。《晉書補傳贊》一卷，《諸史然疑》一卷，杭世駿撰，《杭氏七種》本。

《投甕隨筆》："《晉書》有載記，其名蓋始於班孟堅《東漢書》。顯宗時，有人告固私作國史，上召與陳宗長等共成《世祖本紀》。固又撰功臣、平林、新市、公孫述事，作列傳、載記二十八篇奏之，帝使終成前所著書，然則《晉書・載記》蓋亦有所祖而名也。"

文光案：《舊唐書》云："房玄齡與褚遂良奉詔重撰《晉書》，乃奏取許敬宗、來濟、陸元仕、劉子翼、令狐德棻、李義府、薛元超、上官儀等八人分功撰録，以臧榮緒書爲主，而參考諸家成之。其體例則多德棻所定。太宗自著宣、武二帝及陸機、王羲之四論，於是總題曰'御撰'。當時號爲詳洽。"李淳風深明象緯，所修《天文》、《律曆》、《五行》三志，尤精核。晉十二世十五帝，中朝四帝都洛陽五十四年，江左十一帝都建康一百二年，共一百五十六年。《晉書》無注，凡帝紀十卷，起宣、景、文三帝，在未即位以前。志二十卷，天文、地理、律歷、禮、樂、職官、輿服、食貨、五行、刑法。列傳七十卷，后妃、諸臣、宗室、孝友、忠義、良吏、儒林、文苑、外戚、隱逸、藝術、烈女、四夷、王敦。載記三十卷。五涼、四燕、三秦、二趙、夏、蜀十六國。末附《音義》三卷，唐何超撰，楊齊宣序。又案：三十卷《刑法志》"大辟千五百"下，監本衍七字，毛本無。三十七卷《下邳獻王晃傳》"京兆人杜洪"，監本此下脱"以豪族陵琚，琚以勇俠侮洪"共十一字，毛本不脱。五十九卷《八王傳》前有序。又，列傳二十三湣懷太子、二十四陸機、五十七涼武昭王、五十八孝友，序次多不解。

《晉太康三年地志》一卷　　《王隱晉書地道記》一卷

國朝畢沅集

《經訓堂》本。乾隆甲辰年刊。前有畢氏自序、洪亮吉序。

畢氏自序曰："《太康志》不著撰人。《舊唐書》五卷，云'太康三年撰'；《新唐書》十卷。晉初，輿地之學最著者裴司空秀，繼之以京相璠、摯虞。是書或成於數君之手。同時杜預注經，晉灼注史，其精核皆有所不及。《晉書・地理志》與《太康志》相爲發明，蓋二書作於晉而盛行於齊、梁、北魏之時。沈約撰《宋書》，劉昭注《續漢書》，魏收述《魏史》，所徵輿地之書，不下數百。然約之《州郡》，惟準《太康》；昭之注《郡國》，收之述《地形》，則一本《地道》：他若酈道元等，又皆懸其片言，視若準的。足知當時言地理者，自兩漢《地志》之外，於三國及太始之際，則徵《太康》；於晉之東西，則徵《地道》，不以別書參之，亦信有徵者矣。《藝文類聚》、《史記注》、《文選注》徵引寥寥，《寰宇記》間引之，厥後闕如，亡失可知。茲以舊所掇集者，各分爲卷。其《元康地志》及不著姓氏《地志》、《晉書·地理志》數條，亦附録焉。"

洪氏序曰：《靈巖山館叢書》大類有三：小學家一，地理家二，諸子家三。所校《太康志》、《地道志》二卷刊成，命書後序。謹按：太康三年者，晉平吳後第二年也。日南之地，甫入輿圖；建業之宮，裁爲郡治。於是潘岳著關中之記，摯虞成畿服之經，王範上交廣之書，徐氏作都城之録。州郡之外，又志八荒；風土之餘，兼詳異俗。拓地萬里，成於二紀。厥後賈耽之述四夷，樂史之詳百國，蓋權輿於此。"

《晉書地理志新補正》 五卷

國朝畢沅撰

《經訓堂》本。乾隆四十六年畢沅序，洪亮吉後序。

畢氏自序曰："《晉書地理志》二卷，按新、舊《唐書》爲房氏等二十人所撰。今核其書，以晉武帝太始、太康中爲定，自惠帝時已略，至東晉尤略，蓋唐初諸儒於地理之學非所研究。唐初修《晉書》，不特不考諸書，即王隱《地道》之編，沈約《州郡》之志，亦進而不採，殊可怪矣。沅博觀史籍，間以所見校正此志訛漏，凡數百條。又採他地理書可以補正闕失者，皆録入焉，分爲五卷。升原注作大字，則從劉昭補注《郡國》舊例也。"

洪氏序曰："歷史地志，惟班固最稱詳核，自高、惠建置以迄新莽改稱，靡不悉登，用芟殊説。至司馬彪著《郡國志》，則先詳後略，永、始而降，事乃闕如。唐人修《晉書》，其志地輿與《太康志》牴牾者十復得五，前後失據之甚，益信先生補正是書爲不可少也。先生既成此書，又以黃義仲、闞駰《十三州記》、《晉太康地志》、魏王泰《括地志》等散失已久，更從諸書掇出之，第其先後，證其闕失，尋將鋟本。亮吉遂續爲《東晉區宇》、《十六國區宇》，二志可附是書以傳也。"

《東晉疆域志》四卷

國朝洪亮吉撰

原本。嘉慶丙辰刊於京師。前有乾隆五十四年錢大昕序。

錢氏序曰："唐初去晉未遠，何法盛、臧榮緒諸書具在，而不全檢照，涉筆便誤，則史臣之昧於地理，不得辭其咎矣。稚存生於千載之後，乃能補苴罅漏，抉擇異同，搜酈、樂之逸文，參沈、魏之後史，闕疑而慎言，博學而明辨，俾讀者了然，如聚米之在目前，詎非大快事哉！稚存少而好游，九州之廣，足迹幾遍。胸羅全史，加以目驗，故能博且精若此。"

洪氏自序曰："歷史地志，互有得失。若求其最舛者，則惟《晉史·地理志》乎？其爲志也，惟詳太始、太康，而永嘉以後僅掇數語，又不能據《太康地志》、《元康定户》等書以爲準則。予以爲且無論其得失也，即其以永嘉爲斷，亦止可稱西晉之地志，而於江左尚無預焉。此《東晉疆域》之不可不作也。暇日以《晉書》紀傳爲主，詳求沈約，輔以魏收，外若《太康地志》，《元康定户》，王隱、虞預、臧榮緒、謝靈運、孫盛、干寶諸人所著僅存於今者，參之以酈元、李吉甫、樂史、祝穆之所撰，旁搜乎雜錄，間採乎方書。統標東晉之名，略以義熙爲斷。其間州郡之得而旋失者，亦因類附見焉。凡兩閱歲而成。其紀及於山川邑里、鄉堡聚落、臺殿宮闕、園林冢墓者，非特仿馬彪、魏收之例，亦以自西晉以來陸機、華延儁等數十輩造述今已悉亡，其佚說見他書者，懼其復歸淪没，爰爲採掇之，悉著於編，以成一代之掌故焉。"

校勘記

〔一〕"康"，據清何焯《義門讀書題跋記》補。

〔二〕"曄"，原避清聖祖玄燁名諱作"益"。下同改。

〔三〕"絜"，原作"傑"，據清武億《授堂詩文鈔》改。

〔四〕"不可"，原作"可不"，據南朝宋范曄《獄中與諸甥姪書》乙正。

〔五〕"空"，據同上文補。

〔六〕"含"，原作"合"，據同上文改。

〔七〕"戲"，原作"獻"，據《三國志》改。

〔八〕"部"，原作"都"，據同上書改。